Incomplete Peace

未完の平和

米中和解と朝鮮問題の変容　1969～1975年

LEE, Dongjun
李東俊

法政大学出版局

まえがき

第二次世界大戦後の国際政治学の分野で現実主義学派の基礎を築いたのは、ハンス・モーゲンソーであった。彼が、その記念碑的著書『国際政治——権力と平和』において、「自立国家としての朝鮮の存在自体が、二〇〇〇年以上もの間、極東におけるバランス・オブ・パワーの関数であった」と述べ、他方で、中国、日本、米国などの周辺大国に対する朝鮮半島の意味を「抜き身の短剣」(a drawn dagger)に喩《たと》えたことは有名である(1)。

冷戦の終結から二〇年もの歳月が経過したにもかかわらず、朝鮮半島をめぐる緊張状態は解消されず、数千万人の人々がダモクレスの剣を仰ぎつつ生きることを余儀なくされている。事態の根幹に関わる大韓民国(以下、韓国と略記)と朝鮮民主主義人民共和国(以下、北朝鮮と略記)の分断・対峙状況は、北朝鮮の核・ミサイル開発によってさらに悪化し、軍事・政治的緊張が東北アジア地域全体にまで波及しつつある。ポスト冷戦期にあって、なぜ朝鮮半島はあたかも「冷戦の孤島」(2)のように取り残されたのか。そして、いつ、いかなるかたちでこの状態に終止符が打たれるとの期待を抱くことができるのか。本書は、これらの疑問に対するひとつの手がかりを、一般に「デタント」(3)期として知られる一九七〇年代前半のアメリカ合衆国(以下、米国と略記)と中華人民共和国(以下、中国と略記)との和解と、これにともなう朝鮮半島における分断構造の変容に求めようとするものである。ここでいう分断構造とは、朝鮮戦争のすえ、一九五三年七月二七日に締結された軍事停戦協定（以下、停戦協定と略記）(4)以来、朝鮮半島における安全保障のありかたとして定着する停戦体制のことである。

米中和解が、東北アジアの冷戦史、ひいては今日にいたるまでの国際政治において、日中国交正常化や中ソ紛争などと並ぶ重要な転換点であったことはしばしば指摘されてきた。米中和解の過程を振り返れば、それが朝鮮問題と密接に連携して進められ、朝鮮半島分断のありかたに重大な影響を及ぼしたことは明白であり、当時大きく動揺した米中関係と朝鮮問題の基本的性格は、冷戦終結後の今日も維持されていると思われる。しかし、そうした冷厳な現実が存在しているにもかかわらず、この時期の米中関係の変動と朝鮮問題との関連について歴史的アプローチを図った研究は、世界的にもきわめて乏しい状況が続いてきた。

そこで本書では、一九七〇年代前半における朝鮮問題の本質的変化を、米中関係を軸とする「関係の連鎖」の相互作用のなかで歴史的に考察することによって、朝鮮半島における分断構造の変容過程を詳らかにすることを目指した。そのために、本書は、これまでの研究が史料的制約によって踏み込めなかった当時の朝鮮半島をめぐる国際政治上の諸争点について、さまざまな一次史料を用いて可能な限り詳細に描き、従来の理解に対する再検討を試みている。また、米中関係と朝鮮問題との関連に焦点を当てながら、その内奥に埋もれた「日本ファクター」に注意を向けている点も、本書の特徴である。米中にとって朝鮮問題とは実質的に日本問題であるとさえ言えるほど、朝鮮半島と日本の情勢は深く連動していたからである。

冒頭に触れたモーゲンソーの警句は、韓国人である筆者が思わず目をそむけ、耳をふさぎたくなる残酷な響きに満ち溢れている。しかし、それでも筆者は、一切の感傷を排して現実政治の凶暴性に向き合おうとするモーゲンソーの姿に否応なく衝き動かされる。今から半世紀近く前に朝鮮半島をめぐって展開された、国益と国益の衝突と分裂が織りなす熾烈な現実政治に関する物語こそが、本書のモティーフである。

目　次

未完の平和

――米中和解と朝鮮問題の変容　一九六九～一九七五年

凡例

一、国名に関しては初出の際に正式名称を表記し、以後は略語を用いた。

（例）朝鮮民主主義人民共和国→「北朝鮮」

一、漢字表記の中国および韓国の人名は、原則として、初出の際に現地での発音に近い呼び方でカタカナのルビを付けた。漢字表記以外の人名に関しては、各章の初出の際にフルネームでカタカナ表記し、以後は名字を用いた。正式の欧文名は人名索引にまとめて表記した。

一、機構、組織などの名称については、各章の初出の際に日本語の正式名称と英語の略語を併記し、以後は英語や日本語の略語を用いた。正式の英文名称は事項索引を参照。

一、いわゆる "Korean Problem" または "Korean Question" は、韓国では「韓国問題」または「韓半島問題」と呼ばれるが、日本で通用されている「朝鮮問題」の呼称を用いた。なお、韓国と北朝鮮との関係は「南北関係」、両政府間の公式的な会談は「南北対話」とそれぞれ表記した。

一、文献および論文等から引用した場合の記載方法は、各章初出の際に著者や編者名、表題や論文名、出版社、発行年、ページ数など、必要な情報を列挙した。同一章内で同じ文献等が再出する場合は略記し、また「同前」「*Ibid.*」を併用した。

一、韓国語の引用文献は、出版地域をソウルと明記したうえで関連情報のすべてを日本語に訳した。なお、中国語の文献は、北京などの出版地域を表示したうえで、関連情報を日本で使われている漢字を用いて訳した。

一、外国語の引用文献のうち邦訳がある場合には、各章初出の際に書誌情報を併記した。

一、一次史料については、初出の際にその出所を明記し、以後は略語を用いた。

（例）Nixon Presidential Materials→「NPM」
CIA Records Search Tool→「*CREST*」
Declassified Documents Reference System→「*DDRS*」
Cold War International History Project→「*CWHP*」
National Security Archives→「*NSA*」
韓国外交史料館所蔵外交文書→「韓国外交文書」

一、年代はすべて西暦に表記した。

序章　朝鮮半島をめぐる国際政治

問題関心

「私たちは日本も南朝鮮（韓国）も脅かすことはない」
「いかなる国も、である。私たちも絶対に」

一九七二年二月二一日午後三時、北京の中南海《チョンナンハイ》にある中国最高権力者の毛沢東《マオツォートン》の私邸で開かれた米中首脳会談において、毛とリチャード・ニクソン米大統領は痛恨の痛み分けに終わった朝鮮戦争の記憶にあえて触れることなく、ふたたび戦戈を交えないことを誓い合った。(1) 一見ごく平凡なやり取りのなかでおこなわれたこの短い和解劇こそが、すべての始まりである朝鮮戦争の遺産に深甚な影響を及ぼし、朝鮮半島分断のありかたに根本的な変更をもたらしていく。

朝鮮半島における停戦体制は、米中対決に象徴される「アジア冷戦」の文脈に埋め込まれ、停戦協定の当事者たる米中両国がそれぞれの同盟をもって局地的な南北対決を後押しする「入れ子的対決構造」に大きな特徴があった。(2) この二重の対決構造のなかで、米中対立は南北対立を助長し、南北間の対立は米中対立のスパイラルを引き起こす。しかし、一九七〇年代前半における米中和解は、この二重の対立構造に大きな亀裂をもたらさざるをえなかった。朝鮮半島に対する死活の戦略的利害を有し、韓国と北朝鮮とのあいだに各々同盟関係を結ぶ米中両国は、否応なく各々のジュニア・パートナーとデタントの方向性を合わせる必要があった。米中和解は、朝鮮半島の分断構造を大きく揺さぶる可能性を秘めていたのである。

米中和解を契機として再調整された朝鮮問題は、今日も基本的に持続している。現在、朝鮮問題の解決のために提起されているさまざまな提案、発想、枠組みの多くが一九七〇年代前半の地殻変動のなかで生まれたことは、決して偶然ではない。すなわち、朝鮮半島をめぐる対立構造は、デタント期における冷戦秩序の変容を通じて再編され、その後の地域政治のパターンを形づくった。やや図式的に述べれば、朝鮮半島の分断構造は、朝鮮戦争以来のキーワードである「米韓対中朝」の「排他的対決」から、デタントを通じて、米中の朝鮮問題への共同介入を前提とする「敵対的共存」に変化した。朝鮮半島の当事者にとって、この変化は分断の再制度化であり、長い「分断史」のなかに置かれた「決定的分岐点」を意味した。

一九六〇年代後半から一九七〇年代前半までの米中和解期とは、米国がヴェトナム戦争から手を引こうとしていたリンドン・ジョンソン政権末期から、本格的にデタントに向けて舵を切ったニクソンおよびジェラルド・フォード政権期までにあたる。一方、文化大革命の沈静化にもかかわらず、対ソ関係を悪化させた中国は対米接近に踏み切り、日本は、佐藤－田中－三木政権期を通じて「韓国条項」から「新韓国条項」にいたる対韓政策の重大な転換の途上にあった。また、朝鮮戦争後初めて対話の場に臨んだ南北双方は、並行的な権威主義化によってそれぞれに分断の内的固着化を推し進めた。すなわち、この時期は、朝鮮半島を取り巻く関係諸国間の相互作用の著しい活性化と、半島の内部構造の顕著な変化に特徴づけられる。

このような文脈のなかで、米中両国は、相互和解を通じて朝鮮半島の分断をどのように再定義しようとしたのであろうか。韓国と北朝鮮は米中関係の変化をどう受けとめ、そのことが分断構造の再編成をどう促したのであろうか。

また、米中関係の持続性とは対照的に、米中接近と並行して始まった南北対話が、なぜあれほど容易に破綻したのであろうか。本書の目的は、米中和解と南北対話という二つの緊張緩和の有機的連関を考察することで、朝鮮半島をめぐる国際政治史に修正主義的な解釈を試み、当時出現した新たな分断構造の今日的意味を探ることである。

朝鮮戦争以後の最大の変化をデタント期における米中和解に求め、分断構造に内在する「当然の前提」の細部に分け入ろうとする本書の立場は、「東西冷戦」を画期とする朝鮮問題の断絶にもっぱら関心を寄せてきた研究傾向にも修正を加えようとするものでもある。ひるがえって、米中和解期に関係諸国のあいだで真剣に語り合われた朝鮮問題は、いまも解決せず、むしろ北朝鮮の核問題に象徴されるように、東北アジアのバイタル・イシューであり続けている。その意味において、米中和解期における朝鮮問題を問い直すことは、歴史の捕囚となることではなく、むしろすぐれて今日的意義に富む作業となるであろう。

研究動向

今日における朝鮮問題の根源が、デタント期ではなく日本敗戦直後の南北分断や朝鮮戦争にあることは言うまでもない。しかし、このことを強調するあまり、朝鮮半島の冷戦史研究のエネルギーは朝鮮戦争研究に圧倒的に集中し、その後に起きた種々の変化を軽視しながら、「朝鮮戦争決定史観」とも呼ぶべき考え方の拡大再生産に寄与してきたことも否定できないであろう(3)。朝鮮問題は朝鮮戦争によって確定した「事実」となったのではなく、国際政治の文脈に応じて変化し続けてきた。

本書の分析視角について説明する前に、朝鮮問題研究史における本書の位置づけを明らかにしておきたい。これまでデタント期における朝鮮半島をめぐる国際政治を分析した研究は、米中和解に関する膨大な研究(4)の一環として朝鮮問題を捉えたものを別にすれば、ドン・オーバードーファーやブルース・カミングスの関連著作に代表されるような通史的研究が大部分である(5)。これらの先行研究はいずれも優れた示唆を含んでおり、筆者自身も、朝鮮問題を理解するうえで裨益するところ大であった。しかし、同時に、そのほとんどがさまざまな影響の要因を羅列的にまとめたものであって、総合的視角というよりは明確な視座を欠き、本格的な歴史研究と呼ぶには物足りなさがあった。

先行研究において歴史的接近が不十分であった最大の理由は、第一に、史料上の制約に求めることができる。近年まで米国政府外交文書を含めて、韓国・中国などの史料公開がきわめて断片的であったがゆえに、デタント期を歴史研究の対象にするには大きな困難があった。それゆえ、前記の研究は、いずれも米中関係の変動が南北関係など朝鮮半島情勢に多大な影響を及ぼしたと主張しながらも、そのような影響を立証する具体性を欠いているのである。

しかし、より重要な第二の理由として、当該時期に関する従来の研究視座そのものが画一化されていたことが指摘できよう。すなわち、従来の研究は、ジェームズ・ローズノーの「リンケージ・ポリティクス」(6)論などの単純な適用を通じて、大国間のデタントや米国の世界戦略の転換などの外的刺激に南北双方が受動的に対応したという見方、いいかえれば、国際政治と国内政治との機械的連携を強調する傾向が強かった。「間接的外因論」とも呼べるこうした視点は、デタント期における朝鮮半島情勢の巨視的理解にはある程度役立つと思われるが、関連諸国のあいだで展開された協力と葛藤のダイナミックな相互作用を把握するには不十分である。

第三に指摘すべきは、従来の研究では、中国ファクターへの関心が不思議なほど欠落している点である。米国の朝鮮半島情勢への影響力の大きさについては言うまでもないが、それだけではデタント期における朝鮮半島をめぐる国際政治の全体像を理解したことにならない。たとえば、ニクソン政権の朝鮮半島政策は、中国ファクターを軸とするアジア戦略の文脈のなかで構想され実行され、またこの時期の中国は、米国と同じく戦略的観点から、朝鮮問題をめぐるさまざまな争点において決定的な影響力を発揮していた。朝鮮半島をめぐる国際政治において、米中対決の構図が南北対決の構図に覆いかぶさるかたちを取っていたのであれば、中国ファクターを加えた米中間の戦略的相互作用と、朝鮮半島レヴェルとの相関性に対する分析が不可欠である。

米中関係の脈絡で朝鮮問題を分析した研究は、冒頭で述べたように多いとはいえないが、わずかながら存在する。

そのなかでも、洪錫律《ホンソクリュル》および倉田秀也の研究は特筆すべきものとしてあげられる。(7) 両氏の研究は、近年公開された米国側の一次史料を用いてデタント期における朝鮮問題を捉え直そうとした試みである。とりわけ、洪は、米中間におこなわれた秘密交渉に着目して朝鮮問題の行方を追っているだけに、本書の問題関心とも重なるところがある。また、倉田の研究は安全保障と正統性の問題が連動する朝鮮問題の構造的側面に関心を寄せており、本書もこれらの研究から大いなる刺激と示唆を受けている。

ただし、これらの優れた研究も、依然として断片的な一次史料に依拠しつつ、米朝関係や米韓同盟など朝鮮半島を取り巻く一部の領域、しかも、そのごく限られた時期にのみ焦点を合わせており、デタント期における米中関係と朝鮮問題との関連を解明したとは言いがたい。個々のエピソードに対していかに深く切り込んだとしても、そこから全体を俯瞰することは不可能である。果たして両氏の研究とも、この時期における国際政治の動揺と朝鮮半島情勢の変化とをつなぐ因果関係に十分に踏み込めてはいないように思われる。朝鮮半島の分断構造は米中戦略関係に規定されながら大きく変動したのであり、その意味で朝鮮問題は、単なる局地的現象としてではなく、東北アジア国際政治としての総合的分析を必要とする事例である。これが先行研究を踏まえたうえでの本書の立場である。

分析視角——争点と構造

一九七〇年代前半における米中接近は、イデオロギーに色濃く規定された朝鮮半島の分断構造と論理に重大な変化を生み出し、それまで慎重に維持されてきた停戦体制の動揺を惹起せざるをえなかった。米国と中国は和解に際して互いの和解政策の整合性を保ちつつ、同時に両国の戦略的利益を確保するために、米中対決を前提とする旧態依然とした停戦体制に変化を加える必要性を共有したのである。当時の米中が、朝鮮問題をめぐる数多くの交渉を水面下でおこなった所以である。そして一連の交渉における最大の焦点は、朝鮮半島停戦体制に内在する「正統性」と「安全保障」という二つの対決要因を軸とする新たな均衡解を探ることであった。

ここでの正統性をめぐる対決とは、韓国と北朝鮮がそれぞれ国内外で統一の主体として認知されることを目指し、競い合うことを指す。その課題は、統一を究極目標とする分断国家にとって宿命的呪縛を意味した。朝鮮半島に二つの政権（政府）が厳然と存在するにもかかわらず、南北双方はその現実から目をそむけ、朝鮮半島における唯一的正統性を主張し合った。正統性次元での競争は、通常の国家間に見られる外交関係と同じではありえない。韓国にとって北朝鮮は未回収地域「北韓」であったが、北朝鮮は韓国を「米帝」とその「走狗」によって占領された「南朝鮮」と規定していたからである。しかしこうした認識枠組みは、米中和解を機に修正を余儀なくされる。

デタント期における正統性競争の主な舞台は、国際連合（以下、国連と略記）であった。なぜなら、国連は早くから韓国を朝鮮半島における「唯一合法政府」と認め、さらに米韓の代弁者として朝鮮戦争の一方に加担することで、朝鮮問題に深く関与したからである。朝鮮戦争を通じて国連を敵に回した北朝鮮は、「唯一合法政府」のお墨付きを韓国だけに与える根拠となっていた「国連帽子」(8)に異議を唱え、韓国と同等の国際的地位を確保するうえで、米中接近を絶好の機会ととらえた。朝鮮戦争中に国連から「侵略者」という烙印を押された中国も、台湾を排除したうえで国連に復帰した余勢を駆って、北朝鮮の主張を後押しした。他方、韓国と米国にとってこの「国連帽子」の喪失は、既得権としての「唯一合法性」と、国連を後ろ盾とする「正義」を損なうことに等しかった。

正統性の問題が国家の政治的アイデンティティに関わる問題であるとすれば、在韓米軍に象徴される安全保障問題は、国家の生存や独立を左右する課題である。米韓同盟にとって、在韓米軍は中朝同盟の脅威に対応し、韓国を守り停戦体制を維持する抑止力であったが、中国と北朝鮮はこれを統一の障害要因とみなし、かつ自陣営の安全保障を脅かす脅威ととらえた。しかし米中関係の変動は、在韓米軍の位置づけそのものにも動揺を与えるであろう。

対中和解という戦略的目標の実現にあたっては、在韓米軍の駐留とその位置づけに関する共通了解――少なくとも在韓米軍が中国を標的としていないことを中国が理解すること――が必要であった。しかし、在韓米軍に対する米中両国の戦略的アプローチが、都合よくそれぞれのジュニア・パートナーの立場と一致したわけではない。在韓米軍をもって鉄壁の対北抑止体制を誇る韓国にとって、その位置づけの動揺は国家存立の危機そのものであった。他方で、自らの安全保障環境を改善しつつ「南朝鮮革命」という国家目標を追求する北朝鮮は、目の上のこぶのような在韓米軍の撤退を執拗に迫った。在韓米軍をめぐる関連諸国間の認識の齟齬は、朝鮮半島をめぐるデタントの方向性を左右する核心要因であった。

正統性と安全保障は、デタント期を通じて米中間レヴェル、南北間レヴェル、国連レヴェルの三つのレヴェルで同時並行的におこなわれた「平和・統一論争」の中心的争点であり、これらをめぐる関連諸国のせめぎ合いは、朝鮮半島の分断構造を不断に再定義しながら展開された。正統性をめぐる競争は、統一の主導権争いを軸に南北間関係をつねに相対化し、安全保障をめぐる競争は、在韓米軍に象徴される分断構造の物理的な規定要因であり続けた。それだけに、これら二つの争点をめぐる対立の収斂は、朝鮮半島の分断構造を根本的な変化、すなわち停戦体制の解体に向かわせたはずであった。

ここであらためて強調したいのは、デタント期におけるこの二つの争点が、さしあたり米中間レヴェルで調整されてから南北間レヴェルに反映される形式を取っていた点である。米国と中国は、両国の戦略的利益に合わせて朝鮮半島の将来を決定すべく、朝鮮問題に関する秘密裏の交渉を頻繁におこない、同盟政策をもって交渉の結果を分断構造に投影させせようとした。もっぱら当事者間の関係によって説明されがちであった朝鮮問題の背後には、米中両国の戦略的行動という、より大きな構造的要因が働いていたのである。この米中ファクターを軸に置いて考えることによって、デタント期における朝鮮問題をより立体的に描くことが可能になるだろう。

もっとも、こうした米中の働きかけが朝鮮半島情勢に反映されるメカニズムは、実際にはかなり複雑であった。朝鮮半島における特異な対立構造が、再三にわたって米中の戦略的意図を変形させる応力場を形成していたからである。こうした文脈から考えれば、一九七〇年代前半の朝鮮半島をめぐる国際政治は、主として①米中関係、②米韓および中朝の同盟関係、③南北関係という三つの関係の組み合わせにもとづく、「関係の連鎖」の相互作用のなかで展開し

図 0－1　米中関係の変動と朝鮮半島停戦体制を取り囲む国際関係の変化

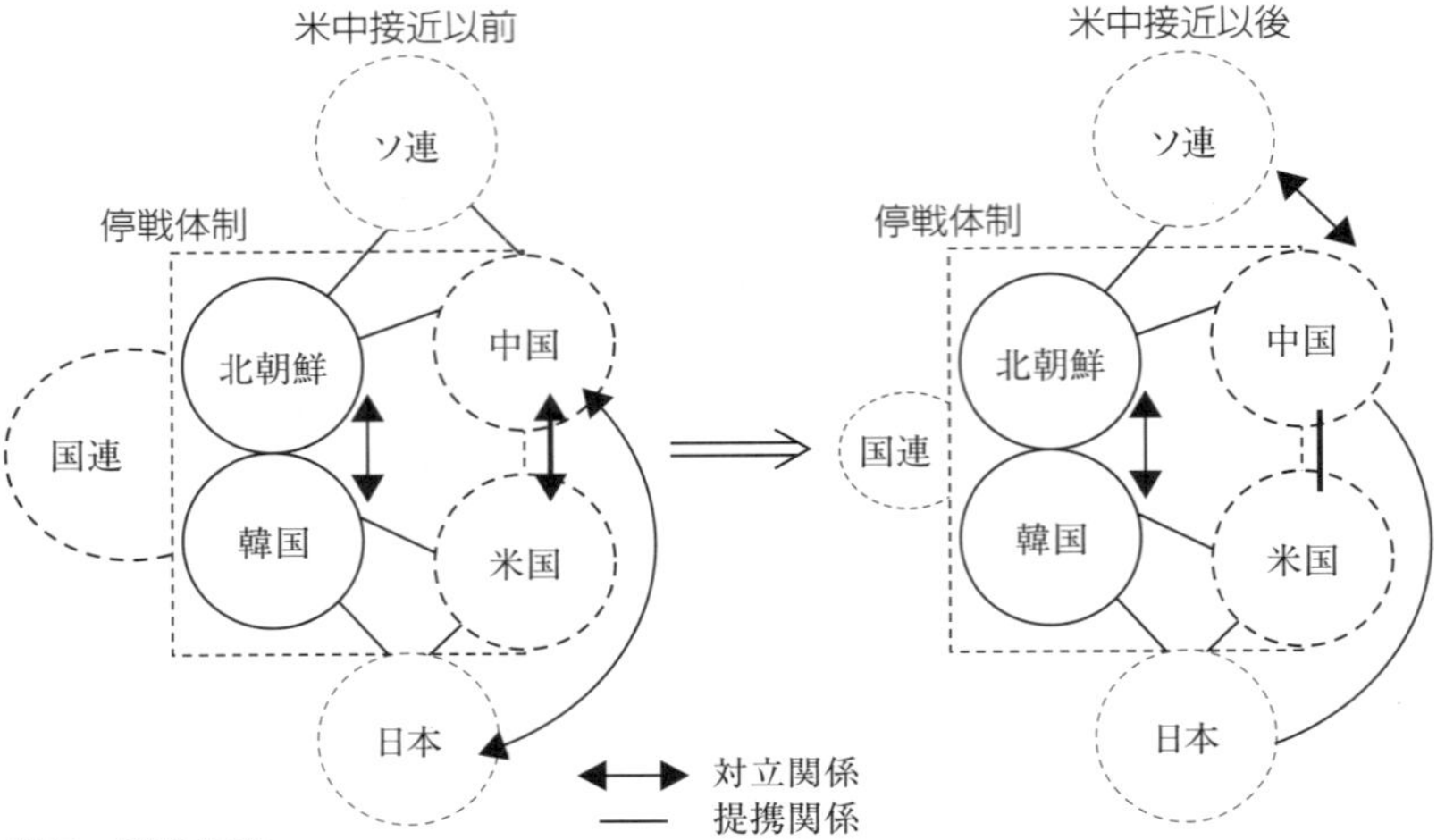

出所：筆者作成。

た。ここに朝鮮半島におけるデタントの内在的矛盾が潜んでいたのである。

このことを、図を用いてよりわかりやすく説明しよう（図0－1参照）。米中接近は、朝鮮戦争以来構築された朝鮮半島をめぐる「米韓対中朝」の対決構造を南北間の対決に局地化することに成功した。米中和解にともなう友敵関係の組み替えは、米韓および中朝同盟と南北関係の動揺をもたらし、停戦体制の性格を構造的に変質させていった。[9] この際、これら三つの関係における最大の争点は、すでに述べたように、正統性と安全保障（在韓米軍）という二つの朝鮮問題であった。そして、この三つの「関係の連鎖」における主要アクターは国家（具体的には政策決定者）である。米中和解や南北対話は、秘密外交の典型ともいえるほど、極少数の権力エリートの独占的な権力行使によって排他的におこなわれたからである。

なお、図0－1において朝鮮半島停戦体制に寄り添う国連の存在は、停戦体制の制度的一側面を反映している。停戦協定の署名者としての国連、国連軍としての在韓米軍、国連の「軍事的介入」を象徴する国連軍司令部（UNC）、国連の「政治的介入」の拠点となる国連朝鮮統一復興委員会（UNCURK）[10]は、朝鮮半島停戦体制が国連を媒介とする国際制度に属することを物語る。それゆえ、デタント期における朝鮮半島停戦体制の動揺は、国連の介入を前提にする国際制度に重大な修正を迫るものでもあった。米中接近と米中両国の共同介入によって、朝鮮問題は脱国連化し、同時に地域化を志向しはじめる。(11)

史料と構成

デタント期の朝鮮半島をめぐる国際政治史には、依然として不透明な部分が多い。しかしその一方で、米国と韓国の史料公開にともない研究環境が整いはじめたのも事実である。とりわけ、一九九九年秋以後に米国側で公開されつつある膨大な量の公文書は、米中和解期の朝鮮問題を探るうえで欠かせない。そのなかでも米国立公文書館所蔵のニクソン文書群にある国家安全保障会議（ＮＳＣ）関連文書は、当時、米国政府の対外政策がニクソンとヘンリー・キッシンジャーを中心に方向づけられたことに鑑みれば、(12)きわめて有用な手がかりを提供してくれる。

他方で中国が、断片的ながらも、対米関係と朝鮮半島政策に関する史料を徐々に整理・公開しつつあることは注目に値する。一九九〇年代以後出版されている事実上の公式歴史書は、これまで確認できなかった史実に対する中国政府の立場を記述している。(13)なお、近年活発に公開されつつある東欧側の一次史料は、これまでブラック・ボックスであった冷戦期の中朝関係の深部について、新たな知見をもたらしている。もっとも、北朝鮮そのものについては依然として不明瞭な点が多く、(14)現状では『労働新聞』、『金日成著作集』などの公刊史料に依存するしかない。完全とは言いがたいこれらの史料を相互補完的に用いつつ、デタント期における朝鮮問題の動向を分析することは、これまで注目されてこなかった米中関係と朝鮮問題との関連を解明するにとどまらず、グローバル冷戦の終焉以後の朝鮮半島をめぐる国際政治をより深く理解するために必要不可欠である。本書では、このことを念頭に置きつつ、以下の手順で分析を進める。

そもそもデタント期に浮き彫りになった正統性と安全保障をめぐる争点は、朝鮮半島「分断史」に組み込まれた歴史的争点である。第一章では、予備的考察として、それぞれの争点をより明確に規定したうえで、その歴史的背景を検証する。次いで、米中接近直前の一九六八年における緊迫した朝鮮半島情勢を、同盟関係に焦点を当てて分析することによって、米中接近以前と以後の朝鮮半島情勢の質的な差異を明らかにしたい。

第二章から第六章では、米中両国は相互接近を通じて朝鮮問題にいかなる調整を加えようとしたのか、また南北双方は米中の動きにどのように対応しようとしたのかを、おおむね時系列的に検討する。ここで年度に従って章分けするのは、一九六九年以後の米中関係、南北関係、同盟関係が、ほぼ年度ごとに一定の区切りをつけながら変動した傾向が強いと思われるからである。たとえば、米中関係は、一九七一年以後に毎年おこなわれたキッシンジャーの訪中に大きく左右され、しかも、そのときどきのキッシンジャー・周恩来《チョウオンライ》（または毛沢東、鄧小平《ダンシャオピン》）会談では、朝鮮問題をめぐる秘密「取り決め」ともいうべき接点が設けられた。

そして第二章では、米中「接近」[15]の時期に相当する一九六九年から一九七〇年までの米中関係と朝鮮半島情勢を考察する。そこでは、米中の歩み寄りとこれにともなうニクソン政権のアジア戦略の転換（とくに在韓米軍一個師団の撤退による米韓同盟の動揺）、中ソ紛争の激化と米日韓三角体制の成立を背景にした中朝同盟の復元などの急激な情勢変化を受けて、朝鮮半島が徐々に緊張緩和に進む経緯が明らかとなるであろう。こうしたなかで、一九七一年に二度にわたるキッシンジャー訪中を通じておこなわれた米中秘密会談では、朝鮮半島における正統性と安全保障問題をめぐる両国間の取引が本格化した。第三章では、このような米中「対面」と朝鮮問題との関連性を追跡しつつ、ニクソン訪中発表直後に南北赤十字会談が開始され、分断構造が変動しはじめる経緯を分析する。

論を進める過程で明らかになるように、米中関係と南北関係は深く連動するが、必ずしも並行するものではなかった。米中両国が繰り返し確認する朝鮮半島に対する「共同の影響力」行使と、南北双方が正統性および安全保障をめぐって争う朝鮮半島の現状とのあいだには、相当の「幅」が存在する。米中両国は、分断構造の現状維持にもとづいた朝鮮半島の安定化に向けて、UNCURKの解体に協力し、なお、在韓米軍の「安定力」としての役割に合意する。

しかし、このような「上からのデタント」に対する南北双方の不安と反発は、分断構造そのものを歪めていく。そこで、第四章と第五章では、一九七二年から一九七三年にかけての朝鮮問題に関する米中の接点づくりと、それに対する朝鮮半島レヴェルの反応を追跡する。この部分の分析では、とりわけ在韓米軍問題をめぐる米中と南北間の認識のズレが明らかにされるであろう。

さらに、第六章では、その後の一九七四年から一九七五年にかけて米中関係がやや停滞するなか、正統性と安全保障をめぐる競争が一応の終息をみる過程を検証する。米中両国は、表面的にはそれぞれ韓国と北朝鮮を代弁し国連の場で真っ向から対決しながらも、「裏」の交渉では、依然として朝鮮半島の安定化という戦略的利益にもとづいて朝鮮問題への協力意思を相互に確認し続けた。米中の「共同の影響力」のもとで管理された分断構造は、米中接近以前とは根本的に異なっていた。以上を通して、米中和解を契機として朝鮮半島に立ち現われた国際政治の全体像が明らかにされるであろう。終章では、本書に散りばめられたさまざまな発見や解釈を総括したうえで、本書が追いかけてきた歴史的事実の現代的な意味についても言及したい。

第1章　二つの争点と米中ファクター

南北関係の本質的特徴は、南北双方が互いに朝鮮半島における代表性を主張しつつ統一国家を目指す競合関係にあり、その競合関係には安全保障と正統性をめぐる対立が不可避であった。これら二つの争点は、朝鮮半島における軍事的・政治的な脅威の源泉であると同時に、それぞれの分断国家が相手を圧倒し統一を勝ち取るうえでの戦略的利益をもたらす。南北関係に見られる相手の排除を志向する国家同士の関係は、マレーシア出身の政治学者ムタイア・アラガッパによれば、一方の利益が他方の損失になるゼロ・サム・ゲームに帰結しがちである。

朝鮮戦争の「和解なき停戦」以来、韓国と北朝鮮はそれぞれ「収復」（勝共統一）と「解放」（南朝鮮革命）という標語に集約される統一論を掲げて激しく争った。正統性をめぐる競争で優位に立てば、自らの政治秩序の正しさが内外に認知される可能性が高まり、統一の主導権を握る大義名分が強められるであろう。これに対して在韓米軍に象徴される安全保障の問題は、統一を勝ち取るために必要な物理的強制力に関係し、ひいては南北両国家の存続可能性を規定する実際的問題であった。

朝鮮半島の文脈において、正統性と安全保障の問題は二つの独立した争点ではなく、むしろ相互補完的な性格を強く帯びていた。たとえば朝鮮問題の焦点のひとつである在韓米軍は、中朝連合戦力に対する抑止力であると同時に「国連帽子」をかぶる国連軍でもあった。したがってその位置づけは、純粋な軍事的安全保障の次元を超え、正統性をめぐる競争にも深く関わらざるをえなかった。しかも安全保障と正統性をめぐる南北間の二重の競争は、当初から米国と中国の深い関与のもとに進められ、それゆえに東北アジアの地域秩序それ自体を変形させるインパクトさえもっていた。南北間の交渉のみによる朝鮮問題の決着がいまなお構造的に困難である原因の一端は、この点に求めることができよう。

本章では、まず朝鮮半島における正統性と安全保障をめぐる競争の概念的かつ歴史的な背景を米中ファクターと関連づけて概説したうえで（第一・二節）、デタントの「前夜」にあたる一九六〇年代末における朝鮮半島情勢について、主として米韓および中朝同盟の視点から検討する（第三節）。

一　正統性をめぐる競争の起源と展開

(1) 韓国と北朝鮮における正統性問題

朝鮮問題の核心的要素のひとつは、祖国統一を目指す南北の相互応酬から生じる複雑なアイデンティティの衝突である。事実として存在する「国家」への帰属意識を強調する一方で、統一的な民族アイデンティティを強く求める両者の関係は、極限的な近親憎悪のかたちをとっていた。すなわち南北関係は、統一の主導権と大義名分を得るために、相手の存在自体を徹底的に否定する「絶滅主義」（exterminism）を掲げる熾烈な体制間闘争となって現われたのである。

こうした分断と対決の現実は、両国民の心の奥底に偏見や思い込みによる相互排他的な感情を増幅する「分断病理症」を内面化させていった。南北双方の政権担当者は、朝鮮半島における正統性の独占を至上命題として標榜せざるをえず、逆に祖国統一の目標を放棄することは、権力行使の根拠そのものの否定に等しかった(6)。こうして南北の指導者は、統一と体制間競争というテーマを権力維持の手段として最大限に利用できたが、そのことがアイデンティティの矛盾を拡大し、南北競争の熾烈化を招く悪循環さえ生じていたのである。

分断状態が長期化する過程において、時には開発や産業化をめぐり、時には国際社会における地位獲得をめぐって展開した南北の競争は、しばしば誹謗中傷の応酬をともなった。一九七〇年代以来、互いにカウンター・パートナーとして認め合い直接対話に臨んだ南北が、統一への合意形成に難渋し、貴重な合意(7)さえも水泡に帰する恐れにさらされていたのは、国家の存続理由と深く結びついた排他的正統性に南北双方が執着していたからである。いかに相手を苦境に追い込み、相手より有利な立場に立つかを追求する正統性競争は、戦争という苛烈な形態へと発展する危険性をつねに孕んでいた。

南北間で本質的緊張をともないつつ多岐にわたって展開された正統性競争のなかでも、デタント期を特徴づけたのは、とりわけ国連を主な舞台とする代表権または当事者能力をめぐる攻防であった。それまで潜在化していた「唯一合法性」をめぐる南北間の葛藤は、国連を舞台としてこの時期に一気に噴出し、他国を巻き込む熾烈な権力闘争へと発展するにいたった(8)。

序章で述べたように、国連は早々と韓国のみを朝鮮半島における「唯一合法政府」として承認し、さらに朝鮮戦争では韓国側を代弁して停戦協定締結の一翼を担った。朝鮮戦争以来、国連総会にオブザーヴァー資格で参加して独自の統一案を訴える韓国の立場はそのまま国連朝鮮統一復興委員会（UNCURK）報告書に盛り込まれたが、国連総会はこれを毎年承認することで韓国に対する政治的支持を表明してきた。少なくとも一九六〇年代まで国力において北朝鮮より相対的に劣勢であった韓国が、正統性をめぐる競争で北朝鮮に対して優位を誇ることができたのは、国連というもっとも普遍的な国際機関によって支えられたからにほかならなかった(9)。韓国の統一案が、北朝鮮という「失地」の回復に国連の介在を前提としたのも当然であった。

これに対して北朝鮮は、国家樹立以来、「民族自決」を掲げて国連の不当介入を糾弾することで韓国の「唯一合法性」を傷つけるか、さもなければ、国連の権威を認めるなかで少なくとも韓国と対等な地位を確保し、究極的にはその唯一合法性を奪い取ることを目指した。[10] さらに、北朝鮮にとってこの国連に関わる正統性の問題は、UNCURKを後ろ盾としながら「国連帽子」をかぶることで大義名分を得ていた在韓米軍の駐留根拠を揺さぶり、その撤退を迫ることで、安全保障をめぐる競争で優位に立つためにもきわめて重要であった。南北双方が国連を正統性確保のための主要なアリーナと位置づけ、「外交中の外交」として国連外交を最も重視した所以である。[11]

この唯一合法性をめぐる攻防は、米国と中国の深い関与によっても特徴づけられていた。後に述べるように、国連を背負って立つ米国は、中国と北朝鮮を敵視し、その実体すら認めようとしなかったが、デタント期に入って中国が自力で国連に復帰し（中国と国連の和解）、また米国が中国を承認すると（米中の和解）、韓国だけが享受してきた正統性（唯一合法政府）はもちろんのこと、国連の正統性付与能力そのものが問われるようになる。UNCURKをはじめとする「国連帽子」を解体し朝鮮問題を国連から切り離す一方、周辺大国による南北の「クロス承認」[12]という妥協案がこの時期に浮上したのは、米中和解の結果として生じた朝鮮半島の正統性に関する矛盾を解消するための工夫でもあった。以下では、国連を舞台とした正統性獲得のための競争、すなわち唯一合法政府をめぐる攻防の歴史的経緯を明らかにする。

(2)「唯一合法性」をめぐる攻防

一九四五年八月の第二次世界大戦の終了とともに、三五年間にわたる日本の植民地統治から解放された朝鮮半島では、実効的な統治主体の不在による深刻な「権力の真空状態」が生じた。この真空を埋めるかたちで、旧日本軍の武装解体を名目にして朝鮮半島に進駐した米ソ両国は、朝鮮半島独立と統一政府樹立をめぐって協議する。しかし、ヨーロッパで始まった東西冷戦がアジアにも影を落としはじめるにつれて、米ソ共同委員会は決裂した。これを機に、米国は一九四七年九月、朝鮮半島独立問題を第二次国連総会に付託した。これが朝鮮問題への国連の関与の始まりである。

国連総会は、決議第一一二（Ⅱ）B号を通じて国連臨時朝鮮委員会（UNTCOK）を設置し、一九四八年五月一〇日に朝鮮半島全域で実施される予定であった総選挙の監視に備えさせた。しかし、ソ連占領下の北側では総選挙の実施自体が困難になり、国連総会中間委員会（別名「小総会」）は同年二月、「可能な地域」での総選挙実施を求める決議を採択した。その結果、総選挙は南側地域だけでおこなわれ、同年八月一五日に大韓民国が、北側では九月九日に朝鮮民主主義人民共和国がそれぞれ成立し(13)、朝鮮半島に独自の合法性と正統性を主張する二つの政府が誕生した。

これを受けて開催された一九四八年一二月一二日の第三次国連総会は、総会決議一九五（Ⅲ）号を通じて、韓国政府を「唯一合法政府」と位置づけると同時に、UNTCOKに代えて国連朝鮮委員会（UNCOK）を新たに設置し、朝鮮半島統一と民主政府の発展支援の任務を課した(14)。ここで指摘すべきは、この決議における「唯一合法政府」が朝鮮半島全体を代表するものではなく、いいかえれば必ずしも北朝鮮の正統性を否定してはいなかったということである。同決議は、「UNTCOKが観察し、かつ協議することができたところの朝鮮の大多数が居住している地域で、有効な支配と管轄権を及ぼす」大韓民国政府が、「朝鮮半島における唯一のそのような政府」であるとしていた（第二項）。厳密にいえば、ここでの「唯一合法性」の効力は韓国政府の施政権が及ぶ朝鮮半島の南側に限定される。

にもかかわらず、国連が右の決議を通じて、北朝鮮に対するいかなる判断をも留保したうえで韓国だけを唯一合法政府として認定したこと自体は、正統性をめぐって争う南北双方にとってきわめて重要な意味をもっていた。その背景には、国連安保理におけるソ連の拒否権行使を避けようとする米国の意思が働いていた。米国は、朝鮮問題に関する決議を(15)多数決の論理が支配する総会に付託し、韓国政府のみを承認させるという成果を勝ち得たのである(16)。

興味深いことに、一方でこうした国連の集合的判断を「米帝傘下の挙手機によって朝鮮問題を米帝の主張どおり決定した[17]」と非難する北朝鮮は、他方では国連から韓国に匹敵する正統性を獲得しようと必死であった。実際に北朝鮮が一九四九年二月九日付で国連に提出した国連加入申請書の前文には、つぎのように記されていた。

朝鮮民主主義人民共和国は、（中略）国連の原則と目的を全面的に支持し、国連憲章に従いこのような原則と目的を追求するにあたり、すべての国連会員国と協力すべきであるという義務を守る心構えでございます。[18]（以下、本書全体を通して、引用中の括弧内はすべて引用者による）

この史料は、北朝鮮さえもが国連の正統性付与能力と権威とを暗黙裡に肯定していたことを示唆する。そして、一九五〇年六月の朝鮮戦争[19]において、南北間の勢力関係を実力で一挙に覆そうとする北朝鮮の挑戦は、国連の旗印を掲げた米国の全面介入によって挫折を余儀なくされた。米国が主導する国連は三つの安保理決議を矢継ぎ早に採択し、組織の発足以来初めて軍事力をもってこれに対応した。米国は朝鮮戦争への対応を、韓国のみならず、自らのイニシアティヴで創設した国連の威信と運命に関わる問題としても認識したのである。[20]

戦争勃発当日（六月二五日）に米国とUNCOKが北朝鮮の南侵を報告すると、安保理はソ連のボイコットのなかで即時停戦を要請する決議（S／一五〇一）を採択した。この決議にもかかわらず戦闘行為が続いたために、二日後の六月二七日には、北朝鮮の「武力攻撃」と「平和の破壊」を撃退すべく韓国を支援するよう建議する安保理決議（S／一五一一）がおこなわれた。[21]これら二つの決議によって軍事介入の法的根拠を取りつけたハリー・トルーマン米大統領は、すぐさま陸海空軍の朝鮮半島派兵を発表するとともに、中国の台湾攻撃を防ぐ目的で、第七艦隊による台湾海峡封鎖と台湾の「中立化」を命じた。次いで安保理は、七月七日、以上の決議にもとづいて「米国指揮下の連合司令部」の設置を勧告し、しかもこの司令部が国連旗を使用することを認めた（S／一五八八）。オマール・ブラッドリー米統合参謀本部（JCS）議長が当時述べたように、「国連による援助という装い[22]」が整った。米軍のヨロイに国連のコロモが着せられ、七月二五日、米極東軍を中核とする国連軍司令部（UNC）が新設された。

さらに、一九五〇年九月一五日、国連軍の仁川《インチョン》上陸作戦を契機に戦況が一変したことを受け、国連総会は「全朝鮮にわたって安定した状態を確保し」（傍点は引用者）、「統一・独立・民主政府」を樹立することを勧告する決議三七六（V）号（一九五〇年一〇月七日）と四九八（V）号（同年一一月六日）を採択した。これらによって、国連軍は北緯三八度線以北まで進軍する法的根拠を確保し[23]、新たに設置されたUNCURKがUNCOKに取って代わった。

UNCURKは、「朝鮮半島の統一した独立かつ民主的政府の樹立を達成するにあたって国連を代表すること」を任務のひとつとし、その年次中間報告書を国連総会に提出することを義務づけられた。これによって朝鮮問題は毎年国連総会に自動上程されることになり、UNCURKは朝鮮問題への国連の政治的介入の象徴として確固たる位置を占めるようになった。要するに、米国と国連は戦況の好転を機に朝鮮問題への介入を正当化する国際機構としてUNCURKを立ち上げ、これを韓国の「唯一合法性」の梃子として利用しようとしたのである。

しかし、国連軍の北進、すなわち米軍の「巻き返し」への転換は、武力による統一国家建設と米軍の大陸進出の可能性を示唆し、このことはやがて中国の直接介入に道を開いた[24]。一九五〇年一一月に始まった中国人民志願軍（投入兵力の実数については諸説あるが、中国側は一五〇万、米韓側は一〇〇万人ともいわれている[25]）の参戦は、国連軍司令官のダグラス・マッカーサーが述べたように、この戦争を「まったく新しい戦争[26]」に変質させただけでなく、朝鮮半島をめぐる従来の対立構造の性格を一変させるものであった。国連総会は翌一九五一年二月一日に中国政府による「侵略」を認定したうえで、敵対行為の中止と軍隊の引き揚げを中国に要求した（決議第四九八〔V〕号[27]）。

この「中国侵略者決議」に猛反発した中国政府は、周恩来《ヂョウオンライ》外交部長（政務院総理兼任）名義の声明を通じて、「アメリカの侵略部隊が大々的な攻撃と虐殺を継続しているのに、逆にわが国に侵略者の濡れ衣をきせている[28]」と米国に対する敵意を露わにした。にもかかわらず米国主導の国連総会は、中国と北朝鮮に対する武器および戦略物資の禁輸措置（embargo）を骨子とする「中共弾劾案」（決議第五〇〇〔V〕号）を採択し（一九五一年五月一八日）、非加盟

朝鮮戦争の停戦協定にそれぞれ署名する，マーク・クラーク国連軍司令官（右頁上）と彭徳懐中国人民志願軍最高司令官（右頁下），金日成朝鮮人民軍最高司令官（1953年7月27日）。この協定に韓国は署名しなかった［韓国国家記録院所蔵］

国である中国を北朝鮮と一括りにして「敵性団体」（belligerent party）と断定したのである。

　こうして国連における中国の正統性問題は、北朝鮮のそれと結びつけられるようになり、国連を後ろ盾にする米韓と、それに抵抗する中朝との対立構造が成立した。米国は中国を封じ込め、孤立させ、圧力を加えて弱体化させることに加えて、国連における北京政府の正統性を拒む法的根拠としてこれらの国連決議を利用した。それに対して、朝鮮戦争によって国連と敵対関係になった中国と北朝鮮は、国連の権威そのものの否定にはいたらないまでも[29]、「米帝国主義に悪用されている」国連に対して仮借ない非難を浴びせ続けた。こうした対立の図式は、国連と中朝とが一九五三年七月二七日の軍事停戦協定の署名者となるかたちで制度化する[30]。

　正統性をめぐる競争は、停戦協定成立後も、同協定第四条六〇項に示された「朝鮮問題の平和的解決」と「外国軍の朝鮮半島からの撤退」などの戦後処理問題を処理することを目的として、一九五四年四月から開催された「ジュネーヴ会談[31]」を通じて、熾烈さを増していった。国連の場を離れ、多国間の政治協議のかたちを取ったこの会談において、最大争点のひとつは国連の権威および権限を認めるか否かであった。

米韓側は国連軍の駐留の是非を曖昧にしたまま、あくまで国連決議に準じて「国連監視下の人口比例自由総選挙」の実施と中国人民志願軍の撤退を求めたのに対し、中朝側は終始一貫して「朝鮮問題の脱国連化」を図った[32]。北朝鮮の南日《ナムイル》外相はあらためて朝鮮半島からの外国軍の撤退を訴えた後、南北代表者による「委員会」を設置し、そのうえで、朝鮮半島の平和的発展をジュネーヴ会談参加諸国が保障する多国間協議を提案した[33]。五月二二日の同会談で、周恩来中国外交部長が北朝鮮提案に対する追加条項として提示した総選挙監視のための「中立国監視委員団」設置案も、「国連排撃」に向けられていた[34]。

こうした中朝の脱国連化戦略の目的が、朝鮮問題から「国連帽子をかぶった」米国の影響を可能な限り排除し、米国および韓国と対等な政治的・法的地位に立つことにあったのは明白である。朝鮮戦争で韓国軍の作戦指揮権（以下、「作戦統制権」に統一して記述[35]）が国連軍司令官に移譲され、停戦協定にも韓国軍が署名しなかったことを中朝側があえて不問に付し、韓国政府との対話にもとづく朝鮮問題の「民族内部化」または「局地化」を主張したのも[36]、脱国連化戦略の一環であったと思われる。しかし、こうした意図が透けて見える中朝側の提案に、国連の権威に依存しようとする米韓側が快く応じるはずもなかった。周恩来が「意見の一致と不一致点の貸借対照表を作ることが必要である」として討議の継続と脱国連化の維持を主張したにもかかわらず、米韓側は六月一五日、「一六カ国共同宣言」を通じて国連の朝鮮問題への権限を再確認したうえで、ジュネーヴ会談の打ち切りを一方的に宣言した。朝鮮問題の解決は、ここで決定的に、近い将来におけるアジェンダから除外されてしまったのである。

停戦協定の平和協定への転換を目指した多国間政治会談が、このように国連の権威をめぐって対立したあげく決裂すると、一九五四年一二月一一日の第九次国連総会では米韓側の主張をそのまま反映したＵＮＣＵＲＫ報告書が承認され（決議第八一一〔Ⅸ〕号）、国連自らが朝鮮問題をふたたび引き取ったのである。これ以降、国連の場では、韓

表1-1　国連総会における朝鮮半島統一関連決議案の得票率（米韓側案）

総会	年度	賛成率（％）	総会	年度	賛成率（％）	総会	年度	賛成率（％）
8	1953	92.0	16	1961	57.6	24	1969	57.0
9	1954	83.3	17	1962	57.3	25	1970	53.0
10	1955	73.3	18	1963	58.5	26	1971	—
11	1956	71.2	19	1964	—	27	1972	—
12	1957	65.8	20	1965	52.1	28	1973	—
13	1958	66.6	21	1966	59.9	29	1974	44.2
14	1959	65.8	22	1967	55.7	30	1975	41.2
15	1960	—	23	1968	56.3			

出所：中央情報部『韓国問題に関するUN決議集（1947–1976）』（ソウル：1977年），75〜76頁より作成。

国支持派の諸国が、韓国代表のみの招聘と、国連監視下における自由総選挙の実施を骨子とする決議案を提出し、この決議案を圧倒的多数で可決するという図式が定着した。こうした国連の後押しを根拠にして、韓国政府は北朝鮮を中ソの「傀儡政府」と見なし、打倒の対象であると宣伝し続けた。これに対して中朝側は、「国連は朝鮮戦争で交戦団体に転落し、朝鮮問題を公正に取り扱う資格や権威を失った。したがって、同問題に関する国連が採択したいかなる決議も無効である」[37]と反駁した。

しかし、当初は韓国を一方的に利するかたちで展開した正統性次元の競争のありかたは、「アフリカの年」と呼ばれた一九六〇年を境に崩れはじめた。一九四五年の設立当時五一カ国であった国連加盟国は、一九六〇年の第一六次国連総会で一〇〇カ国にまで増えたが、これら新規加盟国の相当数は反西側的な「第三世界」諸国であった。こうした国連における勢力地図の変化に乗じて、北朝鮮の国連外交の基本戦略は、朝鮮問題の「脱国連化」から、国連の場で積極的に代表権を求める「国連化」へと大きく舵を切ろうとしていた。

表1-1にも明らかなように、国連における米韓側の地歩は年々狭められていった。韓国の政治学者、朴稚栄《パクチヨン》によれば、一九四七年から一九七五年までの期間に国連総会で採択された全九一件の朝鮮問題関連決議のほとんどは一九六〇年以前のものであり、同年以後は、拒否または修正された決議案の数が原案どおり採択されたものを上回るようになった[38]。このことは、中ソ関係の悪化と非同盟圏の成長を背景に、北朝鮮が「自主外交」を掲げて攻勢を強めたのに対し、米韓側が

国連の場において既得権を保全するために巻き返しを図ろうとしたことを物語る。

たとえば、一九六一年四月の第一五次国連総会では、米国が提出した例年どおりの決議案に対して、インドネシアは北朝鮮招聘を主張する修正案を提出し抵抗した。これを受けた米国代表アドレー・スティーヴンスンは、インドネシアの修正案に対して「ただし、後者（北朝鮮）は、国連が憲章にもとづいて朝鮮問題に関して行動を取る権能と権威を有することを、あらかじめ明白に受諾することを前提にする」との条件付き再修正案を提起するにいたった(39)。米国にとってこの条件付き招請案は、北朝鮮の国連浸透を阻止するための苦肉の策にほかならなかった。北朝鮮が国連進出を望んだとしても、それまでの国連の行動をすべて認めるとは想定されなかったからである。同年四月一二日の票決によって米国の「条件付き南北同時招請案」だけが可決されたとはいえ、北朝鮮の招請が提案されたこと自体が国連の勢力地図の変化を物語っていた。しかも、国連総会で北朝鮮代表招請案が票決に付された事実は、まがりなりにも北朝鮮招請の必要性が認められたことを示唆し、国連という舞台における北朝鮮の立場の変化を印象づけることになった。

このように北朝鮮の国連政策が攻勢に転じたもうひとつの重要な背景には、朝鮮戦争後の韓国との総合国力競争において優位に立ったことへの自信があった。この時期の北朝鮮は、あいつぐ政治的・経済的な混迷で苦しんだ韓国とは対照的に、ソ連をはじめとする友好国からの多額の無償援助と国内資源の総動員によって「北朝鮮産業革命」とも呼べるほどの急速な経済成長を成し遂げていた(40)。金日成《キムイルソン》首相は一九六一年九月に開かれた朝鮮労働党第四次大会報告で、「北半部での工業生産は戦後六年間（一九五四〜五九年）にかけて毎年四三パーセントの速度で成長し、六〇年には戦前の四九年に比べて六・四倍まで拡大した」と自負した(41)。

こうした自信を誇示するかのように、北朝鮮は従来の統一路線であった「民主基地論」の代わりに、反米民族解放戦線を構築して在韓米軍を撤退させ、南側の権力を掌握し、北朝鮮主導の統一を勝ち取るという「民族解放民主主義革命論」を掲げはじめた(42)。同時期の韓国側の統一論になぞらえて説明すれば、前者が戦後復興を優先した「先建設後統一」として、革命基地としての北朝鮮の力量強化のみを強調したのに対して、後者では「南朝鮮革命」と「先統一後建設」を中心とする積極的な統一戦略が示され、南側の革命力量の強化にも重点がおかれた。一九六四年二月二七日に開かれた朝鮮労働党中央委員会第四期八次全員会議で、金日成が朝鮮半島の統一路線として示した「三大革命力量論」は、(43)まさに統一優先の革命路線であり、そうした路線を掲げる北朝鮮にとって、国連化戦略とは、韓国を孤立させ朝鮮半島における正統性を確保するための国際革命力量の強化の一環をなしていたのである。

韓国に対する相対的な国力の優位と国連情勢の変化を受けて、北朝鮮は、「われわれこそ朝鮮半島における『唯一の合法的政権』として全朝鮮を代表する本当の政府である」と主張した。(44)さらに、一九六六年の第二一次国連総会でUNCURK解体決議案の上程に成功したことを機に、北朝鮮は、翌六七年以降には国連軍司令部の解体を公式に要求しはじめた。国連軍司令部は、韓国の安全保障が停戦協定の署名者である国連によって確保されている事実を象徴する存在である。これらの機構の解体問題が争点となりつつあったこと自体が、正統性をめぐる南北間の攻防が新しい局面に入ったことを意味した。

一方、北朝鮮側の攻勢を受けて米韓側が講じた方策とは、朝鮮問題の自動上程という従来の方式を、「必要に従って」上程する「裁量上程」に転換することであった。すなわち、UNCURKの報告書を国連総会ではなく事務総長に提出することで、朝鮮問題の自動上程を手続き上回避したのである。朝鮮問題の裁量上程を求める決議案（総会決議第二四六六号）にもとづき、上程に関する「裁量」を任された事務総長は、実際には特別な事情がない限り上程を見送った。こうした米韓側の対応は、国連外交における窮地を脱しつつ、朝鮮問題への国連の介入を排除しようとする北朝鮮のもくろみを牽制する戦術であった。しかし、朝鮮問題の裁量上程化はそれ自体変則的かつ場当たり的であって、従来の自動上程方式が韓国にむしろ不利益をもたらしはじめたことに正面から対応する措置ではなかったために、やがて修正を迫られることになる。(45)

国連における正統性をめぐる競争の構図は、一九七一年一〇月、中国が国連議席を獲得することでふたたび質的変化の局面を迎える。[46] 中国の国連加盟は、中国代表権の交替にとどまらず、従来の米国主導の国連の役割にも変化を促していた。[47] 国連自身が侵略者と規定した中国が中枢に迎えられたことは、朝鮮戦争を通じて生まれた「国連対中朝」の枠組みの実質的空洞化を物語っていた。中国が国連加入直後、自国と北朝鮮に押された「敵性団体」の烙印として朝鮮戦争中に採択された国連決議の無効化を公式に要求すると、[48] 米国はこれを「歴史の書き直し」または「国連体制の損傷」と受けとめ、深刻に対応せざるをえなかった。[49]

このようにみれば、北朝鮮が中国の国連復帰に大いに刺激され、より攻勢を強めながら国際舞台への進出を図ったのも当然であった。北朝鮮の試みは、中国の国連復帰が象徴する「普遍性の原則」（principle of universality）とあいまって、[50] 国連専門機関への加入などのかたちで着実に実を結んでいった。北朝鮮は、米中接近を機に韓国と同等の法的地位の要求を越えて、自らを主役とする「一つの朝鮮」を掲げたうえで、韓国が独占してきた「唯一合法性」を奪おうとしていた。それは、台湾を放逐した中国が「唯一合法政府」として蘇ったのと同じ道であった。米中両国が、和解の前提として朝鮮半島の正統性問題に介入せざるをえなかった理由は、まさにこの点にあった。

二　在韓米軍の位置づけ

(1)「抑止力」としての在韓米軍

冷戦期における在韓米軍の軍事的役割は、大まかにいえば、対ソ抑止、中朝連合戦力に対する抑止、対北朝鮮抑止に加えて、抑止に失敗した際の防御であった。[51] 米国は自らの世界戦略と東北アジア戦略に従い、その抑止の相対的な比重の置き方を調整しつつ、在韓米軍の軍事的役割を位置づけてきた。だが、にもかかわらず、圧倒的な長期間にわたって在韓米軍が最優先の抑止対象としてきたのは、中朝連合戦力の脅威である。

朝鮮戦争以来、米国は、アジアではソ連ではなくむしろ中国を、より教条主義的で好戦的な敵対国として、また重要な脅威として捉えてきた[52]。米国が一九五三年七月の停戦協定締結以後も相当規模の米軍を韓国に駐留させた法的根拠は米韓相互防衛条約（一九五三年一〇月調印、翌五四年一一月発効）であったが、より巨視的にみれば、それは「悪の権化」中国に対する封じ込め戦略の一環にほかならなかった[53]。米国は、中国が朝鮮半島のつぎにインドシナや台湾に攻撃をかけてくる事態を想定し、これに対抗するために非共産圏への関与を強め、同盟の強化と地域における集団安保体制の構築を図ったのである[54]。

ドワイト・アイゼンハワー政権が、停戦協定の違反行為に該当するにもかかわらず一九五八年一月から在韓米軍に戦術核兵器を配備したのは、核戦力を用いることで軍事費を効率化し、冷戦の効果的な運用を目指した「ニュールック戦略」と深く関わっているが、そこには在韓米軍を近代化し、中朝同盟の軍事脅威に対する抑止力を強化しようとするより根本的な狙いがあった。在韓米軍の戦術核兵器は一九六八年三月の時点で九七五発に達したとみられているが[55]、西部戦線の米歩兵部隊まで核武装されたことから、戦争に際して核が使用される可能性は非常に高かった[56]。米国はジョン・F・ケネディ政権以後、核戦略をアイゼンハワー政権期の「大量報復戦略」から相対的に通常戦力を重視する「柔軟反応戦略」に転換するが、在韓米軍の核武装方針には大きな変化がなかった。米国は、中国の膨張を抑止するためには、何よりも在韓米軍の核装備が欠かせないと確信していたからである。

リンドン・ジョンソン政権では、対ソ協力のコストを支払ってまで中国を封じ込めようとする方策が頻繁に提起されたが、それほど米国の対中認識は頑なであり続けた。したがって米国のアジア政策からみれば、在韓米軍は、韓国それ自体の防御よりも、対中戦略上の重要性において際だっていたというべきである[57]。ヨーロッパ冷戦の本質が東西ドイツの対立を核とする米ソ対決であったとすれば、アジア冷戦とは米中対決と同義であった。それゆえに、朝鮮戦争以来、米国政府内で在韓米軍削減論が再三にわたって浮上した際に、そのつど議論の鎮静化に用いられたのは、中国包囲網の前哨基地としての在韓米軍の役割認識とセットになった中国脅威論であった[58]。

ソ朝・中朝間の同盟条約とは異なり、[59]米韓条約はたしかに朝鮮半島有事の際の米軍の「自動介入」を明文化していない。[60]このことによって、米韓相互防衛条約締結後も、韓国は米国の防衛コミットメントや「拡大抑止」の信憑性に対する疑念を払拭しえなかった。こうした韓国の不安を決定的に和らげたのが、在韓米軍による「トリップワイヤー」（tripwire＝わなの針金、導火線）の役割であった。在韓米軍の大部分は、板門店《パンムンジョム》地域の停戦管理部隊を含め、北朝鮮あるいは中朝連合戦力の侵略予想通路である西部戦線に配備され、実質的な自動介入の体制を整えていた。[61]こうした米国の地上軍中心の前方防御戦略と自動介入能力こそが、中朝連合戦力に対する「懲罰による抑止」[62]の本質であったといえよう。

北朝鮮と中国が、在韓米軍を統一の障害としてだけでなく軍事的脅威としても受けとめてきたことは、在韓米軍の前方配備および核武装による抑止力が十分に機能してきた証左である。[63]周恩来が一九五四年四月二八日のジュネーヴ会談の席上で、「中国人民は朝鮮がふたたび中国侵略の跳躍台となることを容認しえない」[64]と述べ、米国への敵対感情を露わにしたように、在韓米軍は中国の安全保障を脅かしうる存在であり、したがって中国がこれに対して警戒を緩めることは決してなかったのである。

一九五八年に中国人民志願軍が北朝鮮から完全に撤退し、朝鮮戦争以来の中朝連合軍体制が解体された後、[65]中朝両国は在韓米軍こそが朝鮮半島の平和を妨げる要因であると主張し、その撤退をより強く迫るようになった。北朝鮮は同年二月五日に政府声明[66]を通じて「朝鮮半島からの外国軍即時撤退」を要求して以来、今日にいたるまで在韓米軍の撤退を統一の前提条件として掲げ続けている。中国も、「米国およびその他の朝鮮を侵略している国の政府はいつ南朝鮮から自らの軍隊を撤退させるかについて、いま問わなければならない」[67]として、一貫して人民志願軍の撤退に対応する米国側の行動を要求してきた。しかし、こうした中朝の要求にもかかわらず、米国は、一九五八年から戦術核兵器を装備するなど、在韓米軍の抑止力を強化する方向性を打ち出した。[68]中国が人民志願軍の完全撤退を表明した直後の一九五八年二月一一日、ジョン・フォスター・ダレス米国務長官は在韓米軍の近代化計画を発表したが、これは、台湾海峡危機の昂進とともに、在韓米軍の対中抑止力がむしろ重要性を増したという判断にもとづいていた(69)。

もっとも、このように中朝連合戦力に対する抑止に照準を合わせた在韓米軍の役割が、必ずしも韓国の国家安保戦略(70)と一致したわけではない。なぜなら、中朝連合戦力は重大な脅威のひとつではあるが、韓国にとってのより重要な一次的脅威とは、軍事境界線（ＭＤＬ）をはさんで直接対峙する北朝鮮だったからである。在韓米軍は、北朝鮮が韓国に侵攻した際に、米国の軍事介入を保証する「約束手形」の意味合いが強かった(71)。しかも、北朝鮮を抑止する一次的手段を米国の軍事力に依存してきた韓国は、米国の対韓防衛コミットメント（政策公約）が無制限でなければならないと確信していた(72)。たしかに、韓国の『国防白書』などによれば、全面戦争時において、米国は「作戦計画（ＯＰＬＡＮ）五〇二七」に依拠し、九〇日以内に五個の空母船団を含む艦艇一六〇隻、航空機二〇〇〇余機、陸海空軍および海兵隊六九万人を危機状況に合わせて段階的に増員することになっている(73)。

しかし、米国のたび重なる対韓コミットメントにもかかわらず、維持のコストが高く、遠隔地での地上戦に巻き込まれるリスクも高かった在韓米軍は、韓国防衛の役割それ自体よりも、米国のアジア戦略上の重要性において際だっていた。こうした米国のグローバルな戦略的関心と韓国のローカルな戦略的関心との乖離、米韓間の脅威認識と安保戦略のズレは、在韓米軍の状態変化が同盟関係自体の動揺を招く可能性を高めていた。

実際に、在韓米軍の兵力数でみた米国の対韓防衛コミットメントは、韓国の総合国力の向上とともに、朝鮮戦争以降徐々に縮小されてきた(74)。停戦協定締結直後に八個戦闘師団であった在韓米軍は順次削減され、朴正熙《パクジョンヒ》大統領の第三共和国期（一九六二年一二月～七二年一〇月）には、戦闘師団の第二および第七歩兵師団とその支援部隊からなる六万人規模が一応定着したものの、米国政府内ではなお在韓米軍削減案がくすぶり続けた(75)。とくにケネディ政権は、朝鮮半島における戦争再発の可能性の低下と軍事バランスの好転、費用対効果論にもとづいた財政上の理由などをあげて、韓国軍七万人と在韓米軍一万二〇〇〇人の縮減計画を練った(76)。こうした在韓米軍削減論は、米国の要請と韓国の志願による韓国軍戦闘部隊のヴェトナム派兵によって一時棚上げされ鎮静化するが(77)、一九六〇年代後半に米国がヴェトナム政策の転換に対応する新たな世界戦略を模索する過程で、再浮上せざるをえなかった。

(2) 「安定力」としての在韓米軍

在韓米軍の軍事的側面にもとづくこれまでの検討を踏まえて、ここではその政治的役割についてみよう。在韓米軍の役割を軍事的次元と政治的次元に截然と区分するのは容易ではないが、朝鮮戦争以来、政治的考慮によっても在韓米軍の役割が調整されたことは事実である。在韓米軍の政治的役割は多岐にわたる。第一に、冷戦期の在韓米軍は、米国の共産主義勢力に対決する決意と、同盟国に対するコミットメントの象徴であった。在韓米軍は米韓同盟の具体的公約であると同時に、台湾駐屯米軍・在日米軍とともに米国の日本防衛を保障する証票でもあった。当然のことながら、こうしたコミットメントを提供することによって、米国は韓国など同盟国に対する政治的影響力を保持することができた。

第二に在韓米軍は、韓国と北朝鮮に対する「二重の封じ込め」(dual containment)[78]によって停戦体制を維持する役割を果たしてきた。つまり、在韓米軍は北朝鮮に対する抑止だけでなく、作戦統制権を行使することで韓国軍の「暴走」を牽制し、偶発的な軍事衝突による戦争の再発を事前に抑制する役割をも担っていた。在韓米軍の駐屯の法的根拠である米韓相互防衛条約は、集団防衛の対象地域を韓国側の「行政管轄権」が及ぶ地域に限定したうえで(第三条)、在韓米軍の運用目的も両国の協議に委ねる(第四条)とされた[79]。ことに本条約と同時に韓国側に渡された「合衆国の了解」では、「いずれの締約国も、この条約の第三条のもとでは、他方の国に対する外部からの武力攻撃の場合を除いては、その援助に赴く義務を負うものではない」とされ、韓国による北朝鮮攻撃や武力統一の企てを米国が支援しない旨が明示された。

実際に米国は、意図せざる局地戦に巻き込まれることを避けるために、在韓米軍を通じて韓国軍の過度な増強を制限し、韓国軍が現代戦を独力で戦う能力を実質的に殺いできた。それゆえ韓国軍においては、武器弾薬を国産せず、陸軍偏重の傾向が強く、空軍力と防空体制を在韓米軍に依存することからくる三軍の不均衡が目立っていた。しかしその半面で、米国は、北朝鮮に対する軍事的劣勢に怯える韓国が核武装への誘惑に駆られ、結果的に朝鮮半島および東北アジア地域の安定が脅かされることを大いに懸念した。

在韓米軍に与えられた第三の政治的役割は、交渉手段としての価値である。米国は在韓米軍の存在自体が韓国の対北交渉力を強化すると認識しており、前述の一九五四年のジュネーヴ会談や、デタント期における米中や南北の間の会談においても、在韓米軍問題は有用なバーゲニング・チップとして実際に使われた。なお在韓米軍は、米国が韓国以外の同盟国（たとえば日本）との関係を管理するうえでも重要であり、政治学者のヴィクター・チャが詳しく検証したように、歴史的「負の遺産」に災いされて敵対的感情に走りやすい日本と韓国とを提携させる媒介機能すら期待されていた[80]。

最後に在韓米軍は、朝鮮戦争を通じて獲得した「国連軍」の権威をまとっていた。米極東軍司令部（一九五七年以後には米太平洋軍司令部）の指揮下にあった在韓米軍組織は、厳密には国連軍に属するとは言いがたい[81]。しかし、在韓米軍司令官が国連軍司令官を兼任し、国連憲章とその決議に沿って韓国防衛に従事する限りにおいて、「在韓米軍＝国連軍」の等式は依然として有効だったのである。在韓米軍の「国連帽子」は、在韓米軍の駐留と軍事行動を正統化する有力な根拠であると同時に、国際社会における北朝鮮の脱正統化要因としても機能した[82]。在韓米軍を仇敵とし、その撤退を迫る北朝鮮が、正統性の欠損を補うために、米国との直接的な政治・軍事上の対話を執拗に要求し続けている理由がここにある。

興味深いことに、一九七〇年代前半の米中接近の際に、米国は在韓米軍の役割を朝鮮半島および東北アジアの「安定力」（stabilizer）[83]として再定義する。第五章で詳しく述べるが、安定力としての在韓米軍は、軍事的役割のみならず政治的能力を重要な手段として利用し、朝鮮半島と東北アジアにおける不安定要因を制御する役割を担う。抑止力としての在韓米軍が中朝両国への軍事的圧力を通じて「安定」[84]を追求する存在であるとすれば、安定力としての在韓米軍は、朝鮮半島の安定化以外にも、対ソ（または対日）牽制など、朝鮮半島をめぐる周辺大国間関係の安定化という米中共通の戦略的利益を反映する存在である。いいかえれば、中国が在韓米軍を、軍事的脅威の対象ではなく地域安定に必要な「公共財」として受け入れることで、米中和解と在韓米軍駐留とが両立可能となったのである。

三　デタント前夜、一九六八年

一九六〇年代後半、北朝鮮の対南武力革命路線と韓国の強硬姿勢との相乗作用によって、朝鮮半島は朝鮮戦争以来の緊張に包まれた。北朝鮮による軍事挑発の件数は、一九六七年に前年比で一〇倍以上に増加し、六八年には朝鮮戦争以来最悪の水準に達した[85]。とりわけ、北朝鮮が朴正熙を暗殺するために三一人のゲリラを青瓦台《チョンワデ》（大統領部）五〇〇メートル手前まで浸透させた「一・二一事態」（一九六八年一月二一日）と、この事件のわずか二日後の一月二三日に米海軍諜報船プエブロ号を元山湾《ウォンサン》付近の公海上で拿捕した「プエブロ号事件」は、当時における朝鮮半島情勢の緊迫の度をよく象徴していた。

こうした朝鮮半島の状況は、ヴェトナムにおける事態の展開とも深く連動していた。北朝鮮の武力攻勢は東アジア「第二の戦線」として注目されたが、時を同じくして、北ヴェトナムはケサン攻防戦を収め、一九六八年一月三一日にはヴェトナム全土での一斉攻撃、いわゆる「テト（旧正月）攻勢」を敢行した[86]。テト攻勢以後、米国内では反戦世論が一気に高まり、ジョンソン米大統領は同年三月三一日に、北ヴェトナムと和平会談を開催すると宣言した。

しかし、二つの事件に象徴される北朝鮮の武力路線は、中ソ対立の先鋭化と中朝関係の悪化によって、いずれ限界を露呈する運命にあった。ヴェトナムでの民族解放戦線の活躍に勢いづいた北朝鮮が独力で「南朝鮮革命」を遂行するのはきわめて困難であり、その北朝鮮が対中関係を不安定化させることは、自国の安全保障を脅かすだけでなく、対南行動の深刻な制約要因となりえたからである。

一方、北朝鮮の軍事挑発に直面した朴正熙政権の側でも危機意識が高まっていた。そのような韓国政府をとくに困惑させたのは、一連の危機に対する米国の消極的ないし微温的な態度である。当時の米国は、ヴェトナムでの苦戦がもたらした士気の低下と巨大な財政赤字によって、北朝鮮の軍事挑発への対応どころか、韓国に対する過度のコミットメントを縮小するための政策転換を真剣に検討していた。北朝鮮の武力路線と中朝同盟の冷え込みに米韓同盟の弛緩という要素が加わり、朝鮮半島は緊張の度を増しつつデタントの到来を待っていたのである。

(1) 北朝鮮の武力革命路線

中ソ紛争の激化や日韓国交正常化（一九六五年一二月）以来の米日韓三角関係の強化など、北朝鮮を取り巻く不利な情勢にもかかわらず、ヴェトナム戦争の展開は北朝鮮を刺激するに余りあるものであった。五万余の韓国軍と五〇万余の米軍がヴェトナムに派兵された事実は、たしかに北朝鮮にとって危機的ではあったが、同時に統一を勝ち取る好機でもあった。北朝鮮は、韓国軍がヴェトナム参戦を通じて実戦能力と装備の近代化を強力に推進しつつあったこと、さらに米軍の主力がヴェトナム戦争に縛りつけられ、朝鮮半島で安全保障の空白が生じつつあることを見逃さなかった(87)。当時、金日成は朝鮮半島情勢についてつぎのように説明した。

> 祖国統一は、平和的方法ではなく戦争によって解決されることもありうる。（中略）われわれが独自に米帝国主義者と戦うのはやや難しいが、彼らが世界的範囲で自分の力量を分散させなければならないときには、比較的に容易に彼らを打ち破ることができる(88)。

金の発言からは、ヴェトナム戦争に縛られて軍事的に身動きが取れなくなった米国の苦境につけ込んで、多角的工

表1－2　1960年代後半における北朝鮮の対南武力攻勢状況

	1965年	1966年	1967年	1968年
重要事件数	69	50	566	661
交戦回数	29	30	218	356
韓国内で射殺された北朝鮮人	4	43	228	321
韓国内で捕虜となった北朝鮮人	51	19	57	13
韓国軍・米軍戦死	21	35	131	162
韓国警察・民間人死亡者	19	4	22	35

註：1968年の統計は1月から8月までである。
出所：Report from Commander-in-Chief United Nations Command（CINCUNC), 10/3/1968, Box 2419, Subject Numeric Files 1967–69, RG 59より作成。

作を試みようとする北朝鮮の姿が浮かび上がる。実際に、『労働新聞』などの公式媒体で頻繁に主張されたように、この時期は北朝鮮にとってまさに「革命的な大事変の準備」期であった(89)。金は一九六七年一二月一六日の第四次最高人民会議の演説で、当面の最大の関心事は「できるだけ早い日程で」南朝鮮解放を成就することにあると主張し、「積極的かつ革命的な方法であらゆる工作を遂行すること、また南朝鮮人民の革命闘争にすべての力を注ぐこと」を要求した(90)。この呼びかけを機に、北朝鮮は戦時体制の構築を急いだだけでなく(91)、南朝鮮革命という「決定的時機」をつくるための軍事的措置を矢継ぎ早に打ち出していった。

北朝鮮の元高官の証言によれば、当時対南政策を主導した許鳳学《ホボンハク》など軍部強硬派が作成した「南朝鮮解放と統一戦略計画」は、一九六七〜六八年前半を「準備段階」、一九六八〜六九年を暴動とゲリラ戦で韓国の国家統治システムを麻痺させる「実行段階」、一九七〇年前半を南朝鮮革命と北朝鮮の武力介入を結合させ統一を勝ち取る「結束段階」と想定していた(92)。米国がヴェトナム戦争への全面介入を続ける限り、アジアにおける「第二の戦線」の展開は決して無謀ではないと、北朝鮮軍部は判断したかのようにみえた。

北朝鮮の対南軍事行動は、ヴェトナム戦争勃発前の一九五〇年代末にハノイ政権が南側でおこなった転覆活動を彷彿させるほど積極的であった（表1－2参照）。北朝鮮による軍事境界線の侵犯や非武装地帯（DMZ）一帯での頻繁な奇襲攻撃は、ヴェトナムでおこなわれたような「敵地工作」の可能性を探りつつ、米韓連合軍の対応能力と反応を見きわめるための戦術とみられていた(93)。さらに北朝鮮は、長期的な遊撃戦の拠点を確保する目的で、一九六八年には韓国の山岳地域に大規模のゲリラ部隊を潜伏させた。「蔚珍《ウルジン》・三陟《サンチョク》共匪浸透事件」（北朝鮮では、「太白山《テベクサン》地区山間地域組織拠点構築工作事件」と命名された）では、朝鮮戦争以来最大の一二〇人規模の武装遊撃隊が、同年一〇月三〇日から一二月二八日までの二カ月にわたって慶尚北道《キョンサンプックド》などで遊撃戦を展開した(94)。これは金日成が朝鮮半島戦争計画として想定した、正規戦とゲリラ戦の混合による「二個戦線戦争」(95)の実験的試みにほかならなかった。

一方で北朝鮮は、南朝鮮革命の前衛党を自任する「統一革命党」の韓国内での活動を強化することにも余念がなかった。同党は一九六八年八月二日に一五八人が検挙され潰滅したが(96)、韓国内の非合法の革命政党として、本格的な政治工作および武装闘争を狙っていたとされている。こうした北朝鮮による一連の行動は、南朝鮮革命を成し遂げるための朝鮮戦争以来最大の武力闘争に組み込まれていた。

北朝鮮は、戦時体制への転換と同時に、金日成を民族的正統性を有する朝鮮半島の「唯一指導者」ないし「朝鮮半島独立に献身した唯一愛国者」と規定し、本格的な対南正統性闘争の中心に据えた(97)。ここでいう「唯一」とは、韓国の国家（政府）としての道徳的基盤を全面否定し、北朝鮮にとっての統一を、金の唯一指導体系の朝鮮半島全域への拡大として明確に位置づける趣旨であった。これ以後、北朝鮮では、「四千万朝鮮人民の敬愛する首領同志」や、「全体朝鮮人民の利益を代表する唯一の合法的主権国家である朝鮮民主主義人民共和国」などの表現が一般化した。

ここにみられる金日成崇拝は、北朝鮮内の熾烈な権力闘争の結果でありながら(98)、計画経済の行き詰まりなどに由来する国内の政治的危機を克服する手段としても利用された(99)。もっとも、一九六一年から経済開発七カ年計画に着手した北朝鮮は、六三年以降のソ連による援助の全面中断によって、対ソ依存度の高い機械・化学工業部門に一大打撃を受けた。この計画は結果的には失敗に終わり、一九六六年一〇月の朝鮮労働党第二回代表者会議では同計画の三年延長が決定された。素直に考えれば、このことは金日成のリーダーシップを傷つけたに違いない。

しかし、実際にはこうした国内外の厳しい情勢のなかであったからこそ、金日成は対南武力革命路線を通じて危機意識を助長し、そのことによって自らの権力基盤を強化することさえできたのである。くわえて、この時期における中ソ紛争、とりわけ中朝関係の悪化は、相対的に金日成に「行動の自由」を与え、金による独裁体制構築の一助にすらなった。北朝鮮は中国を「教条主義」と批判しながらも、国内では中国における毛沢東《マオツォートン》崇拝をも凌駕する金日成崇拝を押し進めるという矛盾をつくりだしたのである。

(2) 中朝同盟の冷え込み

しかし、北朝鮮の「革命的な大事変の準備」が結果的に単なる「準備」に終わったのは、中ソ朝北方三角関係の屈折[100]、とくに中朝同盟の動揺と深く関わっていた。金日成が自ら認めたように、「米帝国主義者らを相手に独力で戦うのはやや難しい」のが現実であった。しかも、南朝鮮革命という「決定的時機」を後押しすべき存在であった中国は、支援どころか背後から北朝鮮の安全保障を揺さぶっていた。金が一九六八年五月にソ連側におこなった「やや特別な要請」には、当時の北朝鮮指導部の対中認識がよく表われている。

北朝鮮側は、朝鮮労働党と政府関係者のソ連行きに際して、ソ連の領空を利用することをソ連政府に要請した。この航路は中国の領空を通過しない直行路線である。（中略）金日成は航行中に中国に不時着陸を強いられ、紅衛兵らに侮辱されるかもしれないと考えた。（中略）金は、「われわれは死を恐れるのではないが、革命を完遂するためには生き残らねばならない」と述べた[101]。

一九六〇年代前半に蜜月を迎えた中朝の関係は、半ば以降の中国のプロレタリア文化大革命（以下、「文革」と略記）の発生と、ソ連におけるニキータ・フルシチョフ共産党中央委員会第一書記（首相兼任）の失脚にともなう新指導部の発足を契機にして、明らかなほころびを見せはじめた。また、ヴェトナム戦争に対する認識や革命観の齟齬は中朝関係をいっそうこじれさせた。

　中朝関係の亀裂を呼び起こした最初の要因は、フルシチョフ解任[102]後のソ連指導部に対する認識の相違であった。中国の周恩来総理は、一九六四年一一月にモスクワで開催された第四七回一〇月革命記念式典[103]に参加した直後、ソ連新指導部を「フルシチョフなきフルシチョフ路線[104]」と規定して徹底的に戦うとしたのに対し、北朝鮮は対ソ関係改善を求める姿勢を見せた[105]。ソ連指導部に対する見解の相違と関連して、金日成は同年一一月に北ヴェトナムを訪問した際に北京に立ち寄り、毛沢東および周恩来と会談したが、双方の認識の齟齬を埋めることはできなかった[106]。この会談以後、首脳級の交流が途絶えたことにみられるように、中朝関係は一九六九年までに明らかに冷え込んだ。

　そして、中朝間の微妙な緊張は、ヴェトナム戦争への対応をめぐる社会主義陣営内部の立場の相違によって深刻さを増した。一九六五年、ヴェトナム戦争への「統一戦線」形成のために、ソ連は中国および北ヴェトナム指導部と会談することを提案したが、中国はソ連共産党の「修正主義的姿勢」を口実に拒否した[107]。こうした中国の対応は、ヴェトナム戦争を南朝鮮革命と連動的に捉えていた北朝鮮を大いに失望させるものであった。

　実のところ、当時の国際情勢は、かつてなく北朝鮮の危機意識を深める事態となっていた。なぜなら、まず一九六五年一二月に日本と韓国との国交正常化が実現し、北朝鮮側の言葉を借りれば、東北アジアに巨大な「反共軍事ブロック」が結成されたからである。さらに、フルシチョフ解任直後の一九六四年一〇月三一日、韓国は南ヴェトナムとのあいだに「駐越南韓国援助団地位協定」を締結し、ヴェトナム戦争への介入を正式に決定していた[108]。北朝鮮は、こうした韓国の行動を、米日韓三角関係の強化という文脈で重く受けとめざるをえなかった。一九六五年二月に米国が北ヴェトナムに対して大規模な絨毯《じゅうたん》爆撃（北爆）を開始すると、北朝鮮は、米国のヴェトナムおよび朝鮮半島に対する態度を同一視し、警戒を強めた[109]。この「反共軍事ブロック」の脅威に対抗するために、北朝鮮は前述のように対南武力攻勢を強化する一方、国際的反帝共同行動を訴え続けたのである。ただし、北朝鮮の対南武力路線は、あくまでもヴェトナムの戦況と米国のアジア政策とを見きわめたうえでの慎重な行動であり、内外の情勢を無視してまで全面戦争を起こすという無謀なものではなかった。[110]

こうした北朝鮮の対外路線は、いわゆる「造反外交」（または「革命外交」[111]）を掲げることで自ら空前の孤立状態を招いた中国とは、明らかに一線を画するものであった。東欧側の冷戦史料に依拠する研究によれば、中国側は、韓国内での親北朝鮮勢力が微弱であるにもかかわらず、すみやかにかつ大胆に南朝線革命を実行に移すことを北朝鮮側に求め続けた。しかし、中国側の強硬な革命への要求は北朝鮮側にとって、さしあたり「内政干渉」であり、しかも「客観的情勢を無視した極度の冒険主義」あるいは「大国の国粋主義および左派機会主義」に映ったのである。[112]

このように革命観をめぐって神経戦を繰り広げていた中朝関係は、一九六五年六月に始まる中国の文革の展開によっていっそう困難を増していった。いくつもの研究によって明らかにされているように、中国の紅衛兵らは、新聞、ポスター、ビラなどで金日成を「修正主義者」と責め立てた。当時の中国にとって、修正主義者は打倒しなければならない「敵」である。これに対して北朝鮮指導部は、「修正主義問題は、ひたすら米帝のヴェトナム侵略とそれに反対するヴェトナム人民の闘争に対して、いかなる態度を取るのかを基準にして判断しなければならない」とし、中国の態度を偏狭な教条主義であると遠回しに批判した。しかし中国は、ヴェトナム問題に関する北朝鮮の立場を「機会主義」「中間主義」「折衝主義」などと規定し、「二つの椅子に座って」「無原則な妥協の道」を選んだと強く批判した。[113]

これに対して北朝鮮は、文革の方向性が明確になった中国共産党第八期中央委員会一一回全体会議（八期一一中全会）[114]の最終日にあたる一九六六年八月一二日、『労働新聞』に「自主性を擁護せんがために」との長文の論説を掲載し、中国側への論駁を試みた。続いて同年一〇月に開催された第二次朝鮮労働党代表者会では、「兄弟党は完全な平等と自主、相互尊重と内政不干渉、および同志的協力の原則にもとづいて相互関係を結ぶべきである」[115]と主張し、いわゆる「主体路線」を明らかにした。[116]これを機に中朝両国は、北京、平壌からそれぞれ大使を召還するなど、[117]公式の国家間交流を中断し、さらに中国は、一九六七年末から北朝鮮への原油支援（月二万トン）を中止した。[118]

こうしたなかで、一九六七年秋と一九六九年三月には、中朝両国は国境線にあたる鴨緑江《アムロクガン》・豆満江《トゥマンガン》（中国語では、図們江《トゥーメンチャン》）一帯で、小規模ながらついに武力衝突にいたる。中国の紅衛兵らによって追放された吉林《ジリン》など東北三省の朝鮮族らが国境地域に避難する過程で、中国国境守備隊と北朝鮮軍とのあいだに摩擦が生じたのである。一九六七年一一月、金日成がソ連の一〇月革命五〇周年式典に参加できない理由として中朝国境線の緊張をあげたように、この時期の中国は、北朝鮮にとって、同盟相手であるどころか脅威にすら近い存在であった(120)。

しかし、ここで注意すべきは、文革期の中朝関係は、きわめて深刻な状態に陥ったものの、両国の公式レヴェルでは相互批判が自制されていたことである。中国の金日成非難は主として紅衛兵によるものであり、また北朝鮮も、中国の党や政府を名指しせずに「一部勢力の振る舞い」だけを問題にした。中朝両国は国交を中断したものの、両国関係の決定的破綻を避けようとしたのである。中ソ対立が顕在化しつつある状況のもとで、中国は北朝鮮を公然と非難することで、北朝鮮のソ連寄りの姿勢が強まることを避けようとした。中国が直接国境を接する北朝鮮との関係を悪化させれば、対米闘争においても好ましくない影響が及んだはずである(121)。

他方、米国に対する脅威認識を従来以上に強めていた北朝鮮とって、対中関係の冷え込みは安全保障上の大きな不安要因であった。金日成が一九七七年にエーリッヒ・ホーネッカー東ドイツ国家評議会議長に吐露したように、「(米韓連合軍に対応するために）南側に軍隊を配備することも大変なのに、中国に対抗するために北側の国境線に軍隊を増強することはできなかった」のである。そこで金日成は、先に述べた中国との武力衝突に際しても、「中国軍が豆満江を越えて北朝鮮の領土に侵入したものの、朝鮮人民軍に射撃禁止を命令した」とホーネッカーに説明した(122)。北朝鮮は、自主路線を強調しつつも、中国との関係に決定的な亀裂を入れるわけにはいかなかった。朝鮮戦争を通じて確認されたように、北朝鮮にとって、米国の脅威に対するより直接的な安全保障上の支援を与えてくれるのは、やはり中国だったからである。

もっとも、この時期の北朝鮮は、ソ連との関係を進展させることもできなかった。中ソ対立が深まりつつある情勢のもとで過度にソ連に接近することは、中国の逆鱗に触れ、対中関係をさらに悪化させる危険性があったからである。

しかも、ソ連のチェコ侵攻を通じて学んだように、北朝鮮指導部はソ連が北朝鮮の内政や自主路線に介入する可能性を警戒せざるをえなかった。要するに北朝鮮は、中ソいずれか一方との関係を緊密化しても米国からの脅威に対抗する力とはなりえず、またいずれか一方との関係だけを緊密化すれば中ソ対立の渦中に巻き込まれるほかない、という二重のディレンマに悩まされていた。朝鮮戦争のように中ソがこぞって北朝鮮の革命路線を後押しするというシナリオがまったく期待できず[123]、同時に対中関係にも苦しんでいた北朝鮮が掲げた「革命的な大事変の準備」は、おのずと限界を露呈せざるをえなかったのである[124]。

(3) 米韓同盟の弛緩

他方、北朝鮮のたび重なる軍事挑発によって、韓国では「第二の朝鮮戦争」への緊張が高潮しつつあった。ただしこの緊張は、一方的に北朝鮮の軍事挑発によるものではなく、北朝鮮の攻勢に対して韓国軍も頻繁に対抗報復措置をとることで、拡大されたことに留意する必要がある。韓国現代史学者の朴泰均《パクテギュン》が指摘したように[125]、この時期の緊張はむしろ朴正煕政権の好戦性に起因するところが多いとまでは言いがたいが、韓国軍の報復攻撃によって危機的状況がさらに深まり、それによって米国が局地戦に巻き込まれることを懸念したことも事実である。

たとえば、一九六六年一一月、一二人の韓国軍特攻隊は軍事境界線を越えて北朝鮮軍師団本部を爆破した。韓国軍によるこの種の奇襲攻撃は、同年後半、平均して月二回程度もおこなわれた[126]。しかも、当時国防長官の金聖恩《キムソンウン》によれば、六七年四月に中部戦線で北朝鮮軍九〇人が侵犯し韓国軍第七師団と交戦した際、韓国軍は停戦後に初めて五八五発の砲撃をおこなったという[127]。国連軍司令官が韓国軍に対する作戦統制権を行使するにもかかわらず、これら小規模の先制攻撃は米国に通知されず、韓国単独で秘密裏に敢行された[128]。ヴェトナム戦争の戦況が大きな山場に差しかかっているさなかでの朝鮮半島における「第二の戦線」の可能性は、米韓同盟に重大な亀裂をもたらしつつあった。

とりわけ「一・二一事態[129]」は、首都ソウル防衛の脆弱性と北朝鮮の攻撃性を浮き彫りにする事件であり、韓国にとって国家非常事態そのものであった。しかしながら、韓国政府をさらに当惑させたのは、事件そのものよりも米国の消極的な対応であった。朴正熙は、自分の命を狙った北朝鮮のゲリラが、在韓米軍管轄の西部戦線の軍事境界線を突破してソウルまで侵入したことをきわめて深刻に受けとめつつ、類似の事件の再発を防止するために米国が適切な措置を取ることを期待した。事件当日の深夜、朴は、ウィリアム・ポーター駐韓米大使を召致し、二日以内に平壌を攻撃する、と怒りを露わにした。だが、ポーターは、それを支援するつもりはない、と即座に拒絶した[130]。ワシントンの高位政策決定者らがこの事件に関して対策会議を設けたという記録は、管見の限り見当たらない[131]。

しかし、その二日後に北朝鮮によるプエブロ号拿捕事件が起こると[132]、米国の姿勢は一変した。米英戦争中の一八一五年にプレジデント号がニューヨーク海岸で抑留されて以来、実に一〇六年ぶりに艦艇拿捕に遭遇した米国は、この事件に驚愕した。事件直後の一九六八年一月二三日零時（米東部時間）、ジョンソンは緊急会議を設けたのみならず、二四日には二回の大統領参加会議を含めて、国務長官、国防長官、中央情報局（ＣＩＡ）局長などによる対策会議が一日に四回も開かれた。会議では、北朝鮮国籍の船舶拉致、元山港への機雷設置、限定空爆を含むあらゆる軍事的措置が講じられた[133]。

事件直後、ジョンソン政権は、佐世保を出港しヴェトナム戦線に向かっていた空母エンタープライズを急遽呼び戻す一方、最終的には空母三隻を中心とする三五隻の大機動艦隊を事件海域に集結させた。また、沖縄に駐留していた戦闘爆撃機Ｆ－105一個飛行隊、Ｆ－４「ファントム」の四個飛行隊を含めて総一五五機の戦闘機を、韓国内および周辺海域に展開した[134]。二五日には、一九六二年のキューバ・ミサイル危機以来初めて、予備役一万四七八七人と飛行機三七二機の現役編入が発令され、同時に、朝鮮戦争以来一八年ぶりに米国による国連安保理の召集が要請された。二六日の全国テレビ放送の演説で、ジョンソンは初めて北朝鮮による「一・二一事態」を非難したうえで、プエブロ号事件を「野蛮な侵略行為」と糾弾した[135]。

しかしながら、一連の軍事措置にもかかわらず、米国は徐々に軍事的報復の限界を痛感し、妥協を模索した。米朝

北朝鮮の「戦利品」として反米教育に利用されている米海軍諜報船プエブロ号（平壌の大同江，2009年10月）［個人所蔵］

ともに巨大な軍事力を前進配備する状況のもとでは、北朝鮮に対する「局部攻撃」さえも全面戦争に発展する危険性があったが[136]、当時の米国は、プエブロ号事件からわずか一週間後のテト攻勢によって、茫然自失の状態にあった。いかなる事態が起こったとしても、東北アジアにおける「第二の戦線」に対処する準備がまったくできていなかったからである。

一九六八年一月二九日のニューヨーク発ＡＰ通信は、「北朝鮮が艦艇と乗務員を釈放するならば、米国政府は北朝鮮と第三国であらゆる朝鮮問題を討議する用意がある」と報じた。米国はこの報道の真偽を問う韓国に対して、「北朝鮮とは絶対に交渉しない」と全面否定した[137]。しかし米国は、乗務員（八二人、一人死亡）釈放のために、水面下ではすでにあらゆるチャンネルを通じて北朝鮮との接触を模索していた[138]。米国は当初、韓国側が要求した「一・二一事態」とプエブロ号事件両方の国連安保理上程には難色を示し、プエブロ号事件のみの上程を進めたが、乗務員の安全確保を理由に、結局それすら諦めた。軍事停戦委員会（ＭＡＣ）北朝鮮側主席代表の朴重国《パクジュングク》少将が、「プエブロ号乗務員が『戦争捕虜』である事実を認めるならば、乗務員の送還も可能である」との秘密メッセージを送ると、翌日それを受け入れた国連軍側主席代表のジョン・スミス提督が、早くも二月二日に板門店で接触を開始した。それから一一カ月間に、乗務員釈放のための二八回にわたる接触が米朝のあいだで展開された[139]。

だが、この交渉は、最後まで完全に韓国政府の頭越しにおこなわれた秘密交渉であり、既存の停戦協定の限界を露呈していた。一九五三年の停戦協定は、戦争に関わった国家当局の代表ではなく、両陣営の司令官のあいだで結ばれたものであり、したがってその直接的効力は、同協定に署名した司令官らの統制下にある軍事力に対してしか及ばない。しかし、プエブロ号は国連軍司令部の所属ではなく、米太平洋軍司令部（ＵＳＰＡＣＯＭ）の統制下にあった。北朝鮮はこの点につけ込んで、停戦協定上の軍事停戦委員会ではなく、別途の二者会談を要求したのである。

米朝間の両者会談は、公式または非公式に米国による北朝鮮承認というきわめて微妙な問題に触れていた。停戦以来、板門店の軍事停戦委員会で両側軍代表間では頻繁に会談がおこなわれたものの、それはあくまでも国連軍代表と北朝鮮・中国軍代表との会談であり、国家間の会談ではなかった。米国政府は、この接触が両国代表間の公式会談と規定され北朝鮮の実体が承認されるような事態を避けようとしたが、乗務員の早期送還のためには、北朝鮮の要求を受容するしかなかった[140]。

結局、米国は一九六八年一二月二三日の第二九次会談で、領海侵犯を認め[141]再発防止を約束しつつ、一方では寛大な乗務員処理に感謝する「詫び状」に署名した[142]。北朝鮮側が作成した詫び状の署名欄には、軍事停戦委員会の国連軍主席代表ではなく、米軍少将（Major General, USA）と「米国政府を代表して」との文言が加えられた[143]。米国はこの詫び状に署名する前に、「乗務員釈放のために仕方なく詫び状に署名するだけである」という反駁文を発表したものの、米国の詫び状署名そのものは、北朝鮮が米国を屈伏させたことを印象づけるに十分であった[144]。

他方、「一・二一事態」に対する北朝鮮当局の謝罪や再発防止措置などの展望も立たないまま、米国が北朝鮮に対してこのような宥和的態度を取ることは、韓国としてはきわめて遺憾であった。さらに、韓国の領土である板門店でおこなわれる米朝間の秘密交渉は、韓国の国家としての威信を傷つけるものであった。韓国政府は、こうした米国の姿勢が北朝鮮の好戦性を煽りかねない危険性について憂慮せざるをえなかった。

朴政権は、秘密裏に金日成暗殺の特殊部隊を育成するなど、[145]独自の報復措置を真剣に模索した。プエブロ号事件直後、朴正熙は二四〇〇人規模の北朝鮮特殊部隊の訓練地六カ所を奇襲攻撃する決意をポーター駐韓米大使に示した。[146]金聖恩国防長官は、一九六八年一月二四日に青瓦台で開かれた軍首脳部会議を、「一種の戦争準備のための基礎作業のようであった」と回顧した。[147]二月二日に李厚洛《リフラク》大統領秘書室長は、「韓国政府は実質的に充分な軍事的計画を備えている」とポーターに通知した。その後ポーターは、ウィリアム・バンディ次官補に送った書簡で、「朴正熙の北進への欲求は北側の南侵への意欲ほど深刻ではないが、われわれは御しがたい虎を飼っていることを認識すべきである」と書いた。[148]

しかし、「御しがたい虎」であっても、韓国軍単独の軍事行動は、米韓同盟はもちろんのこと朝鮮半島停戦体制そのものを揺さぶる危険性を孕んでおり、米国が断固阻止すべき動きであった。それゆえ、韓国軍に対する作戦統制権を握っていたチャールズ・ボーンスチール国連軍司令官は、韓国軍高位関係者らに「軍事行動は災いを招く」と警告しつつ、兵站を全面的に米国に依存する韓国軍の行動半径を直接的に制約することを意図して、韓国軍への油類供給を一時停止するなどの牽制措置を取った。[149]ポーターは、「報復措置を取るなら貴方ひとりでおこなうしかない」と朴正熙に通告した。[150]

一連の米国の対応は、米国の対韓防衛コミットメントへの疑念を生じさせるとともに、韓国国民の感情を傷つけ、米韓同盟の成立後初めてソウル市街で大規模な反米デモを惹起した。このデモ隊は、米朝秘密交渉がおこなわれている板門店周辺まで行進し、ついに米軍と衝突する不祥事にいたった。[151]新聞の論調も米国に対する強い批判に転じた。国会は一九六八年二月六日、領土内の板門店で韓国の頭越しでおこなわれる米朝交渉に怒りの意を表明する一方で、たとえ韓国単独でも断固たる対北報復措置を取ることを大統領に促す決議案を、満場一致で採択した。[152]なお、これと同じ日に、丁一権《チョンイルグォン》総理は、ポーターおよびボーンスチールとの会談において、国連軍司令官の韓国軍に対する作戦統制権の返還を求めると同時に、五万人の駐ヴェトナム韓国軍の早期撤退の可能性をほのめかした。[153] さらに朴正煕は、北朝鮮に対する報復攻撃への意欲をまったく崩さなかったばかりか、ポーターに対して「貴方は私の考えを台無しにするばかりである」[154] と怒りの声を上げ続けた。米韓間で熾烈なバーゲニングが始まったのである。

北ヴェトナムのテト攻勢により苦戦を強いられていた米国は、韓国政府のヴェトナム撤兵および対北単独軍事行動の示唆に少なからず当惑した。ジョンソンは急遽、韓国を懐柔するために、「北朝鮮の脅威から韓国を守る」という旨の約束を明記したうえ、対韓軍事・経済支援目録を添付した書簡を朴正煕に送る一方、議会に一億ドルの追加軍事援助を申し入れた。[155] また、サイラス・ヴァンス前国防次官を特使として急派し、韓国政府の不満を和らげようとした。しかし、ヴァンスは韓国からの思わぬ反発に直面し、数時間の予定であった訪韓を五日間も延長した。[156]

一九六八年二月一二日、朴正煕はヴァンスとの会談で、①北朝鮮の侵略に備え、米国側は議会の承認手続きなしにただちに介入できるよう米韓相互防衛条約を修正すること、[157] ②韓国軍装備改善を約束した「ブラウン覚書」[158] の完全実施と一五億ドル相当の軍事援助の提供、[159] ③韓国独自の防衛力強化のため国連軍司令官に帰属している作戦統制権限の一部委譲、などを要求した。板門店の秘密交渉に対しても、韓国側は、交渉内容を公開するか、さもなければ韓国代表の交渉参加を求めた。[160]

しかし、これらの朴正煕の要求事項は、米国側にとっていずれも容易に受け入れられる内容ではなかった。とりわけ、韓国側が強く求めた米韓相互防衛条約の修正は、米軍の「自動介入」の明文化をもたらし、朝鮮半島情勢に完全に巻き込まれる恐れがあった。結局、米韓共同声明は、「万一こうした侵略行為が継続する場合には、米韓相互防衛条約にもとづいて取るべき行動をただちに決定すべきであることに合意した」[161] との曖昧な表現にとどまった。その代わりに、米国側は米韓国防長官会議の定期化を約束し、この席で防衛条約や作戦統制権問題などを協議すると言質を与えた。また、対ゲリラ作戦用の戦闘機やヘリコプターを含め、韓国軍近代化の一環としてM－16小銃生産工場など軍事産業への支援を約束した[162]。とくに、韓国の不満を和らげるもっとも象徴的な鎮静剤となったのは、ヴァンスが早期に米韓首脳会談を開催することを朴正煕に提案したことであった。

当初、一九六八年四月八日に予定された米韓首脳会談は、マーティン・ルーサー・キング・ジュニア牧師暗殺事件などの米国内情勢によりやや延期され、四月一七日にホノルルで開かれることになった。しかし同首脳会談は、開催直前の三月三一日にジョンソンがおこなった「次期大統領選挙不出馬、ヴェトナムにおける部分的北爆停止」宣言によって、興ざめとなった。いわゆる「ジョンソン・ショック」は、米国のアジアからの後退可能性を強く示唆していた。会談後のジョンソン・朴共同声明には、「韓国に対する武力攻撃を撃退するため、迅速かつ効果的援助を提供するための米国政府の用意と決意を再確認した」と記されたが[163]、実際には、両国の脅威認識および利害の相違が会談の雰囲気を支配していたのである。

ジョンソンは、ヴェトナム問題を主要議題として取り上げつつ、韓国軍一個軽師団の追加派兵を要請した。この提案については、ジョンソン政権がヴェトナムでの米軍の空白を埋める対案として真剣に検討し、朴正煕自身もその四カ月前の一九六七年一二月にキャンベラでおこなわれたジョンソンとの首脳会談で前向きな姿勢を示していた[164]。しかし、ここで朴は態度を豹変し、戦闘師団の追加派兵要請を拒絶したのである。ジョンソンが、「それでは、北朝鮮の対南浸透を防ぐための装備をヴェトナムに転用する」と圧力を加えつつ、駐ヴェトナム韓国軍の服務期間延長を代案として示すと、朴は、「駐ヴェトナム韓国軍を民間人で替代させることは可能である」とはぐらかした[165]。

朝鮮半島の軍事情勢に対する両者の認識の違いは、さらに深刻であった。ジョンソンが韓国軍のヴェトナム増派を要請したのは、追加派兵によっても韓国防衛には何ら影響がないという前提に立っていた。ジョンソンは、北朝鮮が全面戦争を企てるとは思わないと述べつつ、「空軍力を強化すれば、韓国はあらゆる軍事領域で北朝鮮の攻撃を防御しうる」と強調した。これに対して朴は、北朝鮮が韓国における「第二のヴェトナム」状況をつくろうとしており、「現在の韓国軍の戦力、とりわけ火力は北朝鮮よりはるかに劣る」と主張した[166]。こうして韓国のヴェトナム派兵以後前例のない蜜月関係を誇った米韓同盟に、重大な亀裂が生じたことが明らかになった。米国は韓国の過度なコミットメント要求に拒絶反応を示しており、それに対して韓国は、今後米国がいつまでも韓国の安全に対する絶対的保護者を演じることはありえない、と認識せざるをえなかった。米韓両国ともに、米国の政治学者ステファン・ウォルトが同盟の衰退要因として取り上げた[167]「脅威認識の変化」に従う「信頼度の低下」を痛感していた。

(4) 在韓米軍削減論の浮上

北朝鮮による一連の危機状況と韓国の報復攻撃の模索に直面したジョンソン政権は、アジアにおける「第二の戦争」に巻き込まれる可能性をより深刻に憂慮していた。さらに、一九六〇年代半ば以降の米国は、ソ連の核戦力増強と、ヨーロッパおよび日本の経済成長による軍事的かつ経済的な挑戦を受けていた。北ヴェトナムのテト攻勢は、米国の東アジア専門家ラルフ・クロフの指摘どおり、アジアに対する米国の封じ込め政策の根本的な軌道修正を求めていた[168]。ジョンソン政権は任期終了を間近に控えてレームダックと化しつつあったにもかかわらず、対アジア政策の転換を図る一環として、在韓米軍の削減を含む対韓政策の再検討に踏み込んだ[169]。

一九六八年二月、ヴァンス特使の建議によって、国務省と国防総省、CIAなど関係省庁が参加する対韓政策見直しチームが立ち上がり、一九六五年に作成された国家政策報告書（NPP）の修正作業に入った[170]。この作業の結果出された新しい「対韓政策」は、韓国の政治的かつ経済的な安定に重点が置かれた一九六五年のNPPから一変して、韓国の政治・経済・軍事的「自助」を目指すと同時に、窮極的には米国が朝鮮半島紛争に介入する可能性を除去することを目標のひとつとして掲げていた[171]。対韓政策見直しチームのつぎのような言及は、当時の米国政府の政策志向をよく示している。

（前略）われわれは韓国に対する責任を軽減するにあたり、韓国がわれわれを巻き込む度合いに注目すべきである。（中略）どのように米国は北朝鮮を刺激せずに、より少ない直接的関与で、より多い行動の自由を得られるのか。肝心なことはより多くの柔軟性を手に入れることである。[172]（傍点は引用者）

「より少ない直接的関与」、「より多い行動の自由」、「より多くの柔軟性」を確保するための条件整備の焦点は、「トリップワイヤー」として朝鮮半島有事における「自動介入」を想定されていた在韓米軍であった。国務省が取りまとめた「対韓政策」と題する報告書は、軍事的に相当の地上戦力が韓国に固着されている（tied down）と指摘しつつ、一九七五年までに戦術核兵器を含めて、在韓米軍を全面撤退するシナリオを提示した。韓国軍のヴェトナム派兵によって封印されてきた在韓米軍の削減問題が、米国のヴェトナム戦争政策の見直しによって、再浮上したのである。

一九七〇会計年度[173]　駐ヴェトナム韓国軍一個師団の撤退と対韓軍事支援の縮小。
一九七一会計年度　残余駐ヴェトナム韓国軍の撤退と軍事援助計画（ＭＡＰ）の再開。
一九七二会計年度　開発借款と軍事予算支援の削減。在韓米軍第二師団の撤退。緊急事態を除いて韓国軍に作戦統制権を移譲。
一九七三会計年度　在韓米軍第七師団の撤退。
一九七四会計年度　公法（ＰＬ）四八〇（余剰農産物処理法）[174]による援助の完全中止。
一九七五会計年度　韓国軍近代化の完了、核兵器の撤去。

このシナリオは、駐ヴェトナム韓国軍の復帰と韓国軍近代化を前提にして描かれたものの、米国が在韓米軍の全面撤退をまで考慮しはじめた事実は、在韓米軍の軍事的役割の大転換を予告していた。

こうした在韓米軍撤退構想は、朝鮮半島の軍事情勢に対する評価の帰結でもあった。たとえば、一九六八年五月の

「特別国家情報評価」報告書は、北朝鮮が少なくとも今後数年間は戦争を試みないであろうと結論づけたうえで、北朝鮮による小規模の軍事挑発が韓国の報復行動によって大規模の紛争に拡大する可能性を大いに懸念した。(175) この国務省韓国研究グループの報告書は、韓国による単独軍事行動への懸念についてつぎのように述べていた。

韓国の北進攻撃の危険性は低いと思われるが、韓国指導部には狂信者ら（fanatics）がいる。したがって、われわれは、韓国がそうした無分別な冒険を敢行しないように、韓国が米国の軍需支援に依存する仕組みを維持しなければならない。また、われわれは韓国の防衛態勢のみを支援し、韓国の攻撃に起因する敵対行為については保障しないことを明確にすべきである。(176)

つまり米国政府は、「一・二一事態」とプエブロ号拿捕事件を通じて「第二の朝鮮戦争」に巻き込まれてはならないことをいまさらのように痛感し、そのためにはできる限り紛争への「自動介入」の可能性を減らすことが必要であると考えた。その具体的な政策のターゲットが在韓米軍の削減であった。一九六八年四月のジョンソン・朴首脳会談で明らかになったように、米国政府は、韓国軍が近代化を進めれば、近い将来において独自の防御能力を十分に確保できるとも判断していた。

ジョンソン政権末期における在韓米軍の撤退構想は、ニクソン政権にほぼそのまま受け継がれる。ニコラス・カッツェンバック国務次官は、一九六八年一二月に次期政府に提出した報告書で、在韓米軍政策の全面転換を提案した。(177) 同報告書は、駐ヴェトナム韓国軍が復帰すれば、より強化された韓国軍が在韓米軍の空白を埋めることができるとしたうえで、韓国に固着されている二個師団をほかの地域に転用することを主張していた。ただし、同報告書は、「在韓米軍の縮減または撤退以後に朝鮮半島で戦争が勃発する場合、米国はそれに介入する政治的決意を持っているのか」、「在韓米軍の撤退がアジアにおける米国の位相にいかなる影響を及ぼすのか」などを考慮すべき課題として提起した。こうした米国の悩みは、朝鮮半島における軍事的負担を軽減しながら、政治的公約を維持しようとするディレンマを反映している。その後のニクソン・ドクトリンによっても、このディレンマは解消されなかった。

以上の考察からも明らかなように、朝鮮半島の分断構造に内在する二つの対決要因、すなわち正統性と安全保障（在韓米軍）をめぐる問題は、南北関係にとどまらず、米中関係にも深刻な波紋を投げかける争点であった。この二つの争点は、朝鮮戦争という熱戦を契機にして枠づけられた「米韓対中朝」の対決構造のなかに、核心的な葛藤要因として組み込まれていた。そして米韓同盟と中朝同盟も当然、この二つの争点をめぐる対立を軸に維持・強化され、「米韓対中朝」の対決構造を支えていた。それゆえに、冷戦初期における朝鮮半島をめぐる国際政治は、この二つの争点をめぐる米中対決と南北対決とに帰結せざるをえなかった。国連が韓国だけに与えた唯一合法政府という意味での正統性は、「敵性団体」の中国と北朝鮮を封じ込め国際社会から孤立させるために、米韓両国が固守すべき目標であった。これに対して中朝両国は、少なくとも米韓に匹敵する政治的かつ法的な地位を獲得するために、米国主導の国連の枠組みから離れようと必死であった。

一方、米中と南北にとって在韓米軍問題は、安全保障上の最大の争点にならざるをえなかった。米韓にとっての在韓米軍は中朝同盟に対する抑止力であったが、中朝にとってそれは「脅威」そのものだったからである。要するに、米中関係と南北関係、米韓および中朝同盟からなる朝鮮半島を取り巻く「三つの関係」は、正統性と安全保障をめぐる争点を介在して相互に有機的に結合し、分断構造を規定していた。

こうした文脈において、「デタントの前夜」にあたる一九六八年は、この三つの「関係の連鎖」が朝鮮戦争以来の「最悪」の状況に陥った時期であった。ヴェトナム戦争の拡大によって、南北ヴェトナムをそれぞれ支援する米中の対立はますます先鋭化した。北朝鮮による「一・二一事態」およびプエブロ号拿捕事件などの軍事挑発と、それに対する韓国の報復主張は、朝鮮半島を、朝鮮戦争以来の一触即発の危機局面に陥れた。こうした危機状況への対応をめぐって、米韓同盟には深刻な亀裂がもたらされ、他方の中朝同盟では、対ソ認識の齟齬とヴェトナム戦争への認識の相違などによって、緊張が走っていた。

しかし、中国古代の哲学者老子の警句にもあるように、緊張が極限に達した局面は物事が反対方向に転換する起点ともなる。朝鮮半島情勢が緊迫の度を深めつつあったこと自体は、逆説的にデタントの兆候を内包していた[178]。実際に、朝鮮半島をめぐる三つの「関係の連鎖」が、米中関係の動揺を軸にして革命的再編の時期に突入し、分断構造を根底から揺さぶったことは、その後の歴史的展開が示すとおりである。

第2章　米中「接近」と軍事境界線の局地化

一九六〇年代末、国際情勢は冷戦の根幹である米ソの二極体制の崩壊を促進する方向に向かっていた。キューバ・ミサイル危機以来、着実に軍事力の増強を図ってきたソ連は、当時すでに、核戦力においてほぼ米国と均衡レヴェルに達していた(1)。そして、この米ソ間の核均衡は相互確証破壊（ＭＡＤ）の状況を生み、両国間の正面からの軍事衝突を事実上不可能にしていた。核競争の高度化のすえに起きた核戦力の戦略的意味の低下という逆説は、軍事力を基盤とする米ソ二極体制から政治・経済力を重視する多極体制を生み出すきっかけとなった。

こうした国際情勢の変化を受けて、米国のリチャード・ニクソン新政権は、ヴェトナム戦争の早期終結とともにアジアにおける軍事コミットメントの縮小を図る一方、第三の勢力としての中国への接近を通じて、世界およびアジアにおける新たな勢力均衡構造を構築することに余念がなかった。他方、対ソ緊張に陥った中国は、文化大革命による内乱の沈静化ののち、自国だけではソ連に対抗できないという認識もあって、ソ連の脅威を相殺するための「米国カード」の利用を構想した。そのような異なる思惑から出発した両国は、一九六九年以後、相手の動向を慎重に探りはじめ、そのことが一九七一年夏以後の米中関係の雪解けにつながっていった。

米中の歩み寄りは、両国関係だけにとどまらず、朝鮮半島の情勢にも少なからぬ影響を及ぼしていた。ニクソン政権が従来の対中封じ込め政策の再検討とともに推し進めた在韓米軍の撤退政策は、中朝連合戦力に対する抑止力としての在韓米軍の位置づけを動揺させ、米韓同盟を根本から揺さぶった。在韓米軍の一部撤退によって米国から「見捨てられる」かもしれないとの懸念を募らせていた韓国は、自主国防と体制結束に努めながらも、一九七〇年八月一五日に北朝鮮にいわゆる「善意の競争」を呼びかけるなどして、安全保障上の不安を相殺するための緊張緩和策を模索した。

一方、中ソ紛争の狭間で苦悩していた北朝鮮は、中国との関係を回復することで、安全保障上の懸念を払拭すると同時に、一九六八年に頂点に達した対南武力路線の転換を慎重に検討していた。中朝関係の復元によって中国の文革期に空席を強いられていた中国人民志願軍代表団が、一九七一年六月に軍事停戦委員会（ＭＡＣ）に復帰し、朝鮮半島の停戦管理体制は形式上、元のかたちに戻った。米中の歩み寄りと米韓同盟および中朝同盟の調整を受けて、朝鮮戦争以来固定化された朝鮮半島をめぐる対立構造は、大きな変化のうねりを迎えようとしていたのである。

この章では、米国と中国が歩み寄りつつあったニクソン政権発足後からヘンリー・キッシンジャーの訪中前まで、すなわち一九六九年から一九七〇年までにおける、米中関係と朝鮮半島情勢との相互作用の様相を明らかにする。とくに、米中接近と米国の東北アジア政策転換との関連に注目し、なぜ在韓米軍の一部撤退が強行されたのかを検証すると同時に、米中接近がもたらした同盟関係と南北関係の変動の意味合いを探る。米中接近という勢力構造の大転換のもとでおこなわれた米国の東北アジア政策の転換と在韓米軍の一部撤退、また中ソ紛争と中朝関係の復元によって、朝鮮半島は徐々に緊張緩和の波に乗りはじめることになる。

一　米中接近のダイナミクス

(1) 勢力均衡[2]とニクソン・ドクトリン

ニクソン政権が一九六九年一月の発足と同時に、「新しい時代」(a new era) における世界戦略として掲げた「平和の構造」(structure of peace)[3] は、ヴェトナム戦争から早急に脱したいという願望の表われであり、共産主義勢力に対する封じ込めの負担を減らし、「ドル危機」に象徴される米国経済力の相対的な弱体化を立て直すための修辞であった。またこれは、地政学的利害関係と理念対立とを混同した既存の冷戦戦略に対する省察の結果でもあった[4]。つまり、冷戦からそのイデオロギー対立の側面がかなりの程度薄められた反面、権力政治または国益優先主義的な性格がより浮き彫りにされた。すでにその二〇年前のジョージ・ケナンが構想した世界秩序にも酷似するニクソンの「平和の構造」[5]は、「一九四五年から六〇年にかけての（米国絶対優位の）時期が、むしろ不自然であり例外的であったという事実を冷静に国民に納得させ、国力と介入の再調整を図る」[6]ものであった。

しかし、そもそもニクソンの「平和の構造」とは、決して米国の支配的な地位を放棄するものではなかった。ニクソンが平和を前面に押し立てて大国間の勢力均衡にもとづく「安定した構造」(stable structure) を目指したのは、共産主義勢力に対する「封じ込めの終わり」よりも、「新たな形態の封じ込めの始まり」という意味合いが強かった[7]。ニクソンにとってデタントは、古典外交での緊張緩和だけでなく、最終的には米国が主導する新しい国際システムを創出する意図を持っていた[8]。歴史学者ウォルター・ラフィーバーの表現を借りれば、それは戦後的なパックス・アメリカーナの崩壊にともない、「変動する世界においてより安上がりのコストで対ソ封じ込め政策を継続していくためのもの」[9]であった。

この「平和の構造」構想の試金石となるのが、まさしく対中関係であった。周知のように、米国のアジア戦略は、朝鮮戦争以来の米中対決を通じて定着・発展したが、アジアにおける脅威の背後に中国がある以上、米国は中国封じ込めこそが自らの使命であると確信してきたのであり、ヴェトナム戦争への介入の最大の動機も中国の膨張の阻止にあったと言ってよい。[10] しかしニクソン政権は、ヴェトナム戦争の泥沼化に対する米国民の幻滅と、中ソ間の武力衝突に象徴される国際政治の構造的変化を重く受けとめて、中国を敵と見なすことをやめ、中国の戦略的価値を十分反映した戦略を構想するにいたったのである。[11] これは、まさに「冷戦コンセンサス」の解体の試みに等しかった。

ニクソン政権が描いた「平和の構造」の骨格は、既存の対中封じ込め政策から離脱し、対中接近を成し遂げることで、国際政治における二大陣営ゲームを米ソ中の三角ゲームに転換させることにあった。いいかえれば、米ソ間の軍事的均衡を維持・安定化させつつ、革命勢力である中国に接近することによってソ連を牽制する一方、中国を国際社会に復帰させ、米中ソ三極構造による力の安定を図ろうとしたのである。しかも、この三極構造を操るバランサーの立場、あるいはスイング・ポジションを占めるのはあくまでも米国であり、最大の利益を得るのも米国でなければならなかった。[12] それゆえ、ニクソン政権の対中接近は、相手側の敵対関係を巧みに利用し自国利益の極大化を図る、「ビスマルク型」の勢力均衡の論理に組み込まれていたとも言えよう。[13] こうした意味で、デタントは自然に生じた緊張緩和の一方向的流れではなく、究極的には米国の覇権を挽回するために米国が巧みに意図した戦略であり、その結果もたらされた一時的な勢力均衡の再調整の帰結であったと考えられる。

ニクソンとキッシンジャーは、こうした目標を成し遂げるための外交手腕として、「リンケージの政治」(politics of linkage)[14] を掲げた。それは、対決と協調、軍事的措置と非軍事的措置とをからませ、また米ソ二極状況、中ソ対立を踏まえた米中ソ三極状況、東西それぞれの同盟関係、さらには第三世界の諸問題との相関関係にも留意しながら、つまり世界全体のあらゆる問題とそれへの対応を別々に切り離すのではなく、ひとつの政策的な連続性と関連性のなかで結びつけて検討し、処理することを目指していた。こうしたリンケージの政治において米国がとろうとした立場は、戦略的曖昧性（strategic ambiguity）であった。この姿勢の目的は、米国が自国の立場を不明確にすることによって、交渉の場面におけるより大きな選択範囲と行動の自由を確保することにあった。(15)ニクソン政権は大国間との対立を避けながらも、曖昧な姿勢を取り、関係と争点の様相をより複雑化させることで、自国の戦略的立場を高めようとしたのである。(16)

ニクソン政権は、対中接近による大国間の「安定した構造」を求める一方、ヴェトナム戦争をヴェトナム人同士の戦争にするという意味での「ヴェトナム戦争のヴェトナム化」（Vietnamization）によって、「名誉ある撤退」（honorable conclusion）の実現を急いだ。こうした方針の延長線上で、ニクソン政権はアジアの同盟諸国に対して自助能力と責任分担を求め、米国の過剰介入を見直すことになる。要するに、ニクソン政権が考えたアジアにおける新たな「平和の構造」とは、同盟国に対する米国のコミットメントの縮小と同盟諸国の役割分担によって米国の負担の軽減を図る一方、(17)米軍の後退による力の空白を米中ソの勢力均衡で埋めるという二つの方向に向けられていた。

こうしたニクソン政権のアジア戦略は、世界レヴェルの戦略構想にも沿っていた。ニクソン就任と同時に国家安全保障会議（ＮＳＣ）は、国家安全保障問題研究覚書（ＮＳＳＭ）第三号「米国の軍事態勢と勢力均衡」(18)を通じて、ヨーロッパとアジアにおける戦略軍と一般目的軍（通常戦力）を中心に、軍事戦略の再検討に着手した。ヨーロッパにおける戦略軍がソ連に対する核戦力の優位を当分回復できないと踏んでいたＮＳＣは、ソ連の奇襲核攻撃を抑止するための十分な第二次攻撃能力を維持しつつ、大量殺傷能力よりも戦略的目標への攻撃を重視する「戦略的十分性」（strategic sufficiency）(19)の概念をここで提示した。これは既存の戦略核による確証破壊能力からの脱却、すなわちソ連との戦略的均衡を受容したうえで、ソ連の軍事目標を主体とした選択的な報復戦略構想への転換を意味した。(20)

戦略核戦略の転換と同時に、ニクソン政権はヨーロッパ駐留の通常戦力を一九七二会計年度まで維持することを決定した。(21)これはおおよそ三つの要因によるものであった。第一に、西ヨーロッパ同盟諸国が従順に防衛分担要求に応じなかったこともさることながら、(22)何よりも米国は対ソ競争の文脈において西ヨーロッパを死活的利益に関わる地域と見なしていた[23]。しかし第二に、当時西ヨーロッパの通常戦力は、ソ連に対して劣勢であると評価されていた。米国はヴェトナム戦争に莫大な軍事費を注いだために、相対的に北大西洋条約機構（ＮＡＴＯ）に対する軍事支出を圧縮し、西ヨーロッパからは一・三分の一師団を縮減した。これに対して一九六八年のチェコ侵攻後のソ連は、五個師団分を増強・前進配備していた[24]。第三に、東西間で交渉がおこなわれるなかで通常兵力を削減すれば、西側の交渉力が低下することを米国は懸念した。結局、ヴェトナムからの早期撤退という喫緊の課題とあいまって、軍事戦略の変化と国防予算減少によるコミットメント縮小の主要なターゲットが、アジアに配備された米地上軍に向けられることは不可避の情勢であった。

一九六九年七月二五日、ニクソンはグアム島で、「米国は条約上の義務は今後も守るが、米国にとって死活的な国益を守るために必要でない限り、新たなコミットメントはしない」こと、「自国防衛の責任を果たす意思を持つ諸国に対しては軍事・経済援助を与えるが、直接的な核の脅威以外にはアジア諸国への直接軍事介入を回避する」方針を明らかにした[25]。要するにこれは、アジアにおける友好国ないし同盟国に対する米国の過剰介入を整理し、それまで米国が引き受けてきた負担を現地国に肩代わりさせるという趣旨の戦略転換であった。「アジアの防衛はアジア人の手で」の原則を正式に表明し、その現実化に踏み込んだのである[26]。この新政策が、米国が中国に対して敵意を持たないことを示す措置でもあったことは言うまでもない[27]。

ただし、ここで注意しなければならないのは、米国のアジアに対する公約の縮小が、地域防衛のすべての責任を域内の国家に委ねるものではなかった点である。地域の国々が自身の防衛責任を担う能力を持たなかったことに加えて、アジアに対して大きな関心と利益を持つ米国が、アジアから完全撤退することはそもそもありえなかった[28]。さらに、ニクソン政権が目指したアジアにおける「ビスマルク型」の勢力均衡を実現するためには、つかず離れずの態度と同時に、少なくとも何時でも介入できる拠点が必要であった。

ニクソンが訪中前の一九七一年一二月に英国のエドワード・ヒース首相に述べたように、「ニクソン・ドクトリンはわが国がアジアから去る手段ではなく、アジアにとどまる手段であることを、アジアの人々に確信させなければならない」というのが、米国の基本的立場であった。[29]したがって、ニクソン政権が望んだ同盟諸国の寄与とは、内戦または地域紛争の勃発に際して、米地上軍が巻き込まれないように十分な地上戦力を備えることであった。地域の大部分の国家がこのような能力を備えるためには多額の援助が必要であり、その文脈で当該地域唯一の経済大国である日本の役割分担が焦点とならざるをえなかった。[30]

後に「ニクソン・ドクトリン」と命名されたこの米国のアジア戦略は、一面では「トルーマン・ドクトリン」(一九四七年)以来の全地球規模の対ソ封じ込めからの後退ではあったものの、むしろその力点は、コミットメント手段の転換に置かれていたと考えられる。つまりニクソン政権は、核戦力と通常戦力の適切な相互補完を図ると同時に、同盟諸国の役割分担を強調することで軍事的コミットメントを縮減しながら、最終的には自国の政治的影響力と既存の同盟体制を維持しようとしたのである。

(2) 米国の対中政策転換

ニクソン政権が描いたアジアにおける新たな「平和の構造」は、何よりも中国の協力を必要とした。ニクソン政権の思惑によれば、米国の安全は世界的な勢力均衡を前提とし、中国はこの勢力均衡の一角をなすべきであった。その理由は多岐にわたるが、以下のように整理することができる。第一に中国は、中ソ対立の文脈のなかでソ連に対する重要な対抗勢力と位置づけられ、中国を勢力均衡の枠内に組み込むことは、米国の軍事的負担の大幅な減少につながりうる。第二に、中国と和解すれば、ソ連への牽制のみならず、中国に対してもソ連カードを活用することが可能となり、米国が米中ソ三極体制のなかで調停者の地位を占める可能性が開かれる。

第三に、ヴェトナム戦争終結に関連して重要なのは、米中和解が中国の物質的または政治的支援の抑制を促し、ハノイ政府に対する効果的圧力となるうえに、[31]対中関係の改善による米中ソの三極体制の形成が、ヴェトナム問題の解決に対するソ連の協調姿勢を導くであろう、ということである。このことは、北ヴェトナムに自らの後ろ盾となっている中ソの関与や信頼性に疑念を抱かせ、戦争遂行への意欲を阻喪させ、結果的に米軍の「名誉ある撤退」を可能にするであろう。[32]

くわえて第四に、米中関係の改善は、ニクソン・ドクトリンによるアジアの同盟・友好諸国の動揺を抑えつつ、米国の影響力を温存するうえできわめて有効であった。[33] アジア同盟諸国のあいだには依然として中国に対する根強い脅威認識が存在したので、これらの諸国に対する軍事的コミットメントを縮小し、米国の対外援助の負担を削減するためには、この脅威認識を和らげることが必要であった。そもそも主として中国を封じ込める目的で建設されたアジアの米軍基地網[34]を縮小するためには、米中関係の調整が絶対条件であった。藤原帰一が適切に指摘したように、米中接近の意義は、中国革命の波及を阻止する目的から非共産主義諸国を支え、あるいはその内政に干渉することが必要なくなった点にあり、当該地域に対する米国外交のコミットメントの方法が大きく変わったことを意味していた。[35] 結局、米国にとって対中接近は、共産中国の「野心」を封じ込めるだけでなく、周辺諸国の中国に対する脅威認識をも緩和し、ニクソン・ドクトリンへの道を開く「一石三鳥」の取り組みであった。[36]

こうしてニクソン政権の対中接近への意欲は、早くも行動段階に移された。ニクソンは大統領就任から二週間後の一九六九年二月一日に、「中国との和解の可能性を探っているという姿勢を可及的すみやかに示すべきである」とキッシンジャーに指示した。[37] これを受けてNSCは、NSSM一四「対中政策」[38]を通じて対中外交の全面的な再調整に取り組んだ。ここでNSCは、中国がソ連との紛争と文革による内外の危機的状況を突破するために、より実用的かつ穏健な対外政策を追求する可能性が高いと診断した。[39]

また、一九六九年二月に訪仏したニクソンは、シャルル・ドゴール仏大統領に対中関係改善の意思を中国に伝えるよう要請した。[40] 続いて、中国との信頼醸成を目的とすると思われる一方的な譲歩措置が取られた。国務省は七月二一日、朝鮮戦争以来一貫して米国がおこなってきた中国に対する旅行と貿易の制限を一部緩和すると発表した。[41] これに関してウィリアム・ロジャーズ国務長官は、八月八日にキャンベラで開かれた東南アジア条約機構（SEATO）の会合で、「先月の措置の目的は、両国関係を阻む障害を取り除くことにある」と述べ、関係改善の意思を初めて公式に表明した[42]。

さらにニクソン政権は、米中対決という構図のもとで構築された軍事的な対中封じ込め網をつぎつぎと解除することで、対中和解のシグナルを送った。ロジャーズは中ソ国境沿いのソ連軍の増強を憂慮し、「ソ連が中国を攻撃するならば米国は無関心ではいられない」とソ連に警告を発した（一九六九年九月五日）。ニクソンは一〇月に、第七艦隊駆逐艦による台湾海峡のパトロールを常時体制から随時へと切り替えた[43]。こうしたなかで、一九六九年一一月の日米首脳会談では、沖縄返還と沖縄基地の非核化が発表されるにいたる[44]。ニクソン政権は、沖縄基地の主要機能が中国に対する抑止にあったことに鑑み、同基地からの核兵器の撤退が対中関係の改善にも役立つと考えた[45]。

ニクソン政権の対中認識は、戦争戦略の再検討のためにおこなわれていた前記のNSSM三にも反映された。戦術核兵器を含む一般目的軍の運用戦略を検討したNSSM三の関連報告書は、NATOに対するソ連の脅威とは対照的に、中国については、攻撃的な通常作戦能力を備えておらず、台湾以外の周辺国に対する武力侵攻の意志をも持っていないと評価した[46]。このような対中脅威認識の変化が、つぎに述べるような軍事戦略の大転換につながっていく[47]。

一九七〇年二月一八日にニクソンが議会に提出した「一九七〇年代のアメリカの外交政策——平和のための新戦略[48]」と題する『外交教書』では、米国がもはや中国を仮想敵とは考えていないことが明らかにされた。すなわち、米国は従来のヨーロッパとアジアにおける全面戦争（二）と小規模戦争（二分の一）に対応するための二・二分の一戦略から、アジアにおける中国との全面戦争の可能性を事実上排除する一・二分の一戦略に転換した[49]。これは言うまでもなく中ソ対立を前提とした戦略であったが、後に米国は、これを対中関係改善の重要なメッセージとして利用する[50]。

（米国は）原則と能力を調和させるため、「一・二分の一戦争」の戦略とも言うべき戦略を選定した。この戦略によると、われわれは、欧州またはアジアにおける大規模な共産側の攻撃に対し、アジアにおける中国以外の国からの脅威に対して同盟諸国を援助し、その他の地域の緊急事態に対処するといったことを同時におこなうのに十分な一般目的兵力を平時に維持することとする(51)。（傍点は引用者）

歴史的にみれば、こうしたニクソン政権の対中政策は、具体的な情勢や内容は異なるものの、朝鮮戦争直前の米国のそれと似通った側面があった。当時の米国は、国民政府テコ入れ援助の失敗を受け入れる『中国白書』の発表（一九四九年七月）、中華人民共和国の成立（同年一〇月）に続いて、ハリー・トルーマン大統領とディーン・アチソン国務長官から、①北京政府を中国本土の正統政府と認めざるをえないこと、②台湾は米国にとって決定的な価値を持たないこととする方針が示され、まさに中国承認寸前にいたったのであった。朝鮮戦争によって大きくねじれた米中関係は、二〇年あまりを経て冷戦以前の状態に戻ろうとしていたのである。

(3) 中国の対米接近

一九六八年八月のチェコ事件以来、ソ連の位置づけを「現代修正主義」から「社会帝国主義」へと改め、対決姿勢を強めていた中国は(52)、一九六九年三月の珍宝島《チェンバオタイ》（ロシア語では、ダマンスキー島）事件を筆頭とする一連の中ソ武力衝突を通じて(53)、その対外認識を根本から修正しようとしていた(54)。このような中国が、ニクソン・ドクトリンに象徴される米国の対外姿勢の転換に大きく注目したのは当然であろう(55)。

実際にこの時期の中国の最重点目標は、ソ連の脅威を阻止することに置かれていた。一九六九年四月に二年ぶりに開かれた中国共産党第九回全国代表大会（九全大会）では、戦争の観点から現状を捉える必要性が主張され、六月の黄永勝《ファンヨンシエン》総参謀長主催の中央軍事委員会弁事組座談会では、膨大な国防建設計画が提出された。八月八日、中共中央は、とくに辺境地区の軍民に反侵略戦争の準備を強化する「命令」を発した(56)。続いて一一月、ソ連の中央アジア軍管区の新設を契機として全土で防空壕が作られ、工場が移転されるなど、中国は緊迫した戦時体制の雰囲気に覆われた[57]。
しかし、後に毛沢東《マオツォートン》が周恩来《チョウオンライ》に述べたように、中国が米帝国主義とソ連修正主義に対する「二面対抗」を展開することは不可能であった[58]。こうした情勢を突き詰めて検討した結果、中国首脳部は、米国と手を組むことによって中米ソの勢力関係において有利な立場を占める可能性を模索する。九全大会直後の一九六九年九月には、要職に復帰した陳毅《チェンイー》など四人の老元帥からなる「国際情勢研究組」が、中米ソ三大勢力の闘争に柔軟に対応し、戦略上の主導権を獲得することを提案した[59]。

陳毅らの報告「当面の情勢についての見方」によれば、中ソの矛盾は米中の矛盾より大きく、米ソの矛盾は中ソの矛盾より大きいので、結局は「一面対抗、一面交渉」が必要となる。これは「夷を以て夷を制す（夷以制夷）」古典的兵法訓にもとづく「米国と結んでソ連を抑制する（聯米整蘇）」「遠交近攻」の策略であって、見方を変えれば、まさしくニクソン政権が追求していた勢力均衡政策の「中国版」にほかならなかった[60]。中ソ対立を利用してスイング・ポジションを確保しようとする米国の戦略と、米ソ矛盾を利用して安全保障上の危機を脱しようとする中国の戦略とのあいだには大きなズレが潜んでいたものの、米中は、ともに米中ソ戦略関係のなかで「中国カード」や「米国カード」を切ることが、それぞれの戦略的利益につながると確信していた。

米国側からの一連のシグナルを受けて、周恩来は一九六九年六月下旬、朝鮮戦争勃発の日を境にそれまで例外なく続けてきた米帝国主義に対する批判報道を自制することを提案した[61]。なお、毛宛の書信では、「ニクソンとキッシンジャーの動向は注目に値する」と書いた。続く一一月二一日に、周は、「国際情勢についての研究では矛盾を分析しなければならない」と論じた[62]。これは中国が、米ソ矛盾を利用した対米接近が可能であると結論づけたことにほかならなかった。そして一二月三日、米国からのワルシャワ会談の再開を提案されると、周は「入り口への道が見つかった。ノックすることができるようになった」と毛に報告した[63]。中国は一二月六日、抑留していた米漂着者二人を香港に送還した。こうしてキッシンジャーが述べたように、一九六九年末までには、中国側も、対米和解を図るための戦略的決定を下したことが明らかになった(64)。

一九七〇年一月二〇日に再開されたワルシャワの大使級会談で、ウォルター・ステッセル米代表が「北京に米国の代表を派遣するか、あるいは中国の代表をワシントンに招きたい」と提案すると、中国はその一カ月後の二月二〇日、米国代表を北京で「喜んで『接待』する」と応じた(65)。その後、ニクソン政権のカンボジア侵攻作戦によって、五月に予定されていた北京での米中会談が御破算となったもの(66)の、中国は七月にスパイ容疑で一二年間も拘束されていた米国人神父ジェームズ・ウォルシュを繰り上げ釈放するなど、対米接近への意欲を崩さなかった。

一九七〇年秋に入ると、中国をめぐる国際情勢はさらに急展開した。まず一〇月一三日、一年五カ月間にわたる交渉のすえに、中国とカナダが国交を樹立した。とくに、中国のカナダとの国交樹立は、台湾問題に触れなかった一九六四年のフランスの中国承認とは異なり、新たな先例を切り開いた点で注目された。共同声明では「中華人民共和国政府は、台湾が中華人民共和国の不可分の領土であることを重ねて表明した。カナダ政府は中華人民共和国のこの立場に留意する（take note）」という表現でまとめられたが、中国の主張を相手国が完全に認めなければならないという従来の原則に照らせば、この「カナダ方式(67)」は明らかに中国側の譲歩であった。中国は文革期中の「造反外交」からこのような柔軟外交に移行することで、その後も赤道ギニア、イタリア、ペルーなどと国交を結び、国際的な孤立状態から急速に脱却していった。

さらに一九七〇年一一月二〇日、国連では、日米などの反対にもかかわらず、中華人民共和国政府に中国代表権を認め、中華民国の追放を求める「アルバニア決議案」が過半数を獲得した。中国代表権問題を重要事項に指定する決議案が事前に採択されていたために、アルバニア決議案のほうは成立しなかったが、この票決の結果は、中国の国際的地位の向上を如実に示していた。依然として台湾の議席保持に努めようとする米国は、重要事項指定決議案を提案して中国の非難を浴びたものの、他方では秘密裏に対中関係改善に向けて積極的に手を打つことを忘れなかった(68)。

同年一〇月二五日、ニクソンは、パキスタンのヤヒア・カーン大統領に米国政府の意図を中国に伝えるよう依頼した。次いで翌二六日には、ルーマニアのニコラエ・チャウシェスク大統領歓迎晩餐会の挨拶において「中華人民共和国」という正式国名を初めて使用する一方、チャウシェスクにも中国への橋渡し役を依頼することで、いわゆる「パキスタンおよびルーマニア・チャンネル」を立ち上げた。それから二カ月後の一二月九日、パキスタン・チャンネルを通じて周恩来のメッセージが届けられた。周は、毛沢東もその後継者に指名された林彪《リンピャオ》も同意したと断ったうえで、「台湾と呼ばれる中国領土を明け渡す問題を討議するために、ニクソン大統領の特使の北京訪問は大いに歓迎されよう」と述べた。[69]さっそく米国側は、台湾問題のみに限定せずとの条件をつけて返書を送った。

一連の米中接近の雰囲気は、いわゆる「ピンポン外交」によって演出され、いっそうの盛り上がりをみせた。中国は一九七一年三月、名古屋で開かれた第三一回世界卓球選手権大会に文革以来初の選手団を派遣し、さらに大会終了後の四月六日には米国を含む海外五カ国の卓球団を北京に招待すると発表して、国際的に大々的な「中国旋風」を巻き起こした。四月一〇日、戦後初めて米卓球団が中国を訪れた際に、周恩来は歓迎式典の席上で、「中国と米国人民の関係に新しいページを開いた」と、米国にエールを送った。[70]

米国側も一九七一年に入ると、『外交教書』に中華人民共和国という正式国称を用い、朝鮮戦争以来、対中封じ込めの一環としておこなってきた渡航制限と通商貿易禁止措置の撤廃を続々に打ち出すなどして、中国側の友好的な姿勢に応えた。これらを土台にして四月二七日、パキスタン・チャンネルを通じて周恩来から待望の招待状がニクソンの手元に届いた。[71]そこでは台湾問題の早期解決という従来の主張が繰り返されていたものの、ニクソン訪中前に秘密裏に中国を訪れ、議題を台湾問題に限定するという前提条件は事実上撤回されていた。しかも、ニクソン訪中前に秘密裏に中国を訪れ、議題などを調整したいと伝えたキッシンジャーに対し、六月二日には周から、中国がこの準備訪問を受け入れるとともに、「毛沢東はニクソン訪中を歓迎する」旨を伝える回答が、ふたたびパキスタン・チャンネルを通じて届いたのである。[72]

こうして二年近くのせめぎ合いを経て、ニクソン訪中を前提とするキッシンジャーの訪中が決まった。このこと自体が米中両国にとってきわめて重大な決定であったが、米ソ両超大国を敵と見なしてきた中国としては、対外政策をいかに調整するかが大きな課題であった。そして中国では、一九七一年五月二六日に中共中央政治局会議が開かれ、目の前の米中会談について集中的な議論がおこなわれた。そこで周恩来は、毛の意を受けて自ら「中米会談に関する報告」を起草した。いくつかの研究ですでに紹介されているが、この報告のうち、キッシンジャーとの会談で堅持すべき原則と、これに対応する方策について述べた「八項目方針」とは、以下のようであった。

一、米国はすべての兵力と軍事施設を期限内に台湾と台湾海峡から撤退させなければならない。これは中米両国関係を回復するうえでの鍵となる問題である。この問題が事前に原則的にまとまらない場合には、ニクソン訪問を延期させることもありうる。

二、台湾は中国の領土であり、台湾の解放は中国の内政である。外国人が関与することは許さない。日本軍国主義の台湾での活動は厳しく防がねばならない。

三、われわれは台湾の平和的解放に努力し、対台湾工作を真剣に進めなければならない。

四、「二つの中国」あるいは「一中一台」の活動をおこなうことには断固反対する。米合衆国が中華人民共和国と国交を樹立したいと望むならば、中華人民共和国が中国を代表する唯一の合法政府であることを承認しなければならない。

五、もし前述の三条件が完全に実現しないため、中米の国交樹立ができないとすれば、双方の首都に連絡機構を設けることができる。

六、われわれの方から主導的に国連問題を提起しないが、もし米国側が国連問題を提起するならば、われわれは「二つの中国」あるいは「一中一台」の処置は絶対に受け入れられないと明確に言うべきである。

七、われわれの方から主導的に中米貿易問題を提起しないが、もし米国側がこの問題に言及してくるならば、米軍の台湾撤退の原則を確定した後に、商談を進めてもよい。

八、中国政府は米国の武装力がインドシナ三国、朝鮮、日本および東南アジア各国から撤退し、極東の平和を保障するよう主張する。[73]

キッシンジャーの訪中を目前にしてまとめあげられた右の八項目方針は、台湾問題への強い関心を示しながらも、第五の指針にも明らかなように、台湾問題に対する合意が成立しない場合にも対米関係を改善するという点において相当に柔軟な姿勢を示していた。この指針は米国側に伝えられたわけではなかったが、米国側の事前予想ともほぼ合致していた。米国が「一つの中国」を認め台湾問題についてある程度誠意を示せば、中国側の関心は、経済問題ではなく（第七指針）、台湾駐屯米軍を含む中国を取り巻く安全保障問題（第八指針）に絞られることになろう。キッシンジャーはこうした展望に立ち、中国の根本的な要求が台湾問題の解決や、国連での中国承認ではなく、あくまでも敵対的な包囲網の悪夢の緩和と戦略的安堵感を得ることにあると見抜いていた。[74]対米接近に臨む中国の狙いは、米国の東北アジアに対する軍事的なコミットメントの縮小、たとえば在韓米軍を削減しようとするニクソン政権の構想と符合するところがあったのである。

二　抑止力としての在韓米軍の動揺

(1)在韓米軍一個師団削減の決定

ニクソン政権は、対中政策の転換と並行して在韓米軍の削減を急いだ。ニクソンが一九六九年一〇月に政策指針して命じた、国家安全保障問題決定覚書（ＮＳＤＭ）二七「米国の軍事姿勢」[75]は、一九六〇年四月のＮＳＣ五九〇四ノ一「米国の戦争政策」（U.S. Policy in the Event of War）を修正したもので、アジアにおける中国の戦争介入可能性を事実上排除する、一・二分の一戦争戦略を取っていた。中国が軍事脅威の対象から正式に除外された以上、対中抑止力としての在韓米軍は調整されるべきであった[76]。他方でニクソン政権は、在韓米軍削減が中国の対米認識の変化をもたらし、対中接近の土台ともなるであろうとも考えた[77]。米国の対中政策と在韓米軍政策は、コインの裏と表のような関係にあったのである。

こうしたニクソン政権にとって、韓国の北朝鮮脅威論は枝葉の問題にすぎないどころか、逆に在韓米軍の削減こそがニクソン・ドクトリンの具体化を象徴するとさえ映ったのである。やや極端に言えば、米国の視点において韓国の位置づけは、反共の前哨基地からデタントの妨害者に転じつつあった。

一九六九年二月二二日、ニクソンの指示によって始まったNSSM二七「部局間対韓計画事業予算研究[78]」は、前政権末期の政策構想を継承して、在韓米軍の撤退を前提としておこなわれた。ここでNSCの調整委員会は、一九六八年の「対韓政策」（第一章第三節の(4)を参照）の延長線上で、韓国地上軍一六個師団の近代化と同時に、在韓米軍二個師団を一九七三会計年度までに段階的に撤退させることを提案した[79]。このNSSM二七における最大の特徴は、第二の朝鮮戦争に際しての中国の介入可能性を事実上排除したことにある。そのうえで示された在韓米軍撤退の根拠とは、当時韓国軍一八個師団が北朝鮮に比べ数的に優勢であるばかりか[80]、質的にも対等な戦力を持ち、しかも北朝鮮の侵略に備える防衛力としての戦術上の利点を考慮すれば、過大戦力にあたる、というものであった。当然の帰結として、在韓米軍二個師団は無用になる。要するに、ニクソン政権は中国と北朝鮮との脅威を区分し、北朝鮮の脅威のみに対応する韓国軍の戦力を再評価することで、在韓米軍削減の道を開きはじめたのである。

ここにみられるニクソン政権の在韓米軍削減への意欲は、一九六九年四月一五日のEC－121偵察機撃墜事件[81]によっても衰えなかった。北朝鮮のミグ戦闘機二機が厚木基地所属の米海軍偵察機を撃墜し、乗務員三一人全員が死亡した同事件は[82]、一五カ月前のプエブロ号拿捕事件を彷彿させる深刻な危機的状態を朝鮮半島にもたらした。しかも、プエブロ号が北朝鮮領海を侵犯した可能性があったのに対して、EC－121偵察機は朝鮮半島から九〇海里も離れた公海上で通常の偵察活動をおこなうさなかに、突如無警告で攻撃を受けたのである。しかし、この事件に対するニクソン政権の対応は、ジョンソン政権の手ぬるい対応と大きく違わなかった[83]。事件直後にNSC会議が招集され、武力報復を含むあらゆる対応策が議論されたものの[84]、空母二隻を中心とする大機動艦隊を事件海域に展開し、戦闘機を同行させたうえで偵察活動を続行すること以外には、何の報復措置も取らなかったからである[85]。

ニクソンは、そもそもアジアにおける「二つの戦争」の遂行が不可能であると判断したばかりか、EC－121偵察機事件に対する中国とソ連の裏工作を疑いすらしなかった[86]。それどころかニクソン政権は、この事件を機に朝鮮半島の局地的紛争に巻き込まれてはならないという確信をさらに深めるようになる。つまり、ニクソン政権は朝鮮半島における戦争介入の危険性だけを憂慮し、このような偶発的事件に巻き込まれる可能性を根本的に防止するためにこそ、在韓米軍の撤退を急いでいたのである。

こうしたなかで、在韓米軍削減計画はヴェトナム撤退政策と並行して急展開をみせた。ニクソンは一九六九年五月、TV演説を通じて米軍と北ヴェトナム軍の同時撤退と国際監視下の選挙を提案したのに次いで、その三週間後にはグエン・ヴァン・チュー（阮文紹）南ヴェトナム大統領と米軍二万五〇〇〇人の撤退に合意することで、メルヴィン・レアード国防長官が提唱した「ヴェトナム化」政策を本格化させた。

NSSM二七の輪郭は「ヴェトナム化」政策と並行して具体化していった。レアードは六月三日の下院歳出委員会で、「韓国に対する防衛を可及的すみやかに『韓国化』（Koreanization）する方向に進めるつもりであり、可能な限り米軍を撤退または削減することを期待する。一個師団が韓国から出ていくことは、当面の検討対象である」と述べ、在韓米軍削減方針を明らかにした。さらにレアードは、「駐ヴェトナム韓国軍と在韓米軍は別個の問題であり、韓国は何時でもヴェトナムから撤退する権限を持っている[87]」とも述べ、韓国政府が米国の在韓米軍削減計画を阻止するために駐ヴェトナム韓国軍をバーゲニング・チップとして利用する可能性を牽制した。

一九六九年八月一四日に開かれたニクソン主宰のNSC会議では、韓国に対するニクソン・ドクトリンの適用問題が詳しく検討された[88]。エリオット・リチャードソン国務次官は、韓国がグアム・ドクトリンの「試金石」（test case）であるとして、一九七〇~七四年の韓国軍近代化計画に合わせて在韓米軍一個または二個師団を撤退させる方針を確立すべきだ、と主張した。また彼は、韓国防衛に特化した在韓米軍は地域安全保障の役割を期待しえないこと、二個師団の駐留には年間八億ドルの維持費が必要であること、第二師団の非武装地帯（DMZ）配備によって、南北間の些細な敵対行為も必然的に介入を招く危険性があること等々を指摘した[89]。

こうしたニクソン政権の問題認識は、一九六九年八月の朴正熙《パクジョンヒ》の訪米前に作成された「対韓政策」報告書にもそのまま反映された。同報告書は、米国の海・空軍および兵站支援を受けるならば、韓国軍は中朝連合戦力の攻撃を相当期間阻止できるだけでなく、中国の軍需支援による北朝鮮の単独攻撃をも撃退しうる、と評価していた。この延長線上で在韓米軍の軍事的非効率性が指摘され、その削減を既成事実化させた[90]。さらにニクソン政権は、韓国がこの撤退計画を事前に察知し、米軍削減に対して過度な報償を要求するなど、強く抵抗する可能性を憂慮した[91]。

だからこそニクソン政権は、当面のあいだ、韓国に対して削減計画に関する具体的な言質を与えなかった。それどころかニクソン自身は、一九六九年八月二一日にサンフランシスコで開かれた朴正熙との首脳会談で、「米国内の世論は海外米軍の削減を求めているが、私は在韓米軍削減案を拒否した。私は金日成《キムイルソン》に警告を発するためにこうした考えを公表する構えである」と、在韓米軍の維持を明言した。両大統領の最初で、そして最後の会談でもあったこの会合では、むしろ朴正熙が[92]「金日成の軍事挑発を防ぐ唯一の方法は、在韓米軍の増強ではなく、韓国軍の装備と戦闘能力を強化することである」と述べるなどして、ニクソン・ドクトリンへの理解を表明し、韓国の「自衛能力」を強調した。

言うまでもなく、こうした朴正熙の姿勢は、在韓米軍の維持を大前提としており[93]、韓国軍近代化に必要な米国の支援を極大化することに向けられていた。崔圭夏《チェギュハ》外務長官は、「大韓民国国軍と在韓米軍は引き続き強力に警戒態勢を維持させねばならない」という共同声明の一文を、米国が韓国の安全保障をニクソン・ドクトリンの範疇内で「特殊に扱う」ことを確認した、と再解釈した(94)。

しかし、朴正煕との会談での答弁とは裏腹に、ニクソンの在韓米軍削減に関する信念は揺るがなかった。首脳会談に先立って、ニクソンは朴に随伴して帰国したウィリアム・ポーター駐韓大使に面会し、削減可能性を打診していた。ポーターによると、ニクソンは「削減の方向に進まざるをえないだろう」と語り、かねてからの削減論者であったポーターは「あまりにも急速に実施しないなら、削減は可能である」と答えた(95)。やがてニクソンは一九六九年一一月二四日、キッシンジャーに「半分」という具体的な削減規模を示しつつ、在韓米軍の撤退を促した。

> 私は在韓米軍を削減する時期がきたと思う。われわれはEC－121事件のせいでこれを早く実行しえなかったが、私はこれ以上ぐずぐずしてはならないと思う。私の考えは、想定される報復攻撃に必要な空軍と海軍力を維持することである。反面、そこにいる米軍を半分に減らしたい（cut the number of Americans there in half）。年内にこうした計画が私の目の前に置かれるように(96)。（傍点は引用者）

ニクソンの指示を受けて、キッシンジャーは在韓米軍削減を前提にしてNSSM二七の検討を急いだが、ニクソンの思惑を尊重しながらも、彼は急激な在韓米軍の撤退が米国の対韓統制力に影響することを懸念した。ニクソンの指示を受けた翌日に、朴正煕とアール・ホイーラー統合参謀本部（JCS）議長との対話内容を報告したキッシンジャーは、朴が在韓米軍削減の可能性を強く懸念しながら、「韓国は自律的な防衛能力を持つべきだ」と述べたことを取り上げつつ、これは韓国が「独り歩きを図る」との意味であるとつけ加えた(97)。これに対してニクソンは、この報告書に自筆で「米軍のトリップワイヤーの役割を韓国軍に担わせる計画を進めること」と記すことで、削減計画の実施をふたたび促した。

ニクソンの決心が明らかになると、在韓米軍削減計画は矢継ぎ早に具体性を帯びはじめる。この削減方針に反旗を

駐ヴェトナム韓国軍を視察する朴正熙大統領（1966年11月）［韓国国家記録院所蔵］

翻したのはＪＣＳのみであった。ＪＣＳは、北朝鮮軍に対する適切な防御力を維持し、かつ中朝連合戦力の攻撃を遅延させるためには、二一個常備戦闘師団（在韓米軍二個師団＋韓国軍一九個師団）が必要であると主張しながら、在韓米軍の削減に反対した[98]。この主張の延長線上でＪＣＳは、もし韓国軍の近代化が十分に進められ、またヴェトナム韓国軍二・三分の一師団が韓国に復帰することを条件として、「最小限の抑止力」として在韓米軍三分の一師団を削減できるという見解を示した[99]。

しかし、すでにニクソンが「半分」削減の決意を固めており、世界戦略のうえで中国に対する脅威認識が変化し在韓米軍の抑止役割が低減された、というのがＮＳＣの判断であった。ＮＳＣは、韓国軍を一八ないし一九個師団規模で維持しながら在韓米軍一個師団を撤退させるならば、軍事的には何らの問題もないと結論づけた[100]。キッシンジャーが一九七〇年三月初旬に最終的に取りまとめた報告書によれば、国務省と国防総省が在韓米軍一個師団や二万～三万人撤退案を提示したのに対して、ＪＣＳは二個旅団や一万人の撤退案を示すことで当初の撤退反対の立場から大きく後退していた。また、在韓米軍削減にともなう「見返り」としての韓国軍戦力補強計画については、国務省と国防総省は、韓国海・空軍を現水準に維持したまま、陸軍一六〜一八個師団に対する支援のみを求めたのに対し、JCSは韓国海・空軍力を実質的に向上させたうえで、駐ヴェトナム韓国軍が復帰すれば韓国陸軍を一九・三分の一師団まで拡大・増強させる方案を示した。(101) 結果的に削減規模をめぐる省庁間の見解の相違は、ニクソンの「半分」削減というガイドラインを充足させるかたちに収斂されていく。すなわち、二個師団のうち一個師団を撤退することでニクソンの「半分」撤退の指示に従う一方、(102) 二万人を撤退することで、JCSの一万人撤退案と国務・国防両省の二万〜三万人撤退案とを折衷したのである。

しかし、まがりなりにも弾みのついた在韓米軍撤退論は、一個師団二万人の撤退程度では収まらなかった。一九七〇年三月四日に開かれたNSC会議では、国防・国務両省が当面の一個師団撤退だけでなく、駐ヴェトナム韓国軍の復帰と韓国軍近代化計画への支援にともなって、一九七三会計年度までに在韓米軍の規模をさらに三分の一個師団まで縮減する計画案を提起し、ニクソンもそれに同調した。(103) すなわち、第二師団を中心とする二万人の削減を既成事実化したうえで、追加削減を進める計画が急浮上したのである。

この追加削減案に一応の歯止めをかけたのはキッシンジャーであった。一個師団削減案を受け入れたキッシンジャーは、以後の追加削減に対しては、抑止力の側面からだけでなく、同盟関係を毀損するという点からも強力に反対した。彼はニクソン宛の報告書において、「追加削減は米国のアジア離脱をアジア各国に印象づける危険性があるので、検討してはならない」と主張した。(104) ただし、在韓米軍削減の「見返り」として検討されてきた韓国軍近代化への支援については、キッシンジャーは国防総省の案（今後五年間にわたり毎年二〜三億ドルを支援する案）の承認をニクソンに求めた。(105)

結局、ニクソンは、キッシンジャーの建議を受け入れ、二万人以上の追加削減についてはさらなる検討が必要であることを認めたうえで、一九七二会計年度末までに四万四〇〇〇人を維持することを承認した。こうして一九七〇年三月二〇日に採択されたNSDM四八では、(106) 一九七一会計年度（七一年六月に終了）に在韓米軍二万人を撤退させる一方、韓国軍近代化計画への支援のために、五年間（一九七一〜七五会計年度）にわたる毎年二億ドルの軍事援助計画（MAP）と、公法（PL）四八〇による五〇〇〇万ドル相当の経済支援をおこなうことが決定した。注目すべきは、NSDM四八が、「現在では二万人以上の追加削減については計画されていない」としながらも、相当規模の駐ヴェトナム韓国軍の復帰もしくは韓国軍近代化の進展を条件として、「相当規模の在韓米軍の追加削減」を検討するよう明記していた点である。NSDM四八は当面一個師団の撤退を決定したにとどまらず、追加的削減をも今後の政策課題として視野に入れていたのである。[107]

(2)「韓国条項」と役割分担の表裏

ニクソン・ドクトリンは、明らかにアジアへのコミットメントの縮小を目指したものの、米軍の一方的な撤退だけを意図してはいなかった。それは軍事的コミットメントを縮小するかたわらで、同盟に対する政治的コミットメントの維持を前提としていたからである。「同盟に対する条約上の義務は守る」という原則を充実させる意味では、ニクソン・ドクトリンは米韓・米日同盟による中国封じ込めの継続を志向していた。[108] ニクソン政権は、対韓軍事援助の拡大と韓国の自助努力に加え、アジア駐屯米軍（とくに在日米軍）の機動性の確保と日本の役割分担を強調することで、在韓米軍削減による「力の空白」とコミットメントの弱化を相殺しようとした。そのような意図の象徴が「韓国条項」であった。[109]

周知のように「韓国条項」は、一九六九年一一月の日米首脳会談における沖縄返還合意の際に、日本の宿願であった「核抜き・本土並み」返還を実現する一方、米国の軍事的要請にも配慮して、共同声明と佐藤栄作首相のナショナル・プレス・クラブ演説に盛り込まれた文言である。同共同声明の第四項には、「総理大臣は、朝鮮半島の平和維持のための国連の努力を高く評価し、韓国の安全は日本自身の安全にとり緊要であると述べた」とされた。なお、ナショナル・プレス・クラブ演説において、佐藤は「万一韓国に対し武力攻撃が発生し、これに対処するため米軍が日本国内の施設、区域を戦闘作戦行動の発進基地として使用しなければならないような事態が生じた場合には、日本政府としては、このような認識にたって、事前協議に対し前向きにかつ速やかに態度を決定する方針である」[110]とも言明した。韓国防衛に対する日本側の協力意思がこれほど自発的に、かつ明示的に強調されたのは初めてのことである。[111]

「韓国条項」は、「台湾条項」[112]と並んで、東北アジアの安全確保のための在日米軍の活動に対し、日本が了解し協力することをあらためて確認する意味をもっていた。すなわち、米国としては、在日米軍の作戦出動と在日基地の利用がより柔軟になり、東北アジア駐屯米軍の効果的運用が可能となったのである。この点に関して、キッシンジャーは後日、「日本が哲学的な表現ながら、韓国・台湾の安全に対する関心を表明してくれたお陰で、これら諸国の防衛のために、われわれが通常兵器を本質的に無制限で使用しうる権利を認める旨の原則を謳いあげる方式ができあがった」と述べた。[113]「韓国条項」の成立によって、戦後の米国が求め続けた東北アジアにおける米軍の連携的かつ効果的な運用と、それを可能ならしめる日韓間の安全保障上のつながりが公式に表出されたのである。

ただし、第三章第三節で詳しく述べるように、ニクソン政権の想定した日韓連携は、あくまでも米国の仲介と「監督」を前提としており、軍事同盟への進展を意味するものではなかった点に留意する必要がある。[114]米国は、韓国防衛のために必要な直接的な軍事負担を日本に要求することもなかった。他方で、「武器輸出三原則」(一九六七年四月)を標榜していた日本が韓国との軍事的連携を進めるのは、国内政治上の制約によって困難であった。[115]しかも最近公開された日本外務省の外交史料から明らかになったように、「韓国条項」は、日本政府が事前協議の例外を定めていた「韓国有事議事録」という「密約」を置き換えようとする過程で生まれた「落とし子」のようなものでもあった(詳しくは、第六章第二節の(2)を参照)。多くの日本外交史研究者が指摘するように、戦後日本外交の文脈においてみれば、「韓国条項」[116]は、佐藤政権が発足当初から目的とした沖縄返還を実現するために支払った対米譲歩の意味合いが強かったのである。

しかしこうした限界にもかかわらず、「韓国条項」の成立に前後して、米国の対韓コミットメントの縮小分を事実上補うかたちで、日本が韓国の自主防衛力強化のための資金・技術協力をおこなったことも事実である。たとえば、一九六九年八月の第三回日韓定期閣僚会議で、日本は浦項《ポハン》総合製鉄所（一九七〇年四月起工）の建設に資金協力を約束していた[117]。また、七〇年七月にソウルで開かれた第四回日韓定期閣僚会議では、韓国側の要請にこたえて[118]、日本は一九六五年の国交正常化以来の請求権清算名目による経済支援の枠から脱し、機械工場建設などを助けるための一億ドルの新規借款の供与に踏み切った[119]。これらの支援はあくまでも経済協力の名目のもとに慎重におこなわれたものの、実質的な軍事援助の性格をも色濃く帯びていた。

いずれにせよ「韓国条項」は、日米安全保障条約と米韓相互防衛条約にもとづく米日韓の安全保障トライアングルの存在が、東北アジアにおいて初めて具体化した出来事であった[120]。中国と北朝鮮がこのトライアングルを自陣営に対する包囲網の強化と捉え、同時に日本の朝鮮半島への介入の可能性に対しても警戒を強めたことは、「韓国条項」が地域の安全保障の力学に与えた影響の大きさを物語るものである。

実際に沖縄返還交渉は、ニクソン・ドクトリンに象徴される米国の新アジア戦略のもとで、朝鮮半島の安全保障と深く関わりながら進められた。なぜなら、沖縄基地は朝鮮戦争以来の対中封じ込め網の拠点をなし、朝鮮半島有事の際には米韓連合軍を緊急増強する即応軍事力としての役割を期待されてきたからである[121]。しかも、同基地には韓国有事を想定した戦争予備物資（war reserve）が備蓄され、核兵器さえ配備されていた。したがって沖縄返還交渉の結果、米軍が韓国防衛のために効果的に在日基地を利用できなくなれば、韓国政府は自国の安全が大きく脅かされると考えざるをえなかった。

一九六九年四月に作成された韓国政府の沖縄問題関連報告書は、「核抜き・本土並み」返還が韓国の安全に及ぼす影響をつぎのように挙げた。①中朝に対する米国の核抑止力が弱体化する、②米国の対韓コミットメントの弱化を北朝鮮に印象づけ、北朝鮮の誤算を招きかねない、③基地使用が日米両国間の一般的な事前協議制の適用を受ける場合、沖縄を発進基地とする米軍の韓国防衛能力は決定的に制約される[122]。こうした認識のもとに、「代替基地として済州島を提供し、必要なら核配備も受け入れる用意がある」とした朴正煕や丁一権《チョンイルグォン》総理らの発言を通じて、[123]韓国政府は日本政府が掲げる「核抜き・本土並み」の主張と事前協議方針を牽制し、沖縄基地の戦略的価値を保全しようとした。

一連の韓国の働きかけは、沖縄基地の対韓防衛機能を強調する結果となり、基地の自由使用を確保しようとした米国の思惑にも合致した。一九七二年一月、ニクソンが佐藤との会談で「沖縄基地は米国の対韓コミットメントに応えなければならない[124]」と確かめたように、朝鮮半島有事の際に日本にある米軍基地を事実上無制限に使用して在韓米軍と韓国軍を支援することは、米韓共通の利益に適っていたのである。このように考えれば、「韓国条項」は米韓両国にとって満足すべき成果であったと言えよう。実際、一九七二年の沖縄返還時に締結されながら一九九七年に秘密解除された、「沖縄五・一五メモ」のなかの「国際連合の軍隊による在沖縄合衆国施設・区域使用」と題する協定によれば、嘉手納飛行場、ホワイト・ビーチ、普天間飛行場の三カ所の基地は、国連軍司令部（UNC）の使用が可能な基地として明記された。[125]

ただし、ここで指摘すべきは、「韓国条項」に寄せられた米国と韓国の思惑には大きな隔たりがあったことである。米国は在日米軍および基地運用の柔軟性を確保することで、韓国の安全保障を補強するだけでなく、それを通じて在韓米軍を削減する余地が広がると考えていた。いいかえればニクソン政権は、沖縄返還とセットにもなった「韓国条項」を、アジアにおけるニクソン・ドクトリンの実効性を高め、米軍撤退による「力の空白」を補完する手段と捉えたのである。U・アレクシス・ジョンソン米国務次官が公式ブリーフィングで語ったように、「韓国条項」によって日韓両国を安全保障の分野で緊密に結びつけることは、ニクソン・ドクトリンの一環であった。[126]

「韓国条項」と在韓米軍削減とのリンケージは、一九六九年三月におこなわれた米韓合同の「フォーカス・レティナ」軍事演習によって浮き彫りになった。同演習では、沖縄を中継基地として利用する空輸に焦点が当てられた。すなわち、約二五〇〇人の陸軍投下部隊などを米本土のノースカロライナ州から韓国ソウルの南東六五キロメートルの演習地域まで、重装備を満載した輸送機によって約一万三〇〇〇キロメートル空輸する途中で、主力部隊をいったん沖縄に集結させ、補給と整備を受けるかたちを取っていた[127]。

史上最長距離の空輸作戦でもあったフォーカス・レティナ演習は、軍事的に二つの意味があった。ひとつは、在韓米軍削減と日本、とりわけ沖縄基地との連携である。つまり、同演習は在韓米軍削減を想定したうえで、韓国有事の際に米本土から大量の兵力を迅速に空輸できるかどうかを確かめることに、その目的があったと言える[128]。チャールズ・ボーンスチール米第八軍司令官（国連軍司令官を兼任）は、「この作戦で、沖縄は有効で適切な役割を果たした」と述べ、沖縄基地の中継機能を高く評価した[129]。

もうひとつは、同演習によって、米国の対韓防衛の性格が、地上軍中心から「機動的防御」（mobile defense）に移行しつつあることが示された点である[130]。朝鮮戦争以来の米地上軍による前方防御戦略（forward defense strategy）から、海空軍中心のオフショア戦略（offshore strategy）への転換を模索していたニクソン政権は[131]、朝鮮半島の紛争にただちに巻き込まれる危険性のある地上軍の削減を進める根拠として、沖縄基地を拠点とする米国の遠距離支援能力を誇示しようとした。振り返ればこの動きが、朝鮮戦争勃発の一因をなす米国オフショア戦略の起源、すなわち一九五〇年一月の「アチソン・ライン[132]」への復帰にも等しい、アジア戦略の大転換の前奏曲となったのである。

三　同盟の動揺

(1)在韓米軍削減をめぐる米韓摩擦

アジアにおけるコミットメントの縮小を掲げるニクソン政権の戦略構想に接した韓国政府は、同政権が今後ヴェトナム戦争のようなタイプの局地戦争には決して介入しないという方針を明らかにしたことを受けて[133]不安を募らせていた。また韓国は、ニクソン政権が中国とのワルシャワ会談を再開するなど、対中接近を図ろうとしていることに対しても露骨に不満を漏らし、こうした米国の政策転換が北朝鮮の武力挑発を助長する危険性があるとさえ考えるにいたった[134]。かつてハンス・モーゲンソーが述べたように、同盟はその土台として利害の一致（convergent interest）を必要とするが[135]、米韓同盟は、米国の対中接近と対韓コミットメント削減によって深刻な利害の不協和を露呈しつつあったのである。

そのような状況のもとで発生した北朝鮮によるEC－121偵察機撃墜事件は、米韓相互防衛条約の適用範囲の外で発生したものの、韓国がニクソン政権の対韓コミットメントを確認するうえで最初の試金石となった。事件直後、韓国の与野党は「米国はただちに報復せよ」という強硬な談話を発表し、これを受けて国会の外務委員会は一九六九年四月三〇日、政府に強力な対応を促す建議案を採択した[136]。朴正煕は五月一日、パリ訪問中の朴忠勳《パクチュンフン》副総理を急遽ワシントンに特派し、報復措置を促す親書をニクソンに伝えた[137]。にもかかわらずニクソン政権は、先に述べたように、前年のプエブロ号事件におけるジョンソン政権の対応と同じく、北朝鮮に対して何の報復措置をも取らなかったので、米国政府の対韓コミットメントに対する韓国の疑念は深まる一方であった。

さらに韓国内では、その二十余年前の米軍の急遽撤退とアチソン・ラインの発表が朝鮮戦争を引き起こしたという認識のもとで、韓国はニクソン・ドクトリンの適用外にならざるをえないと考える傾向が一般的であり、韓国軍がヴェトナムになお駐留し続ける限り、在韓米軍の削減はあってはならないという思い込みも強かった[138]。その延長線上で韓国はニクソン・ドクトリンとは裏腹に、ヴェトナム戦争の拡大[139]と在韓米軍の強化を訴え続けた。

韓国の強硬な姿勢に対し、ニクソン政権は在韓米軍削減の実施手続きに頭を悩ませた。ロジャーズ国務長官は一九六九年八月の米韓首脳会談に先立って朴正煕に会い、「今後北朝鮮の挑発により戦争が起こる場合、ただちに対応措置を取る」と米国の対韓防衛公約を再確認した[140]。すでに述べたように、ニクソン自身も米韓首脳会談で在韓米軍撤退を否定し、対韓コミットメントの維持を明言していた。そこでNSDM四八は、在韓米軍二万人の削減を決定するかたわら、「この削減決定が朴大統領のイニシアティヴによってなされるように」との政策的配慮を求め、撤退日程や

米韓首脳会談のために国賓訪問した朴正熙大統領夫妻を迎えるリチャード・ニクソン大統領夫妻（サンフランシスコ，1969年 8 月21日）［米 National Archives 所蔵］

軍事支援の規模などについて韓国政府と協議することを強調したのである。

だが、それでもなお、米国にとって在韓米軍削減は、困難をきわめる作業とならざるをえなかった。ポーター大使は、NSDM四八の採択から一週間後の一九七〇年三月二七日、一九七一会計年度以内の在韓米地上軍一個師団の撤退を朴正煕に公式に通告した。(141) 予想どおり、朴は「貴方たちはそのような権利を持っていない」と猛反発しながら、断固反対する姿勢を明らかにした。(142) 朴は反対理由について、四月二〇日付のニクソン宛書信でつぎのように述べた。

北傀が戦争準備を終え、さらに中共と政治・軍事的同盟関係を強めているいま、彼らの侵略野欲に対する抑止力として効果的に機能してきた在韓米軍が半減されるとならば、北傀はいわゆる「決定的時機」が来たと誤認し、全面戦争を企図するでしょう。（中略）一九七一〜七二年は韓国安保にとって一大試練期と言わざるをえません。一九七五年の第三次経済開発計画の完了と、それまで戦争が起こらないこと、これら二つの点は、在韓米軍が撤退すれば、危機にさらされます。(143)

しかし、この書簡でもうひとつ注目すべきは、朴正煕が「韓国軍の戦力増強に対する十分な事前保障と約束があるならば、一九七五年以後には在韓米軍の一部撤退を受け入れることも可能であろう」と交渉の余地を残したことである。こうした朴の姿勢は、韓国がポーターの通告以前に米国の在韓米軍削減計画を認知し、削減を前提にしたうえでの「見返り」の拡大、とくに米国の韓国軍近代化への支援の最大化を図ろうとしたことを強く示唆する。(144)

実際、すでに述べたように、レアード国防長官は一九六九年六月に下院歳出委員会対外援助分科会の非公開証言を通じて在韓米軍一師団撤退を公言し、そのことが同年一〇月に報道された。さらにレアードは、一九七〇年一月二〇日、「在韓米軍一個師団を撤退させる代わりに、その一個師団に割り当てられる予算を、韓国軍近代化のためのMAPに振り向けたい」旨を金東祚《キムドンジョ》駐米韓国大使に通報していた。(145) これを受けて韓国政府は、同年二月に丁一権総理を委員長とする特別対策委員会を設置し、来るべき対米交渉に備えはじめた。ここで韓国側が設けた交渉戦略とは、「米国に強力に抵抗しつつ、在韓米軍削減と韓国軍近代化を連携させる」[146]ことであった。すなわち韓国政府は、北朝鮮の軍事的脅威を強調し米国政府との在韓米軍削減をめぐる交渉を拒否する姿勢を示しながらも、削減の条件として韓国軍近代化に対する米国の支援を最大限に引き出そうとしたのである。

こうして韓国政府は、米国に対しては「在韓米軍撤退はありえない」という立場を堅持しつつ、国内的には米国からの通告の事実自体を否定した。朴正熙は一九七〇年五月六日、国会議員三七人の質問書に対し、「米国が一方的に在韓米軍一個師団の撤退を通告したという噂があるが、韓米相互防衛条約の精神や他の相互協定に鑑みれば、想像もできない」[147]と答えた。同年六月一七日、金東祚駐米大使も「在韓米軍の撤退に関しては、公式にせよ非公式にせよ聞いたことがない」と否認したうえで、「韓国軍がヴェトナムで戦っているのに、米国が在韓米軍撤退を計画するとは考えられない」と述べ、駐ヴェトナム韓国軍と在韓米軍問題との連携を示唆した。[148]

ただし、ここで指摘すべきは、こうした韓国側の連携構想が、韓国政府の思惑にとってそれほど有効ではなかったことである。韓国政府は、一定規模の軍隊のヴェトナム駐留が、従来からの経済的利益の確保のみならず、将来的に南ヴェトナムの戦後復興プロジェクトに参加してより大きな利益を獲得するうえでも有利に働くと考えた。[149]しかも駐ヴェトナム韓国軍の撤退は、在韓米軍の削減をむしろ加速させる懸念があった。[150]一方、南ヴェトナムからの韓国軍の撤退によって南ヴェトナムの軍事・政治的劣勢が顕在化し、ヴェトナム和平交渉に悪影響を及ぼすことを恐れたニクソン政権も、少なくとも短期的には韓国軍のヴェトナム駐留を希望した。しかしそのことは、駐ヴェトナム韓国軍の撤退が結局は時間の問題であり、したがって、米韓間に微妙な軋轢をもたらしながらも、在韓米軍の撤退問題自体を左右するカードとはなりえないことを意味していた。

一九七〇年七月九日にレアード米国防長官によって在韓米軍二万人撤退が公式に発表されると、「各界各層で衝撃と憤りが噴出されている」と在韓米大使館が本国に報告したように、韓国の世論は朴正熙政権の予想どおりに一気に沸騰した[151]。マスコミも連日、北朝鮮の戦争準備と対南敵対行為に対する警戒を強調することで、火に油を注ぐかたちとなった[152]。朴正熙の長期集権を保障する「三選改憲」をめぐって深刻に対立していた国会が、七月一六日に「在韓米軍縮減反対国会決議文[153]」を採択したのは、この問題に関する危機意識の強さの表われであり、このことは明らかに朴政権の対米交渉力の強化に貢献した[154]。

韓国政府は世論を煽るように、米国に対する態度をいっそう硬化させた。崔圭夏外務長官は一九七〇年七月三日にサイゴンで開かれたロジャーズ国務長官との会談で、韓国内の北朝鮮脅威論を掲げて、在韓米軍削減計画を撤回するよう要求した[155]。丁一権総理もまた、「米国が在韓米軍二万人の削減を実行すれば、一九人の閣僚全員が辞退する」と警告した（七月一二日[156]）。さらに朴正熙も、七月二三日の国防大学院での演説において、米国の在韓米軍通告以来、初めて公式に、断固として本計画に反対するという立場を明らかにした[157]。

しかしニクソン政権は、こうした韓国側の抗議キャンペーンの本来の意図が、在韓米軍削減計画の阻止ではなく、削減に従う「見返り」の最大化にあることを見抜いていた。韓国政府が在韓米軍削減への反対の根拠として取り上げた北朝鮮脅威論や中朝連合戦力による軍事脅威の指摘についても、ニクソン政権は断固同意しなかった[158]。キッシンジャーが一九七〇年初めにニクソンに報告したところでは、今後五年間における韓国を脅かしうる安全保障上の脅威として、北朝鮮のテロ作戦、北朝鮮軍の単独攻撃、中朝連合攻撃の三つが想定されるが、そのなかで中朝連合戦力による攻撃の可能性は、そのなかでももっとも低く見積もられていた。したがって、ニクソン政権の関心事は北朝鮮単独攻撃に対する防御能力に絞られたが、この点についてもキッシンジャーは、「韓国軍はすでに北朝鮮の攻撃を十分に防ぐ能力を備えている」と判断した[159]。こうした流れのなかで、米国務省は、韓国のオーバーリアクションがむしろ米国内の反感を呼び、削減規模の拡大につながりかねないと韓国側に警告するにいたる[160]。

朴正熙の「抗議書簡」への回答で、ニクソンは韓国軍近代化に対する朴の思惑を逆利用し、むしろ韓国政府が米軍削減へのイニシアティヴを発揮すればこそ、韓国軍近代化のための米国の軍事援助の拡大が容易になると主張した。

そのうえでニクソンは、NSDM四八をそのまま引用しつつ、「いまの在韓米軍は過去一〇年間にわたって最大の規模を誇り、削減される二万人は現水準の三分の一にも及ばない」[161]と在韓米軍削減の不可避性について力説した。ロジャーズ国務長官は、朴正熙が一九七一年四月の第七次大統領選挙を意識し、自国民の危機意識を助長していると指摘しつつ、削減計画を強行するようニクソンに建議した[162]。結局、ニクソンは七月七日付の書信で、在韓米軍削減が「私の信念」(my decision)であると朴正熙に通告したうえで、七月一七日には第一軍団司令部と傘下砲兵部隊、DMZに配備されていた第二師団を中心とする二万人削減案を承認した[163]。

在韓米軍一部削減計画は、これを受けて文字どおり一瀉千里に実行された。ポーター大使とジョン・マイケルズ在韓米軍司令官(国連軍司令官兼任)は八月三日、一九七〇年一二月までに五〇〇〇人、七一年三月末までに八五〇〇人、七一年六月三〇日までに四九〇〇人という具体的な削減計画を朴正熙に提示した。ポーターによれば、朴は米国が撤退日程まで指定するとは予測しておらず、かなり当惑した様子であった[164]。朴は、「米軍は米国の統制下にあるがゆえに、私がやれることは何もない」と失望感と不快感を露わにしつつ、韓国軍近代化計画と韓国「戦時」に際しての米国の自動介入について議論しようとしたが、ポーターはそれすらも拒絶した。

ニクソン政権は、朴正熙を懐柔するために一九七〇年八月二四〜二六日、タカ派として知られたスピロ・アグニュー副大統領を訪韓させ、最終交渉に臨んだ[165]。しかし、アグニュー・朴会談も難航をきわめた。アグニューは二万人撤退を前提としたうえで、「二万人以外の追加削減」の可能性を否定することで朴を説得しようとしたが、朴は韓国戦時のおける米軍の自動介入の保障と、在韓米軍削減にともなう「満足すべき」韓国軍近代化への支援策が示されるまで削減案を受け入れないとして、譲らなかったからである[166]。これを受けて、アグニューは離韓の際に「韓国軍の近代化が進められれば、たぶん五年以内に在韓米軍は完全撤退するだろう」と発言し、韓国の不安を増幅した[167]。

米国政府はこのアグニューの発言を否認したものの[168]、前節でみたように、二万人削減後の追加撤退は、すでにNSDM四八において想定されていたのである。ニクソンは一九七〇年九月一六日の記者会見で、「副大統領は、恒久的な海外駐屯公約はわれわれの政策ではない旨を説明した」と釈明したが、「在韓米軍削減は当面米韓両国に一定の負担を強いるかもしれない。しかし、長期的には相当な削減がおこなわれるだろう」と語り、追加削減の可能性を否定しなかった(169)。

このように米韓間の認識が平行線をたどるなか、実務閣僚レヴェルの協議も膠着状態に陥っていた。在韓米軍削減に関する公式発表直後の一九七〇年七月二一、二二日の両日にホノルルで開かれた第三次米韓国防長官会議では、削減計画の白紙化を要求する韓国側と、削減の実行を主張する米国側の対立が際だった。もっとも、在韓米軍二万人撤退が既成事実となった状況では、会談の焦点は削減そのものの是非ではなく、削減にともなう補償措置へと徐々に移動しつつあった。

デイヴィッド・パッカード米国防副長官は、一九七一会計年度のMAPとして一億四〇〇〇万ドル以上は見込めないと断言しながらも、五〇〇〇万ドル追加提供の可能性を示すことで韓国側を納得させようとした。これに対して丁來赫《チョンレヒョク》韓国国防長官は、現在の軍事力を維持するだけでも今後五年間にわたって毎年二億ドルのMAPが最低限必要であり、韓国軍近代化計画を進めるためには別途の追加支援が欠かせないと主張した(170)。韓国軍近代化の経費に関して、米国側は五年間で一〇億ないし一五億ドルの上限値を示したのに対して、韓国側は四〇億ドルという巨額の資金提供を要求した(171)。しかも支援の具体的内容について、米国側は撤退する米軍の装備を韓国軍に譲り渡すことを主眼としたのに対して、韓国側は、米軍装備の供与は当然であり、それに加えてS-2海上哨戒機などの最新鋭航空機の提供(172)、とくに韓国国防産業への支援が重要であると主張した。

さらに韓国側は、一九六〇年の日米安保条約上の事前協議制になぞらえて、米国の対韓軍事政策においても事前協議制を導入することを骨子とする八カ項の合意議事録の交換を要求した(173)。このことはまさに、在韓米軍二万人の削減は受け入れるものの、追加削減はあってはならないという韓国側の願望の表われであった。しかし韓国軍近代化計画への支援を土台にして在韓米軍の追加削減をおこなおうと考えていた米国政府が、こうした要求を受け入れるはずはなかった。米国側は米韓相互防衛条約にもとづいたコミットメントを墨守するという原則論を繰り返し、事前協議などの外交的な保障措置の要求を一蹴した。

こうしたなかで米国は、韓国側に通知すらおこなわないまま在韓米軍の撤退を強行していた。兵力を充員しないことで、在韓米軍は早くも一九七〇年六月から大幅に削減されはじめ、米国防総省のスポークスマンによれば、同年八月二七日時点で、その規模はすでに六万三〇〇〇人から五万四〇〇〇人に減少していた。[174] キッシンジャーは、世界的に陸軍が六万人不足であったため、韓国では計画より六カ月前に一万人の削減がおこなわれたとニクソンに報告した。[175] しかしその当時、米韓のあいだで軍の実務者間協議が進行していたにもかかわらず、米国側は在韓米軍の変動に関する情報を韓国側に与えなかった。

韓国は米国の一方的対応に抵抗し、在韓米軍削減による軍事境界線（MDL）一帯の防御地域の調整に協力しないなど、自らの防衛体制を傷つけかねない報復行動に訴えた。この点について、パッカード米国防副長官は、「韓国が第二師団の防御地域に対する兵力交代に協力してくれないので、その代わりに第七師団を撤退させている」と指摘しつつ、「韓国にすみやかにDMZ一帯に兵力を配備するよう圧力を加える必要がある」とキッシンジャーに建議した。[176]

その一方で韓国政府は、一九七〇年九月から米国の議会・政府・言論に対して総当たりでロビー活動を展開するが、[177] ニクソン政権の削減計画に根本的な変更を加える余地はなかった。にもかかわらず、韓国側の執拗な抵抗を受けて、ニクソン政権は当初の計画を微妙に修正せざるをえなかった。まず、当初の削減対象であった在韓米軍第二師団の代わりに第七師団の撤退がおこなわれることになり、同時に米第一軍団司令部とその傘下の砲兵部隊が撤退対象から排除された。[178] そのうえで、NSC次官委員会（USC）は同年八月一九日、韓国政府の不満にも配慮して、韓国軍近代化のために会計年度一九七一～七五の五カ年にかけて計一五億ドルを提供することを核心とする計画をまとめ、ニクソンの承認を受けた。[179] この金額はあくまでも目標額であり、[180] しかも韓国の要求した四〇億ドルとは桁外れであったものの、NSDM四八における一〇億ドルより五億ドルも上乗せされた数値であった。ニクソンは一一月一八日、韓国軍近代化のための追加援助予算一億五〇〇〇万ドルに加え、撤退する米軍が所有する装備を韓国軍に委譲する権限を求める法案を議会に提出した[181]。議会はそれを一二月二二日に承認した。

一九七一年二月六日、在韓米軍をめぐる米韓協議は米国側の一方的な締め括りによって最終的に決着し[182]、韓国政府は、同年六月末までに米第七歩兵師団を中心とする二万人が撤退し、第二歩兵師団が停戦ライン沿いの戦線から後方基地に再配備されることを発表せざるをえなかった。これに対して米国は、在韓米軍削減をニクソン・ドクトリンの成功例として取り上げつつ、「軍事的負担を下げる成果をあげた」と自賛した[183]。

一九四五年九月に朝鮮半島の南側を占領するために上陸し、朝鮮戦争の際にも仁川《インチョン》上陸作戦の先陣をつとめた第七師団の撤退は、ニクソン政権によって、予定された期限より三カ月も早い一九七一年三月に完了した。こうして、停戦業務に関わる板門店地域を除き、東西約二五〇キロメートルにわたる軍事境界線における防御任務は韓国軍に委譲された。それは、東北アジアにおける東西冷戦の最戦線が、韓国と北朝鮮との対峙線に局地化される瞬間であった。

ここで注目すべきは、在韓米軍の削減および後退に対応して、軍事境界線一帯が急速に要塞化したことである。軍事境界線が局地化すると、北朝鮮軍はＤＭＺ内に八八〇〇人の正規軍を侵入させ、二二五個の陣地と大規模の塹壕を構築し、軍事境界線に沿って新たに八〇キロメートルにわたる鉄柵をめぐらした[184]。これに応じて韓国側は、韓国軍の戦術概念を従来の機動防御から「固守防御」に転換したうえで、軍事境界線に沿って巨大な規模の陣地と軍事障害物を展開した[185]。米軍も第七師団の撤退と第二師団の再配備による、西部戦線における戦力損失を補完する目的で、中朝連合戦力の攻撃をソウル周辺で段階的に防御することを想定した従来の戦争作戦計画「二七－六九」を修正し、地域責任防御を重視する「西部戦線地帯防御概念」（Western Sector Defense Concept）を柱とする作戦計画「二七－七三」に転換した[186]。このことは、それまで脆弱性が指摘されてきた首都ソウルの防衛体制を大きく強化することにほかならなかった。

南北双方による兵力と火力のさらなる前進配備は、明らかに朝鮮半島の緊張をいっそう高める要因であった。しかし同時に、軍事境界線をはさむ武装化の拡大によって、逆説的ながら軍事衝突の頻度や可能性が低下したことも指摘されるべきであろう。米国務省は、北朝鮮のＤＭＺの要塞化や前進配備戦力の強化措置を、対南攻撃に対する備えとしてというよりも、「防御」に重点を置くものであると断定した。[187] ポーター駐韓米大使の指摘どおり、「審判官」である米軍がいなくなった軍事境界線をはさんで、南北双方は相互不信を相殺するためにより防御的な姿勢を取り、同時に相互接触を通じて軍事衝突の危険性を低くする必要性を感じはじめたのである。[188] 一九七〇年に計一一三件の軍事衝突が勃発したとはいえ、この五年間で初めて米軍の犠牲がなかったことをポーターは高く評価した。[189]

(2) 中朝同盟の復元

北朝鮮は、ヴェトナム戦争における米軍の苦戦と在韓米軍の削減を対南革命路線に有利な要素と捉えたものの、ニクソン・ドクトリンと中ソ紛争が引き起こした国際情勢の変化に対しては安全保障上の不安感を増していた。ともに分断国家の指導者として、金日成が同病相憐の情を抱くエーリッヒ・ホーネッカー東ドイツ国家評議会議長に述懐したように、国境線を一五〇〇キロメートルも共有する中国と緊張関係にある状況では、「韓国条項」に象徴される米日韓三角関係とニクソン・ドクトリンという新情勢にまったく対応できなかった。[190] 一九七〇年一一月二日、朝鮮労働党第五次大会中央委員会事業総括報告において、金はニクソン・ドクトリンについてつぎのように述べた。

米国の支配者たちは、アジアに対する侵略政策を覆い隠すため、何らかの政策変更をめぐって盛んに騒ぎ立てています。しかし、米帝国主義者がアジアで実施している侵略政策のなかで変わったものは何ひとつもなく、また、決して変わるはずもありません。（中略）米帝国主義者は、自らの武力を直接動かして侵略を強化する一方、悪名高い「新アジア政策」にもとづいた日本軍国主義をはじめとするアジアの追随諸国と傀儡どもを動員して、「アジア人同士を戦わせる」方法で、アジアに対する侵略的野望を容易く実現しようとするいっそう凶悪な目的を追求しています[191]。

つまり、金日成は、ニクソン・ドクトリンを「アジア人同士を戦わせる」教説と規定し、とくに日米韓三角関係の強化を危険視していた。また金は、かりに米国がニクソン・ドクトリンどおりアジアから撤退するとしても、ヴェトナム戦争に参戦している韓国軍がより強化され、朝鮮半島本土に復帰することを深刻に受けとめなければならなかった。ニクソン・ドクトリンは、北朝鮮にとって決して好ましくはなかったのである。東欧側の史料によれば、北朝鮮はニクソン・佐藤首脳会談直後に朴成哲《パクソンチョル》内閣第二副首相をソ連に急派し、「韓国条項」に照応するソ連側の支援を求めたが、レオニード・ブレジネフは「危機を過大評価してはならない」としてこの要請を拒否したという[192]。

それゆえ北朝鮮は、こうした安全保障上の不安要因を払拭し、かつ急激に変化する国際情勢に対応するために、中国との関係改善を急いだ。東西陣営間の対立においてソ連の存在が重要であったことは言うまでもないが、第一章第二節で考察したように、北朝鮮は、チェコスロヴァキアに介入したソ連が中国と軍事衝突を引き起こすのを目のあたりにしてから、対ソ警戒心を強めていた[193]。その意味で、北朝鮮が自国の安全保障を支える存在として重視せざるをえなかったのは、やはり中国であった。

他方、中国にとっては、ニクソン・ドクトリンへの対応に加えて、とくに眼前に迫るソ連の脅威に対抗するためにも、北朝鮮との関係改善が必要となっていた。中国が北朝鮮の対ソ接近の可能性を憂慮したのは[194]、中ソ紛争が従来の中ソ同盟を軸にした中ソ朝の「北方三角関係」を根本から瓦解せしめたからである。中ソが事実上敵対関係に転じることで、既存の三角関係は、北朝鮮を中心とする朝ソ関係と朝中関係の「二辺的関係」に改変されたのであり、こうした三角関係の変化が北朝鮮の戦略的価値を高めていた。

もし中ソ間に戦争が起こるならば、北朝鮮の中ソ国境地域が作戦地域に含まれることは避けられず、したがってこの場合の北朝鮮の姿勢が、その戦争の帰趨に決定的な影響を及ぼしかねない[195]。北朝鮮は、中国にとって既存の対米戦

中国首脳級として文化大革命以来初めて訪朝した周恩来総理が大衆集会で金日成首相と行進している（平壌，1970年 4 月）。［森下修一編訳『周恩来・中国の内外政策』下巻（中国経済新聞社，1973年）］

略上の「緩衝地帯」の役割を果たすだけの従順なジュニア・パートナーであるどころか、ソ連による中国包囲網の一角をなす潜在的脅威ですらありえた。ソ連の脅威が増大するに従って、中国は北朝鮮の対ソ接近に歯止めをかけるために、手綱をしっかりと握らなければならないことを痛感した[196]。

フルシチョフ以後のソ連に対する評価のズレに加え、中国の文革によって関係を悪化させた中朝両国は、中ソ直接衝突と米国の対中・ソ政策転換、日米関係の強化、文革の収束を背景として、一九六九年に入ってからふたたび関係回復を模索しはじめる。この関係改善のイニシアティヴを取ったのは北朝鮮側であった。

北朝鮮指導部は、一九六九年六月にモスクワで開催された共産党および労働党の国際会議に、「兄弟党らのあいだに意見の相違がある」として参加しなかった[197]。同国際会議そのものを否定していた中国にとって、北朝鮮の行動は、中朝関係改善に向けての決定的シグナルに映った。

中国が北朝鮮の建国記念日の一九六九年九月九日に祝賀使節団を派遣しなかったにもかかわらず、北朝鮮が同年一〇月一日の中国建国二〇周年記念式典に最高人民会議常任委員長の崔庸健《チェヨンゴン》[198]を団長とする代表団を訪中させたことは、両国の関係改善の重要な契機となった。式典当日の晩に周恩来が北朝鮮代表団歓迎宴に参加した際[199]、崔庸健は関係改善を希望する金日成の意向をその場で中国側に伝えた[200]。この申し出に応じるかたちで毛沢東は崔と面談し、「われわれの関係は特別であり、お互いに同じ目標を追い求めているがゆえに、関係を改善せねばならない」と述べた[201]。

東欧側の史料によれば、一九六九年九月一〇日のホーチミン（胡志明）の葬儀に参加するためヴェトナムを訪問した北朝鮮代表団は、その帰路で北京に滞在し、中国側と関係改善問題について討議した。北朝鮮側は、内政不干渉（とくに中国が中朝国境線に北朝鮮を誹謗するために設置した拡声器を撤去すること）と対ソ政策への不干渉という二つの条件をその場で提示し、中国側がそれを受け入れた。金日成は一九七三年三月、訪朝したポーランド共産党代表団に対して、北朝鮮のリーダーシップによって中朝同盟が回復した経緯をこのように説明した[202]。

いずれにせよ一九七〇年三月には、文革期に召還された中朝両国の大使が復職し[203]、両国関係は正常化へと向かった。この流れを決定的にしたのは、四月五日から七日にかけての周恩来の訪朝である[204]。ここで注目すべきは、中朝両国が関係回復の名目として、米国を中心とする米日韓三角体制構築への対応を掲げたことである。訪朝に先立ち、周は毛沢東と林彪に宛てた書簡で、その目的をつぎのように説明した。

> 今回の訪朝における重点は、米日韓連合行動への反対を支持し、ソ連修正主義から若干距離をおくことを支持し、インドシナ三国により展開されている米国およびその手先に対する闘争を支持するように呼びかけ、それによって、東アジアにおける米帝国主義、ならびにその一味や手下に対する反対闘争をより拡大し、ソ連修正主義を孤立させることである[205]。（傍点は引用者）

ここで筆頭に挙げられた「米日韓連合行動への反対」は、周恩来の訪朝にあたって、「韓国条項」および「台湾条項」を盛り込んだ一九六九年一一月の日米共同声明が大いに意識されたことを裏づけている。この米日韓三角体制への共同対応こそがまさに中朝同盟の原点であり、この点を再確認することで、両国は文革以来冷え切った関係をふたたび確固たる友好的関係に転換しようとしたのである。

金日成は一九七〇年四月五日、「米帝国主義者と日本軍国主義勢力が結託し（中略）朝鮮で新たな侵略戦争を始めようとし、また『二つの中国』をつくりだす陰謀をさらに熱心に推進しようとしている」と述べ、中朝間の「ゆるぎない友誼と団結」を呼びかけた。これを受けて周恩来は、「韓国条項」と「台湾条項」を取り上げつつ、「米日反動派が、固有の領土である台湾省を解放することを妨げ、南朝鮮を永久に占領することで朝鮮の統一を妨害しようとしているのは明白である」と批判し、中朝間の「鮮血で結ばれた偉大な団結」と「戦闘的友誼」を訴えた[206]。

四月七日の中朝共同声明が、その五カ月前の日米共同声明に対抗するかたちを取ったのも当然であった。同声明は、かなりの部分を「米帝国主義とその手先朴正熙傀儡集団」の侵略性と「大東亜共栄圏のふるい夢をもう一度みようとする」日本軍国主義に対する批判に割り当てた後、『このような情勢は、中朝両国人民が団結し、共同して敵にあたることを要求している』としめくくっていた[207]。

ただし、この時期の中国が、中朝共同声明の文言どおりに、日米韓三角体制構築への対応を真の目的として北朝鮮との関係改善を図ったかどうかはやや疑問である。なぜなら、前記の周恩来の毛・林宛の書簡が強く示唆するように、中国指導部の最大の関心は、悪化の一路をたどる対ソ関係への対応だったからである。本章第一節で検討したように、このソ連からの脅威を克服するために、中国は一九七〇年二月に開かれたワルシャワでの大使級会談で米国代表の招聘を正式に受容するなど、対米接近の意思を固めていた。それゆえ、中国にとってその一カ月後におこなわれた周の訪朝は、対米接近という戦略転換に先立って同盟関係を安定させるための地ならしにほかならなかった。周恩来研究家の高文謙《ガオウェンチェン》が指摘しているように、北朝鮮とソ連との関係のあいだに楔を打ち込むことこそが、その実質的な狙いで

あった。(208)

また、対朝関係の修復の名目として利用された「日本軍国主義の復活」が、周恩来自身によってそれほど深刻に認識されていたのかについても議論の余地がある。後に触れるように、周恩来は米国との会談でもしきりに「日本脅威論」を取り上げたが、ニクソン訪中六カ月後には日本との国交正常化にたどり着く。その数年後、一九七〇年訪朝時に「日本軍国主義は復活した」と断定した根拠を問われた周恩来は、「当時は文革中で、日本を研究している人間が中国にはほとんどおらず、朝鮮同志の方が日本に対する理解が進んでいた。そのため朝鮮の案にある『すでに復活した』という言い方を受け入れた」と回顧したという。(209)

いずれにせよ、表面上は「戦闘的友誼」を掲げつつ、対米日韓三角関係と「日本軍国主義の復活」への対抗同盟として復活した中朝関係は、一九七〇年一〇月八日から一〇日にかけて金日成が一九六五年以来初めて秘密裏に訪中し、毛沢東と和解することで、完全な正常化を遂げた。金があえて朝鮮労働党創立二五周年記念日である一〇月一〇日をはさんで訪中した事実にも、北朝鮮側の対中関係改善への並々ならぬ意欲がうかがわれた。ここで毛は、文革中の中国内の「極左派」が一連の方法において誤謬を犯したと自己批判することで、金への信頼を再確認した。(210)これは、中朝関係の回復が中国の一方的な必要によるものではなく、北朝鮮の自主性が認められるなかでおこなわれたことを示唆する。それ以後金日成は、一九七三年まで毎年秘密裏に訪中し、中国首脳との「血盟」を誇示するのである。

四　南北関係の変化の兆し

(1)米国の「韓国化」構想

対中接近と韓国に対するコミットメントの縮小、韓国防衛の「韓国化」を図ろうとしていたニクソン政権にとって、朝鮮半島の緊張状態は決して好ましくなかった。ニクソン政権は在韓米軍を思惑どおりに削減させるためにも、朝鮮問題が対中政策の障害にならないためにも、停戦体制の安定が必要であると考えた。それゆえニクソン政権は、発足以来韓国政府に対して南北関係を主導的に改善するよう慫慂《しょうよう》し続けた。

キッシンジャーとロジャーズ国務長官は、一九六九年八月の朴・ニクソン首脳会談に先立って南北間の書信交換や離散家族探しなどを提案し、南北関係の主導権を握ることを朴正熙に薦めるよう、ニクソンに対して異口同音に建議した。[211] ニクソン・朴会談録を見る限り、ニクソンが直接的に南北接触を促した形跡はないが、ニクソンは、韓国の経済成長を例にあげつつ、北朝鮮脅威論を強調する朴に対してより自信を持つよう求めている。[212]

その一方で、ポーター駐韓米大使は、一九六九年以来、韓国政府に対して国連監視下の南北総選挙という非現実的な統一観から脱皮するよう説得し、[213] また共産圏との接触を拡大して外交上の柔軟性を確保するよう促してきた。[214] たとえば、ポーターは、ニクソン・佐藤会談直後の一九六九年一二月二九日におこなわれた金炯旭《キムヒョンウク》前中央情報部（ＫＣＩＡ）部長との会談で、「安定した政府、米軍の駐屯、北朝鮮より圧倒的に多い人口、さらに北朝鮮より優位にある軍事および産業能力を誇示しているにもかかわらず、なぜ北朝鮮の宣伝攻勢に積極的に対応していないか」と南北対話の推進を訴えた。[215]

この点についてポーターは、一九七〇年二月におこなわれた米上院外交委員会のいわゆるサイミントン聴聞会で、南北対話を模索する問題に関して韓国側と討議する権限を与えられたことを明かにしたうえで、「われわれはこのような方向へ眼を向ける可能性に対して、韓国首脳部と落ち着いて協議してきた」と証言した。また、彼は「韓国側が行動で示す時期がおそらく急速に近づいている」と診断した。[216] さらにポーターは、同聴聞会で、こうした韓国への働きかけが在韓米軍撤退に関わる「韓国化」政策の一環であることを認め、「ヴェトナム化政策」に類する韓国化政策の存在を問い質したジョン・クーパー議員に対して、「いまのところいかなる調整がおこなわれるかは断言しがたいが、この問題を綿密に検討している」と答えた。[217]

韓国化政策は、南北関係を改善し、停戦体制を局地化することで、在韓米軍削減の環境を整えることに向けられていた。いいかえれば、南北関係が安定し朝鮮半島の緊張緩和が促進されれば、中朝連合戦力に対する抑止力として在韓米軍の負担も軽減されるはずであった。しかも、すでに述べたように、ニクソン政権にとって、在韓米軍の効用とはあくまでも朝鮮半島における戦争の再発を防ぎ、米国がこれに巻き込まれるような事態を避けるところにあった。ポーターはこうした韓国化政策の目的について、一九七一年二月一八日付のワシントン宛の公電でつぎのように説明した。

米軍が駐屯し韓国防衛にコミットしている以上、われわれは朝鮮半島の緊張緩和に直接的な利害（direct interest）を持っている。われわれは、韓国政府がわれわれを硬直した敵対状態に縛りつけることを許せない[218]。

このように米国が「直接的な利害」を持っているために、ポーターは同電文で「もうひと押しの影響力」（a little more leverage）を行使して、対北朝鮮政策を転換するよう韓国政府に圧力を加えることを提案した。ポーターの想定する対韓政策のなかには、米国が北朝鮮との非公式対話を開始すると韓国に通告することさえ含まれていた[219]。

ポーターは一九七〇年六月、「統一に関する考え」と題する公電で、米国の対朝鮮半島政策の目標が停戦体制の現状維持と緊張緩和にあると述べつつ、「離散家族の相互訪問、書信交換などの対北提案を促してはいるものの、韓国政府はいかなる種類の直接的交渉をも拒否している」と不満を漏らした。しかし同電文の末尾では、「朴正熙が北側との直接接触ではなくとも、韓国の平和的意図と漸進的な統一への熱望を強調する積極的な対北宣言を考えることはできないのか」と、韓国政府の姿勢転換の可能性が示唆されていた[220]。こうしたポーターの希望は、その二カ月後に朴正熙のいわゆる「善意の競争」提案を通じて一応現実化したが、それから一年後の南北赤十字代表の予備会談と一九七二年の「七・四南北共同声明」の発表によって、当初の想定を越えた展開にいたるのである。

米国の在韓米軍一個師団撤退とそれによる軍事境界線の局地化は、単なる米国の朝鮮半島からの軍事的後退以上の意味を含んでいた。やや誇張して言えば、それは韓国の指導部に対して、軍事境界線をふたたび戦線化するか、それとも二つの政治体制を受け入れてこれを「国境線」とするか、という厳しい選択を突きつけるものであった[221]。しかも南北間の接触を求める米国の姿勢や、東西ドイツの対話に象徴されるヨーロッパでのデタントの進展は、韓国政府に統一問題に関する新たな対応を迫っていた。

(2) 朴正煕の「善意の競争」提案

しかし、この時期の韓国政府は、米国の一方的な在韓米軍削減決定によって安全保障のうえで「見捨てられる」懸念を増していたがゆえに、依然として内向きの姿勢を取り続けていた。韓国政府は、ニクソン政権による南北対話の働きかけに応じることによって、在韓米軍の削減がむしろ早まる可能性を懸念していたが、そもそも米国の在韓米軍撤退に反対する口実として「北朝鮮脅威論」を掲げた以上、ここで急激に態度を翻して対北柔和策に転じるわけにはいかなかったのである。韓国は遅くとも一九七〇年初頭には在韓米軍一部撤退計画の存在を察知し、また米国側から公式にこれを通告されたが、それまで公式の対北強硬姿勢を牢固として崩さなかった。朴正煕が同年一月九日の記者会見で「現時点で戦争を避けるためのもっとも良い方法は、国防力において北朝鮮を圧倒することしかない」と述べたように、韓国内では依然として「平和統一」がタブー視されていた。

一九七〇年三月に作成された駐韓米大使館の情勢評価書は、「今の状況では変化を試みる誰もが、柔和な人物として非難されるだろう」という金鍾泌《キムジョンピル》総理の発言を引用し、少なくとも一九七一年大統領選挙以前には、こうした韓国の対北政策の基調が変わらないと予測した[222]。実際、朴正煕は一九七〇年七月一〇日の第七四次国会本会議二次会議における質疑応答において、「北朝鮮が武力統一路線を維持し、持続的に武装挑発を起こす状況下では、北との政治的対話を持つことはありえない」と強調した[223]。

しかしながらその一方で、国連における韓国の「唯一合法性」の動揺、在韓米軍削減による対米関係の変化、国際

表2-1　南北間1人当たりGNP比較

（単位：ドル）

	1967	1968	1969	1970	1971	1972	1973	1974	1975	1976
韓　国	143	168	208	242	275	304	361	481	532	700
北朝鮮	162	194	200	228	241	255	295	313	342	363

出所：民主共和党政策委員会『1986 先進韓国』（ソウル：1978年），445頁。

的な緊張緩和の動きが、朴正熙政権に南北関係に関する根本的な姿勢の転換を強いていたことは明らかであった。北朝鮮に対する認識は変わらなかったものの、韓国政府は対北政策の軌道修正を慎重に模索していた。一九七〇年二月、米日との三者対話で、駐米韓国公使の黄鎬乙《ファンホウル》は韓国政府が東西ドイツの接触を注意深く研究していると述べた[224]。この点について当時大統領秘書室長であった金正濂《キムジョンリョム》は、この時期の朴正熙はドイツの事例に関心を持ち、関連情報を報告するよう指示したと回顧した[225]。朴にとって西ドイツの東方外交（*Ostpolitik*）は、米国のコミットメント縮小による「安全保障の危機」と国際的なデタントの進展による「イデオロギーの危機」を克服する自助努力の事例として、魅力的な研究材料だったのである。

さらに、一九六九年から中央情報部・北韓局がおこなってきた「南北間経済力比較」と題する検討結果を通じて、朴正熙政権は北朝鮮との体制間競争に関する自信を大いに深めた。同検討によれば、朝鮮戦争以来経済的な劣勢を続けてきた韓国は、一人当たり国民総生産（GNP）において、一九六九年に初めて二〇八ドルに達し、一九四ドルの北朝鮮を追い越して「南北逆転」を成し遂げたとされた[226]（表2-1参照）。この評価の信憑性は別にしても、一九六五年の日韓国交正常化以来、朴政権が日本を中心とする外資の大規模導入と外国貿易の拡大による急速な経済成長を強く求めた結果、この時期に韓国の経済力が北朝鮮と肩を並べ、あるいは凌駕しはじめたことは明らかであった。とりわけ一人当たりGNPの二〇〇ドル突破は、当時『韓国日報』が評したように、韓国が「もはや後進国から脱皮し、中進国の隊列に加わったこと」を意味する「歴史的な出来事」であった[227]。北側に対する劣等意識からの脱皮にともない、朴政権の統一観もわずかながら柔軟性を帯びつつあった[228]。

こうしたなか、朴正熙は光復二五周年記念日（一九七〇年八月一五日）での演説を機に、自らのイニシアティヴで南北対話の道を探りはじめる。「八・一五平和統一構想宣言」と称された同演説で朴は、「民主主義と共産主義のいずれの体制が、より国民を豊かにするか、『善意の競争』をやろうではないか」と呼びかけた。[229]「善意の競争」提案とも呼ばれるこの呼びかけにおける第一のポイントは、「北韓共産集団」という呼称が使われたものの、韓国政府が間接的ないし限定的ながら、北朝鮮を「競争者」として初めて認めたところにあった。[230]これは、朝鮮半島における「唯一合法政府」すなわち「一民族一国家一政府」論に拘泥し、北朝鮮政府の存在すら否認し続けてきたそれまでの姿勢からの大きな前進であった。

この呼びかけは、一九六六年一二月に西ドイツで発足したキリスト教民主同盟（ＣＤＵ）のクルト・ゲオルク・キージンガーと社会民主党（ＳＰＤ）のヴィリー・ブラントによる連立政権が、キージンガー首相の初の施政方針演説を通じて「二番目のドイツ国家」の承認を示唆したことを想起させる。西ドイツの東方政策が東側の存在を認めることで始まったように、朴正煕のこの宣言は、その後の南北接触の道を開く重要なきっかけとなった。[231]

この宣言の第二のポイントは、北朝鮮の武力不行使による朝鮮半島の緊張緩和を呼びかけたところにある。同宣言は、「北が、韓国に対する武力不行使と、戦争挑発行為の即時停止が国連によって明白に確認されれば、南北を隔てている人為的な障害を漸進的に除去するため、現実的な方式を提案する用意がある」としていた。たしかにこの宣言は、北朝鮮の平和攻勢に対する反応であり、統一の主導権はあくまでも韓国にあることを誇示するための宣伝戦の性格が濃厚であった。にもかかわらず、この提案は、過去二〇年間にわたる軍事的膠着状況の平和的転換という点できわめて未来志向的であり、南北関係を経済競争を媒介とするノン・ゼロ・サム的な関係として捉える発想の萌芽すら、ここに読み取ることができる。[232]

第三のポイントは、ここで朴正煕が、国連での朝鮮問題の討議に北朝鮮代表が参加することにも「あえて反対しない」と言明し、北朝鮮の国連における正統性の要求に関して譲歩を示唆したことである。もちろん朴のこの譲歩には、「北韓共産集団が韓国の民主、統一、独立と平和のための国連の努力を認め、国連の権威と権能を受諾するならば」

という厳しい条件が付けられた。ここで言う「国連の権威と権能」とは、具体的には韓国の「唯一合法性」を訴えた国連総会決議第一九五（Ⅲ）を含む、国連朝鮮統一復興委員会（UNCURK）と国連軍司令部などの「国連帽子」を指す。つまり、ここで朴は、国連における朝鮮問題討議への北朝鮮招待を容認するかのようなメッセージを発しながらも、実際にはそれを封ずることで、韓国の「唯一合法性」を守ろうとしていた。これは一種の矛盾ではあるが、倉田秀也が適切に指摘したように、この矛盾こそが、当時の韓国の統一政策の「過度性」を示しており[233]、逆説的に国連における韓国の「唯一合法性」が動揺しつつある現状を反映していた。

この宣言について第四に注目すべきことは、朴正熙が「もっぱら自主、自立、自衛の民族主体性をよりしっかりと固める」ことを強く訴えた点である。ここでの「自主」には、北朝鮮を「競争者」と認めることで、朝鮮問題の解決主体の比重を国連から当事者に移行させる意思が示されただけでなく、在韓米軍削減に象徴される米韓同盟の動揺への懸念が反映されていた。その意味で、この提案が米国から在韓米軍削減の具体的日程を通報された直後におこなわれたことは示唆的である[234]。朴は、一九七〇年八月二五日、在韓米軍削減問題を協議するために来韓したアグニュー米副大統領に、「八・一五発表は北朝鮮の腹を探るためのものである」[235]と述べたが、そこには在韓米軍削減による「安全保障の危機」を相殺する措置として、「自主」を掲げつつ北朝鮮との緊張緩和を模索する意図が込められていたと思われる[236]。

朴正熙の対北提案を促した事情は、国際情勢ばかりではない。韓国の国土統一院が一九七〇年二月におこなった「南北統一」に関する世論調査によれば、韓国国民の九〇・六パーセントが必ず統一を果たさなければならないと答え、しかも八五・九パーセントは、統一のためには政府だけでなく、国民も寄与すべきだとの意見を支持した。しかも興味深いことに、「統一を妨げている責任の所在」については、「責任はもっぱら北側にある」としたものが四八・四六パーセントにとどまり、半数にも達しなかった[237]。李承晩《リスンマン》政権以来の「国家保安法」と「反共法」による反共政策と反共教育にもかかわらず、統一を妨げる責任の所在についてこのような傾向が示されたことは、韓国国民が、統一問題についてはイデオロギーにとらわれない姿勢に転じつつあることを示唆していた。

　だからこそ朴正熙の宣言は、国内に広い共感を呼び、「禁忌を破った漸進的布石」（『京郷新聞』八月一五日）や「政府樹立以来初めてみる、進取的かつ画期的な統一接近努力」（『韓国日報』八月一五日）といった、歓迎一色の新聞論調で受けとめられた。従来のタブーの解禁に向けて大きく前進させるきっかけとなった同宣言の後、韓国内では、一九七一年四月の第七代大統領選挙を控えて、統一・安保論争が活発になる。しかし朴政権にとってこれは、思わぬ国内政治上の挑戦でもあった。

　野党新民党出身の金大中《キムデジュン》大統領候補は、選挙公約に「緊張緩和と戦争抑止措置の考究」を掲げて南北間の信頼醸成措置（ＣＢＭ）の必要性を訴えつつ、韓国軍将校を軍事停戦委員会の国連軍側首席代表に任命すること、南北同時国連加入に加えて、南北間の不可侵を周辺四カ国が保障する「四大国保障論」を提唱した[238]。こうした金大中の統一案は、停戦体制の局地化および安定化を望んだニクソン政権の韓国化政策にも通じるところが多かった[239]。

　さらに、金大中が薄氷を踏むような選挙戦を展開し、そのなかで安保・統一問題が最大の焦点となったことは、韓国内に存在する南北間の緊張緩和と統一に対する熱望を表わしていた。国土分断を事実上承認したうえで北側との平和構築を求める金の提案は、同問題への対応を朴政権に強く迫っていた[240]。朴正熙は、選挙戦のなかではこの統一攻勢が金大中の「妄想」にすぎないとして非難したものの、当選後には徐々にその提案を受け入れるようになる。もっともその一方で朴は、こうした統一論議を政権への挑戦と国論分裂行為と規定し、「団結」と「総和」を掲げて強権体制の構築に踏み出すのであった。

　一方、朴正熙の八・一五提案に対する北側の反応は、「欺瞞に満ち、実現のあてもなく、従来の北進統一の策動を『平和統一』のベールでおおったものにすぎない[241]」と、当初から否定的であった。それは、朴正熙政権の打倒と在韓米軍の撤退を当面の目標とする、「南朝鮮革命論」の当然の帰結でもあった。

(3) 金日成の「救国方案」

ニクソン・ドクトリンへの警戒を強めつつ対中関係の改善に取り組んでいた北朝鮮の指導部は、一九六八年に頂点に達した対南武力攻勢が失敗に終わったことを重く受けとめるほかなかった。実際に北朝鮮の攻撃的な対南戦略は、さまざまなかたちで北朝鮮に不利な結果をもたらしていた。たとえば、北朝鮮が一九六〇年代に韓国内に作り上げた南朝鮮革命の前衛党である「統一革命党」は、韓国政府によって摘発され解体された[242]。韓国内の反政府勢力を後押しするために試みられたゲリラ浸透作戦は、逆に「反共バネ」を作動させ、韓国国民の対北恐怖感を煽ることで朴正熙政権の強化に力を貸してしまった。韓国政府は、こうした北朝鮮の攻撃性を在韓米軍の撤退に反対する口実として利用していた。さらに、北朝鮮の武力路線に対する国際世論の風当たりも強くなり、金日成が朝鮮半島革命の三本柱のひとつとして位置づけていた「国際革命力量」を侵食していた。

しかも当時の北朝鮮の経済は、軍事路線強化とソ連からの援助の低下などによって停滞に陥っていた。北朝鮮は、経済開発七カ年計画が終了する一九六七年末に開催する予定であった朝鮮労働党第五次大会を、計画期間の三年間の延長にともなって（第一章第二節）、一九七〇年一一月に延期せざるをえなかった[243]。同大会では、社会主義工業国の段階に入ったことが強調され、新たに経済発展六カ年計画が採択されたが、主体《チュチェ》思想にもとづく「自主経済」と共産圏諸国に限定された経済交流だけでは、この目標の達成が困難であることは明白であった。こうした経済の低迷は、韓国との体制間競争において不利を強いるばかりか、金日成の「偉大なる」指導力をも傷つけていた。こうした脈絡から、金日成は、公式には依然として軍事・国防優先の立場を貫きながら、一九六九年になると徐々に対南戦略の修正を模索しはじめるのである。

一九六九年一月に開かれた朝鮮人民軍第四期四次大会では、金昌鳳《キムチャンボン》民族防衛相、崔光《チェグァン》総参謀長（一九七七年復帰）、対南政策を管掌してきた許鳳学《ホボンハク》総政治局長などが、人民軍内の唯一思想体系を乱したと批判され粛清された。一九七〇年一一月の第五次党大会では、金日成が「国防への負担の一部分なりとも経済建設に振り向けたとしたら、人民経済はさらに発展しただろう」と事業報告をおこなった後、政治委員会の委員であった金光俠《キムグァンヒョプ》、石山《ソクサン》、李永鎬《リヨンホ》などが粛清された[244]。こうした軍部強硬派の粛清は、北朝鮮当局自らが、経済悪化の原因を従来の軍事路線に求めたばかりか、対南武力路線そのものの失敗すら認めたに等しかった。金日成は一九七二年一一月に平壌でおこなわれた韓国の李厚洛《リフラク》中央情報部長との秘密会談で、一九六八年の特殊部隊による青瓦台襲撃未遂事件（一・二一事態）について「一部の跳ね上がり者の出すぎた行為」として自分はあずかり知らぬこととし、「きつく叱責した」と述べ、責任者の処分を示唆した[245]。

軍部内の強硬勢力の退潮によって、北朝鮮社会の軍事化ドライブにもブレーキがかけられるようになった[246]。一九六九年の軍事費増加率が前年比一〇パーセント未満にとどまったのは、対南武力攻勢に傾いた国家政策が調整されたことを意味していた[247]。実際に、北朝鮮の対南武力活動は一九六九年九月から顕著に減少し、六九年一月だけで九一件も発生したDMZ内での軍事衝突事件が、一九七〇年一月には一件もなかった[248]。これは、北朝鮮もまた、米中接近とニクソン・ドクトリンに象徴される東北アジア・デタントに適応しつつある兆候を示していた。

朴正熙の「善意の競争」提案に端を発する南北間の政治攻防が本格化したことに対応して、北朝鮮は軍事路線の代わりに平和攻勢に力を入れはじめた[249]。一九七一年四月一二日に開かれた最高人民会議第四期第五次会議における許錟《ホダム》外相の「報告」は、明らかに朴正熙の提案に対する反撃であった。同報告を通じて許は、「ニクソン主義」（ニクソン・ドクトリンを指す）と「ニクソン・佐藤共同声明」（「韓国条項」を指す）に加え、米国の対韓軍事支援などを「朝鮮における新しい戦争挑発策動」と激烈に誹謗したうえで、後に「救国方案[250]」と自負する「八カ項の平和統一方案」（以下、「八項目提案」と略記）を発表した[251]。その内容は、つぎのとおりである。

一、南朝鮮から米帝国主義侵略軍を撤去すること。
二、米帝国主義侵略軍が撤去された後、南北朝鮮の軍隊をそれぞれ一〇万、もしくはそれ以下に縮小すること。

三、「韓米相互防衛条約」や「韓日条約」などの、南朝鮮傀儡政権が外国と締結した一切の売国的かつ隷属的な条約と協定を廃棄し、無効を宣言すること。
四、自主的かつ民主主義的な基礎のうえで、南北自由総選挙を実施し統一的な中央政府を樹立すること。
五、南北自由選挙を実施するために、南北全域において各政党、社会団体および個人が政治活動をおこなうように完全な自由を保障し、南朝鮮で逮捕・投獄されたすべての政治犯と愛国者を無条件で釈放すること。
六、完全な統一に先立って、必要ならば、南北の異なる現存社会制度をそのまま維持し、過度的措置として南北朝鮮連邦制を実施すること。南朝鮮当局がただちにそれを受け入れないとすれば、双方の協力と交流を模索するための最高民族委員会を組織すること。
七、南北間の通商と経済的協調、科学、文化、芸術、体育などさまざまな分野にかけての相互交流と協調を実現させ、南北間の書簡交換と人的交流をおこなうこと。
八、以上のすべての問題を協議するために、各政党、諸社会団体とすべての人民的性格を持つ人々からなる南北朝鮮政治協商会議を設けること。

この八項目提案は、朴正熙政権を依然として打倒すべき目標と見なし、その実体を認めないことに加え、在韓米軍撤退を統一の大前提としていた。つまり、許錟は「米帝国主義者」を放逐し、「朴正熙徒党」を打倒し「愛国的な人士」が政権を取ったときにのみ、平和統一問題を話しうるとの立場を堅持したが、北朝鮮が韓国の政権を否認し続ける以上、当然のことながらこのような南北対話は成立しようもなかった。しかもこの提案は、韓国の第七次大統領選挙（一九七一年四月二七日）と第八次国会議員選挙（五月二五日）を控えておこなわれ、朴正熙政権を窮地に追い込むための宣伝戦の性格を強く帯びていた。

しかし、右の八項目提案が、一九六〇年八月以来一〇年ぶりに南北連邦制を取り上げたうえで（第六項）、南北間の交流を訴えつつ（第七項）、結論にあたる第八項目に「政治協商会議」を提唱したことは注目に値する。これらは、北朝鮮がそれまでの武力闘争路線から政治闘争路線への転換を図っていることを示唆するに十分であった。くわえて、中国の『人民日報』が社説でこの提案を支持したのが、最高人民会議第四期第五次会議の閉幕の翌日（四月一五日）という迅速さであったことから、[252]この八項目提案は北京指導部との事前協議のうえでおこなわれたとみるのが妥当である。こうした北朝鮮の動きはそれから三カ月後の一九七一年七月、キッシンジャーの秘密訪中とそれに続くニクソン訪中を契機に、急展開を迎えることになる。

以上の考察から明らかなように、ニクソン政権発足以降に本格化した米中接近は、単なる両国関係の変動にとどまらず、東北アジアにおける安全保障体制の大転換と朝鮮半島における分断構造の変動を促すインパクトを有していた。米国は、対中接近を、対ソ戦略上の勢力均衡政策の一環であると同時に、アジアに対する軍事的コミットメントの縮小を骨子とするニクソン・ドクトリンを具現化するための絶対要件と見ていた。

実際に、米国の対中政策と在韓米軍政策とは深く連動していた。米国が中国を脅威と見なさない以上、朝鮮戦争このかた中朝連合戦力に対する抑止力として位置づけられてきた在韓米軍の役割と規模は、修正を余儀なくされるからである。ニクソン政権が、一九七〇年三月のＮＳＤＭ四八を通じて、歩兵一個師団の撤退を決定したうえで、駐ヴェトナム韓国軍が撤退した後に追加削減に着手することを想定したのは、在韓米軍の軍事的役割が大きく修正される可能性を示唆していた。さらにニクソン政権は、在韓米軍が中朝連合戦力に対する抑止力としても「限外発行」（over-issue）されていると判断しただけでなく、もし韓国軍が過度に増強されれば、朝鮮半島における軍事的均衡を損なうとさえ考えていた。

もっともニクソン・ドクトリンは、米国のアジアからの完全撤退を意味するものではなく、軍事的コミットメントの縮小と並行して、同盟に対する政治的コミットメントの維持を意図するものであった。すなわち、「同盟に対する条約上の義務は守る」という原則は依然として重視されたのである。その象徴的なものが日米間の沖縄返還交渉の際に加わった「韓国条項」であり、そこには在韓米軍の削減による対韓コミットメントの縮小を相殺しようとした米国の思惑が込められていた。

にもかかわらず、在韓米軍に生じた変動が朝鮮半島の停戦体制に与えた影響は甚大であった。一九七一年三月に在韓米軍第七師団が撤退し、また後方に再配備された第二師団の作戦地域を韓国軍が接収することにともなう「軍事境界線の局地化」は、朝鮮半島をめぐる対決構造の局地化と南北関係の質的変化を促す重要な要因として作用していた。

在韓米軍削減によって安全保障上の危機意識を強めていた韓国は、対北関係の改善を慎重に模索したが、停戦体制の安定化を対中接近とニクソン・ドクトリンという二つの戦略目標を成し遂げるための必要条件と捉えた米国もまた、南北関係を改善するよう韓国政府に働きかけていた。こうした文脈において提起された朴正煕の「善意の競争」提案は、朝鮮戦争以来初めて北朝鮮の実体を認めた画期的なアプローチであり、米国の対中接近政策に相応する初の歩みであった。

一方、ニクソン・ドクトリンと米日韓三角関係の強化、中ソ紛争などの急激な国際情勢の変化は、北朝鮮に緊張を与えていた。「韓国条項」による米日韓三角安保体制の形成は、文革以後冷え込んでいた中朝同盟を修復する触媒となったが、北朝鮮との関係回復は、中国にとっても対米接近戦略と対ソ戦略の運用において緊要であった。在韓米軍一個師団の撤退にもかかわらず、北朝鮮は従来の朝鮮半島革命観と対米認識を崩さなかったが、それまでの武力路線から徐々に脱皮する姿勢を見せはじめた。朴正煕の「善意の競争」提案と金日成の「救国方案」は、朝鮮戦争以来軍事的対立を深めてきた南北関係が、緊張緩和に向かいつつあることを示していた。

第3章　米中「対面」と南北「対面」

一九七一年七月九日、ヘンリー・キッシンジャーは秘密裏に北京入りし、七月一一日まで周恩来《チョウオンライ》と計五回（うち第四回目は二セッション）の秘密会談を持った。この会談こそが、世界および東北アジア地域における安全保障体制の動揺の出発点であると同時に、朝鮮半島の分断構造に質的変容をもたらす重要な契機となる。同会談で米国と中国は、「共同の影響力」を行使し朝鮮半島を安定化させることについて「暗黙の了解」に達し、また在韓米軍などの安全保障問題や、国連朝鮮統一復興委員会（ＵＮＣＵＲＫ）など正統性に関わる問題をめぐって本格的に接点を探りはじめた。

同年一〇月に、リチャード・ニクソン訪中の最終的な日取りの決定と共同声明作成のために再度訪中したキッシンジャーは、周恩来との長い討論を通じて、朝鮮問題に対する米中間の「共同のリーダーシップ」の可能性を模索した。これは、それまで米中対決の焦点のひとつであった朝鮮問題が、一転して両国間の協力を推進する梃子となり、米中によって「管理」されはじめたことを意味した。

キッシンジャーの秘密訪中とその直後に発表されたニクソン訪中は、韓国と北朝鮮にとってまさに青天の霹靂であった。すなわち、それは程度の差こそあれ、「ニクソン・ショック」または「周恩来・ショック」として受けとめられたのであり、朝鮮戦争以来の安全保障危機を招来する事件だったのである。(1) 政治学者マイケル・ハンデルが指摘したように、(2)「弱小国と同盟関係にある大国が、その弱小国に敵対する大国とのあいだで妥協または協調を図るとき、当該弱小同盟国の安全は決して保障できない」。南北双方は、米中の「裏切り行為」に当惑せざるをえなかった。朝鮮戦争以来、初めて南北双方が対話に乗り出したのも、同盟国に「見捨てられる」かもしれないとの懸念と、自らの運命が第三者の意向によって決められることへの苛立ちから発した自己防衛行動にほかならなかった。

にもかかわらず、このことは、韓国と北朝鮮が、朝鮮半島統一問題を国家の存在理由そのものと結びついた絶対的な課題としてではなく、交渉と妥協の余地を含む戦略的課題として認識しはじめたことを示していた。米中接近が停戦体制をめぐる対立構造の変化を生み、南北双方の行動様式に幅広い柔軟性を求めた結果、まがりなりにも南北の相互承認に向けての最初の一歩が踏み出されたのである。

この章では、一九七一年におこなわれた、キッシンジャーの二回にわたる訪中の際に取り上げられた朝鮮問題を分析し、さらに朝鮮半島レヴェルの視点から米中の「対面」がもたらした影響を検討する。ここではとくに、米中会談の過程で在韓米軍の地域的役割が浮き彫りにされたことに注目し、その位置づけの変容の可能性を探る。なお、米中両国が朝鮮半島における正統性をめぐる問題に対して歩み寄りつつ、停戦体制の現状維持を互いに追求していく経緯を明らかにする。

一　キッシンジャー秘密訪中と在韓米軍問題

当初キッシンジャーは、中国首脳部との初の「対面」に臨むにあたって、米中ソの三角関係と台湾問題を中心議題

秘密裏に訪中したヘンリー・キッシンジャー米国大統領補佐官を迎える周恩来総理（北京，1971年7月9日）［米 National Archives 所蔵］

として想定した。しかし、朝鮮戦争を契機として敵対関係に陥った米国と中国が、朝鮮戦争の厳然たる当事者であり、しかもそれぞれ同盟関係をもって朝鮮半島に関与する以上、朝鮮問題が会談の中心テーマのひとつに指定されることは避けがたかった。[3]在韓米軍問題は、早くもキッシンジャー訪中の当日に開かれた第一回会談（七月九日）で俎上に上げられたが、これを主要議題として真っ先に取り上げたのは中国側であった。

周恩来は、米中両国にとって繊細な配慮を必要とする台湾問題を意図的に回避しつつ、ヴェトナム問題と朝鮮問題を集中的に論議しようとした。キッシンジャーが、今後一二カ月以内に軍事顧問団を除くヴェトナムからの米軍撤退の用意があることを表明したのに対し、周は「米軍に追随している他国の軍隊はどうなるのか」と質し、ヴェトナムに派兵されていた韓国軍の撤退の可能性について探りを入れた。周の問いかけに対してキッシンジャーは、「米軍と同じ期限内に撤退する」と明言した。前章でみたように、国家安全保障問題決定覚書（ＮＳＤＭ）四八では在韓米軍一個師団の撤退だけでなく、在韓米軍の追加削減の時期として駐ヴェトナム韓国軍の撤退を挙げていた。その限りにおいてキッシンジャーの発言は、今後一二カ月以内に在韓米軍の追加削減をおこなう可能性を念頭に置いたものと解釈できる。

しかし、キッシンジャーの発言はＮＳＤＭ四八の許容範囲をはるかに超える方向に向かっていた。ヴェトナム問題をめぐる議論がほぼ終わると、周恩来は、一九五八年に中国人民志願軍が北朝鮮から完全撤退したことに触れながら、「貴側の南朝鮮にいる部隊も撤退すべきである」と在韓米軍の撤退を求めた。これを受けてキッシンジャーは、「あまり早くやりすぎると、衝撃が強くて、意図したのとは反対の作用を引き起こしてしまう」として漸進的な対応の重要性を訴えながら、在韓米軍の全面撤退の可能性さえ匂わせたのである。

ニクソン大統領の二期目が終わるまでには、すべてではありませんが、ほとんどの米軍が韓国から撤退するということは大いにありうることだと考えます。（中略）この削減の過程は極東の政治関係の改善とあわせて、数年をかけて漸進的に進み、最後にはほんのわずかな米軍しか残らないか、まったくいなくなるかになるでしょう。（中略）われわれが韓国に軍隊を置くのは、われわれの外交政策の恒久的な特徴ではありません。[4]（傍点は引用者）

周恩来がキッシンジャーの発言を予想以上に好意的なものとして受けとめたのは想像にかたくない。長期にわたり中国の脅威であった在韓米軍について、米国側が進んで撤退に言及し、完全撤退さえ示唆したからである。それゆえ、周は七月一〇日の第二回会談で、「貴方は昨日、南朝鮮から軍隊を撤退させるのは、（ニクソン）大統領二期目の後半にしか実現できないと言った」と述べ、キッシンジャーの発言の内容を確かめようとした。これを受けてキッシンジャーは、「私は二期目と言った。かなり早い時期に始まるだろう」と再確認した。周は、「そういう言い方をするならば、もう始まったと言えるだろう。二万人がすでに削減されたのだから」[5]と念を押して喜んだ。

ＮＳＤＭ四八は、駐ヴェトナム韓国軍の撤退と韓国軍近代化計画の実施後に、在韓米軍の追加削減を視野に入れていたものの、あくまでもその本来の趣旨は追加削減にとどまっていた。一九七〇年八月にスピロ・アグニュー副大統領が在韓米軍一部撤退への協力を引き出すために訪韓したときには、二万人以上の追加削減はないことを朴正煕《パクジョンヒ》に説明して、韓国の懐柔を試みたほどである。この経験からすれば、キッシンジャーがニクソン再選後における在韓米軍の全面撤退の可能性に言及したことは、明らかにＮＳＤＭ四八の想定外であった。

いいかえれば、このキッシンジャー発言を額面どおりに受け取ることはできない。在韓米軍削減の意欲を示しつつも対韓影響力を維持したいとするニクソンの意向と、米軍撤退をめぐる米国政府内の意見の相違に鑑みれば、キッシンジャーは在韓米軍に関する発言において慎重を期する必要があった。また、そもそも米国政府内で検討された在韓米軍の追加削減計画について、政治的影響という側面から否定的見解を示してきたのは、キッシンジャーその人だったからである。キッシンジャー訪中前に作成された大部分の中国関連報告書は、中国との交渉においてアジアからの急速な米軍撤退を示唆すれば、共産主義諸国と同盟諸国の双方に「米国の弱さ」を印象づけることにもなりかねない、と警告していた[6]。

それでもなおキッシンジャーが、一連の会談において在韓米軍の全面撤退の可能性に言及したのは、こうした発言が中国の対米不信感を和らげ、対話の雰囲気を醸成するのに役立つと判断されたからであった[7]。キッシンジャー発言は、アジアに駐屯する米軍の撤退を求めるかねてからの中国の主張に配慮した政治的レトリックにすぎなかった。キッシンジャーが在韓米軍撤退に言及する際に、「極東における政治関係の改善とあわせて、さらに数年をかけて漸進的に」という厳しい前提条件をつけたのも、このような文脈においてであった。

その一方でキッシンジャーは、韓国の安全保障に直結する米韓相互防衛条約はもちろんのこと、在韓米軍司令部とほぼ一体化していた国連軍司令部（UNC）については明確な発言を避けようとした。七月一一日の第四回会談で、周恩来は「貴側は南朝鮮に混成軍を置いている」と指摘しつつ、「アメリカ人司令官と南朝鮮人副司令官の軍隊にあたる」と述べ、国連軍司令部を中心とする米韓連合軍体制を問題視した。これを受けてキッシンジャーは、「合同指揮は新しい政策ではない。その目的はわれわれの撤退を容易にすることであり、われわれの関わり合いを高めることではない」[8]と述べるなど、開き直ったような姿勢を示した。これに対して周は、「北朝鮮は反対を強めるだろうし、われわれもそれには反対する」と原則論的立場で対応するにとどまった。

この会談においてむしろ注目すべきは、周恩来が在韓米軍撤退を主張する際に、日本の再武装と朝鮮半島への介入の可能性を大いに憂慮したことである。七月九日の第一回会談で、周は「もし貴側が極東に駐留するすべての軍隊を今撤退させようとすると、その目的は、アジアを支配するための極東における前衛として日本を強化することにある」[9]と述べ、日本が米軍撤退にともなう「力の空白」を埋める可能性を警戒した。周は、七月一一日の最後の会談でも、日本の再武装と朝鮮半島への軍事介入の危険性を繰り返し強調し、日本の自衛隊が毎月韓国を訪問し、軍事情勢を視察していると主張しながら[10]、「日本の軍関係者は、朝鮮や台湾を、日本の領土でもないのに、忘れようとしない」[11]と、日本軍国主義の復活に対する強い懸念を表明した。つまり周は、在韓米軍の撤退を主張しながらも、日本脅威論に強調点を置いていたのである。一九七〇年四月の中朝共同声明が一九六九年一一月の日米共同声明の「韓国・台湾条項」に対抗するかたちを取ったように、中国は依然としてニクソン政権のアジア政策に対する危惧の念を払拭しえなかった[12]。

しかし、周恩来が日本脅威論と在韓米軍撤退問題を同時に取り上げたのは、自家撞着であった[13]。中国が日本の韓国進出を懸念すればするほど、在韓米軍撤退の要求はトーンダウンせざるをえないからである。米中両国が和解によって敵対関係を清算することを前提とすれば、在韓米軍撤退の空白を日本が埋めるよりも、引き続き米軍が韓国に駐留し日本進出の防波堤となることが、中国の安全保障のうえでより好ましいはずであった。それでも周が在韓米軍撤退を主張し続けたのは、在韓米軍撤退を朝鮮半島統一の前提条件として掲げている北朝鮮との同盟関係、朝鮮戦争以来の外国軍撤退の主張、台湾からの米軍撤退要求との整合性などを、総合的に勘案した結果であったと考えられる。(14)

こうした中国側の日本警戒論につけ込むかのように、キッシンジャーは、「もし日本の軍隊が朝鮮にいたら、貴側は米軍が朝鮮にいるよりずっと心穏やかでなくなるだろう」と述べた。在日米軍に対しても、「それはパラドックスを作り出している。なぜならわれわれと日本との防衛関係が、日本に侵略的な政策の追求を許さないからである(15)」と語り、在日米軍の日本封じ込めの役割を指摘した。(16)

以上のキッシンジャー・周の対話は、日本に対する中国の警戒心を相殺する方向で在韓米軍の役割が調整されるならば、中国側が在韓米軍の継続駐留を受け入れる可能性があることを示唆していた。中国が在韓米軍の撤退による日本進出という最悪のシナリオを回避したいと考える以上、在韓米軍が中国を標的としないことがより明確となり、また日本封じ込めを含む地域安定を主眼とする組織として再編されるならば、中国にとってはむしろ好都合であろう。また、中国がソ連と軍事的に対峙する情勢においては、在韓米軍は、中国にとってソ連の脅威を抑止する存在ともなりうるのである。はたしてキッシンジャーは、周との第一回会談で、「在韓米軍問題はこの地域の全般的な関係によるものであり、私たち双方が国際的関係のひとつの局面から別の局面への移行を取り扱う際に用いる知恵に左右されるものである(17)」との言質を与えていた。

もう一点指摘すべきは、米中両国がこの会談で朝鮮半島の安定化に共感し、「共同の影響力(18)」の行使に言及したことである。キッシンジャーは第一回会談で、「(朝鮮問題は)なるべくしてなるように政治的進展が起こるであろうと確信する」と述べた。ここでいう「政治的進展」の具体的な内容については踏み込まなかったが、第四回会談で、キッシンジャーは朝鮮問題に関する協力をつぎのように訴えた。

われわれは韓国の北朝鮮に対する軍事攻撃に反対しています。しかし申し上げておかなければならないのは、北朝鮮の韓国や合衆国に対する軍事的対応は、ときに非常に粗暴である、ということです。貴側が影響力を行使して、北朝鮮が韓国や合衆国に対して力を行使しないようにできれば、アジアの平和を維持するのに役立つと信じます。[19]（傍点は引用者）

これに対して周恩来は、即答を避ける代わりに「米韓対中朝」という停戦体制の形態を指摘しつつ、一九五四年のジュネーヴ会談に触れて、「私の要求したことは、ただ会議を続けることであった。しかし合衆国代表のスミスは、イーデン[20]に向かって反対の挙手をするのが彼にできたすべてであった」と述べ、むしろ米国側の責任を追及した。さらに、周は第二回会談で、「いまにいたるまで休戦協定しかない」と停戦体制の現状を評価したうえで、「朝鮮民主主義人民共和国が落ち着かないと感じる根拠がある。南側がいつ攻撃してくるかわからないからである」[21]と述べ、米国側の韓国に対する影響力の行使を促した。こうした周の反応を受けて、キッシンジャーは、米中両国が朝鮮半島に対する「共同の影響力」行使に同意した、とニクソンに報告していた。[22]

ここで周恩来が、「もともとは一九五四年のジュネーヴ会談で平和条約が結ばれるはずであった」[23]と述べるなど、あいついでジュネーヴ会談の経験を引き合いに出したことの含意は、つぎの三点にあると思われる。第一に中国は、ジュネーヴ会談のときのように停戦体制に関与し、具体的にはそれを平和体制に転換させるべく介入する意志があるのかどうかを、あらためて確認しようとした。いいかえれば中国は、朝鮮戦争の当事者として、戦後処理においても韓国、北朝鮮、米国とともに責任と利害を有することを明らかにしたのである。

第二に、ジュネーヴ会談の歴史的記憶への言及は、米国側に在韓米軍撤退を迫る好材料となるはずであった。そもそもジュネーヴ会談は、停戦協定第四条六〇項に示された「朝鮮問題の平和的解決」と、「外国軍の朝鮮半島からの撤退」の達成を目標として開催されたからである。中国にとって在韓米軍問題は、米国側に圧力をかけて譲歩を引き出すためのきわめて有効な取引材料だったのである。もっとも周恩来の在韓米軍に対する認識は、前述のように、日本警戒論との矛盾を孕んでいた。

第三に、国連から距離をおく多国間協議の先例としてジュネーヴ会談の経験を強調することで、周恩来は当事者らが対等な立場で朝鮮問題を議論すべきであるという立場を示し、中国を含む関連諸国による停戦協定の平和協定への転換をも視野に入れて、国連の朝鮮半島への関与を象徴する国連軍司令部とUNCURKの解体を求めようとした。キッシンジャーはこの問題を意図的にはぐらかそうとしたが、周は「貴側は南朝鮮に混成軍を置いている」と繰り返し、韓国における「国連の権威」を問題視した。この「国連帽子」に関わる正統性問題は、その三カ月後の一九七一年一〇月におこなわれたキッシンジャーの第二回訪中の際にも主要議題として浮上する。

二　軍事停戦体制の局地化

(1)「周恩来・ショック」と北朝鮮

一九七一年七月一六日午前一一時半（ワシントン時間、一五日午後九時半）、ニクソンは、自身の訪中準備のためにキッシンジャーが訪中した事実に加え、「一九七二年五月以前の適当な時期」に訪中する計画を公表した。朝鮮戦争以来二〇年以上にわたってアジアにおける冷戦を規定した米中対決の壁が崩れ、さらに朝鮮半島をめぐる「米韓対中朝」の対立構造に大きな亀裂が生じはじめたことが、ここに明らかになった。

一九六九年以降、北朝鮮は従来の軍事路線の再評価を通じて対南政策を調整しつつあったが、ニクソン・ドクトリンについては、米帝国主義者の侵略性と狡猾さの度合いが強まったと判断し、むしろ警戒を強めていた。同じ文脈において、北朝鮮にとってこのニクソン訪中発表は、最大の協力者である中国の対米闘争からの離脱を意味し、従来の軍事・外交戦略を全面的に否定する出来事にほかならなかった。「周恩来・ショック」[24]ともいうべきニクソン訪中計画の報に接した北朝鮮指導部は、自らの朝鮮半島革命観と対米認識の大幅な修正を迫られる事態に陥ったのである。

前章第三節でみたように、一九七〇年四月の周恩来訪朝以来、中朝関係は緊密の度合いを深め、まさにキッシンジャーの訪中と時を同じくして、中朝友好相互援助条約締結一〇周年にともなう代表団の相互派遣がおこなわれ、両国の強力な紐帯を誇示していた。中国代表団を率いて平壌を訪問した李先念《リーシェンニエン》副総理は、連日のように米帝国主義と日本軍国主義に対する共同闘争を訴え続けた。[25] 七月一一日には『人民日報』『紅旗』『解放軍報』が、「米帝国主義侵略の同盟強化に反対する」と題する共同社説を掲載した。[26] 一方、北京では、周恩来はキッシンジャーとの秘密会談に忙殺されながらも、金仲麟《キムジュンリン》朝鮮労働党中央委秘書（対南政策担当）を団長とする北朝鮮代表団への配慮を惜しまなかった。[27]

もっとも、キッシンジャー訪中の機密性に鑑みれば、中国側が米国との接触を事前に北朝鮮側に通告したとは考えにくい。そう考えれば、北朝鮮にとって一連の周恩来の行動は「裏切り行為」であり、同盟を欺いて共通の敵国に接近する「二枚舌外交」と言わざるをえなかったのである。それまで北朝鮮は、米国を朝鮮半島革命ひいては世界革命の敵として位置づけ、米帝国主義に対する闘争を掲げることで体制の正統性を確立してきた。その北朝鮮にとって、中国の対米接近は少なからぬ困惑を引き起こした。

一方の中国は、自国の立場を北朝鮮に納得させるために、迅速に宥和措置を取る必要に迫られた。ソ連と対立する中国は、米中接近に対する北朝鮮の同意を安全保障上の必要条件と捉えていたからである。ニクソン訪中発表前日の七月一五日早朝、周恩来は自ら平壌に赴き、金日成《キムイルソン》と二度にわたって会談を持ち、その日のうちに北京に戻った。中国側の史料によれば、会談ではキッシンジャーとの秘密会談の結果とニクソン訪中について、周が金に対して直接報告をおこなったとされている。[28] 周がキッシンジャーとの会談内容をどの程度伝えたかは、いまのところ明らかにされていない。だが、『中華人民共和国外交史』によれば、周は、「中国のすべての主張は以前からおこなってきたものであり、原則は変わらない。中国は米国の人民に希望をかけている」と強調したのに対して、金は中国の立場に理解を示しながらも、「これは新しい問題なので、住民教育をおこなわなければならない」と答えたとされている。[29]

しかし、当時の中朝関係はきわめて協調的であったこと、キッシンジャーとの秘密会談で周恩来自らが積極的に朝鮮問題を提起したこと、さらに、キッシンジャーが在韓米軍の撤退について予想以上に好意的な姿勢を見せたことを勘案すれば、周恩来が金日成との会談において、キッシンジャーとの会談で議論された在韓米軍問題に言及したと考えるのが自然であろう。すなわち周は、中国との和解を進める米国が、ヴェトナム戦争をはじめとするアジアの紛争から後退しようとしており、その動きが在韓米軍にも及ぶ可能性があることを説明したうえで、そうした情勢を能動的に活用する必要性を説いたと推測できる。

こうした推測を裏づけるかのように、金日成は一九七一年九月におこなわれたハンガリー側との会談で、「われわれがよくやれば、米軍は退くしかないだろう」と確信に満ちた語調で述べた(30)。皮肉なことに、この金の発言は、北朝鮮がそれまで「アジア人同士を戦わせる」ものとして警戒を緩めなかったニクソン・ドクトリンに対する認識を逆転させ、それどころか、むしろニクソン・ドクトリンの韓国への適用に期待すら寄せており、その適用を促すために、米中接近を好意的に受けとめた可能性を示唆する。実際、北朝鮮国内のマスコミが相当期間の沈黙を守ったにもかかわらず、ニクソン訪中発表への北朝鮮指導部の対応はあんがい迅速かつ現実的であり、中国の対米政策に追随する方向性がいち早く打ち出された(31)。

北朝鮮指導部は、党内での討論を通じて米中対話に関する公式の立場をまとめ、早くも一九七一年七月三〇日には金一《キムイル》第一副首相を北京に派遣した。金一は周恩来との会談で、「朝鮮労働党政治委員会はニクソン訪中問題をきわめて慎重に討論した。その結果、すべての政治委員は、中国のニクソン招請と周恩来・キッシンジャー会談を十分に理解し、これが世界革命の展開にかなり有利に作用すると判断した。中国共産党の反帝の立場は決して変わらないし、これに対する朝鮮労働党の信頼も変わらない」と述べた(32)。それは、北朝鮮指導部が中国の対米接近を正式に承認する瞬間であった。

次いで金一は、米国との会談の際に伝えるよう「米国側との交渉で伝達を希望する八項目」(以下、「対米八項目提案」と略記）を周に手交した。

一、在韓米軍の完全撤退。
二、米国の韓国に対する核武器、ミサイル、各種武器の提供の即時中止。
三、北朝鮮に対して米国がおこなっている侵犯および各種探偵、偵察行為の中止。
四、韓米日軍事共同訓練の中止、米韓連合軍の解散。
五、米国は日本軍国主義が復活しないことを保障し、米軍または外国軍隊の代わりに日本軍を韓国に駐留させないと保障すること。
六、国連朝鮮統一復興委員会の解体。
七、米国は南北間の直接交渉（direct consultations）を妨害しないこと。朝鮮問題は朝鮮人民によって解決すべきである。
八、北朝鮮代表は当然国連における朝鮮問題の討議に参加しなければならない。条件付き招請を取り消すこと。(33)

以上の「対米八項目提案」は、来るべきニクソンとの会談で中国が擁護すべき北朝鮮の利益を列挙しており、したがってその後の北朝鮮の対外政策の方向性をうかがわせる、注目すべき要素を含んでいた。第一に、「対米八項目提案」は安全保障問題に力点を置きつつ、在韓米軍の撤退を最優先項目に位置づけている。これは、北朝鮮が米中接近を通じて何よりも在韓米軍の撤退への期待を寄せており、米中両国もこの点に留意するよう促していたことを示唆する。なお、第四項・第五項では、中朝共通の利益を反映して、米日韓三角体制への懸念や日本軍国主義への警戒について触れられているが、ここで北朝鮮が「日本軍国主義が復活しないように米国が保障する」ことを求めたことは重要である。なぜならこれは、日本封じ込めのために、北朝鮮が米国の役割を容認したことを示唆するからである。

第二に、この提案の第七項目には「南北間の直接交渉」という注目すべき表現がみられる。この表現は、朴正熙政権との交渉を否定してきた北朝鮮が、従来の立場をやがて変更するであろうことを予測させるものであった。すなわち、米中接近を在韓米軍引き揚げの促進要因として評価した北朝鮮が、その実現をさらに確実にするために南北対話に着手する、というメッセージが送られたことになる。

第三に、北朝鮮がUNCURK解体（第六項目）と国連での発言権（第八項目）を明示的に主張した背景には、米中接近と米国の中国承認によって中国の国連復帰が既成事実となった、との判断があった。すなわち、米国が朝鮮戦争中に国連を通じて「敵性団体」と名指しした中国を合法政府として認めた以上、北朝鮮もまた当然そうした「汚名」の返上に努め、韓国と同等の法的・政治的な地位を確保すべきであると考えていた。

このように北朝鮮指導部は、米中接近を積極的に受け入れる姿勢を中国側に伝えたうえで、それを正当化するための国内向けの論理として、いわゆる「米国白旗論」を掲げた。ニクソン訪中が発表されてから三週間足らずの一九七一年八月六日、カンボジアのノロドム・シアヌーク国王の訪朝を歓迎する平壌市大衆集会の演説において、金日成は「かつて朝鮮戦争で敗北した米帝国主義侵略者が白旗を掲げて板門店に現われたように、ニクソンが白旗を掲げて北京にやってくるようになった」と述べ、「これは中国人民の大きな勝利であり、世界の革命的人民の勝利である」[34]と評価したのである。

北ヴェトナムが、ニクソン訪中発表に際して中国を強く非難したことを想起すれば[35]、金日成によるニクソン訪中承認の公式発言は「破格」と言わざるをえない。第一章第三節で述べたように、一九六〇年代後半における北朝鮮の対南武力攻勢は、ヴェトナム戦争とも深く関わっていた。それまで北朝鮮は、社会主義陣営のなかでもっとも強くヴェトナム戦争に対する共同支援を訴え、資本主義陣営に対するソ連の宥和的姿勢に対しても一貫して批判的であった。しかし、当時の駐韓米大使フィリップ・ハビブが指摘したように、北朝鮮はアジア共産主義国家のなかで、ニクソン訪中と上海コミュニケを支持する唯一の国家に豹変したのである。[36] 米ＣＩＡは、このときの北朝鮮について、「米中接近という情勢の変化が、自らの国際的地位の向上と統一政策の遂行に有利に働くと確信したようである」と評価した。[37]

そのことを裏づけるかのように、金日成は先の平壌市大衆集会の演説で、「われわれは、南朝鮮の民主共和党を含むすべての政党、大衆団体および個別的な人士と、いつでも接触する用意がある」と、初めて朴正熙政権との対話を呼びかけ、米中接近の情勢を積極的に利用する姿勢を明らかにした。金が韓国の与党民主共和党を名指ししたうえで接触の意思を表明したのは、その四カ月前（一九七一年四月一二日）の「八カ項の平和統一方案」（救国方案）を自ら修正したことを意味する。[38] 前章第四節でみたように、朴正熙の「善意の競争」（一九七〇年八月一五日）に対抗する提案として許錟《ホダム》外相が提示した「八カ項の平和統一方案」は、南北対話の相手として朴正熙政権を排除していた。しかし、ニクソン訪中発表を機に、北朝鮮は「対米八項目提案」と右の金日成演説を通じて従来の朴正熙政権排除の方針を撤回し、南側との対話に乗り出す姿勢を明らかにしたのである。

ニクソン訪中の発表を受けて、北朝鮮がこれほど迅速に外交路線を転換することができた背景には、中国側の細心の配慮と積極的な働きかけがあった。[39] 周恩来はニクソン訪中の発表前に訪朝して対米政策を直接説明することで、金日成の面子を立てただけでなく、一九七一年八月五日におこなった『ニューヨーク・タイムズ』との会見では、一九六八年のプエブロ号拿捕事件とＥＣ－121偵察機撃墜事件を、それぞれ北朝鮮の「スパイ船」と「スパイ機」と断定した。そのうえで周は、「朝鮮問題の解決のためには、朝鮮の双方の和解をもたらし、朝鮮の平和統一を目指して進む方法を見いださなければならない」として、停戦協定の平和協定への転換を訴えた。同時に周は、「まったく一方的な」ＵＮＣＵＲＫの解体と、「いわゆる国連軍」を名乗る在韓米軍の全面撤退を要求した。[40] これらは来るべきニクソンとの会談において、北朝鮮側の要求を代弁する意思を表明することで北朝鮮側を懐柔し、安心させようとする意図から発していた。

そのうえで中国は、自らの対米接近政策とは裏腹に、米国に対する共同戦線を放棄しないと繰り返し強調したばかりか、北朝鮮に対する経済・軍事支援を拡大することで、「見捨てられる」ことへの北朝鮮の懸念を和らげようとした。たとえば、北朝鮮は中国に経済代表団を派遣し、一九七一年八月一五日に中国とのあいだに経済協調に関する協定を締結する。[41] 同経済協定を締結するにあたって、李先念中国副総理は日米反動派の陰謀に共同対応することを誓った。[42] その三日後（八月一八日）には、黄永勝《ファンヨンシェン》中国人民解放軍総参謀長が呉振宇《オジンウ》朝鮮人民軍総参謀長を団長とする北朝鮮軍部代表団を迎え、「米帝およびその走狗がいかなる陰謀を企み施し、そしていかなる事態が発生したとしても、朝鮮と中国人民は緊密に団結し相互に支援し、面前の闘争を堅持し、必ずや惨憺たる失敗にいたるであろう」[43] と念を押した。

　中国と北朝鮮は三週間にわたる交渉のすえ、一九七一年九月六日に軍事協定を締結した。[44] 米ＣＩＡの分析によれば、この協定の意義は、中国が朝鮮戦争以来初めて無償軍事支援を約束した点にあり、北朝鮮のニクソン訪中承認への「答礼」の性格を帯びていた。[45] なお、米国の軍縮専門家のステファン・グースによれば、この協定以降、北朝鮮は、一九八四年に金日成が二三年ぶりにソ連を訪問するまで、武器導入のほとんどを中国に依存することになる。[46]

　このように中国は、対米接近という戦略的目標の追求に際して、周恩来の秘密訪朝とたび重なるコミットメントの提供によって、北朝鮮の友好的姿勢を確保することに成功していた。実は、金日成がニクソン訪中を正当化するために掲げた「米国白旗論」は彼の独創によるものではなく、毛沢東《マオツォートン》が中国国内向けにすでに用いた手法を踏襲したにすぎなかった。毛はニクソン訪中公表直後の一九七一年七月二〇日、中共中央の名義で幹部党員に下達した「通知」によって、「アメリカ帝国主義はついに、超大国、核覇王のつまらない見栄を捨てて、まっさきにわれわれに膝を屈して和を求めにくるのである」[47] と述べていた。金日成が毛沢東の論理をそのまま北朝鮮国内に適用したことは、周恩来がキッシンジャーに暗黙の了解を示した「共同の影響力」が、中国流の方法で北朝鮮に投影されたことを意味する。こうした中国の働きかけと北朝鮮の「素早い順応」について、米ＣＩＡはつぎのように評価した。

中国は、北朝鮮の同意なくして対米接近という戦略的目標を成し遂げられないことをよく認識している。それゆえ、北京は「外交手段によっても統一の目標を達成しうる」と粘り強く平壌を説得した。（中略）一方、金日成は、中国が米国に圧力をかけて在韓米軍の撤退を促進させてくれると判断した。金は、南北対話を進めることで、統一問題の主導権がソウルではなく平壌にあること、これ以上在韓米軍は要らないことを、第三世界のみでなく北朝鮮大衆に対しても見せつけると決意した。(48)

(2) 軍事停戦委員会の政治化

ニクソン訪中発表に象徴される米中接近を機に、板門店における軍事停戦委員会（ＭＡＣ）の情勢も大きく変貌を遂げた。一九七一年六月、中国が中国人民志願軍代表団の軍事停戦委員会復帰を宣言したのも、その一端である。(49)文化大革命期の一九六六年以来、軍事停戦委員会において五年間もの空席を強いられていた中国の復帰は、言うまでもなく中朝関係の改善によって可能となったが、このことは、中国の停戦体制への再介入の可能性と、朝鮮問題に対する影響力の回復を十分に印象づける出来事であった。(50)

まずここで指摘すべきは、中国が、キッシンジャー訪中の受け入れを決心した直後に、軍事停戦委員会への復帰をおこなった点である。これは、来るべきキッシンジャー秘密訪中（一九七一年七月九日）に備えて、中国が朝鮮問題への姿勢を整えたことを示唆する。すなわち中国は、軍事停戦委員会に復帰することで、対米交渉において朝鮮問題をめぐる発言権を確保しようとしたと思われる。

この点に関連して、すでに述べたように、周恩来がこの時期に『ニューヨーク・タイムズ』との会見などを通じて、「朝鮮半島ではまだ戦争状態が終わっていない」との認識を示し、停戦協定の平和協定への転換を強く求めたことは注目に値する。こうした周の行動は、中国の軍事停戦委員会復帰があればこそ説得力を持ちえたからである。周はここで、軍事停戦委員会の性格を、「貴側からは米国の代表者とわれわれの言う南朝鮮傀儡政権の代表が、北側では朝鮮民主主義人民共和国の代表と中国人民義勇軍の代表が参加する」会議であると規定していた。[51] これは、中国が停戦協定の一員であり、朝鮮問題に介入する権利と義務を持っていることを再確認する発言であった。[52]

実際、中国の軍事停戦委員会復帰を機に、この委員会に臨んだ中朝側は明らかに政治宣伝を強化した。北朝鮮は一九七一年六月二二日に五項目にわたる「備忘録」を発表し、「国連軍の名で南朝鮮を占領している米帝国主義侵略軍は撤退し、米帝国主義の侵略の具である国連朝鮮統一復興委員会を即時解散すべきである」[53]と主張した。

さらに中朝両国は、一九七一年七月二九日の軍事停戦委員会の場で、朝鮮半島における緊張を除去するための「七項目要求」を追加的におこなった。この「七項目要求」は、在韓米軍撤退と日本軍国主義化への反対、UNCURK解体など従来の主張を列挙したうえで、第七項目に「米帝は南北の人民が軍事境界線（MDL）を越えて旅行することを妨害しないこと」を求める、新たな要求をおこなっていた。[54] これは、金一第一副首相がその翌日（七月三〇日）に周恩来に伝達する「対米八項目提案」の第七項目、すなわち「米国は南北間の直接交渉を妨害しないこと」そのものであった。なお、金日成がその一週間後の八月六日に民主共和党を名指しして対南対話を呼びかけたことを想起すれば、この提案は中朝両国が軍事停戦委員会を通じて緊張緩和への意欲を事前に知らせたに等しかった。

このように北朝鮮は、米中接近の好機を捉えようとするシグナルをあらゆるチャンネルを通じて発信していたのである。その一環として中国が軍事停戦委員会に復帰し、それまで停戦協定違反など、軍事問題をめぐる非難応酬の場にすぎなかった軍事停戦委員会は、平和提案合戦の場に転じていった。[55]

興味深いことに、こうした軍事停戦委員会の政治化に対して、米国は抵抗どころか同調すらしていた。一九七一年五月一二日に開かれた軍事停戦委員会第三一五次本会議で、国連軍側首席代表のフェリッツ・ロジャーズ少将は、非武装地帯（DMZ）からの武器の撤去と同地帯の平和利用とを北側に提案した。[56] さらに同年七月三日のAP通信との会見では、ロジャーズは「いまや国連軍側首席代表を韓国人にかえ、朝鮮人同士で交渉の道を模索させるべきときがきた。朝鮮人同士の対話は、本格的に政治会談へと発展し、南北間接触の性格を変貌させる契機となる」[57]と述べ、軍事停戦委員会の局地化構想を明らかにした。ロジャーズは離韓直前に、この提案に関連して、米国がニクソン・ドクトリンの一環として停戦業務への関与を減らすことを目的とする「段階的な計画」を持っている、と説明した[58]。

ロジャーズの提案に接した韓国政府は、当惑しながらも「将来的には受け入れるしかないと思うが、当面は進んで受け入れたくない」という方針を固める。このように韓国政府が中途半端な姿勢を取ったのは、韓国が軍事停戦委員会の国連側首席代表職を担うことには将来性と危険性とが交錯していたからであった。外務部と国防部、国土統一院、中央情報部（ＫＣＩＡ）からなる関連四省庁がたび重なる会議を経て取りまとめた同問題に対する最終対策案によれば、ロジャーズ提案はまず、米国および国連軍司令部の停戦協定からの後退、いいかえれば停戦協定の局地化を意味し、朝鮮半島における国連権威の喪失による「正統性の危機」と、在韓米軍の撤退による「安全保障の危機」を惹起しかねない、きわめて危険な発想であった。しかし、他方で同対策案は、韓国人が軍事停戦委員会の首席代表となることで、北朝鮮と直接接触する契機をつくり、安全保障の主役として韓国の主体性を内外に誇示しうるのみでなく、結局、北朝鮮の平和攻勢を封じ込めることもできる、とも指摘していた[59]。

そこで、ロジャーズの提案に対する韓国政府の行動は、一貫性をもてないまま混乱した。金東祚《キムドンジョ》駐米韓国大使はU・アレクシス・ジョンソン米国務次官との会談で、「板門店は政治フォーラムではなく軍事フォーラムであり、韓国は休戦協定にサインしていないため、国連軍司令部を代表することは不可能である」[60]と述べつつ、「南北間の交渉によって緊張が緩和されるとは思わない」と米国側の意図に強い反発を表わした。しかし、その一方では、一九七一年七月六日に金鍾泌《キムジョンピル》総理が公の場で「国連軍司令官の要請があれば、首席代表職を受け取る用意がある」と述べるなど、在韓米軍の継続駐留および国連軍司令部の存続が前提ならば韓国が停戦業務を担うべきであるという見解も、韓国政府内では頻繁に提起された[61]。前章第四節で述べたように、軍事停戦委員会の国連側首席代表職を韓国人が担うことはもともと野党の大統領候補者の金大中《キムデジュン》の選挙公約であったが、こんどは金鍾泌総理がそれを受け入れた格好になった。いずれにせよ、軍事停戦委員会のありかたをめぐる一連の論争は、中国の復帰にともなう軍事停戦委員会の政治化とあいまって、韓国内における統一問題への関心を高め、くわえて朴正煕政権にも新情勢に対するより柔軟な対応を迫ったのである。

(3) ニクソン・ショックと韓国——南北赤十字会談の開始

北朝鮮が中国の働きかけに同調し、現実的に対応したこととは対照的に、韓国政府はニクソン訪中発表を受けて相対的に孤立感を深めていた。周恩来がニクソン訪中発表に先立って平壌を訪問し、金日成を懐柔しようとしたのに対して、韓国は日本など他の米国の同盟国と同様に、不意打ち同然の衝撃を受けたからである。[62]

ニクソン訪中は、その一年前の米韓首脳会談(一九六九年八月)において、ニクソン自身が「中共」の好戦性を強調しつつ、対中政策に変更がないと断言したことが、朴正煕にとって虚言に転じた瞬間でもあった。また、朴政権がニクソン訪中を米国の実質的な台湾放棄と見なした以上、将来的に米国が韓国をも見捨てるのではないかという不安が韓国を捉えたことは無理もなかった。周恩来が停戦協定の平和協定への転換とUNCURKの解体を求める発言をおこなうなど、北朝鮮の利益を代弁しようとしたのに対し、ニクソンからは韓国の利益を擁護するための発言がまったく聞かれなかったのである。

その間、朴正煕はニクソンとのあいだで一切の首脳交流をもつことができず、対中国認識においても、両政府のあいだに大きな隔たりがあった。[63] ニクソン政府が対中接近によって北朝鮮の冒険主義的行動の抑止を意図したのに対し、朴は依然として、ヴェトナム戦争はもちろんのこと、一九六〇年代末の北朝鮮による一連の対南武力挑発の背後に中国の影があると確信していた。[64] 朴は、「北傀が好戦的な中共にそそのかされ、いつ攻撃するかわからない」、あるいは「今日われわれが対峙している北韓傀儡と中共」と述べることで、[65] 北朝鮮と表裏一体の関係にある中国への敵対姿勢をまったく緩めなかった。そこで韓国政府は、中国による偽計の可能性を米国に対して警告し続けた。[66]

また米中接近は、中国の好戦性を軽視した米国が在韓米軍の撤退によって朝鮮戦争を引き起こした二十余年前の悪夢を想起させ、対北朝鮮抑止の象徴としての在韓米軍の追加削減、さらには完全撤退への強い懸念を韓国に与えた。この懸念を払拭するために韓国政府は、①在韓米軍の追加削減に反対する国民運動を展開し、②米国が駐ヴェトナム韓国軍の駐留延長を要請するとそれを受け入れ、③たとえ駐ヴェトナム韓国軍が復帰しても、韓国国内の兵力数を増やさないことで在韓米軍削減の口実を与えず、④韓国軍近代化計画の遅延を強調し、⑤韓国軍に対する作戦統制権の返上を求め、⑤自主国防能力に対する宣伝を自制する、等々のあらゆる手段を動員した対米説得工作を講じざるをえなかった。[67]同盟を「潜在的戦争共同体[68]」と規定するならば、米中接近は米韓同盟における「共同の敵」の喪失を意味し、同盟の性格を根本から揺さぶる出来事だったのである。[69]

それだけに、ニクソン訪中のショックは韓国に大きなトラウマを残した。朴正熙が、大統領府担当記者団とのオフレコ会見において、「われわれは何時まで米国を頼りにしていられるか。これが重大な問題となった」と語ったように、[70]米韓同盟の決定的悪化にはいたらなかったものの、ニクソン訪中を契機に、韓国は対米不信感を深めつつも、より自律的な姿勢を求めていくことになる。

しかも当時の朴政権は、国内外の挑戦に悩んでいた。一九六九年の日米共同声明の「韓国条項」によって安全保障上の懸念が一時的に緩和されたとはいえ、ニクソン政権による一方的な在韓米軍削減が防衛体制を根本から揺さぶっていた。さらに、米国の中国承認の動きがひしひしと伝わったばかりか、中国の軍事停戦委員会復帰による中朝側の平和攻勢の強化、それに同調するかのような米国の行動は大いに懸念された。とくに可視圏に入りつつあった中国の国連復帰は韓国にとって、北朝鮮による国連権威の受諾を先決条件として掲げることで、実質的に北朝鮮の国連招聘を阻止してきた従来の国連政策がもはや成り立たなくなることを意味し、究極的には韓国の「唯一合法性」を危うくしかねなかった。

その一方で朴正熙は、国内的には強引に「三選改憲」を推し進め、一九七一年四月におこなわれた大統領選挙に辛勝したものの、その選挙の後遺症で苦しんでいた。とくに、選挙中に金大中が提起した安保・統一問題解決へのヴィジョンは多大な共感を呼び、朴政権の硬直した反共路線の修正を迫っていた。こうした韓国内の認識の変化を証明するかのように、同年五月二五日の総選挙では、与党の民主共和党は改憲定足数を大きく割り込む一一三議席（総議席数は二〇四）にとどまったのに対し、野党の新民党は八九議席に躍進した。

こうした内外情勢の変化に抑え込まれるかたちで、朴正熙政権は朝鮮半島における緊張緩和策を真剣に模索しはじめた。韓国政府の強い要望によって、一九七一年七月一日、朴正熙の大統領就任式参加のために訪韓した佐藤栄作首相との会談で、朴は中国の国連復帰の可能性など急変する国際情勢への憂慮を表明したうえで、「統一への展望は全く望めないが、南北関係に戦術的な変化を加える余地はある」と述べた。さらに李厚洛《リフラク》中央情報部長は、ニクソン訪中発表の二日前の七月一四日、ウィンスロップ・ブラウン米国務省次官補代理との会談において、「前年の『善意の競争』提案は事前に北側の拒否を想定したうえでなされたが、こんどは人道問題を中心とする実現可能な対北接近策を練っている」とほのめかした[71]。

ニクソン訪中の発表は、こうした韓国政府の姿勢転換に拍車をかけた。朴正熙は、民主共和党に言及しつつ南側と接触する用意を表明した金日成の「八・六提案」を好意的に受けとめた。そして一九七一年八月一二日、大韓赤十字社の崔斗善《チェドゥソン》総裁は、韓国政府の意向を強く反映する民間対話として、離散家族問題を解決するための南北赤十字会談の開催を提案した[72]。赤十字社レヴェルの提案は明らかに、その一年前の「善意の競争」提案で南北接触の前提条件として掲げた国連の関与や、北朝鮮の実体を認めないという従来の方針を損なわずに、北朝鮮との対話を可能ならしめる切り口であった。

二日後の八月一四日、『平壌放送』は北朝鮮赤十字社の孫成弼《ソンソンピル》委員長の書簡を通じてこれを受け入れ、ただし南側の提案したジュネーヴではなく、板門店を交渉場所として修正提案した。その後、南北双方は、板門店での予備接触を経て、九月二〇日に第一次予備会談を開催し、翌二一日には直通電話を架設するにいたる。一九六三年のスイスにおけるスポーツ関係者間の非公式接触を除くと、朝鮮戦争以来初の南北直接接触が実現したのである。この、一見すると些細な事の始まりこそが、二〇年以上にわたって徹底的に憎しみ合い、軍事境界線をはさんで双方の国民の接触を完全に禁止してきた南北両政府が、大胆に相互対話に踏み出した第一歩であった。

ニクソン訪中発表後、韓国と北朝鮮が一カ月足らずで直接対話を開始したことは重要である。この点について、政治学者アストリ・シュルケは、韓国と北朝鮮がともに朝鮮問題をめぐる米中の「共謀」を憂慮したからであると指摘したが、[73]ここでの「共謀」とは、米中が互いに共通利益と競争的利益を保ちつつ、当事者の南北を排除して緊密に協力することを指していた。[74]朴正熙と金日成は、程度の差こそあれ、米中間の「共謀」の犠牲となる可能性を憂慮せざるをえなかった。つまり、金溶植《キムヨンシク》外務長官がニクソン訪中発表に対する初発の反応として「朝鮮問題を米中接近における取引の具（pawn in US-PRC bargaining）に利用してはならない」と警告を発したように、[75]また北朝鮮の朝鮮中央通信が、「ニクソンが中国に接近して分断されている革命社会主義勢力を各個撃破しようとする」と警戒を強めたように、[76]南北双方は同盟に対する不信と「見捨てられる」かもしれないとの懸念を共有し、その懸念を相殺する方法として当事者同士による自主解決の可能性を模索したのである。[77]

実際に朴正熙は、一九七一年八月一五日の光復節演説で、「韓半島の将来に関する問題は、列強や国際潮流が解決してくれるものではなく、われわれの主体的な努力と自主的な決断にかかっている」[78]と強調していた。さらに、先に述べたように、国内政治上の困難に直面していた朴政権は、韓国内の統一・平和議論の主導権を確保しつつ局面転換を図る手段として、南北対話を活用しようとしたとも思われる。一九七一年九月の韓国情勢に関する駐韓米大使館のワシントン宛の公電は、当時の韓国政府の立場をよく表わしている。

> 韓国人は、ニクソン・ドクトリンとヴェトナム戦争のヴェトナム化、在韓米軍削減、中国の国連復帰の既成事実化、ニクソン大統領の訪中発表を通じて国際情勢の変化を痛感した。彼らは米国のコミットメントの縮小を不可避と受けとめた。南北赤十字会談の開始は、少なくとも韓国が自らの国益を守るためには、より大きな柔軟性を

発揮することで、より自立的な役割を果たさなければならないと判断した証拠である。[79]（傍点は引用者）

しかし、「より大きな柔軟性」と「より自立的な役割」を発揮することに踏み切った朴正熙は、自ら目のあたりにした米中首脳会談において、朝鮮問題が「取引材料」となる危険性について憂慮せざるをえなかった。中国の在韓米軍の完全撤退の要求を米国が受け入れ、米中会談が韓国の「唯一合法政府」を支えるＵＮＣＵＲＫと国連軍司令部の解体を促進するとすれば、それは正統性と安全保障の両面で韓国を窮地に陥れかねなかったからである。なお韓国政府は、ニクソン政権が対中接近を機に、韓国の頭越しで北朝鮮と接触する可能性すら想定していた。南北赤十字会談予備会談の開始前日に、朴がニクソン宛の親書（一九七一年九月一九日付け）を託し、金溶植外務長官をワシントンに急派したのは、こうした懸念を和らげるためにほかならなかった。朴は、米韓間の首脳交流の欠如を「親書外交」のかたちで補おうとしたのである。

まず、朴正熙が親書を通じてニクソンに依頼したのは、中国の在韓米軍撤退の要求への対応であった。朴は、中国の目的がアジアにおける米軍撤退にあると主張しつつ、「朝鮮半島から外国軍を撤退させようとする中共の要求は、いかなる場合においても受容してはならない」[80]と強く要求した。興味深いことに、金溶植は、マーシャル・グリーン国務省東アジア・太平洋担当次官補に朴の親書を伝える際に、「韓国は日本の軍事基地ではないことを中国側にはっきりと伝えてほしい」[81]との敷衍的説明を加えていた。この金の発言は、中国が日本と韓国を一体として捉え、在韓米軍に対する攻勢を強めるかもしれないことへの憂慮によるものであった。

中国の予期せぬ行動に対する懸念は、朴正熙の親書の随所に表われていた。朴はこうした懸念への対応として、「中共が緊張緩和を希望するなら、対北軍事援助や北傀の武力統一政策への支持をやめ、北傀に朝鮮半島の緊張緩和に応じるよう影響力を行使しなければならない」と述べるなど、中国の対北朝鮮影響力の行使を求めるにいたった。朴のニクソンに対する要請の趣旨が、キッシンジャーの第一回訪中の際の周恩来に対する要求と同じだったことは、きわめて印象的である。

くわえて朴正熙は、同親書において、国連軍司令部の駐留が「朝鮮半島の平和と安全を維持するにあたり、国連の目的と責任を具現している」ことを強調し、国連軍司令部とUNCURKの解体を求める中国の主張に同調しないこと、むしろ中国に韓国における「国連の権能」を認めさせることを、ニクソンに求めた。こうした朴の希望の延長線上でウィリアム・ロジャーズ国務長官との会見に臨んだ金溶植は、差し迫った国連総会の対策として「裁量上程」方針を貫き、朝鮮問題の討論を引き続き回避する意向を伝えて、ロジャーズの支持を再確認した。[82] 本章第四節で詳述するように、これは、翌月の国連総会で中国の国連加盟が確実視されるなかで、国連軍司令部とUNCURKの解体問題が議論の俎上にのぼることを回避しようとする試みであった。[83] 朴政権は緊張緩和の時流に乗って北朝鮮との直接交渉を模索するかたわら、国連では北朝鮮の放逐を目指す旧来の路線を追求し続けたのである。

一方、朴正熙の「親書外交」はひとまず奏功したかのように見えた。ロジャーズだけでなくキッシンジャーも、「ニクソン訪中の際に、米国が朝鮮問題を議題とせず、韓国を取引材料にしない」と明言した。このキッシンジャーの確答を受けて、金溶植は「安堵した」と回顧した。[84] ニクソンも朴正熙への回答として、米中会談では韓国へのコミットメントを維持すると念を押すことで、米中接近に対する韓国の心配を打ち消そうとした。

かりに中国が韓国に影響を及ぼしうる議題を提起する場合には、私は韓国との堅固な関係を確実に確かめておくでしょう。また、朝鮮半島の安全保障に影響を及ぼしうるイシューについては、韓国政府と緊密に協議するつもりです。[85]

このニクソンの返書を受けて、朴正熙は首脳レヴェルの書簡については機密を守るという外交常識を破りながら、何回もそれをそのまま引用し、「ニクソン大統領の約束を信じる」と述べた。[86] しかし、「朝鮮問題を取引材料にしない」

というニクソンの念押しは場当たり的な対応にすぎず、ニクソン自らによって破られることになる。ニクソンは朴正煕のたび重なる首脳会談要求をこの書簡一通で済ませた。

三　ニクソン・ドクトリンの動揺

(1)追加削減をめぐる米国政府内の論争

ニクソン・ドクトリンによってアジアから相当規模の米軍が撤退したものの、[87]軍事的コミットメントの縮小という目標に適う追加削減は、迅速に実行に移されなかった。このようなアジアからの撤退の遅延は、何よりもニクソン・ドクトリンの本来的な曖昧性に起因する。[88]ニクソン・ドクトリンは、同盟国の自助努力の強化を図りながらアジア駐屯米軍の撤退を目指す「脱アジア化政策」であった。しかし、米国は依然として「太平洋国家」であることを強調しながら、アジアにおける利益を放棄しないことを明らかにし、アジアに対する影響力の保持にこだわり続けた。

またニクソン・ドクトリンは、アジアからの撤退を補完する措置として同盟への核の傘の提供を掲げたものの、ソ連と対峙するヨーロッパの場合とは異なり、アジアでの「戦略的十分性」の概念は、そもそもその対象と基準が必ずしも明確ではなかった。実際にアジアにおける二つの戦争、すなわち朝鮮戦争とヴェトナム戦争では、戦術核を含む核抑止力がほとんど作用しなかった。さらに、戦術核に対する再評価はそれ自体として地上軍削減の正当化につながるため、当事者中の当事者であるはずの陸軍は、組織防衛の観点からも神経を尖らしていた。[89]キッシンジャーと国家安全保障会議（NSC）は、こうした核兵器の役割に対する明確な指針を設けるために、国家安全保障問題研究覚書（NSSM）六九「米国のアジア核政策」研究を推進したが、省庁間の論争が繰り返されただけで、結論にはいたらなかった。[90]

それゆえ、ニクソン自身も「介入政策ではない。しかし、完全撤退ははっきり排除する」と述べたように[91]、ニクソン・ドクトリンは明らかに政策としての明確さを欠いていた。長年にわたってキッシンジャーを補佐し外交政策を企画したNSCスタッフのウィンストン・ロード（後に国務省政策企画室長）は、こうしたアジア政策の曖昧性についてつぎのように書き記した。

そもそもアジアに対する大戦略といったようなものは存在しないという事実を認識すべきである。大戦略を一まとめに練り上げたいとする内発的衝動を抑えれば、われわれのアジア政策はより明確になるであろう。（中略）われわれが勝ち取るべき重大な利益の境界を示す抽象的防御線をアジアに設けるのは、蛇足である[92]。

このように、政策レヴェルにおいてすら曖昧性を指摘されていたニクソン・ドクトリンの解釈と適用をめぐって、キッシンジャーとメルヴィン・レアード国防長官は激しい論争を展開していた。「ヴェトナム戦争のヴェトナム化」を提唱したレアードは、ニクソン・ドクトリンを文字どおり解釈し、それをアジア全体に拡大すべきとの信念を抱いていた。レアードがアジアからの撤退を主張する根拠は、彼自身が一九七〇年一一月に国家安全保障戦略として提示した「現実的抑止戦略」（realistic deterrence）[93]の概念にも明らかである。同戦略は、公式には否定したものの、ニクソン・ドクトリンの「核の盾」（nuclear shield）概念を戦略核と戦術核に区分することで、戦術核兵器の抑止ないし防御の手段としての使用を視野に入れていた[94]。

レアードは、核能力と海空軍力の有効活用によって地上軍の投入を相殺し、アジアにおける通常兵力の撤退を進めるという立場に立っており、彼の考えは、アジアにおける米地上軍の削減という意味においてニクソン・ドクトリンに沿っていた。レアードが「総合軍事力」（total force）の概念を取り上げた狙いは、対内的には徴兵制の廃止による兵力不足を予備役と国家防衛軍で補充しながら、対外的には同盟への軍事販売や借款を提供することで米地上軍の負担を軽減することにあった[95]。こうした視点からレアードは、太平洋での同盟に対する支援が主として海空軍力による「オフショア戦力」(offshore capability)に限定されなければならないと主張した。このような構想を持つレアードにとって、韓国防衛の「韓国化」すなわち在韓米軍撤退は、ニクソン・ドクトリンの試金石にほかならなかった。

これに対してキッシンジャーを中心とするNSCは、米国内の反戦世論と議会の軍事費削減への圧力[96]、徴兵制廃止計画による兵力不足に対応するためには国防計画の調整が不可避であることを認めながらも、急激な地上軍の削減は戦争遂行能力の後退を招く恐れがあるとして、国防総省の一方的な「オフショア戦略」への転換を牽制しようとした。キッシンジャーは、レアードの想定する核能力による抑止力の補完について、核戦争の危険を無条件に容認するか、戦争遂行の能力や意思が相手側を圧倒する場合に限って可能なシナリオである、と指摘した[97]。また、通常戦力の後退がソ連に間違ったシグナルを与えるだけでなく、同盟国に不安を呼び起こし、結果的に米国の利益を損なう危険性を憂慮した[98]。要するに、レアードが戦術核の効用と引き換えに軍事的効率の向上を図ろうとしたのに対して、キッシンジャーは、真の安全保障戦略として、政治的または外交的な側面さえ考慮しなければならないと主張したのである。

レアード長官の国家安全保障概念は、アジアとヨーロッパにおけるわれわれの政治的位相を十分に考慮していない。急速な軍事態勢の変化は、同盟関係と、重要地域における政治的均衡を揺さぶりかねない。北大西洋条約機構(NATO)加盟国は一〇万~一五万人の撤退にいかに反応するか。韓国は追加的な削減にどう対応するか。一九七二年半ばまでに東南アジアから完全撤退するという計画は、いかなる軍事的かつ政治的な含意を持つのか。日本はアジアからの撤退にいかに対応するか。われわれの行動が日本に核兵器を開発するよう刺激することは自明である[99]。

このようにレアードの「現実的抑止戦略」に対して懐疑的であったキッシンジャーは、「防衛に必要な実質的軍事力を欠く状況のもとで、敵を抑止する通常戦力に変化を加えようとする発想は、国家戦略に適合しない」と主張し続けた。しかし、キッシンジャーの反対にもかかわらず、レアードの「現実的抑止戦略」は一九七一年の国防政策として定式化された。それは何よりも、この概念が財政上の配慮だけでなく、アジアからの撤退を志向するニクソン・ドクトリンにも即応していたからであった[100]。

ニクソン・ドクトリンの適用をめぐるレアードとキッシンジャーの対立は[101]、在韓米軍の追加的削減をめぐってさらに鮮明となる。すでに一九七〇年三月に在韓米軍二万人を撤退させたニクソン政権は、NSDM四八に従って追加削減を検討していた。追加削減にもっとも積極的な姿勢を見せたのは、言うまでもなく国防総省であった。

レアードの「総合軍事力」構想は在韓米軍に直接言及してはいなかったが、国防総省が追加削減の軍事的条件を整えようとしていたことは明らかである。その代表的な例が、一九七〇年一二月の第一二回日米安全保障協議委員会(SCC)で策定された在日米軍施設・区域の整理・統合計画である。この計画は「ニクソン・ドクトリンに沿って、日本および他の極東地域に対する安全保障上の約束を果すための米国の能力に大きな影響を与えることなく、その作戦能力を効率化し、かつ現存する資源の最大限の利用を可能ならしめる目的でおこなわれた」が[102]、要するにこの計画の核心は、在韓・在日米地上軍の削減による戦力の損失を、空軍の機動力向上によって補うことであった。その一環として在日米空軍所属F－4「ファントム」飛行隊の韓国移駐などの措置が取られたことも、在韓米軍のさらなる削減を想定したうえでの「オフショア戦力」の強化にほかならなかった。

レアードがニクソンに送ったメモによれば、国防総省は一九七二会計年度に一万四〇〇〇人を削減したうえで、一九七三会計年度には第二師団を撤退させる計画を立てていた。レアードは追加削減の根拠を、つぎのように提示した。

一、韓国は、防衛要求に照らして明白に大規模の地上戦力を保有している。在韓米地上軍の撤退が失敗するならば、ニクソン・ドクトリンをアジアに適用しようとするわれわれの決意に対して疑義が向けられる。

二、一九七二会計年度以降の陸軍の基本戦力（Army Baseline Force）は、一三・三分の一師団である。第二師団が米本土ではなく韓国に駐留し続けると、世界規模の緊急事態に備える融通性は深刻に損なわれるだろう。

三、一九七三会計年度までに一万四〇〇〇人を削減すれば、米本土での削減よりも年間五五〇万～六五〇万ドルの費用節約効果が生じる。(103)

これらを根拠に、レアードは、在韓第二師団を駐西ドイツ米軍のような特務旅団（special mission brigade）に縮小転換する暫定的計画を提示したが、在韓米軍の削減が日韓両国に動揺を与える可能性や、これによって日本が米国から離脱する可能性などについては、それほど深刻に考慮しなかった。

レアードの追加削減論に対する国務省とＮＳＣの反応は、つぎのようであった。ロジャーズ国務長官は、二万人の削減に次いで一九七二会計年度に追加的に削減をおこなう場合、予期せぬ外交的影響が生じうる可能性を指摘し、同盟国らが在韓米軍削減に十分適応するまで追加削減を保留するよう建議した。(104)ＮＳＣは、一九七二会計年度における三億～四億ドルの国防費削減の相当部分がアジアにおける米軍削減に負うとしながらも、レアードの戦術核抑止の構想に異議を唱え、在韓米軍の追加削減の延期を求めたのである。

ニクソン・ドクトリンは、今後アジアにおける有事の際に、地上軍に関してはいかなるコミットメントも提供してはならないとしている。しかし、真の抑止のためには、海空軍の支援だけでなく、地上軍を展開する能力を維持しなければならない。（中略）それゆえ、アジアにおける兵力を性急に削減してはならない。具体的に、われわれは一九七二会計年度に第二師団を韓国から撤退させてはならないと思う。少なくとも一九七三会計年度までは、それを実行してはならない。(105)

こうした政府部内における見解の相違を受けて、キッシンジャーは、急激な追加削減は避けるべきであると主張した。キッシンジャーは、最小限の抑止力として一個旅団規模までの削減は理論的に可能であるとしながらも、その外交的負担は大きすぎると考えたのである。キッシンジャーは、レアードとロジャーズとの見解を比較したうえで、ロジャーズに同意するようニクソンに建議した。

軍事的かつ財政的側面から考えれば、削減は必要である。しかし、こうした見解を覆す政治的かつ外交的な理由がある。(中略) われわれが二万人を削減したとき、韓国は予想以上に反発した。追加的削減に関していかなる言質を与えても韓国の猛反発を招くだろう。(中略) 当初、貴方 (ニクソン) は二万人の削減を決定する際に事前に韓国との協議に全力を尽くすよう指示した。しかし、われわれは韓国の了解を得ないまま、一個師団を撤退させてしまった。(106)

結局、ニクソンは、急激な追加削減の政治的影響に配慮して、追加削減計画を保留した。ニクソンは「一九七一〜七六会計年度における海外米軍配備の暫定指針」を通じて、NATO、韓国、ヴェトナムに対する兵力配備方針をつぎのように下達した。

一、ヨーロッパとその周辺に配置された米軍とNATOにコミットした戦力は撤退しない。
二、韓国ではNSDM四八に言及された二万人撤退以外の撤退はおこなわない。
三、ヴェトナムでは一九七一年六月三〇日までには、計画された撤退以外の削減をおこなわない。(107)

しかし、同指針があくまでも「暫定」措置である以上、在韓米軍の追加削減をめぐる論争はその後も続いた。ニクソンが同指針で、一九七二会計年度以降に追加削減の可能性を柔軟に模索していくと敷衍したように、彼自身は依然としてアジアからの追加的撤退を望んでいた。国防総省もまた、一九七三会計年度に向けて在韓米軍第二師団の撤退計画を立てるなど、追加削減方針を崩さなかった。(108)レアードは、一九七一年三月の上院における証言で、韓国への無償軍事援助によって北朝鮮に対する抑止体制を構築すれば、「計画された撤退」が可能であると訴えた。また、すでに実施された米軍削減によって韓国軍近代化に必要な費用が捻出され、今後五年間にわたって四億五〇〇〇万ドルの追加的節減すら可能であることを強調した。(109)レアード構想を後押しするかのように、ニクソンは一九七一年六月二三日、NSDM一一三「駐ヴェトナム韓国軍」(110)を通じて韓国軍の南ヴェトナム駐留を一年延長する決定を下す際、この決定が在韓米軍の再配備計画と連動されてはならないことを同時に指示し、追加削減計画への意欲を示した。

くわえてニクソンは、NSDM四八の決定にもとづいて、韓国軍一個師団撤退の「見返り」としての一五億ドル規模の韓国軍近代化五カ年計画において、国防総省案を事実上そのまま受け入れ、韓国地上軍を中心に実施するよう指示した。同年九月に正式に決定されたNSDM一二九「韓国軍構造と近代化計画」(111)は、レアードの在韓米軍追加削減と米軍のオフショア防衛戦略に沿うものであった。すなわち、ただでさえ北朝鮮軍に比べて優勢であると評価されていた韓国地上軍をさらに近代化しようとすることは、韓国地上軍の北朝鮮軍に対する抑止力を強化することで、結局は在韓米軍の追加削減への道が開かれることを意味するからであった。キッシンジャーとNSCはこうした国防総省の思惑を指摘し、北朝鮮軍に比べて劣勢である韓国空軍の近代化を主張したが、レアードとニクソンの在韓米軍追加削減への関心を逸らすことはできなかった。

(2) 在韓米軍の地域的役割への注目

ニクソン・ドクトリンの追加的適用をめぐって米国政府内での論争が続くあいだ、在韓米軍問題に新たに影を落としはじめたのは、米中接近という変数である。対中接近は、対ソ封じ込めの責任を地域的に分散させようとするニクソン・ドクトリンの意図に適合する戦略的選択であったと言えよう。したがって対中接近は、ニクソン政権にとって、アジアにおける軍事的コミットメントの縮小、とりわけ在韓米軍の追加削減を実行するにあたって、有利な条件として働いたはずであった。

しかし、米中接近の過程において、在韓米軍の存在意義はむしろ政治的観点から新たな光を当てられようとしていた。すなわち、在韓米軍は、従来の中朝連合戦力に対する抑止力としてではなく、米中接近という条件に規定されつつあった東北アジアの四強秩序を調整し、朝鮮半島を安定化する要素として脚光を浴びはじめる。(112) ニクソン政権は、依然として在韓米軍の追加撤退を想定していたが、対中接近の過程で従来の在韓米軍に対する見方の修正を迫られるようになる。

本章第一節でみたように、一九七一年七月におこなわれた周恩来との一連の秘密会談を通じて、キッシンジャーは、中国が表向きの主張とは異なって日本の朝鮮半島進出を深刻に憂慮し、急激な在韓米軍の撤退を懸念する向きさえあることを察知していた。当初はニクソン・ドクトリンにもとづく第一次米軍撤退に対する中国側の反応を明確に読み取れなかったニクソン政権は、このような中国の在韓米軍に対する認識をあらためて評価しつつあったのである。

貴方（キッシンジャー）と周恩来との会談録を見る限り、私（スミス＝NSCスタッフ）は在韓米軍撤退の緊急性を感じることができない。周の在韓米軍撤退要求は、日本が米軍の役割を代替する可能性について憂慮することと矛盾するからである。くわえて周は、力の空白について触れ、米軍がアジアにおける安定力としての役割を果たしていることを受容するか、少なくともこれに反対しなかった。つまり周は、発言が記録されることを意識したのではないか。彼は貴方の訪中を北朝鮮に売るためにも、北朝鮮の利益を代弁する姿勢を見せる必要があったようだ。（中略）中国は在韓米軍の駐留に対してまったく憂慮していないようである。すでに在韓米軍が削減されたことを考えれば、彼はわれわれが同問題を提起しない限り、相当の軍事力が当分駐留し続けることを受け

入れるだろう。(113)

このように、NSCは中国が在韓米軍を受容する可能性を感知し、また地域安定力としての在韓米軍の役割を認識していた。NSCの判断に即して考えれば、中国は日本の進出を防ぐために、暗黙裡に在韓米軍の駐留を望んでいたことになる。こうした文脈から考えると、米中両国が在韓米軍を介して接点を設けるためには、米国の日本に対する認識が重要となるだろう。

実際に、米中接近とニクソン・ドクトリンを機に、米国政府は東アジアにおける日本の役割をどう位置づけるかという重大な課題を抱え込んだ。しかし、ニクソン政権期における米国の対日政策は、従来の日本重視論と対中接近以後の日米同盟調整論とのあいだで揺れながらも、総じて対日慎重路線とも言うべき性質のものであったと思われる。(114)とくに安全保障面において、ニクソン政権とりわけNSCにおいては、対日政策を対中政策と連動させて考える向きが目立った。ニクソン政権の対日政策指針にあたるNSDM一三は、日本に対して防衛努力の穏やかな増強とその質的発展を促進する現在の政策を維持するが、大規模な軍事力への発展や地域安全保障におけるより大きな役割を促す「いかなる対日圧力も避ける」(avoiding any pressure on her)ことを求めていた。(115)こうしてNSCでは、ニクソン・ドクトリンによる役割分担論を強調しすぎれば、日本のアジアへの軍事的進出に対する懸念を助長し、そのことがとりわけ中国を刺激する可能性があるため、それにはおのずからある程度の制約が必要であるという考え方が支配的となった。(116)

日本に米国の対韓役割を代行させるよう提案したものもあった。しかし、そのためには自衛隊の拡充、徴兵制の導入、憲法の改正が必要である。日本を含めて、他のアジア諸国は、少なくとも今後一〇年間には日本の朝鮮半島進出を受け入れないだろう。日本による役割の肩代わりは、植民地経験を有する韓国の反発を買うだけでなく、中国を刺激し、アジアの安定を損ないかねない。(中略)日本により大きな責任を負わせるのはニクソン・ドクトリンの文脈に適合するとも言えるが、日本の再軍備に対する中国の偏執的な憂慮(paranoia)については慎重な配慮が必要である。[117]

ニクソン政権の対日政策検討作業のひとつであったNSSM一二二に関する右の報告書は、NSDM一三の方針を踏襲し、日本の軍事化がもたらしうる地域的不安定要因を指摘しつつ、在韓米軍の撤退による「力の空白」を日本で埋める発想の危険性を警告している。実際にニクソン政権は、ニクソン・ドクトリンにもとづいて日本の防衛力の「程よい」増強と質的向上を奨励しながら、他方では、当時の中曽根康弘防衛庁長官の「自主防衛」路線に代表される日本国内の民族主義的潮流に対して警戒を緩めなかった。対中接近に成功し、極東地域での米ソ軍事バランスを自国に有利に転換することができた米国としては、中国を刺激する危険をともなう日本の防衛力の増強をあえて要求する必要はなかったのである。それゆえニクソン政権の日本への関心と要望は、米国の前方展開戦力の代替ではなく、基地の自由使用、米軍行動に対する支援と共同責任の分担といった間接的軍事貢献と、アジア諸国への経済援助拡大、米国のドル防衛政策への協力といった直接的経済貢献に注がれていた。[118]

こうした慎重な対日姿勢は、朝鮮問題にも援用されたと言えよう。「アジアの防衛はアジア人の手で」といったニクソン・ドクトリンのスローガンに照らして、ニクソン政権が日本にも一定の地域的役割を期待したことは言うまでもない。しかし「韓国条項」における日本の役割は、あくまでも米国の作戦行動への支持・支援と対韓経済支援に制限され、韓国に対する日本独自の軍事的または政治的な進出は望まれていなかった。韓国防衛に必要な軍事負担すら、日本には要求されなかったのである。キッシンジャー・周恩来の一九七一年七月会談に示されたように、日本の再軍備と核武装、そして朝鮮半島進出を防ぐという意味での「日本封じ込め」は、程度の差こそあれ米中が共有する戦略的目標であったと言ってよかろう。

在韓米軍の地域的役割は、こうしたニクソン政権の対日認識の枠内で浮上しつつあった。しかもニクソン政権は、北朝鮮さえも在韓米軍の存在に期待する可能性があると推定していた。在韓米大使館がキッシンジャーの秘密訪中後に作成した国務省宛の公電では、公式の宣伝や発言とは裏腹に、北朝鮮が在韓米軍の持続的駐留を願っている可能性を指摘していた。

中朝両国は、持続的な米軍の駐留が日本の軍事力増強を防ぎ、共産陣営と日本との緩衝機能を担うと認識し、「次善の策」として受容するだろう。(119)

このように、米国が中朝の在韓米軍に対する事実上の容認姿勢に注意を払いはじめたことは、もっぱら中朝連合戦力に対する抑止力と見なされてきた在韓米軍の役割の再定義へとつながっていった。それまで抑止の対象であった中朝両国がむしろ在韓米軍の存続を容認するならば、その抑止機能自体が無力化するからである。在韓米軍は、日本の朝鮮半島進出を防ぐ防波堤としての機能をはじめとして、朝鮮半島と東北アジア地域の勢力均衡を維持する存在として生まれ変わる可能性を温めつつあった。

こうしてNSCは、在韓米軍の追加削減論に反対する根拠として、その政治的および地域的な役割を強調しはじめた。キッシンジャーの秘密訪中直後にレアードが発表した、一九七四会計年度までに在韓米軍第二師団を一個旅団規模に削減するとの計画に対して、(120)NSCは国防総省の試みを阻止することを「もっとも重要な省庁益」と見なし、この計画に断固反対した。(121)そこでニクソンは、ふたたびNSCの見解を受け入れ、一九七三会計年度まで在韓米軍一個師団を維持することを正式に決定した。(122)これを受けて、一九七一年一〇月にふたたび訪中したキッシンジャーは、周恩来との会談を通じて、中国側の在韓米軍に対する本音を真剣に探ることになる。

四　第二回キッシンジャー訪中と朝鮮問題

(1) 在韓米軍問題をめぐる米中接近

一九七一年七月のキッシンジャーとの初の対面において、在韓米軍の撤退を求めつつ日本の韓国進出の可能性を懸念していた周恩来の曖昧な姿勢は、同年一〇月二〇日から二六日までの第二回キッシンジャー訪中の際にも繰り返された。しかし、在韓米軍に対する周の立場は当初の撤退要求から明らかに後退し、今回は在韓米軍の駐留を容認するような発言さえ聞かれたのである。一〇月二二日の第四回会談で、朝鮮問題の本格的な議論に入る前におこなった冒頭説明において、周は日本に対する警戒感と在韓米軍に対する見方をつぎのように表明した。

日本軍国主義者は、朝鮮と台湾を膨張のための跳躍台にしています。(中略) 中国と米国はともに、日本の軍隊が台湾の米軍部隊に取って代わり、日本の軍隊が南朝鮮の米軍部隊に取って代わることを防止しています。[123]（傍点は引用者）

このように周恩来は、在韓米軍の撤退要求に先立って「日本軍国主義の膨張」への懸念を取り上げ、それを防止するための米中両国の協力を力説した[124]。周が在韓米軍撤退を主張しながらも、本心においては急激な撤退や、その空白を日本が埋める可能性の方を懸念していることがより明確になった。こうして在韓米軍をめぐる米中間の駆け引きは、前回七月の会談とはやや異なる方向に展開した。

まず周恩来は、北朝鮮から「手渡された」とされる提案を読み上げた[125]。周がこの提案について「このかたちでは公表されていない」と述べたことから、これは七月末に北朝鮮の金一第一副首相から秘密裏に伝えられた「対米八項目提案」（本章第二節の(2)を参照）を指すに違いない。興味深いことに、周はここで北朝鮮の提案を読み上げただけで、北朝鮮が最優先事項として力を入れる「対米八項目提案」の第一項目にあたる「在韓米軍の完全撤退」を求めず、その代わりに、「まずは国連が彼らを平等に扱わねばならない」と「国連帽子」問題を取り上げようとした。

キッシンジャーは、北朝鮮の「対米八項目提案」を受け、「一行一行に米国はこれこれをおこなうべしと書かれてあるような文書や書類を受け入れることは不可能」であり、「わがほうの同盟国を傀儡政権扱いする文書をもとにして議論したくない」などの不満を漏らした。そのうえで、「もし貴側の目標が在韓米軍の削減にあるとすれば、前回すでに伝えたように、国際公約というかたちを取らずとも、どのみちそれはわれわれの側の政策である」と在韓米軍削減の方針を再確認した。これに対して周恩来は、撤退時期の再確認どころか、「もし貴側の究極の目標が南朝鮮からの部隊の撤退なら、撤退する米軍を日本の部隊で置き換えることも貴側の目標なのか」と、日本警戒論をふたたび展開した。キッシンジャーが「米国は日本の軍事的膨張には反対である」と答えたのに対し、周は「その発言を、わが側はきわめて重要なものと受けとめる」と念を押した(126)。

これを受けてキッシンジャーも胸襟を開き、「もしその目標が、朝鮮半島の安定や、戦争の危険の防止、そして他の勢力がこの地域に向けて膨張するのを抑えることならば、米中両国の利害は一致していると私は思う(127)」と回答した。このキッシンジャーの発言こそ、地域安定力として再定義された在韓米軍の駐留の可否をめぐる、中国側への打診にほかならなかった。これに対して、周恩来はまったく対応しないことで「暗黙の了解」を示した。

キッシンジャーはさらに一歩踏み込んで、「米軍が韓国に駐留する限り、われわれは韓国が現存の境界線を越えようとするいかなる試みにも協力しないことを保障する」と強調した。これは、在韓米軍が韓国を封じ込め、朝鮮半島の安定を維持する役割をも担っていることを指摘する発言であった。これを受けて周恩来は、「米国は最終的には南朝鮮から部隊を撤退させる、そしてそれ以前に南朝鮮の部隊が、境界線を越えて侵攻することを許さない」と、キッシンジャーの発言内容を再確認した[128]。

それ以来、在韓米軍撤退を主張する際に、周恩来は「最終的には」、または「究極的には」というきわめて曖昧な条件を付けるようになった。このことは、周が少なくとも当分の間は在韓米軍の撤退を望まないことを示唆していた。周は、朝鮮問題に対する討論を締め括る際に、キッシンジャーの立場に同意する趣旨でつぎのように述べた。

われわれが同意したのは、究極的には（ultimately）米軍が南朝鮮から撤退すべきだということだけです。いつまでにそれがおこなわれるのかということに関しては、貴側の問題であると同時に、われわれ両国で見解を交換する価値のある問題です[129]。（傍点は引用者）

以上の周・キッシンジャーの対話を通じて、米中両国は在韓米軍問題について少なくとも二つの「暗黙の了解」に達したと言える。第一に、原則的には在韓米軍の撤退を主張する中国が、日本の膨張や韓国の北侵などを防ぐ存在として再定義される在韓米軍の駐留を当面は受け入れること、第二に、在韓米軍の漸進的な撤退を計画している米国が、朝鮮半島および東北アジアの情勢を考慮しつつこの撤退を進めることである。

こうした在韓米軍の役割に関する「暗黙の了解」にもとづいて、米中は朝鮮半島における戦争防止と分断状況の現状維持のための「共同の影響力」の行使を再確認する。キッシンジャーは、「朝鮮半島の両勢力は、対等な立場で進むべきであり、どちら側も国を統一する特権は持っていないと信じる」とする現状維持の議論を示したうえで、「もし軍事的圧力が北から始まるとしたら、その結果については誰も予想できないだろう」と北朝鮮脅威論を提起した。これに対して周恩来は、「もしそのようなことが起きるなら、北朝鮮がより大きな負担を受け入れるだろう。もちろん、われわれは外国の軍隊を挑発したりしない」と応じ、続いて、「われわれは、もっと小さな二つの国に同情するべきである」と述べた。これに対してキッシンジャーは、「われわれが彼らの軍事的冒険を引き止めるために、われわれの友人に対する影響力を行使すべきだと思う」と同調した。[130]「同情」と「影響力」という表現の差こそあれ、両者は朝鮮半島の戦争防止および安定化のために協力することで一致したのである。

(2) 中国の国連復帰とUNCURK解体問題

キッシンジャー訪中直前の一九七一年九月二五日に開催された国連総会では、韓国側が提出した三つの朝鮮問題討論延期決議案、すなわち外国軍撤退問題の討議延期案（賛成六八、反対二八、棄権二一、欠席一二）、UNCURK解体問題の討議延期案（賛成六八、反対二五、棄権二二、欠席一五）、UNCURK報告の討議延期案（賛成七〇、反対二一、棄権二三、欠席一六）は、いずれも賛成多数で可決された。[131]

当初、国連における朝鮮問題討議のさらなる棚上げは、中国代表権問題をめぐる東西対立が激しくなるなかで、その成功如何がきわめて不透明であった。[132]とくに米国の国連対策すら中国代表権問題と絡み合って一貫性を失い、朝鮮問題討論延期案にも不利に作用していた。ロジャーズ米国務長官は一九七一年八月二日、台湾の国連議席維持を図る目的で、中国と台湾に国連議席を同時に認める「二重代表制」案を正式に打ち出した。米国にとってこの決定は、対中接近と台湾重視とのあいだを揺れ動いたすえの苦渋の決断であったが、この行動は本質的に「普遍性の原則」にもとづく分断国家の国連同時加入を求めており、したがって北朝鮮の国連招聘に反対して朝鮮問題に関する討論を延期しようとした韓国の意図と矛盾していた。

にもかかわらず、朝鮮問題討論延期案が予想外の圧倒的票差で可決された背景は、つぎのようなものである。すなわち、この票決が中国代表権をめぐる票決に先行し「中国嵐」の影響をそれほど受けなかったという技術的要因以上に、国連での無用の対立を避けるべきであるという韓国側の主張を受けて、緒についたばかりの南北対話による「民族自決」の行方を静観しようとする認識が、国際的広がりを持ったことが大きかった。南北赤十字会談開始に象徴される朝鮮問題の局地化の磁場が、同問題の国際化を暫定的に引き寄せたとも言えよう。

しかし、北朝鮮と手を組んで対抗した中国にとって、韓国側の討論延期戦術は、真の問題の回避と時間稼ぎ以外の何物でもなかった。したがって在韓米軍問題に対して柔軟な姿勢を示した周恩来は、国連を舞台とする正統性をめぐる問題に対して、かえって強い姿勢で臨もうとしたのである。

さらに、キッシンジャーの北京滞在中に、国連では中国の代表権問題が最後の山場を迎えていた。共同歩調をとる米国と日本は、「二重代表制」案に加えて、台湾の国連代表権の剥奪を、総会の三分の二の賛成を要する「逆重要事項[133]」に指定する提案をおこなって抵抗を試みた。しかし、キッシンジャーが北京で上海コミュニケの草案をめぐって周恩来を相手に最後の奮闘を試みていた一九七一年一〇月二五日[134]、第二六次国連総会では、中国の唯一合法的代表権を認めて同国を安全保障理事会常任理事国のひとつとして迎える一方、台湾を国連およびその関連諸機関から排除する趣旨の「アルバニア決議案」が、賛成七六、反対三五（棄権一七、欠席三）の圧倒的多数で採択された。こうして、米国が朝鮮戦争以来一貫して推し進めた国連での中国排撃政策は、完全に失敗に終わった[135]。

このような国連情勢は、キッシンジャー・周会談における朝鮮問題にも影響を与えた。国連の動向について「大したものではない」という取り澄ましたコメントを加えた周恩来は、「唯一合法政府」という意味での正統性の回復に無関心であったわけではなかった。むしろ国連復帰が確実となり、北朝鮮の代表権問題を提起する必要に迫られた中国側は、韓国に残存する国連の権能を取り上げ、争点化することをもくろみたのである。

一九七一年一〇月二二日の第四回会談において、周恩来は朝鮮半島における正統性問題を執拗に提起した。周は、北朝鮮の「対米八項目提案」を読み上げた後に、「どのようにしたら彼ら（北朝鮮）は国連における不平等な立場を我慢できるのか。もし中国が国連に加盟すれば、かえってより多くの問題が発生するだろう[136]」と述べ、「国連は朝鮮民主主義人民共和国に反対する立場を取っている」として、国連における北朝鮮の法的地位の問題を切り出した。これを受けてキッシンジャーは、「UNCURKについてはわれわれの政府内で研究を始めている」と応じたうえで、北朝鮮の法的地位に関してつぎのように前向きな姿勢を示した。

もし貴側が平等性の問題を考えておられるなら、われわれは有意義な議論をすることができると思います。（中略）われわれは、朝鮮民主主義人民共和国は事実として存在していると認識しています。[137]

周恩来はこれに釘を刺すように、「貴方がいま言ったことは、米国の立場においては、国連を含めて、朝鮮民主主義人民共和国を法的存在として国際的に容認するということである。つまり、国連において現在のような状況を続けられないということである」と結論づけようとした。これに対してキッシンジャーは、「それは複雑なプロセスである。（中略）それに、韓国も承認されるならば、という条件がある」と抵抗したが、周が「ＵＮＣＵＲＫは廃止されるべきである」と主張し続けると、「仮の結論を、大統領訪問の前にわれわれのチャンネルを通じて伝える」と応えた。[138]

以上の対話内容を検討する限り、キッシンジャーは確答を持ち越したものの、周恩来のＵＮＣＵＲＫ解体要求におおむね同意したことがうかがえる。キッシンジャーとしては、ＵＮＣＵＲＫが国連の朝鮮戦争への介入を正当化し、中国を敵対視する象徴的な存在である以上、中国との和解にたどり着くためには、その解体要求に前向きに応じるしかなかった。また、中国の国連復帰問題に際して、分断国家の国連同時加盟を骨子とする「二重代表制」と、国連における「普遍性の原則」を掲げて対応した米国は、[139]国連における北朝鮮の法的地位についても配慮せざるをえない立場であった。しかも、米中が朝鮮半島の安定化に向けて協力する際には、南北双方に対する相互承認または同等な法的地位の付与が必要不可欠な条件であったと思われる。

しかし、こうしたキッシンジャーの行動は、本章第二節でみたように、彼自身がその前月に韓国の金溶植外務長官に約束したことと矛盾するものであった。キッシンジャーは、韓国の頭越しに朝鮮問題を「取引材料」にしたと言わざるをえない。ＵＮＣＵＲＫの将来問題に関する限り、それまで米韓間には何の事前協議もなかったからである。ただし、ここでキッシンジャーが韓国に残存するもうひとつの国連の権能、すなわち国連軍司令部にあえて言及していなかったことは強調してもよかろう。

一方、周恩来が在韓米軍問題に対して比較的に容易に「暗黙の了解」を示したのとは対照的に、UNCURK解体について積極的に主張したことは注目に値する。こうした周の行動が、事前に北朝鮮側の了解を得たうえでおこなわれたかどうかは不明だが、かりにそうであったとしても、北朝鮮が在韓米軍を容認するような言質を中国側に与えたとは考えにくい。中国がすでに米国から台湾駐屯米軍の撤退について確答を得たことを考えれば、北朝鮮は在韓米軍に対しても相応の対米圧力をかけることを期待したはずである。そうであるとすれば、周の在韓米軍問題への対応は、この問題をめぐって中朝間で認識のズレが生じはじめた可能性を示唆する。周は、自国にとって緊急性を失った在韓米軍については消極的に対応しながら、相対的に米国が受け入れやすい「国連帽子」問題を提起し、可視的な成果を得ることで北朝鮮を懐柔しようとしたのかもしれない。

この点についてキッシンジャーは、帰国後にニクソン宛の報告書で、「周恩来は北朝鮮の『対米八項目提案』をこけおどし（firing empty gun）にすぎないと判断しているようだった」と述べつつ、周が「対米八項目提案」のうち、安全保障に関わる前半部より、体制承認に関わる後半部に重点を置いたため、「北朝鮮の要求は根本的に、国際社会で法的地位を獲得するためのものにすぎないという印象を受けた[140]」と書いた。さらに、キッシンジャーはここで、UNCURKの解体に集中した周の態度を見る限りでは、北朝鮮も在韓米軍の駐留を容認する可能性があるという見解を示した。これはキッシンジャーが中国と北朝鮮を一体として見なし、また中国の北朝鮮に対する影響力を高く評価するうえでの判断であったと思われるが、在韓米軍問題をめぐる中朝間の認識が一致したとは言い切れないだろう。

(3) 上海コミュニケ起草作業と朝鮮問題

米国と中国の朝鮮問題に関する認識は、ニクソン訪中に備えたコミュニケ起草の作業にも反映されていた[141]。コミュニケ起草作業における最大の争点は台湾問題であったが、朝鮮問題もそれに次ぐ重要課題として位置づけられていた。しかし、朝鮮問題は同盟関係にある韓国と北朝鮮の利益に直結するだけでなく、日本にも影響する微妙な問題であるがゆえに、周恩来とキッシンジャーはたび重なる修正を加えるほかなかった[142]。

当初、周恩来は、北朝鮮の立場に配慮し、北朝鮮が提示したすべての要求事項をコミュニケに明確に盛り込もうとした。中国側の第一次草案では、「中国側は、朝鮮民主主義人民共和国が一九七一年四月一二日に提示した朝鮮平和統一に関する八項目提案を断固として支持する。また、在韓米軍は完全に撤退しなければならず、UNCURKは解体されなければならない、という同政府の立場を断固支持する」とされた[143]。

ここで一九七一年四月一二日の「八項目提案」(許錟外相が公式に発表した「八カ項の平和統一方案」)が取り上げられたのは、北朝鮮の金一第一副首相が同年七月末に周恩来に手渡した「対米八項目提案」が、あくまでも非公式なものにすぎなかったからである。金一の「対米八項目提案」はUNCURK解体要求を直接盛り込んでいたが、「八項目提案」にはこの点に関する項目がなかった(第二章第四節の⑶および本章第二節の⑴を参照)。それゆえに、中国側は公表された「八項目提案」を取り上げたうえで、UNCURK解体要求を付加する形式をとったのである。また、「八項目提案」の筆頭項目である在韓米軍撤退要求をあえて併記したのは、在韓米軍に対する北朝鮮の立場を最大限に代弁しようとする措置であった、と言ってよかろう。

しかし、この中国側の第一次草案は、その後大きな修正を余儀なくされる。米国は自らの第二次草案で、中国側の第一次草案にあった「在韓米軍の完全撤退」という文言を「韓国からの外国軍の完全撤退」に書き直した[144]。興味深いことに、これに対抗するはずの中国側の第二次草案では、むしろ在韓米軍撤退に関する部分が削除され、「中国側は、朝鮮民主主義人民共和国が一九七一年四月一二日に提示した朝鮮平和統一に関する八項目提案、およびUNCURKを廃止すべきである、という同政府の立場を断固として支持する[145]」とするにとどまったのである。UNCURKの解体要求については、すでに周・キッシンジャー会談で一定の了解があったので、米国は中国側が主張する形式を容認するしかなかったと思われるが、それだけに中国が、自国が提出した第一次草案にあえて挿入した在韓米軍撤退要求を進んで削除したことの意味は深長であった。

「在韓米軍の完全撤退」という文言が削除された経緯は明らかではないが、米国側が北朝鮮の「八項目提案」との内容重複を指摘し、それを中国側が受け入れたか、それとも中国が自発的に削除した可能性がある。いずれにしても、「在韓米軍の完全撤退」という文言の削除は、先の周・キッシンジャー会談録を通じて明らかになった、中国の在韓米軍に対する認識の変化を反映する修正であったと思われる。この文言の削除によって、許錟の「八項目提案」の内容にあえて踏み込まない限り、北朝鮮の在韓米軍撤退の主張は確認できなくなった。上記の草案で北朝鮮への支持を表明した中国は、ただちに「中国側は、日本軍国主義の復活と対外膨張に断固反対し」との文言をつけ加えていた。日本の朝鮮半島進出を警戒し、在韓米軍の急激な撤退には反対する中国の本音が、ここに見え隠れしているのである。

倉田秀也が着目したように、コミュニケ草案作業においてもうひとつ注目すべき点は、停戦協定の平和協定への転換に関する文言が米国側の要請によって削除されたことであった[146]。この点について、中国側が提示した第一次草案を見ると、「双方は朝鮮休戦協定調印からすでに一八年が経過したにもかかわらず、朝鮮問題が未解決であることに留意した」との一文がある。これを受けて、米国側が提示した第二次草案では、「双方は朝鮮停戦協定調印からすでに一八年が経過したにもかかわらず、いまだに朝鮮半島においては永続的な法的状態が存在しないことに留意した(noted)」と、やや変更を加えながらも、この一文が残されている。さらに、「合衆国と中華人民共和国は、朝鮮半島の両当事者に対して、お互いに受け入れ可能な平和的解決に達するためのあらゆる援助を与えること、一九五三年の停戦協定を正式に敵対関係を終結させる取り決めに置き換える点について、関係当事者と協議することに合意した」と記されていた[147]。しかし、これらの文言は、米国側の第三次草案から削除された。

これに関連して周恩来は、「貴側がわれわれの以前の草案から、『われわれはより永続的な取り決めに達するように努力する』という文章を削除したことに、私は気づいている[148]」と注意を喚起した。キッシンジャーがコミュニケで停戦協定の問題を不問に付そうとした経緯は、明らかではない。しかし、米中による朝鮮戦争の中間決算ともいうべきこの文言が結局削除されたことは、互いに手痛い「負の遺産」に触れたくなかったことを示唆する。しかも停戦体制から平和体制への転換に際して米中の介入を想定するこの文言は、朝鮮問題の朝鮮半島化、停戦体制の安定化という米中両国の戦略的利益にも適合しなかったのである。くわえてキッシンジャーは、停戦協定のありかたをめぐる言及が、国連軍司令部の解体要求へとつながる可能性について配慮せざるをえなかったと思われる。なぜなら、この要求は、国連軍を名乗る在韓米軍の撤退要求にまで波及する可能性を孕んでいたからである。

いずれにせよ米国は、自国の第三次草案から停戦体制の転換に関する言及を完全に削除したうえで、中国の「八項目提案」への支持に対応するかたちで、「米国は、朝鮮半島の緊張緩和および意志疎通の強化のための大韓民国のあらゆる努力を支持するものである」[149]という文言のみを残した。米中両国が朝鮮半島統一についていかなる展望をも示さず、それぞれジュニア・パートナーの統一政策のみを支持するというこの構造は、ニクソン訪中時に発表された上海コミュニケにもそのまま反映された。

さらに米国側は、国連軍司令部と在韓米軍の件を不問に付す一方、中国の北朝鮮支持に対応する韓国支持に関する表現を盛り込むにあたって、相当に「譲歩」したようである。第一次草案の時点で同盟国に関する文言を用意しなかった米国は、自らが作成した第二次および第三次草案に、「米国は、自由な意思で形成された大韓民国との関係において、米国と大韓民国とのあいだに存在するコミットメントは尊重されるであろう」[150]との文言を加えた。これに対して周恩来は、「大韓民国に関する貴側の声明についてであるが、これはわれわれの不注意によるものではない。その文章がそこにあることが、われわれの人民を非常に苛立たせるものなので、われわれは熟考のすえにそれを落としたのである」と米国側の草案に異議を唱えた。実際、中国側が示した第二次および第三次草案では、米国の韓国へのコミットメントに関わる右の文言の前段部分は完全に削除されていた[151]。

これを受けてキッシンジャーは、「朝鮮問題について、どちらかの側に立って何かを主張しようというのではない」と対抗した。周恩来は、「われわれは朝鮮問題に対して交渉の当事者としての責任を負っているから、それは不可能である」とふたたび反発した。キッシンジャーは、「では、(中略)『米韓関係が自由な意思で形成された』という一句を落とすことにする。これが中国側を困らせることは理解できる」と譲りながらも、「中国側が北朝鮮の『八カ項の平和統一方案』に支持を表明するとすれば、われわれは大韓民国との関係について何かを述べなければならない」[152]と言い張った。その結果、コミュニケの最終草案（暫定草案）では、中国が北朝鮮を支持する文言には一切変更はなかったのに対して、米韓関係については、「米国と大韓民国とのあいだに存在するコミットメントは尊重されるであろう」という文言に変更された[153]。

しかし、コミュニケの最終草案における米国の韓国へのコミットメントは、上海コミュニケではふたたび後退する[154]。上海コミュニケでは、中国が北朝鮮を支持する文言がそのまま採り入れられたのに対し、米韓関係について最終草案で残された一文は、「米国は、大韓民国との密接なきずなと同国に対する支持を維持する」[155]と書き換えられた。なおかつ発表された上海コミュニケでは、米国側の第二次草案段階から維持されていた、「米国は、朝鮮半島の緊張緩和および意志疎通の強化のための大韓民国のあらゆる努力（all efforts）を支持するものである」という文言から、「あらゆる」（all）が脱落した[156]。

コミュニケ起草作業に携わったNSCスタッフのジョン・ホールドリッジは、とりわけ台湾問題に関わる文言に関する中国側の執着に直面したキッシンジャーが、アジアにおける軍事同盟へのコミットメントをより一般的な表現に（in more general terms）置き換えることで妥協を図った、と回顧している[157]。実際にキッシンジャーは、ニクソン訪中五日目の一九七二年二月二五日に、最後の最後になってコミュニケ草案を見せられ激怒した国務省側から同盟関係を中心とする一五カ所の修正を求められたが、そのほとんどを押し切った。

にもかかわらず、こうしたせめぎ合いの結晶である上海コミュニケにおいて、米中両国がそれぞれ南北双方の正式名称を使いつつ、それぞれコミットメントを表明した意味は決して小さくない。それまで米中が、それぞれ韓国と北朝鮮の政治的存在すら否認し続けてきたことを思えば、コミュニケ上の表現は、米中による事実上の南北クロス承認を意味し、朝鮮半島における分断状況の現状維持に対する支持の表明にほかならないからである。

本章に述べたように、一九七一年におこなわれたキッシンジャーの二度の訪中では、朝鮮半島をめぐる二つの争点、すなわち安全保障（在韓米軍）と正統性をめぐる問題に関する接点が米中間に模索された。まず、在韓米軍問題に関連して、キッシンジャーは同年七月におこなわれた初の会談で、NSDM四八の範囲を超える全面撤退の可能性にさえ言及したが、周恩来は、在韓米軍の撤退以上に、日本の韓国進出への懸念を露わにした。こうした中国側の姿勢は、NSDM四八に則って在韓米軍の追加削減を想定するニクソン・ドクトリンの方向性を転換させる、重要なきっかけとなる。

当時のニクソン政権内では、キッシンジャーとレアード国防長官がニクソン・ドクトリンの適用をめぐって激しい論争を展開していた。ニクソン・ドクトリンが、アジアの同盟諸国に対する政治的コミットメントを維持しつつ軍事的コミットメントの縮小を図るものであるとすれば[158]、総じてキッシンジャーは前者に、レアードは後者にそれぞれ強調点を置いていた。こうした両者の対立は、在韓米軍の追加削減をめぐって激しさを増したが、キッシンジャーを中心とするNSCは、中国の在韓米軍に対する認識の変化を捉えることで在韓米軍の地域的役割に注目し、追加撤退に反対する姿勢を固めていた。キッシンジャー訪中による米中「対面」によって、在韓米軍の「安定力」としての役割が浮上しつつあったのである。

また、キッシンジャーが一九七一年一〇月の第二回目の訪中の際に、北朝鮮の政治的存在を認め、UNCURK解体に関する言質を周恩来に与えたのは、米中和解を成立させるための最低条件であった。米中接近が相互承認を前提とするならば、その延長線上で米国は、中国の同盟である北朝鮮を政治的に承認する意思を表明するほかなかったのである。さらに、米国は中国の国連復帰を前提として、国連における北朝鮮の法的地位に対しても配慮せざるをえなかったと思われる。

このように、米中両国が朝鮮問題に対して接点を設けつつあった事実に加えて、米中接近による対立構造の変化は、南北双方に対して軍事的対決からの脱皮を強く促していた。南北双方が、ニクソン訪中発表をそれぞれ「ニクソン・

ショック」と「周恩来・ショック」と受けとめたように、それは従来の冷戦観を根本から揺さぶる出来事であった。一方的な在韓米軍一個師団の撤退によって対米不信を強めていた韓国にとって、米国の対中接近は同盟関係の放棄に等しい衝撃であった。朴正熙は依然として中国と北朝鮮を表裏一体と見なし、敵対意識を強めていたからである。一方、北朝鮮にとって中国の対米接近は、中国の対米共同戦線からの離脱を意味した。一九七一年八月六日、「米国白旗論」を託けてニクソン訪中を承認する演説をおこなった金日成が、同日付の『労働新聞』では、「米帝国主義の融和的な欺瞞戦術のわなにかかるよりは、協力して米帝国主義に打撃を与えよう」[159]と呼びかけ、中国の対米接近への警戒感を表わしていた。

南北双方は、敵と味方の境界が崩れるまったく新しい事態に直面し、程度の差こそあれ、それぞれのシニア・パートナーに対する不信と「見捨てられる」かもしれないとの懸念を共有したと言ってよかろう。南北双方がこうした不信と懸念を払拭するひとつの方法は、直接対話による朝鮮問題の自主解決ないし局地化であった。南北ともに同盟の離脱による安全保障上の負担を相殺する必要があり、米中「談判」によって自らの運命が決められる不祥事を避けたかったのである。

ただし、ここで指摘すべきは、米中接近の衝撃に臨む南北双方の姿勢には相当の温度差があったことである。その格差は、主として同盟関係に起因していたと思われる。中国は対米接近に際して、米日韓に対する共同闘争の立場を表明するなど、北朝鮮を配慮する姿勢を堅持した。周恩来はニクソン訪中の告知に先立って平壌を訪問し、金日成を懐柔したが、ここで周が、キッシンジャーがきわめて明確な語調で在韓米軍の完全撤退の可能性に言及したこと、そしてそうした情勢を利用するために、緊張緩和の模索が必要である点について金に説明したであろうことは、想像にかたくない。こうした中国の後押しを踏み台にして、北朝鮮は「南朝鮮革命」と在韓米軍撤退を促進する戦略的選択として米中接近を容認するかたわら、南北対話を進める内的論理を固めていった。つまり、北朝鮮は中国の懐柔と励ましを受けながら、相当すみやかに米中接近の新情勢に便乗しようとする姿勢を明確にしたのである。

しかしその反面で、韓国政府は相対的に孤立感を深めることになった。米国はニクソン訪中のショックを緩和させるための追加的な対韓コミットメントを提供せず、朴正熙政権は強権政治の持続によって国内政治上の反発に直面していた。こうした問題を抱えた韓国政府にとって、南北対話は内外の危機を突破する手段としての性格を色濃く帯びていた。

いずれにせよ、米中関係の急変を受けて、それまで四半世紀も激しいいがみ合いを続けてきた南北が、対話の場に向かい、朝鮮問題の局地化を図ったことの意義は大きい。ここに南北双方は、分断以来初めて、非暴力的な方法で統一に臨もうとする第一歩を踏み出したのである。また、こうした南北関係の展開は、キッシンジャーが「われわれの七月の議論がこの問題への一助になった」と評し、周恩来が「おそらくは」(160)とあいづちを打ったことに示されるように、米中双方にとってきわめて好ましい出来事であったことは言うまでもない。

第4章　米中「和解」と敵対的な「双子体制」の成立

ヘンリー・キッシンジャーの二度にわたる訪中によって基礎が築かれた米中関係は、一九七二年二月のリチャード・ニクソン米大統領の訪中によって新たな局面を迎えた。ニクソンと毛沢東《マオツォートン》・周恩来《ヂョウオンライ》との会談は、朝鮮戦争以来の米中関係を規定した対決と隔絶に終止符を打つ、文字どおり「世紀の大事件」であった。だがそれと同時に、ニクソン自らが「平和への旅」(journey for peace)と呼んだこの訪中こそは、一九七〇年代から今日まで続く米中の不安定な関係の始まりでもある。

米国と中国の和解は、それぞれのジュニア・パートナーに状況適応を促し、またそれ自体としても朝鮮半島の分断構造を大きく変質させるインパクトを有していた。この米中和解におけるひとつの鍵は、朝鮮問題の「局地化」と「安定化」であった。この場合の局地化とは、米中関係の進展に妨げにならないように朝鮮問題を南北間の問題に限定することを意味し、安定化とは、同問題の局地化に必要な南北関係の進展と朝鮮半島の緊張緩和を意味した。米中ともに、南北間に生じる軍事的・政治的なトラブルに巻き込まれて米中関係の枠組みそのものが危険にさらされることを懸念したのである。

一方、ニクソン訪中の発表直後に赤十字予備会談を開始した南北双方は、ニクソン訪中を待たずに対話の水準を政府レヴェルにまで格上げし、一九七二年七月には統一の原則を盛り込んだ「七・四南北共同声明」を発表する。停戦体制の前提であった米中対決の構造が崩れたことによって生じた安全保障上の不安を払拭するために、韓国と北朝鮮は、ともに朝鮮問題の局地化を受け入れざるをえなかった。

しかし、統一を志向する同声明の精神とは裏腹に、その後の展開は分断状況の現状追認と固定化に向かって推移した。南北が二者間対話を通じて米中和解の衝撃を吸収しつつ、国内の体制固めにそれぞれ邁進した結果、一九七二年一二月、南北にはそれぞれ「維新体制」と「唯一体制」と称する前代未聞の権威主義体制が成立した。さらに南北は、両者間の対話の場だけでなく、国際舞台においても正統性をめぐる激しい競争を展開した。もっともその争いが、武力によってではなく「対話」のなかでおこなわれた点に、米中和解期における南北関係の大きな特徴があった。(1)

米中両国はなぜ朝鮮問題の局地化を望み、それぞれの同盟国にどう働きかけたのか、また南北はどうそれを受け入れたのか、その結果、朝鮮半島の分断構造はどう変形しつつあったのか。ニクソン訪中に次ぐ一九七二年九月の日中関係正常化によって東北アジア・デタントが成熟段階に進もうというかたわらで、朝鮮半島レヴェルの「小デタント」はなぜ構造転換にいたらなかったのか。本章では、こうした問いを念頭に置きつつ、ニクソン訪中に象徴される米中和解と南北対話との関連性について考察する。

一　ニクソン訪中と朝鮮問題

(1)「共同の影響力」

訪中初日の一九七二年二月二一日におこなわれた基調演説で、ニクソンは、朝鮮半島が米中関係の中心テーマであり、朝鮮半島における緊張緩和が米中の相互利益に適うと述べ[2]、次いで毛沢東との会談の冒頭では、「台湾、ヴェトナム、朝鮮問題について話し合いたい」と切り出した[3]。しかし、こうしたニクソンの姿勢に対する毛の反応は意外にも冷淡であり、「そういう厄介な問題はあまり話したくない[4]」と受け流したのである。

毛沢東の発言は米中和解の本質をよく表わしている。ニクソン自身も訪中にあたって「ヴェトナム問題を話しに来たのではない[5]」と述べたことがあるが、このことが示すように、米中和解は、台湾問題やヴェトナム問題[6]、朝鮮問題などをいったんは先送りすることで成立したのである[7]。米中両国は、それまで両国関係と緊密に結びついていた周辺地域の諸問題を切り離し、両国関係に悪影響を及ぼさないように、それらの局地化を希望した。こうした米中両国の思惑は、上海コミュニケに「反覇権条項」(anti-hegemony clause)[8]に寄り添うかたちで書き込まれた「第三国条項」(third party clause)、すなわち「いずれの側も、いかなる第三者に代わって交渉し、あるいは、第三国についての合意や了解を相互に取り決める用意もない」との文言に集約されていた。この第三国条項は、もちろん先の反覇権条項によって制約されるが、コミュニケという行為の対象範囲があくまで米中二国間の関係のみに限定されることを、内外に示すものであった。

こうして朝鮮問題に対してもフリー・ハンドを確保した米中は、その延長線上で相互の関係改善に乗り出そうとした。キッシンジャーは、一九七一年七月に初対面した周恩来に、「もし朝鮮戦争が起こらなかったならば、何の問題もなかったと思う。あの戦争をわれわれは求めなかったし、貴側も求めなかったものである[9]」と述べたが、米中両首脳の論点は、朝鮮戦争の手痛い過去にではなく、きわめて現実的な問題に向けられた。毛沢東が「現在の情勢ではわれわれの二国間は戦争状態ではない。貴側は軍隊の一部を国に戻したいし、私たちの軍は国外に出ていかない[10]」と述べたのに対し、ニクソンも「米国も中国に領土的野心はない。中国は米国を支配しようとは望んでいない」と同調した。そのうえで両者は、互いに敵対せず、新たな紛争にも巻き込まれないことを誓い合った。このように米中は、依然として両国の敵対関係を規定する停戦協定の「法」的制約と「歴史」の重みを避け、両国関係の阻害要因となって

きた朝鮮問題の「朝鮮半島化」を望んだ。朝鮮戦争は米中両国の戦略的利益にもとづく強力な「接近」の磁場にひきつけられ、「戦後処理」問題としての性格を失ったのである。

前章第四節でみたように、上海コミュニケの起草過程において、米中対決の起源ともいえる朝鮮戦争や朝鮮半島停戦体制に関する言及が削除されたのも、こうした米中両国の共通の思惑を反映していた。思い起こせば、その二十余年前の朝鮮戦争が局地的な「限定戦争」となったのは、それぞれの利害から戦争に深く関与した米中両国が、戦闘状態を朝鮮半島に限局しようとする点で戦略的利益をひとつにしたからであった。

しかしながら、薄氷を踏むような米中緊張緩和の基礎は対決の最前線である朝鮮半島の情勢に大きく依存し、それゆえに朝鮮問題は、米中関係の展開に沿って「管理」される必要があった。ニクソンが毛沢東に述べたように、「われわれは真空をそのままにしておくことはできない。なぜならそれは（他のものによって）填められるから」[11]こそ、放置できなかった。朝鮮問題の切り離しを通じて相互接近を達成した米中は、両国関係と構造的にリンクする朝鮮問題の安定化に、新たに膝を交えて取り組む必要に迫られた。朝鮮問題の局地化という目標は、逆説的に米中両国の朝鮮問題への介入を不可欠の前提としたのである。

毛沢東の私邸でおこなわれたリチャード・ニクソンと毛との米中首脳会談の情景（北京，1972年2月21日）
［米 National Archives 所蔵］

周恩来は一九七二年二月二三日におこなわれたニクソンとの第二回会談で、「どうやって南北間の接触を促進するか。どうやって平和統一を促進するか」と切り出した。ニクソンは、「ここで重要なのは、双方が同盟者を抑制するよう影響力を行使することである」⑫と即答した。次いでニクソンは、朝鮮戦争中の一九五三年に、副大統領の立場で韓国の李承晩《リスンマン》大統領の「北進」意欲を挫いた経験を取り上げつつ、米中による「共同の影響力」の行使をつぎのように訴えた。

朝鮮人は、北も南も感情的な人たちです。私たちは、この衝動と闘争的態度が私たち両国を困らせるような事件を引き起こさないよう影響力を行使することが大切です。朝鮮半島をわれわれ両国の争いの場とさせるのは愚かでばかげたことです。一度は起こってしまいましたが、二度と起こしてはなりません。総理と私が協力すればそれを防ぐことができると思います⑬。

ニクソンの率直な言葉を受けて、周恩来は「そのことがまた南北の接触を促進するだろう」と同意し、ニクソンもまた「赤十字会談や政治的接触のように」とあいづちを打った。こうして米中両国は、朝鮮問題に関して緊密に協力し「共同の影響力」の行使について合意に達した。また、その「共同の影響力」行使の目標は「朝鮮半島の安定化」、より具体的には南北対話の促進にあることが明らかになった。

もっとも、ニクソンの言う「双方が同盟者を抑制するよう影響力を行使すること」が、停戦体制の現状維持を前提とする発想であったことは強調されなければならない。米中は、朝鮮問題が米中関係に飛び火することを回避するために、「共同の影響力」をもって停戦体制の安定化に関する意見の一致をみただけであり、統一などの急激な現状変化を望んだわけではなかった。その一方で朝鮮問題の局地化は、南北それぞれの「自主」路線の強化につながり、米中による「共同の影響力」の行使を制約する可能性をも含んでいた。このことは、米中の共同介入を前提とする朝鮮問題の局地化が、必ずしも米中の思惑どおりにいかないことを示唆していた。

(2)日本封じ込めと在韓米軍

ニクソンは、訪中直前の『外交教書』を通じて、米国と同盟国による対中封じ込め戦略の放棄を公式に宣言した[14]。同教書に即して考えれば、アジア駐屯米軍は封じ込め手段としての効能を失い、それゆえに撤退がさらに急がれるはずであったが、ニクソンは在韓米軍の追加削減を保留することで、すでにニクソン・ドクトリンから後退していた[15]。ニクソンは一九七二年二月二二日に開かれた周恩来との第一回会談において、「私は、ほぼ現水準の米軍の常備編成を維持するし、後に論ずる例外を除いて、ヨーロッパ、日本への軍事展開、そしてもちろん太平洋の海軍を維持することは、米国だけでなく中国の利益にも適っていると確信する[16]」と述べたのに続き、前年の周・キッシンジャー会談で明らかになっていた中国側の日本警戒論につけ込むかたちで[17]、アジア太平洋地域における米軍駐留の必要性を力説しようとした。

米国は日本の水域を出ていくことはできますが、そうすれば他のものがそこで魚を獲りはじめるでしょう。(中略）もし米国が日本を裸のままにして出ていったときに、中国にとって二つの不都合なことが起こりかねないと感じますし、そうならないという保障はしかねます。（中略）もし米国がアジアから、日本から出ていったなら、われわれの抗議の声は、総理のお言葉をお借りすれば、どんなに大声を出しても、空っぽの大砲を撃つようなものでしょう。一万五〇〇〇マイルの距離は遠すぎて声が届きませんから、駆けつけてもなんの効果もないでしょう。(18)（傍点は引用者）

このようにニクソンは、日米同盟に対して二〇年以上にわたって使われてきた正当化の論理を逆転させ、太平洋における条約と米軍基地の意味を、対中抑止力としてではなく、アジア地域における「力の真空」を防ぎ、大国間関係を安定化する力と再定義した。ここでニクソンが言及した「二つの不都合なこと」とは、米軍が日本から撤収した際に想定される、日本の軍事化とソ連の対日接近を指す。ニクソンは、日本の軍事力に箍《たが》をはめている日米安保体制を維持することで、日本の軍国主義の復活と大陸進出を防ぐと同時に、ソ連の攻勢や日ソの接近をも阻止できるとの論理を展開したのである。(19)

その延長線上でニクソンは、今日「ビンのふた」(cork in the bottle) 論として知られる論理を掲げて在日米軍の日本封じ込めの役割を論じ、(20)「それは台湾と朝鮮半島にも関わる問題であり、米国の政策はわれわれが撤退した際に、日本が入ることに反対する。しかし、われわれはそれを保障しえない」と述べたうえで、日本の韓国進出を抑止する在韓米軍の存在意義をも弁証しようとした。日本の軍事化をめぐる不安を掻き立てられた周恩来は、反論を押し殺すことで「暗黙の了解」を示した。(21)それは、国際政治の凍てつくようなリアリズムが垣間見える場面であった。(22)周は翌二月二三日の会談で、在韓米軍に関する見解をより鮮明にした。

朝鮮問題について、貴方のお考えはわかっています。そちらもわれわれの考えをご存知でしょう。第一に、大統

リチャード・ニクソン歓迎式典で乾杯し合う同大統領と周恩来総理（北京，1972年２月25日）［Nixon Library 所蔵］

領の公式政策では将来（in the future）朝鮮から最終的に軍隊を撤退する用意があること、また極東の平和に有害であるから日本軍を南朝鮮には入れないこと。(23)（傍点は引用者）

日本の朝鮮半島進出を防ぐために、在韓米軍の駐留を当分の間容認することで米国との共通了解にいたった周恩来は、「大統領の公式政策では将来朝鮮から最終的に軍隊を撤退する用意があること」と述べ、在韓米軍撤退の時期さえも米国側に事実上委ねる姿勢を示したのである。(24)ここで周恩来が明確な意思を示した以上、一九七一年の二度のキッシンジャー訪中で示されたような追加削減や完全撤退に関する言質はもはや不要であった。ニクソンは周との第三回会談では、台湾駐屯米軍の段階的撤退を確約しながらも、「その教書（ニクソン・ドクトリン）によってわれわれは在韓米軍を削減している。もちろん韓国のケースは違う。ある意味でそれは日本と結びついていて、台湾とは違う」(25)と語り、在韓米軍の追加削減の可能性をむしろ否定した。

在韓米軍の撤退に関する米中首脳間の了解は、その四カ月後の一九七二年六月におこなわれたキッシンジャーの第四回訪中の際に、より明確な表現に改められた。周恩来は六月二二日の会談で、在韓米軍撤退の原則の確認と日本の韓国進出に対する反対を同時に主張しつつ、「在韓米軍撤退は一定期間を要する」と述べた。これを受けて、キッシンジャーは「日本の進出の可能性があるがゆえに、一定期間駐留しなければならない[26]」と、周の言った「一定期間」の中身を再解釈した。ここでいう「一定期間」こそが、在韓米軍の駐留をめぐる米中両国の妥協点であった。

一方、中国との和解に際して、米国は「国連帽子」にあたる国連朝鮮統一復興委員会（ＵＮＣＵＲＫ）の解体問題に関する了解をあらためて示した。キッシンジャーの第二回訪中の際にＵＮＣＵＲＫ解体の言質を得ていた周恩来は、二月二三日の会談で「国連朝鮮統一復興委員会の役割が終わる日が来ればよいと思う」と述べ、同問題に対して釘を刺そうとした。これを受けてニクソンは、「総理がキッシンジャー博士に問題提起をしている。われわれはそれを検討中である[27]」と応じた。国連が「敵対団体」と規定した中国と和解した米国が、朝鮮戦争中に生まれた「国連帽子」に修正を加える意思があることを表明するのは不可避であった。

一九七二年二月二七日に採択された上海コミュニケにおいて、北朝鮮のＵＮＣＵＲＫ解体の主張に対して直接の支持を表明したのは中国だけであったが、先のニクソンの好意的な口約束によって、ＵＮＣＵＲＫ解体はさらに現実味を帯びた。しかも上海コミュニケでは、米中両国が国家間の「平等互恵」および「平和共存」、国際紛争の「自決」原則に合意したとされたが、これらの原則は、朝鮮問題に対する国連の介入の余地を狭める大国間の取り決めにほかならなかった。

二　対話ある対決へ——「七・四南北共同声明」

(1)金日成の「上層統一戦線」戦術

「米国白旗論」を掲げてニクソン訪中を正当化していた北朝鮮は、米中和解の流れに乗って対南平和攻勢をいっそう強化した。実はこうした北朝鮮の姿勢の変化も、中国との緊密な協力のもとにおこなわれていたのである。

キッシンジャーの第二回訪中直後の一九七一年一一月一日から三日にかけて秘密裏に北京入りした金日成《キムイルソン》は、毛沢東と周恩来に米中会談の結果を訊ねた。(28) 同年七月のキッシンジャー第一回訪中の際には周恩来が懐柔工作のために急遽平壌に向かったが、こんどは金が中国に赴き米中交渉の情報収集をおこなった。同会談の具体的内容は依然不明であるが、秘密訪中直後の一一月二〇日に、赤十字予備会談とは別に、北朝鮮は南北政府当局者間の接触を開始していた。ここから推測されるのは、同年七月末の「対米八項目提案」に対する米国側の反応を直接探ろうとした金に対して、周が、在韓米軍とUNCURKの問題に関する米国側の前向きな姿勢を伝えたうえで、こうした情勢を活用するために南北間の緊張緩和の必要性を説いたのではないか、ということである。

さらに北朝鮮の朴成哲《パクソンチョル》第二副首相は、ニクソン訪中を一カ月後に控えた一九七二年一月二六日に訪中し、周恩来と会談を持った。(29) 同会談の内容もまた明らかではないが、ニクソン訪中に先立つ根回しであった可能性は否定できない。東欧側の史料によれば、朴成哲一行は、その後も一部北京に滞在し続けてニクソン訪中と米中会談の成り行きを注視したばかりか、ニクソン訪中直前に再度秘密裏に訪中した金日成が周恩来と面会したのである。この金日成の訪中について中国側は否認したが、ソ連側は確認したという。ソ連側は、中国がニクソン訪中を機に米朝接触を周旋する可能性をまで想定していた。(30) こうした動向は、北朝鮮指導部がニクソン訪中と米中交渉を見きわめつつ、慎重に対南政策の転換を模索していたことを示唆する。

しかし金日成は、それまで打倒すべき目標として照準を定めてきた朴正熙《パクジョンヒ》政権との交渉を開始するにあたって、従来の「南朝鮮革命」戦略に沿った大義名分を必要とした。この点について、金は一九七一年一二月二日、つぎのように語った。

世界の革命闘争史には、共産主義者が帝国主義者となにか条約を結んだり対話をおこなうからといって、反帝的立場を捨てたり革命を放棄した例はありません。過去、ソ連はファシスト・ドイツと不可侵条約を結んでからも反帝的立場を捨てずに革命闘争を続けました。長年にわたって国内の反動勢力や帝国侵略者と闘ってきた中国共産党も、ニクソンが訪問するからといって、決して革命を放棄することも、社会主義諸国の利益にもとるようなこともないでしょう。(31)

つまり金は、往年の独ソ不可侵条約を例にあげ、敵国と「条約を結んだり対話をおこなう」ことがむしろ革命闘争の一形態であるとさえ主張した。これは、「上層統一戦線」(32)の援用によって南北対話を当局レヴェルに引き上げ、「傀儡」朴正熙政権の打倒を第一目標とした従来の対南戦略からの脱却を正当化する論理であった。(33)中国はこうした北朝鮮に対して細心の配慮を払いつつ、中米和解が韓国との安全保障および正統性をめぐる競争において有利に働くはずであると励ました。米中首脳会談を終えたニクソン一行が帰国の途についた直後の一九七二年三月七日から九日かけて、平壌を再度訪問した周恩来は、北朝鮮の説得工作に奔走した。(34)

金日成との三回にわたる会談で、周恩来は、上海コミュニケに反映されなかったとはいえ、ニクソンが「日本が台湾に進出することを許容しないし、韓国に進入することも支持しないと述べた」ことを、金に伝えた。(35)これは、一九七一年七月末の「対米八項目提案」第五項に対する米国側の答弁に対応するものであった。また、周は、コミュニケにおける「どちらの側もいかなる第三者を代表して交渉するつもりはなく」という「第三国条項」が、米国側の要求によって採用された事実を説明したうえで、「この条項は朝鮮半島にも適用されるが、中国は、軍事停戦委員会において北朝鮮の味方であることを決して忘れることはない」と強調し、北朝鮮側の不安を解こうとした。これを受けて金は、中国が米中会談で朝鮮問題に対する特別な関心を示したことについて謝意を表した。

周恩来の訪朝一カ月後の四月一五日、金日成六〇歳誕生日と朝鮮人民軍創建四〇周年（同月二五日）に際して、中国は毛沢東・周恩来の祝電をそれぞれ携えた大規模な使節団を訪朝させた。平壌で開かれた朝鮮人民軍創建四〇周年記念式場では、使節を派遣した三〇カ国のうち、中国は真っ先に指名され[36]、北朝鮮における中朝同盟の位相を知らせた。中国側の説得工作と励ましを受けた金日成は、朝鮮問題の局地化を積極的に受け入れ、それを南朝鮮革命と在韓米軍撤退の促進手段として活用するための平和攻勢を本格的に展開しはじめた。一九七二年一月一〇日の『読売新聞』との会見で、金は「われわれは民族内部の問題である祖国統一問題が外部勢力の干渉ではなく、朝鮮人民の手によって、しかも戦争の方法によってではなく平和的な方法で解決されなければならないと、終始一貫主張した[37]」と述べ、外部勢力の排除と朝鮮問題の民族自決について力説した。

ここで金日成が、在韓米軍の撤退よりも南北間の平和協定締結を優先する発言さえおこなったことは重要である。金は、「朝鮮での緊張を緩和するためには、何よりも朝鮮停戦協定を南北間の平和協定に替える必要がある。われわれは、南北が平和協定を結び、南朝鮮から米帝国主義侵略軍を撤退させるとの条件のもとで、南北朝鮮の兵力を大幅に縮小することを主張する[38]」と述べたが、一九七二年六月二一日におこなわれた『ワシントン・ポスト』との会見では、より具体的につぎのように語った。

わが国における緊張を緩和するためには、国を平和的に統一し、南北双方が互いに武力を行使しないことを保障する平和協定を締結すべきです。（中略）平和協定が締結されれば、わが国では戦争の危険がなくなるはずですから、米軍が南朝鮮にとどまる口実はまったくなくなります。われわれは、米軍が南朝鮮から出て行くという条件で、南北の軍隊をそれぞれ一〇万もしくはそれ以下に縮小することを主張します。[39]

この発言にみられるように、金日成は朝鮮問題解決の前提条件として掲げてきた在韓米軍撤退が完全に実現する前に、南北対話に応じる姿勢を明らかにしたのである。[40] 金がここで示した緊張緩和方案とは、南北平和協定を締結し南北の各軍を一〇万まで段階的に削減する内容で、在韓米軍の撤退は条件付きながら最終局面に位置づけるものであった。北朝鮮が在韓米軍撤退を朝鮮問題解決の最優先事項として掲げてきた経緯を踏まえれば、この提案は、米国務省が「きわめて影響力の大きな動き」、あるいは「新しい重大な一歩」と評価するほど大胆であった。[41]

しかし、ここで強調すべきは、南北平和協定の締結を優先順位の筆頭に挙げた狙いが在韓米軍撤退にあることを、金日成があえて隠そうとしなかったことである。米国務省が分析したとおり、南北平和協定は、平和・統一論争の主導権を握りつつ在韓米軍撤退の根拠を築くものであり、南朝鮮革命という戦略的目標を成就するための手段にすぎなかった。[42] 韓国側の評価によれば、北朝鮮は、在韓米軍が安心して自発的に撤退できる口実さえできれば、あえてこれを「追い出す」必要はないと「計算」したのである。[43]

金日成にとって朝鮮問題の局地化は、韓国内の反共意識を弛緩させると同時に米韓同盟を離間させ、朴正熙政権を孤立・弱体化させるための戦術的選択であった。[44] 金は、日米韓の条約破棄を中ソとの条約破棄の交換条件として示すなど、朝鮮問題をめぐる柔軟性を武器に韓国を窮地に追い込んだ。朴正熙政権は、一九七二年一月の金日成の『読売新聞』会見などの関連記事を国内に配布することを禁ずるなど、北側の平和攻勢への対応に苦慮していた。朴政権は、北朝鮮の平和攻勢に対抗してより柔軟な姿勢を打ち出さざるをえなかったが、他方で、北朝鮮脅威論を掲げて国内統制を強化する必要に迫られるというディレンマに陥った。[45] つまり、金日成の狙いはある程度の成果を収めたようである。この点について駐ベルリン北朝鮮大使の李昌洙《リチャンス》は、「平和攻勢を通じて南朝鮮に米軍を置き続けようとする米帝の試みと、南朝鮮を再侵略しようとする日帝の企てが挫折しつつある。（中略）朴正熙政権はこのような平和攻勢に屈服するだろう」と、誇らしげに東ドイツ側に説明した。[46]

北朝鮮の平和攻勢が、ニクソン訪中に象徴される米中和解への対応であったことは言うまでもない。しかし、駐韓米大使館が指摘したように、すでにこの時点において北朝鮮は、中国が米中会談で示した在韓米軍問題に対する姿勢に危惧の念を抱きはじめたと思われる。[47]そうであるとすれば、ニクソン訪中直後の中朝首脳会談において、周恩来が、ニクソンとの会談で在韓米軍の「一定期間」の駐留を容認した事実を金日成に率直に告げたとは考えにくい。ニクソン訪中によって台湾駐屯米軍の撤退が明らかになった以上、在韓米軍問題への期待を膨らませるだろう金日成をなだめる立場にあったのは、周自身だったからである。中国の北朝鮮への支持を反映した上海コミュニケには、「在韓米軍撤退」の文言が脱落していた。[48]中米接近と朝鮮問題の局地化を受け入れた北朝鮮指導部が中国に寄せた対米圧力への期待は、早くも崩れ去ろうとしていた。

(2) 朴正熙の道――国内引き締めと南北対話

北朝鮮が中国の細心の配慮と助言を受けて積極的に朝鮮問題の局地化を受け入れたのに対し、韓国は相対的に守勢の立場に置かれていた。金日成は頻繁に中国指導部と会い、国際情勢と南北関係について意見を交わしたが、朴正熙は依然として「ニクソン・ショック」にとらわれていた。ニクソン訪中後ただちに周恩来が平壌を訪問し、金日成に米中会談の結果を直接報告したのとは対照的に、ニクソン政権はマーシャル・グリーン国務省次官補を三月二日に訪韓させ、「朝鮮問題は世界情勢の一環として限定的に話されたが、韓国の国益に害する交渉は一切なかった」と、朴正熙に簡略に通報するにとどまった。[49]その間、韓国政府は、朴正熙の面子を保つためにニクソンとの首脳会談を繰り返し求めたが、米国は拒み続けた。[50]韓国政府は一九七二年二月二八日に米中首脳会談について外務部長官名義の短い論評を発表し、「韓国問題についていかなる合意にも達していなかったのは、われわれが予測したとおりである」[51]という、きわめて冷淡な評価を下した。

このように対米不信感を深めた朴正熙政権が、米中和解のショックを緩和し、情勢変化への適応力を高めるために取った対応とは、国内で北朝鮮脅威論を強調し体制引き締めを図りつつ、対外的には北朝鮮の平和攻勢に対抗して南北会談のレヴェルをあげるという両面戦略であった。

国際的なデタントの雰囲気とは裏腹に、一九七一年半ば以降の韓国では戦争危機論（scare campaign）が喧伝されていた。劉載興《ユジェフン》国防長官は、同年一一月三〇日、北朝鮮が「二〇日間の電撃戦」（20-Day Blitzkrieg）戦略をもって侵略を模索していると発表した(52)。金鍾泌《キムジョンピル》総理も、北朝鮮による攻撃の可能性が高まっていると警鐘を鳴らした。こうした北朝鮮脅威論の波に乗じて、朴正熙は一二月六日、「中共の国連加盟が朝鮮半島に及ぼしうる影響に加えて、北韓傀儡が南侵準備に狂奔している様相を注視・検討した結果、安全保障上の重大な危機に処したと結論づけた」と主張しつつ、「最悪の場合、われわれが享受している自由の一部も留保する決意」を要求する「国家非常事態」を宣言した(53)。続いて一二月二七日には、同宣言を法的に後押しする「国家防衛に関する特別措置法(54)」が成立した。米中和解を機に緊張緩和の気運が急速に周辺諸国に広がりつつあるなかで、ひとり韓国だけは危機意識を強め、デタントに逆行する一連の緊急措置によって事実上の戦時体制に移行したのである。

しかし、意図的に国内の政治的緊張を高めるかたわら、朴政権は自らのイニシアティヴによって北朝鮮との対話のレヴェルを徐々に引き上げていった。キッシンジャーの第二回訪中直後の一九七一年一一月一九日に、板門店で開かれた第九次南北赤十字予備会談において、南側代表の鄭洪鎮《チョンホンジン》は、金徳鉉《キムドクヒョン》北側代表に秘密接触を別途提案し(55)、ここに朝鮮戦争以来初めての政府間対話チャンネルが形成された。これ以降、鄭と金は一一回にわたって実務レヴェルの秘密会談を重ね、李厚洛《リフラク》中央情報部（ＫＣＩＡ）部長と金日成の実弟である金英柱《キムヨンジュ》朝鮮労働党組織指導部長との会談を持つことに合意した(56)。ニクソン訪中直後の一九七二年三月、南北は秘密裏の相互訪問を通じて対話を進展させた。

朴正熙政権が、このように一見したところ矛盾する戦略を展開した背景は多岐にわたるが、第一に指摘できるのは、南北関係の性格が軍事的対立から政治的対決に移行しつつあったことである。米中和解の既成事実化にともない、北朝鮮までもがかつての軍事路線から平和攻勢に転じるなかで、朴政権は、北の一方的な平和攻勢を放置すれば、統一問題における主導権を失いかねないと憂慮した。

第二に、そもそも朴正熙政権の論理のなかでは、南北対話の推進と体制の強化とが決して矛盾していなかった。それどころか、平和攻勢に対抗しながら南北対話を進展させるうえで、北朝鮮に匹敵する揺るぎない対内結束は欠かせないとさえ考えられた[57]。この点に関連して朴は、一九七一年一二月一二日、国家非常事態宣言についてフィリップ・ハビブ駐韓米大使につぎのように述べていた。

国家非常事態宣言には二つの基本目的があります。まず、赤十字会談が開かれ南北間に緊張が緩和されたとしても、われわれは金日成が笑顔の後ろに刀を隠している事実を忘れていないと北側に警告するためです。二番目は、情勢がいくら変わっても北傀の脅威と野欲は決して変わらないという冷厳な事実を韓国民に知らせ、警鐘を鳴らすためです[58]。

第三の要因としてあげるべきは、「対北平和攻勢」の一環として対北対話のレヴェルを引き上げる戦術が、国内向けの政治闘争とも関係していたということである。朴正熙政権は、それまで主として野党側から提起されてきた統一問題の主導権を、この両面戦略を通じて完全に取り戻すことに成功した[59]。朴正熙はその後、まさに南北対話を最大限に利用して前代未聞の権威主義体制を構築する。しかしその一方で、朴政権の体制引き締めは北朝鮮による非難の的となり、結果的に南北対話を制約する要因にもなっていた。朴正熙が「片手ででも敵に触れていれば、敵が攻めてくるかどうかがわかる」と言ったように、南北対話に臨む韓国は北側に対する警戒心をまったく緩めなかったからである[60]。この点について米国務省は、「朴正熙の対北提案は、積極的な南北対話を進めるためよりも、北朝鮮の平和攻勢を鎮めるため、また体制内の権力基盤を固めるための防御措置である」と評した(61)。

それゆえ、この時期に朴正熙政権が提起した北朝鮮脅威論は、国内向けの宣伝とは裏腹に相当に誇張されざるをえなかった(62)。このことについては、朴政権もあえて否定しなかった。たとえば李厚洛は、ハビブ大使に対して「北傀の攻撃が差し迫った兆候はない」ことを認め、朴正熙自身もまた、一九七二年一月一一日の年頭記者会見で、「北傀が今ただちに攻めて来る兆しはない。（中略）しかし、万が一の可能性もあれば、万全を期するのが国防である」と主張した(63)。朴政権が強調した安全保障の危機は北朝鮮の平和攻勢による政治的脅威に由来していたが、にもかかわらず北朝鮮の軍事的脅威を強調することで、朴政権は南北対話における妥協の余地を自ら狭めていたのである(64)。

朴正熙政権の両面戦略を説明する第四の要因は、ニクソン訪中への対応の必要性であり、その背後にある対米不信であった。ニクソン・ドクトリンと在韓米軍の削減、ニクソン訪中に象徴される米中和解は、韓国に朝鮮問題の局地化を強く促したが、米国に「見捨てられる」との懸念は、北朝鮮と直接対峙する韓国にとって、安全保障の面で看過できない圧力要因となっていた。朴正熙がハビブ大使につぎのように述べたことからも、それは明らかである。

諸大国が緊張緩和を進める際、弱小国は予期せぬ事件のいけにえになりかねません。（中略）韓国政府は自由中国（台湾）のように犠牲になることを懸念しています。（中略）私は、米国の防衛コミットメントが強力な抑止力として働いていると思いますが、一〇〇パーセント確信することはできません。韓国が米国のコミットメントだけに依存するのは正しくないと思います。わが国は自らを守る構えを整えなければならないと信じます(65)。（傍点は引用者）

こうした朴正熙が、米中和解によって米国が韓国との同盟義務を軽んじるのではないかとの懸念を募らせたのは、当然であった(66)。ニクソンの訪ソに先立って朴がニクソンに宛てた書簡には、これまで以上の北朝鮮脅威論とともに、米国の同盟離脱への不安感が強く滲み出ていた[67]。朴にとって米国と中国を和解に導いた要因は米国の冷戦政策の失敗にあり、米中和解とは東北アジア地域における中国の影響力の増大を黙認することを意味した。それゆえ、ニクソン訪中直後の米韓関係は「爆発寸前」の葛藤に陥った[68]。朴の特別補佐官の咸秉春《ハムビョンチュン》は、米国側との会談で、「周恩来は二回も平壌を訪れたのに、ウィリアム・ロジャーズ国務長官やキッシンジャー補佐官すら訪韓しなかった」と苦言を呈しつつ、「米韓同盟は意思疎通の崩壊状態に陥った」[69]と怒りをぶちまけた。朴正熙が在韓米軍削減と米中和解を機にますます強調するようになった「自主国防」論は、「米国のコミットメントを一〇〇パーセント確信することができない」ことに由来する[70]。韓国政府の自主国防は、「将来一九八〇年代にはこの土に米軍が一人もいないこと」を想定しており[71]、核武器開発への試みも、まさにこの時期に始まるのである（第六章第五節参照）。

興味深いのは、朴正熙政権がニクソン・ショックを相殺するために慎重に南北対話を進めることで、対米発言力を徐々に回復していった点である。西ドイツが力の優位に立って東側との対話に臨んだように、朴は米国に対して、韓国も内治を整え、軍事力を増強したうえで南北対話を進めるべきである、と力説した[72]。すなわち、韓国が主導権をもって南北対話を進めるためには、国内体制の強化と同時に、韓国軍の近代化を促進せねばならず、在韓米軍の追加削減はあってはならない、と主張した[73]。ジョンソン政権期に韓国軍のヴェトナム派兵が韓国の対米発言力を強化する役割を担ったとすれば、こんどは南北対話が、米韓間の在韓米軍と対韓軍事支援をめぐる交渉において、韓国の対米レバレッジとして機能しはじめたのである。

朴正熙政権による南北対話と在韓米軍駐留の連携戦略について、米国務省は、当時の西ヨーロッパが米軍駐留および米国のコミットメントを東西交渉と連動させて対応したこととの類似性を指摘しつつ、「韓国が北側との交渉を売りながら米国の政策的柔軟性を奪おうとしている」[74]と不満を漏らした。それにもかかわらず、「一九七三年度対韓政策分析指針」が明らかにしているように、一貫して米国政府（とくに国務省）は、在韓米軍の駐留と対韓コミットメントの維持が韓国の南北対話への意欲を高め、朝鮮半島の安定化に資すると考えていた[75]。結果的にニクソン政権は、こうした韓国政府の連携戦略を重く受けとめ、(76)米中交渉の過程で在韓米軍の安定力としての役割を再認識し、在韓米軍の追加撤退計画を取り消した。しかし、在韓米軍の駐留が継続されることは北朝鮮の反発を生み、南北対話を破綻させるブーメラン効果を生むことになる（第五章第三節を参照）。

一方、ウィリアム・ポーター駐韓米大使が離任する際に指摘したように、米国が南北対話に寄せた期待は、米国の対中政策に悪影響を与えないよう、南北対話を完全な「韓国人同士のショー」（a wholly Korean show）に限定することであった。(77)そこで米国は、板門店における南北対話専用の会議室設置に協力するなどの「静かな後押し」（quiet support）に尽力し、かねてから予定されていた米韓軍事訓練を縮小または中止することによって、北朝鮮への刺激を避けようとした。実際、一九七一年一一月から一九七三年一二月三日までの二年あまりにわたって、大型な米韓合同軍事訓練は一切おこなわれなかった。(78)ニクソンは一九七二年四月二六日、韓国の金溶植《キムヨンシク》外務長官との会談で、「それ（南北対話）は韓国の問題であり、米国が第三者として介入すべきイシューではない。われわれは韓国政府が対話に関して最終判断者になることを期待する」と、南北関係への「不介入」方針を明らかにした。(79)

(3)「南北和解」と「同床異夢」

鄭洪鎮・金徳鉉ラインの実務交渉に次いで、李厚洛中央情報部長は、一九七二年五月二日から五日にかけて秘密裏に平壌を訪問し、金日成と二度にわたる会談をおこなった。(80)それは一九四五年八月の分断以来、初めて南側政府高官が北側首脳と対坐した歴史的な瞬間であった。この会談の争点は、「外勢排撃」と「南侵放棄」に絞られた。外勢排撃とは北朝鮮の在韓米軍に対する脅威意識を、南侵放棄とは韓国の北朝鮮脅威論をそれぞれ象徴していた。

金日成は五月四日におこなわれた二回目の会談で、「朴大統領は外勢を排撃し外勢によって統一問題を解決しないと思っているので、われわれはそれを心配せずともよい。また、南朝鮮は『われわれが南を侵略する』と心配するが、『私が戦争をしない』と言ったため、その憂慮も消えた」と述べ、南北双方の懸案事項について政治的妥協を図った。

李厚洛中央情報部長を迎える金日成主席（平壌，1972年11月3日）［韓国国家記録院所蔵］

とくに金は、ニクソン訪中について、「共同声明（上海コミュニケ）を見ると、米国はそれまで否定し続けた『平和五原則』[81]を受け入れている。ニクソンは万里の長城の上で『地球上、長城は存在してはならない。人類は平和に暮らすべきだ』という素晴らしい発言をおこなった」と評価しつつ、「だからこそ、ニクソンを含めて、中国とソ連も朝鮮問題に口をはさむ権利はない」と主張した。これを受けて李厚洛は、「三八度線を引いたのはわれわれではなく、大国である。これからは、われわれが手を組んで、大国に頼らずに、この分断線を撤廃させる出番である」とあいづちを打った[82]。

こうした金日成のきわめて積極的な姿勢と李厚洛の同調は、後に南北双方が正式に合意する「七・四南北共同声明」のなかの「統一三原則」第一項および第二項、すなわち「統一は、外勢に依存したり外勢の干渉を受けたりすることなく、自主的に解決しなければならない」、「統一は、互いに相手側に反対する武力によらず、平和的方法で実現しなければならない」という表現に取りまとめられた[83]。この「自主」と「平和」の二つの基本了解を基礎に、双方は緊張緩和と誤解・不信の解消、理解と信頼の回復のための具体的な事業展開を通じて、統一三原則第三項の「民族的団結」を追求していくことに合意した。

そこで李厚洛は、①相手側を中傷・誹謗せず、②対外宣伝を目的とする一方的な統一案を提案せず、③武力で相手側を脅かさないよう呼びかけ、そのためには①赤十字会談を通じて離散家族の捜索運動を実現させ、②南北間の人的・物的ならびに通信の交流を推進し、③その成果を土台にして南北政治会談を開こうと提案した。金日成は、そのような事業を進めるための政府レヴェルの会議体として「南北調節委員会」を設置することを求めつつ、くわえて軍縮をも訴えた。軍事境界線（ＭＤＬ）を越えたナショナリズムと民族統一への熱意が、ここで一気に盛り上がった。

李厚洛の平壌訪問後、金英柱の代わりに[84]朴成哲内閣第二副首相が一九七二年五月二九日、秘密裏にソウルを訪問した。朴成哲は、李厚洛との二回にわたる会談で南北調節委員会の構成に合意した[85]。ここで指摘すべきは、前記の金・李会談にも垣間見えたように、北側が政治色を強める反面、南側は機能主義的[86]かつ漸進的な接近を図っていたことである。五月三一日におこなわれた朴正熙・朴成哲会談で、朴成哲は「全面的な政治対話」を主張しつつ南北首脳会談を提案したのに対して、朴正熙はさしあたり分断の現実を直視し、解決可能で容易な問題から段階的に片づくことが重要であるとの見解を披瀝した[87]。こうした両側の認識差は南北の「同床異夢」の反映であり、以後の対話関係に軋みが生ずる前触れでもあった。

にもかかわらず、一九七二年七月四日[88]午前一〇時に発表された七・四南北共同声明は、朝鮮半島内外に大きな反響を呼び起こした。互いの国名を公式に認めることを避けて、李厚洛と金英柱が「それぞれの上層部の意向を守って」(upholding the desires of their respective superiors) 連署した同声明は[89]、朝鮮戦争から数えて二二年、停戦協定締結からは一九年ぶりに、南北が対等な交渉にもとづいて合意した、統一に向けての約束文書であった。

七・四南北共同声明の本質は第一に、一九七一年三月の在韓米軍第七師団の撤退にともなう軍事境界線の局地化に続いて、南北双方が初めて分断の現実を政治的に受容した点にあった。それぞれ相手の存在すら否定してきた南北双方が、ここで初めて相手を統一交渉のパートナーとして認め合ったのである。すでにこの時期に韓国に残された国連権能、すなわち国連軍司令部とＵＮＣＵＲＫは、既存参加国の脱退または撤退によって形骸化しつつあったが[90]、この

表4－1　1970年代前半における南北双方の軍事費推移

（単位：億ドル；％）

年度	韓国		北朝鮮	
	軍事費	増加率	軍事費	増加率
1970	3.34	3.09	8.78	0.11
1971	6.62	98.20	9.56	8.88
1972	8.25	24.62	6.13	−35.88
1973	9.20	11.52	6.08	−0.82
1974	10.52	14.35	7.59	24.84
1975	12.71	20.82	9.09	19.76

出所：Stockholm International Peace Research Institute（SIPRI），*World Armaments and Disarmament*（Stockholm: Almqvist & Wiksell, 1970–75）より作成。

声明は朝鮮問題解決の比重が国連から当事者へと移行したことを強く印象づけた。

第二に、この出来事が停戦体制に及ぼした影響は甚大であった。李厚洛は、声明発表の際に「われわれは『対話なき対決から対話ある対決』（from confrontation without talking to a confrontation with talking）の時代に移りつつある」と要約したが、[91]「対話ある対決」は、従来の軍事的対決路線を一応取り下げたうえで、平和と統一をめぐる「政治対決」という新しい対決局面が開かれることを意味する。実際に、南北関係はその後、熾烈な平和攻勢の応酬に転じていった。その反面、南北政府間の秘密接触が始まった一九七一年一一月から一九七二年三月にかけて、非武装地帯（DMZ）周辺での軍事衝突は一件も起こらなかった。また、北朝鮮が七二年に軍事費を前年比で三五・八八パーセントも削減するなど、南北はともに朝鮮戦争以来初めて緊張緩和の利益を享受しはじめていた（表4－1参照）。

「政治対決」という新しい対決方式は、七・四南北共同声明の発表と同時に表出された。自主、平和、民族大団結という「統一三原則」に合意したにもかかわらず、南北双方は、その原則に照らして雲泥の開きがある解釈をそれぞれに提示したのである。李厚洛が声明発表直後の記者会見で、「国連は外勢とは言えないから既存の『人口比例にもとづく国連監視下の南北総選挙による統一方案』は変わらない」と明言したのに続き、金鍾泌総理は一九七二年七月五日におこなわれた国会答弁で、「われわれがこの声明によって『二つのコリア』を認めたとは言えないし、在韓米軍は議論の対象ではない」と言い切った。[92]すなわち韓国は、北朝鮮を交渉相手として受け入れたものの、国連における唯一合法性を依然として放棄せず、在韓米軍の駐留に変更を加える意思もまったくなかった。朴正熙は七月七日の国務会議で、七・四南北共同声明に対する楽観は禁物であると指摘しつつ、反共教育の強化を指示した[93]。

韓国国民は、七・四南北共同声明を歓迎しながらも当惑せざるをえなかった。この声明にさかのぼること六カ月前の一九七一年一二月に、北朝鮮脅威論を掲げて「国家非常事態」を宣言し、国民の基本権を制約する国家保衛法を強化した朴正熙政権が、こんどは一転して南北統一を強調しながら北朝鮮との和解を訴えたからである。この矛盾について、李厚洛はつぎのような奇妙な論理ではぐらかした。

昨年末のあの非常措置がなかったとすれば、彼ら（北朝鮮）が以前から言っていた「首領の還暦はソウルで」という無謀な試みがなかったとは、誰もはっきりとは言えないだろう。国家非常事態の宣布を通じて総力安保の体制を固めてから半年、一方の戦力強化、他方のそれに対応する戦力強化によって、休戦ラインの緊張がより高まった。政府は、一触即発の事態がいつ、どこで突発的に起きるか誰も予想できないことを重く受けとめざるをえなかった[94]。

この説明によれば、朴正熙政権は一九七一年末に北朝鮮の南侵を封じるために国家非常事態を宣言したが、南北間の緊張が収束するどころか昂進したので、戦争を防ぐために共同声明という「救国の決断」を下したことになる。つまり、朴政権は、七・四南北共同声明にもかかわらず、北朝鮮脅威論にもとづく国内引き締めや「総力安保体制」の姿勢を一切緩めなかった[95]。

これに対して北朝鮮は、露骨な政治的意図として、七・四南北共同声明を対外的安全保障と内部結束の強化に利用しつつ、在韓米軍と「国連帽子」の撤退を促す大義名分としても活用しようとした[96]。朴成哲は声明発表後の記者会見で、「事態がこうなったからには米帝はこれ以上わが国の内政に干渉せず、その『侵略軍』を取りまとめて遅滞なく出て行かなければならない」と主張した[97]。一九七二年七月五日の『労働新聞』の社説は、「国の統一を成し遂げるためのこの三大原則は、わが党と政府が終始一貫堅持してきた統一の根本原則である」と述べ、「南朝鮮革命」論にもとづいた統一戦略には変わりがないことを明らかにした。また同社説は、「国連は朝鮮に関する新しい討議に基礎を置いて、何よりも南朝鮮を強制的に占領している米軍の国連旗使用権を破棄せねばならない。国連は国連朝鮮統一復興委員会の活動を中止させ、ひいては朝鮮における平和を保障し朝鮮人民の民族的統一が実現するように、南朝鮮から外国軍隊を撤去させる措置を取るべきである」と主張した[98]。

要するに、民族統一という名目のもとで一時的に封印されていた南北間のイデオロギーの違いや、水面下では依然として相手を排除するかたちでの統一を目指す南北それぞれの国家戦略が、七・四南北共同声明を機にして一気に浮き彫りになりはじめたのである。対話に臨んだ南北双方は同声明を「別れの序曲」として聴き、その束の間の「同床異夢」に咲いたのは、米国務省当局者の表現によれば「ひ弱な花」(fragile flower)にすぎなかった[99]。

他方で、七・四南北共同声明の成立は、五カ月前の上海コミュニケに謳われた「民族自決」の朝鮮半島版として、朝鮮問題の局地化と安定化を望んだ米中には歓迎すべきこととして映った。同声明発表直後の七月二六日の米中接触では、キッシンジャーが「われわれの関係が平壌とソウルを対話に導かせた」と評したのに対し、中国国連大使の黄華《ファンフア》は「情勢の新発展を歓迎する」とあいづちを打った[100]。この声明についてコメントを控えたソ連とは対照的に[101]、米中両国は各々の同盟国の緊張緩和努力を讃えて熱烈な支持を表明した[102]。

もっとも、七・四南北共同声明の「統一三原則」第一項にあたる「自主」原則は、何よりも在韓米軍撤退をめぐる論争を引き起こす危険性をはらんでいた。そこで、一連の秘密会談を通じて、在韓米軍の地域安定力としての役割について「暗黙の了解」に達しつつあった米中両国は、この自主の解釈については慎重な立場を崩さなかった。くわえて朝鮮問題の局地化は、米中両国の朝鮮半島に対する影響力を制限する可能性をも内包していたのであり、その意味でも米中は、七・四南北共同声明以後の推移を手放しで楽観するわけにいかなかったのである。

こうした文脈から、一九七二年七月一〇日の中朝友好相互援助条約締結一一周年を記念して中国側が北朝鮮に送った祝電では、南北間合意を讃えながらも中朝友誼を強調することにむしろ力点が置かれ、他方で、米国の行動や在韓米軍に対する警戒感は伏せられたままとなっていた(103)。米国内でも「自主」に対する懸念がささやかれていたが、この点に関して七月五日におこなわれた国務省スポークスマンと記者とのやり取りは、実に示唆的であった。

記　　者：この共同声明のうち、「統一は、外勢に依存したり外勢の干渉を受けたりすることなく」という文言は、米軍の韓国駐屯を念頭に置いて書かれたものではないのか。

スポークスマン：そうではない。そうとは思いたくない。その共同声明を読めば、その声明を起草し、また署名した人々の意図はそうではないと思われる(104)。

三　正統性をめぐる競争の国際化

(1)日本の対中接近と南北「等距離外交」

朝鮮問題の局地化に取り組むやいなや、その局地化の内容をめぐって展開しはじめた不安定な南北関係は、デタントに臨む双方の思惑の違いに起因すると同時に、周辺大国の朝鮮問題に対する認識の変化に影響されたところも多かった。とりわけ、ニクソン訪中後に本格化する日本の対中接近と、それにともなう対韓政策の転換は、南北間の正統性と安全保障をめぐる競争に多大な影響を及ぼした。以下では、デタント期における日本の外交と朝鮮問題との関連性について簡単にみておこう。

ニクソン政権の頭越し対中外交に対する不満と米国に「見捨てられる」かもしれないとの懸念のなかで、日本が求めたのは、緊張緩和から生まれた行動の余地を積極的に活かす「自主外交」（あるいは「全方位外交」、「多面的外交」）であり、その自主外交の第一目標は中国との国交正常化であった。[105] 米中和解によって、「北京を捨てて台北を選択すべし」というダレス外交以来の呪縛から解き放たれた日本は、それまで両立しえなかった日米安保と対中接近を両立しうる道を見いだしたからである。一九七二年の『外交青書』（『わが外交の近況』）が記したとおり、日本は、「我が国力の充実が近年とくに著しく、我が国に対する国際的な期待と注目が高まりつつあることに自覚して行動しなければならない」との覚悟で、対中国交正常化を推進する決意を固めた。[106] 一九七一年七月にニクソン訪中が発表されると、佐藤栄作首相は周恩来と国交正常化交渉をおこなう意向を表明しつつ、北京政府を中国における唯一合法政府と見なす姿勢を明らかにした。[107]

ここで指摘すべきは、日本の対中政策が日中関係にとどまらず、対朝鮮半島政策と緊密に連動していた点である。まず、日本の中国承認は、朝鮮戦争中に中国とともに「敵性団体」と規定された北朝鮮に対しても同等の措置を要していた。一九七一年一〇月の中国の国連復帰は、それまで北朝鮮と中国に対して国連がおこなった決議の効力が事実上失われたことを告げていた。日本にとってそれは、「国連第一主義」という名目でおこなわれてきた韓国寄りの外交政策に対して修正を加えるシグナルでもあった。日本は、対韓関係を維持しつつ、北朝鮮との関係改善を模索するという「南北等距離外交」（あるいは「両天秤外交」）に舵を切ろうとしていたが、こうした日本の行動は朝鮮半島における「二つのコリア」の容認を意味し、南北間の安全保障と正統性をめぐる競争に油を注ぐものであった。[108]

対中接近を図ろうとする日本にとって、「韓国条項」や「台湾条項」は大きな足かせであった。なぜならば、同条項によって、日本は中国に対する冷戦的姿勢をいっそう強化したからである。それゆえ、日本が対中接近という外交課題を成し遂げるための優先的条件は、同条項の拘束から抜け出すか、少なくとも同条項から距離を置くことしかなかった。[109] こうして「韓国条項」に対する日本政府の立場は、水面下での米中接近以来、変化しはじめたのである。

そもそも韓国との軍事的連携には消極的な日本の立場を代表し、愛知揆一外相は、一九七〇年七月の第四回日韓定期閣僚会議の席上において、とりあえず「韓国条項」を認めながらも、それを軍事協力としてではなく経済協力に限定するものと再解釈した。[110] 同年九月に訪米した中曽根康弘防衛庁長官は、メルヴィン・レアード国防長官との会談後の記者会見で、「米国の日本に対する責任分担の要請は、第一に通常兵器による限定戦争に対しては自衛に責任を持つこと、第二にアジアに対しては経済、文化の協力を期待していることの二点と了解している」と述べ、[111] ニクソン・ドクトリンにおける日本の役割分担の意味をさらに制限した。そのうえで、日本側は韓国の中小企業の拡充・強化や輸出産業の施設近代化、農業開発への経済援助などには積極的に対応したが、韓国側が自主国防への熱意を込めて強く求めていた重工業事業への支援にはきわめて慎重であった。[112] こうした日本の姿勢は、日本による軍事的・経済的な侵食を警戒しつつも、日本からの防衛産業の支援が米国のコミットメントの弱体化を補完すると期待した韓国側をいたく失望させた。日韓間には、「韓国条項」の適用をめぐる認識のほころびが早くも生じていたのである。

一九七一年七月のキッシンジャー訪中以後、「韓国条項」に対する日本の姿勢は明らかに後退する。愛知の後任として外相に就任した福田赳夫は、一九七一年九月の日米閣僚会談で「韓国条項」の修正を主張した。佐藤栄作は一九七二年一月、ニクソンとの首脳会談直後の記者会見で、「あのとき（六九年一一月）の表現が必ずしも今の事態に即応しているとは思わない。（中略）同声明は条約じゃないから」と述べ、「韓国条項」の事実上の無効化を宣言した。また佐藤は、六九年一一月のナショナル・プレス・クラブにおける演説で、韓国有事の際には「前向きかつ速やかに」事前協議に応じるとしたことに関しても、「『前向き』でどうも誤解を受けたので、国会で直しておいた。事前協議にはイエスもノーもあり、国益に照らして決定する」と述べた。[113] 佐藤の発言は韓国の強い反発を招き、福田外相は「首相が質問を聞き間違えたのだろう」と懸命に火消しに努めた。[114] いずれにせよ、米中和解が現実化しつつある情勢のもとで、日本としては自らの対中関係の進展に妨げになる冷戦的姿勢にこだわる必要がなかったのである。[115]

一方、米国政府は、日本政府首脳部のあいつぐ「韓国条項」否定発言にもかかわらず、依然として同条項が有効であるという立場を取り続けた。前述の一九七二年佐藤・ニクソン共同声明においても、また翌一九七三年の田中角栄・ニクソン共同声明においても、日本側の要請で「韓国条項」そのものは明記されなかったが、日本の地域安保への関心と役割が強調された[116]。

米国はまた、日本が対中接近への欲望に駆り立てられ、台湾や韓国を犠牲にして中国と取引する可能性について警戒を緩めなかった。とくに、日中接近によって日本が日米安保条約上の「極東の範囲」、つまり条約の適用区域から韓国や台湾を外すことになれば、両地域をめぐる緊急事態の際に米国が在日米軍基地を使用できなくなる恐れがある。米国はこの可能性を何よりも憂慮した[117]。したがって米国は、日米安保条約の枠組みを堅持することを絶対的条件として日中接近を追認したものの、必ずしもそれを後押ししたわけではなかった。このような日米間のすれ違いは、米中「旧冷戦」の対立構造が解体しきれていない状況のもとで生じた、同盟内部における安全保障観の相違を物語るものであった。

しかし、「韓国条項」の否定から始まったデタントに対する日本の対応は、米国の意味づけにもかかわらず、北朝鮮に対する一連の宥和措置となって実現しつつあった。一九七〇年七月には経済目的の「平壌行き旅券」が戦後初めて発給され、日朝貿易会関係者がその第一号として北朝鮮に直接渡航した。北朝鮮との貿易に関わってきた日本人の訪朝は、同じ目的で北朝鮮の貿易関係者が公然と日本に入国することを予感させる出来事であった[118]。さらに佐藤は、北朝鮮との人的・物的な交流の漸進的拡大方針を表明し（一九七〇年一〇月二二日、国会）、続いて朝鮮戦争時の北朝鮮および中国に対する国連の侵略者規定が、中国の国連入りによって事実上死文化したとの見解を明らかにした[119]。これらの措置と方針を踏まえて、日本政府は、ニクソン訪中発表直後の一九七一年八月に東京で開かれた第五回日韓定期閣僚会議において、「今後は北朝鮮との人的交流も段階的に活発化していく」と述べ、初めて韓国の前で対北朝鮮接近への意志を表明した[120]。

北朝鮮は、こうした日本政府の動向を好意的に見守っていた。なぜなら、南北がそれぞれに朝鮮半島における唯一合法政府を主張する状況において、日本との関係を進展させることは、分断国家の制約から解放され、主権国家としての地位を確立する重要な契機となるからであった。かりに日朝国交樹立にまでいたらない場合でも、米日韓三角体制の形成と、それにともなう安全保障上の懸念が軽減される。さらには日本の北朝鮮脅威論が相殺され、在韓米軍撤退を促す環境がつくられるだけでなく、日韓の離間によって日本の対韓経済協力に歯止めをかけ、憂慮すべき日本の韓国進出を阻止することができる。そのうえ、日本との交流を通じた経済的利益も少なくないと予測された[121]。

こうしたことから、北朝鮮は、中国と同様に当面は「反佐藤」の姿勢を堅持しながら[122]、佐藤政権の頭越しに日本国内の世論を動かすための「人民外交」に積極的に取り組んだ[123]。金日成は、ニクソン訪中発表の二カ月後、南北赤十字予備会談開始から一カ月後にあたる一九七一年九月に、『朝日新聞』との会見で「日本との国交はもちろんだが、その前段としてできることがたくさんある。（中略）政党如何を問わず歓迎する」と対日接近への強い意欲を見せつつ、佐藤内閣に対しては「きわめて非友好的な態度をとっている」と非難した[124]。この金の発言は、第二章第三節で考察したように、北朝鮮が日本脅威論と「韓国条項」を媒介にして中国との関係を修復したのと同じく、その後の対日政策においても中国と歩調を合わせたことを意味する。この点について佐藤は、前述のニクソンとの会談で「中国は訪中するすべての日本人に対して北朝鮮を訪れるよう要求している」と不満を漏らした[125]。

北朝鮮の対日「平和攻勢」は、デタントを利用して外交的地平を拡大しようとする日本の思惑ともあいまって奏功していた[126]。北朝鮮は、自民党の保利茂幹事長が提案した自民党議員単独訪朝を拒否したものの、日本社会党の支持団体をはじめとする労働組合、体育協会、学者、科学技術者、新聞記者などを続々と招請した。なかでも一九七一年一〇月、日本が犯した過去の過ちについての謝罪とともに、両国間の関係正常化に役立ちたいとのコメントを携えた美濃部亮吉東京都知事の訪朝は、招請外交の効果を如実に見せつけるものであった[127]。福田外相と前尾繁三郎法相は美濃部の訪朝を支持しつつ、今後は北朝鮮政府当局者とジャーナリストへの入国査証の発給を検討すると公表した[128]。

美濃部訪朝直後の一九七一年一一月、自民党の久野忠治を会長代理として結成された「日朝友好促進議員連盟」は、北朝鮮との国交正常化を第一目標とし、経済・文化交流、在日朝鮮人の権利の擁護などを政策目標として掲げたうえで、活動の幅を広げていった。この組織は、立役者である社会党は言うに及ばず、自民党、公明党、民社党の議員二八〇人を擁する超党派の巨大組織であった。[129]それは、韓国側の提案によって一九七二年春に結成された「日韓議員懇談会」の七二人を数的に圧倒していた。[130]両組織の規模の違いは、北朝鮮との関係拡大に対する日本政界の関心の高さを印象づけるに十分であった。

日本にとって、七・四南北共同声明による当事者関係の改善と朝鮮半島情勢の安定化は、対中接近を促進するとともに、韓国寄りの朝鮮半島政策の足かせが外れ、日本外交の柔軟性が高まったことを意味した。戦後外交からの脱皮と日中国交正常化を自らの使命として掲げ、七・四南北共同声明発表の二日後の一九七二年七月六日に就任した田中角栄首相は、従来タブー視されてきた対北朝鮮宥和策をただちに実行に移した。東京朝鮮人高校生サッカーチームと、横浜朝鮮初級学校音楽舞踊団に対する七月一三日の再入国許可が、その出発点であった。[131]同じ一三日には、北朝鮮からの技術者の入国について「緩和の方向にゆくべき性質のものだ」との、前向きな姿勢が表明された。そして同年一〇月の北朝鮮経済視察団の入国は、日本政府の北朝鮮政策の変化を明確に物語る出来事であった。

米CIAの秘密解除文書によれば、田中政権は発足後まもなく、モスクワを舞台とする北朝鮮側との秘密裏の外交官接触を開始していた。この「モスクワ・チャンネル」は、一九七二年一二月に公使級レヴェルまで格上げされ、断続的ではあったものの、相当の期間にわたって日朝秘密対話窓口として機能し続けた。[132]こうした田中政権にかける北朝鮮側の期待は、日中関係改善によって最高潮に達した。[133]一九七二年九月、朴成哲第二副首相はついに一九六五年の日韓基本条約の放棄を要求しないまま、日本が南北双方に「均等な政策」をとるよう主張した。[134]金日成は日中接近が日朝接近につながると期待し、同年九月二九日に発表された田中・周恩来共同声明を肯定的に評価した。[135]実際に田中は、同年九月二七日に開かれた周恩来との第二回首脳会談で、周が北朝鮮との関係改善を促したのに対し、「我が国が北朝鮮との関係を改善することはアジアの平和にとってよいことだと思う」と答えた。[136]

一方、日韓関係と日朝関係を基本的にゼロ・サム的な観点から捉えていた韓国は、日朝関係の進展が日韓関係を犠牲にし、朝鮮半島における反共抑止体制を脆弱化させ、ひいては韓国有事の際における米軍の行動を制約することによって、韓国の安全保障を危うくするとさえと考えた。だからこそ、日本に対する韓国の焦りはますます深まり、両国関係は徐々に険しくなっていったのである。朴正熙は、「韓国条項」の有効性を確保するために前総理の丁一権《チョンイルグォン》を特使として派遣するなど、日本側に政策転換を求めたものの、ほとんど成果をあげられなかった。

こうしたなかで日中接近が顕在化すると、日韓関係の悪化はいっそう顕著になった。金鍾泌総理は、一九七二年八月の『ニューヨーク・タイムズ』との会見で、日本の対中接近を「韓国を決定的に不利な状況に追い込みかねない、性急で無責任なものである」と強く非難した[137]。実は、韓国外務部がこの時期に作成したある報告書は、日本の核武装の可能性について「中共に対する抑止力となり、勢力均衡を保たせる効果があるがゆえに、内的には支持する立場に立ち、対外的には中立的姿勢を取る[138]」ことすら建議していた。米中和解後に孤立感を増していた韓国が日本に寄せた期待は、それほど大きかったのである。したがって金鍾泌の非難は、日本が、中国と距離を置き続けることでニクソン訪中のショックを緩和するどころか、逆にそれに便乗したことに対する苛立ちにほかならなかった。米韓間に深刻な認識の格差を露呈した対中接近問題が、日韓間でも再演されたのである。

しかし、田中の北京訪問直前の一九七二年九月五日に、第六回日韓定期閣僚会議のためにソウル入りした日本側の受けとめ方は、日中間の問題に韓国が口をはさむ権利はないとする、実に木で鼻をくくる類のものであった。これに対する韓国政府の反応は、中曽根康弘通産相の質問に対する朴正熙の答弁に集約されていた。

日中国交正常化は日中二国間の問題である。ただし、日中接近ムードが飛び火とし、日本の北朝鮮に対する接近がエスカレートすることは困る。いま、朝鮮半島では南北対話が始まったばかりで、この対話のペースを上回るようなスピードで日朝関係が進むと問題になる[139]。

つまり韓国は、日中接近が南北対話における韓国の立場を傷つけるか、あるいは日朝接近を加速化させることについて、より強い懸念を抱いていた[140]。しかし田中政権は、北朝鮮との交流を質と量の両面において着々と進展させる意志を崩さなかった。田中・周恩来首脳会談からわずか数週間後の一九七二年一一月、朴正熙は韓国大統領として戦後初めて日本を国賓訪問する予定であったが、急遽これを取り消した[141]。韓国政府はその理由として国内政治の緊迫を掲げたが、実質的には日本の対中および対北朝鮮接近に対する不満の表われであった。

こうした韓国側の強い抗議に加えて、米国も日本の対北朝鮮接近に歯止めをかけようとした。日本の南北等距離外交は「二つのコリア」を促進させる側面がある。しかし、中国が韓国の接近を拒否し続ける状況のもとでは、それはむしろ韓国の南北対話への意欲を殺ぎ、朝鮮半島の安定化に逆効果をもたらしかねない、と米国政府は判断したからである[142]。なお、先に述べたように、米国は、日本の対中接近が日米安保条約上の「極東条項」や、韓国有事の際における在日米軍および基地の運用に変化を加えてはならないことを、日本側に対してしきりに念押ししていた。

日本政府が、一九七三年五月、北朝鮮の世界保健機関（ＷＨＯ）への加盟承認の保留を米国と共同提案したことからもわかるように、米国は少なくとも朝鮮問題をめぐっては対日影響力を維持し続けていた。米国を柱とする日米および米韓同盟が持続する限り、またその枠組みのなかで韓国が朝鮮半島における「唯一合法性」を主張し続ける限り、日本の南北等距離外交は制約を受けざるをえなかった。日中国交正常化や日本の対北朝鮮接近は、あくまでも日米韓三角体制の枠組みのなかでおこなわれたのである。

このような限界のなかで、日本政府の対北朝鮮外交は、あくまでも国際情勢の推移、具体的には南北対話の進展を勘案しつつ、経済、文化、人道、スポーツなどの分野で交流を広げていくという「積み上げ」方式の域を出なかった[143]。田中は一九七二年一〇月一八日、「日韓条約を廃棄する考えはなく、朝鮮半島では韓国政府だけを認め、現段階では北朝鮮を承認することは考えていない」（傍点は引用者）と述べた[144]。にもかかわらず、「現段階では」の一言に示されるように、この時期の日本政府が、北朝鮮の承認さえ視野に入れた「二つのコリア」の現状承認を絶えず模索していたことも明白であった。外務省は、「当面の南北朝鮮の対話は南北の勢力均衡の上に成り立っており、このバランスを崩す恐れがある外交はしない」としながらも、「朝鮮半島の北半分については白紙である。将来、北朝鮮と法的関係を持つことになっても、日韓基本条約は障害にならない[145]」という立場を取り続けた。米中和解と日中国交正常化を機に、日本は、対韓安保関係強化から朝鮮半島全体との関係の重視へと、外交の力点をシフトさせたのである[146]。

日本はこうした政策方針が「二つのコリア」の平和共存と安定化を促し、南北双方に対する影響力の拡大をもたらすと期待した。しかし、朝鮮半島の当事者からみれば、それは南北を互いに競わせつつ分断を固定化させる戦略にほかならなかった。日本の目指した等距離外交は、南北双方が統一と唯一合法性を同時に主張する朝鮮半島の現実に加えて、日米同盟と米韓同盟の枠組みにぶつかりながら揺れ動いていた。

(2)「国連化」対「脱国連化」

南北対話の進展によって朝鮮問題は一応局地化されたものの、正統性をめぐる競争で優位に立つために、南北双方はなおも熾烈な攻防戦を展開した。そして、その戦線は徐々に朝鮮半島の枠内を超えて、国連を含む国際舞台に広がっていった。この国際舞台における正統性をめぐる競争においては、南北対話と同様に、北朝鮮の攻勢と韓国の守勢が見てとれた。七・四南北共同声明に象徴される南北関係の進展は、北朝鮮が国際社会の一員として認められたことを強く印象づけ、こうした国際社会の評価を受けた北朝鮮が、緊張緩和と平和への意志をアピールしながら、韓国のみが享受してきた「唯一合法政府」という意味での正統性を簒奪しようとしたのである。

金日成が「国連における中華人民共和国の合法的な地位が回復され、蒋介石《チャンチエシー》一味が国連のあらゆる機構から追い出された[147]」と興奮して語ったように、中国の国連復帰は、国際機関を舞台とする韓国との対決を有利に導く絶好の機会を北朝鮮に与えていた。中国の国連復帰が決まった直後の一九七一年一一月一五日から二三日にかけて、朝鮮労働党中央委員会第五期三次全員会議が開かれ、それまで米国の追随勢力として排撃してきた西側国家との連帯を含む「実利外交」路線が決定された。同会議で採択された「当面した諸問題の戦術的転換」は、「三大革命力量」のなかでもとくに国際革命力量の強化の一環として西側への接近を正当化していた。金日成は、「共産主義者らは、情勢を革命に有利に転変させるためには敵と一時的に妥協しうる」[148]と強調した。国際舞台において韓国を圧倒し、自らの法的地位と政治的正統性を手に入れるという目標を成し遂げるために、北朝鮮版「ハルシュタイン原則」が事実上破棄されたのである。

この金日成の発言を機に、北朝鮮は従来の朝鮮問題の「脱国連化」政策から完全に脱皮し、国連の場で積極的に同問題の解決を模索する「国連化」戦略への転換に踏み切る。第一章第一節で考察したように、北朝鮮は、一九六〇年代から再三にわたって朝鮮問題の国連化を試みたが、それほど成果をあげられなかった。しかし一九七〇年代以降は、一国一票主義を原則とする国連において非同盟勢力が三分の二以上に達するなど[149]、勢力配置が明らかに北朝鮮に有利に展開しつつあった。金日成は、「国連問題と関連して、現在、世界の多くの国々と広範な社会世論は、一九七二年を『朝鮮の年』と言っている」と強い自信を見せつつ、つぎのように具体的な国連戦略の目標を提示した。

国連は、米帝国主義者が国連で不法にでっち上げた朝鮮問題に関するすべての決議を取り消すべきであります。さもなければ、朝鮮に対して正当な方針をとることによって、従来の「不法な決議」が無効になるようにしてもよいでしょう。国連は当然、「国連」の名のもとに南朝鮮を占領している米帝国主義侵略軍を撤退させ、朝鮮に対する米帝国主義者の侵略の道具である国連朝鮮統一復興委員会を解体させる措置をとらなければなりません。国連は朝鮮問題に対する、そのいかなる内政干渉をも止めるべきです。[150]

つまり、北朝鮮における朝鮮問題の国連化戦略の目標は、国連軍司令部（ＵＮＣ）とＵＮＣＵＲＫに象徴される「国連帽子」を外すことで、少なくとも韓国と対等な正統性を確保し、最終的には「外勢排撃」の建て前を掲げて在韓米軍を撤退させることにあった。こうした戦略目標のもとで、北朝鮮は、「国連における朝鮮問題は、朝鮮の統一問題に対する国連の干渉を許容する問題ではなく、朝鮮の統一を妨害する外勢を除去するための問題[151]であると主張し続けた。東欧側の史料によれば、北朝鮮の鄭準澤《チョンジュンテク》政務院副総理は、一九七二年九月二二日に開かれたルーマニアのニコラエ・チャウシェスク大統領との会談のなかで、「国連帽子」が除去されれば、在韓米軍は駐留根拠を失うしかないと自信満々に述べた[152]。

こうした朝鮮問題の国連化戦略の一環として、北朝鮮は国連の外でも多数派工作を活発化させていた。とりわけ、北朝鮮が中国を訪問する第三世界の指導者を自国に招き入れる外交を盛んにおこなったことにみられるように[153]、この過程での中国の後押しはきわめて大きかった。その結果、一九七〇年に二カ国、七一年に二カ国、七二年に八カ国、七三年に一四カ国、七五年には一二カ国と新たに国交を樹立する外交成果を上げ、七一年に八〇対三四であった南北の修交国数が、七五年には九〇対八八となり、その格差がさらに縮まった[154]。とりわけ、北朝鮮は七・四南北共同声明が出された一九七二年七月から一九七三年三月にかけて、すでに韓国を承認していた一一カ国とも新しく修交した。一方その間に、従来から北朝鮮を承認していた国家のうち、韓国と修交した国は皆無であった[155]。

こうした北朝鮮の猛烈な外交攻勢を受けて、韓国政府は正統性をめぐる競争に対する危機意識を深めつつ、慎重に対共産圏外交における柔軟性を示しはじめた。金溶植外務長官は、一九七一年八月七日の国会答弁で「中共」およびソ連と外交関係を樹立する用意を表明した。さらに金は、一九七二年一一月のハビブ駐韓米大使との会談では、国連への南北同時招請を受け入れるとも述べたが[156]、この発言は、韓国が唯一合法政府という意味での正統性に拘泥しがたくなった国際情勢を重く受けとめてのことであった。

守勢に立たされた韓国政府が国連における朝鮮問題への対策として案出したのは、ひとことで言えば、討論回避と時間稼ぎであった。すでに一九六八年に朝鮮問題を自動上程から「裁量上程」に転換させた韓国は、一九七一年に次ぎ七二年（第二七次）にも、国連総会での朝鮮問題討論を意図的に延期させようとした。興味深いことに、ここで韓国側が討論延期の名目として掲げたのは、南北対話、すなわちそれまで北朝鮮が強調してきた「朝鮮問題の自主解決」であり、朝鮮問題の局地化であった。韓国政府は、「南北対話の推移を見きわめる必要があり、国連討論はその妨げになる恐れがある」と主張することで、それまで享受してきた唯一合法性の傷を避けようとしたのである[157]。

これに対して北朝鮮は、クルト・ワルトハイム国連事務総長とジュネーヴで接触するなど[158]、朝鮮問題の「国連化」を強く求めた。北朝鮮は、UNCURKおよび国連軍司令部の解体、在韓米軍の国連旗使用中止、外国軍撤退を争点化するために、朝鮮問題の国連総会上程を追求し続けた。この時点で、韓国の「国連化」と北朝鮮の「脱国連化」という従来の南北の立場は、完全に逆転したのである。

(3) 米中「協調」による朝鮮問題の国連上程延期

朝鮮問題の上程そのものが一九七二年国連総会の争点となった。しかし、朝鮮問題をめぐる国連情勢は韓国の思惑どおりに運ばなかった。韓国の討論延期主張とは裏腹に、西側国家を含む多くの国々は、七・四南北共同声明上で謳われた「自主」を文字どおりの「外勢排除」と捉え、国連の朝鮮問題への介入を制限する措置が必要であると認識していたからである[159]。また、すでに述べたように、この時期の北朝鮮は、中国との協力のもとで国連における韓国と同等の法的地位を求めただけでなく、UNCURKなどの「国連帽子」を外そうとする姿勢を強めていた。中朝両国の主張は中国の国際舞台における発言力の拡大とあいまって、国際的な支持を急速に拡大していった[160]。

こうした中朝側の強硬な姿勢と中国の国連復帰、米中接近と南北対話などの複合的要因を通じて急変した国連情勢を受けて、米国は韓国の国連政策を支持する姿勢を取りながらも、従来のような討論延期戦術が有効性を失いつつあるという現実を重く受けとめざるをえなかった。駐韓米大使館は、「北朝鮮の孤立が終わりつつある現実を認めなければならない」という見解を頻繁に表明した[161]。

米国政府内では、北朝鮮の実体を認めることで、朝鮮問題をめぐる国連での米中対決を避けるべきだという見解が強まっていた。一九七二年三月七日付の『ワシントン・ポスト』が、平壌は米軍が韓国から撤退する前にでも米国との「人民対人民」の関係には反対しないと報道すると、ロジャーズ国務長官は、「平壌の態度が変わりつつある兆候はその報道以外にもある。韓国との協議なしにはどのような肯定的な態度をも取らないが、米国としては北朝鮮を含めてすべての国家との関係改善を望んでいる」と語った(162)。

このロジャーズの発言は偶発的なものではなかった。たとえば、米国務省は一九七二年三月、一九七三会計年度における対韓政策指針を設けるための検討の一環として、「米国の対北朝鮮政策」と題する政策検討書を作成した。同検討書では、第一に、北朝鮮の正式国号を制限的に使用する方案が議論され、第二に、米国人の旅行規制に関わる問題が検討されている。当時、米国人の旅券にはヴェトナム、北朝鮮、キューバへの旅行を制限すると書かれていたが、北朝鮮に対する規制を廃止する可能性が初めて提示されたのである。第三に、米言論人の訪朝問題が検討されたが、この点に関しては、促すことも阻止することもしない政策案が提起された。最後に、対北朝鮮貿易制裁については、中国に対する前例を追って米ドルに対する取引制裁緩和、貿易制裁措置の緩和、対朝輸出品項目の拡大など、段階的に緩和措置を取る必要があるとの見解が示された(163)。こうした米国政府の考えは、当面、北朝鮮に対してより柔軟に対応することで国連における米中対決局面を避ける一方、「二つのコリア」を受け入れさせることで朝鮮問題の局地化と安定化を図るという戦略的目標にも合致していた(164)。

しかし、米国の構想は、米国の北朝鮮政策を自己問題として認識する韓国の猛反発に直面し、限界を露呈せざるをえなかった。韓国は依然として朝鮮半島における「唯一合法政府」の主張を崩さず、米国のいかなる対北朝鮮宥和政策にもきわめて敏感に反応していた。前述のロジャーズ長官の行動に対して、韓国政府があらゆる対米チャンネルを通じて抗議したのは言うまでもない(165)。韓国の同意なしの北朝鮮政策は、朝鮮問題の安定はおろか、ようやく軌道に乗った南北対話にも悪影響を及ぼしかねなかった。米国は、南北対話がおこなわれているなかで北朝鮮に対して宥和措置を取れば、韓国の北朝鮮に対する交渉能力が低下するかもしれないと懸念した。米国としては、韓国との同盟関係を犠牲にしない限り、「二つのコリア」構想を推し進められなかったのである。

ニクソン政権は、対北朝鮮関係改善の可能性を探りながらも終始慎重な姿勢を崩さず、実際に前記の対北朝鮮政策に関する検討事項のうち実行に移したものはひとつもなかった。その延長線上で、ニクソン政権は、すでに述べたように日本の対北朝鮮接近に対しても歯止めをかける姿勢を示し続け、また、韓国政府の要望にそって、国連における朝鮮問題の討論延期を自らの政策方針として決めた。(166)

しかし、朝鮮問題のさらなる討論延期要求は、差し迫った国連総会における北朝鮮側との対決、ひいては東西両陣営間の対決につながりかねなかった。ニクソン政権にとってこうした対決は、デタント政策上、好ましくなかった。これを避けるひとつの方法として、ニクソン政権が期待を高めたのが、米中間の裏交渉と中国の影響力行使であった。だが、一方の中国は、朝鮮問題が対米関係の妨げになることを大いに懸念しながらも、北朝鮮との同盟利益を容易に放棄しなかった。それどころか、先頭に立って北朝鮮の国際的立場を後押ししていた。

周恩来は一九七二年六月二二日、訪中したキッシンジャーに、「UNCURKは一方（北朝鮮）に対する敵対行為にほかならない」と強調し、七二年の国連総会での解体を強く要求した。これを受けてキッシンジャーは、UNCURK解体問題が上程されれば国連における南北対決が先鋭化し、南北関係に悪影響を及ぼすだけでなく、大統領選挙を控えている米国政府としても韓国を支持せざるをえない、と述べた。周は、「われわれは反対の立場に立つしかない」と抵抗したが、「それほど緊迫しなくなった朝鮮半島情勢を参考にして対応する必要はある」(167)と、妥協の余地を垣間見せた。

しかし、UNCURK解体に関する中国の対米圧力は、その後さらに強まった。中国は、英国、カナダをはじめとする西側諸国に対して北朝鮮の主張に同調するよう呼びかけたばかりか、一九七二年七月一八日には、北朝鮮を支持する一四カ国とともに朝鮮問題の国連討論を求める覚書を国連事務総長に提出した。(168)また、中国国連大使の黄華は七月二六日、「国連が朝鮮問題にあまりにも長く介入してきた」と指摘して、UNCURK解体をキッシンジャーに強く求めた。これに対してキッシンジャーは、UNCURK解体の展望を示唆しつつも、「必ずしも七二年にそれをおこなう必要はなさそうである」と拒否したが[169]、この問題がようやく和解に達したばかりの米中関係に悪影響を及ぼす可能性について、深刻に憂慮せざるをえなかった。

黄華は、一九七二年八月四日にふたたび国連における朝鮮問題の討論延期戦術の撤回を強力に求めた。キッシンジャーは、今回は一一月に予定されていた米大統領選挙を掲げて、「米中両国が一九七二年に同問題をめぐって国連の場で対決するのは望ましくない」と抵抗した。しかし、ここでキッシンジャーは、「もし今年、朝鮮問題に対する論争が延期されれば、来年（一九七三年）にはＵＮＣＵＲＫを解体することができるだろう[170]」とＵＮＣＵＲＫ解体に関する具体的な時期を示した。ニクソンの再選を希望するだろう中国側の思惑に望みをかけて、ＵＮＣＵＲＫの解体時期を伸ばそうとしたのである。

中国はキッシンジャーの妥協案に応じた。同年九月一九日、黄華は、「中国はより柔軟な姿勢を取り、朝鮮問題をめぐる国連討論を一一月の米国大統領選挙以後におこなう」ことを骨子とする中国政府の訓令を、キッシンジャーの前で読み上げた。ここで黄は、「この問題が米国側に不便をきたす可能性を考慮した。選挙が終わる一一月以後にはイニシアティヴをとることを期待する[171]」とつけ加え、再選を狙っていたニクソン政権への配慮を強調した。朝鮮問題をめぐる米中協力が、ここに初めて成立した。

だが、この中国の行動は、北朝鮮の諒解を得ていなかったようである。周恩来はキッシンジャーに、「北朝鮮を支持する国々がＵＮＣＵＲＫ解体決議案を独自に提出するだろう[172]」と懸念を示していたが、実際その後の北朝鮮は、アルジェリア[173]などを代弁者として独自の決議案を提出しようと試みた[174]。しかし、それに対して中国が協力することはなかった。金日成が一九七二年八月二二日から二五日にかけて秘密裏に訪中し、周恩来と会ったことを想起すれば[175]、中朝首脳会談でも意見の差が縮まらなかった可能性がある。この点に関連して、米ＣＩＡは、「結果的に北朝鮮は中国の説得を受け入れたものの、中国が『裏切る』可能性を最後まで払拭しえなかった」と評価した[176]。

一方、米国政府は、一九七二年八月九日に開かれた国家安全保障会議（ＮＳＣ）の上級審議会（ＳＲＧ）で、キッシンジャーが中国側に示した国連討論の一年間の棚上げと、一九七三年のUNCURK解体に関する妥協案を検討した。同会議で指摘されたのは、UNCURK解体はいずれ受け入れるしかないが、それが国連の朝鮮戦争への介入の意義をめぐる一大論争を巻き起こすならば、米国と韓国の威信が大きく傷つけられるということであった。また、UNCURK解体をめぐる論争が国連軍司令部と在韓米軍問題にまで飛び火すれば、米国の国益を損なうことも憂慮された。いずれにせよ、大統領選挙を控えていた米国政府は、UNCURK問題が選挙に悪影響を与えないことを強く望んでいたのである(177)。

結局、一九七二年九月二〇日に開かれた第二七次国連総会運営委員会では、南北対話の進展、すなわち朝鮮問題の局地化論にもとづいた討論延期案が可決され、朝鮮問題は二年連続で留保された。中国は討論延期案に対して反対票を投じたものの、反論を加えなかった。米国政府はこうした中国の「暗黙の協力」を高く評価したが(178)、他方で、一九七三年のUNCURK解体を中国側に約束した以上、さらなる延期は不可能になった。米国の国連代表部の表現どおり、それは一時的な勝利にすぎなかったのである(179)。

四　二つの権威主義体制の誕生

(1)「維新体制」対「唯一体制」

南北調節委員会の第一次共同委員長会議を五日後に控えた一九七二年一〇月一七日、朴正熙は非常戒厳令を宣布し、すべての憲政機能を停止したうえで(180)、つぎのような「特別宣言」を発表した。

民族的使命を捨てた無責任な政党とその政略の犠牲になってしまった代議機構に対して、果たして誰が民族の念願である平和統一の成就を期待し、南北対話を本当に後押ししてくれると信じますか。(中略)わが憲法と各種法令、また現体制は、東西両体制下の冷戦時代に、しかも南北対話のようなものについては全然想像もできなかった時期に制定されたがゆえに、今日のような局面に適応するためには、当然、新しい体制への一大維新的な改革をおこなわなければなりません。[181](傍点は引用者)

いわゆる「一〇月維新」(October Revitalization)[182]の始まりである。その名目には「統一への準備」が掲げられた。一〇カ月前の一九七一年一二月、国家非常事態宣言の際に提起された北朝鮮脅威論に代わって、今回は七・四南北共同声明の勢いに乗じ、一転して「統一」が強調された。朴正煕は一〇・一七特別宣言において統一という言葉を一八回も用い、非常措置が「南北対話を積極的に展開するため」に不可避であることを強弁した。統一を国是として掲げた朴政権は、維新憲法のもとで統一の使命を担う主権の受任機関である「統一主体国民会議」など、統一に関連するさまざまな機構をつぎつぎに設置した[183]。

しかし、一〇月維新の法的基盤にあたる維新憲法の核心が、シンボルとしての統一よりも、朴正煕政権の長期執権を狙った「領導的大統領制」の確立にあることは明らかであった[184]。すなわち、この憲法は大統領の「領導」による国家運営を目指し、大統領が行政・立法・司法の三権を統括することを基本原則とした。大統領は、国会解散権、国会議員定数の三分の一の推薦権などを通じて国会を掌握し、大法院長・法官の任命、補職、懲戒権をもって司法部を支配下に置くことができるようになった。統一主体国民会議において間接選挙で選ばれる任期六年の大統領については、再任制限条項の廃止によって、実質的に朴正煕の終身執権が可能になった[185]。米国務省の韓国チームが適切に表現したように、統一という思想と政治権力との一体化がなされたのである[186]。

従来の研究では、維新体制成立の原因について、朴正煕の権力への執着や経済開発への意欲などの内的要因が主に注目されてきた。たしかに朴は、維新体制を通じて絶対権力を手に入れ、自らが構想する国家像を追求することができたが、こうした視点は維新体制の一側面にすぎない。維新体制が米中和解や在韓米軍一部撤退などの国際情勢の変化を重要な契機として成立した以上、その原因についても外的要因に関する分析を加える必要がある。

実際に朴正煕政権は、在韓米軍削減に象徴される米国の対韓政策の変化を維新体制宣布の大義名分に掲げようとした[187]。当初、朴政権が用意した「一〇・一七特別宣言」の原案は、国際情勢の変化の象徴として米中接近をやり玉にあげたうえで、それによる中国の対韓敵対姿勢の強化、日本の南北等距離外交政策を真正面から問題視した。しかし、発表二四時間前に原案に接した米国政府は、権威主義を正当化する手段として米国の対外政策を非難しているのではないか、と強く反発した。結局、この露骨な文言は宣言文から削除され、「列強の緊張緩和による犠牲の祭物」などのやや曖昧な表現に緩和されたが[188]、維新体制に臨む朴政権の姿勢をうかがわせる一例であった。

こうしたことから考えると、朴政権による維新体制の成立の意義は、何よりも後ろ盾の米国からの自立の意思表示という点にあったと思われる。すなわち、朴正煕は、米中接近と米国の対韓コミットメントの低下、南北対話による緊張緩和などによって生じた「行動の自由」を、米国からの自律性の強化に向かわせたのである[189]。ハビブ大使は、維新体制について、朴正煕の権力欲の結果であると断じつつも、「大国の利己的な行動への不信」がその根底にあると指摘した[190]。また、グリーン国務省次官補はハビブの見解に同意しながらも、朴政権が維新体制を自国との事前協議なしに一方的に進めたことに対して、「韓国に対する昔の（朝鮮戦争における）犠牲と現在の支援を考えれば、とうてい容認しえない」と朴正煕の独り歩きへの強い不満を漏らした[191]。ニクソンがニクソン・ドクトリンと対中和解を通じてこの地域の冷戦から手を引き、独自の道を行くと宣言した以上、朴もまた独自の道を行くことを宣言するつもりだったのである[192]。米国務省の韓国チームの報告書は、維新体制の成立を国際的文脈で理解する必要があると指摘するとともに、朴政権が一定期間の米国依存を経た後に、独り歩きを試みるであろうと予測した。

朝鮮半島をめぐる大国間のデタントは、大国が介入する戦争の可能性を大幅に減らした。こうした状況のもとで、朴正熙は外交と経済、軍事の面でより大きな「自己依存」(self-reliance) を求めることを決意した。米国に対する不信と疑念は、明白に彼の国内政治的な措置と南北対話を正当化させている。(中略) 朴は、可能な限り米国の支援と駐留を確保しつつ、独り歩きを図り、ある程度時間がたつと、米国から離れることを望むだろう。(193)

維新体制のもうひとつの側面は、北朝鮮との対決のための国内整備にあった。朴正熙政権は、南北対話を進めるかたわら、北朝鮮脅威論をまったく緩めない二律背反性を見せたが、それは北朝鮮が朴政権の対話の相手である以前に脅威の対象であり、克服の対象でもあったからである。朴正熙の側近らは、維新体制が北朝鮮脅威論と関連していたことを口を揃えて回顧している。たとえば、当時大統領秘書室長であった金正濂《キムジョンリョム》は、朴が維新体制を立ち上げた決定的な動機を、南北赤十字会談に見いだした。すなわち、「北側の予備会談代表らがソウルを訪問したとき、わが側の人々らは忌憚なく自己の意見を提示するのに対して、北側代表らは皆同じ話をしていた。(中略) 国民の一部は (北朝鮮代表団を) 歓迎したが、一部は不安を感じたり、警戒したりするなど、民心の動向も混迷していた」。金によれば、朴正熙が北朝鮮の「唯一性」の恐ろしさを痛感したのは、一九七二年五月、秘密裏にソウル入りした北朝鮮の朴成哲第二副首相が、手帳を読みながら別れの言葉を朗読するのを眼の当たりにしたときである。(194)

こうした「唯一性」の濃い「北韓共産政権との対話や競争を有利に導くために、国内結束が必要であるという体制改編論について、まず中央情報部が問題提起し、朴正熙がこれを受け入れたといわれている。(195) 後に朴は、維新体制を「共産侵略者からわれわれの自由を守るための体制」と定義しつつ、「大きな自由を守るためには、小さな自由を一時的に犠牲にするか、節制する知恵を要する」と主張した。(196) 要するに、朴政権にとって維新体制は、対米関係上の自立を図るかたわら、北朝鮮との統一主導権をめぐる競争を勝ち抜くための国内条件だったのである。

一方、韓国で維新憲法が公布され「第四共和国」が正式に船出した一九七二年一二月二七日、皮肉にも同じ日に開かれた北朝鮮の最高人民会議第五期一次会議では、「朝鮮民主主義人民共和国社会主義憲法」(以下、「社会主義憲法」

と略称）が採択された[197]。北朝鮮を「主体《チュチェ》思想を自己の生活の指導的指針」（第四条）とする「自主的な社会主義国家」（第一条）と規定した同憲法の最大の特徴は、国家主席制が新たに創設され、国家首班の象徴的機能と政治権力の実質的行使を統合した点にあった[198]。

社会主義憲法によれば、国家主席はすべての重要な統治権力を握る。当初は首相として国家主席に就任した金日成は、朝鮮労働党総書記であると同時に、朝鮮人民軍最高司令官をも兼任することになった[199]。同憲法の第九八条には、「国家主席は自己の活動について最高人民会議に対して責任を負う」とあるが、最高人民会議が国家主席に対していかなる責任を問えるかについての明確な規定はない。さらに、副首席・中央人民委員会書記長および委員・政務院総理・国防委員会副委員長などは、国家主席の提議によって最高人民会議に召還される。すなわち、金日成の無制限の絶対権力が「鉄の掟」としてここに確立されたのである[200]。

もちろんこうした絶対権力は、すでに「首領」として唯一指導体系[201]の頂点に立っていた金日成の地位と役割を憲法によって明文化し、追認したものにすぎない。北朝鮮の理論書も国家主席制を、当時体系化しつつあった「革命的首領観」を制度化したものである、と説明している[202]。

北朝鮮指導部は、「唯一体制」が韓国の「維新体制」と無関係であることを見せつけるために、細心の注意を払ったようである。社会主義憲法の制定のために召集された最高人民会議第五期一次会議では、二七人が同憲法に関する討論に出席したが、韓国の一〇月維新については異例の沈黙を守った。また、当時の『労働新聞』は、維新体制に対する批判を極度に慎んでいた[203]。この点について北朝鮮外交当局は、一一月八日に平壌駐在の東欧側外交官らを招致し、「朝鮮労働党政治委員会で討論した結果、南側の行動を非難すれば南北関係が閉ざされ、さらに朴政権による民衆弾圧が過熱する逆効果が予想されるので、対南影響力を維持するために当面見守ることにした」と説明した[204]。

しかし、この北朝鮮の沈黙は、逆説的ではあるが、国家主席制の創設が維新体制の成立をむしろ強く意識した結果であることを示唆している。維新体制と唯一体制は、前代未聞の権威主義体制であるという点以外にも、共通点があまりにも多かったからである[205]。「ミラー・イメージ効果」(mirror image effect)[206]とも言うべき現象が朝鮮半島に現われたのである。

第一の共通点は、対決と克服の対象である相手を反面教師として両体制が誕生したことである。このことは、それぞれの憲法規定にも明らかである。社会主義憲法が「全体朝鮮人民の利益を代表する自主的な社会主義国」(第一条)と自己規定したうえで、「プロレタリア独裁を実施して階級路線および群衆路線を貫徹する」(第一〇条)と明記したのに対し[207]、維新憲法は国是としての「反共」(前文)を標榜し、「領土は朝鮮半島と付属島嶼とする」(第三条)と規定した。こうした意味で、維新体制と唯一体制が同時に成立した一九七二年一二月二七日は、李鍾奭《リジョンソク》元韓国統一部長官が適切に名付けたように、「敵対的な双子の誕生日」として朝鮮半島の「分断史」に刻まれた[208]。

第二に、両体制は、米中和解を契機とする同盟への不信と「見捨てられる」かもしれないとの懸念を相殺するために、朝鮮問題の局地化を受け入れ南北対話を進める過程で誕生した。金日成が「伝家の宝刀」のように用いた「主体」の用語を朴正熙もよく用いたが[209]、両者はともに「統一」と「自主」を前面に掲げ、その「主体」となるための国内的条件として絶対権力者をつくりだしたのである。

これらの点を留意して米国務省は、一〇月維新と維新憲法の公布などの一連の計画を、朴正熙政権が北朝鮮側に事前通報した可能性を示唆しつつ、南北両指導部間の「共感ぶり」に注目した。

いずれにしても、平壌は朴正熙の国内政治的措置に対して慎重に反応した。韓国政府は事前に(たぶん、米国に通告する前に)一〇月一七日の戒厳令発令と、朴正熙自身の長期執権および権力強化に関する計画を北朝鮮側に通知したようである[210]。

実際に、この米国務省の観測どおり、韓国政府が維新体制宣布の直前に、二回にわたって北朝鮮当局にその趣旨を説明し理解を求めていたことは、最近公開された東欧側の史料からも明らかである。

北朝鮮外交部は一九七二年一〇月一九日、平壌駐在の東欧六カ国の大使らを招致し、「一〇月一六日の板門店接触で南側代表は、『朴正熙大統領と金日成首相が権力を行使する一九七〇年代に、いかなる犠牲を払っても統一を成就しなければならない。しかし韓国内には反対勢力が多い。したがって、国内秩序の構築が必要である。朴大統領が一〇月一七日に重大な宣言を発表するので、注意して聞いてほしい』という趣旨の李厚洛中央情報部長のメッセージを、金英柱朝鮮労働党組織指導部長宛に伝達した」と紹介した。また、韓国側は一七日午後七時の特別宣言発表一時間前にも北側に電話をかけ、「もうすぐ宣言がおこなわれるので、ラジオに耳を傾けること」を喚起させていた。さらに、翌日の一八日に李厚洛はふたたび金英柱宛にメッセージを送り、「従来の憲法は反共産主義の立場に立っていたため、平和統一を掲げた七・四南北共同声明の精神を具現することができない」と述べつつ、韓国の憲法改正が北朝鮮に悪影響を与えることはまったくないこと、むしろ新しい憲法によって「法」にもとづいた南北関係の進展が期待されることを力説した[211]。このことは、韓国側が一〇月維新に対する北朝鮮の誤認の可能性を事前に払拭し、南北対話のモメンタムを維持しようとしたことを強く示唆する。韓国の打診を受けた北朝鮮側は、沈黙を守ることによって、結果的に韓国側の意図を事実上容認した。

しかし、これら双子の権威主義体制は、互いに近親憎悪を募らせ、自らの正統性をより強く求めたという意味で、朝鮮半島における分断構造の硬直化を促進した。朴正熙と金日成は、南北関係自体を各々の国内体制を維持・強化する手段と捉え、それぞれ朝鮮民族全体の「領導者」と「首領」として自らを位置づけたからである。「反共」と「安保」を掲げる朴正熙政権が、国内の反政府運動を体制そのものへの挑戦と同一視し徹底的に封じ込めようとしたのに対し、金日成政権は「主体」と「統一」を社会統制のイデオロギーとして利用した。南北指導部は、相互の「適当な緊張と対決」を醸成することで国内の「負の統合」(negative integration)[212]を図り、それをもって政権の安定化を実現するという、「敵対的相互依存」(antagonistic interdependence)[213]の関係を構築した。

それゆえに、米中和解と七・四南北共同声明によって熱戦の可能性が著しく低下し、「対話の時代」が開かれた直後に、両立しがたい権威主義体制が成立したことは、皮肉にも南北間の妥協の余地を狭める構造的要因となった。同時にそれは、「敵対的な双子の権威主義体制の共存」による朝鮮半島の分断構造の再固定化を意味した。維新憲法の前文で高唱された「平和統一」の歴史的使命は、逆説的ではあるが、分断の長期化を前提とする政治的修辞にすぎなかったのである。この点に関連して李厚洛は、ハビブ大使との対話においてその独自の「平和共存論」を展開した。

われわれは国家としてのプライドの問題があるため、平和共存ではなく、統一という用語を使っている。平和共存とは、南北双方が相互相手の政治社会体制を認め合い、それぞれの道を追求することを許し合うことを意味する。（中略）韓国は北朝鮮を制圧するために必要な国力を培う時間を必要とする。われわれにとって南北対話は、北朝鮮の平和攻勢を鈍らせる手段である。（中略）反面、北朝鮮は韓国が資本主義の内部的矛盾によって弱くなる時期を待つ構えである。南北双方は「時間稼ぎ」（buy time）という共通の利益をもって対話に臨んでいる。[214]

北朝鮮は、事実上の「二つのコリア」を前提とする平和共存を公式的立場としては強く否定し、あくまで統一を追求し続けたが、実質的にはこの時期までに分断状況の現実を受け入れていた。そのことは、一九七二年九月の『毎日新聞』との書面会見における金日成の発言にも明らかである。北朝鮮における社会主義の現状について、金は「社会主義へ進むのがよいことには違いないが、それは主観的欲求だけで達成できるものではない。われわれは、当面においては、社会主義へ移行する前に民主主義革命の課題を解決しなければならない[215]」と吐露した。この金の発言は、南朝鮮革命より自らの社会主義建設を重視する姿勢とともに、一九六〇年代末の軍事力に傾斜した対南戦略への自己批判の表明であったが、詰まるところそれは、米中和解の新情勢に呼応して国内体制を固めながら、南側との平和共存を受容することを意味したのである。

さらに社会主義憲法は、その最終尾の第一四九条に「朝鮮民主主義人民共和国の首都は、平壌である」と明記していた。従来の「朝鮮民主主義人民共和国憲法」（一九四八年九月八日）が、「朝鮮民主主義人民共和国の首府は、ソウル市である」（第一〇三条）と規定したことを想起すれば[216]、社会主義憲法は北朝鮮中心の統一を目標にしながらも、南側の実体を認めていたことがうかがえよう。

さて、米国と中国は、こうした南北双方の権威主義化をどのように受けとめたのであろうか。米中が望んだのは、あくまでも「共同の影響力」の範囲内での朝鮮問題の局地化であったが、双子の権威主義体制の成立は、それぞれのシニア・パートナーからの自律性の強化を意味した。朝鮮問題の局地化と米中の影響力との緊張関係が、南北の権威主義化を通じて露呈したのである。

実際に、韓国政府の権威主義化を受けて、米国当局は戸惑いを隠せなかった。朴正煕政権が在韓米軍削減問題などを国内政治に利用しようとすることに、かねてから懸念を抱いてきたニクソン政権は、一〇月維新に対しても強い拒絶反応を示した。ハビブ大使は、「韓国は米国の承認を期待してはならん」[217]と明言した。また、U・アレクシス・ジョンソン国務次官は「朴政権は金日成政権と違うと言えるのか」と非難し、グリーン次官補は「在韓米軍と韓国軍近代化計画に悪影響を及ぼしかねない」と警告した[218]。ロジャーズ国務長官は、維新体制の承認を求める金東祚《キムドンジョ》駐米大使に対して、「貴側は去年の国家非常事態宣言と同様、米国が朝鮮問題に積極的に対応しないから自衛策を講じるしかないと言いつくろっている」と不満を漏らした[219]。朴正煕が一九七二年一二月の維新憲法の採択に先立ってニクソンとの首脳会談を強く望んだにもかかわらず、米国はこの要求を拒み続けた[220]。ハビブは、朴が維新体制の宣布時期を米国の大統領選挙の時期に合わせることで、巧妙な非難回避を図った、と断じた[221]。

しかしニクソン政権は、朝鮮問題の局地化を戦略的に進めることで、朴政権の強権化を阻止する手段を自ら制約していた。維新憲法公布直後の一九七三年一月一八日におこなわれた金東祚とジョンソン国務次官との会談には、こうした米国の煩悶がよく表われている。維新体制を民主主義と反共政策を維持するための「韓国式民主主義」であると強弁する金に向かって、ジョンソンは「韓国が強力な政府を持つことは問題ではない。ただし、もし韓国政府が民意にもとづかないとすれば、いかにして北側との対話などの変化に対応するのか」[222]と、憂慮とも取れる発言をおこなった。

一〇月維新の一カ月前にフィリピン全土に戒厳令を布告し、国会閉鎖と憲法停止をおこなったフェルディナンド・マルコスの独裁政権を容認したニクソン政権は、結局は朴正熙の維新体制をも見逃すことになった。ハビブは一九七二年一〇月二三日付の公電で、「朴正熙が韓国で過去二七年間も堅持されてきた政治哲学から離脱したことは明白である」と診断し、これに対する三つの対応策を提示した。一つ目は経済・軍事援助の即時中断を含む具体的な圧力行使、二つ目は憲法改正の基本骨格を受容しつつ内容の修正について説得すること、三つ目は不介入である。このなかで、ハビブは最後の不介入政策を勧告した。

この政策は、米国がこれ以上韓国の内政に介入しないこと、介入してはならないことを意味する。われわれはすでに韓国に対する介入の水準を下げる作業に取り組んできた。こうした不介入政策を加速しなければならない[223]。

米国務省の韓国チームの報告書は、朴政権の権威主義化を阻止するためには極端な介入を要するとの判断から、そうした試みは米国の国益にも適合しないと結論づけた。

朴正熙を退陣させるためにかかる費用は、われわれが韓国に対して持っている目標と利益に比べれば、あまりにも大きい。さらに、われわれの退陣圧力は失敗する可能性が高い。(中略)韓国人は、すでに自らをめぐる情勢を掌握し、対米関係の変化を期待している[224]。

つまりニクソン政権にとって、朝鮮半島の安定化という大きな戦略的利益に比べれば、韓国の権威主義化すら些末な問題にすぎなかったのである。こうして維新体制に対する米国政府の公式の反応は、「われわれはその決定に関わっていない(225)」というところに落ち着いた。一九七三年一月三一日、ハリー・トルーマン元大統領の葬儀に参加するために訪米した金鍾泌総理が、露骨に維新体制への承認を求めると、ニクソンは「それは貴側の決定である。私は貴国の問題を理解する」と答え「暗黙の承認」を与えた(226)。

他方で中国は、中ソ紛争の狭間で自律性を高めてきた北朝鮮の内政に注文を付けられる立場ではなかった。中国は七・四南北共同声明の際に、「米帝国主義が朝鮮内部の問題に対して干渉する口実はなくなった(227)」としたが、北朝鮮の内政に対する干渉をも同様に制限していた。一九五八年に中国人民志願軍が北朝鮮から完全に撤退して以来、そもそも中国の北朝鮮に対する影響力は限定されていたが、「唯一体制」の成立によって北朝鮮の自主路線はさらに強まった。中国は朴政権の一〇月維新に対しても、北朝鮮の対南姿勢に合わせるかのように、相当の期間にわたり異例の沈黙を守った。

(2)「自主」をめぐる攻防戦

楽観的な人々は、対話を続ければ続けるほど妥協と歩み寄りが深化すると考えがちである。だが、一九七〇年代前半における南北対話においては、事態の推移とともにむしろ双方の差異ばかりが際だった。その原因として、権威主義体制同士の対話に内在する限界を指摘すれば十分であろう。朴正熙政権と金日成政権は、それまで存在すら否定してきた相手との対話が国内に及ぼす影響を懸念した。七・四南北共同声明で「平和共存」への合意が成立したにもかかわらず、北は南朝鮮革命を放棄せず、南は北朝鮮脅威論に固執し続けた。これは統一に向けての対話より体制維持が優先されたことの証左であり、米国務省情報分析局が「真に合意されたのは対話を続けることだけである」と評したように(228)、南北対話の基盤は当初からきわめて脆弱であった。したがって、七・四南北共同声明発表後に本格的に稼動する赤十字会談と調節委員会の二つの対話チャンネルは、南北間の妥協どころか、両者の思惑の致命的齟齬さえ浮き彫りにしていった。

一九七二年一〇月一二日に板門店で開かれた南北調節委員会第一次共同委員長会議では、こうした南北の立場の相違が一気に露わになった。北側は七・四南北共同声明発表後に韓国内で展開された反共的措置を列挙しつつ、①反共政策の放棄と共産主義の容認、②「外勢」としての国連の排除、③在韓米軍の撤収、④韓国軍の戦力増強と訓練中止を要求した。これに対して南側は、①南北調節委員会の編成、②同委員会を通じた合意事項の実施、③互いの秩序に干渉しない交流と協力の推進、④社会開放の推進を主張し、段階的接近の方針を貫いた。[229] 李厚洛はとくに、「国連は『外勢』ではない」という信条を崩さなかった。

しかし、北朝鮮にとって韓国側の主張は、ひとことで言えば南朝鮮革命路線の放棄に等しかった。他方で、李厚洛がハビブ駐韓米大使に述べたように、韓国政府は、北朝鮮の政治的圧力に対する備えをまったく持たなかっただけでなく、北側の要求を、韓国社会をアノミーに陥れ政府を転覆させようとする試みと捉えたのである。[230] 両者の主張が競り合ったすえに合意されたのは、七・四南北共同声明の精神の再確認と第二次会議の開催のみであった。[231]

七・四南北共同声明の適用をめぐる南北間のせめぎ合いは、北朝鮮が一九七三年八月に南北対話の中断を宣言するまで続いた。つまり、北朝鮮が在韓米軍撤退をはじめとする政治・軍事問題の解決を優先したのに対して、韓国は非政治的問題を優先する機能主義の立場を堅持した。韓国の軍事政権を打倒し在韓米軍を撤退させることを統一の前提条件と位置づけてきた北朝鮮は、そうした戦略目標に沿って対話に臨んだが、これに対して韓国は、南北関係を本格的に進捗させようとする熱意を持たず、逆に意図的に南北交流の範囲を制限するほどであった。[232]

南北調節委員会第一次共同委員長会議でも明らかとなったように、この時期の南北対話における最大の争点は、七・四南北共同声明の「統一三原則」第一項にあたる「自主」であった。北朝鮮は、「自主」項目に冠された「外国勢力に依存するかまたは干渉を受けることなく」[233] との一文を根拠に、在韓米軍の撤退と国連介入の排除を主張した。

七・四南北共同声明発表直後に国連軍司令部からタイ軍が撤収したことは、北朝鮮にとって追い風となっていた。タイ軍撤収の結果、連絡将校以外に米軍しか存在しなくなった国連軍司令部は、在韓米軍と事実上一体化したからである。国連軍司令部の解体が在韓米軍の存在根拠にも影響しうる以上、北朝鮮が在韓米軍の全面撤退の可能性に期待したのも当然であった。

金日成は一九七二年九月一七日、『毎日新聞』に対する書面会見で、「南北共同声明で明らかに示された祖国統一の第一原則は、外部勢力に依存したり、外部勢力の干渉を受けたりすることなく、民族自決の原則にたって自主的に祖国を統一しようというものである」と述べつつ、在韓米軍の撤退と朝鮮問題に対する国連介入の排除を要求した。(234)「統一三原則」の解釈にあたって北朝鮮が国際政治的な要因を排除し、朝鮮問題を純粋な国内問題に転化しようとした究極の狙いは、在韓米軍撤退にあったのである。(235)

だからこそ北朝鮮は、南北対話の政治化に血道を上げた。一九七二年一一月三日、南北調節委員会第一次本会議のために平壌を訪問した李厚洛と会った金日成は、統一の方法論として連邦制の導入を力説しつつ、南北首脳会談を同年一二月または一九七三年一月中に開催することを提案した。金は、南北の軍隊をそれぞれ一〇万人まで削減し、政治的・経済的「合作」を本格化するよう訴え、「統一は一カ月以内に、いや朴大統領が決心するなら一日以内にも可能である。恐れることは何もない」とも大言壮語した。(236)

しかし、一方の朴正熙政権は、七・四南北共同声明における「自主」の解釈に関して、国連と在韓米軍を「外勢」ではないとする主張を堅持し、くわえて北朝鮮の政治攻勢を自らの政権と体制への挑戦と受けとめていた。朴正熙が一九七三年一月の年頭記者会見で「南北交流をあまりにも急げば駄目になる」と述べたように、(237)韓国の対北姿勢は依然として不信と誤解に満ちていた。朴政権が一〇月維新の際に掲げた「南北対話を堅固に後押しすることで、平和統一と繁栄の契機を作る」という名目は、本格的に南北対話に臨むためよりも、北側の政治攻勢に巻き込まれたくないという意思の表われであった。こうした文脈において、朴政権は金日成の南北首脳会談開催と「合作」提案を「敵化統一」の試みと断定したうえで、朝鮮問題を効果的に解決するためにはむしろ外部の役割を有効に活用すべきであると主張した。

南北調節委員会と並行して開催された赤十字会談も同じ文脈から難航していた。一九七二年八月二九日から九月二日に平壌で開かれた南北赤十字第一次本会議において、南北双方は離散家族問題を中心とする議題設定に合意したが、具体的な問題解決方法については大きな見解の相違が露呈した[238]。しかも、北側は金日成の統一案の解説に力を注ぐなど、同会談の政治化の方針を隠さなかったので、南側の会談への期待値は低くならざるをえなかった[239]。また、一九七二年九月一二〜一六日にソウルで開催された南北赤十字第二次本会議で示された北側の行動は、韓国国民にとりわけ強い拒絶反応を呼び起こした。北朝鮮代表団が「わが朝鮮労働党」、「民族の栄えある首都、平壌」、「わが民族の敬愛する偉大なる首領金日成元首」など連呼すると、韓国内では反共の機運が一気に沸騰した。当初は歓迎ムード一色であった韓国の言論界が、一転して批判的報道を強めたのは言うまでもない[240]。

この点についてグリーン米国務省次官補は、「韓国政府は、北朝鮮側の宣伝的演説に対して韓国国民が敵対的反応を見せることに対して、驚きながらも、非常に喜んでいた」とロジャーズ長官に報告していた[241]。それは、維新体制の成立と長期執権のために、朴正煕政権が南北対話と国内の反共世論を利用していることを揶揄する指摘であった。いずれにせよ、こうした韓国内の世論の動向は、平和攻勢と上層統一戦線戦術を通じて在韓米軍の撤退を促し、朴政権の孤立を図った金日成の思惑の挫折を暗示していた。二つの主要な対話チャネルが非難の応酬の場へと堕するにつれて、七・四南北共同声明に寄せられたほのかな期待もまた雲散霧消した。

本章で述べたように、ニクソン訪中に象徴される米中和解は、必ずしも朝鮮戦争の「負の遺産」を清算するものではなく、むしろ朝鮮問題を両国関係と切り離すかたちでおこなわれた。米中両国が和解に際して望んだのは、朝鮮問題が両国関係の進展に妨げにならないように、同問題を局地化かつ安定化させることであった。米中にとって朝鮮問題は、両国関係における戦略的利益を損なうことを防止する意味において重要であった。ニクソンが訴え周恩来が同調した朝鮮半島に対する米中「共同の影響力」とは、朝鮮半島の安定化という両国共通の利益を守るため、それぞれ韓国と北朝鮮を管理することにほかならなかった。こうして米中両首脳は、具体的な合意にはいたらなかったものの、一九七一年七月および一〇月のキッシンジャー・周恩来会談の成果を踏まえて、朝鮮問題に関する大枠のルールを作り上げることができた。

ニクソン訪中は朝鮮半島をめぐる対立構造を根本から変質させた。米中和解によって、少なくとも一九五〇年から五三年にかけておこなわれたようなかたちでの戦争が、朝鮮半島で再発する可能性は格段に低下した。毛沢東とニクソンがそれぞれ、「私たちは日本も南朝鮮も脅かすことはない」、「私たちも絶対に」と誓い合ったように、かりに南北の一方が他方に対して攻撃を開始し、戦端が開かれたとしても、米中両国が参戦する見込みは現実的に薄くなった。さらに、こうした共通認識のもとで米中両国は、相互に同盟の挑発行為を牽制する、「共同の影響力」行使を確認した。従来の朝鮮半島をめぐる「米韓対中朝」の対決構造は、「韓国対北朝鮮」に局地化されたのである。

ここで朝鮮問題の安定化という米中共通の利益を物理的に実効ならしめるのが、在韓米軍の駐留とその位置づけであった。中国指導部は、対米和解が成し遂げられた以上、それまで安全保障上の脅威と認識してきた在韓米軍に、「第二の朝鮮戦争」を抑止し、日本の再軍備と韓国進出を抑える役割を認め、これを受け入れる姿勢に転じつつあった。周恩来は、即時全面撤退という従来の要求を緩めて、撤退の時期を米国側に任せる意向を示した。こうした中国の「暗黙の了解」にもとづいて在韓米軍が駐留し続ける限り、朝鮮半島における戦争再発の危険性はさらに低下するだろう。

また、米中和解は、北朝鮮の国際舞台における政治的かつ法的地位の改善を促し、事実上、南北両方を合法政府として受け入れる「二つのコリア」構想を促進した。米中和解は、それぞれの同盟関係と同盟の存在を認め合うことで成立したからである。その延長線上で中国は、在韓米軍に対する姿勢とは違って、ＵＮＣＵＲＫなど「国連帽子」問題を執拗に提起した。中国にとって「国連帽子」の解体要求は、北朝鮮との同盟関係を維持するうえでの不可欠な要件でもあった。国連と和解し自ら正統性を勝ち取った中国が、ともに国連との敵対関係にあった北朝鮮の地位改善を支援することは当然であった。

だからこそ中国が米国の要請を受け入れ、一九七二年、国連における朝鮮問題の討論延期に協力したことは特筆に値する。これは中国が対米関係上の戦略的利益を優先し、北朝鮮との同盟利益を犠牲にしたことに等しかったが、米中両国が朝鮮問題に対して「共同の影響力」を行使した初めての事例と位置づけられる。ただし、この中国の対米協力は、一九七二年国連総会に限定され、しかもそこには一九七三年を目途とするＵＮＣＵＲＫ解体の条件が付されていた。

一方、米中和解による対立構造の変化は、朝鮮問題の局地化のみならず、軍事的次元に集約されていた南北間の競争を政治的対立に転換することにもつながった。ニクソン訪中発表を受けて一九七一年八月に赤十字接触を始めた南北は、ニクソン訪中の期日が迫るなかで対話の次元を当局レヴェルまで引き上げた。そして、上海コミュニケの発表後間もなく、南北間には秘密の交換訪問が重ねられ、分断後初めて双方が交渉上の対等性を認めたうえで合意に達した七・四南北共同声明が発表される。この声明の発表を機に、南北関係はそれまでの「対話なき対決」の時代から、「対話ある対決」の時代に移行した。朝鮮戦争以来、互いを「傀儡」と規定し、無視し続けてきた南北双方にとって、これは競争のやりかたの根本的な変更にも等しかった。この声明の精神は国連総会決議を通じて繰り返し強調され、後に朝鮮半島平和統一に関する国際的公式文書として定着する。

南北対話が米中接近を後追いするかたちでおこなわれたのは、当事者同士の直接対話を緊張緩和の先決要件と考える米中の一致した見解と、南北双方の当面の政策的必要性によるものであった。当面の必要性とは、米中和解というまったく新しい情勢に対応して、南北がそれぞれのシニア・パートナーに向けて同盟離脱への懸念を払拭し、体制と政権を守ることであった。朝鮮半島統一のための第一原則として「自主」を掲げた七・四南北共同声明は、朝鮮問題の局地化を成文化したものであると言えるが、倉田秀也が適切に指摘したように、この場合の自主とは、韓国の「ニクソン・ショック」と北朝鮮の「周恩来・ショック」が共鳴するかたちで表出したものである[242]。端的にいえば、それは大国による民族問題の決定・管理に対して当事者間で共有された危機感の表明であった。その意味で同声明は、五カ月前の米中間の上海コミュニケに謳われた「民族自決」の朝鮮半島版であった。

ところが、対話の続行は各政権の統治戦略に合致していたとはいえ、南北が対話に寄せた目的自体は完全に齟齬をきたしていた。双方はともに「統一」を民族の至上課題に掲げたが、北朝鮮は階級闘争と反帝闘争にもとづく「南朝鮮革命」統一路線を放棄せず、これに対して韓国は当面、人道・経済分野での交流などを通じた段階的・機能主義的な統一方策を考えていた。韓国は南北対話を通じて韓国軍を近代化させる時間を確保しようとしたが、北朝鮮は南北対話によって在韓米軍の撤退を促進し、朴正熙政権を窮地に追い込むことを狙った。南北は自らの戦略に絶対の自信を持っていたが、折しも南北の国力がほぼ均衡に達し、その意味でも両者の譲歩はきわめて難しかった。対話行為そのものを、外部の衝撃から身を守りつつ相手を排撃し克服する手段にすぎないと捉えた両者のあいだには、朝鮮問題をめぐる果てしない政治闘争が繰り広げられたのである。

このように対話に臨む目的を異にしたがゆえに、南北が思い描いた「自主」の内容もおのずとすれ違うほかなかった。北朝鮮は、「自主」を在韓米軍撤退と「国連帽子」の解体に等置したが、韓国がそれを受け入れるはずがなかった。南北は「自主」に同意して間もなく、「外国勢力に依存するかまたは干渉を受けることなく」の一文をめぐって激しい攻防を展開した。南北対話を可能ならしめた「自主」が、こんどはブーメランとなって対話そのものを制約する最大の障害要因となりつつあったのである。

米中和解を受けて急速に進んだ朝鮮問題の局地化は、対立解消と統一につながるどころか、むしろその対立関係を固定化する方向に向けられた。七・四南北共同声明が発表されて間もない「敵対的な双子の権威主義体制の誕生」は、対話による統一の可能性がそれほど希薄化し、分断構造がさらに硬直化したことを意味した。それぞれ異なる「自主」を掲げる二つの強力な政治権力が敵対しながらも「共存」するという、容易には解体されない分断構造ができあがったからである。

もっとも、こうした朝鮮半島の変化は、米中和解の意図した分断構造の安定化と現状維持の範疇内でおこなわれていた。米国と中国の黙認にも示されるように、朝鮮半島の権威主義化自体は米中両国の戦略的利益に反するものではなかった。つまり、南北対話の円滑さは失われたが、朝鮮半島情勢は米中和解以前の緊張からは想像できないほど安定し、このことは明らかに米中両国に恩恵をもたらしたのである。停戦体制の安定化を望んだ米中両国にとって、「敵対的な双子の権威主義体制の誕生」は、現状維持の補強という意味でむしろ望ましい変化であったのかもしれない。当事者の「統一」スローガンから乖離しつつあった朝鮮半島の分断構造は、米中和解によって抑え込まれながら、現状追認に向かいつつあった。

第5章　米中「戦略関係」と朝鮮問題の変容

一九七三年一月末にヴェトナム和平が実現すると、米中は本格的に両国関係の質的向上に取り組みはじめた。その背景には、ソ連への対抗という共通の戦略的目標があった。対ソ紛争の渦中にある中国は、それまで折に触れて垣間見せるだけであった「ソ連脅威論」を露骨に全面に押し出し、米国に対して「反ソ統一戦線」の構築を強く求めるようになった。ヘンリー・キッシンジャーが、「中国は世界観において、英国を除いて、われわれともっとも近くなるかもしれない」[1]と評するほど、米中関係は親密度を増した。この時期にいたって、従来の米中ソ三極構造は、米中がソ連に対抗して戦略的連携関係を結ぶという、新しい組み合わせにもとづく二極対立に変貌しつつあったのである。そして、デタントという用語が公然と『外交教書』などの米国政府文書に現われはじめたのも、このころである[2]。

このように戦略的連携の気運が高まるなか、米中両国は、朝鮮問題に対しても以前より率直な姿勢で向き合い[3]、朝鮮半島の安定化という共通の目標を成し遂げるための共同行動または協調行動を模索していた。まず米中は、安全保障上の最大の争点であった在韓米軍に関して、朝鮮半島の「安定」に鑑みその段階的撤退に接点を求めた。こうして朝鮮戦争以来、中国および北朝鮮の脅威に対する抑止力として機能してきた在韓米軍は、朝鮮半島および東北アジアの「安定力」として蘇り、その結果、ニクソン政権は在韓米軍の追加撤退計画を取り下げた。さらに米中両国は、国連朝鮮統一復興委員会（UNCURK）の解体においても協力を惜しまなかった。こうして朝鮮戦争の遺産のひとつが清算され、一方的に韓国側に傾いていた正統性をめぐる競争が一定の均衡に達した。

しかし、こうした米中の「取り決め」に対する南北双方の適応は、完全なすれ違いを見せた。韓国の朴正熙《パクジョンヒ》政権が、朝鮮半島における「二つのコリア」の現実を進んで受け入れることで、自らの安全保障と正統性を保持しようとしたのに対し、北朝鮮の金日成《キムイルソン》政権は、米中および南北関係の進展が、在韓米軍撤退どころか分断の固定化を促す方向に向かったことに不満を募らせた。やがて北朝鮮は南北対話を中断し（一九七三年八月）、中国を経由しない対米直接接近に踏み切るのである。

このように朝鮮問題の局地化がまさに局地から崩壊すれば、国連において米韓と中朝のあいだで一戦が交えられる可能性が高まるはずである。しかし、結果的に一九七三年の国連総会における朝鮮問題は、UNCURKの「静かな」解体にとどまった。そこには米中「共同の影響力」が大きく作用していた。

この章ではまず、一九七三年におこなわれた米中間の取り決めと、それを基礎にした米国の朝鮮半島政策を検討する。ここでの焦点は、安全保障面においては在韓米軍、正統性面においてはUNCURKおよび国連軍司令部（UNC）に象徴される「国連帽子」の問題に絞られるが、米中が取り決めにいたった過程を具体的に掘り下げることで、両国が追求した朝鮮半島安定化の実態を明らかにしたい。次いで、韓国と北朝鮮の対応と南北関係の変動を検討し、米中の構想と朝鮮半島の現実が齟齬をきたした原因と、それに加えて、朝鮮問題が南北対話によって提唱された局地化の枠を破ってふたたび国際化に向かった経緯を分析する。

一　米中の秘密「取り決め」と米国の朝鮮半島構想

(1)在韓米軍「段階的撤退」への合意

在韓米軍の安定力としての役割に関するキッシンジャーの構想は、リチャード・ニクソン大統領の再任後の第五回訪中(一九七三年二月一五〜一九日)を通じてより確固たるものになる。それまでの交渉を通じて朝鮮半島の安定化という共通目標を見いだした米中両国は、一連の会談で、在韓米軍の位置づけとその未来に関するガイドラインとも言うべきものを作り上げた。(4)

キッシンジャーの第五回訪中において目立ったのは、中国側がソ連脅威論を浮き彫りにした点である。キッシンジャーの一九七一年の二度の訪中とニクソンの一九七二年二月訪中の際に、在韓米軍問題との関連で提起された日本警戒論は影を潜め、代わってソ連脅威論が急浮上した。中国は、一九七二年九月の日本との国交正常化で日本警戒論をかなりの程度緩和させたものの、(5)ソ連の外交・軍事攻勢に対する危機については相変わらず神経を尖らせていたからである。(6)このソ連脅威論は、米中の戦略的関係の核心要素として働いていたが、中国の在韓米軍問題の認識にも大いに影響を与えた。

一九七三年二月一七日におこなわれたキッシンジャー・毛沢東《マオツォートン》会談は、毛が冒頭で取り上げたように、「協力して問題児(ソ連)に対処する」(7)ことに集中した。毛は、「ヨーロッパ全体が平和のことしか考えていない」と強く不満を表わしつつ、米国の対ソ対決姿勢を確かめようとした。これを受けてキッシンジャーは、「われわれは全力をつくしてヨーロッパの防衛体制を強化し、ヨーロッパに駐留し続けるつもりである」、「ロシアにして中国と戦わせるのはわれわれの政策ではない」と強調し、ソ連封じ込めのための戦略的関係の構築を力説した。(8)

ソ連脅威論にとらわれていた毛沢東は、日本警戒論に与するどころか、日米同盟の熱心な支持者に転じていた。毛は、「われわれとしては、日本がソ連との関係を緊密化させるより、貴国との関係をよりよいものにしてくれることのほうを願っている」と、露骨に日米同盟を支持した。(9) 中国が日米同盟を「日本の拡張主義と軍国主義へのブレーキ」となることだけでなく、ソ連に対抗する強力な手段であると認識していることが明らかになった。キッシンジャーは会談後のニクソン宛の報告書で、毛沢東はソ連に対抗するために対日姿勢を大逆転させ、米国とともに日本との関係を「初期段階の同盟」(incipient ally) と見なすようになった、と書いた。(10) キッシンジャーにとってこうした毛の姿勢は、米国が冷戦下で築いてきた国際的な力の枠組みを認めたことに等しく、やや誇張して言えば、米国を軸とする日米同盟と米中戦略関係、日中友好関係からなる「二等辺三角形」の形成にほかならない。

この点に関連して、ニクソン政権がこの時期、日本の軍事的役割分担について日本政府と本格的に議論しはじめたのは、注目に値する。第三章第三節で検討したように、日米安保関係に関する議論はニクソン政権発足以来、つねに日本の経済大国化と日本の貿易不均衡改善、あるいは「タダ乗り」の問題に関連づけられていた。しかし、ニクソン政権は一九七三年に入ってから、日本の航空・洋上監視能力、対潜水艦戦闘(ASW)、防空、戦術航空能力を拡張する方策を真剣に検討し、それらを防衛責任分担のひとつとして日本政府に求めたのである。(11) このことは、日本の自衛隊が短距離の防衛任務を、米軍が核抑止力の提供と長距離の攻撃・防衛任務を担当するという、日米同盟の「相補性」(complementarity) の拡大に向けられていた。日米同盟の再強化とも言うべき動きがこの時期に始まったのは、米中戦略関係の構築とまったく無関係とは言えないであろう。

さらに毛沢東の日米同盟への期待は、在韓米軍への支持にも及んだ。キッシンジャーとの会談で毛は、在韓米軍を含むアジア駐屯米軍を列挙しつつ、「アジアと太平洋に展開している米軍は分散しすぎている」(12) と不満を漏らした。たしかに毛は、ソ連に対抗するためにヨーロッパ駐屯米軍の強化を望むのと同じ文脈において、在韓および在日米軍が対ソ抑止の役割を担うことを期待したのである。

こうした毛沢東の戦略観を受けて、キッシンジャーと周恩来《ヂョウオンライ》は翌日の二月一八日、それまでの会談のなかでもっとも長い討論を通じて在韓米軍問題に取り組んだ。両者がともに「撤退への原則」(the principle of withdrawal)と呼んだ在韓米軍問題のガイドラインは、つぎの三点に集約することができる。第一に、中国は在韓米軍に関する米国の裁量権を認めた。周恩来は、「貴側が在韓米軍を撤退させるという原則は、朝鮮半島の民衆や朝鮮(北朝鮮)が変えられるものではない」[13]と明言した。つまり、周は、将来的に在韓米軍は撤退すべきであるものの、その時期や規模は米国の所管事項であるとの見解を示した。こうした認識にもとづいて周は、「原則的に貴側の軍隊が完全に撤退する日が来るだけに、北朝鮮がその原則を推し進めようとすることも正しくないとは言えない」[14]と述べ、米国側に北朝鮮の即時全面撤退要求に対する理解を求めた。

第二に周恩来は、第一点の延長線上において在韓米軍の「段階的撤退」(gradual withdrawal)に同意した。周は、「われわれは貴側が、とにかく漸進的に軍隊を韓国から撤退させようとすると理解している。朝鮮(北朝鮮)の立場からも漸進的な米軍撤退は妥当な要求(reasonable request)であると信じる」と述べた。さらに、「その間(在韓米軍が完全撤退するまで)、貴側は韓国に自らを守れる確信を与えることを望んでいる」とも語り、米国の韓国軍近代化計画に対しても理解を示した。これを受けてキッシンジャーは、「急激ではなく、漸進的な撤退を実現することが重要である」と答えた[15]。

第三に、それまでの会談で周恩来が繰り返し強調したように、在韓米軍撤退にともなう日本の韓国進出の可能性に対する懸念が表明された。この点について、キッシンジャーはただちに、「われわれは日本の軍隊が韓国の領土に入らないという原則を守るつもりである」と再確認したが[16]、ソ連脅威論を優先する中国にとって、日本の韓国進出への懸念は相対的にその緊急性を失いつつあったのである。第三章第一節で指摘したように、そもそも中国の日本脅威論は、在韓米軍撤退の主張とは相容れない側面もあったので、周は、ごく簡単に対日脅威論を開陳することで、それまでの原則的な立場を再確認するにとどまった。

前記の三つのガイドラインは、米中の妥協点であった。中国は在韓米軍の撤退という大原則を維持しつつ、当分のあいだその駐留を受け入れるとの意向を明らかにした。これに対して米国は、将来的な撤退を約束しながらも、自国の判断による段階的撤退案を貫徹することで、この問題に対するより大きな融通性を確保することができたのである。

中国が朝鮮半島における漸進的な進展（gradual evolution）を用意していることは明らかである。周恩来は北朝鮮に対して、漸進的な米軍撤退と統一への忍耐心を持つよう説得してきたし、北朝鮮もそれを理解しはじめた、と述べた。（中略）私は、韓国からの漸進的な撤退を考えているが、それは「ニクソン・ドクトリン」と韓国の防衛力強化の文脈でおこなわれるべきであると述べた。周は異議を唱えなかった。彼は漸進的な撤退と統一、また日本を防ぐことになれば、朝鮮半島においてどちら側も侵攻を敢行しないと確信した。[17]

さらに中国は、在韓米軍がソ連の朝鮮半島進出を防ぐ防波堤の役割を担っていると見ていた。すでに米国の中国専門家ハロルド・ヒントンが指摘したように、中国はソ連軍のモンゴル駐留に対応する米軍の韓国駐留を梃子に、東北アジアにおける勢力均衡を図ろうとした。[18] 周恩来が「最近、ソ連が圧力をかけようとしていることに対して北朝鮮が抵抗している」と述べたことにも示されるように、彼は終始ソ連ファクターを念頭に置いており、[19] 在韓米軍の急激な撤退による力の空白が、北朝鮮の軍事的挑発を促すなどして、結果的にソ連に朝鮮半島介入の余地を与えかねないことを懸念した。

米国は、段階的撤退論への合意の実質が、中国による在韓米軍の容認を意味すると受けとめた。[20] キッシンジャーは、「周は、単に形式的に漸進的撤退を売り込んだにすぎない」とニクソンに報告し、国務省も「中国は公の主張とは違って、地域を安定化させるために、ある程度在韓米軍の駐留を望んでいる」と断じた。[21] いずれにしても米国は、東北アジアおよび朝鮮半島の安定に対する自らの評価に従い、在韓米軍の調整が可能になった。

在韓米軍に関する米中両国の合意は、その一年前の上海コミュニケにおける台湾駐屯米軍への言及を想起させる。当時、中国の台湾駐屯米軍の撤退要求に対して、米国は、「かかる展望を念頭に置き、台湾からすべての米国軍隊と軍事施設を撤退ないし撤去するという最終目標を確認する」と約束しながらも、「当面、この地域の緊張が緩和するに従い、台湾の米国軍隊と軍事施設を漸進的に縮小させるであろう」と条件を付けていた[22]。該当地域の安定水準に鑑み、漸進的に米軍を撤退させるという点、すなわち米国が撤退の原則問題に同調し、中国が撤退の時期、規模の問題について譲歩した点で、在韓米軍の段階的撤退論は上海コミュニケ・モデルに追随していたと言えよう。在韓米軍の段階的撤退は、上海コミュニケに記された北朝鮮の「八カ項の平和統一方案」、および北朝鮮が周恩来を通じて米国に伝えた「対米八項目提案」の第一項目にあたる「在韓米軍全面撤退」に対して、米中が共同で見いだしたガイドラインであった。

ただし、中国は、在台湾米軍問題においては第一の当事者にあたるが、在韓米軍問題においては北朝鮮に次ぐ第二の当事者にすぎず、したがって、北朝鮮の立場に配慮せざるをえなかったと思われる。しかし、周が「（段階的撤退は）われわれが朝鮮の友人（北朝鮮）に話してきた事柄であり、彼らはそれを理解しなければならない」[23]と述べたことからも、中国が北朝鮮の同意を経ずに米国の提案に賛同したことが推察される。だからこそ周は、「朝鮮（北朝鮮）の立場からも漸進的な米軍撤退は適当な要求であると信じる」とも語り、北朝鮮を説得する意志を明らかにしていた。

こうした周恩来の姿勢は、キッシンジャー訪中直前の二月九日から一四日までに北京入りした、許錟《ホダム》北朝鮮外相との「根回し」会談の失敗を示唆する[24]。この会談の具体的内容は明らかではないが、周がキッシンジャーに「彼ら（北朝鮮）は理解しなければならない」と繰り返し述べたことから、許錟は中国の意に反して即時撤退の実現のために米国への圧力行使を中国側に求めた可能性がある[25]。しかし、会談後に公表された中朝共同声明は、「中国側は（中略）国連の旗を掲げている米帝侵略軍が南朝鮮から退くべきであると主張した」という、原則的立場を示すだけにとどまった[26]。北朝鮮が在韓米軍撤退を主張する際の決まり文句であった「即刻」や「完全」という修飾語の代わりに、「国連の旗」が掲げられたのである。これは在韓米軍問題をめぐって中朝間に微妙な軋轢が生じた証左であり、同時に、当分のあいだは在韓米軍の駐留を受け入れながら「国連帽子」の撤去に集中するという、中国の思惑が反映されたことを意味する。(27)

実際にこの時期の周恩来は、在韓米軍問題とは対照的に、南北間の正統性競争に関わるUNCURK解体問題に対してさらなる力を注いでいた。前章第三節でみたように、中国は一九七二年、キッシンジャーの一九七三年UNCURK解体案を受け入れ、国連における朝鮮問題をめぐる討論を再度延期することに協力したので、米国としてもUNCURK解体はそれ以上避けられないと覚悟していた。もっとも、UNCURKの解体が国連の朝鮮戦争介入の法的根拠をも否認し、在韓米軍や国連軍司令部問題にまで飛び火する事態を憂慮した米国政府は、UNCURKがただ「静かに」その活動を停止することを望んでいた。

一九七三年二月一八日におこなわれた会談で周恩来がこの問題を提起すると、キッシンジャーは、「UNCURKは今年の下半期には解体されると予想する」と述べつつ、「われわれは韓国自らがUNCURK解体を提案する方策を検討している」と、韓国主導のUNCURK解体案を示した。これに対する周の反応はきわめて肯定的であった。周は「それは最善である」と評しつつ、「貴側がその方策の実行を約束してくれれば、われわれはこのイシューが(国連において)深刻にならないように最善を尽くす」と応じた。(28)キッシンジャーが「それは国連での討論を避けられることを意味するのか」と問い質すと、周は「そうである」と再確認した。(29)この周の反応は、中国が北朝鮮を含む社会主義陣営と第三世界諸国に対して影響力を行使し、米国の望みどおりのUNCURK解体への協力を約束したことにほかならなかった。

UNCURKの「静かな」解体とは、中国にとって、朝鮮戦争に際して中国の介入の正当性を否定した国連の「不当な判断」を不問に付すことに等しい。それだけに、右の周恩来の発言は決定的な政治的譲歩を意味していた。にもかかわらず、周がキッシンジャーの提案に「最善を尽くす」と応じたのは、それほどまでに中国が対米関係を重視していたことの表われである。米国と同様に、中国はUNCURK問題が両国関係を阻害することを望まなかったし、とくに国連での米中対決の場面をつくりたくなかったのである。

さらに周恩来は、朴正熙政権の国会解散と憲法改正、民主主義弾圧など一連の対内強硬措置を列挙しつつ、「彼ら（韓国）はそれ（南北関係の進展）をとても恐れている。自信が足りないからである。われわれは韓国に対する貴側の影響力がどれくらい強いのか知らない」[30]と不満をもらした。ここで周が、南北関係の安定化のために、従来の会談で米国側が強く求めてきた米中「共同の影響力」行使を正式に受け入れ、米国に対して進んでこれを訴えたことは注目に値する。中国にとって、朝鮮問題は、米国の対韓影響力と中国の対北朝鮮影響力との組み合わせによって方向づけられるべきだったのである。こうした中国側の姿勢に対して、キッシンジャーは、「われわれは韓国に（南北間の）政治対話に臨むよう強く勧めている。しかし、韓国側は北朝鮮側が障害を作っていると話している」と抵抗しながらも、「貴側が問題点を具体的に指摘してくれれば、われわれの影響力をどこに行使するか分かるだろう」[31]と答えた。

もうひとつ指摘すべきは、周恩来の求めた朝鮮問題解決の方向性は、急速な統一ではなく、漸進的な南北関係の進展にあったということである。周は、「現在の南北対話は単なる初期段階の接触にすぎない。（中略）ひたすらやるべきことは、将来には統一するという希望を朝鮮半島の人々に与えることである」と主張しつつ、「われわれの見解では、一挙に（分断）システムを完全に変えることは不可能である」と述べた。さらに周は、金日成が提案した南北連邦制論を取り上げ、「かりに異なる社会体制を持つ二つの国家（state）からなる国家連合（confederation）が成立したとしても、それは単なる外観であり、（南北間の）違いを取り除いたものではない」[32]と述べ、否定的な見解を示した。こうした周の発言は、統一への過程として信頼醸成措置（CBM）を重ねることを強調してきた米国と韓国の、段階的かつ機能主義的な統一観とも相通じるものであった。

(2)朝鮮半島安定化のシナリオ

第五回目の訪中を通じて、朝鮮半島安定化に向けた中国の協力の意思と米中「共同の影響力」行使への意欲を確認したキッシンジャーは、国家安全保障問題研究覚書（NSSM）一五四「対朝鮮半島政策」[33]をもって既存の朝鮮半島政策に対する全面的な再検討に取り組んだ。表題からも読み取れるように、NSSM一五四は、それまで韓国だけを対象とした視点から脱却し、冷戦の勃発以来初めて朝鮮半島全体の「安定」を目指そうとした総合政策検討書である。NSSM一五四は米中和解、日中国交正常化、南北対話などの東北アジア情勢の急変を積極的に受け入れ、米国の中長期的な対朝鮮半島政策オプションを設けようとするものであり、後に少しずつ修正が加えられつつ、基本的にはニクソンおよびフォード政権期における対朝鮮半島政策のロードマップに位置づけられる政策研究書であった。

一九七三年四月にまとめられたNSSM一五四は、冒頭で「朝鮮半島に真のデタントの可能性が生じた」としながら、「米国と中ソが対立した一九五〇～六〇年代には戦争にいたらない程度の南北間の軍事的対決が避けられなかったのに対して、目下の南北関係の悪化は大国間デタントの進展を妨げる要因となりかねない」と指摘した[34]。その文脈から、NSSM一五四は、米国が堅持すべき戦略的利益として、米中ソ日の紛争の火種にならぬよう朝鮮問題を管理することをあげ、朝鮮半島をめぐる国家間競争においてどの大国も戦略的利益を損なわないような「安定した枠組み」（a stable framework）の構築を追求した[35]。つまりNSSM一五四は、対中関係をはじめとする米国の大国政策の視点から朝鮮半島の安定化を模索するものであった。

朝鮮半島をめぐる大国間の「安定した枠組み」の構築のために、NSSM一五四が朝鮮半島レヴェルに求めた目標はつぎの三点であった。第一に、朝鮮半島安定の必須要件として「適切な速度」（adequate pace）の南北対話を推進するということである。この点についてキッシンジャーは、国家安全保障会議（NSC）の上級審議会（SRG）で「適切な速度」の曖昧さを指摘するが、NSCスタッフらは「対話中止を避けることと漸進的に対話を進展させることとの中間に位置するもの」と理解していた[36]。第二に、韓国の国際的・法的な地位を損なわない範囲内で、北朝鮮の存在を国際社会に漸進的に受け入れさせることであった。NSCはそれを南北間の「外交的均衡」(diplomatic balance)と呼んだ。米国政府は北朝鮮を段階的に国際的影響力のもとにさらし、かつ南北間の正統性競争における均衡を図ることによって、朝鮮半島における軍事衝突の危険性がいっそう低下すると判断したのである。第三の目標は、韓国に対する米国の利益(米軍基地の維持、貿易・投資による利益など)を守るために、韓国の安全を確保することであった。ただし、NSSM一五四はここで、韓国の安定を可能ならしめる対韓軍事支援が、南北の軍事バランスを損なわない程度に「適切な」水準でおこなわなければならないことを指摘した。

NSSM一五四の示した対朝鮮半島政策の目標は、明らかに南北間の政治・軍事的均衡と分断構造の現状維持に向けられていた。NSSM一五四が大国間関係のなかでの米国の戦略的利益を優先する以上、そこで想定された朝鮮半島の安定化もまた、大国間関係を揺さぶりかねない朝鮮半島の統一ではなく、朝鮮問題をめぐる大国間の利害状況と調和する「適切な速度」の南北関係の進展を意味した。[37] NSSM一五四は朝鮮半島における「真のデタント」の可能性を示唆したが、「朝鮮半島の統一は遠い未来において可能であり、現在の南北関係の進展はあくまでも趨勢《トレンド》にすぎない」とも付言していた。すなわちNSSM一五四は、米韓および中朝同盟と南北緊張緩和の並行的支持によって分断構造を事実上追認した、上海コミュニケにおける状況理解の延長線上にあった。

大国間関係を損なわない範囲で朝鮮半島の安定化を実現するには、米国の介入は必要不可欠な要素であった。そこでNSSM一五四は、対朝鮮半島政策の方向性として大きく四つの政策オプションを示したうえで、それぞれのオプションに、在韓米軍の兵力水準をはじめとする安全保障問題、国連による介入の如何、国連を舞台とする論争、対北朝鮮関係などの懸案に対する政策指針を網羅的に検討した(表5-1参照)。

第一のオプションは、韓国が南北関係において主導権を行使しうるよう、米国が後押しすることである。同オプションは、基本的に朝鮮問題の解決を南北当事者に委ねる「局地化(または韓国化)」政策の延長線上にあるが、韓国が北朝鮮との交渉に自信を持つように、対韓コミットメントの維持ないし強化を前提としている。しかし同オプションは、米国が前面に出ないがゆえに、国連における朝鮮問題や米朝関係の調整などにおいて限界に直面する可能性があるとも指摘された[38]。

第二のオプションは、米国が北朝鮮や中ソの姿勢に対して確信を得るまで、南北関係の進展を遅らせることである。これは、北朝鮮が南北対話を忌避する場合や、ソ連と中国が朝鮮半島の安定化に協力しない場合に備える政策として

半島政策オプション

オプション 3 (**Encourage accommodation**)	オプション 4 (**Major power negotiations**)
計画完遂。朝鮮半島の安定化水準に従い，計画調整が可能。韓国の費用分担能力を考慮。 現水準維持。ただし，1974会計年度以降，朝鮮半島の安定化水準に鑑み，削減。	計画どおり完遂，追加的な軍事援助は取引材料となる。韓国の費用分担能力を考慮。 現水準維持。1974会計年度以降に削減検討。 取引可能性。
南北関係と大国間関係を進展させるため，変化を考慮。 ・UNC の争点化を制限。韓国軍の作戦統制権の調整。 ・MAC・NNSC の調整。 ・UNCURK の解体または活動中止。	UNC を大国間および南北関係を促す交渉手段として利用。 ・UNC の活動中止または解体。 ・MAC・NNSC の調整。 ・UNCURK の解体または活動中止。
韓国を支援するが，負ける可能性を避ける。 ・可能なら延期させる。 ・無条件招待。 ・UNCURK の活動中止または解体を検討。 ・非難決議案の効果を制限することに努める。	すべての問題を交渉する。 ・討論を延期させない。 ・無条件招待。 ・UNCURK の活動中止または解体を検討。 ・非難を制限することに努める。 ・南北同時国連加盟を考慮。 ・NNSC で UNC 問題を議論する可能性。
南北関係の進展に役に立つなら，対北朝鮮関係を改善。 ・人的交流。 ・貿易規制の緩和。 ・北朝鮮の国連機構加入を受容。	対北朝鮮政策をソ連・中国と取引する。 ・北朝鮮との経済交流。 ・北朝鮮との外交関係の樹立。
・討論を通じて国連における朝鮮問題について具体的な了解を得る。 ・第三国の「二つのコリア」との関係正常化を奨励。	・すべての大国の「二つのコリア」受容。 ・四大国間で安全保障問題を取り決める。

Korean Peninsula, April 3, 1973, Box 14, RG 273.

表 5－1　NSSM−154における米国の対朝鮮

	オプション1 （Let the ROK take the lead）	オプション2 （Retarding the pace）
安全保障 韓国軍近代化計画	計画どおり遂行。	計画どおり完遂。北朝鮮の脅威水準に照らして無償軍事援助。
在韓米軍	現水準維持。	現水準維持。
国連の朝鮮問題介入	現状維持に向けて努力。国連総会での大敗を避ける。 ・UNC 維持，韓国軍の作戦統制権の維持。 ・MAC・NNSC の維持。 ・UNCURK の維持。	現状維持に向けて努力。 ・UNC の維持，韓国軍の作戦統制権の維持。 ・MAC・NNSC の維持。 ・韓国が望むなら UNCURK の維持のために戦う。
国連討論		負ける危険性があっても現状維持にこだわる。
討論延期	・可能なら討論を避ける。	・負ける危険性があっても延期。
北朝鮮国連招待	・無条件招待の容認。	・条件付き招待から無条件招待に。
UNCURK 問題	・UNCURK の維持または活動中止。	・UNCURK は維持から活動中止に。
UNC と在韓米軍に対する非難	・非難の効果を制限させる。	・非難決議案の効果を制限することに努める。
対北朝鮮関係	引き続き北朝鮮を孤立させる。 ・ソ連と中国の相互主義（対韓関係改善）期待。 ・旅行制限の緩和。 ・北朝鮮の国連機構加入を阻止。	引き続き北朝鮮を孤立させる。 ・第三国の北朝鮮承認を阻止。 ・北朝鮮の国連機構加入を阻止。
大国間関係	・相互関心事をめぐって討論。 ・中ソと韓国との関係を制限。 ・日本の対北朝鮮関係の制限。	・意志疎通の手段を維持。制限的かつ暫定的な討論。 ・日本の対北朝鮮政策を積極的に統制。

出所：Memorandum for Mr. Henry A. Kissinger, NSSM−154: United States Policy Concerning the

想定された[39]。しかし、キッシンジャーはNSSM一五四関連のNSC会議で、中ソも朝鮮半島の安定化を支持すると指摘しつつ、オプション二の政策的有効性に疑問を呈した[40]。

これに対して第三のオプションは、米国が韓国を使嗾《しそう》し、場合によっては大国間交渉を通じて南北関係を促進させることである。同オプションにおける米国の介入の程度は具体的状況に依存するが、大国間関係と南北関係の進展水準に鑑みて適宜イニシアティヴを発揮する。同オプションはオプション一のように、主として南北主導による朝鮮半島安定化を促しながらも、米国が積極的に介入することを想定する[41]。この点について、キッシンジャーは、朝鮮半島安定の水準に従い在韓米軍または対韓軍事援助を調整することが、南北関係の進展を促すための有用なカードになりうる、と指摘した[42]。

第四のオプションは、米国主導による周辺大国の南北関係への積極的介入である。同オプションは朝鮮半島の当事者を経由せずに、大国間での交渉を進め、とりわけ中国の協力を得て南北関係の進展を促す方式である。ここでも米国の対韓コミットメントや米韓協調路線は維持されるが、ほかの三つのオプションに比べて米韓協力の比重は相対的に低くなり、米国は、中国との交渉材料として対北朝鮮政策をも利用することができるとされる[43]。

NSSM一五四は、この四つのオプションのなかで当面取るべきオプションを指定してはいなかったが、米国の介入と大国間の交渉を強調するオプション三ないしオプション四に力点が置かれたことは明らかである。前述のように、キッシンジャーはオプション二を事実上排除したうえで、大国間の交渉と米国の主導権が強調されたオプション三とオプション四に関心を寄せた[44]。NSSM一五四の想定した大国間関係の「安定した枠組み」の構築のための朝鮮半島安定化という目標は、すでに米中交渉を通じて軌道に乗りつつあったからである。実際に、その後ニクソン政権は、オプション三とオプション四に示された政策案をひとつひとつ実行に移していく。

同時にNSSM一五四は、具体的な朝鮮問題においても、それまでの米中交渉の結果を反映した政策の方向性を示していた。まず、在韓米軍の兵力水準については、「いずれのオプションにおいても、われわれは当分のあいだ兵力削減を望まない」と前提したうえで、周・キッシンジャー会談の結果に沿って、朝鮮半島安定化の水準に対応した漸進的削減の可能性をほのめかしていた。ここでNSSM一五四は、在韓米軍が南北関係を促すだけでなく、大国間関係における取引材料としても利用価値があると指摘した。韓国軍近代化計画など対韓軍事援助についても、NSSM一五四は北朝鮮に対する脅威認識に従って援助の水準を調整するが、その際には南北関係の進展と韓国の防衛負担能力を念頭に置くべきであることが強調された(45)。

また、国連軍司令部については、「われわれにとって有用な存在であるが、韓国における軍事態勢を維持するために必要不可欠ではない」と述べ、「南北関係の進展を促そうとすれば、中国などと安全保障問題を議論する際にこれを取引材料として利用し、韓国も対北対話に用いる」べきであると提案した。UNCURKについては、国連総会における勢力構造の変化によってもはや維持できなくなった「消耗的な資産」(wasting asset)であると指摘し、その解体を建議した。また米国の対北朝鮮関係に関しては、「南北関係の進展にともない平壌の国際舞台への進出を受容するしかない」と評価しつつ、米朝関係を中韓関係と連動させる方式を提起した(46)。オプション三とオプション四が示すように、朝鮮問題は、米国が主導権を握るなかで、大国間とりわけ米中間の交渉材料として位置づけられたのである。

二　在韓米軍の位置づけの転換

(1)「安定力」役割の付与

ニクソン政権は、ニクソン・ドクトリンに則って一九七一年三月に在韓米軍一個師団を撤退させた後も、国家安全保障問題決定覚書(NSDM)四八にもとづいて追加削減を検討してきた。しかし、デタントの進展にともなって、ニクソン政権は外交力に並行する軍事力の重要性をいまさら認識し、とりわけ中国との接触を通じて在韓米軍の戦略的価値を再評価するようになった。米国政府部内における在韓米軍の追加削減論は、一九七三年一月、メルヴィン・レアード国防長官の辞任後に急速に影を潜めていく(47)。

ニクソン政権は、中ソとのデタント、ヴェトナムからの完全撤退を進めながら、逆説的に国防政策をより強化する姿勢を見せていた(48)。デタントの進展にもかかわらず、軍事力を急激に増強させていたソ連を意識したからである。米国政府内では、米中接近とヴェトナム和平によってアジアにおける緊張が緩和されたとしても、また一九七二年五月のニクソン訪ソとSALTⅠ（第一次米ソ戦略兵器削減協定）の締結にみられるような米ソ間の緊張緩和が進んだとしても、基本的な米ソの軍事的対決状況には変わりはないと認識されていた。しかもソ連が極東方面で軍事力の増強を続けている状況のもとでは、あまりにも大幅な米軍の追加撤兵は米国の安全を脅かしかねない、との認識が広まった。こうして一九七三年五月に発表された『外交教書』では、米国の通常戦力が信頼水準の最小レヴェルまで低下したと評され、その戦力維持の重要性があらためて力説された(49)。これは、通常戦力の削減による安上がりに重点が置かれた、ニクソン政権第一期目の世界戦略に対する反省の性格をも帯びていた。

このように通常戦力の重要性が強調されるなか、キッシンジャーは対中関係を発展させ制度化することで効果的にソ連に対抗するためには、アジアにおける強力な米軍の駐留が欠かせないとニクソンに建議した。

中国にとって受動的な米国は役に立たない。毛と周はより積極的な米軍の存在を望んでいる。（中略）もしわれわれが内側に向かってしまうと、中国は対米姿勢を急激に変えるだろう。（中略）いま中国は確実にわれわれとの「暗黙の同盟」(tacitly as ally) への道を決めた(50)。

キッシンジャーの提案は、ニクソン政権がニクソン・ドクトリンの試金石と位置づけてきた在韓米軍の追加削減計画を取り消す重要なきっかけとなった。一九七三年三月一六日、ホワイトハウスと国務省は、在韓米軍の追加削減を否定する共同声明を発表した。次いで同月二六日、新任のエリオット・リチャードソン国防長官は、上院軍事委員会において、北朝鮮は外部からの支援を受けずとも韓国を攻撃する能力を有しているとしたうえで、在韓米軍の維持が韓国の北朝鮮に対する交渉能力を強化すると主張した[51]。

もっとも、このリチャードソンの発言どおりに、北朝鮮の軍事的脅威が在韓米軍の追加削減計画の撤回を促したとは考えにくい。当時の米国政府は、北朝鮮脅威論に対し依然として冷淡であった。CIAは、在韓米軍撤退を要求する北朝鮮の意図について、「米韓同盟を揺さぶり韓国の軍事力増加を遅らせることで、自国の軍事費の一部を重化学工業に転用しようとしている」と評価したうえで、「北朝鮮は韓国に対して軍事攻撃をおこなう計画を持っていない」と断言した[52]。国務省もまた、「北朝鮮は韓国または米韓連合軍に対する防御力に加え、対韓攻撃力を備えようとしている。しかし、北朝鮮は中国とソ連から軍事支援を受けない限り、単独攻撃が事実上不可能であることをよく認識している」と評した[53]。さらに、一九七三年一月のヴェトナム和平協定の締結にともない、同年三月には駐ヴェトナム韓国軍三万八〇〇〇人が完全に韓国に復帰することによって、韓国軍はいっそう増強された[54]。

他方で米国政府は、韓国の「北進」を防ぐ在韓米軍の対韓「ブレーキ」機能が事実上意味を失ったとも判断していた。NSSM一五四は、「韓国が独自に侵略行為を敢行しえないと断定するに十分な根拠がある。韓国政府は分断状況の現状維持を受け入れており、われわれはすでに（韓国の北進を防ぐに必要な）兵站拠点など効果的な対韓抑止策を有している」と述べ、在韓米軍の対韓歯止め効果に関する評価を後退させた[55]。それまで軍事的見地からの意味づけに集中されてきた在韓米軍の役割に対する米国政府の認識は、米中和解を通じて大きな転機を迎えたのである。

韓国地上軍は北朝鮮地上軍を完璧に防御できる能力を備えており、一部の削減をも可能な水準である。ひたすら軍事的観点から北朝鮮の脅威に対応しようとすれば、現在の在韓米軍をただちに撤退させることも可能である。（中略）統合参謀本部（JCS）は、在韓米軍が韓国防衛という具体的な軍事的機能以外に、米国のアジア戦略

上の政治的役割を遂行していると見なす。[56]（傍点は引用者）

NSC次官委員会（USC）が一九七三年五月にニクソンに提出した右の報告は、北朝鮮脅威論などの軍事的根拠だけでは在韓米軍の駐屯を正当化しえないことを明らかにしている。したがって、右の報告書にも指摘されているように、ニクソン政権が米中接近を通じて在韓米軍の地域的かつ政治的な役割を再認識したことは重要であった。

この点についてリチャードソン国防長官は、前述の上院軍事委員会での証言において、「韓国をはじめアジア地域に米軍を引き続き駐屯させる目的は、ソ連の同地域への進出を憂慮する中国に配慮することにある」と述べた。[57]この発言は、ソ連に対する米中の戦略的視点を反映している。日本が中国とソ連の脅威に対する防波堤として在韓米軍の駐留を望んだのは言うまでもないが、そうであるとすれば、むしろ興味深いのは、ソ連さえも暗黙裡に、自国に直接的な脅威を与えない範囲内で、中国と日本の潜在的危険を緩和する存在として在韓米軍の駐留を受け入れていたことである。[58]要するに、デタントの進展にともなって、朝鮮半島を取り巻くすべての周辺大国が、力の均衡を維持する存在として、すなわち大国間関係の安定化要因として在韓米軍の意義を再認識しつつあったのである。

さらに米国政府は、在韓米軍の駐留によって、北朝鮮に攻撃されはしないかという韓国側の懸念、とくにソウルを標的とする電撃戦に対する強迫観念にも似た恐怖が和らぎ、韓国指導部に南北対話への意欲が促され、韓国の対北交渉力が向上すると考えた。[59]一方の北朝鮮は、依然として在韓米軍を最大の脅威として捉え、その即時全面撤退を求めていたが、米国にとってより重要なのは、在韓米軍による戦争防止と朝鮮半島の安定化であった。こうした文脈から、NSSM一五四は新しい在韓米軍の役割をつぎのように取りまとめた。

在韓米軍の規模と役割は、軍事的であると同時に政治的である。この軍事力は朝鮮半島および東北アジア地域を安定させる影響力（stabilizing influence）を持っている。（中略）東北アジアの脈絡からみれば、いかなる大国も在韓米軍の急激かつ完全な撤退を望んでいない。周辺諸大国にとって在韓米軍は南北双方の冒険主義に歯止めをかける存在である。デタント期における在韓米軍は、中国とソ連に脅威として映らない。在韓米軍が完全に引き揚げられれば、日本は自国の防衛力の適切性に対する疑念を抱き、さらに、中国とソ連は日本の韓国に対する意図を懸念するだろう。これら大国は、在韓米軍の現水準維持またはやや削減された水準を、他のいかなる対案より歓迎するだろう。したがって、在韓米軍は東北アジア全般を安定させる政治的役割を担う。(60)（傍点は引用者）

かくして、従来は中朝連合戦力に対する抑止力として位置づけられてきた在韓米軍が、朝鮮半島と東北アジアにおける安定化ならびに現状維持要因として捉え直された。そして、このように在韓米軍に新しい役割が付与されることにより、在韓米軍追加撤退論は急速に説得力を失った。ニクソンは一九七三年八月、NSDM二三〇「米国の対アジア戦略および軍事力」(61)を通じて、台湾とタイ駐留米軍に対して再配備を命ずる一方、「今後五年間にかけて韓国、日本（沖縄）、フィリピンに対する計画は現水準の基本配備（Asian baseline deployment）を充足すべきである」と命じた。東南アジアおよび台湾駐屯米軍は、ヴェトナム和平協定の成立（一九七三年一月二七日）と米中和解の直接的な影響を受けたが、それとは対照的に韓国を中心にする東北アジアにおいては、むしろニクソン・ドクトリンの適用が正式に修正される結果となったのである。

ニクソンは一九七三年七月三一日、日本の田中角栄首相との首脳会談で、「われわれの目標は安定を増進することである。これはイデオロギーの問題ではない。われわれは米軍の撤退によって真空が生じることを避けたい」(62)と述べ、地域安定力としての在韓米軍の維持を力説した。ニクソンの一九七四年度『外交教書』のために作成されたNSSM一八八「大統領の年次外交政策報告」は、在韓米軍の地域安定役割についてつぎのように取りまとめている。

一、朝鮮半島における米軍の前進配備は必要である。

二、韓国はいかなる米軍の削減も要求しない。われわれの地域同盟国も在韓米軍を支持する。
三、在韓米軍は、敵対行為がおこなわれ四大国の利益に悪影響を及ぼしうるこの地域を、安定させる影響力を提供することで、われわれの安全保障上の利益と外交目標を充足させる。
四、この地域の諸国家は在韓米軍の安定への貢献を認めている。(63)(傍点は引用者)

右の報告書が指摘したように、在韓米軍の安定力としての再定義は、東北アジア地域の国々(とりわけ、ソ連、中国、日本などの大国)により、在韓米軍の政治的役割が同地域の勢力均衡を維持する「公共財」として承認されることを必要とした。第一章第二節で説明したように、在韓米軍の安定力は、友敵関係にもとづいた概念を超えて、朝鮮半島を含む地域の不安定要因の発生を予防し、地域諸国に受け入れられる場合に限り有効であった。そしてこうした在韓米軍の役割の変化は、米中和解と中国の在韓米軍に対する認識の転換があったからこそ、初めて可能となったのである。要するに、日本敗戦後には「占領軍」または「解放軍」として、その後の朝鮮戦争の際には「侵略阻止軍」として、しかも停戦後には中朝連合戦力に対する「抑止力」(韓国による対北挑発行為の抑止をも含む)としてその主たる位置づけを与えられた在韓米軍は、デタントを通じて東北アジアにおける安定力として蘇ったのである。

しかし、朝鮮半島の視点からみれば、在韓米軍の安定力としての位置づけと駐留の継続は、分断状況の現状維持を物理的に強いる安全盤の再定着にほかならなかった。米中両国が在韓米軍の新たな役割に合意し、その駐留の継続に戦略的利益を共有する以上、南北いずれも、軍事的手段を用いて現状打破を図ることは事実上不可能だったからである。こうした米中の取り決めに対して、北朝鮮が猛反発したことは当然の帰結であった。当時の北朝鮮にとって在韓米軍は依然として脅威の対象であり、統一の障害物であったのである。(64)

なお、ここでもうひとつ指摘すべきは、地域安定力としての在韓米軍の位置づけが、短期的にはその追加削減計画の撤回につながったものの、長期的にはその駐留をより流動化させる可能性を含んでいた点である。すなわち、在韓米軍の駐留規模は、米国が求める「安定の物差し」によって調整の余地が生じかねない。また、政治的意味を担わされた在韓米軍の存在が、米韓レヴェルを超えて、米中をはじめとする大国間の関係においても戦略的「取引材料」として用いられる可能性も高くなり、実際にその後の米国は、在韓米軍問題のリンケージを多方面で利用した。しかし、このことは当然、在韓米軍の対北抑止力を柱とする米韓同盟の性格を根本から揺さぶる恐れがあり、したがって米国は、在韓米軍の安定力を重視しながらも、韓国に対しては極力その抑止力としての意義を強調し続けたのである。

(2)東アジア「機動軍」構想の挫折とその余波

一連の米中会談を通じて在韓米軍の地域安定力としての役割を認識するようになったキッシンジャーは、米国内では依然として、在韓米軍の軍事的非効率性に関するあいつぐ指摘に直面していた。たとえば米国議会は、「ハンフリー修正案」と「マンスフィールド修正案」を採択し、海外駐留米軍の追加削減を要求し続けたが、議会における在韓米軍削減論は、在韓米軍が韓国防衛だけに固着し、軍事的柔軟性を失っている点をもっぱら問題にしていた。こうした指摘を受けて、キッシンジャーは一九七三年八月、米軍のヴェトナム撤退を機におこなわれていたＮＳＳＭ一七一「対アジア戦略と軍事力」検討の一環として、在韓米二師団をより機動力ある部隊に転換させる方策を検討するよう、国防総省と国務省にそれぞれ指示した。[65] この指示は、在韓米軍の活用能力を高め、その軍事的非効率性を払拭することを目的としており、いいかえれば、在韓米軍の維持または戦力増強を前提にしながらも、朝鮮半島への固着という軍事的制約を克服するために、その作戦範囲をアジア全域に拡大することを視野に入れたものであった。[66]

キッシンジャーの指示を受けて、国防総省は一九七三年九月、在韓第二師団の朝鮮半島以外の太平洋地域への転用可能性を分析した、「在韓師団の機動軍化における長所」と題する報告書を提出した。[67] 同報告書は、在韓米軍の役割について、韓国防衛に加えて東北アジア安定への可視的なコミットメントの提供、日本防衛へのコミットメント、米中ソ日の大国間関係における「安定的な勢力均衡」の維持にあると前提したうえで、その機動力を高めるための三つの代替案を提示した。

「代替案一」は、在韓第二師団の現状維持である。同案は地域国家の不安を払拭し、デタントを維持する長所を持つ反面、依然として在韓米軍の朝鮮半島への固着という軍事的非効率性を解消できない弱所を有する、と指摘された。「代替案二」は、現兵力水準や配備を維持しつつ、米太平洋軍司令部（USPACOM）の緊急事態に対応するよう新しい任務を在韓第二師団に課することである。しかし、同案は、米軍運用の柔軟性を高める長所がある反面、さまざまな逆効果を誘発する恐れがあることも指摘された。たとえば、戦時完全編成の七五～八〇パーセントしか整っていない現第二師団が、追加的任務の遂行に物理的限界を抱えていることや、当該代替案の実施が米国の対韓コミットメントの弱化という誤ったメッセージを北朝鮮と中ソに与える可能性があることなどが、代表的な問題点として取り上げられた。

「代替案三」は、代替案二の変形として、第二師団の兵力や装備を増強させてから、追加的任務を課することである。しかし、同案は、代替案二に提示された問題点に加えて、年間最大二二〇〇万ドルの追加的費用を要するほか、第二師団の戦力増強に対する北朝鮮と中ソの反発も予想された。

国防総省はここでも代替案の優先順位を明示しなかったが、在韓米軍の機動軍化にかなりの期待を寄せていたと推察される。この計画は、第三章第三節でみたように、レアード前国防長官が在韓米軍の追加削減のために示した特務旅団化構想にも通じるところが多く、実際にその後、国防総省は、在韓第二師団の機動軍化を想定して司令部の統合や板門店警備部隊の後方への再配備などを進めたからである。米地上軍の効率化を図ろうとしていた国防総省にとって、在韓米軍の機動軍化は魅力的な選択肢だったのである。こうした国防総省の考えはフォード政権期にも変わらず、ジェームズ・シュレジンジャー国防長官は、一九七五年五月の記者会見で、第二師団の機動軍化計画が放棄されなかったことを明確にしていた(68)。

一方、在韓米軍の地域機動軍化にともなう政治的・外交的な含意を分析した国務省は、在韓米軍の作戦範囲の拡大が、南北関係はもとより、中ソとのデタント政策にも否定的な影響を及ぼしかねないと判断し、これに反対した。[69] 国務省は、米国の対朝鮮半島政策の目標が、南北間の緊張緩和を通じて大国間の紛争の危険性を緩和することにあると述べたうえで、対北対話に臨む韓国に安全保障上の自信を与えるなどの効果を持つ在韓米軍の現状維持こそが、米国の利益に適合すると主張した。要するに国務省は、第二師団の機動軍化が米国の対朝鮮半島政策における柔軟性を低下させる恐れがある、と結論づけたのである。

さらに、当時の米国政府は、韓国のもつ軍事基地としての価値を重視していた。すでにタイとフィリピンは基地提供に対する対価を要求しており、日本は追加的な基地削減や日米地位協定の修正を求める姿勢を強めていた。こうした同盟諸国の対応を受けて、米国政府は、東北アジアにおける米軍の削減や基地協約の調整が米国の「後退」と見なされ、北京やハノイ、平壌との交渉に悪影響を及ぼしうることを憂慮した。[70] これに対して、むしろ米軍の駐留を強く求めていた韓国では、米軍基地の喪失の可能性はきわめて低く、しかも、前述の国防総省の報告書でも指摘されたように、在韓米軍の機動軍化には、戦術核兵器の再配備をも含む複雑な課題がともなっていた。[71]

結局、在韓米軍の機動軍化構想は、NSCが国務省の見解に同調することで挫折した。[72] ここで指摘すべきは、在韓米軍の軍事的非効率性を改善するために検討された同構想が、朝鮮半島および東北アジアの安定という政治的文脈によって雲散霧消したことである。当時、米国政府は、韓国陸軍が、北朝鮮の単独攻撃の阻止に必要な兵力より一五万から二〇万人を超過保有しているとみており、[73] したがって陸軍中心の在韓米軍が予算を浪費しているとの非難を免れなかった。ここで軍事的効用だけが問題視されていたのであれば、在韓米軍は削減ないし機動軍化を避けられなかったはずである。実際にそうならなかったのは、ニクソン政権が、米中和解の文脈で在韓米軍に新しく付与された、朝鮮半島および東北アジア地域の安定力としての役割を重視したからにほかならない。[74]

かくして在韓米軍は、追加削減もなく駐留が継続されることになったが、このことは米国がニクソン・ドクトリン以後一貫して推し進めた朝鮮半島に対するオフショア戦略の修正、いいかえれば、従来の地上軍中心の前方防御戦略への回帰を示唆していた。

こうした戦略概念の動揺は、NSDM四八とNSDM一二九の決定にもとづき、陸軍の強化を軸とする韓国軍近代化計画の修正へとつながった。当初、ニクソン政権は、対中接近によって中国の脅威を緩和する一方、韓国陸軍を強化することで在韓米軍の追加削減の道を開こうとした。しかし、米中和解の過程でむしろ在韓米軍の役割が再評価され、追加削減計画が取り消されたために、陸軍の強化を優先事項とする韓国軍近代化計画も修正を余儀なくされた。NSDM二二七「韓国軍近代化計画」(一九七三年七月二七日)を通じてニクソンが「韓国軍近代化計画の重点を空中防御に必ず置くこと」を指示したのは、在韓米軍の役割転換と密接に関わっていたのである。[75]

このNSDM二二七は、当初の韓国軍近代化計画であったNSDM一二九(第三章第三節参照)とは、二つの点において根本的な相違があった。第一に、NSDM一二九は中朝連合戦力に対応することを想定したが、NSDM二二七は、その目的を「北朝鮮脅威に対する自己十分戦力を確保する方向に韓国を支援するために」と明記し、北朝鮮の脅威のみを念頭に置いていた。第二に、NSDM二二七は、先に指摘したように、韓国軍近代化の重点を地上軍強化に置くNSDM一二九から、北朝鮮に比べて劣勢であると評価されてきた韓国の空軍力を強化する方向に転じた。こうした韓国軍近代化計画の方向転換は言うまでもなく、米中和解とそれにともなう在韓米軍の地域安定力への役割変化と、在韓米地上軍の駐留の継続に関する決定を反映した結果であり、かつ、韓国防衛の韓国化と朝鮮問題の局地化を促す米国の戦略目標にも適うものであった。

ちなみに、ニクソン政権による在韓米軍および韓国軍近代化政策の見直しは、韓国に配備されていた戦術核兵器に対する評価にも変化をもたらしていた。第三章第三節でみたように、レアードを中心とする国防総省は当初、戦術核の使用能力の相対的重視によって在韓米軍の追加削減計画を推し進めようとしたが、結果的にその計画は挫折した。しかし、ニクソン政権にとって在韓米軍を継続して駐留させる旨の決定は、韓国における事実上の戦力増強を意味し、これは韓国防御のための戦術核兵器への依存度を相殺する効果を生み出したのである。さらに、韓国の地上軍戦力を北朝鮮よりはるかに優勢であると判断したニクソン政権のもとでは、韓国軍の地上戦を支援する戦術核兵器の意味は後退せざるをえなかった。しかも、がんらい中朝連合戦力の攻撃に対する防御が失敗した場合に限るものとして想定されていた戦術核兵器の使用基準は、米中和解によってさらに制約を受けた。

もっとも、北朝鮮の脅威がなお厳然として存在する状況のもとで、米国が在韓米軍の戦術核兵器を撤去すれば、対韓コミットメントの後退を誤って印象づける恐れもあった。また、東アジアにおける核戦力の均衡という戦略的観点に加えて、韓国以外には核兵器の保管場所がないという現実的判断からも、韓国に戦術核を配備し続けるのが当面の得策であった。にもかかわらず、米中和解と在韓米軍が継続して駐留することによって、韓国における戦術核の効用が格段に低下したことも明らかであった。したがってニクソン政権は、在韓米軍の戦術核配備を維持しながらも、実際にはその使用を軍事計画から排除する姿勢に転じたのである。[76]

三　南北対話の破綻と北朝鮮の対米接近

(1)「二つのコリア」対「一つの朝鮮」

①南北対話の行き詰まり

米中両国が在韓米軍の段階的撤退に合意するなど、朝鮮問題をめぐるいっそうの協力姿勢を示したこととは対照的に、一九七二年の「七・四南北共同声明」以降、南北関係は停滞の一途をたどった。その原因は多岐にわたるが、最大の要因は、在韓米軍の将来像に対する南北間の認識の齟齬であった。北朝鮮は、南北対話が在韓米軍の撤退を促すどころか、むしろその駐留を長期化させる結果になることについて苛立ちを募らせた。[77]

東欧側の史料によれば、北朝鮮軍部は一九七三年に入り、朴正熙政権との対話路線、すなわち上層統一戦線への批判を露骨に表わしはじめ、巻き返しを図った。[78] 他方、米国の在韓米軍追加削減計画の白紙化によって安全保障上の懸念をある程度払拭し、維新体制の構築によって国内的な権力基盤がいっそう固まると、韓国指導部の南北対話への情熱は半減した。李厚洛《リフラク》中央情報部長はフィリィップ・ハビブ駐韓米大使との会見で、南北対話に臨む韓国の目標が、在韓米軍が継続して駐留することを前提にした「二つのコリア」の平和共存にあることを明言した。[79]

こうして、在韓米軍の存在意義をめぐる南北間の舌戦が際限なく続いた。北朝鮮は、「国連帽子」をかぶる在韓米軍が、七・四南北共同声明上の「自主」条項に違反するがゆえに、即刻撤退すべきであると主張した。これに対して韓国は、在韓米軍はあくまでも米韓両国間の問題であり、「自主」を妨げる存在ではないと切り返したうえで、それよりも経済、社会、文化交流を優先すべきであると強弁した。こうした攻防が一九七三年の第二八次国連総会における朝鮮問題に関する討論に影響することを、南北ともによく認識していた。北朝鮮は外勢、すなわち米国と国連の存在が南北関係の進展の障害となっていることを立証しようとしたのに対し、韓国は北側の主張の非現実性を浮き彫りにすることによって国際的支持を得ようとした。七・四南北共同声明で謳われた朝鮮問題の局地化はいよいよ限界に達し、その国際化は時間の問題となった。

このような情勢のもとで、一九七三年三月七日には、一八カ月ぶりに非武装地帯（DMZ）で南北間の銃撃戦が起こり、[80] その八日後の三月一五日から平壌で開かれた南北調節委員会第二次会議は、冒頭から事実上機能不全の状態に陥った。北側の朴成哲《パクソンチョル》共同委員長代理は、基調発言を通じて、南北間の軍事的対峙状態の解消が最優先課題であるとしたうえで、「五項目軍事提案」をおこなった。五項目軍事提案とは、①武力増強と軍備競争を中止する、②それぞれの軍隊を一〇万またはそれ以下に削減する、③外国からの一切の兵器と作戦装備、軍事物資を導入することを中止する、④米軍を含む一切の外国軍を撤退させる、⑤以上の問題を解決し、南北互いに武力行使をしないということを「担保」（保障）する平和協定を結ぶ、というものであった。[81] 言うまでもなく、ここでの最大の重点は、在韓米軍の撤退に置かれていた。

さらに重要なことは、在韓米軍撤退に先立って南北平和協定締結を要求していた金日成が（第四章第二節）、ここでは在韓米軍の撤退を優先させようとした点である。これは、北朝鮮の立場が、在韓米軍撤退を朝鮮問題解決の前提条件として掲げた南北対話以前の段階に後退し、ふたたび膠着したことを示唆する。この点に関する米国務省の分析は、北朝鮮が米軍の全面撤退を成し遂げたヴェトナム和平交渉に刺激され、在韓米軍問題を国際的に争点化させ、米国に圧力をかける姿勢に戻った、というものであった(82)。同じく国務省は、北朝鮮は、軍事問題を軸とする政治攻勢が韓国の朝鮮問題に関する国連討論の延期戦略を阻止するだけでなく、予想される国連での票決においても有利に働くと判断した、と分析した(83)。

かねてから北朝鮮の政治攻勢に対してアレルギー反応を示してきた韓国政府が、こうした北側の提案を、自らの防衛体制を解体しようとする挑発行為と受けとめたことは当然であった。南側共同委員長の李厚洛は、「いまの南北関係は軍隊削減を云々する段階ではない」と一言で拒絶した(84)。結局、南北調節委員会第二次会議は共同声明文すら発表されないまま決裂した。

その後の事態の展開は、北朝鮮がもはや南北対話だけに拘泥しないことを示唆するものであった。北朝鮮は一九七三年四月五日、最高人民会議第五期第二次会議を通じて南北平和協定締結を正式に提唱したうえで。最高人民会議の名義で米国を含む世界各国の政府または議会に書簡を送り、前記の五項目軍事提案に加えて、「在韓米軍四万人が撤退すれば、われわれは一方的に兵力二〇万人を削減する」との提案をおこなった(85)。

米国務省は、この軍縮提案が北朝鮮の平和意志を宣伝し、米国内および国際世論を喚起することで、在韓米軍撤退を促そうとする試みであると断定した(86)。韓国外務部は、北朝鮮が南北平和協定締結を提起する目的が、①国連軍司令部の解体と在韓米軍の撤退を実現させる、②国際法上、韓国と同等の地位を確保する、③日本との国交樹立の契機をつくることにある、と分析した(87)。

かくして南北調節委員会第三次会議（一九七三年六月一二～一三日、於ソウル）は、南北間の容赦ない応酬の場に転じた。北側は、「南北間の緊張緩和は銃と刀の問題である」と主張しつつ五項目軍事提案を繰り返し強調したのに対し、南側はそれに対抗するかたちで全面的な門戸開放を提案した。李厚洛は五項目軍事提案の第五項にあたる南北平和協定に対して、「些細な問題すら履行できないのに、国民の死活にかかわる協定を結ぶことはありえない」と拒否した。北側が「ちょっと間違えば『二つの朝鮮』になる」と責めると、南側は、北朝鮮の韓国修交国に対する外交攻勢や、国連機構進出への試みを取り上げて、北朝鮮こそ「二つのコリア」を追求していると切り返した(88)。こうして会議はふたたび決裂した。同会議は南北調節委員会本会議としては最後となった。

しかし、南北対話が事実上破綻したにもかかわらず、どちら側もただちに対話の中断を宣言する「不名誉」を甘受しようとはしなかった。これは、局地化した朝鮮問題をめぐって競争的に平和意志をアピールすることで対話の主導権を確保しようとする南北双方が、依然として対話による利益を共有していたことを意味している。朴正熙がマーシャル・グリーン米国務次官補に説明したように、韓国は北側の敵対行為を防ぎ、政治攻勢を緩和させるために南北対話を維持する必要があった(89)。一方の北朝鮮は、ハビブ駐韓米大使が予想したように、国連総会が開かれる秋ごろまでは南北対話を維持しながらも、この対話が米国の妨害によって限界に達しつつあることを国際社会に見せつける必要があった(90)。

同盟関係の視点から見れば、南北ともに南北対話を進めることで、朝鮮問題をめぐる自立性を確保しながら、それぞれ米国と中国から支持と支援を取りつけることができた。すなわち、朴正熙にとって、南北対話は米国の対韓コミットメントの保全手段であり(91)、金日成は、南北対話を通じて中国に対する発言力を高めることに利益を見いだしていた。米CIAが分析したとおり、「南北双方は、それぞれの最大の同盟国である米国と中国が、南北対話を朝鮮半島に対する影響力のバロメーターと見なし、同対話が進展せずとも続けられることを強く望んでいる事実を見抜いていた」(92)。この点についてNSSM一五四は、「南北双方は、南北対話を大国間関係の変動にともなうリスクを相殺する手段として、さらにシニア同盟との交渉における影響力として利用してきた」と指摘した(93)。

②二つの「六・二三宣言」

南北対話の行き詰まりは、朝鮮問題の国際化を招いていた。当事者解決の失敗による、当然の帰結である。南北双方は差し迫った国連総会における票決に備えて、アフリカ諸国にまで親善使節団を競って派遣するなど、熾烈な外交戦を展開した。この外交戦で、韓国は守勢を強いられていた。

米中接近以来、中国の後押しを受けつつ非同盟諸国に対する働きかけを中心に積極的な外交活動をおこなった北朝鮮の勢いは、一九七三年に入っても止まらなかった。北朝鮮が一九七三年四月までに新しく一九カ国と外交関係を結んだのに対して、同じ期間に韓国と新しく修交した国家は三カ国にすぎなかった(94)。さらに、東西両陣営間の緊張緩和が進むにつれ、韓国を支持する国家のなかにも北朝鮮を承認しようとする動きが目立つなど、北朝鮮の「西方浸透」も一定の成果をあげていた。したがって韓国政府は、依然として修交国数において優勢であったとはいえ(一九七三年四月現在、韓国八五カ国、北朝鮮五五カ国)、一九七三年国連総会では、多数決でUNCURKが強制的に解体され、「唯一合法政府」の地位すら剥奪される可能性を深刻に憂慮せざるをえなかった(95)。

こうしたなかで北朝鮮は、韓国側の熾烈な阻止工作にもかかわらず、一九七三年四月に国際議員連盟(IPU)、翌月の五月には世界保健機関(WHO)と国連貿易開発会議(UNCTAD)への加入を果たした。とくに、WHO加入(票決結果は、賛成六六、反対四一、棄権二二)は、国連専門機構への初めての加入であり、その結果、北朝鮮は、韓国と同様に常駐オブザーヴァー資格を獲得し、同年九月、ニューヨークとジュネーヴにそれぞれ国連代表部を設置した(96)。一連の動きは北朝鮮の国際的地位の向上に寄与し、それまで国家としての北朝鮮の存在すら否認してきた韓国政府にも、外交・統一政策の大転換を迫っていた。

このような情勢の変化を受けて、朴正煕は一九七三年六月二三日、「平和・統一外交政策に関する特別声明」(以下、「六・二三宣言」と略称)を発表し、局面の打開を図った(97)。西ドイツの「東方外交」(*Ostpolitik*)(98)を大いに参考にしてまとめられた同宣言の骨子は、大きく、①南北同時国連加入の認定と、②共産圏との関係改善の二点であった。つまり、それまで国連の権威を借りて享受してきた「唯一合法政府」の地位と、北朝鮮を承認する国とは関係を結ばないという韓国版「ハルシュタイン原則」をここで正式に放棄し、対外的に「二つのコリア」の現状を認知する方向に踏み出したのである。[99] いいかえれば韓国は、国連における南北の「二重代表制」による「現状維持の合法化」(legitimation of *status quo*)[100] と平和共存を打ち出すと同時に、そのことによって共産圏への門戸開放をおこない、東西冷戦の「線引き外交」の枠を脱皮しようとしたのである。その一年前の七・四南北共同声明が、南北双方が互いの政治的存在を受け入れる過程であったとすれば、六・二三宣言はその対外的拡張の一環であった。

ただし、北朝鮮の実体を認めたこの宣言は、韓国自身にとっては北朝鮮との正統性をめぐる競争における後退を意味しなかった。六・二三宣言で国際的な「二つのコリア」の現状を受け入れた朴正熙は、同時に「決してわれわれが北朝鮮を国家として認めるものではない」と強調し、対内的には「唯一の合法政府」としての地位を固守するという意志をも明らかにしていた。すなわちこの宣言は、国際的に受容された北朝鮮の政治的実体を容認しつつも、韓国自身の立場としては北朝鮮を国家として認めないという「二重構造」をなしていたのである。[101]

こうした二重構造は、韓国外務部の表現を借りれば、北朝鮮を国連の場に引き込み、国際的に「二つのコリア」の現実を認めさせ、国際的ルールを遵守させる一方、対内的には韓国の優位を確保し続けるための工夫でもあった。[102] この点について金鍾泌《キムジョンピル》総理は、同年六月二六日国会答弁で、「これまでは北韓をリングから追い出そうとしたが、これからはリングの上に呼び込んで牽制するつもりであり、これは勝てる自信があるからだ」と述べた。[103] キッシンジャーは、六・二三宣言による即効的効果として、それまで守勢に置かれてきた韓国が外交的イニシアティヴを取り戻した、とニクソンに報告した。[104]

こうして韓国政府は、六・二三宣言を機に対共産圏外交を本格的に展開し、巻き返しを図ろうとした。韓国外務部はそれまで「中共」[105]と呼んでいた中国の正式国称の使用や中国外交官との接触を含めて、共産圏との交流の開始を在外公館に指示した。したがって同宣言は、韓国政府にとってはむしろ東西冷戦の壁を越えて北朝鮮と外交戦を展開しようとする、「宣戦布告」にほかならなかった。

このような戦略を採用する韓国政府にとって、米国の外交的支持と支援は欠かせなかった。朴正熙は「米国と緊密な協議のもとで」六・二三宣言を用意することを指示するなど、何よりも米国の協力を求めた(106)。したがって六・二三宣言が、「二つのコリア」の現状維持にもとづく朝鮮半島の安定化を求める米国の意図に沿うかたちを取ったことは当然であった。実際に、この宣言は「米韓合作品」とも言えるほど米国の介入をともなっていた。

一九七三年五月九日、金溶植《キムヨンシク》外務長官から外交路線転換について説明を受けたハビブ駐韓米大使は、ただちに韓国首脳部との意見調整に取り組んだ。ハビブは金鍾泌総理、丁一権《チョンイルグォン》国会議長などと会談し、韓国政府の本音を探った後、「韓国は『事実上の二つのコリア』(*de facto* two Korea)を受け入れた」と診断したうえで、「われわれは前面に出ないまま、また催促をもせず、韓国の新しい行動を激励するべきである」と国務省に建議した(107)。国務省は、「韓国がしだいに新しい現実に適応している」と好意的に評価し、対韓交渉に積極的に臨むよう指示した(108)。

金溶植は、同年五月二五日、「新外交政策の基本ガイドライン」と題する草案をハビブに手渡した(109)。同草案は基本方針として、①平和統一を志向するが、韓国自身は北朝鮮を国家と認めない、②北朝鮮の軍事脅威が存在する限り、国連軍は駐留すべきである、③統一には相当の時間を要するので、停戦体制を暫定措置(*modus vivendi*)として管理する、という三点をあげていた。

キッシンジャーは一九七三年六月一五日と一八日にＮＳＣのＳＲＧ会議を開き、前述のＮＳＳＭ一五四の延長線上で、韓国側の草案とその波及効果を綿密に検討した(110)。この会議で注目すべきは、キッシンジャーが六月一五日の会議で、「停戦体制が維持されるなら、国連軍司令部は解体されうる」と言及したことである。「停戦体制の維持」という前提条件を付けたものの、それまでキッシンジャーが周恩来との会談で国連軍司令部問題を極力避けようとしたことに鑑みれば、この発言は、米国政府がこの時点ですでに国連軍司令部解体をも視野に入れていたことを示唆する。

こうしたなか、金溶植は新外交政策の修正案を、ハビブは米国政府の訓令をそれぞれ携えて対座した。米国側の訓令は、UNCURK解体に加えて、停戦協定など安全保障問題を確実にしたうえで国連軍司令部の解体の可能性をも検討すること、南北同時国連加入に同意すること、共産側の韓国承認と連動して北朝鮮承認をおこなうこと、等々を骨子としていた[111]。韓国側の修正案についてハビブは、北朝鮮の国連総会討論への参加とUNCURK解体への容認をより明確にすること、国連軍司令部の解体を検討することを勧告した。これに対して金溶植は、国連軍司令部は在韓米軍が関わるだけにさらなる検討が必要であり、UNCURKについては、宣言のかたちではなく記者会見を通じて明らかにすると応じた[112]。結果的に、六・二三宣言は金溶植の譲歩案に沿っておこなわれた。

六・二三宣言をめぐる交渉に際して、韓国が国連軍司令部および在韓米軍の維持と北朝鮮の不承認を要求し、米国の外交政策上の柔軟性を奪おうとしたことを想起しながらも[113]、米国政府は同宣言を「国際現実を実用的に受容したもの」、「予測できる未来において唯一の実現可能な選択肢」と高く評価した[114]。国務省は声明を通じて、「朴大統領の提案に全面的に同意する。（中略）同提案によって、南北双方は朝鮮半島における永続的な平和に向けて段階的に前進する基盤を整えるだろう[115]」と述べた。とくにNSCは、南北の国連同時加入と「二つのコリア」の成立に関する利点をつぎのように取りまとめた。

一、北朝鮮を国際社会に引き出し、国連憲章を遵守するよう義務づける。

二、北朝鮮を国際社会から排除するために払われた政治的消耗戦を終わらせ、中国とソ連が韓国を承認する契機をつくることができる。

三、朝鮮問題をめぐる大国間の安全保障体制の構築に向けて、国連が有用な役割を担う。

四、「二つのヴェトナム」を推進するにあたって有用な前例となる。

五、南北同時国連加入は在韓米軍の駐留には影響しない[116]。

米国政府は、この宣言によって「二つのコリア」が国連の場で成立すれば、朝鮮半島の安定化がさらに進み、朝鮮問題をめぐる大国間関係にもよい影響を及ぼすと期待した。ニクソン・ドクトリンと在韓米軍一個師団削減、ニクソン訪中などによって最悪の状態に陥った米韓関係は、六・二三宣言の成立を契機に復元に向かいつつあったのである。ニクソンは朝鮮問題に関する特別研究チームを立ち上げる一方、[117] 一九七三年七月一八日には、大国間の交渉において韓国の意向を反映し、その利益を守ることを骨子とする、[118] やや異例の政策指針を下達した。

ただしここで指摘すべきは、朴正熙の六・二三宣言は、南北対話が行き詰まった状況でおこなわれたために、実際には朝鮮問題を米国のリーダーシップと米中交渉に委ねる結果となった点である。金溶植がＵＮＣＵＲＫ解体問題の国連上程を控えていた一九七三年九月、「中国を説得せよ」とキッシンジャーに訴えるなど、同宣言以後、韓国政府は確実に米中交渉に依存する立場に転じていた。[119] このように考えると、六・二三宣言は、韓国政府が大国間の交渉を重視するＮＳＳＭ一五四のオプション三ないし四（本章第一節の(2)を参照）に順応した結果であったとも言えよう。

一方、朴正熙が六・二三宣言を発表してから八時間後、金日成はチェコスロヴァキア共産党のグスタフ・フサーク書記長の歓迎群衆大会で、朴正熙の提案に対抗する独自の「六・二三宣言」を発表した。[120] まず金は、「米国が両面戦術を行使し（中略）北と南の間で対話が始まった後も南朝鮮の好戦分子を使嗾し、朝鮮人同士に戦わせ、朝鮮の分裂を恒久化させ、『二つの朝鮮』を作ろうとしている」と、米国を強く非難した。この非難は米国に向けられたものの、ニクソン訪中承認以後にも払拭しえなかった中国の対米政策に対する不満と疑念をも反映していた。[121] 次いで金は、①南北間の軍事的対峙状態の解消、②南北間の多方面にわたる合作と交流の実現、③南北の各界各層の人民と政治・社会団体代表からなる「大民族会議」の召集、④「高麗《コリョ》連邦共和国」の単一国号による連邦制の実施、⑤単一の「高麗連邦共和国」の国号による国連加入を骨子とする長文の「祖国統一五大方針」（以下、「五大方針」と略称する）を打ち出した。

一九七一年四月の「八カ項の平和統一方案」（第二章第四節の(3)を参照）の簡易版でもあったこの五大方針のなか

で、とくに目立ったのは「高麗連邦共和国」という単一国号による国連加入の提案であった。これは、朴正熙が六・二三宣言を通じて明らかにした南北同時国連加入を真っ向から拒否するもので、これにより国連加入をめぐる南北間の対立が決定的となった。金日成は韓国の南北同時国連加入案に対して、「わが民族が永遠に二つに分かれることになり、南朝鮮の人民が永遠に米帝国主義者の植民地奴隷になる」ことに帰着する、「到底受け入れられない反民族的な主張」であると強く非難した。(122)

もっとも、金日成自身は、その一週間前の六月一五日におこなわれた日本TBS取材団との会見で、国連加入について、「最終的な方針を決めていない。今後、検討する余地がある」とだけ述べたうえで、「領土の権利」を取り上げ、国連総会における北朝鮮の発言権を主張した。(123) また金は、日朝関係については「(日本が) 韓国と関係を持っているから、われわれと国交を結べないという条件は成立しない」と述べ、「二つのコリア」を容認するような発言をおこなっていた。すなわち、この単一国連加入案は、金日成の本来の主張というよりも、朴正熙の六・二三宣言への対抗という色彩を強く帯びていた。

しかも、金日成の五大方針に含まれる連邦制構想は、単一国連加入の主張と本質的な部分で矛盾する。連邦制案は、政治的統合の優先という点において機能主義的な交流を重視する韓国側の考え方とは隔たりがあるものの、「当分のあいだ、北と南に現存する二つの制度をそのままにして、連邦国家を形成しようというものである」との説明にも明らかなように、(124) 内容面では「二つのコリア」を想定し、六・二三宣言によって「二つのコリア」を過渡的に受け入れた朴正熙の平和共存路線とも通じるところがあった。金日成の連邦制構想もまた、過渡的措置としては朝鮮半島における二つの制度と体制を容認していたのである。(125) 単一国連加入の主張は、韓国がすでに加入していた国連傘下の諸機構に加入することに熱心であった北朝鮮の国連政策とも矛盾する。一九七〇年代に入って北朝鮮が積極的に推し進めた韓国修交国との同時修交は、南北による「国家単位」での外交活動にほかならない。にもかかわらず、金日成がここで単一国連加入にこだわった理由としては、以下の点があげられる。

第一に、北朝鮮は単一国連加入を主張することで、自らの統一への強い意志を目立たせ、韓国との正統性をめぐる競争で有利に立つと判断した。かねてからの外交目標であった国際舞台における韓国との対等性を確保すると、こんどは統一を強調することで「唯一合法政府」の地位を勝ち取ろうとしたのである。実際、その後の国際社会では、朝鮮問題を韓国の「二つのコリア」（反統一）と北朝鮮の「一つの朝鮮」（統一）との対決に単純化する向きが強まった。[126]要するに、この時期に金日成は、「二つのコリア」の現実を実質的に受け入れながらも、単一国連加入を主張することで、統一論争の主導権を握ろうとした、と言ってよいであろう。

第二に、北朝鮮は、南北同時国連加入の実現が、在韓米軍駐留の正当化につながること、すなわち国際的に「二つのコリア」が公式に受け入れられれば、米韓相互防衛条約を根拠とする在韓米軍が第三国の問題となり、在韓米軍の継続駐留が容認されてしまうことを懸念したと思われる。だからこそ金日成は、一九七三年九月の岩波書店との会談で、『二つの朝鮮』の国連同時加入案は、米軍を南朝鮮に引き続き駐屯させるための術策」であると猛烈に非難した。[127]

第三に、南北同時国連加入は、北朝鮮にとって分断状況を承認し、「南朝鮮革命」という国家目標を自ら放棄することに等しかった。北朝鮮の論理に従えば、「二つのコリア」が成立すれば、自国の統一政策も、「民族解放」どころか隣国に対する内政干渉または侵略行為として断罪されうる。もっとも、北朝鮮自らが、国連傘下の諸機構に一国家の資格で加入するなどして実質的には「二つのコリア」路線を追求してきたこと、しかも韓国側の経済成長によって南朝鮮革命が現実味を失いつつあったことに鑑みれば、北朝鮮の「一つの朝鮮」構想と国連単一加入の主張は、客観的な国際情勢の現実から乖離しており、北朝鮮こそが全朝鮮半島を代表するという虚構に立脚した金日成政権の政治路線の踏襲にすぎなかったと言わざるをえない。

最後に、北朝鮮にとって「一つの朝鮮」の主張は、中国の協力と支持を得るためには欠かせない条件であったと思われる。すなわち、同じ分断国家である中国が、単一議席による国連加入を果たしたうえで「一つの中国」の原則を堅持する限り、北朝鮮としては「一つの朝鮮」の原則にこだわらざるをえなかったのである。「一つの中国」と「一つの朝鮮」の連鎖は、北朝鮮の統一政策における柔軟性を制約する要因でもあった[128]。

いずれにせよ、「二つのコリア」と「一つの朝鮮」との対決として要約される二つの六・二三宣言は、その後の南北関係を決定づけた。金日成の五大方針が南北平和協定にまったく触れていなかったように、北朝鮮にとっての南北対話への需要はこの時点で消滅したと言ってよい。北朝鮮にとって南北対話は、朝鮮半島における当事者能力を誇示するだけでなく、在韓米軍撤退を促す有用な手段でもあったが、国際的には「二つのコリア」のイメージを浸透させる逆効果さえ生んでいたからである。やがて北朝鮮は、一九七三年八月二八日、南北調節委員会平壌側共同委員長の金英柱《キムヨンジュ》名義の声明を通じて事実上の対話中断を発表した。北朝鮮はこの声明において、同年八月八日に東京で発生した金大中《キムデジュン》拉致事件と韓国中央情報部長の李厚洛・ソウル側共同委員長との関連性を取り上げ、「李厚洛ら南朝鮮『ゴロツキ』どもと対座して国家大事を論じるわけにはいかない」と主張し、ソウル側共同委員長の交代を要求した[129]。

北朝鮮にとって、金大中拉致事件はたしかに韓国政府の非民主性を目立たせ、その正統性を傷つける格好の機会であった。しかし、声明全体からは、北朝鮮が対話を中断させた真の理由が、朴正熙の六・二三宣言への拒絶反応であったことが伝わってくる。北朝鮮はここで六・二三宣言を「『二つの朝鮮』路線の公開的宣布」と決めつけたうえで、「南北共同声明を完全に覆してしまった」と非難した[130]。南北調節委員会の本会議の中断につながったこの声明の発表後、北朝鮮は南北赤十字本会談でも韓国の「二つのコリア」政策にかこつけて、同会談を窒息状態に追い込んだ。これに対して南側の李厚洛は、「六・二三宣言は『二つのコリア』をつくるのではなく、平和的な方法で統一を追求する平和統一政策である[131]」との反駁声明を出し、対抗姿勢を鮮明にした。

なお、前章第四節で検討したように、南北対話の開始とともに現実化した「敵対的な双子の権威主義体制」の傾向は、対話の中断を機にいっそう深まった。北朝鮮は一九七三年九月四日、朝鮮労働党第五期第八回全員会議（中央委総会）で「三大革命小組」に実権を与えることで、金正日《キムジョンイル》を党書記・政治局委員候補に選出した[132]。こうして金日成・金正日の世襲体制が確立した。他方、金大中拉致事件を通じて反民主主義的な態度を浮き彫りにさせた朴正熙政権は、同年一〇月二五日、在欧韓国人三五四人を北朝鮮スパイとして検挙するなど、「反共」「反北」意識を鼓吹することで[133]、長期独裁の基盤を固めつつあった。南北対話は、北朝鮮が対話における障害物として名指しした李厚洛中央情報部長が一九七三年一二月に解任されたにもかかわらず、その一年前の勢いを回復することはできなかった。

(2) 北朝鮮の「通米封南」戦略

①北京を舞台とする対米接触の試み

南北対話の中断とほぼ同時に、北朝鮮は、朝鮮戦争以来初めて対米外交官接触を試みはじめた[134]。洪錫律《ホンソクリュル》の研究が明らかにしているように、このことは、北朝鮮による南北対話中断の背景に、米国との直接交渉という布石があったことをうかがわせる[135]。実際にこれは、北朝鮮が既存の「通南通米」（韓国と通じることで米国と通じるという意）政策から「通米封南」（米国と通じることで韓国を封じるという意）政策に転じることを告げる信号弾であった。

駐中北朝鮮大使館は、一九七三年八月二一日から毎日、北京駐在の米国連絡事務所に電話をかけ、レストランなど便利な場所で連絡事務所長などと接触することを申し入れた[136]。当時米国連絡事務所は、キッシンジャーの直接統制下に置かれていた[137]。キッシンジャーは一応北朝鮮外交官と接触し、彼らの意図を聞くにしても、それ以上の接触は中国の対韓接触と連動させなければならないと考えていた。キッシンジャーはハビブ駐韓米大使に、米朝接触に対して朴正熙の承認を受けるよう指示した[138]。朴は八月二四日、米国の対朝接触を認めつつ、それが韓国の対中接触につながることを期待するとハビブに告げた[139]。

八月二七日午後五時三〇分、アルフレッド・ジェンキンス駐中米国連絡事務所副所長は北京の事務所で、李宰弼《リジェピル》駐中北朝鮮代理大使一行を迎えた。北朝鮮側は最近WHOに加入し、ニューヨークの国連本部に常駐代表団を派遣することになったと説明し、同代表団に身辺保障や通信確保などの外交官特権が保証されるかどうかを訊ねた。これに対してジェンキンスは、米国政府は慣例に則って処理すると答えた。ジェンキンスがこの接触を秘密に付することを提案すると、北朝鮮側は同意した[140]。

この接触で北朝鮮側が持ち出した案件は、単なる名目にすぎなかった。そもそも国連常駐代表部の設置問題は、国連を通じて解決可能な事案だったからである。ジェンキンスは、「北朝鮮との接触で実質的な問題は何も議論されなかった。北朝鮮側は心のなかに何か大きなものを抱いていたように見えた」と報告した。李宰弼はこの接触中、「この出会いは米朝間の初めての外交官接触であるだけに、非常に重要である」と述べた。キッシンジャーは、こうした北朝鮮の行動を一種の「瀬踏み」(test the waters) であると考えた[141]。

しかし、北朝鮮による初の対米接触は文字どおり「一見」で終わった[142]。その理由は、何よりも米朝接触が、中国の対韓接触につながらなかったからである。キッシンジャーは一カ月後の一九七三年九月二六日、中国国連大使の黄華《ファンファ》に北朝鮮の対米接近を通知したうえで、中国側に相応の対韓外交官接触を要請した[143]。しかし、中国側はそれを硬く拒否した。中国にとって韓国との接触は、「一つの朝鮮」ひいては「一つの中国」原則に矛盾し、ソ連との競争関係にある対北朝鮮関係にも悪影響を及ぼす余地があったからである。

本章第一節で指摘したように、中国は在韓米軍問題をめぐって北朝鮮と微妙な神経戦を繰り広げたものの、他方ではソ連のワールド・ユニヴァーシティ・ゲームへの韓国招待決定を強く非難するなど[144]、北朝鮮の「一つの朝鮮」政策に対してあからさまな支持行動を示し続けた。中国は、一九七三年九月の北朝鮮建国二五周年に際し、大規模の祝賀使節団を平壌に派遣する一方、周恩来は三人の副主席とともに北京の北朝鮮大使館で開かれた祝賀宴会に参加した。『人民日報』は長文の社説を通じて、金日成の統一政策を支持し「二つのコリア」を強く非難した[145]。こうした中国の動向について、米CIAは「中国が『一つの朝鮮』への支持を媒介にしてソ連に傾きかねない北朝鮮を引きとどめようと懸命である」と分析した[146]。実際、この時期中国は、韓国がフランスやオーストラリアなどを通じて接近しようとしたことをきっぱり退けたばかりか、「政経分離」のもとでの韓国貿易視察団の訪中提案をも断固拒否した[147]。

②対米直接接近の力学

前章で考察したように、北朝鮮は、朝鮮問題の局地化を積極的に受け入れることで中国から「見捨てられる」かもしれないという懸念を相殺する一方、「上層統一戦線」戦術の一環として南北対話を進めることで在韓米軍撤退を促そうとした。しかし、北朝鮮の期待とは裏腹に、米中接近以後の朝鮮半島情勢は現状の固定化へと向かっていた。韓国は、南北対話において、軍事的・政治的な問題については妥協の余地をまったく示さなかった。北朝鮮の対南平和攻勢は、むしろ韓国内の反共意識を刺激し、南北対話による緊張緩和にもかかわらず、在韓米軍は追加撤退どころか、安定力として永久駐留する傾向さえ強めていたからである。

北朝鮮は、対南戦略がこのように行き詰まった背景に「主敵」の米国の妨害があると捉えていた。金日成は、一九七二年五月の『ニューヨーク・タイムズ』との会見で、米国が上海コミュニケで朝鮮半島における緊張緩和と南北対話を支持したことを指摘したうえで、「これと関連して、米帝が南朝鮮に対してどのような影響力を発揮するかは、今後を待たなければならない」と述べた(148)。七・四南北共同声明の発表後に南北対話が徐々に破綻していくと、北朝鮮の米国への敵対意識はさらに高まった。『労働新聞』は一九七二年一一月、韓国軍近代化計画を南北対話に歯止めをかけようとする米国の陰謀と断定したうえで、米国が南北対話を妨害していると強く非難した(149)。

最高人民会議第五期第二次会議が一九七三年四月に採択した「世界各国の国会に送る書簡、米国議会に送る書簡」は、こうした北朝鮮の対米不満が具体的行動として表われつつあったことを示唆するが、この声明では、「米帝は『ニクソン主義』に従い、朝鮮人同士を戦わせるという方法で、朝鮮に対する侵略的目的を成し遂げようとしており、『二つの朝鮮』を作り上げ、我が国を永久に分裂させせようとしている」と責め立てた(150)。北朝鮮にとって「朝鮮人同士を戦わせる方法」という表現は、米国が朝鮮問題の局地化によって、すなわち民族自決にかこつけて在韓米軍撤退を遅延させ、また朝鮮問題に対する責任を回避していることを意味した。すなわち、北朝鮮は、ニクソン・ドクトリンを「アジア人同士を戦わせるもの」として理解する延長線上で、米国の「韓国化政策」を「朝鮮人同士を戦わせる方法」として受けとめたのである。北朝鮮にとって米国の姿勢は、在韓米軍の駐留を継続させることによる分断の固着化策動にほかならなかった。

こうして北朝鮮は、南北対話を決裂させた後、「主敵」である米国との直接交渉を試みることになった。一九七三年に国連における朝鮮問題に関する討論が確実に予見されていたことからすれば、北朝鮮がこの時期に米国に圧力を加えれば、米国は自国との直接交渉に応ずるほかないはずであった。つまり、北朝鮮は、米国を攻め立てて交渉のテーブルに呼び出した「ヴェトナム・モデル」を求めたのである。[151] 北ヴェトナムが対米交渉を通じて休戦六〇日以内の駐ヴェトナム米軍の全面撤退を引き出したように、[152] 北朝鮮は米国との直接交渉を通じて在韓米軍の撤退を促そうとした。また、米中接近を「米国白旗論」で正当化したように、同じ論理を自国と米国との関係にも適用しようとしたのである。

しかし、本章第一節で検証したように、在韓米軍問題をめぐる中朝間の協調路線は根本から崩れつつあった。一九七三年二月のキッシンジャーによる第五回訪中の直前、北朝鮮は急遽、許錟外相を訪中させ中国指導部に米国に圧力を加えるよう要請したが、その期待を裏切るかのように、周恩来はキッシンジャーに在韓米軍の段階的撤退への支持を表明していた。北朝鮮がその二カ月後の一九七三年四月、各国に書簡を送り、南北対話の障害要因として在韓米軍を取り上げ、その撤退を強く求めたことに対しても、中国は、同年四月九日付の『北京放送』と一一日付の『人民日報』を通じて原則的に支持しただけで、書簡の詳細な内容については言及しなかった。[153] このことに対して、米ＣＩＡは、在韓米軍をめぐる中朝間の認識の齟齬によって、北朝鮮の外交路線が在韓米軍撤退を全面支持するソ連に傾く可能性すら指摘していた。[154]

在韓米軍をめぐる中朝協調路線にズレが生じたのは、何よりも、安全保障上の脅威に対する認識の相違のせいである。中国は対米接近を通じて在韓米軍の脅威を解消し、さらに在韓米軍の安定力としての役割を容認したものの、北朝鮮は依然として米国を「敵国」とし、在韓米軍を最大の脅威と見なしていた。だからこそ、北朝鮮としては、対米直接交渉を通じて安全保障上の懸念を払拭することが喫緊の課題であった。北朝鮮は当初、米中接近を機に中国の対米圧力に期待を寄せ在韓米軍の撤退を求めたが、逆に在韓米軍の長期駐留に帰結すると、米国への直接交渉に乗り出したのである。それゆえ、この北朝鮮の対米行動は中国に対する不満の表われであったとも言えよう。

北朝鮮がこのように対米接近を試みたもうひとつの背景には、平岩俊司が指摘したように、米中和解および中ソ紛争に起因する中ソ朝北方三角関係の構造的変化があった[155]。北朝鮮にとって、米中接近以前の対米関係は東西両陣営の対立構造のなかに埋め込まれており、米国との関係をめぐる裁量権は基本的にソ連にのみ許されていた。北朝鮮が米国と関係改善を図ろうとすることは、世界革命との連携を前提とした朝鮮半島革命の放棄以外の何物でもなかったのである。米中和解はこうした枠組みの崩壊を意味し、これによって北朝鮮は、「緊張と戦争の危険の元凶」であったはずの米国と直接交渉の道を模索することができたのである。

米朝接近は「共通の危険」（common danger）への取り組みを明記する米韓相互防衛条約第三条に背馳し、米韓同盟の性格を根本から動揺させうる。したがって、北朝鮮が対米接近を通じて狙ったのは、米韓同盟を揺さぶり、韓国を孤立・弱体化させることであった。しかもこの対米接近戦略は、中国の対米姿勢から多くを学んでいた。台湾問題を一応棚上げにして「中国問題の中国化」を米国に約束させ、米国との関係を改善したうえで日本との関係をも正常化した中国は、結果的に米台関係の変質と日台関係の断絶を達成し、国連における代表権を奪い、台湾を国際社会で孤立状態に追い込んだ。北朝鮮指導者が、中国の追随者として朝鮮半島で同様の成果を上げようとしたことは、何ら不思議ではない。

しかし、「一つの中国」と「一つの朝鮮」は、より深いところで結びつき、中朝関係における重要な結節点となっていた。中国は、朝鮮半島の統一より安定と平和を重視し、北朝鮮の法的・政治的地位の正常化に関心を寄せたにもかかわらず、南北双方が同時に国連に加入すれば、台湾の地位をめぐる発言権が弱まることを懸念した[156]。「一つの中国」の原則を前提とする台湾の排除を通じて国連加入を果たした中国が、「一つの朝鮮」にもとづく北朝鮮の単一国連加入の主張を支持するのは論理的必然であった[157]。こうして中国は、米中和解と日中国交正常化以降も、台湾または韓国と関係を持つ企業を中国との経済関係から締め出すという「周恩来四原則」を堅持し、「一つの朝鮮」を掲げて対米接近を図ろうとする北朝鮮の立場を擁護する姿勢すら示し続けた。

にもかかわらず、中国の掲げた「一つの中国」と北朝鮮の「一つの朝鮮」とでは、その前提条件が大きく異なっていた。北朝鮮が日米両国との関係を改善したとしても、それがすぐさま北朝鮮の国連単独加入へとつながるわけではなく、むしろ同時加入への力学が作用して、結果的には北朝鮮の嫌う「二つのコリア」、すなわち分断の固定化につながる危険性を有していたからである。そうであればこそ、北朝鮮は国連政策においては頑なに単一国号による加入を主張したのである。

日本との関係に限ってみても、日朝両国がすぐさま国交を樹立できる状況にはなかった。金日成は一九七三年六月、TBS取材団との会談で、日韓関係を容認するような発言さえおこなったものの、対日関係が対米関係と連動する以上、日朝間の国交樹立は事実上不可能であった(158)。それゆえに、北朝鮮は短期的な対日目標として、日韓関係を離間させ日本の対韓接近に水を差そうとした節がある。その意味で、金大中拉致事件は格好の材料であった。北朝鮮にとって、国交樹立ができないのであれば、日韓関係が悪化することがむしろ好ましかったのである。

四　米中協力とUNCURK解体

(1)米韓両国の「国連帽子」対策

前章第三節で検証したように、米国は一九七二年に一年後のUNCURK解体を中国側に約束し、それを中国が受け入れることで、国連における朝鮮問題の上程をふたたび一年間延期させていた。したがって、一九七三年の第二八次国連総会では、UNCURK解体が争点化せざるをえず、さらに北朝鮮がオブザーヴァー資格で国連総会に参加することになったため[159]、「国連帽子」をめぐる東西・南北対決が大いに懸念された。

金溶植外務長官がウィリアム・ロジャーズ国務長官に述べたように、米韓両国にとって「国連帽子」は、共産主義勢力と対抗するうえでの大義名分を与えるきわめて便利な（convenient）存在であった[160]。しかし、「国連帽子」の効力は、米中和解と七・四南北共同声明による事実上の南北相互承認、朝鮮問題の局地化、さらには北朝鮮の国際舞台への進出によって形骸化しつつあった。こうした情勢の変化を受けて、米国は中国に対し、UNCURK解体に前向きな姿勢を見せてきた。米国務省はUNCURKについて、「中国と北朝鮮にとっては『のどの棘』であるが、もはや交渉材料としての価値を失った」、「時代遅れの冷戦の跡」であると評価した[161]。キッシンジャーの要請を受けてケネス・ラッシュ[162]国務副長官が作成した「国連帽子」対策報告書は、UNCURKを「消耗品」と断定した[163]。

一方、一九七三年二月のキッシンジャーとの会談で、周恩来が韓国によるUNCURKの自発的解体を受け入れることで同問題解決の方向性が切り開かれたが、当時キッシンジャーが周に示した「自発的解体案」は、韓国の了解を得ていなかった。韓国は、一九七三年前半までに公式には朝鮮問題の国連上程延期の方針を貫き、たとえ象徴的な意味しか持ってないとしてもUNCURKの維持を望んだ[164]。それゆえ米国は、UNCURK解決においてイニシアティヴを取るよう韓国を慫慂《しょうよう》し続けた[165]。この過程で、UNCURKの主要メンバーであったオーストラリアは脱退を明言し、韓国に圧力を加えた[166]。

結局、金溶植外務長官が六・二三宣言の草案として一九七三年五月二五日に米国側に提示した「新外交政策の基本ガイドライン」には、「UNCURKの機能停止（suspension of functions）に反対しない」と明記された[167]。すでに述べたように、UNCURK解体は六・二三宣言そのものには含まれていなかったが、金溶植は一九七三年七月一二日の記者会見で、「加盟国の意思に従う」と述べ、UNCURKの「自発的解体」に同意した[168]。UNCURKは同年八月二九日から三〇日にかけてソウルで第四次全体会議を開き、自発的解体を建議する年次報告書を採択した[169]。

米韓両国にとっては、UNCURKの解体そのものではなく、解体にいたる「過程」こそが重要であった。つまり米韓両国は、ＵＮＣＵＲＫだけが「名誉ある解体」を遂げることを望んだ。それゆえに韓国政府は、ＵＮＣＵＲＫ解体に同意しながらも、中朝の圧力に屈服した印象を与えないように、「加盟国の意見を尊重する」との立場を堅持したのである[170]。他方で、北朝鮮側の望んだＵＮＣＵＲＫ解体の方式とは、過去の国連介入を否定したうえでの明確な解体（dissolve）であり、同時に国連軍司令部と在韓米軍をも検討の対象にしようとするものであった[171]。しかし米韓両国にとって、ＵＮＣＵＲＫ解体が国連軍司令部や在韓米軍問題と連動することは許されなかった。

国連軍司令部は、ＵＮＣＵＲＫとは異なり、米国にとって「安全保障上、本質的ではないが、重要なもの[172]」であった。米国は、在韓米軍が米韓相互防衛条約に法的根拠を置き、国連軍司令部の傘下部隊ではないので、直接的には国連軍司令部の解体による影響を受けないと判断していた。すなわち、「本質的ではない」とは、国連軍司令部が法的には在韓米軍の駐留に影響しないという意味である。こうした文脈からキッシンジャーは、「われわれにとって国連軍司令部は、最高の交渉材料である。われわれの目標は、この問題の解決過程で在韓米軍の継続駐留を相手方に暗黙的に受け入れさせることにある」と述べるなど[173]、開き直った姿勢を示した。

しかしながら、国連軍司令官が在韓米軍司令官を兼務するなど、国連軍司令部と在韓米軍が事実上一体化していた以上、北朝鮮側の「国連帽子をかぶった外国軍」という非難を免れなかった。さらに、国連軍司令部の解体は、停戦協定の署名者（国連軍司令官）の喪失のみならず、停戦協定自体を機能不全に陥れ、停戦体制を根本から揺さぶりかねない危険性をはらんでいた。しかも、国連軍司令部の解体は、韓国軍に対する米国の作戦統制権の消失はもちろんのこと、韓国有事における在日米軍の出動や在日米軍基地の利用を制限し、米国の東アジア政策全般に影響を及ぼす可能性があった（第六章第二節参照）。国務省のグリーン次官補は国連軍司令部の役割について、主として軍事的側面からつぎのように整理した。

一、国連軍司令部は韓国軍に対する作戦統制権を行使し、韓国の対北攻撃可能性を封じる。

二、北朝鮮が軍事挑発を敢行した場合、韓国防衛のために国連所属の第三国の兵力を韓国に呼び寄せる仕組みを提供する。
三、停戦協定の実行に関わる公式的役割を担う。
四、米国と第三国の兵力が韓国防衛の際に、形式的な手続き以外のいかなる事前協議をおこなわなくとも、日本国内の基地を使用する法的権限を提供する。
五、北朝鮮の武力攻撃を国連に対する攻撃と見なす根拠となり、北朝鮮を心理的に抑止する。(174)

グリーン次官補が右の報告書で付言したとおり、韓国政府は、国連軍司令部の解体が米国の対韓コミットメントの弱化と在韓米軍撤退に波及する可能性について憂慮せざるをえなかった。金溶植外務長官が一九七三年七月、ロジャーズ国務長官との会談で、「言うまでもなく重要なことは、米軍の存続である」(175)と強調したことも、六・二三宣言をめぐる米韓交渉の際に韓国が、国連軍司令部の解体だけは公表できないと強硬に主張したことも、そうした懸念の表われである。要するに国連軍司令部の解体は、韓国にとっては米軍撤退のための予備的措置であり、国連権能の喪失によって国際的な安全保障コミットメントを失うことを意味した。また、朝鮮半島における国連権能の喪失は、韓国がそれまで享受してきた「唯一合法性」を完全に放棄することに等しかったのである。したがって韓国政府は、国連軍司令部の役割をより深刻に受けとめ、少なくとも公式には解体に反対する立場を崩さなかった。

にもかかわらず韓国政府は、「国連帽子」をめぐる国際情勢に鑑み、国連軍司令部の解体の可能性まで視野に入れて対応せざるをえなかった。金溶植がロジャーズ国務長官に述べたように、一九七〇年の国連総会における票決では二八票の差があったが、中国の国連加入後は、ともすれば敗北もありうるのが現実だったからである。(176)韓国外務部が一九七三年七月に作成した「第二八次国連総会における在韓国連軍討議に備えるための建議」と題する報告書は、「現時点では、国連軍司令部の継続駐屯のための国際的な名目をほとんど失った」と評価しつつ、「国家安保の視点から見れば、同機構の存在は短期的には望ましいが、長期的には大義名分のうえでも国際世論のうえでも不利になる」と結論づけていた。しかし、同報告書は、在韓米軍が継続して駐留すること、軍事停戦委員会（ＭＡＣ）など停戦協定の機能が維持することを国連軍司令部解体の前提条件として掲げ、国連軍司令部解体にともなういかなる安全保障上の変化にも極力反対し、抵抗することを求めた。(177)

このように、米韓両国ともに国連軍司令部問題に苦慮する状況のもとで、米国政府はＵＮＣＵＲＫと国連軍司令部を分離し、一九七三年の国連総会ではＵＮＣＵＲＫだけを「静かに」解体したうえで、七四年以後に国連軍司令部問題を検討する方策を打ち出した。(178) ＮＳＣは、「さしあたりは、ＵＮＣＵＲＫ解体に取り組むことで、中国にわれわれの政策の方向性を見せつける一方、来年に国連軍司令部をめぐるより幅広い展望を示す必要がある」と主張した。(179) 国務省も、国連総会の決議に法的根拠を置いていたＵＮＣＵＲＫを「戦術上の問題」として、国連安保理の決議に則る国連軍司令部を「戦略上の問題」として区別し、分離対応を建議した。(180) これを受けて、ニクソンは一九七三年八月二四日、ＵＮＣＵＲＫと国連軍司令部に対する分離対応を承認しつつ、国連軍司令部に関しては「国連総会におけるいかなる解体への試みをも打ち破ること」を命じた。(181)

しかし、北朝鮮側がＵＮＣＵＲＫと国連軍司令部に加えて、在韓米軍問題を連動させて対応している限り、米国の分離解決案はむしろ双方の対立を深め、米中関係をはじめとする大国間関係に悪影響を及ぼしかねなかった。(182) それゆえに米国は、ＵＮＣＵＲＫと国連軍司令部の分離解決を成し遂げるための誘引を設けようとした。この誘引のひとつは、韓国政府が六・二三宣言を通じて示した南北同時国連加入案を一応留保することであった。(183)

南北同時国連加入案は、東西ドイツの同時国連加入に象徴される「普遍性の原則」にもとづいた現状承認の雰囲気ともあいまって、当時の国際社会で相当の支持を得ていたが、(184) この案は「一つの中国」、「一つの朝鮮」を主張する中国と北朝鮮の反対に直面することが明らかであった。そこで米国は、南北同時国連加入案にこだわらない代わりに、当面のＵＮＣＵＲＫの解体において北朝鮮側の譲歩を取り付けようとした。ニクソンは、前記の指示を通じて、北朝鮮側が断固反対する南北同時国連加入案を強引に進めないよう指示した。

われわれは、国連軍司令部と在韓米軍問題をめぐる敵対的決議案を提出しようとする北朝鮮側を刺激しないために、南北同時国連加入案に関する宣伝戦を自制するよう韓国側を説得する必要がある。米国は韓国の南北同時国連加入への努力に対して控えめな（modest）支援をおこなうべきである。[185]（傍点は引用者）

南北対話が行き詰まった状況のもとで、このニクソンの指示は、中国との「共同の影響力」の行使を前提に、中国を動かすことで北朝鮮をＵＮＣＵＲＫの「静かな」解体に導こうとするものにほかならなかった。韓国は、こうした米国の方針に対して、国連における南北対決を最大限に避けるためにも米中交渉に期待を寄せるしかなかった。金溶植は一九七三年七月、ロジャーズ国務長官との会談で、「北京を説得しなければならない。米中が停戦協定の維持に関する合意に達することは問題解決のひとつの方法である」と、対中説得を訴えた。[186]

こうして米韓側が一九七三年九月に取りまとめた朝鮮問題に関わる決議案では、北朝鮮に国連加入を強要するような印象を与えないために、「南北双方が国連加入を検討することを希望する」[187]という、曖昧な表現が用いられた。また、この決議案は、ＵＮＣＵＲＫの自発的解体を提言しつつも、北朝鮮を刺激しないように、ＵＮＣＵＲＫの過去の業績に関する文言を意図的に削除した。しかし、米韓の妥協案に対する北朝鮮側の姿勢は、依然としてきわめて流動的であった。米国が中国との交渉に尽力し、中国の影響力に頼るしかなかったのは、そのためである。

(2) ＵＮＣＵＲＫの「静かな」解散

本章第一節でみたように、一九七三年二月におこなわれた第五回訪中の際にキッシンジャーは、周恩来からＵＮＣＵＲＫ解体のための協力に関する約束を引き出していた。しかし、実際のＵＮＣＵＲＫの解体過程はそれほど順調ではなかった。この問題が国連軍司令部や在韓米軍問題と結びついており、したがって中国としては北朝鮮との同盟関係を無視してまで対米協力に転じることはできなかったからである。

米国政府は一九七三年六月一四日、韓国政府による活動停止（suspension）作業に次ぐ正式解体（dissolution）を骨子とする二段階のUNCURK解体案に加えて、七四年の国連総会に先立って国連軍司令部解体問題を中国側と論議することを明記した文書を中国側に手渡した。(188) 引き続きキッシンジャーは、その五日後の六月一九日、駐米中国連絡事務所の黄鎮《ファンヂェン》所長との会談で、七三年にUNCURKを解体させた後、国連軍司令部を終結（termination）させる用意があることを示しつつ、それを記した文書をふたたび伝えた。そのうえで、キシンジャーはUNCURKのみの「静かな」解体を目指して説得工作に取り組んだ。

興味深いことに、ここでキッシンジャーは、「われわれは、国連軍司令部問題を除いて、近いうちにこうした提案の一部を発表するよう韓国政府に薦める」と語り、朴正熙の六・二三宣言をあらかじめ中国側に伝えていた。また彼は、韓国政府が対中接触を望んでいると述べたうえで、「貴側がソウルと接触するなら、われわれは平壌と同等のことをおこなう用意がある」と強調した。(189) この発言は、米朝関係をUNCURKの「静かな」解体のための取引材料にしようとしたことにほかならなかった。

その一方でキッシンジャーは、国連軍司令部問題については意図的に確答を避けようとした。実際に米国政府が一九七三六月一四日に中国側に渡した文書には、国連軍司令部解体の年度が明記されたが、キッシンジャーが修正し手渡した六月一九日付の文書にはその年度が抜けていた。黄鎮がその違いを指摘したが、キッシンジャーはその理由について答えず、UNCURK解体のみを強調した。しかし、このようなキッシンジャーの姿勢に対して中国側も否定的な態度を示し、黄鎮は韓国側の南北同時国連加入案を取り上げて、この構想が「分断の永久化」を意味するだけでなく、「南北間の合意にも反する」と非難した。(190)

キッシンジャーは、一九七三年九月二六日におこなわれた中国国連大使の黄華との会談で、この問題に決着をつけようと試み、「われわれはＵＮＣＵＲＫを解体することにした。ただし、国連軍司令部は停戦協定と関わる問題であるがゆえに、過渡的措置を取る必要がある」と強調しつつ、「国連軍司令部問題を少なくとも一年間棚上げにしたい」と訴えた。しかし黄華は、「南北双方がすでに自主的に自分たちの問題を解決することに合意しただけに、国連軍司令部の存在は両者関係の進展に妨げとなるだけである」と述べ、ＵＮＣＵＲＫと国連軍司令部の同時解体の立場を崩さなかった。さらに黄は、中韓接触と連動させた米朝接触に対して「韓国が分断の永久化につながる南北同時国連加入案を完全撤回しない限り、韓国との接触はありえない」ときっぱり断った。[191]

　このようにＵＮＣＵＲＫと国連軍司令部をめぐる米中交渉が難航を極めるなかで、北朝鮮は一九七三年九月、アルジェリアを代表に据えた独自の決議案を自力で国連に提出し、朝鮮問題をめぐる対決姿勢をより鮮明にした。同決議案は、ＵＮＣＵＲＫと国連軍司令部を明示して解体を求めただけでなく、韓国にある外国軍の撤退を要求していた。米国務省の国連情勢評価によれば、この北朝鮮側の決議案は、韓国支持決議案とともに国連第一委員会を通過し、両者ともに三分の二以上の同意を必要とする「重要事項」と指定され、総会で票決される可能性がきわめて高かった。[192]

　しかし、朝鮮問題をめぐる国連での米中対決の日程が迫ってくると、中国が妥協へのシグナルを送りはじめた。喬冠華《チャオグアンファ》外交副部長（後に外交部長）は一九七三年九月、ジョルジュ・ポンピドゥ仏大統領に、「中国は国連総会で朝鮮問題をめぐって対立することを望まない。対立状態から抜け出す妥協案があれば、受け入れるだろう」と前向きな姿勢を示した。中国外交部の朝鮮半島担当者は、同年一〇月に訪中した朝鮮半島中立国監視委員会（ＮＮＳＣ）関係者に、「一九七三年の国連総会ではＵＮＣＵＲＫ解体以外の変動はない。国連軍司令部の将来に関してはさらなる対策が必要であり、韓国政府も介入するしかない」と述べた。[193]中国が国連における米中対決を避けようとする姿勢に転じたのである。

　米中間の意見の相違は、キッシンジャーの第六回訪中直前の一九七三年一一月初旬に、ようやく解消された。黄華が米国のジョン・スカーリ国連大使との会談で、対立する決議案を一本化することに合意したからである。つまり、中国は、差し迫った第二八次国連総会でＵＮＣＵＲＫだけを「静かに」解体することに協力する旨、同意したのである[194]。しかし、この中国の行動はまた、北朝鮮の同意を得ないまま、一方的におこなわれたものであった。

一九七三年一一月一一日、キッシンジャーを迎えた周恩来は、「われわれは妥協にいたった。（中略）しかし、われわれは北朝鮮が動員した支持国と討論しなければならない」とし、一一月一四日および一五日に上程される予定であった朝鮮問題をやや先延ばしにするよう求めた[195]。この周の要請は、米国との秘密合意を実行するための北朝鮮説得工作が失敗したことを裏づける。周は、「われわれの大使（黄華）が性急にやってしまった。私は、なぜ彼がそれほど急にその問題に熱中したのか理解できない」と不満を漏らしつつ、「ソ連とその追従国家らが妨害策動をおこなう可能性が高い」と憂慮した。これを受けて、キッシンジャーはすぐに、スカーリ国連大使に連絡し、国連での朝鮮問題の取り扱いに際して中国側と緊密に協力するよう指示すると答えた[196]。いずれにせよ、この場面は、ＵＮＣＵＲＫ解体をめぐる米中交渉に政治的決着がつけられる瞬間であった。

ここで注目すべきは、中国がＵＮＣＵＲＫだけでなく、国連軍司令部に対しても相当柔軟な姿勢を示した点である。周恩来は翌日の一一月一二日の会談で、国連軍司令部の解体にともなう停戦協定の平和協定への転換問題について、「解決策を探さなければならない」と主張しつつ、つぎのように述べた。

> 停戦協定に署名したのは四つの当事者だけである。（中略）去る二〇年間、停戦協定をめぐっていかなる困難もなかった。ダレスはこの問題（停戦協定の平和協定への転換）を解決することを拒否したものの、（朝鮮半島における）平和は二〇年以上も維持された。これは朝鮮半島の南北に平和的な意思疎通に向けて進む機会を与えた。もちろん、これは解決に長い時間を要するものである[197]。（傍点は引用者）

この周恩来の発言は、中国が停戦協定の有効性を認めつつ、国連軍司令部解体にともなう法的整備の必要性をよく認識していることを裏づけていた。周は、「これは解決に長い時間を要するものである」と述べることで、当分のあいだ停戦協定の維持が必要であり、平和協定への転換にはたび重なる信頼醸成を要するとの見解を明らかにした。また、周が取り上げた「四つの当事者」とは、文脈上、明らかに南北と米中を指す。こうした周の認識は、朝鮮半島の統一より平和を優先し、国連軍司令部の解体に先立って「安定」を保障する制度的な整備が必要であるという、米国の考えとも通じるものであった。

こうした周恩来の姿勢を受けて、キッシンジャーは、「われわれは来年の国連総会に先立って中国とともに停戦協定の法的基盤に関わる解決策を探すために努力するつもりである」と応えた。[198] キッシンジャーは、訪中後の帰路でおこなった朴正熙との会談で、つぎのように中国の対朝鮮半島政策を評した。

中国人は国境に沿って強力な統一国家を持つことを願っていない。私は、中国が朝鮮半島の統一を韓国と北朝鮮のように優先視するとは信じない。中国は、日本の影響力が増し、われわれの影響力が減ることを懸念しているため、在韓米軍の駐留についても気にしない。中国は北朝鮮のいかなる軍事攻撃にも激しく反対すると思う。なぜなら、その場合、われわれが介入し、ソ連が北朝鮮を支援することで、中国は孤立させられるからである。さらに、中国は軍事衝突の際に北朝鮮を支援すれば、対日関係を犠牲にするしかない。[199]

こうした評価を受けて、朴正熙はキッシンジャーに、「いまのような情勢では統一は難しいところか、不可能である。われわれは『持続可能な平和』(durable peace) を作り上げることに努力するべきである」と述べた。興味深いことに、朴正熙は周恩来が前記のキッシンジャーとの会談で強調したのと同じ論点を衝いたのである。朴は「われわれは停戦協定の有効性を強調しなければならない」と述べつつ、「北朝鮮が国連軍司令部の解体を要求すれば、国連軍司令部の権限は韓国軍に委譲されるべきであると応じるだろう」と語り、国連軍司令部の解体にともなう法的措置として韓国軍による軍事停戦委員会代表の承継を主張した[200]。こうした朴の発言もまた、「四つの当事者」による停戦体制の安定化を重視した周恩来の考えと酷似していた。

一方、中国は、ＵＮＣＵＲＫの解体に関する米国との事前合意を守るために、社会主義陣営と第三世界圏、とくに当事国の北朝鮮に対する説得と根回し工作に奔走した[201]。これに対して米国務省は、「中国は妥協案への支持を取りつけるためにやりすぎている」と評価した[202]。中国が具体的に、どのように北朝鮮などに対して影響力を行使したのかは不明である。しかし、それまで中国が北朝鮮に対して対米共同戦線または協調路線の維持を強調したことに鑑みれば、中国は北朝鮮に対して、とりあえず一九七三年にＵＮＣＵＲＫが解体されれば、七四年に国連軍司令部が解体され、在韓米軍も段階的に撤退されるという見通しを示したと思われる[203]。北朝鮮が中国の妥協的姿勢を容易に受け入れたとは考えにくいが[204]、米国がまがりなりにも年度を明示して国連軍司令部の解体を約束した以上、結局は、停戦協定の平和協定への転換と在韓米軍撤退という自らの戦略的目標に適うと判断したかもしれない。

いずれにせよ、一九七三年一一月二一日に開かれた第二八次国連総会の第一委員会議では、米中間の合意どおりに南北双方の意見をめぐる折衝がおこなわれ、国連軍司令部については一切言及されないまま、ＵＮＣＵＲＫの解体決議だけを盛り込んだ宣言文が票決なしで読み上げられた。ＵＮＣＵＲＫの解体とともに、七・四南北共同声明に編入された「統一三原則」と南北対話継続への支持を骨子とするこの宣言文は、その後、総会で満場一致で可決された。こうしてＵＮＣＵＲＫは、その過去の活動を不問に付したまま、「静かに」解散した[205]。

第一章第一節で指摘したように、ＵＮＣＵＲＫは「朝鮮半島の統一した独立かつ民主的政府の樹立にあたって国連を代表すること」をその主要任務とし、朝鮮問題はＵＮＣＵＲＫが国連総会に活動報告をおこなう過程で毎年のように論争となってきた。したがってＵＮＣＵＲＫの解体は、朝鮮問題の国連総会からの分離を意味し、国連自らが南北統一に関わる任務を中途で放棄したことに等しく、ここで朝鮮問題は米中の思惑どおりに局地化されたのである。米中にとってこの出来事は、上海コミュニケで盛り込まれた中国の要求事項が、国連の場で実現される瞬間でもあった。

しかし、南北双方にとってのＵＮＣＵＲＫ解体の含意ははるかに大きかった。韓国の「唯一合法性」を事実上後押ししてきたＵＮＣＵＲＫの消滅によって、韓国は、国連の権能を背負った統一政策はもちろんのこと、北朝鮮との正統性競争において大きな後退を強いられるようになった。一方では、朝鮮戦争中に国連によって「敵性団体」と規定された中国と北朝鮮にとって、ＵＮＣＵＲＫの解体は歴史の汚点を消し去る重要な契機となった。さらに北朝鮮に対しては、ＵＮＣＵＲＫの解体そのものが、もうひとつの「国連帽子」である国連軍司令部の解体と在韓米軍の撤退をより強く推し進める口実を与えた。

さて、ＵＮＣＵＲＫの解体過程においては、米中ソ三角関係のダイナミズムも顔をのぞかせていた。当時、キッシンジャーと周恩来は、ＵＮＣＵＲＫの解体に関する米中間の秘密合意が事前に漏洩され、ソ連がこの問題に介入し妨げることを何よりも憂慮していたが[206]、キッシンジャーはその一年後の一九七四年一〇月に、喬冠華中国外交部長との会談で、「ソ連人はＵＮＣＵＲＫがどのようにそれほど静かに消えたのかと聞いてきた。ソ連は、いまだにわれわれの裏面合意をわかっていない」と述べたのである[207]。

本章の冒頭に述べたように、朝鮮問題における二つの争点、すなわち在韓米軍に象徴される安全保障問題と、「国連の権威」とも深く関わる正当性問題は、一九七三年の米中戦略関係の進展にともない、いずれも重大な変更を迎えた。まず、在韓米軍の位置づけに対する米中間の接点が設けられた。中国側は、最終的な目標として在韓米軍の完全撤退を掲げながらも、その撤退の規模や時期については米国の裁量権を認めた。米中が合意した段階的撤退とは、在韓米軍が「相当期間」にかけて駐留し続けることを想定していた。こうした合意が成立しえたのは何よりも、中国が、在韓米軍を、一方ではソ戦の膨張を抑制し、もう一方では日本の再軍備と朝鮮半島への進出を防ぐことで、東北アジアと朝鮮半島の安定を保つ存在として再認識したからである。在韓米軍は米中関係における障害要因ではなく、米中共通の利益を守る存在として蘇ったのである。ニクソン政権は、在韓米軍の追加削減計画を取り消す一方、従来は中朝連合戦力に対する抑止力として位置づけられてきた在韓米軍の役割を、朝鮮半島および東北アジアにおける安定力として再定義した。

米国政府が冷戦以来初めて朝鮮半島の安定化を掲げて検討したNSSM一五四は、朝鮮半島をめぐる大国間の関係、とりわけ米中関係の「安定した枠組み」の構築を最大の目標にしていた。米国にとって、朝鮮半島の安定化は米中関係の安定と米中共通の利益に従属されるべき問題であった。こうした朝鮮半島の安定化を可能ならしめる物理力こそが、安定力としての在韓米軍であった。NSSM一五四が示した四つの政策オプションは、いずれも在韓米軍の継続駐留を前提にしていた。

朝鮮問題に対する米中「共同の影響力」をいまひとつ印象づけたのは、UNCURKの「名誉を保つ」解体であった。中国は米国の望みどおり、北朝鮮の反発を抑えつつ、UNCURKの「静かな」解体に協力した。UNCURKは、朝鮮半島における韓国の「唯一合法政府」という意味での正統性を後押しする存在であり、したがってその解体は、「韓国＝唯一合法政府」という韓国側の主張が崩れることに等しかった。これは、南北いずれも公には「二つのコリア」または「二つの朝鮮」を否定したにもかかわらず、朝鮮半島における「二つの国家」の存在が、国際的には事実上公認されたことを意味する。米中両国によって、朝鮮半島における正統性をめぐる争いに一定の「均衡」措置がとられたのである。

しかし、米中の朝鮮問題への「取り決め」に対する南北双方の対応は、完全にすれ違っていた。韓国政府は、在韓米軍の駐留が継続して保障されることで安全保障上の自信を取り戻し、かつ、米中和解によって朝鮮問題の局地化が方向づけられると、「二つのコリア」の現実を受け入れる方向に政策の舵を切った。朴正煕が六・二三宣言を打ち出した背景には、分断状況を認めたうえで国力の向上に尽力すれば、いつか北側との体制競争に勝利するであろうという判断があった。ここで韓国は、「統一」という建て前ではなく、とりあえず「二つのコリア」の「平和共存」、そしてその足場を固めるために、経済建設を柱とする国力培養を優先する姿勢を明らかにしたのである。

これに対して、在韓米軍撤退と南朝鮮革命を促す方便として南北対話に臨んだ北朝鮮にとって、現状維持を強いるデタントの進展はそれ以上望ましくなくなった。北朝鮮は当初の思惑とは裏腹に、米中和解と南北対話が在韓米軍の駐留を長期化させる結果になると不満を募らせた。さらに、北朝鮮にとって韓国の「二つのコリア」は、南北間の力の均衡を覆すための「時間稼ぎ」戦術であり、統一への忌避行為にほかならなかった。周知のとおり、この時期、南北間の国力競争において、南側の経済力は北側を徐々に追い越していた。

北朝鮮が「一つの朝鮮」を掲げて南北対話を打ち切り、対米接近に乗り出したにもかかわらず、むしろ「二つのコリア」という現実は、より確固となりつつあったという事実は重要である。WHO加入に象徴される北朝鮮の猛烈な国際社会への進出とUNCURKの解体は、朝鮮半島における「二つのコリア」の存在を印象づけるに十分であった。なお、金日成が「一つの朝鮮」の方法として示した連邦制について、「当分のあいだ、北と南に現存する二つの制度をそのままにして、連邦国家を形成しようというものである」と説明したように、北朝鮮の「一つの朝鮮」論の内実は、必ずしも分断の現実を否定するものではなかった。さらに、後ろ盾の米中両国が分断状況の安定化に向けて戦略的に協力する状況のもとでは、南北いずれによる現状打破も不可能に近かった。安定力としての在韓米軍の継続駐留は、南北いずれの軍事力による統一の可能性を事実上封じ込めた。要するに、南北双方ともにこの時期、分断国家を前提とする平和共存の文脈に適応せざるをえなかった。「朝鮮は一つ」という主張は、当為（Sollen）としては成立するが、現実（Sein）としての意味をもはや失っていた。

第6章　米中関係の「裏」と分断構造の再制度化

相互の戦略的利益を依然として重視しながらも、米中はさまざまな分野で衝突を繰り返し、一九七四年に入ると両国の関係が徐々に停滞しはじめた[1]。中国はソ連を第一の敵と措定しつつも、米ソに対して等しく「覇権主義」の非難を浴びせることで、米中ソの三角関係のなかでの戦略的柔軟性を確保しようとした[2]。このことは、米中関係を牽引してきた対ソ共同戦線の構築という目標が戦略的価値を相対的に低下させたことを意味し[3]、国際舞台における米中協力を妨げる要因となった。

一方で米国は、ウォーターゲート事件とリチャード・ニクソン大統領の中途辞任による内政上の困難に加えて、一九七五年春には南ヴェトナムとカンボジア両国の親米政権の喪失による外交上の挫折[4]（setbacks in U.S. foreign policy）を味わい、まさに「ドミノ崩壊」の断末魔を迎えようとしていた。ジェラルド・フォード政権はそれまでデタント政策を通じて築いてきた戦略的地位を守るために、より硬直した姿勢に転じていった。一九七五年一二月に訪中したフォードは、中国との実質的協力を謳った合意にはいたらず、共同声明の発表すらできなかった。

こうした米中関係の停滞は、朝鮮問題に対する協力または協調路線にも水を差した。米中がともに、「共同の影響力」の行使よりジュニア・パートナーとの同盟利益を優先する傾向を示しはじめると、すでに期待が遠のきつつあった南北当事者による問題解決の可能性もまた、いっそう乏しくなった。こうしたなかで北朝鮮は、一九七四年三月、米朝平和協定の締結を要求することで、「唯一合法政府」としての韓国の法的地位はもとより、その当事者能力すら否定するにいたった。こうして一九七四年と一九七五年の国連総会では、表面的には米中接近以前の「米韓対中朝」の図式に酷似した対立構造が再現されることになった。

しかし、この時期における「米韓対中朝」という対立軸は、米中接近以前とは本質的に異なるものであった。朝鮮問題をめぐって表向きには真っ向から反対の立場に立った米中は、他方で秘密交渉への努力を払いつつ、在韓米軍の安定力としての役割について再確認し合い、それればかりか、最大の争点であった国連軍司令部（ＵＮＣ）問題をめぐっても停戦体制の維持という接点を共有していたからである。このような米中の基本的関係は、朝鮮問題が米中の戦略的利益の枠内で統制され続けることを意味した。

一九七五年の第三〇次国連総会では、論争のすえに両側の決議案が同時に可決されたが、それは、逆説的に朝鮮問題の脱国連化を決定づけ、この問題を局地化または地域化へと還元させるきっかけとなる。米中和解以後に生まれた、米中介入のもとでの南北当事者による問題の解決という方向性が、この時期に再確認されたのである。本章では、一九七四年と一九七五年における米中関係の停滞とともに、朝鮮問題をめぐる論争が、一九七二年の上海コミュニケと七・四南北共同声明で芽生えた期待から脱皮しつつも、一定の区切りをつけながら均衡に達する経緯を明らかにしていく。

一 「局地化」の崩壊

(1) 南北平和から米朝平和へ

前章第三節でみたように、朴正煕《パクジョンヒ》と金日成《キムイルソン》が一九七三年六月二三日にそれぞれ打ち出した二つの「六・二三宣言」は、その後の南北関係を方向づける重大な起点であった。韓国と北朝鮮のあいだに、分断状況の「現状承認」にもとづく「二つのコリア」と、在韓米軍の撤退を不可欠の前提とする「現状打破」に重点を置く「一つの朝鮮」という、克服しがたい認識の相違があることが明らかになったからである。こうした状況のもとで、一九七四年の国連総会では国連軍司令部の解体問題の争点化が確実となり、停戦協定そのものの是非が問われる可能性が著しく高まったが、その前哨戦として南北双方は、平和と統一のありかたをめぐって一歩も譲らない論争を展開する。

朴正煕は一九七四年一月一八日、南北相互不可侵協定を提案することで、朝鮮問題に対する立場をより鮮明にした(5)。「七・四南北共同声明」直後の一九七二年七月に、金鍾泌《キムジョンピル》総理が国会において「北朝鮮は国家ではないから協定を結ぶことはありえない(6)」と明言したことを想起すれば、この朴による提案は「二つのコリア」を前提にしたうえで打ち出されたに等しかった。ここで朴は、北朝鮮が「心から平和を欲しているなら、いまさら（南北）平和協定を締結するまでもなく、いまからでも停戦協定を遵守することで戦争はいくらでも防止できるはずである」と述べ、停戦協定に変更を加える意思がないことを明らかにした。また朴は、北朝鮮の外国軍撤退の主張に対し、「韓半島を赤化させるための偽装戦術」と非難し、在韓米軍が継続して駐留することを望む立場を明確にした(7)。要するに、朴は金日成による南北平和協定の締結（朝鮮戦争の戦後処理）を拒絶し、停戦協定を維持する立場を明らかにしただけでなく、南北相互不可侵協定（武力不行使）についても在韓米軍の駐留との両立を図ろうとしたのである。

朴正煕が南北平和協定の対案として不可侵協定の締結を提唱した背景に、米国が在韓米軍の追加削減計画を撤回し、その当面の駐留を再確認したという事情があったことは言うまでもない(8)。つまり、在韓米軍が継続して駐留することが確実になった情勢を受けて、朴は北朝鮮による平和協定提案を無力化するための対抗論理として不可侵協定を掲げ、攻勢に転じようとしたのである。南北平和協定は、朴政権にとって北朝鮮の外国軍撤退要求への同調を意味し、在韓米軍の存在根拠を危うくさせるおそれがあった。これに対して南北不可侵協定は、逆に北朝鮮の「赤化の野心」を浮き彫りにし、在韓米軍が駐留することの必要性を訴えるうえでの有効な手段に映った。この朴の提案は、停戦体制の安定化と在韓米軍の継続駐留をセットで追求する米国の対朝鮮半島政策にも適合していた。

北韓が主張する平和協定の内容を見れば、ひとつは外軍、すなわち在韓米軍の撤退であり、もうひとつは南北の兵力を各々一〇万以下に減らすことである。（中略）それは、ひとことで言えば、われわれの国防力を完全に無力化し、極端に言えば、武装解除したうえで、適当な時期に武力をもって南侵を企て、「赤化」統一を成し遂げる試みである。(9)

これに対して金日成が、「平和に対する何の保障もない『不可侵条約』などを持ち出すべきではない。（中略）統一問題をもって民族を愚弄するものにほかならない」(10)と強く反発したのは当然であった。なぜなら金の想定した南北平和協定とは、あくまでも停戦協定の撤廃を前提にする武力不行使の保障であり、停戦協定を温存させるものではなかったからである。しかも、北朝鮮による南北平和協定の提案の背景には、在韓米軍撤退の要求を正当化しようとする狙いがあったので、逆に在韓米軍の変更をともなわない不可侵協定は、金日成にとって「笑止千万であり、論議の価値さえないこと」であった。要するに金日成は、朴正煕の南北相互不可侵協定の提案を在韓米軍の継続駐留を認めさせ、「二つの朝鮮」を固定化しようとする策略と受けとめたのである。

そこで金日成は、朴正煕の不可侵協定案を逆手に取り、朝鮮半島の平和に関する韓国の当事者能力を否定しにかかった。金は、「南朝鮮で軍隊の統帥権（作戦統制権を指す）を握っているのは南朝鮮当局ではなく、国連軍司令官を名乗るアメリカ軍司令官であり、大砲や銃剣など各種の戦争手段に対する統制権をもっているのも米帝国主義者である」(11)と述べた。これを受けて許錟《ホダム》外相は、最高人民会議第五期第三次会議の最終日（一九七四年三月二五日）に、米朝による平和協定の締結を訴えた[12]。同会議は許錟の提議をそのまま受け入れ、米国に対して平和協定の締結を提案することを骨子とする「米合衆国国会に送る書簡」を採択した。

この北朝鮮の行動は、今日における朝鮮問題の帰趨にも決定的な影響を与えるほど重要であった。第一に、ここで北朝鮮は朝鮮問題を軍事分野（平和）と政治分野（統一）とに分離し、軍事問題の解決のための当事者を米国と北朝鮮に限定した。それまで北朝鮮は、南北平和協定の締結を主張し、停戦協定に韓国が署名しなかったことや、韓国軍に対する作戦統制権を国連軍司令官が持っていることを不問に付していたが、ここで初めてそれを問題視したのである[13]。この書簡以降、今日にいたるまで、北朝鮮は米朝に限定される「実質的な当事者」（real parties）間での平和協定の締結を一貫して要求し続けている[14]。

第二に、その結果として、一九七二年の七・四南北共同声明で提唱された「自主」の原則がこの時点で完全に崩壊した。対米平和協定の締結に関する北朝鮮の主張は、韓国政府を米国の「傀儡」と見なし、その当事者能力を否定していたからである。こうした「通米封南」戦略を通じて、北朝鮮は韓国との正統性競争において有利に立ち、くわえて米韓関係にも楔を打ち込み、亀裂を与えることすらできると考えた。その裏返しとして南北対話のモメンタムが失われたのは当然であった。

それでは、北朝鮮がここで停戦協定の署名者である国連をあえて排除しようとした理由は何であろうか。平和協定は不可侵協定とは異なり、戦争賠償や領土問題の解決などを通じて、当事者間で戦後処理に区切りをつけるための協定である。国連はすでに北朝鮮に「敵性団体」の烙印を押していたので、北朝鮮が国連を当事者として受け入れることは、自らを「戦犯」として認めることと同義であった。これに対して、国連軍司令部を率いる米国を相手にすれば、朝鮮戦争を民族解放戦争と規定し、米国を侵略者として糾弾する余地が開かれる。そのことによって北朝鮮は、在韓米軍の撤退を要求するだけでなく、韓国を排除して朝鮮半島における唯一の代表性を誇示することができると読んだのである。おりしも一九七三年末の国連総会では、国連朝鮮統一復興委員会（ＵＮＣＵＲＫ）の解体を受けて、翌年にも国連軍司令部の解体が争点化されようとしていた。北朝鮮の提案は、この情勢において朝鮮問題をめぐる攻防で機先を制し、対立の構造を「北朝鮮対米国」に転換しようとする試みにほかならなかった。[15]

もっとも、対米平和協定の提案は中朝関係にも微妙な波紋を呼び起こしていた。なぜならこの協定案は、北朝鮮が堅持してきた対中関係を媒介とする対米路線から脱皮し、さらに中国を排除するかたちでの平和体制への転換を意図していたからである。それは、北朝鮮が中国の対米政策に対して向けた不信感の表明にも等しかった。ヘンリー・キッシンジャーが指摘したように、北朝鮮は、米中接近の過程で中国が獲得した米国に対する戦略的地位に、自ら取って代わろうとしたのである。[16] したがって、こうした北朝鮮に対する中国の反応も、積極的な支持とはとうてい呼びがたいものであった。一九七四年三月二六日付の『人民日報』社説は、「国連帽子」をかぶる在韓米軍の撤退を主張しつつ前日の北朝鮮の対米提案を支持したが、[17] 提案の具体的内容に踏み込んではいなかった。それまで中国指導部が一貫して平和協定への転換を支持し、そのための介入と責任を自任してきたことを考えれば、北朝鮮提案の「優雅な無視」(benign neglect) こそが、逆に中国政府の当惑を示していた。[18]

一方で北朝鮮は、対米平和協定の提案に際して、それなりの妥協的な姿勢を示そうともしていた。「米合衆国国会に送る書簡」は、「朝鮮半島が統一されず、今日のような緊張した情勢と戦争の危機に直面するにいたったことの主な責任」を負う米国とのあいだで平和協定を結ばねばならない、と主張しつつも、従来のような露骨な対米非難を一切おこなわなかった。さらに同書簡は、朝鮮問題解決の方式として「米朝平和協定の締結→軍拡競争中止→『国連帽子』の撤去→在韓米軍撤退」を主張し、在韓米軍の撤退を米朝平和協定の締結以後に想定していた。[19] 韓国政府の分析によれば、北朝鮮の狙いは「周辺大国間の利害関係によって在韓米軍の即刻撤退が不可能となると、とりあえず『国連帽子』を外し、米軍撤退の名目を築き上げ、段階的にそれを実現しようとすること」であった。[20]

しかし、この書簡に接した米国と韓国は、北朝鮮がふたたび強硬姿勢に転じたと受けとめるしかなかった。とりわけ韓国は、北朝鮮の対米提案に対して、韓国の孤立化を意図した策謀であるとして強く反発した。北朝鮮との接触を中国の対韓政策と連動させてきた米国にとっても、北朝鮮の提案はとうてい受け入れられなかった。北朝鮮は国連常駐代表部を通じて同書簡を手交しようとしたが、米国政府はその受理すら拒否したのである。

(2) 北朝鮮の対米路線

① 「ルーマニア・チャンネル」

南北対話の効用性が消えつつある状況のもとで、北朝鮮の対米接近は、朝鮮問題をめぐって北の主導権を取り戻すための切り札とも言える選択肢であった。北朝鮮は、「主敵」である米国との平和協定の締結を含む直接交渉を進めることで、すでに北ヴェトナムがその一年前にやってのけたように米軍撤退を迫り、自らの安全保障をめぐる環境を改善したうえで、韓国の政治的威信を傷つけることによって自らの正統性を相対的に高めようとしたのである。とりわけ北朝鮮は、キッシンジャーが中国側との対話のなかで国連軍司令部の解体について言及したことを評価し、対米直接交渉の成立可能性が高くなったと判断したと思われる。

それゆえ北朝鮮は、拒絶反応を示し続ける米国に対し、第三国を通じて直接交渉を粘り強く求めた。なかでも「ルーマニア・チャンネル」は、ルーマニアを仲介とした四年前の米中接近を彷彿させるほど緊迫した動きを見せた。デタント期において米ソ中の三国のあいだで「綱渡り外交」を展開していたルーマニアは、中ソの狭間で独自路線を標榜した北朝鮮との外交的立場の類似性に加え、金日成とニコラエ・チャウシェスクとの個人的な信頼関係などを背景にして、米朝間の仲介役を自任していた。チャウシェスクは一九七四年五月一六日、金日成の立場を伝えるために特使を派遣する意向を米国に申し入れ[21]、これを実現させた。

一九七四年八月二六日にチャウシェスクの特使として訪米した元英国大使のヴァシレ・プンガンは、米朝接触に関してキッシンジャーと踏み込んだ議論を交わした。プンガンは、「北朝鮮はきわめて真剣に米国との高官級の接触を望んでいる」と伝えつつ、米朝接触を後援する旨を述べた。キッシンジャーが大使級レヴェルの米朝接触に言及するなど、こうした提案を好意的に受け入れていたことは興味深い。

国務長官：もし北朝鮮が韓国との関係を改善する用意を持ち、そして朝鮮半島の情勢が安定化すれば、われわれはブカレストで大使レヴェルの接触を始めるだろう。（中略）必要なら、ワシントンからその接触に誰かを派遣することも可能である。（中略）われわれは永久に米軍を韓国に駐留させるつもりはない。貴方（プンガン）が北朝鮮からそうした保障を取りつけてくれるならば、われわれは前向きに動くだろう。貴方は、われわれが原則的に（北朝鮮と）会う意志を持っていると彼らに伝えてもよい。[22]（傍点は引用者）

ただし、このキッシンジャーの発言は、国連軍司令部の解体をはじめとする朝鮮問題に対する北朝鮮の協力を得るための「誘い水」の性格が強かった。つぎの日の八月二七日、プンガンを迎えたフォードは、「米朝接触に先立って一定の措置が取られなければならない。われわれは確固たる了解を得ずには行きたくない」と、キッシンジャー発言とのあいだに一線を引いた。同席したキッシンジャーも、「（内部的に）検討したうえで貴側の駐米大使を通じてわれわれの見解を通知する」[23]と言ったことを考えると、米国政府はその後、ルーマニア・チャンネルを通じて米朝接近に必要な前提条件を手渡したと思われる。

米国が北朝鮮に提示した前提条件に関する米国側史料は機密解除されていないが、前記のキッシンジャーの発言に鑑みれば、南北対話への復帰と停戦体制の安定化、国連軍司令部の解体への協力などが含まれていた可能性が高い。しかし、いずれにしてもこうした前提条件は、米国との対話を通じて米朝平和協定を結び、在韓米軍を撤退させようとする北朝鮮の狙いとは相容れないものであった。

米国政府は、北朝鮮との直接交渉の必要性を感じていなかっただけでなく、極端に言えばこれを避けたいとさえ考えていた。キッシンジャーは一九七四年七月一五日、安川壮駐米日本大使から米朝接触の可能性を問われると、「われわれは第三国からいくつの提案を受けただけである。北朝鮮に対しては、韓国が相手にすれば十分である」[24]と否定した。その延長線上で、大平正芳外相との会談では、「われわれ（日米）は韓国を驚かせる行動を取ってはならない」と述べ、日本の対北朝鮮接近に警戒を発した。[25]キッシンジャーは、同年九月二七日におこなわれた金東祚《キムドンジョ》韓国外務長官との会談でも、「北朝鮮が静かにしていること以外には、彼らに期待するものは何もない」[26]と述べた。国家安全保障問題研究覚書（ＮＳＳＭ）一五四は米国の対外政策における北朝鮮の位置づけについて、つぎのように整理した。

米朝間には特別な利害関係が存在しない。ただし、北朝鮮は韓国の安全保障に影響を与え、デタントの進展を妨害することができる。米朝関係は米ソや米中関係に影響を及ぼすからこそ意味を持つ。[27]

ここでは米朝関係が、米韓同盟や米中関係の従属変数として位置づけられていた。したがって、米朝平和協定に関する北朝鮮の主張が韓国の正統性を傷つけ、米韓同盟を揺さぶる目的を持っていることを米国政府が重く受けとめ、[28]対北朝鮮接触を中ソの対韓接触と対応させる「相互主義」を掲げたのは当然であった。キッシンジャーは、一九七四年一月二八日に開催された国務省幹部会議で、「われわれの対北朝鮮接触は、中ソの対韓関係の改善を促進する限りにおいておこなわれるべきである」とのガイドラインを示した。このガイドラインを受けて、同会議に同席したフィリィプ・ハビブ駐韓米大使は、「（中韓およびソ韓のあいだに接触がおこなわれていない）現段階において、北朝鮮との対話に乗り出すインセンティヴはない」と結論づけた。[29]

米国政府は、北朝鮮が中国にも通知せずにルーマニア・チャンネルを通じて対米接近を試みたことについて、「北朝鮮が中国を信頼しないという確実な証拠」であり、「平壌が中国による制約から脱皮しようとしている」と解釈した。[30]米国が中国との「共同の影響力」を行使することによって朝鮮半島の安定化を追求したことを想起すれば、北朝鮮の中国排除の姿勢は、米国にとってなおさら受け入れがたいものであった。

こうして米国が北朝鮮からの接近を拒否し続けたにもかかわらず、ルーマニア・チャンネルは相当の期間にわたって有効に機能した。一九七五年六月一一日、訪米したチャウシェスクは、フォードとの首脳会談で、「金日成は、『朝鮮半島における緊張状況を望んでいない、統一は平和的方法だけで追求する』と私に言った」と強調し、「彼は、朝鮮半島に持続可能な平和が必要であり、またそれは相当の時間を要すると認識している」とも述べた。[31] 朝鮮半島における「持続可能な平和」とは朴正煕の所信であり（前章第四節の(2)を参照）、停戦体制の安定化と分断状況の現状維持がその前提であった。チャウシェスクの伝言を文字どおり受け入れるなら、金日成と朴正煕は各々の公式の主張とは距離をおいて、内心では南北の平和共存に共感したことになる。つまり、チャウシェスクは米国が金日成に対して抱く好戦的なイメージを和らげ、米朝による直接対話の道を開こうとしたのである。さらにチャウシェスクは、その二カ月後の一九七五年八月三日、ルーマニアを訪問したキッシンジャーに、ふたたび北朝鮮との直接交渉を促し、キッシンジャーから「秘密を前提にして北朝鮮のメッセージを受ける」という好意的な返答を得た。[32]

しかし、結果的にみれば、こうしたキッシンジャーの応対は単なるリップ・サーヴィスにすぎなかった。[33] キッシンジャーにとって、南北間の当事者解決を放棄し中国を排除するかたちでの米朝接近は、そもそも想定外だったからである。キッシンジャーは、国連軍司令部の解体をめぐって国連における米中対決を控えた一九七五年一〇月、北朝鮮がクルト・ワルトハイム国連事務総長を通じて「秘密接触」を提案したことに対しても、「韓国が参加しない会談は困難である」と明確に拒絶した。[34] 駐国連北朝鮮代表部が一九七五年三月に、二回にわたり『ニューヨーク・タイムズ』に金日成の宣伝広告を掲載すると、米国は国連事務局を通じて禁止措置を取った。[35]

②軍事挑発による対米圧力

北朝鮮は、米朝平和協定の締結を促すための和解のジェスチャーとして、「ルーマニア・チャンネル」など第三国を通じての対米接近を模索する一方、停戦協定そのものを揺さぶり、米国を対話の場に引き出すための強硬策を続々と打ち出した。そのひとつが、朝鮮半島の西海上の北方限界線（ＮＬＬ）の無力化を意図した軍事挑発であった。

北朝鮮は南北対話を中断させた直後の一九七三年一〇月一日、板門店で開かれた軍事停戦委員会（MAC）で、「NLL周辺海域はわが領海にあたる」と主張しつつ、韓国の周辺五島嶼への出入りに対して事前許可を要求した。[36]続いて、同年一〇月二三日から一九七四年一月五日までの間、警備艇を動員し、一六回にわたってNLLを「越境」した。[37]また、一九七三年一二月一日に開かれた軍事停戦委員会では、一方的に「領海」一二海里を宣布した。[38]

こうした北朝鮮の行為は、まさに停戦協定の法的不備につけ込んだものであった。一九五三年七月の停戦協定締結の際に、海上に軍事境界線（MDL）が設定されなかったことを受けて、当時、国連軍司令官であったマーク・クラークは、同年八月、北朝鮮との協議を経ずに、一方的に陸上の軍事境界線にもとづいて朝鮮半島の東西海上にNLLを引き、その南側に幅一～一五キロメートルにわたる「緩衝海域」を設定した。米国政府自身も、「一方的に設けられたため法的根拠に乏しい」NLLが、事実上の海上境界線として機能している点を指摘し、「途方もなく複雑である」とだけ述べて、これについての法的解釈を留保した。[39]要するに、NLLが北朝鮮を挑発する可能性は大いに懸念されていたが、実際には停戦協定の締結後二〇年ものあいだ、北朝鮮はこれを「暗黙裡に」受け入れてきた。

その北朝鮮が長い沈黙を破り、あえてこの時期にNLLを問題視しはじめたのは、国連軍司令部の解体を含む朝鮮問題の国際化を意識したからにほかならない。北朝鮮の狙いが「この地域にひとつの火種をつくり、国内外の関心を呼び起こすため」[40]であると朴正煕が読み解いたように、北朝鮮は国連軍司令部によって一方的に引かれたNLLを争点化することで、その不当介入を浮き彫りにし、対米直接交渉の道を開くと同時に、米朝平和協定の締結と在韓米軍の撤退を促そうとした。この点について米国務省も、北朝鮮がNLL問題を国際化することで「北朝鮮対国連軍司令部」の対決構造をつくろうとしていると分析した。[41]他方のCIAは、国連軍司令官と米軍司令官を同一視する北朝鮮が、この問題を通じて米国に圧力をかけ、米朝交渉を画策していると断定した。[42]

「米国対北朝鮮」は米国にとって避けるべき対立図式であり、したがって米国は、NLLをめぐる紛争を南北間の問題に限局することでこの情勢に対応しようとした。国務省と国防総省が一九七三年一二月五日に共同で発信した公電は、軍事停戦委員会と南北ホット・ラインを活用したNLL問題の沈静化を指示する内容であった[43]。同公電は「韓国政府が報復的な軍事行動を取らない」旨を北朝鮮に伝えるよう要求し、NLL付近での作戦に際して、米軍艦隊だけでなく在韓米軍の介入をも一切禁止した。軍事停戦委員会を通じての対応は停戦協定に則った当然の手続きであったが、七・四南北共同声明によって仮設された南北ホット・ラインがここで取り上げられたことは注目に値する。

しかし、すでに「通米封南」戦略に転じ、対米直接交渉を狙ってNLLを争点化しようとした北朝鮮が、韓国との交渉に応じるはずはなかった。韓国もまた、この問題が停戦協定違反に相当する以上、国連軍司令部が解決すべきであると考えていた。しかし、韓国国防部が北朝鮮のNLL侵犯に対して軍事的警告措置を取るよう要求すると、国連軍司令部は「本件はあくまでも韓国の問題であり、南北間で解決すべきである」として介入を拒否した[44]。そのうえで、フランシス・アンダーヒル駐韓米代理大使は、前記の国務省と国防総省の共同訓令に則って、執拗に南北調節委員会を通じての解決を迫った[45]。これに対して尹錫憲《ユンソクホン》韓国外務次官は、「七・四南北共同声明は停戦協定を代替するものではない」と断固反対した。

北朝鮮の停戦協定違反に対する米国と国連軍司令部の消極的な対応に不満を募らせた韓国政府は、結局、一九七四年二月、作戦統制権者である国連軍司令官の許可を得ないまま、NLLに隣接する韓国最北端の白嶺島《ペクリョンド》に一五〇〇人の兵力を増派するにいたった[46]。米国は計画どおりNLL問題から手を引くことでこの問題の局地化に成功したものの、肝心の現地情勢は沈静化に向かうどころか、南北間の軍事衝突の可能性を高める結果を生み出したのである[47]。

NLL侵犯以外にも、北朝鮮による軍事挑発は、この時期に明らかに増加の傾向を見せはじめた。CIAをはじめとする米情報機関は、北朝鮮の大規模な軍事訓練、非武装地帯（DMZ）に近接した地域での空軍飛行場の建設などを指摘し、軍事衝突の可能性を警戒していた[48]。実際、一九七四年に入ってから、西海における韓国漁船撃沈拿捕事件（二月一五日）、米軍ヘリコプター射撃事件（五月三日）、韓国警備艇撃沈事件（六月二八日）など、北側による軍事挑発が一〇件以上連続して起こった。

なかでも一九七四年一一月にＤＭＺで地下トンネルが発見されたことは、北朝鮮のあい変わらずの好戦性を韓国内外に印象づけるに十分であった。北朝鮮はこの件への関与を公式には否認したが、問題のトンネルが、地下からの大規模潜入（韓国では「モグラ作戦」と呼ばれた）を実行するために周到に準備されたことは明白であった。韓国の『国防白書』によれば、金日成が一九七一年九月二五日、「一つのトンネルは一〇個の核爆弾より強く、要塞化した現戦線を打破するためには最適だ」と強調し、朝鮮労働党創建三〇周年の一九七五年まで掘削することを人民武力部に直接指示したという[49]。

さらに、一九七四年八月一五日の光復節（解放記念日）には、在日韓国人の活動家が演説中の朴正煕の暗殺を企てる事件が発生し、朴はことなきを得たものの、大統領夫人の陸英修《ユクヨンス》が命を落とした。韓国政府の主張によれば、銃撃犯の文世光《ムンセグァン》は、在日北朝鮮系団体の朝鮮總聯から暗殺計画の手ほどきを受け、報酬を与えられた[50]。この事件の責任問題をめぐって、日韓関係は、一九七三年の金大中《キムデジュン》拉致事件とも重なって最悪の状態に陥るが、その根底には北朝鮮の脅威に対する両国間の認識のズレがあった[51]。

二　軍事停戦体制の行方

(1)米国の国連軍司令部解体構想

中国の協力を得ながら、一九七三年の第二八次国連総会でＵＮＣＵＲＫの「静かな」解体に成功した米国政府は、もうひとつの「国連帽子」である国連軍司令部の解体問題にも真剣に取り組んだ。しかし、国連軍司令官が停戦協定のうえで米韓側を代弁する署名者である以上、同機構の解体は停戦協定の効力停止につながり、朝鮮半島における安全保障に関する取り決めの不在状態を生み出しかねない。このことが米国の東北アジア政策全体に影響を及ぼすことは必至であった。こうした安全保障上の動揺を極小化するため、米国政府が最優先事項として位置づけたのは、停戦協定に代わる「代替協定」(alternative legal arrangement) を設けることであった。

米国政府にとってもっとも望ましい代替協定とは、停戦協定に含まれている、DMZ、軍事停戦委員会、中立国監視委員会(NNSC)などの戦争抑止機能を保全することであった。ニクソンは一九七三年一二月三一日、NSSM一九〇「朝鮮半島における外交イニシアティヴ」と題する政策研究を指示するにあたり、「朝鮮半島における軍事的均衡と政治的関係において安定を保証する (insure stability) こと」を優先的に求めた(52)。その一環としてニクソンは、在韓米軍の兵力水準と対韓軍事援助の維持を前提にして検討をおこなうことを同時に指示した。こうしたニクソンの命令に従ってまとめられたNSSM一九〇は、つぎに述べる三つの政策オプションを提示した。

「オプション一」は、停戦協定の署名者を、国連軍司令官から韓国と米国の軍司令官に置き換えるかたわら、中朝側にして在韓米軍の継続駐留を「暗黙裡に」(tacit) 受容させることであった。つまり、このオプションは、国連軍司令部の解体に際して停戦協定上の署名者だけを修正し、停戦協定を事実上維持することを目指していた。すでに米中間で「暗黙の了解」が成立していた在韓米軍の継続駐留がここであらためて要求されたのは、停戦体制の修正にともなう安全保障上の不安要因を確実に払拭する必要があったからである。国家安全保障会議(NSC)はこのオプション一を、国連軍司令部の解体に備える「最低限の必要条件」として位置づけた(53)。

「オプション二」は、オプション一の政策目標を超えて停戦協定の機能を南北調節委員会に移転し、文字どおりの「民族自決」として朝鮮問題の局地化を目指した。このオプションには、朝鮮半島における安全保障の役割を南北当事者に委譲し、米国の紛争介入の可能性を小さくしようとする国務省の希望が反映されていた。しかし、これに対してNSCは、北朝鮮による対南軍事行動の可能性を排除できない以上、時期尚早であると判断した(54)。米国にとって朝鮮問題の局地化は、在韓米軍の安定力を前提とする「外部の介入」、すなわち米中の「共同の影響力」行使の範囲内にあったのである(55)。

これに対して「オプション三」は、さらに一歩進んで、南北双方の通常兵力を削減するなど、軍縮による安全保障の確保までを想定していた[56]。しかし、南北間の信頼醸成措置（CBM）の水準に鑑みれば、こうした軍縮提案は、むしろ北朝鮮に在韓米軍撤退要求の口実を与える恐れがあった。この点に関するNSCの評価は、「中国の北朝鮮に対する影響力に限界があることを考慮すれば、軍縮問題は中国に過度の負担を与える（over-tax）だろう」というものであった[57]。

かくして米国の代替協定案は、停戦協定の署名者の変更のみを求めたオプション一を軸に検討されることになった。朝鮮半島における安全保障の取り決めをより強固にするため、キッシンジャーは一九七四年二月にNSCの上級審議会（SRG）を開き、オプション一を補強する交渉パッケージとして、南北双方による不可侵協定の締結と、国連安保理による代替協定の承認を追加した[58]。NSCもまた、代替協定の実現手段としてソウルと平壌との当事者間の交渉を優先したうえで、並行的に米中交渉を進める「二段階交渉戦略」を提起した。米国と韓国との緊密な連携のなかで、それぞれが中国と北朝鮮との交渉を受け持つこの交渉戦略は、状況に応じて柔軟に運用することとされた[59]。以上のようなSRG会議の建議を踏まえて、ニクソンは一九七四年三月二九日、国家安全保障問題決定覚書（NSDM）二五一「国連軍司令部の解体[60]」を下達した。NSDM二五一は、国連軍司令部の解体に従う停戦協定の代替に関する交渉パッケージとして、つぎの五点を決定した。

一、軍事停戦協定のわがほうの署名者を国連軍司令官から米軍と韓国軍の司令官に変更する。南北双方の代表が軍事停戦委員会の主要メンバーとなる。

二、北朝鮮側が暫定的な米軍の韓国駐留を暗黙裡に受容する代わりに、朝鮮半島における安全保障の状況が安定化するに従って、米国は、上海コミュニケのように、在韓米軍を段階的に撤退させ、最終的に全面撤退するように努力する。

三、南北双方による不可侵協定の締結。
四、代替的な安全保障の取り決めに対して国連安保理が承認すること。
五、前記の事項以外には停戦協定の変更を避けること。

つまりNSDM二五一は、既存の停戦協定の骨格を維持しつつ、国連軍司令官と中朝の軍司令官からなる署名者を、米韓と中朝の軍司令官に変えることを骨子としていた。こうした基本目標を追求するにあたって、NSDM二五一は、国連軍司令部の解体と在韓米軍の撤退という「誘引」を示す一方で、その前提条件として朝鮮半島の安定化を掲げ、在韓米軍の暫定的駐留、南北による不可侵協定の締結、国連安保理の承認という安全保障措置を求めた。NSCは、中国の在韓米軍に対する姿勢転換と朝鮮半島安定化の展望に鑑みれば、この交渉パッケージは説得材料として有効であろうと期待していた(61)。

米軍の撤退方式の視点からみれば、前記の第二項目に明示されているとおり、NSDM二五一は、在韓米軍の撤退と朝鮮半島情勢の安定化とを連動させる点で上海コミュニケ・モデルを踏襲したと言えよう。ただし、前章第二節で検討したように、米国は在韓米軍を朝鮮半島および東北アジアにおける安定力として再定義し、少なくとも当面のあいだは駐留を続ける構えであった。このことはすでに、中国からも暗黙の了解を得たものである。それゆえ、NSDM二五一は、「国連軍司令部の解体にともなう代替協定への転換に際して、在韓米軍の兵力水準とその任務に根本的な変化を加えてはならない(62)」と明記し、在韓米軍の駐留を事実上大前提として位置づけていた。

交渉形態からみれば、NSDM二五一は、交渉パッケージの第一項において「南北双方の代表が軍事停戦委員会の主要メンバーとなる」と明記し、交渉戦略として「ソウルと平壌との交渉を優先視」している。その形式は、分断国家の当事者間の合意に従って、米軍が同盟国から段階的に撤退し、最終的には全面撤退するという点において、一九七三年一月二七日のヴェトナム和平協定に近い。もっとも、在韓米軍をめぐる南北間の認識差が大きく、しかも米国自身も撤退させる意思がまったくなかった点において、NSDM二五一の想定する交渉戦略はヴェトナムのそれとは根本的に異なった。

にもかかわらず、ここで米国政府が南北間の交渉を優先したのは、朝鮮問題の局地化を図るという従来の方針に沿うだけでなく、それによって、南北対話と民族自決を訴えた一九七三年の国連総会決議の尊重という大義名分を得ることもできるからであった。こうした文脈において、韓国の当事者能力を明確に認めたNSDM二五一は、北朝鮮による米朝平和協定の提案に対する米国の拒絶反応の表われであった。ただし、米国の「ヴェトナム化」政策がまさに局地からの挑戦によって崩壊したように、南北関係が事実上破綻し、とりわけ北朝鮮が対米直接交渉を国家戦略として掲げる状況のもとでは、当事者優先による問題解決の可能性はきわめて低かったと言わざるをえない。

(2)「国連権能」の喪失と在日米軍

国連軍司令部の解体が東北アジアにおける安全保障戦略の修正をも必要とすることが明らかとなったとき、米国が何よりも重視した課題のひとつは、在日米軍基地の利用および在日米軍の出動に関わる法的根拠と大義名分を保全することであった。第二章第二節でみたように、日本は、一九六九年一一月の日米首脳会談において、「韓国の安全は日本自身の安全にとり緊要である」がゆえに、韓国有事における米軍の出動に際しての「事前協議」に「前向きにかつ速やかに」対応することを、「韓国条項」を通じて表明していた。しかしながら、佐藤栄作首相自身が一九七二年一月に「同声明は条約じゃないから」と述べたように（第四章第三節の(1)を参照）、この「韓国条項」はあくまでも事前協議を前提とする日本政府の政治的意思表示にすぎず、必ずしも法的拘束力をもたなかった。

これに対して「国連の権能」に裏づけられた国連軍司令部は、韓国有事の際の在日米軍の出動および米軍による在日基地の使用を事前協議制の対象外とし、米国に「行動の自由」を保障する法的根拠を提供する存在であった。同司令部が解体されれば、一九五三年七月の停戦協定の成立と同年一〇月の米韓相互防衛条約の締結を追うかたちで、国連軍構成国と日本とのあいだで交わされた「日本国における国際連合の軍隊の地位に関する協定」（以下、国連軍地位協定と略記[63]）などが無効となる。朝鮮半島の安定化と韓国の安全保障を求めてきたニクソン政権にとって、在日米軍と基地使用に関する「特権」の喪失はもちろんのこと、それに制約がかかることすらあってはならなかった[64]。そこでＮＳＤＭ二五一は、国連軍司令部の解体にともなう対日交渉指針をつぎのように打ち出した。

（ａ）国連軍司令部の解体にともない、日米安保条約における一九六一年の岸秘密議事録（secret 1961 Kishi Minute）を延長することに対して、日本政府から明確な同意を得ること。

（ｂ）国連軍司令部の解体にともない、国連軍地位協定は終了する。第三国の在日基地使用権の延長は求めない。

（傍点は引用者）

右記（ａ）項には「岸秘密議事録」という驚くべき文言が見える。この「岸秘密議事録」とは、日本外務省が二〇一〇年三月に「いわゆる『密約』問題に関する調査報告書」を通じてその真偽を問うた四つの「日米密約」のうち[65]、「韓国有事議事録」（別名、「朝鮮密約」）に該当する。一九六〇年一月の日米安保条約[66]の改定時にダグラス・マッカーサー二世駐日米大使と藤山愛一郎外相とのあいだで交わされたこの議事録では、韓国有事に限定して事前協議制の例外をおくことを決めている。

周知のように事前協議制は、旧日米安保条約の改定の際に日本の主体性を確保する措置として、また米国の戦争に巻き込まれることを防ぐ手段として、在日米軍および基地の使用に対する日本の発言権を保障するために設けられ、具体的には日米安保条約第六条とその付属文書である「条約第六条の実施に関する交換公文」（別名、「岸・ハーター交換公文[67]」）に明記されている。しかし、米国にとってこの事前協議制は、韓国有事における機動性を奪われることに等しかった。ＮＳＤＭ二五一の（ａ）項がその一四年前に日米間で交わされた「韓国有事議事録」を取り上げて、さらにその延長を求めたのは、まさにこの議事録が事前協議制の適用を否定し、米国に「行動の自由」を与える根拠だったからである。日本外務省が公開した同議事録の全文によれば、朝鮮半島で国連軍が「異例の緊急事態に直面した際の在日米軍基地の作戦使用に関する日本政府の見解を求める」マッカーサー二世の問いに対して、藤山はつぎのように答えている。

藤山外相：（前略）在韓国連軍に対する攻撃による緊急事態における例外的な措置として、停戦協定の違反による攻撃に対して在韓国連軍の反撃が可能となるように、国連統一司令部の下にある在日米軍によってただちにおこなう必要がある戦闘作戦行動のために日本の施設・区域が使用されることができる、というのが日本政府の見解であることを岸首相の許可を得て発言する。(68)（傍点は引用者）

藤山発言には、「事前協議がなくても」というような直接的表現はないが、国連軍司令部傘下の在日米軍が「ただちに」在日米軍基地を利用して出撃することを容認することで、米軍の戦闘行動に対する事前協議を事実上免除している。この議事録の内容は、公表された「条約第六条の実施に関する交換公文」を真っ向から否定するものであり、だからこそ日米間に「密約」として交換されるほかなかった。交換公文が事前協議の模範的定義、すなわち「表の顔」であるのに対して、この議事録は抜け道を設けた「裏の顔」であった。この「裏の顔」を反映し、日米安保条約締結直後の一九六〇年六月一一日に採択されたNSC文書六〇〇八―一「日本」は、「在韓国連軍への攻撃による緊急事態が生じた際には、国連軍司令部のもとにある在日米軍は（中略）日本にある施設と区域を即座に使用する」(69)と述べ、事前協議を否定した。

藤山が「在韓国連軍に対する攻撃」と「在韓国連軍の反撃」を取り上げたように、韓国有事に関する例外的取り扱いの根拠が、国連軍司令部に象徴される「国連の権能」にあったことは明白である。しかし、こうした「密約」以外にも、日米間には「国連の権能」に依拠した韓国有事に関する取り決めが存在する。(70)その代表的なものが、一九五一年九月八日に、旧日米安保条約の署名と同時に吉田茂首相とディーン・アチソン米国務長官とのあいだで交わされた「吉田・アチソン交換公文」である。同公文は、当時すでにおこなわれていた国連軍に対する日本の支援を追認した文書であるが、そこには日本が韓国防衛に従事する国連軍の「あらゆる行動」を「日本国内およびその付近において支持し、且つ容易にすること」が明記されている。(71)当時の指揮体系において国連軍司令官が米極東軍司令官を兼任し、さらに国連軍の主力が米極東軍司令部の指揮下にあったことに鑑みれば、同交換公文における「日本が支援すべき国連軍」とは在日米軍にほぼ相当する。この公文の趣旨は、一九六〇年の日米安保条約の改定の際に、岸信介首相とドワイト・アイゼンハワー政権のクリスティアン・ハーター国務長官とのあいだで交わされた、「吉田・アチソン交換公文等に関する交換公文」(72)に継承された。これらの交換公文は前述の「韓国有事議事録」とは違って、韓国有事における米軍の作戦行動そのものに対する事前協議制の適用問題には言及していない。しかし、「吉田・アチソン交換公文」が国連軍の「あらゆる行動」に対する日本の後方支援を表明している以上、韓国有事における日米間の事前協議制の適用を含む在日米軍および基地の運用問題に影響を与えうる。

ここでいまひとつ留意すべきは、「吉田・アチソン交換公文等に関する交換公文」が、「日本国における国際連合の軍隊の地位に関する協定が効力を有する間、引き続き効力を有する」(73)（第一項目）とし、その効力期限を国連軍地位協定と連動させていることである。この点に関連して国連軍地位協定は、国連軍所属軍隊の「あらゆる行動」に対して日本の「あらゆる援助」を保障しながらも、「すべての国際連合の軍隊は、すべての国際連合の軍隊が朝鮮から撤退していなければならない日から九〇日以内に日本国から撤退しなければならない」（第二四条）としたうえで、「すべての国際連合の軍隊が第二四条の規定に従って日本国から撤退しなければならない期日に終了する」（第二五条）とされている。すなわち、「国際連合の軍隊」が韓国と日本から離れれば、当該軍隊の在日基地使用権は無効になるというのが、その論理的な帰結である。

したがって、前記の「韓国有事議事録」はもちろんのこと、「吉田・アチソン交換公文」や国連軍地位協定にもとづく日本の韓国防衛への協力と、韓国有事の際の米軍の裁量権を米国が確保し続けるためには、韓国と日本に「国際連合の軍隊」を駐留させることが重要であった。逆に形式的には国連軍地位協定の終了につながる国連軍司令部の解体は、結局「吉田・アチソン交換公文」などの関連諸取り決めを無効にし[74]、結局「韓国有事議事録」にもとづく米軍の「行動の自由」を法的に制約するインパクトを持っていた。

興味深いことに、一九六九年末の佐藤首相の訪米に先立つ沖縄返還交渉にあたって、日本は前記の「韓国有事議事録」を外交的表明によって置き換えることを図った。実は日本政府にとって、「韓国有事議事録」は成立当初から「容認しがた」く、米国側の要求に「不承不承ながら同意」させられた不本意な取り決めであった[75]。しかし、こうした日本側による「韓国有事議事録」失効の要求に対して、米国側は最後まで明確な言質を与えなかったばかりか、むしろ沖縄版の「韓国有事議事録」の作成を別途に求めた。たとえば、一九六九年七月、「韓国有事議事録」を首相のステートメントに置き換えることを求める愛知揆一外相に対して、アーミン・マイヤー駐日米大使は、「同等の効果が得られるという確信を得ない限り、議事録を守りたい」と応じつつ、「口約束よりもっと確実で恒久的なもの」を要求した[76]。また日本側の抵抗が続くと、リチャード・スナイダー駐日首席公使は、同年一一月四日にもたれた東郷文彦外務省アメリカ局長との会見で、「韓国有事議事録」の再確認が本国訓令であると明かしたうえで、「この問題に触れたくない」との姿勢を示した[77]。「韓国有事議事録」の有効性をめぐる日米交渉は、こうして決着がつかないまま、日米首脳会談で佐藤の「韓国条項」に関する「一方的声明」のみがおこなわれたのである[78]。

米国側の史料を見る限り、米国政府はその後も、「韓国有事議事録」などの国連軍の権威を媒介とする対日政策を維持し続けたことがわかる。たとえば、国務省は一九七一年末、中国の国連復帰に象徴される国連と中国との和解によって生じうる国連軍の地位の変動可能性について真剣に検討したが、その際に、在韓および在日米大使館は、国連軍司令部が存在する限り、韓国有事に備える従来の日米間の取り決めが有効であるとの見解を示した[79]。これを受けて国務省は、「国連軍地位協定が終結しない限り、『吉田・アチソン交換公文等に関する交換公文』に則って『吉田・アチソン交換公文』は有効である」と結論づけた[81]。だからこそ米国政府は、国連軍司令部を維持することに懸命であった。一九七〇年代に入って国連軍司令部からの第三国の離脱が顕著となり、一九七二年七月にはタイ軍が撤退することで、国連軍司令部は在韓米軍と限りなく一体化した。それにもかかわらず米国政府は、トルコなどの第三国に対して、せめて連絡将校程度は残すよう働きかけ、国連軍司令部の枠組みを維持しようとした[82]。こうした米国政府の対応が、韓国有事に備えるための対日取り決めと深く関わっていたことは言うまでもない[83]。

以上のことから考えると、前記NSDM二五一の（a）項は、直接の引用元である「韓国有事議事録」は言うまでもなく、「吉田・アチソン交換公文等に関する交換公文」などの日米間の取り決めにも矛盾していた。すなわち、ニクソン政権は国連軍司令部の解体を想定していたにもかかわらず、韓国有事の際の日米間の取り決めを強引に確保しようとしたのである。このような矛盾を抱えた（a）項は、間もなく修正されるほかなかった。これに対して、国連軍を構成する米国以外の第三国の在日基地使用に関わるNSDM二五一の（b）項は、国連軍司令部の解体と「国連軍地位協定」の終結による当然の帰結を示していた。

ウォーターゲート事件をめぐって議会による第二回目の大統領弾劾案が可決され、辞任を余儀なくされたにもかかわらず、ニクソンは一九七四年七月二九日、NSDM二六二「韓国戦時の際の在日基地使用」を決定し、右のNSDM二五一の（a）項を修正した。NSDM二六二は、「岸議事録（韓国有事議事録を指す）の効力をともかく保持する目的で、（日本に対して）同議事録の延長を明確かつ公式には求めない」とされたのは、国連軍司令部が解体されれば、韓国有事における在日米軍の作戦行動が事前協議の対象とならざるをえなかったからである。しかし同時に、その目的が「岸議事録の効力をともかく保持する」ことにあると記されたように、対日取り決めへの米国のこだわりにはまったく変わりがなかった。それゆえにNSDM二六二は、あえて「韓国有事議事録」の問題を日本側の前で取り上げないよう指示しつつ、たとえ日本と国連軍司令部の将来問題を議論する際には、「国連軍司令部が解体されれば国連の援護（U.N. cover）と国連軍地位協定は終結されるが、それが北朝鮮の攻撃を阻止するためのわれわれの能力に悪影響を及ぼさない」という、やや「曖昧な」立場を取るよう命じた。

要するに、NSDM二六二の対応は、「韓国有事議事録」について正式に再協議した場合の日本側のアレルギー反応に配慮し、「寝た子を起さない」ことが得策であるとの判断にもとづいていた。いいかえれば米国は、日本に対して「優雅な無視」の姿勢をとることで、国連の権威を媒介とする軍事上の特権を保全しようとした。この点に関連してスナイダー国務省副次官補は、一九七三年六月一五日に開かれたNSCのSRG会議で、「たとえ国連軍司令部が解体されるとしても、韓国に対するいかなる敵対行為も国連憲章の違反に該当する。（中略）日本は韓国有事の際にわれわれを支援すると繰り返し宣言してきた[85]」と述べた。すなわち、米国は、国連軍司令部の解体によって「韓国有事議事録」が失効する場合にも、日米安保条約の第一条と第七条に謳われている「国連憲章の尊重」や[86]、「韓国条項」に象徴される日本政府の対韓公約などを根拠にして、韓国有事の際の在日米軍の作戦行動上の柔軟性を確保し続けたいという意図を明らかにしたのである。

こうした米国側の取り組み方は、在日米軍問題というきわめて政治性の高い課題に対して、日本政府が基本的に協力的な姿勢をとり続けたからこそ説得力を持っていた[87]。たとえば、一九七三年八月一日に開かれた日米首脳会談に同席した大平正芳外相は、「日本政府は（国連軍司令部の解体を想定した）法的問題に関して研究し、その結果について米側と議論したい」と述べながら、「国連軍司令部を維持する手段を設けるように協力したい」と語った。しかも大平はここで、「日米安保条約は在韓米軍を支える役割を担っている[88]」と付言していた。この大平の発言は、日米安保条約第六条の「極東条項」を念頭に置き、在日米軍および基地と韓国の安全保障との関連性を強調したものにほかならない[89]。こうした文脈から米国政府は、日本が日米同盟の趣旨を理解し韓国防衛にコミットし続ける限り、韓国有事の際の在日米軍やその基地の運用にかかわる事前協議制とは単なる形式にすぎない、と判断したのである。

ちなみにＮＳＤＭ二五一は、韓国軍作戦統制権の新たな受け皿として米韓連合軍司令部を新設し、米軍先任将校の指揮下に置くことを命じていた[90]。これは、国連軍司令部が解体されれば、国連軍司令官の韓国軍に対する作戦統制権が消失し、結果的に韓国軍に対する統制や米韓の効果的な統合作戦が不可能になるので、それを防ぐための方策であった。この点に関連して、統合参謀本部（ＪＣＳ）は一九七四年七月、韓国にある国連軍司令部、在韓米軍司令部、第八軍司令部という三つの司令部の名称を維持したまま、これら三つの司令部それぞれが有する人事・情報・作戦・兵站などの業務を事実上一つの司令部として統括し、運用しはじめた。こうした措置は、韓国軍に対する作戦統制権を国連軍司令官からＪＣＳに柔軟に委譲するための「予備的動き」として受け取られた[91]。そしてこのことは、国連軍司令部が解体されるとしても米軍が韓国防衛に関与し、韓国軍に対する作戦統制権を行使し続けることを意味した。実際に、その後の一九七六年五月、第五次米韓安保協議会では、ＮＳＤＭ二五一とほぼ同じ内容の連合指揮体系が合意され、一九七八年一一月には米韓連合軍司令部（ＣＦＣ）が創設された。これによって韓国軍に対する作戦統制権は国連軍司令部からＣＦＣに委譲され、国連軍司令部は停戦協定の管理および維持の任務だけを担うようになる[92]。

三　米中協力の限界、一九七四年

(1) 米中交渉の決裂

米国は、ＮＳＤＭ二五一を通じて確定した国連軍司令部の解体案を、「二重交渉戦略」すなわち南北間交渉と米中間交渉を並行させる「ツー・プラス・ツー交渉」プロセスに着手した[93]。しかし、南北対話が事実上破綻したなかで[94]、米国が想定した朝鮮問題をめぐる交渉枠組みにおいては、米中チャンネルが優先され、両国のジュニア・パートナーである南北がそれに間接的に参加するかたちをとらざるをえなかった。米国は、とりあえず中国を動かせるのであれば、平壌を説得してより妥協的な姿勢を取らせることは当然可能であり、それは韓国に対しても南北対話を促す材料となるだろうと考えたのである。(95)

NSDM二五一の採択から二週間後の一九七四年四月一四日、キッシンジャーは、国連資源特別総会に出席するために訪米した中国の鄧小平《ダンシャオピン》副総理(96)と会談し、国連軍司令部の解体とそれに影響されうる停戦協定のありかたについて、初めて話題として取り上げた。キッシンジャーは、「貴側とわれわれは、それぞれの友人（韓国と北朝鮮）に対する影響力を維持するためにも、停戦協定にとどまるべきである。われわれは、（在韓米軍の）即刻の撤退はできないが、上海コミュニケ方式で米軍の撤退を公表する用意がある。韓国との話し合いが終わりしだい、その内容を非公式に伝える」と申し入れた(97)。しかし、この申し入れに対して鄧は即答を避けた。

一九七四年六月一三日、米国政府は、駐米中国連絡事務所を通じて国連軍司令部解体パッケージ案を文書のかたちで伝達した。米国側の提案は、①軍事停戦協定上のわがほうの署名者を国連軍司令官から米軍と韓国軍の司令官に変更する一方、南北双方の代表が軍事停戦委員会の上級メンバー（senior member）を務める、②南北双方が代替的な安全保障取り決めに合意すれば、国連安保理の承認を受ける、③朝鮮半島の安全を増進させるために、南北が不可侵協定を締結する、④米国は、朝鮮半島の安定化にともなって在韓米軍を段階的に撤退させ、最終的には全面撤退させることに公式にコミットするが、その条件として、北朝鮮と中国は代替的な安全保障取り決めが定着するまで在韓米軍の駐留を暗黙裡に受け入れる、というものであった(98)。

この提案は、NSDM二五一の内容とほぼ一致するものであったが、中国の介入を義務づけるために、右の第一項に「中華人民共和国は停戦協定を履行する機構にとどまること」という文言がつけ加わった(99)。国務省のウィンストン・ロード政策企画室長は、駐米中国連絡事務所副所長の韓叙《ハンシー》に右の文書を伝える際に、問題解決のためには当事者の南北双方が接触することが重要であると強調しつつ、北朝鮮に対して影響力を行使するよう中国側に要請した(100)。ロードは、この提案書を中国側に手渡す際に、一〇日以内の回答を求めていた。キッシンジャーは、一九七四年六月二四日に続いて七月一五日にも、駐米中国連絡事務所長の黄鎮《ファンチェン》に返答を求めた。しかし、これに対して黄は、「本国からの訓令がまだ届いていない」と確答を避け続けた[101]。

なぜ中国は返答することができなかったのであろうか。それは、黄鎮が一九七四年七月二七日、「米国側の提案をめぐって平壌側といくつかのやり取りをおこなっている」とアーサー・ハメル国務省次官補代理に説明したように、中朝交渉が難航したからであった。さらに、黄はここで「中国は国連における朝鮮問題を、去年のように、米国との緊密な協力を通じて友好的に解決することを望む[102]」ともつけ加え、北朝鮮説得への意欲を示していた。

しかし中国は、米国側の提案を受けてから一カ月半が経過した七月三一日に、駐米連絡事務所を通じて「受容できない」旨の返書を送った[103]。同返書は、米国の提案が南北不可侵協定の締結を国連軍司令部の解体と連動させたこと、中国と北朝鮮に在韓米軍の継続駐屯への同意を要求したことを指摘しつつ、「虚名（empty name）だけの国連軍司令部を解体する代わりに、在韓米軍の駐屯を延長し、『二つのコリア』の状況を永久化させようとする試みである」と非難した。そのうえで同返書は、「米国側が今年度（一九七四年）以内に国連軍司令部を解体し、迅速に在韓米軍を撤退させるとした約束を果たすことを望む」と強く求めていた[104]。

遅れに遅れたうえ米国の提案を拒絶する内容に終始した中国側の回答は、中朝交渉の結果を反映していた。しかも南北不可侵協定の締結と在韓米軍の容認を問題にした点には、北朝鮮の見解が色濃くにじみ出ていたと言えよう[105]。北朝鮮にとって米国の提案は、国連軍司令部の無条件解体に加え、在韓米軍の撤退と米朝平和協定の締結という核心的な要求事項を欠いた「骨抜き案」にほかならなかったのである。

だが、こうした中朝側の否定的な反応にもかかわらず、米国政府は追加的な交渉の余地があると結論づけた[106]。とりわけ国務省は、中国が、米国と韓国軍司令官による署名者能力の受け継ぎと、それにもとづく停戦協定の維持という提案の核心部分には一切触れず、南北不可侵協定と暫定的な在韓米軍駐屯の容認だけに異議を唱えたこと、すなわち、米国の国連軍司令部解体パッケージ案のうち、一項と二項に対しては沈黙を守り、後半の三項と四項だけを問題視した点に注目した。したがって国務省は、韓国の南北不可侵協定の締結案を取り下げる一方、交渉パッケージ案を適当に調整すれば、中国側との妥協点を見いだせると考えた[107]。実際に一九七四年七月初旬、中国の国連代表部関係者は、オーストラリア政府を通じて「去年のUNCURKのように、国連軍司令部も自らが単純に解体を公表することを望む」旨を米国側に伝えていた[108]。米国政府もまた、駐米中国連絡事務所長の黄鎮が「米国との緊密な協力」や「友好的な解決」に言及するなど、国連の場での米中衝突を中国が避けたがっていることを察知していたのである。

こうした判断に立った米国政府は、韓国政府の了解を得てから[109]、六月一三日付の国連軍司令部解体パッケージ案のうち、停戦協定の署名者を国連軍司令官から米軍と韓国軍の司令官に代え、国連安保理がこの停戦協定の調整を承認することだけを盛り込んだ修正提案書を、同年八月二八日に中国側に手渡した[110]。ただし、ここで米国政府は、「中朝側による暫定的な米軍駐屯の非公式の受容」という文言の排除が、必ずしも在韓米軍の撤退を意味しないことを中国側に明確に伝えていた[111]。

しかし中国側は、米国の修正提案に対しても返答をしなかった。ハメル次官補代理が一九七四年九月二日に黄鎮にすみやかな返答を促すなど、米国政府は中国側に圧力をかけ続けた[112]。そのかたわら、北朝鮮は支援国であるアルジェリアなど二九カ国を動員し、同年九月一六日、「国連旗のもとに南朝鮮に駐留するすべての外国軍隊の撤退」を前面に掲げた独自の決議案を国連総会に提出した。中国国連大使の黄華《ファンファ》は、その三日後の九月一九日におこなった国連演説で、国連の旗のもとにある在韓米軍の撤退を露骨に要求した。こうした中朝の姿勢に対して、米国政府は、「国連軍司令部問題は国連安保理の所管事項であるがゆえに、国連総会は権限を持ってない」との立場を示しつつも、国連での米中対決を危惧せざるをえなかった[113]。

中国が米国の提案に消極的であった理由は、一九七四年一〇月二日に国連を訪問した喬冠華《チャオグォンフア》外交部長とキッシンジャーとの会談で公式に明らかとなった。同会談で、キッシンジャーが修正案の受け入れを促すと、喬は「率直に言って、われわれは貴側の提案を北朝鮮に伝えたが、北朝鮮からさらなる返答を受けることができなかった。結局、この問題は国連に上程されてしまった。そして、われわれ（米国と中国）は各々異なる立場に立って論争することになった」と答えた[114]。また、喬は、「われわれは北朝鮮とよい関係を維持している。これは主として北朝鮮の立場であり、中国が何を望んでいるかの問題ではない[115]」と述べた。この喬の発言は、中国の北朝鮮に対する影響力の限界を認めたうえで、国連での米中対決が不可避であると通告したに等しかった。ここで中国は、朝鮮問題において、対米協力よりも北朝鮮との同盟関係を優先する立場を明らかにしたのである。

ただし、ここで注目すべきは、「たとえわがほうの決議案が採択されたとしても、面倒な事態は起こらないだろう」と喬冠華がつけ加えたことである。この喬の発言について、米国務省は「中国は国連軍司令部問題が国連安保理の所管事項であり、したがって総会の決定によってこの問題が解決されないことをよく認識している」と分析した[116]。すなわち、国連総会決議の法的限界を取り上げた中国は、結果的に国連軍司令部の解体という「面倒な事態」は生じないと予測し、だからこそ国連での米中対決をも甘受しうるとの姿勢を示したのである。

(2)中朝同盟と米中戦略関係との狭間

前記の米中外相会談で、喬冠華が「これは主として北朝鮮の立場であり、中国が何を望んでいるかの問題ではない」と述べたのは、国連軍司令部の解体問題をめぐって中朝間に亀裂が生じたことを裏づける。喬が「結局、この問題は国連に上程されてしまった」と言ったのも、北朝鮮が中国との事前協議抜きで自らの決議案を推し進めたことへの不満の表われであった。にもかかわらず、喬が「われわれは北朝鮮の立場を尊重しなければならない[117]」と繰り返し強調したのは、中国がこの問題において、北朝鮮に対する影響力はおろか、実質的にはその主導権さえ失ったことを示唆する。喬は、中国が影響力を行使することを促すキッシンジャーに対して、「毛主席が貴方に言ったように、全体的な世界情勢の観点から見れば朝鮮問題は大きな問題ではない」と述べ、朝鮮問題をめぐる対決が中国の本意ではないことを強調した。

こうした喬冠華の発言は、中国が依然として朝鮮問題に対する米中協力、または「共同の影響力」の行使を重視していたことを示している。中国は米国と同じく朝鮮半島の安定化に戦略的利益を見いだし、在韓米軍問題に対しても、日本の再武装やソ連の進出を危惧して、急激な撤退ではなく漸進的な撤退を望んだ。さらに、この時期に中国外務部の幹部は、「われわれは、国連軍司令部のもとに外国軍が駐屯することと両者条約（米韓相互防衛条約）によって外国軍が駐留することとの違いを知っている。（中略）われわれは（米国の主張どおり）停戦協定に一定の修正を加えれば、すべての関連国が満足する結果になろうと思う」[118]と、北京駐在のオーストラリア外交官に述べた。前記のキッシンジャーとの会談における喬冠華の「これは主として北朝鮮の立場である」という言葉には、米国の国連軍司令部解体パッケージ案への事実上の同調が示されていた。米CIAは、当時の中国の苦悩についてつぎのように分析した。

朝鮮問題に関する限り、中国の言論は全般的に北朝鮮のプロパガンダを再演しているが、平壌側の辛辣な表現は削除している。とくに中国は、「韓国政府は傀儡であるために朝鮮人民を代弁しえない」、「ソウルは米国の軍事的保護を失えば生き残れない」という北朝鮮側の主張を無視している。中国は、在韓米軍は即刻撤退しなければならないという北朝鮮の要求のうち、「即刻」というタイム・テーブルを省略していた[119]。

しかし、それでも中国は、北朝鮮との同盟関係を犠牲にしてまで米国と協力することはできなかった。その要因としては、大きく四点をあげることができる。第一に、この時期に、中ソ朝の北方三角関係における北朝鮮の戦略的価値はいっそう高まっていた。米CIAの分析によれば、ソ連が「アジア集団安保構想」を掲げて中国を封じ込めようとし、さらに北ヴェトナムに対しても有利な地位を占めつつある情勢のもとで、中国は北朝鮮に対して保持してきた自らの「持分を確保する」ためにも、北朝鮮の立場に配慮するしかなかった[120]。他方の北朝鮮は、北京とモスクワを張り合わせることによって生じる行動の自由を活かし、非妥協的な態度を取り続けながら、直接的な対米接近に踏み切ろうとした。[121] 北朝鮮の姿勢は中ソ双方の不信を招くこともあったが、互いにライヴァル関係にある中ソが依然として平壌に秋波を送る以上は有効であった。中ソに対する北朝鮮の等距離外交は、奏功したのである。[122]

第二に、前章第三節でも指摘したように、「一つの中国」という原則にこだわる限り、中国は北朝鮮の「一つの朝鮮」の主張を支持するほかなかった。[123] 中国は南北の国連同時加入が「二つのコリア」を承認することで、「一つの中国」政策が傷つくことを懸念した。しかし、「一つの朝鮮」論が朝鮮半島における北朝鮮の正統性を前提とする以上、「一つの中国」と「一つの朝鮮」との連鎖は中国にとって対韓接近という選択肢の封印を意味した。第三に、国連復帰した中国の支援を背景に地歩を拡大し、いまや独自の外交領域を構築するにいたった北朝鮮に対して、中国の介入の余地は相対的に縮小せざるをえなかった。北朝鮮は、国連軍司令部解体パッケージ案をめぐる米中交渉のさなかに国連に独自の決議案を提出したが、北朝鮮の自主路線は、一九七三年九月、中ソが東西ドイツの国連同時加入を承認したのを目の当たりにしてから、いっそう際だつようになった。[124] 最後に、この時期の中国指導部は、北朝鮮寄りの政策を取っても米中関係は耐えられるだろうと判断したかもしれない。すなわち中国は、在韓米軍の撤退と国連軍司令部の解体を公然と非難しても、ワシントンが突然すべての兵力を引き揚げたり、対中関係を逆転させたりといった事態は起こりそうもないと考えた可能性がある。要するに、この時期の中国の態度は、米中戦略関係と同盟関係との狭間で、北朝鮮との関係を重視する方向に調整されつつあった。

ボーイング航空機の北朝鮮転売の件は、このことをよく物語っている。中国は一九七四年に入って「ボーイング七〇七型機五～六機を追加的に輸入し、そのうち二～三機を北朝鮮に割り当てたい」旨を米国側に申し入れた。[125] しかし米国産航空機の北朝鮮転売は、対共産圏輸出統制委員会（ＣＯＣＯＭ）規制や敵国交易禁止法などに抵触するだけでなく、韓国の目の前で中国を通じて北朝鮮と取引をおこなうという意味でも、米国政府にとってとうてい受け入れがたいものであった。キッシンジャーは一九七四年六月二四日、北朝鮮への転売を目的とする中国への航空機の販売を禁止することを決定した。[126] これに対して中国側は、「米国政府が反対するなら、ボーイング社がわれわれにすでに渡した航空機を北朝鮮に割り当てるしかない」[127]と米国の方針に対抗した。結局この問題は、米国政府が一貫して反対の意思を明らかにし、中国側が追加的な行動を取らないことでうやむやにされていったが、一連の過程で中国側が「北朝鮮の要求に応えるしかない」と強弁し続け、米国が韓国に配慮せざるをえなかった点に、同盟利益に引きずられる米中の苦悩が表われていたのである。

(3) 米中の国連対決

一九七四年に入ると、中国はそれまで米国に示した態度とは距離を置き、公式の場面では北朝鮮の立場をより鮮明に代弁する姿勢を強めた。中国の外交路線を、革命的路線を重視する「建て前」と戦略的利益にもとづく「本音」に分けるならば、アジア問題専門家のマイケル・ヤフーダが指摘したように、この時期の中国の選択は、本音と建て前のあいだで揺れ動いたすえの、非合理的あるいは暫定的なものであった[128]。しかし、そもそも米中接近において戦略的要素が濃厚であったことを考えると、米中両国が朝鮮問題について一貫して協力すること自体がむしろ不自然であった。いいかえれば、朝鮮問題をめぐる米中関係は、「敵対的協力関係」(antagonistic cooperation) に転じつつあった。この敵対的協力関係の本質は、米中両国が朝鮮問題をめぐって戦略的利益を共有し相互協力しながら、同時にその協力の限界をも互いに認め合う点にある。こうしてこの時期、朝鮮問題をめぐる米中関係は、「共同の影響力」よりも同盟利益を優先する方向に傾いていった。

喬冠華が「われわれは北朝鮮の立場を尊重しなければならない」と明言した以上、国連における米中対決を避ける方途はなく、米国政府は一九七四年の国連総会における中国との協力を事実上断念せざるをえなかった。この点について米国務省は、「中国が七三年のＵＮＣＵＲＫ解体の過程においてやりすぎて、米国との妥協案を北朝鮮側に無理やり押しつけた」と指摘し、一九七四年の国連総会ではその反作用に直面していると分析した[129]。韓国の金東祚外務長官は、同年九月二七日、「中国と交渉し、南北が同時にまたは別々に国連に加入することを助けてほしい」と米中対

第７回目の訪中時に蘇州の拙政園で喬冠華外交部長と歓談するヘンリー・キッシンジャー国務長官。左はキッシンジャー婦人のナンシー（1974年11月30日）［米 National Archives 所蔵］

話を促したが、キッシンジャーはまったく確答できなかった[130]。

一九七四年一一月二五日から三〇日にかけておこなわれたキッシンジャーの第七回目の訪中では、朝鮮問題は一切取り上げられなかった[131]。国連における米中対決が差し迫るなかで、米中いずれも、この問題を提起することで会談の雰囲気をさらに険悪化させたくなかったのである[132]。当初、国務省のスタッフらは、一九七三年のように中国の意思をもういちど打診するよう建議したが[133]、キッシンジャーは受け入れなかった。キッシンジャーは、訪中三日目の一一月二七日、鄧小平との会談を終えた後にフォードに送った報告書で、「私は意図的に朝鮮問題を飛ばした。この問題における依頼人（demandeur）は彼らであり、さらにわれわれは現在、国連における票の獲得競争において確実に有利な立場である[134]」と書いた。

結局、国連軍司令部の解体問題は、一九七四年の第二九次国連総会で「米韓対中朝」の決戦投票に帰着した。韓国支持国（最終的には計二八カ国）が、国連軍司令部の将来を含む朝鮮問題について安保理の考慮を求める決議案を提出するかたわら、北朝鮮支持国（最終的には三五カ国）は、国連の旗のもとにあるすべての外国軍の撤退と、この問題を解決するための直接関係者間（米朝を指す）の協議を促す決議案を提出した。投票権を持たずに審議に招聘された南北の代表をはじめとして、計七〇カ国の代表が上記二つの決議案をめぐって討論をおこなった。黄華中国国連大使は、一一月二九日の国連総会演説において、在韓米軍の駐留と韓国の「二つのコリア」政策を強く非難した[135]。

票決は文字どおり五分五分の勝負であった。一九七四年一二月一〇日、国連総会第一委員会において、韓国支持決議案は賛成六一・反対四二・棄権三二で可決されたが[136]、北朝鮮支持決議案は賛成四八・反対四八・棄権三八で否決された。しかし、問題はこれで決着を見たわけではない。それどころか、両陣営がともに国連軍司令部の解体を取り上げた以上、停戦体制の行方をめぐるさらなる紛糾は不可避であった。この点において、棄権の続出をともないながら北朝鮮側の決議案が意外にも多くの支持を集めたことは、さらに北朝鮮を挑発し、両陣営の対立がますます尖鋭化する予兆を示していた。

四　朝鮮問題解決の規範、一九七五年

(1)米中関係の停滞と同盟の結束

一九七四年末の国連総会で米中が朝鮮問題をめぐって対決したように、両大国の関係は誰の目から見ても停滞していた。一九七五年以後に開かれた両国間の会談は、一九七二年二月二七日に発表された上海コミュニケを再確認する以上の成果をもたらさなかった。米中ともに国交正常化の達成を言明したにもかかわらず、その実現にこぎ着けるのは一九七九年一月のことであった。米中関係の冷却はさまざまな要因によって引き起こされたが、第一に、米中ソ三極構造における、対ソ政策に対する両者の考え方の違いが表面化したことが指摘できる。ワシントンは米中戦略関係をモスクワとの緊張緩和を推進するための手段にしようとしていたのに対し、北京はそれをソ連覇権主義の封じ込め手段として利用しようとしていた。米国は米ソのデタントと米中の戦略的関係を両立させることに尽力したが、米国との対ソ共同戦線の構築が喫緊の課題であった中国にとって、こうした米国の二枚舌的な姿勢は大きな不満材料だったのである。

たとえば、キッシンジャーが一九七五年一一月二一日に開かれた会談で、「われわれはソ連に飛びつくために中国を利用したりしない。なぜならそれは自殺行為にあたるからである」と釈明すると、毛沢東《マオツォートン》は「貴側はすでに飛びついており、これ以上われわれの助けは要らない」と反発した[137]。たしかに、一九七五年四月三〇日のサイゴン陥落に続いて、ヨーロッパにおける東西和解に一定の区切りをつけた同年八月一日のヘルシンキ宣言を機に、ソ連の東アジアにおける通常戦力および核戦力の増強が現実化しつつあった[138]。これを受けて、米国の対ソ・デタント政策に対する中国の批判は一段と剥き出しになり、他方の米国にとっては耳障りなものになってきた[139]。

第二に、一九七三年後半から両国で起こった内政上の困難によって、米中関係を進展させようとする意欲が殺がれていったことである。ウォーターゲート事件で身動きが取れなくなったニクソンは、国内の保守勢力に配慮する以外になく、対中政策を進めることができなかった。フォード政権も同様に、米軍がヴェトナムから撤退した後、共和党内のロナルド・レーガン支持者を軸とする保守派の巻き返しに直面したばかりか、(140)議会との対立によって外交上のイニシアティヴを発揮することができなかった。(141)他方、一九七三年ごろから文革派の周恩来《ヂョウオンライ》攻撃が執拗に続く中国でも、七六年には周恩来・毛沢東の死去を契機とする「四人組事件」など、文革の余燼がくすぶっていた。(142)米中両国の国内政策がそれぞれの理由で困難に突き当たったことが、両国関係の大幅な後退につながったのである。(143)

第三に、米中関係が台湾問題をめぐってもしだいに膠着状態に陥りはじめたことである。米国が台湾の安全保障に全面的に関与する限り、中国との戦略的協力を拡大することは明らかに不可能であった。とりわけ、インドシナで共産主義が勝利を収めたことを受けて、米国は旧来からの模範的な同盟国である台湾との関係を断ち切ることに大いに逡巡する姿勢を見せたが、これに対して中国が疑心暗鬼を抱き、苛立ちを強めたことは言うまでもない。こうした複合的な要因によって徐々に停滞を深めていた両国関係について、米国務省の対中政策担当者は、一九七四年五月、つぎのように診断した。

> われわれの対中政策は漂流している。いま、われわれはいかにして関係正常化にたどり着けるかまったくわからない。われわれは米中関係の未来像に対する明確な展望を持っていない。われわれは北京を取り扱うモメンタムを失うかもしれない。(中略)中国指導部は明らかに、こうしたわれわれの漂流に対して不安感を強めている。(144)

米国と中国は、朝鮮問題においても各々の同盟関係を優先する傾向を強め、韓国と北朝鮮に対するコミットメントの提供を競い合うようになった。南ヴェトナムの崩壊が現実化しつつあるインドシナ情勢とあいまって北朝鮮の軍事挑発が活発化し、朝鮮半島危機論が再浮上するなかでおこなわれた両陣営の同盟強化は、後退局面にあった東北アジアの緊張緩和にさらなる冷水を浴びせた。

その象徴的な出来事は、カンボジアの政権が崩壊し、南ヴェトナムで解放軍がサイゴンに向かって怒濤の進撃をおこなっていた一九七五年四月一八日から二六日にかけて、金日成が一九六一年以来一四年ぶりに中国を公式訪問したことであった。金は四月一八日、米国を除く北京駐在外交官のほぼ全員が見守るなかでおこなった歓迎宴会演説で、「南朝鮮に革命が起これば、われわれは同族として袖手傍観しないし、南朝鮮人民を強力に支持する。（中略）この戦争でわれわれが失うのは軍事境界線であり、得るものは祖国統一であろう」[145]と檄を飛ばした。これを受けて、鄧小平は北朝鮮との「戦闘的友好と団結の強化」を誓った[146]。

その後、金日成は、毛沢東との会談に続いて[147]、少なくとも三回にわたり鄧小平と会談し[148]、「戦闘的親善と革命的団結」を謳った共同声明を発表した。中国は、この声明において金の統一戦略を全面的に支持し、米国の「二つのコリア」政策をも糾弾したうえで、「国連軍司令部は解体されなければならないし、すべての米軍は南朝鮮から撤退しなければならないと強力に主張する」、と述べた[149]。西側がインドシナで戦意喪失するほどの決定的敗北を喫しつつある瞬間に公にされたこの声明は、中朝同盟の強化と躍進を強く印象づけるものであった。実際に、一九七五年の北朝鮮では、六〇年代の後半にヴェトナム戦争ともあいまって頻繁に主張された「革命的な大事変の準備」というスローガンがふたたび登場するなど、明らかに緊張が高まっていた[150]。

これに対して、「ヴェトナム化政策」の失敗を経験した米国は[151]、朝鮮半島でもインドシナと同様の事態が生じるのではないかという韓国の懸念に配慮し、米韓同盟の動揺を抑えることに尽力した。かねてから正統性と安全保障の両面で危機意識を強めていた韓国政府もまた、米国にさらなる防衛公約を求めていた。本章第一節で指摘したように、一九七四年以後急増しつつあった北朝鮮による軍事挑発は[152]、こうした韓国の要求に弾みをつけた。韓国内の人権状況に対する米国議会の懸念と財政上の逼迫にもかかわらず、フォード政権は無数の声明を発表して対韓コミットメントを保持する意思を強調しようとした。

ＤＭＺ内で北朝鮮の地下トンネルが発見された直後の一九七四年一一月二二日に訪韓したフォードは、朴正煕との首脳会談で在韓米軍を削減する計画がないことを再三にわたって確認した[153]。フォードは在韓米軍の撤退に反対する理由として、四半世紀前のアチソン・ラインが北朝鮮の戦争挑発を招いたという歴史認識に加えて、いちど撤退すれば回復は事実上不可能であるという現実論を掲げた[154]。フォード政権は、在韓米軍の継続駐留をいっそう確固たる政策として位置づけた。一九七五年秋に在韓米軍の幕舎が従来の組立式からコンクリート幕舎に切り替えられたことも、この文脈で理解できよう[155]。

インドシナ情勢はフォード政権に対韓政策のさらなる修正を迫った。一九七五年一月九日に決定されたＮＳＤＭ二八二「韓国軍近代化計画」[156]では、「韓国防衛へのコミットメントを立証するために、早い時期に韓国軍近代化計画への責任を完遂する」とされたうえで、韓国空軍の強化のための研究が指示された。サイゴン陥落直後の同年五月二七日、ＮＳＳＭ二二六「対朝鮮半島政策の再検討」[157]の政策研究を指示するにあたって、フォードは北朝鮮脅威論を取り上げつつ、北朝鮮が中国とソ連および第三国から提供され得る軍事支援の水準に関しても検討することを求めた。そして、同年一〇月九日付のＮＳＤＭ三〇九「韓国航空防御所要戦力に関する決定」では、それまで南北間の軍備競争を煽るという理由で米国が躊躇してきたＦ－４ＥおよびＦ－５Ｅ／Ｆ戦闘機の韓国への販売が正式に決定された[158]。

さらにフォード政権は、一九七三年にニクソン前政権が在韓米軍追加削減計画を撤回することで再浮上した前方防御戦略（第五章第二節の(2)を参照）をいっそう発展させ、戦争の際に短期間で（たとえば、「九日作戦」）敵の主力を完全制圧し、情勢によっては反撃をも図るという、攻勢的な防御戦略を練りはじめた[159]。こうした戦争作戦計画の修正は、米軍の大規模な火力支援と自動介入を前提にしており、したがって韓国防衛の韓国化をむしろ後退させる結果となった。米国はこうした作戦概念を活かしつつ、一九七六年から米韓両軍二〇万人が参加する世界最大規模の軍事演習「チーム・スピリット」を開始する。一九七五年五月一二日にカンボジア軍によって米国籍の商船「マヤゲス」

（*Mayaguez*）号が拿捕されると、[160] その七年前のプエブロ号事件のときとは違って断固たる軍事作戦に訴えることで、フォード政権はサイゴン陥落に触発されかねない北朝鮮に対する警告を発した。ジェームズ・シュレジンジャー国防長官はさらに一歩踏み込んで、同年六月二〇日、韓国における米国の戦術核兵器の存在を朝鮮戦争以来初めて公式に確認した。[161]

このような雰囲気のもとで、三木武夫首相は、一九七五年六月に戦後初めて、韓国有事に備えて米軍との緊急協力計画を研究するよう防衛庁に指示した。[162] 宮澤喜一外相は七月一〇日、日本外国特派員協会での演説で、対韓関係の強化を訴えつつ、「統一される前に暫定的に平和共存を求めるべきである」と述べ、韓国政府の統一政策を正式に支持した。[163] 七月二三日に宮澤が訪韓し、金大中拉致事件について真相究明を求める世論が高まるなかで、同事件の政治決着が一気に図られた。デタント期に混乱に陥った日韓関係は、ここで回復に向かいはじめたのである。

一九七五年八月に開かれた日米首脳会談では、「韓国の安全が朝鮮半島における平和の維持にとり緊要であり、また朝鮮半島における平和の維持は日本を含む東アジアにおける平和と安全にとり必要である」（第三項）とした「共同新聞発表」がおこなわれた。[164] この発表は、一九六九年一一月の「韓国条項」の再確認にとどまらず、「東アジアにおける平和の安全」のレヴェルにまで拡大適用するものであり、そのことから「新韓国条項」とも評された。[165] とりわけ共同新聞発表は、「かかる平和を維持するために現行の安全保障上の諸取り決めがもつ重要性に留意した」とも述べていた。これについて、駐韓大使から国務省次官補に異動になったハビブは、「現行の諸取り決めとは、米軍駐留と停戦協定に加え、日米安保条約と米韓相互防衛条約だけでなく、両条約の関係をも包括する」[166] と韓国側に説明した。この発言には、米国が、韓国有事における在日米軍と基地の使用問題に対する懸念を払拭したことが見てとれる。本章第二節で検討したように、NSDM二五一および同二六二を通じて韓国有事の際の日米間の取り決めを保持することに懸命であった米国は、ここで日本からの了解を再確認することができたのである。この点について、韓国外務部は、「韓国有事の際における在日米軍基地のわが国への発進基地としての役割が約束された」と受けとめた。[167]

フォードは、こうした同盟へのコミットメントを集約し、真珠湾記念日にあたる一九七五年一二月七日に、ハワイで「新太平洋ドクトリン」を発表した。このドクトリンを通じて米国は、ヴェトナムでは敗北したものの、韓国や日本などに対しては「後退の精神」ではなく「確信の精神」をもって対応する、と公約した。(168) マイケル・アーマコスト国務省東北アジア担当官が韓国側に説明したところによれば、このドクトリンは一九六九年のニクソン・ドクトリンに区切りをつける意味があった。(169) つまり、ニクソン・ドクトリンが米国のアジアからの漸進的な軍事的撤退に重点を置いたのに対し、新太平洋ドクトリンは米国のアジアにおけるより適切かつ現実的な責任の履行を強調していたのである。

こうした同盟強化のスパイラルが思い起こさせるのは、その六年前の一九六九年に、佐藤・ニクソン共同声明が日米韓三角関係を強調したのに対抗するかたちで、一九七〇年四月に周恩来・金日成共同声明によって「戦闘的友誼」が表明された経験である。もっとも、一九六〇年代後半から七〇年にかけての展開と、一九七〇年代中葉の展開とのあいだには、米中和解と日中関係正常化、中ソ紛争という大きな地殻変動が介在する。したがって、インドシナ情勢の急変と朝鮮半島情勢の流動化がもたらした冷戦的対立構造は、デタント以前への単純な回帰ではなく、情勢の緊迫化を反映した一時的な反動という性格を強くしていたのである。

(2) 朝鮮問題の脱国連化

① 中国の選択

以上のような展開を受けて、朝鮮問題をめぐる国連情勢は、一九七五年にはさらに緊迫の度を増し、米CIAの予測どおりにいよいよクライマックスへと向かっていた。(170) 前年の国連総会で賛成・反対ともに同数の票を得た北朝鮮側は、妥協の余地を見せなかったばかりか、さらなる票決に臨む構えをいっそう強めていた。とくに、北朝鮮は同年八月二五日、ペルーのリマで開かれた第五回非同盟外相会議で同会議への加入を果たした。これは、国連における「多数派工作」をさらに有利に進める転機となった[171]。米国務省は、こうした北朝鮮の意図について、①国連総会を通じて朝鮮問題をめぐる現存の国際的枠組みを取り壊す、②韓国政府を孤立させる、③韓国とその同盟国との関係を揺さぶる、④在韓米軍撤退への国際的圧力を増大させることにある、と受けとめていた[172]。

これに対して韓国政府は、一九七五年七月に「二つのコリア」にもとづく南北同時国連加入の国際的承認を得る一環として、韓国単独の国連加入案の再審を国連に要請した[173]。しかし、この韓国の試みは失敗し、国連における東西対立と米中対立をいっそう深める結果に終わった。韓国による国連加入案の提出は、その直前に提出された南北ヴェトナムの国連加入案とも深く関わっていた。サイゴン陥落後に南ヴェトナムに成立した共産政権と北ヴェトナムは、一九七五年七月一五日と一六日にそれぞれ国連加入を申請したが、韓国政府はそれを分断国家の国連同時加入の重要な先例と捉え、韓国の国連進出構想を補強する材料として活かそうとしたのである。

朴正熙はフォード宛に親書を送り、南北ヴェトナムの国連加入を韓国の国連加入と連動させて対応するよう求めた[174]。南ヴェトナムの喪失によってプライドを傷つけられたフォード政権は、さっそくこれに飛びついた。南北ヴェトナムと韓国による国連加入案の一括審議を主張し続けた米国は、韓国加入案が否決されると[175]、三度にもわたって拒否権を行使し、結局は南北ヴェトナムの国連同時加入をも頓挫させた。米国が国連加入問題で拒否権を行使したのは国連成立以来初めてであった。この過程で、中国は「朝鮮半島における唯一合法政府は北朝鮮であり、韓国は外勢のもとにある傀儡政府である」と主張し、米国を痛烈に非難した[176]。

韓国の国連単独加入を阻止した北朝鮮は、その余勢を駆って、一九七五年八月八日にアルジェリア、中国、ソ連などを後援国として、①無条件的な国連軍司令部の解体および国連旗下のすべての外国軍の撤退、②「実質的な当事者」による平和協定の締結、③南北間の大幅な相互軍縮を骨子とする決議案を付し、第三〇次国連総会における議題要請をおこなった[177]。この決議案のうち、「実質的な当事者（米朝を指す）による平和協定の締結」という条項が正式に決議案に含まれたことは注目に値する。北朝鮮側は、前年の第二九次国連総会に提出した決議案では「直接関係者」という文言を入れたものの、そこには平和協定の締結という最終的な目標は示されていなかった。

中国がこの決議案の共同発議に加わった事実は、中国自らが朝鮮問題の当事者性を否定したことに等しかった。この時点で北朝鮮は、中朝関係における朝鮮問題をめぐる主導権を掌握したと言ってよい。『人民日報』が一九七五年一〇月一〇日、朝鮮労働党創建三〇周年記念特別社論を通じて、金日成の統一政策に対して「決然たる支持」を表わしたように[178]、中国は北朝鮮の強硬路線に引きずられていったのである。この点について、日本の宮澤外相は、同年一〇月二三日、訪中後に来日したキッシンジャーとの会談後におこなった記者会見で、「停戦協定の当事者に中国人民志援軍も含まれているが、北朝鮮は現在、中国の関わり自体を否定する。中国もそれに関係ないと言っている。（中略）中国を通じて北朝鮮を動かすのは容易ではない」と述べた[179]。

しかし、このように北朝鮮に引っ張られる状況は、中国としては必ずしも好ましくなかった。中国は北朝鮮の立場を公式に支持しながらも、米国に向けては、依然として妥協的な姿勢を示し続けるというディレンマに陥った[180]。中国の新華通信（ＮＣＮＡ）は一九七五年八月一二日、その前の週に提出された北朝鮮決議案に対して支持を表明しながらも、在韓米軍撤退条項や「実質的な当事者」間の平和協定の締結という核心的な内容を省略して報じた。米ＣＩＡは、こうした中国の姿勢を「戦略的利益と同盟利益とのあいだにある隘路を歩んでいる」と評価した。

中国は、フォード大統領の訪中を控えて国連で米国と対決することを懸念している。たしかに、中国は、代替的な安全保障措置が講じられないまま国連軍司令部が解体されれば、朝鮮半島の現状が崩れると憂慮する。中国は、朝鮮半島の緊張緩和と安定化に戦略的利益を有する。疑いもなく中国は、当分のあいだ、朝鮮半島の分断と米軍の駐留を望んでいる。にもかかわらず、北京は平壌にある持分を守るために、国連で北朝鮮を強く支援している[181]。

このような「隘路」に直面した中国が米国側に提示した打開策とは、きわめて現実的なものであった。中国の黄華国連大使は一九七五年九月、「今年の国連総会では、朝鮮問題に決着をつけることで、(これ以上の)対決を避けたい」旨をダニエル・モイニハン米国国連大使に伝えた[182]。この中国側の提案は、対米協力の放棄と「国連任せ」を意味したが、二つの相反する決議案が同時に可決される可能性を念頭に置いたものであった。つまり、中国は二つの決議案が同時に可決され、いずれの決議案も実行されなくなる状況を想定したのである。これは結果的に、国連軍司令部の解体を含む朝鮮問題にいかなる変化も加えられず、文字どおりの現状維持を意味した。

興味深いことに、米国務省は、さらなる検討を要するとしながらも、こうした中国側の提案を「合理的な方法のように見える」とし、とくに「日本側のアイディア[183]に比べれば、はるかに魅力的である」と評した[184]。これは、米国政府が中国の非協力的な姿勢を受け、しかも中国の処した厄介な立場に配慮し、国連における二つの決議案の成立による朝鮮問題の凍結すら予想していたことを裏づける。キッシンジャーは一九七五年九月六日におこなわれた韓国の金東祚外務長官との会談で、「朝鮮問題は国連の場で解決される問題ではない[185]」と述べ、国連における朝鮮問題の凍結の可能性をちらつかせた。

②米国の「多国間協議」構想

米中両国が二つの相反する決議案の同時可決を想定せざるをえないほど、一九七五年の国連総会における両陣営の勢力地図は拮抗していた。同年九月の米国務省の票読みによれば、米韓側の決議案は約一〇票差で賛成優位が見込まれたが、中朝側の決議案もやはり僅差で賛成優位とみられており、両決議案の同時採択の可能性が高かった[186]。米国政府は、中朝側の決議案の採択が在韓米軍や停戦体制に及ぼす影響は皆無であるとの見解を堅持したものの、実際にそうした事態が起これば「望ましくない前例」を残し、結果的に北朝鮮を増長させ国際的な対米圧力がさらに強まる可能性を憂慮した。実のところ米国政府は、朝鮮問題をめぐるきわめて流動的な国連情勢のなかで、自らの決議案が採択される可能性すら確信できなかったのである。

その米国が国連での票決において中朝側より優位に立つためには、米韓側の決議案に柔軟性を持たせるしかなかった。第三世界諸国から米朝の直接対話を促す声が強まっていただけでなく、[187]北朝鮮が決議案を通じて国連軍司令部の解体と平和協定の締結を正式に提起した以上、米国としても、朝鮮戦争の戦後処理に関わる展望を示さなければならなかったのである。停戦体制から平和体制への転換に関する議論が、在韓米軍の撤退を促しかねないことを懸念しながらも、[188]米国政府は、目前の国連での票対決における「戦術的利益」を補強するために、北朝鮮の米朝平和協定の主張に対抗する方策を示すことにした。

しかし、米国が模索した対抗案は、最終目標である朝鮮半島における平和体制の構築そのものではなく、NSDM二五一と一九七四年の国連軍司令部解体パッケージ案に沿って、国連軍司令部の解体と停戦協定の維持を両立させる暫定的な「代替協定」に向けての、関連国間会議の発案であった。一九七五年八月に国務省のハビブ次官補が取りまとめた国連対策は、平和協定の締結に達するための中間的措置として「政治会談」を設けることに集中していた。[189]米国政府はこうした政治会談を提案することによって、国連軍司令部の解体が停戦協定に与える動揺を無視し、一方的に米朝平和協定と在韓米軍の撤退を求める北朝鮮の主張を相殺できると考えた。[190]

米国政府が検討した停戦体制の安定化のための政治会談の形態は、①一九五四年の「ジュネーヴ会談」[191]方式、②六者会談（南北＋米中＋ソ日）、③四者会談（停戦協定署名国の米中・北朝鮮＋韓国）の三つであった。これら三つの形態は、いずれも韓国の参加を前提にしていたが、ここで国務省がもっとも関心を寄せた点は、ソ連と日本の政治会談への参加いかんであった。

ジュネーヴ会談方式とは、朝鮮戦争に関わった国々が参加する会談形態であるが、これにはソ連の参加に対する中国の反対が予想された。また米国としては、日本の排除が好ましくないだけでなく、朝鮮半島情勢とそもそも関係が希薄である多くの国々が、朝鮮戦争に参戦したという理由だけでこの会談に参加できることにも抵抗を感じていた。[192]これに対して国務省は、六者会談を朝鮮問題の解決に向けての「理にかなったフォーラム」と評価した。なぜならこの会談形態は、朝鮮半島と利害関係を持つ周辺大国による南北「クロス承認」を可能ならしめ、停戦体制の安定化を確実に保証することができると思われたからである。しかし、ジュネーヴ会談方式と同様に、中ソ間の反目によって、六者会談もまた中ソが同席する可能性がきわめて低いと判断された。

結局、国務省が選択したのは、停戦協定に署名した三カ国に韓国が加わる四者会談の形態であった。ただし、この四者会談の枠組みは固定的なものではなく、必要に応じ、また情勢の好転次第では六者会談に拡大・再編されることも想定されていた[193]。国務省は、停戦協定に関わる直接当事者が参加する以上、四者会談がソ連と日本の排除に対する論理的根拠を提供するだけでなく、北朝鮮による米朝平和協定の主張に対抗するうえでの「妥当な措置」として受け入れられると判断した。

しかし、韓国を排除したうえで米国との直接交渉を切望する北朝鮮が、この四者会談の構想を受容する可能性は低かった。なぜならこの構想は、停戦体制の維持を前提としており、北朝鮮の嫌う「二つのコリア」を志向するものでもあったからである。実際に国務省自身も、北朝鮮がこの提案をそのまま受け入れるとは想定しなかった[194]。にもかかわらず、米国がこの構想を前面に打ち出したのは、北朝鮮の非妥協的な姿勢を浮き彫りにすると同時に、米朝平和協定の締結に対する北朝鮮の要求を希釈し、朝鮮問題をめぐる国連情勢を有利に導くためであった[195]。

(3)「勝敗なき米中対決」の表裏

かくして米中は、一九七五年の国連総会で各々のジュニア・パートナーの立場を代弁し、対決姿勢を鮮明にするにいたった。先手をとったのは米国であった。キッシンジャーは同年九月二二日におこなった国連総会演説で、停戦以来「毎日機能してきた（中略）停戦協定を保全する新しい協定が設けられていない状態で、国連軍司令部を解体することは無謀である」と述べ、当面、停戦協定を維持することを力説した。次いで、「平和の視点から、停戦協定の有効性を確保しえないいかなる提案をも受け入れない[196]」と釘を刺した。ここで停戦協定の保全が、国連軍司令部の解体の前提として位置づけられたことは注目に値する。そこには、停戦体制の安定化、いいかえれば分断構造の現状維持を最優先したいとする米国の立場が反映されている。

その一環としてキッシンジャーは、朝鮮半島と東北アジアにおける安定力として再定義された在韓米軍について、演説のなかで一切言及しなかった。このように在韓米軍の撤退に触れず、国連軍司令部の解体の条件として停戦協定の遵守を求める点において、同演説はNSDM二五一の適用基準をより厳格化したものであった。要するに、このキッシンジャーの提案は、北朝鮮が停戦体制の維持と在韓米軍の駐留に同意することでしか実現の可能性がなかったことになる。(197)

そのうえでキッシンジャーは、「停戦協定を遵守する方策を議論するための」会談などを通じて、停戦体制を「より根本的な取り決め」に転換するため、停戦協定に「もっとも直接に関与するすべての側」で構成される「より大きな規模の会談」を設ける用意があると述べた。まず、ここに述べられた「より根本的な取り決め」とは、南北当事者による問題の解決を優先したNSDM二五一に照らしてみれば、南北間の平和協定に相当する。「もっとも直接に関与するすべての側」の具体的内容は明示されなかったが、キッシンジャーは「米国にとって、韓国を討議から排除しようとするいかなる安全保障取り決めをも受け入れられないことは言うまでもない」と語り、さしあたり韓国を含む「四者会談」の可能性を示唆した。(198)

こうした展望の延長線上において、キッシンジャーは南北の同時国連加入への支持を表明すると同時に、「北朝鮮とその同盟国が韓国との関係を改善するなら、同様の相互的行動をとる用意がある」と述べた。すでに韓国が、一九七三年の六・二三宣言などを通じて中ソ両国との国交樹立の可能性に触れていたことを考えると、ここでいう「関係改善」は、周辺大国による南北の「クロス承認」を意味すると言ってよかろう。(199)

キッシンジャーは、翌一九七六年九月三〇日におこなった国連総会演説では前年の構想を敷衍し、合意にいたる過程で「南北→南北米中→南北米中日ソ」に拡がっていく「段階的なアプローチ」の可能性を提唱した。(200) 倉田秀也の説明によれば、これは南北当事者を中点としてその周囲に、停戦協定に「もっとも直接に関与する」米中両国が位置し、さらにその外側に日本とソ連が位置する「同心円的多国間協議」の提案であった[201]。たしかに、南北当事者による解決（局地化）と地域的な解決（地域化）との調整を目指す「二→四→六」の枠組みは、一九九〇年代の四者会談や二〇〇三年以後の六者会談でも具体化され、朝鮮半島が停戦体制から平和体制への転換を模索するにあたって、重要な規範として定着していった。

ただし、いまひとつ指摘すべきは、この提案がキッシンジャーの完全な独創ではなく、北朝鮮が一九七四年に米朝平和協定の締結を提案するまで主張し続けたものに酷似していたことである。第一章第一節でみたように、北朝鮮はすでに一九五四年のジュネーヴ会談において、停戦協定から平和協定への転換を、当事者の南北を中心とする国連以外の多国間の枠組みで扱うことを主張した。また、周恩来・キッシンジャー会談を通じて明らかになったように、中国も基本的に北朝鮮の要求に追随し、南北と米中による問題解決を求めた。こうした文脈において、キッシンジャー提案とはかつての北朝鮮提案の焼き直しだった。しかしそれは、米中和解と南北対話、中国の国連復帰という地殻変動を反映した、停戦体制のありかたに対する考えかたの逆転を象徴するものであり、米中交渉を踏まえて米国が検討を重ねてきた朝鮮問題の「中間決算」として位置づけられよう。

一方、こうしたキッシンジャーの提案に中国は猛反撃を加えた。喬冠華外交部長は、キッシンジャー演説から四日後の九月二六日におこなった国連総会演説で、「ヴェトナム人民の偉大な勝利の衝撃を受けて、パニックに陥った米帝国主義が意図的に朝鮮半島で緊張を高めようとしている」と露骨に米国を非難したうえで、米国側の決議案を「絶対に受け入れない」と宣言した。喬は、「もともと停戦協定は締結後三カ月以内にすべての外国軍が撤退するよう規定しているのに、米国は少なくとも二二年間もそれを違反してきた」と述べ、米国の示した国連軍司令部解体パッケージ案が、単なる名目上の修正によって在韓米軍の駐留延長を試みるものだ、と責め立てた。これに続けて喬は、「停戦協定の当事者は大きく変わった」と主張しつつ、「実質的な当事者」である北朝鮮と米国による平和協定の締結を要求した[202]。ここで喬は、中国の当事者性を正式に否定したのである。

もっとも、当時、米ＣＩＡが的確に指摘したように、停戦協定から平和協定への転換に言及するにあたって、喬冠華は休戦ラインを管理するための「いくつの必要な措置」の必要性にも触れていた。また、喬の演説の基調は露骨な反米路線に立ちつつも、在韓米軍に対する強硬な発言などは中国の原則的立場の繰り返しにすぎず、「即時」全面撤退を求める北朝鮮の要求とは明らかな温度差があった[203]。喬はこの演説で、「国連軍司令部の解体は停戦協定の終結に直結する」という北朝鮮の主張を無視することで、国連軍司令部の解体にともなう停戦体制の動揺に関する懸念を間接的に表わした。これは、停戦体制の安定化に重点を置いた米国側案に中国が同調する可能性を含んでいた。

実際に、国連演説を通じての非難の応酬の直後、米中両国は膝を交えて相互の誤解を解消することに尽力した。一九七五年九月二八日に開かれた米中外相会談では、キッシンジャーが「こんど、貴方はいくつの実射（real cannon）をおこなった」と責めると、喬冠華は「半分は実射、半分は空砲（empty cannon）であった」と理解を求めた[204]。このやり取りは、朝鮮問題をめぐる米中の国連対決が、あくまでも両国の戦略的関係を損なわない範囲内でおこなわれたことを示唆する。すなわち、米中両国の共通点と相違点を併記した上海コミュニケの趣旨に従って、また対ソ共同戦線の構築というより大きな戦略的利益に鑑みて、両者は国連における細かい揉め事などはあってもかまわないということで了解したのである。

こうした文脈において、「急激な米軍撤退は貴側の（安全保障上の）利益にならない。これは日本に多大な影響を与えるだろう」とキッシンジャーが指摘すると、喬冠華はそれに反駁するどころか、「状況がきわめて複雑である」と答え、国連演説での全面撤退要求を事実上取り下げた[205]。前章第一節で検証したように、キッシンジャーはすでに周恩来との会談において、在韓米軍の地域安定力としての役割とその「段階的撤退」ついて同意を得ていた。そこでこんどは非難の矛先が北朝鮮に向けられた。キッシンジャーは、「貴側の同盟、北朝鮮は貴側と相談することを求めたわれわれの立場を理解しなかった。そして彼らは愚痴をこぼしながら、われわれの提案を拒絶してしまった」と述べた。これを受けて喬は、「気にしないでほしい。世の中は万事それほど複雑である。しかし、将来には解決策が見つかるだろう」と答えた。これを受けてキッシンジャーは、「ただし、米国に大統領選挙のある年を除いて[206]」とつけ加えたが、この問題は、フォードが再選に失敗した翌一九七六年を含めて事実上凍結され、今日にいたる。

米中両国が朝鮮問題をめぐる国連での対決を甘受する覚悟を固めた以上、フォード訪中の事前協議のためにおこなわれたキッシンジャーの訪中(一九七五年一〇月一九〜二三日)のなかで打開策が打ち出される可能性も事実上失われた[207]。一連の会談で、キッシンジャーが自らの国連演説に沿って「韓国が参加しない限り、北朝鮮との直接会談はありえない」と主張したのに対し、鄧小平は、米朝会談と停戦協定から平和協定への転換の必要性を指摘しつつも、「この問題は依然として時期尚早である」との見解を示した[208]。

こうして一九七五年の第三〇次国連総会の第一委員会では、キッシンジャーと喬冠華の演説と同様の内容をそれぞれ盛り込んだ、韓国を支持する諸国が提出した決議案と、北朝鮮を支持する諸国が提出した決議案の二つが同時に上程された。これらは総論としての国連軍司令部の解体については一致していたが、北朝鮮側決議案は無条件の司令部解体と米朝平和協定の締結を、韓国側決議案は司令部解体に先立つ「停戦協定を維持するための対案」を条件としており、各論部分で真っ向から対立していた。

票決は二つの決議案をめぐる熾烈な舌戦のすえにおこなわれた。一九七五年一〇月二九日、国連総会第一委員会で両側の決議案が同時可決されると(米韓側案:賛成五九・反対五一・棄権二九、中朝側案:賛成五一・反対三八・棄権五〇)、中国の黄華国連大使は「総会本会議では追加的討論や票決をおこなわず、第一委員会の報告書をそのまま承認しよう」と提案し、さらなる米中対決を避けたい意向を明らかにした。しかし、この時点ですでに取り返しのつかない事態にいたったと判断した米国は、中国の提案を退けて本会議での票決を強行した[209]。その結果、同年一一月一八日に開かれた国連本会議では二つの決議案がともに可決され、それぞれ決議三三九〇(XX)A、Bとして採択される変則的事態が生じた[210]。

米中が予想したように、相異なる二つの決議案の同時採択は、国連における朝鮮問題の事実上の凍結ないし現状の封印に帰結した。最大の焦点であった国連軍司令部は、重大な名誉損傷をこうむりながらも大筋において温存され[211]、停戦体制の基本構造は微動だにしなかった。二つの相反する決議案の採択は、むしろ停戦体制こそ、少なくとも当面は平和共存のための最善の枠組みであることを強く印象づけた。北朝鮮を支持する決議案が初めて可決された事実は重かったが、それは、朝鮮半島における「二つの合法政府」の存在を再確認する以上の意味を持たなかったのである。国連の介入にもかかわらず、朝鮮戦争が結局は「勝敗なき休戦」に回収されたように、この「勝敗なき国連対決」の帰結もまた、国連の朝鮮問題に対する解決能力の限界を如実に表わしていた。実際に朝鮮問題は、やがて国連の手を離れ、米中の共同介入を前提とする当事者間の問題として、地域的枠組みを通じて解決の道を探ることになる[212]。これは結果的に、中国の思惑に沿った合意形成の戦略であると同時に、キッシンジャーが提案した多国間の政治会談構想への回帰を意味していた。

五　米中「共同の介入」下の停戦体制

米中関係の停滞と南北関係の破綻によって、朝鮮半島をめぐる情勢は、米中接近以前の状態を彷彿させるほど険しくなった。しかし、前述のキッシンジャー・喬会談を通じても明らかになったように、米中両国は国連などの公的な場では同盟利益を優先して反目し合ったものの、「裏の舞台」では依然として朝鮮半島の安定化という共通の戦略的目標を再確認していた。中国は、単なるレトリックとして在韓米軍の撤退を要求したが、実際には在韓米軍の地域安定力としての役割を受け入れていた。このような米中関係の裏面が存在する限り、朝鮮半島では戦争の発生が抑止され、まがりなりにも安定を保ち続けた。

米中が朝鮮問題をめぐって国連で戦い合った直後の一九七五年一二月一日から五日までおこなわれたフォード訪中

ジェラルド・フォード訪中時の歓迎式典での同大統領と鄧小平副総理（北京，1975年12月4日）［米 National Archives 所蔵］

では、共同声明がなかったことに象徴されるように、[213] 一九七二年の上海コミュニケ以来の両国関係の継続性を再確認する以上の成果は得られなかった。[214] 対ソ戦略をめぐって平行線をたどった米中両国は、朝鮮問題に関しても距離を縮めようとしなかった。一二月四日の会談で、訪中直前に朴正熙に頼まれたとおりに[215]朝鮮問題を取り上げたフォードに対し、鄧小平は「われわれは朝鮮に軍隊を持っていないが、貴側は駐留し続けている」と指摘して米朝会談を促した。にもかかわらず、鄧はここで、「われわれは北朝鮮が韓国に対して軍事攻撃をおこなうとは思わない」と述べて北朝鮮脅威論を否定したうえ、「われわれはむしろ米国側が朴正熙を監視することを望む」とも語った。これを受けて、フォードは「北朝鮮が軍事挑発の意思を持っていないとすれば、私は韓国を監視することを保証する」と応じた。[216]

この鄧・フォード間のとげとげしい応酬のなかで再確認されたのは、米中両国がそれぞれの同盟国に絶えず介入し、朝鮮半島の安定化に配慮し続けること、すなわち一九七二年のニクソン・毛沢東会談で示された朝鮮半島への「共同の影響力」の行使にほかならなかった。この点について、キッシンジャーは同日の記者会見で、「米中は見解の一致を見なかったものの、（南北）双方が自制することを望んだ」と述べた[217]。中江要介外務省アジア局長は、この発言について「中国の対北朝鮮『抑制政策』は米中間に設けられた黙契である」と解釈した[218]。

中国との国交正常化に代わる代替案として、キッシンジャーが機会あるごとに軍事、情報などの分野における対中協力を進めようとしたように、停滞する米中関係のなかでも米国が中国ファクターを手放したわけではなかった。他方、公式の対米非難にもかかわらず、中国も米国との交渉を放棄しなかった。このことは、この時期にいっそう顕著となった米ソ・デタントの停滞[219]と中ソ対立の激化とも関連しているが、いずれにせよ、米中両国が依然として大きな戦略的利益を共有していたことは明らかである。こうした文脈において、朝鮮問題への「共同の影響力」の行使は、米中の戦略関係を持続させるための前提条件であった。

したがって、国際情勢がデタントから脱しつつあるなかでも、米中は朝鮮半島における安全保障上の不安定要因を抑えることに懸命であった。たとえば、一九七五年四月の訪中の際に金日成が発した「この戦争でわれわれが失うのは軍事境界線であり、得るものは祖国統一であろう」という攻撃的発言は、中朝共同声明に文字どおり反映されることはなかった。共同声明では、「かりに帝国主義が無謀にも新たな戦争を起こすとならば、帝国主義の滅亡は速まり、世界革命は勝利を収めるであろう」とされただけで、とくに朝鮮半島のみに関わる言及はなかった。これは、中国が北朝鮮の好戦的な姿勢に挑発されなかった明白な証左と受け止められた[220]。当時、CIAの中国担当者であったジェームズ・リリーによれば、「金日成はいまこそ米国を叩くときだと力説したが、中国はまったく取りあおうとしなかった」[221]。金日成を迎える際に、鄧小平は「中国は国内の社会主義経済建設という大きな挑戦に直面しており、したがって貴側の革命計画を後押しする立場ではない」と述べ、北朝鮮と一線を画そうとしたという[222]。

米国のアジア政治研究者ロバート・スカラピーノの分析によれば、金日成がヴェトナム戦争の結果に鼓舞され武力路線を強調したにもかかわらず、中国はそれまでの慣例から逸脱した軍事支援を北朝鮮に提供することもしなかった[223]。

駐米中国連絡事務所の韓敍副所長は、「われわれは、金日成がアジアと米国に造成された雰囲気を利用して、韓国に対して攻勢的な行動を取ることを決して薦めなかった」と述べた。[224] 鄧小平は一九七五年五月一二日、フランスのジャック・シラク首相との会談で、「中国は米国の東北アジアからの後退を望まない」と述べつつ、「韓国が先に攻撃しない限り、北朝鮮は韓国を侵略しない」と明言した。[225] 北朝鮮への軍事支援や過剰な軍事的コミットメントはソ連の介入と日本の再武装を誘発し、ひいては米中関係の悪化を導く自縄自縛の結果を招きかねない。それは中国にとってあってはならない事態だったのである。[226]

一方、この時期に米国は、朴正熙政権の核開発計画をさまざまな手を使って阻止しようとしていた。[227] 在韓米軍一個師団の撤退を機に独自の核兵器開発を決意した朴政権は、一九七四年までに核再処理施設を購入することでフランスと合意に達した。その施設は、小規模ながら核弾頭用のプルトニウムを精製することができると考えられた。[228] 計画の一環として、朴政権は、韓国人核科学者の本国召還を呼びかける一方、核兵器製造に必要な資材や設備を購入していた。韓国の核開発能力や経緯については依然として不明瞭な部分が多いが、当時、少なくともCIAをはじめとする米情報機関は、韓国が核開発能力を求めていると断定していたのである。[229] 米国政府にとって韓国の核計画は、核拡散防止の視点からだけでなく、地域の安定の側面からもとうてい看過しえないものであった。

韓国の試みは朝鮮半島の安定を揺さぶるだけでなく、日本を刺激し核武装に向かわせるだろう。中国と北朝鮮は韓国の試みに猛反発するだろう。これはわれわれのアジア戦略に逆らう。[230]

米国政府は、韓国の原子力発電所建設に必要な財政支援の中止などをほのめかすことで圧力を加える一方、韓国に対する核の傘の提供を再確認し、また平和的使用を前提とする核技術の提供を提案するなどして、フランスとの契約を破棄するよう韓国政府を説得した。[231] 韓国は一九七六年一月、核再処理施設の導入を放棄した。

フォード政権は、前述のNSDM三〇九を通じて韓国軍近代化計画の完遂に意欲を示したものの、議会のたび重なる軍事援助削減決定によって、当初一九七五年会計年度に完了する予定であった同計画を一九七七年会計年度まで二年間延長せざるをえなかった[232]。実際にこうした議会の牽制と予算の逼迫という現実は、すでにNSDM三〇九にも反映されていた。NSDM三〇九では、韓国空軍に対する具体的支援策を講じながらも、韓国軍の近代化に関する「米国の政策立案」にあたっては、「韓国軍が米国の兵站支援を受けるときに限って北朝鮮脅威に対応することを容認する」としたうえで、関連NSSMの終了まで具体的な政策決定を延期することが指示されていた[233]。

これは明らかに、「対北朝鮮自己十分戦力の確保」という当初の韓国軍近代化計画からの後退であり、韓国安全保障の韓国化の留保にも等しかったが、その背景には、在韓米軍の追加削減計画の取り消しと、新たに定義された在韓米軍の「安定力」にもとづく米国の介入によって、朝鮮半島における軍事バランスがすでに均衡に達したという判断があった[234]。シュレジンジャー国防長官が、一九七五年八月の訪韓の際、韓国有事の際の「自動介入」と今後五年間における在韓米軍の維持を公言すると、NSCは「われわれの政策基調から外れた」として訂正を求めたが[235]、韓国の防衛以上に米国の戦略的柔軟性を優先する考え方が、ここに示されていた。

米中関係の停滞にもかかわらず、米中両国によるジュニア・パートナーへの介入と自己抑制は、朝鮮半島における安全保障上の不安定要因を制御することに成功していた。フォード政権がヴェトナム喪失後のアジア政策の再検討のためにおこなった、NSSM二三五「アジア・太平洋地域における米国の利益と目標に関する再考」における判断の核心は、ヴェトナム戦争敗北にもかかわらず、ニクソン政権以来の米中戦略関係とそれにもとづく大国間の「力の均衡」にはほとんど変化がなかった、という点であった[236]。こうした判断は、朝鮮問題に対しても、ニクソン政権の際に新たに設定された米中による「共同の影響力」の行使と、それによって同問題の局地化と安定化を追求するという戦略が継続的に維持されることを示唆していた。

振り返ってみれば、当時『ワシントン・ポスト』が指摘したように、米中和解とともに、朝鮮半島の分断構造はかつて想像もできなかったほどの安定状態に達していた[237]。南北双方が一九七二年の七・四南北共同声明を通じて平和共存を約束しただけでなく、七三年国連総会ではＵＮＣＵＲＫが解体され、一九七五年の国連総会では国連軍司令部の解体をめぐる二つの決議案が可決されることによって、朝鮮半島における「二つの合法政府」の存在は国際的な既成事実として定着した。さらに、米中間の秘密取り決めを反映して、在韓米軍は朝鮮半島および東北アジアの安定力として再定義された。米中和解以来、朝鮮半島の分断構造は正統性と安全保障の両面においてより確固たるものに変質したのである。

このような変化は、南北双方の指導者の統一観にも投影されていた。一九七五年四月の訪中の際に中国の牽制を受けた金日成自身も、南側への軍事行動が事実上不可能であることをよく認識していた。同年六月のブルガリア訪問の際にも、金は「われわれは絶対に先制攻撃をしない」と南侵説を否認し、「たとえ南側で政変が起こったとしても、平和統一を求め続ける」と明言したのである。軍事的統一が不可能である理由について、金は、在韓米軍の継続駐留や、三面が海に囲まれた朝鮮半島の地政学的要因などを取り上げた後、「平和統一は長い時間を要する[238]」とブルガリア国家評議会議長のトドル・ジフコフに力説した。北朝鮮が分断構造の現状維持を心から受け入れたとは言いがたいが、最近公開された東欧側の公文書が示すように、表向きの挑発とは異なり、米中和解以来の朝鮮半島情勢を現実として重く受けとめていたことは明らかである。

たしかに、米中の朝鮮問題への共同介入によって、当事者の南北間の正統性と安全保障をめぐる競争が終結したわけではない。その後も南北双方は、米中の影響力から脱皮し自立性を高めることに努めながら、安全保障面で優位に立つためにそれぞれ軍備を拡充し、正統性をめぐる競争の分野で相手を非難し続けた。しかし、この南北双方間の応酬は、少なくとも米中和解以後に設けられた「ゲームのルール」の枠内でおこなわれ、事実上の「産業化競争」または体制間の「効率性をめぐる競争」に収斂していく。朴正熙は、国内引き締めを維持しながら輸出志向型の経済拡大をいっそう進め、他方の金日成は、一九七四年から「社会主義の大建設」というスローガンを掲げて、それまで仮建物の多かった平壌に大規模の建造物をつぎつぎと建てはじめた。これはまさに「戦争なき無限競争」の始まりであり、ノルウェーの平和研究者ヨハン・ガルトゥングの言う「消極的平和」[239]、すなわち物理的暴力（戦争）の不在のもとでの「長い戦い」を予兆していたのである。

米中は、両国関係の進展にともない、在韓米軍の安定力としての役割と駐留の継続に同調し、またUNCURKの解体に協力するなど、朝鮮半島における「二つの合法政府」の存在を認め合うことで、「共同の影響力」を行使してきた。こうした米中協力は、朝鮮問題の局地化と安定化という両国共通の戦略的利益を反映するものであった。しかし、本章でみたように、一九七四年に入って米中関係が停滞すると、朝鮮問題をめぐる両国の協調体制にも亀裂が生じはじめる。米中ともに両国間の戦略的利益より、各々の同盟利益を優先的に選択したのである。

もっとも、米中の思惑は、統一の主導権をめぐって競い合う朝鮮半島の当事者のそれとは大きな隔たりがあった。南北双方にとって、朝鮮問題の局地化と安定化は、安全保障と正統性をめぐる競争を有利に運ぶための手段にすぎなかったからである。米中和解以降に朝鮮半島情勢が現状維持に傾きはじめたことに対し、北朝鮮はとくに不満を募らせた。この不満の根源は、南北対話を進展させ、南北平和協定を結ぶことで、安全保障上の最大の脅威である在韓米軍を撤退させようとする北朝鮮の思惑が、挫折しつつあった点にある。北朝鮮は、在韓米軍問題に対する中国の曖昧な姿勢にも失望と不信を深めた。朝鮮問題をめぐるこうした認識のズレは、米中関係の停滞とあいまって、朝鮮半島をめぐるデタントの気運を急速に殺いでいった。

ここで北朝鮮が選んだのは、南北対話の中止と米国との直接交渉であった。一九七四年三月、北朝鮮が提案した米朝平和協定の締結は、従来の「米韓対中朝」という朝鮮問題をめぐる対立構造を、「米朝対決」に一変させようとする試みであった。北朝鮮は、北ヴェトナムと中国がそれぞれ米国を相手にして「成果」をあげた例にならい、米国との直接交渉を通じて在韓米軍を撤退させ、米韓同盟を揺さぶって韓国を孤立させようとしたのである。こうして一九七二年の七・四南北共同宣言に謳われた「自主」原則の具体化、すなわち朝鮮問題の局地化構想は、完全に破綻した。

たしかに、北朝鮮の「通米封南」戦略は、朝鮮問題をめぐる論争を国際化し、この問題に一定の決着をもたらすひとつの契機となった。北朝鮮が国際舞台における地歩を拡大しつつ、国連軍司令部の解体と米朝平和協定の締結、在韓米軍の撤退を推し進めると、米国もまたこれらに対抗するために朝鮮半島の安定化への展望を示さざるをえず、他方で中国は、対中関係をバイパスするかたちでの北朝鮮の対米接近を警戒しながら、北朝鮮を後押しする側に回った。

しかし、北朝鮮の対米路線は時期尚早であり、誤算でもあった。米中接近が台湾を排除したように、北朝鮮もまた韓国を排除した米朝関係を追求したが、こうした思惑に米国が応じるはずもなかった。米国にとって、対朝関係自体は対中関係における取引材料にすぎず、中国の対韓政策に影響を与えてこそ初めて意味を持ったからである。しかも、米国政府がNSSM一九〇を通じて検討を重ねたすえに確定したNSDM二五一は、北朝鮮の期待とはかけ離れていた。NSDM二五一が示した朝鮮半島安定化への方向性は、国連軍司令部の解体を視野に置きながら停戦協定の骨格を事実上温存する現状維持策であり、その大前提は在韓米軍の駐留だったからである。

南北対話の破綻を受けて米国が打ち出した停戦体制の安定化策の成否は、米中による「共同の影響力」の行使にかかっていたが、その米中交渉もまた失敗に終わった。米国はNSDM二五一に沿った妥協案を二度にわたって提示したが、中国は受け入れなかった。北朝鮮が反発して独自路線を歩みはじめると、中国がそれに同調したからである。結局、一九七四年の国連総会では、朝鮮問題をめぐって米中はそれぞれの同盟を代弁し、対決するという場面を演出した。

朝鮮問題をめぐる一連の対決は、一九七五年、インドシナ情勢の急変と米中関係のさらなる低迷とあいまって、その激しさを増した。米中接近と南北対話以後、事実上影を潜めていた北朝鮮脅威論が復活し、米韓同盟が強化されていくと、その反動として中朝同盟の密度も高まった。当然、米中両国の朝鮮問題に対する相互協力の意欲も減退した。北朝鮮は米朝平和協定の締結と在韓米軍の撤退を掲げて攻勢を強めたが、これに対して米国は、停戦体制を維持するための「四者会談」を提案し、その結果、一九七五年の第三〇次国連総会では、相反する両陣営の決議案が同時に採択される「異変」が生じたのである。

この国連対決は、デタント期における朝鮮問題をめぐる論争の帰結ともいうべきものである。両側の決議案が同時に採択されたのは、むしろ朝鮮半島における二つの敵対的な合法政府の存在が国際的に認められたことを印象づけた。また、これは国連における朝鮮問題が、事実上永久に凍結されることに等しかった。それ以後、朝鮮問題は事実上国連から離れ、当事者である南北双方と米中間の問題に回帰することになる。(240)

ただし、ここで指摘すべきは、喬冠華中国外交部長が喝破したように、一九七四年と一九七五年における朝鮮問題をめぐる米中対決の内実が、「半分は実射、半分は空砲」の煙だけが多く見える茶番劇にすぎなかったことである。米国と中国は、公式の場ではそれぞれ韓国と北朝鮮の利益を代弁し、正面対決したにもかかわらず、たび重なる秘密交渉を通じて朝鮮半島の安定化という共通の戦略的利益を再確認し、停戦体制の不安定化を回避しようとした。朝鮮問題は、実はこうした米中の水面下での関係を通じて方向づけられていたのである。

終　章　冷戦構造の変容と朝鮮問題

一九六〇年代の終わりから一九七〇年代前半における東北アジアの国際政治を朝鮮半島の視点から捉え直すとき、そこには二つのドラマが相互に錯綜しつつ、ほぼ同時に繰り広げられたことに気づかされる。

第一のドラマは、朝鮮戦争以来、アジアにおける冷戦の頂点に立っていた米国と中国とが主役を演じた歴史的な和解劇であった。米中和解はグローバルな脅威としてのソ連に対抗するための戦略的連携にとどまらず、米中対決を基本的前提とする朝鮮半島をめぐる「米韓対中朝」の構図と、そこから派生する米韓および中朝同盟のありかたをも変質させた。そして、この米中和解の衝撃に突き動かされながら、朝鮮半島では第二のドラマが展開される。南北双方が初めて互いの存在を認め、「対話」に乗り出す姿がそこにあった。この二つのドラマの複雑な組み合わせによって、朝鮮半島の分断構造は重大な転換期を迎えようとしていた。

米中和解と朝鮮問題の変容

デタント期において米中関係と南北関係とを深く結びつけた媒体とは、ほかならぬ朝鮮問題であった。第一章で考察したように、その焦点は、在韓米軍に象徴される安全保障問題と、朝鮮半島における「唯一合法政府」という意味での正統性をめぐる競争に集約される。この二つの争点は、競争相手の克服による祖国統一を究極目標とする南北の相互応酬に由来するが、他方で、停戦協定の当事者たる米中両国が同盟関係を通じて背後から南北双方を支援する限り、解消しがたい「負の遺産」として米中関係にも暗い影を落とし続けたのである。

だからこそ米国と中国は、和解の文脈に対応した双方の新たな戦略的利益に適合するように、朝鮮問題を調整・管理する必要性を共有していた。リチャード・ニクソンと毛沢東《マオツォートン》・周恩来《チョウオンライ》との会談や「上海コミュニケ」が示すように、米中にとって望ましい朝鮮問題のありかたとは、この問題が米中関係の阻害要因にならないように、当事者間の問題として限定する局地化と、その局地化を実現するうえで必要な、南北関係の進展と朝鮮半島の緊張緩和を促進する安定化であった。そして、米中和解の場では、朝鮮問題をめぐって米中両国が「裏」の舞台で事前に調整・連携をおこなう第三のドラマが展開された。フランスの社会学者レイモン・アロンが述べたように、つねに「大国主義」的である国際秩序[1]がここにも例外なく投影されていたのである。

米中関係の変化を受けてもっとも大きく動揺したのは、在韓米軍であった。米国当局は、それまで中朝連合戦力に対する抑止手段と位置づけてきた在韓米軍を削減することこそが対中接近の道を開き、かつヴェトナム戦争の泥沼から抜け出すという戦略目標にも適うと考えた。また中国に接近することで、米国はアジアに対する軍事的コミットメントの縮小を骨子とする、ニクソン・ドクトリンの実現に向けての環境を整えようとしたのである。一九七〇年三月、ニクソン政権が相当規模の追加削減を想定しながら、さしあたって在韓米軍歩兵一個師団の撤退を決定した背景には、対中政策の転換という要因が大いに作用していた。

在韓米軍の削減が朝鮮半島における停戦体制に与えた影響は大きかった。一九七一年三月に在韓米軍第七師団が撤退し、また第二師団が後方に再配備され、韓国軍がその作戦地域を接収することによって、東西約二五〇キロメートルにわたる軍事境界線（ＭＤＬ）は、朝鮮戦争以来初めて韓国と北朝鮮だけの対峙線となった。局地化された軍事境界線は、分断構造の局地化と安定化を促す物理的基盤をなした。

そうであるとすれば、その後の米中関係の進展とニクソン・ドクトリンの相乗作用によってますます加速するはずだった在韓米軍の削減が、結果的に第七師団の撤退のみで収束したのはなぜか、という疑問が生ずるであろう。逆説的なことに、米中和解の過程で在韓米軍に対する新たな需要が生み出されたことがその理由である。周恩来はヘンリー・キッシンジャーとの会談で、それまで安全保障上の脅威と見なしてきた在韓米軍を「第二の朝鮮戦争」の勃発を防ぐ安定装置として、また日本の韓国進出を抑える「ビンのふた」として再認識する姿勢を示した。さらに中国は、ソ連との対立が深まるに従って対ソ牽制の役割を在韓米軍に期待するようになり、その結果として周恩来は、一九七三年、在韓米軍撤退の規模と時期を米国に委ねる「段階的撤退」に同意したのである。

中国側の了解を受けて、米国政府は国家安全保障問題決定覚書（NSDM）四八にもとづいて進めていた在韓米軍の追加削減計画を取り消す一方、中朝連合戦力に対する抑止力として位置づけていた在韓米軍を、朝鮮半島および東北アジアにおける「安定力」として再定義する。こうして在韓米軍は、純軍事的な文脈を超えて、東北アジア地域全体の不安定要因を制御する政治的「公共財」として蘇ったのである。しかし、朝鮮半島の視点からみれば、安定力として在韓米軍が継続的に駐留することは、軍事力による統一という戦略的意図の封印と、分断体制の事実上の固定化を意味した。

他方で米中両国は、正統性をめぐる南北間の競争にも一定の規範を示そうとした。キッシンジャーが周恩来との会談後にニクソンに報告したように、米中和解は、朝鮮半島におけるそれぞれの友邦との関係をも互いに尊重し合い、また南北いずれも朝鮮半島全体を代弁しえないことを前提にしておこなわれた。(2) こうした「独立した主権国家」の「平和共存」を定着させるためには、南北双方の相互承認あるいは両当事者への対等な法的地位の付与が必須であった。中国は、公式には「一つの中国」の原則に従って北朝鮮主導の「一つの朝鮮」を支持したが、必ずしも米韓同盟や韓国の存在を否定したわけではなかった。米国にとっても、対中関係の進展と朝鮮半島における緊張緩和の促進には、北朝鮮の政治的・法的な地位の承認が不可避であった。

こうして米中は、それまで韓国だけに与えてきた国連の権威、とりわけ「国連帽子」の除去に向けて協力した。その代表的な表われが、一九七三年の国連総会における国連朝鮮統一復興委員会（UNCURK）の「静かな」解体である。朝鮮戦争以来、韓国の統一案を支援し、韓国の唯一合法性を後押しする国連機構であったUNCURKの解体は、朝鮮半島における「二つの国家」の存在の国際的承認と等価であった。他方でUNCURKの解体は、国連による朝鮮問題への政治的介入の大義名分を大きく傷つけ、この問題の局地化をさらに促すきっかけとなる。

南北関係の変容

南北双方の政権担当者にとって、米中和解にともなう「上からのデタント」[3]は、シニア・パートナーとの関係において自律性を高める好機であった。しかしながら、他方で「ニクソン・ショック」と「周恩来・ショック」という受けとめ方が存在したように、むしろその状況は同盟大国から見捨てられかねない危機を意味した。南北双方が、シニア・パートナーの変化に「啐啄同機」の対応を見せて緊張緩和に踏み切ったことは、同盟の裏切り行為によって生じうる政権リスクと体制リスクをヘッジする措置であったと解釈できる[4]。

そのように考えれば、朝鮮問題の自主解決への意欲を表現した一九七二年の「七・四南北共同宣言」は、その五カ月前に民族自決を訴えた「上海コミュニケ」の朝鮮半島版として位置づけられる。しかし同時に、この宣言の「祖国統一に関する原則」の筆頭項目として掲げられた「自主」は、後ろ盾の大国に対する南北双方の不信と共鳴するかたちで表出されたものであった。そこには同盟の離脱可能性に対する懸念と、大国による頭越しのやり取りによって自分たちの運命が決定・管理される事態を避けるための自己防衛の姿勢が、如実に示されていた。

もっとも、南北双方が初めて互いの存在を認め合い「共存の原則」を作り上げたことは、従来の対立構造のなかでは存在しなかった発想であり、今日においても、南北を問わず民族統一への熱意と目標の表象である。この宣言を踏み台にして南北双方は、事実上の政府間合意である一九九一年一二月の「南北基本合意書」や、国家間会談に相当する二〇〇〇年六月の南北首脳会談に象徴される、「共存」と統一に向けての相互関係を、徐々に積み上げることができた。

にもかかわらず、当時、南北双方が掲げた「自主」は、「半ば強要された」ものであったからこそ持続力に限りがあった。北朝鮮は南朝鮮革命の統一路線を捨てておらず、韓国は当面は人道・経済分野での交流を通じて時間を稼ぎながら、自国主導の統一を勝ち取る方策を練っていた。この時期に南北間の国力がほぼ均衡に達したことが、一歩も譲らぬ競争に拍車をかけていた。

七・四共同声明を発表して間もなく、南北双方がそれぞれに祖国統一を掲げ、「維新体制」と「唯一体制」と称される権威主義体制をほぼ同時に立ち上げたのは、米中和解にともなう対立構造の位相変化に対応するための国内体制の整備であり、「同床異夢」の野望を互いに阻止する「防壁の構築」を意味していた。「敵対的な双子の権威主義体制」は「二つの民族的正統国家」の擬制を体現し、だからこそ分断構造の現状維持を強化する存在であった。もちろん、南北双方の権威主義化は、米中和解が生み出した朝鮮問題の局地化という所要の条件を活かした結果でもあり、あくまでも米中和解の意図した分断構造の安定化の範疇内での出来事であったので、実際にこのことは、米中両国の黙認のもとでおこなわれた。

しかしその後、米中による「共同の影響力」に対する南北双方の対応には差異が生じた。在韓米軍が継続して駐留することによって安全保障上の不安を払拭すると、韓国は一九七三年の「六・二三宣言」を通じて、さしあたり「二つのコリア」の平和共存を優先する方向に舵を切った。これに対して北朝鮮は、平和共存の定着を南朝鮮革命路線の放棄に等しいと見なし、韓国の姿勢を「分裂主義」と批判しつつ、米中の朝鮮問題への介入に対しても不満と苛立ちを募らせた。

このように、米中和解による対立構造の局地化と米中の働きかけは、朝鮮半島情勢の安定化に寄与する反面、朝鮮半島に対する米中の戦略的思惑と、統一の主導権をめぐって競い合う南北双方のそれとの間の重大な齟齬を浮き彫りにした。在韓米軍一個師団が撤退した当初は、ニクソン・ドクトリンの認識をめぐって米韓同盟に深刻な亀裂が生じ、危機意識にとらわれた韓国は突破口として北側との対話に乗り出した。しかし、米中関係の進展によってむしろ在韓米軍が安定力として継続的に駐留することになると、こんどは中朝間に在韓米軍に対する認識のほころびが生じ、安全保障観をめぐる軋轢が表面化しはじめた。北朝鮮は、中国が台湾問題と同じく在韓米軍問題においても米国に圧力をかけることを期待したが、中国の指導者たちは、在韓米軍の撤退を主張する際には「朝鮮半島における平和と安定を希望する」という常套句を加えることを忘れなかった。

一九七四年三月におこなわれた北朝鮮による米朝平和協定の提案は、中国の対米姿勢に対する不信感の発露でもあった。なお、そこには七・四南北共同宣言に謳われた「自主」、すなわち朝鮮問題の局地化がもはや限界に達したことが示されていた。北朝鮮はそれまで不問に付してきた、韓国軍に対する作戦統制権が朝鮮戦争中に米軍に移譲され、韓国軍が停戦協定にも署名しなかったことをあげて、朝鮮問題に対する韓国の当事者能力を否定するにいたったのである。北朝鮮は、中国や北ヴェトナムのように、米国との直接交渉を通じて自らの安全保障上の不安を解消することを目指す一方、そのことによって米韓同盟を揺さぶり、韓国を孤立させようとした。要するに北朝鮮は、それまでの「通南通米」戦略から「通米封南」戦略への転換を図ったのである。

こうした南北関係の悪化は、米中関係にただちに跳ね返った。北朝鮮が朝鮮戦争の戦後処理の方法として米朝平和協定を提起した以上、停戦協定の当事者たる米中両国はそれに対応せざるをえなかったからである。しかし、一九七四年以後の米中戦略関係の停滞のなかで、米中は「共同の影響力」を行使するより同盟利益を優先する姿勢に傾いていった。北朝鮮が国際舞台における地歩を拡大しつつ、国連軍司令部（ＵＮＣ）の解体と米朝平和協定の締結を要求し、在韓米軍の撤退を推し進めると、中国は対米関係に配慮しつつも北朝鮮を後押しするようになった。中国は、米国がＮＳＤＭ二五一を通じて設けた、在韓米軍の駐留と停戦体制の維持とを事実上両立させるような朝鮮半島の安定化案を、受け入れなかった。結局、米中は、一九七四年と一九七五年の国連総会でそれぞれのジュニア・パートナーと手を組んで真正面から対決した。

朝鮮半島をめぐる米中協調体制

しかしながら、この時期の朝鮮問題をめぐる米中対決は、米中接近以前の対決とは質的に完全に異なっていた。米中は、表向きにはそれぞれ韓国と北朝鮮を代弁し対決姿勢を崩さなかったが、舞台裏ではたび重なる秘密交渉をおこないながら、朝鮮半島の安定化という共通の戦略的利益を確認しつつ停戦体制の不安定化を阻止してきた。米中両国は、国連軍司令部のありかたについて意見の相違を見せたものの、停戦体制の骨格を維持するという方向性そのものには異論がなかった。朝鮮問題に対する戦略的利益を共有しながら、互いの同盟利益を尊重することで協力の限界をも認め合う米中の関係は、「敵対的協力関係」と特徴づけることができる。南北対話という第二のドラマは早くも幕を下ろしたが、朝鮮問題をめぐる米中間の「裏」の舞台はまがりなりにも続いたのである。

一九七五年の国連総会で相反する両側の決議案が同時に採択された背景には、言うまでもなく米中対決があったが、別の側面からみれば、それは米中「妥協」の産物でもあった。二重の決議は、朝鮮半島における二つの敵対的な合法政府の承認と、安全保障上の係争点であった在韓米軍問題の事実上の無期限凍結という、まさに米中両国が望んだとおりの結果を生み出したからである。

キッシンジャーによる一九七五年の国連総会演説は、中国からの公式の批判を招いたものの、その本質は、米中間の「裏」の交渉にもとづいて停戦体制から平和体制へと転換することに関する規範を提示した点にあった。南北関係の改善を図りつつ段階的に政治会談を開催する構想を示したことで有名なこの演説は、実際には停戦体制の維持と安定化に重点を置いていた。キッシンジャーが提案した「南北→南北米中→南北米中日ソ」の「二→四→六」多国間協議の枠組みは、一九九一年一二月に採択された「南北基本合意書」やその後の「四者会談」(米中南北)、二〇〇三年以後の「六者会談」(米中南北日露)を通じて実現したが、そこには、当分のあいだは統一という急激な現状打破が好ましくないとする米中両国の思惑が見え隠れしている。

このように、デタント期における米中和解は、朝鮮半島の分断構造そのものの解消には向けられず、その現状維持をさらに推し進めることによって、統一問題への回答を半永久的に先延ばしにする結果をもたらしてきた。米中首脳部間の秘密対話からも確認できたように、両国の関心の焦点は、むしろ「第二の朝鮮戦争」に巻き込まれないこと、朝鮮半島が「分断されつつも平和な地域」になること、またこの地域に対する両国の「共同の影響力」を維持し続けることにあったのである。それは、キッシンジャーが一九世紀初頭のヨーロッパにおける勢力均衡体制を支える鍵として重視した「正統性秩序」(legitimate order)[5]そのものであった。

こうして米中和解は、「朝鮮半島をめぐる米中協調体制」(U.S. and China Concert of Korean Peninsula)[6]とも言うべきパワー・ポリティクスの枠組みを生み出した。朝鮮半島におけるこの新たな「危機管理システム」は、「第二の朝鮮戦争」の可能性と「紛争の国際化」の可能性とを大きく低下させ、それをもって米中関係そのものをも安定化させていった。米中両国が、それぞれのジュニア・パートナーに対するコミットメントを維持しながら朝鮮半島の安定化を担保することを骨子とするこの枠組みは、南北双方に超えてはならない敷居を設定することで南北関係の均衡を保ち、分断構造の安定に寄与したのである。朝鮮半島の視点からいえば、分断構造は、この時期の米中間の新体制により現状維持と擬似的安定を強いられる方向に再制度化されたと言えよう。

朝鮮半島の分断構造は、強いられた「現状」からの根本的な飛躍をも追求するはずであった。しかし、統一の方式に対話と武力があり、統一のありかたに共存と回収(収復)[7]があるとすれば、デタント期における米中和解が、朝鮮半島における武力・共存や武力・回収による統一の可能性を退けたことは明らかである。くわえて、「維新体制」と「唯一体制」という相異なる政治体制として国際社会から正式に認知された主権国家同士の関係において、「収復」や「解放」といったイレデンティズムのレトリックが現実味を失うことはほぼ必然であった。こうして朝鮮半島に残された選択肢は、対話・共存か対話・回収かの二者択一に収斂していった。

実際に、それまで相手の存在すら否定する排他的統一観にとらわれていた南北双方は、公式に表明する「統一」への熱望とは裏腹に、この時期「二つのコリア」の「共存」を現実的な選択肢として受容していた。これは、イデオロギー的偏執と民族主義の論理が弱体化した証拠であると同時に、米中の意向と、朝鮮半島を取り巻く構造的条件が変わらない限り、一方的な統一は不可能であるという現実認識の裏返しでもあった。南北双方の当事者同士が武力・回収を辞さないことで不安定さを増してきた従来の分断構造は、デタント期における「再制度化」を通じて、内外の情勢変動に対してより高い耐久力を誇る、より安定的なものに生まれ変わったのである。

もっとも、こうした構造的変化が、南北間の統一の主導権をめぐる尖鋭な競争を収束に向かわせたわけではない。南北双方は、所与の条件としての「朝鮮半島をめぐる米中協調体制」という国際政治の枠組みに配慮しつつ、理念やスローガン、または正統性競争の視点から切り離された相手への現実的な対応として、それぞれの国家体制の建設に邁進し、軍備・経済などあらゆる分野にわたって仮借ない体制間競争を展開したからである。これは分断秩序の内的固着化と敵対的相互依存性の強化をともなう「効率性をめぐる戦争なき無限競争」であり、朝鮮半島の文脈における「長い平和」(8)(ジョン・ギャディス)と「極端な時代」(エリック・ホブズボーム)(9)との両面の投射にほかならなかった。

ポスト冷戦と朝鮮問題

デタント期に再編された朝鮮半島の分断構造は、一九八九年のソ連崩壊、いいかえれば西側による「冷戦の勝利」(10)直後にふたたび重大な局面を迎える。中韓(一九九二年八月)およびソ韓修交(一九九〇年九月)、南北同時国連加入(一九九一年九月)、日朝国交正常化交渉の開始(一九九一年一月)など、グローバル冷戦の終結と時期を同じくして目まぐるしく展開した一連の大事件は、朝鮮半島をめぐる対立構造がやがて解体局面に入りつつあることを予想させた。しかし結果的には、世界レヴェルの雪解けに影響されながらも、朝鮮半島の分断構造そのものに決定的な変化が及ぶことはなかった。それどころか、当時において崩壊寸前と取りざたされた北朝鮮は依然として体制の強靭さを維持し、朝鮮半島情勢はほどなくして米朝核危機のようなかたちで激しい緊張に見舞われることとなった。

グローバル冷戦の終焉にもかかわらず、なぜ朝鮮半島の冷戦に終わりが見えにくいのか。冷戦の終結後における朝鮮問題の展開を、朝鮮半島を取り巻く三つの主要関係軸、すなわち米中関係と南北関係、米韓・中朝同盟という「関係の連鎖」の視点から簡単に考察することで、本書をむすびたい。

まず、朝鮮問題をめぐる米中両国の戦略的関係には、世界レヴェルの冷戦の終焉にもかかわらず、本質的な変化がなかったと言えよう。むしろ「共通の敵」であったソ連の崩壊後に米国の単極構造が出現するかたわら、中国の台頭も目立つようになり、朝鮮問題をめぐる米中の戦略的地位はより顕在化する傾向にある。米中はデタント期以降、一貫して朝鮮半島の安定化という戦略的利益を共有しながら、[11]他方では、競い合って各ジュニア・パートナーへの影響力を維持しようと努め続けている。韓国と中国が修交し経済・政治的な関係を深めつつあるにもかかわらず、中国にとって北朝鮮の戦略的価値が依然として大きいことには変わりがない。今日の北朝鮮の核問題をめぐる六者会談の舞台配置からも推察されるように、米中関係はいまなお朝鮮問題にあまりにも色濃い影を落としている。[12]

ヨーロッパでは、ソ連の「冷戦の敗北」とほぼ同時的にドイツ統一と東ヨーロッパの社会主義国家の崩壊が進んだのに対して、朝鮮半島では、東北アジア独自の地域冷戦構造とも位置づけられる「朝鮮半島をめぐる米中協調体制」が、ヨーロッパにおける冷戦崩壊の衝撃を吸収・制限し、北朝鮮の「危機」を緩和した。[13]朝鮮問題をめぐる米中間の戦略関係の持続こそ、分断構造の可塑性に歯止めをかける重要な構造的要因であり、グローバル冷戦の終焉にもかかわらず、米中協調（牽制）と南北競争という基本的骨格に規定された朝鮮半島の停戦体制は機能し続けたのである。

しかしその一方で、既存の同盟関係が、近年大きく流動化しつつあることも否定できない。米韓同盟は、南北関係および中韓関係の進展と韓国内の対北朝鮮認識の変化、米国の東アジア戦略の修正などによって変質しつつある。デタント期に議論された在韓米軍の地域機動軍化がいよいよ実現し、二〇一五年一二月までに韓国軍に対する戦時作戦統制権が韓国に委譲されれば[14]、いわゆる「二一世紀型の戦略同盟」に向けての米韓同盟の質的変化は動かしがたいものとして実感されるであろう。他方、中朝同盟は、冷戦の終結後、軍事同盟としての意義を喪失したのではないかと思わせるほど変化した。中国は北朝鮮に対する庇護者の役割を自認しながらも、後押しの対象を選択的に制限する姿勢を強めている。中国以上に北朝鮮に対して影響力を及ぼせる国が存在しないことは確かであるが、中朝関係が冷戦初期の「血盟」とは大きくかけ離れたことも事実である[15]。こうした同盟関係の変質が、米中両国の朝鮮問題への協力を制約する要因ともなっている。

南北関係もまた、一九七〇年代初頭とは完全に異なるものに取って代わった。デタント期にほぼ均衡に達した南北間の力関係は、おおむね一九八八年のソウル・オリンピックを機に韓国側の圧倒的優位に傾き、もはや挽回不可能となった。盧泰愚《ノテウ》政権の「北方政策」や金大中《キムデジュン》政権の「太陽政策」、李明博《リミョンバク》政権の「非核・解放・三〇〇〇」提案などにみられる一九九〇年代以降の韓国政府の対北政策は、具体的な政策の違いはあるものの、力の優越にもとづいて、北朝鮮との共存や朝鮮問題の軟着陸を目指しながら、究極的には事実上の「吸収統一」を志向するものであった。

しかし、朝鮮半島をめぐる一連の構造的動揺は、最終的には北朝鮮の国際的な孤立と経済的な難局の深化に帰結した。とりわけ、国力を無視した軍事力の建設・維持が北朝鮮の経済破綻を促進する根本的な原因となっている点は、悪循環というよりほかない。北朝鮮は外部からの構造的圧力を相殺するために「朝鮮式社会主義」や「われわれ民族同士」を掲げて朝鮮問題の局地化を主張するが、デタント期と異なり体制間競争での敗北が明らかになった状況のもとでは、南北関係の進展は逆に自らの体制の脆弱化を促しかねない[16]。それゆえ、今日における北朝鮮の対南政策は、表向きの主張とは裏腹に、実質的には「分断固守」を志向している[17]。同じ文脈において、冷戦の終結後、北朝鮮首脳部はそれまで統一の障害要因として即時全面撤退を求め続けた在韓米軍に対して、安定力としての継続的な駐留を容認する発言さえおこなっている[18]。これは、北朝鮮が南北間の国力の格差と、それに起因する通常戦力競争での弱さを重く受けとめ、やがて在韓米軍を脅威ではなく、自らの体制維持の要因として認識するにいたったことを物語っている。

他方で、このように大いなるディレンマに陥った北朝鮮が対外政策として選んだのは、核・ミサイル開発をカードとして米国から体制および政権の存続に関する保障を得るという、非対称的な瀬戸際外交であった。北朝鮮によるいずれの試みも体制維持という死活的な目的と不可分なかたちで結合し、過激な行動をともないがちであるため、今日の朝鮮問題は、分断や南北対決による問題ではなく、「問題児」北朝鮮の「暴走」を阻止する問題に単純化される向きすらある。(19) しかしながら、北朝鮮の核問題を含む朝鮮問題の解決は、その国際的性格のゆえに、南北・米朝・日朝関係の正常化、それらを踏まえた停戦協定から平和協定への転換など、朝鮮半島における冷戦構造の解体に向けての、より複雑な多元連立方程式とならざるをえないことは明らかである。

冷戦の終結後の朝鮮半島をめぐる国際政治は、一方におけるデタント期以来の米中戦略関係の維持・強化と、他方における南北関係および同盟関係の構造的流動化と北朝鮮の孤立化が生み出す乱気流に巻き込まれている。危機的状況こそが機会の窓を押し広げようとするこの二律背反は、長期的には、朝鮮半島を取り巻く関係諸国間の重層的な「関係の連鎖」が、互いに矛盾しない方向に再融合・調整されるなかでしか解消されえないであろう。その過程は、真の意味での東北アジア緊張緩和体制の構築に向けての「忍耐と譲歩の旅」とならざるをえない。その遥かな道のりの展望が見えはじめた地点で、われわれは朝鮮半島における冷戦の終焉の始まりについて語ることができるであろう。

註記

まえがき

（1）Hans J. Morgenthau, *Politics Among Nations: The Struggle for Power and Peace*, 4th ed.（New York: Alfred A. Knopf, 1966）, p. 405〔現代平和研究会訳『国際政治──権力と平和』（福村出版、一九八六年）〕.

（2）ここで言う「東北アジア」とは、日本・中国・台湾・朝鮮半島・シベリア東部を指す「極東」（Far East）とほぼ同義であるが、検討の対象には域外勢力としての米国が含まれる。

（3）「デタント」の意味するところは論者によって大きく異なるが、リチャード・スティーヴンスンは、「本来的に限定的和解しかありえないほどに国益が根本的に異なる国家間の緊張緩和プロセス」と定義している。本書でもこの定義に従い、とくに断りのない限り「緊張緩和過程としてのデタント」を指すものとする。Richard W. Stevenson, *The Rise and Fall of Détente*（London: Macmillan Press, 1985）, pp. 13–15〔滝田賢治訳『デタントの成立と変容──現代米ソ関係の政治力学』（中央大学出版部、一九八九年）〕.

（4）停戦協定の正式名称は、「朝鮮半島における軍事停戦に関する一方国際連合軍司令部総司令官と他方朝鮮人民軍最高司令官および中国人民志願軍司令官との間の協定」である。神谷不二編集代表『朝鮮問題戦後資料』第一巻（日本国際問題研究所、一九七六年）、五〇八～五二七頁。停戦協定における大部分の条文は死文化したが、同協定の実行に関わる責任所在と非武装地帯（ＤＭＺ）、軍事境界線（ＭＤＬ）に関する規定は依然有効である。黄源卓「停戦協定代替後における韓国防衛体制に関する研究」（ソウル：檀国大学博士号請求未公刊論文、二〇〇五年）、二七～二八頁。ところで、国際法上、停戦協定（truce agreement）と休戦協定（armistice agreement）とは、いずれも敵対行為を一時的に停止するという意味では同じであるが、厳密には、休戦協定が敵対する紛争当事者間の協定であるのに対して、停戦協定は第三者（たとえば国連）が仲裁ないし介入して協定当事者となる、という違いがある。池奉道

「停戦協定の成立背景と国際法的地位」北韓研究所『北韓』通巻三九一号（ソウル：二〇〇四年七月）、六六頁。

序章　朝鮮半島をめぐる国際政治

（1）Memorandum of Conversation: Chairman Mao Tse-tung & President Nixon, Beijing, Feb. 21, 1972, 2:50–3:55 P.M., *Foreign Relations of United States*（以下、*FRUS* と略記）, 1969–76, Vol. XVII: China 1969–72（Washington D.C.: USGPO, 2006）, p. 683.

（2）もっとも、冷戦は、陣営間の対立を助長する一方、大国間の体制管理による地域紛争の抑制という側面をも有していた。David A. Lake and Patrick M. Morgan, eds., *Regional Orders: Building Security in a New World*（Pennsylvania: Pennsylvania State Univ. Press, 1997）, pp. 3–4.

（3）木宮正史「朝鮮半島冷戦の起源――グローバル冷戦との『乖離』、同盟内政治との連携」アジア政経学会『アジア研究』第五二巻二号（二〇〇六年四月）、二二頁。

（4）米中関係に関する研究のなかでも、つぎにあげる文献は研究史上の重要性から特筆に値する。まず、標準的通史とも評される、Warren I. Cohen, *America's Response to China: A History of Sino-American Relations*（New York: Columbia Univ. Press, 2000）や、米国の立場から両国関係におけるさまざまな側面を検討した、A. Doak Barnett, *China Policy: Old Problems and New Challenges*（Washington D.C.: Brookings Institution, 1977）〔戸張東夫訳『米中国交――アメリカの戦略』（日中出版、一九七八年）〕に加えて、米中両国の一次史料を用いて米中関係を通史的に捉えたものとして、Robert S. Ross and Jiang Changbin, eds., *Re-examining the Cold War: US-China Diplomacy, 1954–1973*（Cambridge, Mass. and London: Harvard Univ. Press, 2001）; Evelyn Goh, *Constructing the U.S. Rapprochement with China, 1961–1974*（Cambridge: Cambridge Univ. Press, 2005）等々があげられる。また、Sadako Ogata, *Normalization with China: A Comparative Study of U.S. and Japanese Processes*（Berkeley: Institute of East Asian Studies, University of California, Berkeley, 1988）〔添谷芳秀訳『戦後日中・米中関係』（東京大学出版会、一九九二年）〕は、米中和解と日中関係正常化における国家レヴェルの政策決定過程を比較している。デタント期における米中ソ三国関係を捉えた研究としては、Coral Bell, *The Diplomacy of Detente: The Kissinger Era*（New York: St. Martin's Press, 1977）; Robert S. Ross, ed., *China, the United States, and the Soviet Union: Tripolarity and Policy Making in the Cold War*（New York: M. E. Sharpe, 1993）; Gordon H. Chang, *Friends and Enemies: The United States, China and the Soviet Union, 1948–1972*（Stanford: Stanford Univ. Press, 1990）; Raymond L. Garthoff, *Détente and Confrontation: American-Soviet Relations from Nixon to Regan*, Rev. ed.（Washington D.C.: Brookings Institution, 1994）; James H. Mann, *About Face: A History of America's Curious Relationship with China, from Nixon to Clinton*（New York: Alfred Knopf, 1999）〔鈴木主税訳『米中奔流』（共同通信社、一九九九年）〕等々がある。

米日中関係の力学を捉えたものとしては、Go Ito, *Alliance in Anxiety: Détente and the Sino-American-Japanese Triangle*（New York & London: Routledge, 2003）がある。

（5） Don Oberdorfer, *The Two Koreas: A Contemporary History*（New York: Basic Books, 1997）〔菱木一美訳『二つのコリア――国際政治の中の朝鮮半島』（共同通信社、一九九八年）〕; Bruce Cummings, *North Korea: Another Country*（New York: New Press, 2004）〔古谷和仁・豊田英子訳『北朝鮮とアメリカ――確執の半世紀』（明石書店、二〇〇四年）〕. これら以外にも、Ralph N. Clough, *East Asia and U.S. Security*（Washington D.C.: Brookings Institution, 1975）〔桃井真訳『米国のアジア戦略と日本』（オリエント書房、一九七六年）〕は、ニクソン政権のアジア戦略を批判的に論じつつ「四大国システム」下の朝鮮問題を捉えた。最近のものとして、Victor D. Cha, *Alignment despite Antagonism: The United States-Korea-Japan Security Triangle*（Stanford: Stanford Univ. Press, 1999）〔倉田秀也訳『米日韓、反目を超えた提携』（有斐閣、二〇〇三年）〕は、同盟安全保障ディレンマ理論を用いて米日韓三角関係の動学を分析するなかで、デタント期における朝鮮問題の動向を分析している。なお、韓国側の先行研究としては、安秉俊「四強関係の新趨勢と朝鮮半島」梁好民ほか編『民族統一論の展開』（ソウル：形成社、一九八六年）、梁好民「南北対話の原点と原型――七・四南北共同声明前後二〇年の状況を中心にして」および李三星「一九六五〜八〇年の国際環境の変化と南北の統一政策」李三星ほか編『平和統一のための南北対決』（ソウル：図書出版ソホァ、一九九六年）、李榮一『分断時代の統一論理』（ソウル：太陽文化社、一九八一年）、金学俊『南北関係の葛藤と発展』（ソウル：平民社、一九八五年）の第四章「一九七〇年代における南北対話の再照明」、裵肯燦「ニクソン・ドクトリンと東アジア権威主義体制の登場」韓国政治学会『韓国政治学会報』第三二巻二号（ソウル：一九九八年一二月）等々をあげておく。安秉俊と梁好民、李三星は、当時の南北双方は朝鮮問題が大国らによって一方的に決定されることを懸念し、対話に乗り出したと主張する。反面、李榮一と金学俊は、米国と中国が和解する際に朝鮮半島レヴェルの緊張緩和を働きかけ、それが南北対話につながったことに強調点をおいている。裵肯燦は、ニクソン・ドクトリンによる在韓米軍削減が南北の国内体制に及ぼした影響に目を向けている。

（6） James N. Rosenau, "Toward the Study of National-International Linkages," *The Scientific Study of Foreign Policy*, Rev. and enl. ed.（New York: Nichols Pub. Co., 1980）, pp. 307–338; idem, "The Adaptation of National Societies," *The Study of Political Adaptation*（New York: Nichols Pub. Company, 1981）, pp. 58–59 を参照。

（7） 洪錫律「一九七〇年代前半における東北アジア・デタントと韓国統一問題」韓国史研究会『歴史と現実』通巻四二号（ソウル：二〇〇一年一二月）、二〇七〜二四一頁、同「一九七〇年代前半における米朝関係」韓国国際政治学会『国際政治論叢』第四四集二号（ソウル：二〇〇四年六月）、二九〜五四頁、倉田秀也「朝鮮半島平和体制樹立問題と米国」山本吉宣編『アジア太平洋の安全保障とアメリカ』（彩流社、二〇〇五年）、一五一〜一七六頁、同「米中接近と韓国」増田弘編『ニクソン訪中と冷戦構造の変容』（慶應義塾大学出版会、二〇〇六年）、一五三〜一七九頁。なお、木宮正史「韓国外交のダイナミズム――特に一九七〇年代初頭の変化を中心に」小此木政夫・張達重編『日韓共同研究叢書（14）戦後日韓関係の展開』（慶應義塾大学出版会、二〇〇五年）は、デタント期におけるアジア冷戦の変容が韓国外交や南北関係に及ぼした影響について論じている。

（8）「国連帽子」（U.N. cap or U.N. helmet）という用語は、そもそも北朝鮮が韓国にある国連機構（権能）の不当性を印象づけるために、また米国の国連名称を用いた北朝鮮に対する圧力を非難するために使いはじめたが、米国政府内でもこの用語を頻繁に用いた。

（9）朝鮮半島をめぐる「関係の連鎖」は、非対称同盟における「敵対ゲーム」（adversary game）と「同盟ゲーム」（alliance game）の概念を用いれば、さらに理解しやすい。米中はそれぞれのジュニア・パートナーとの同盟関係が彼ら自身の敵対ゲームに転化することを懸念し、協力して弱小同盟を「管理」しようとする。反面、韓国と北朝鮮はともに、同盟大国間の敵対ゲームによって安全保障ディレンマに陥り、それを相殺するために南北対話を開始する一方、米中からの自立を求める。グレン・スナイダーによれば、この二つの相反するゲームの結合は、必然的に「同盟安全保障ディレンマ」（alliance security dilemma）を生む。同盟安全保障ディレンマとは、一方の同盟が対敵協力に該当するデタント政策のような敵対ゲームに傾いたとき、「見捨てられ」るか「巻き込まれ」るか、という正反対の懸念が同盟間に生じる現象を指す。Glenn H. Snyder, *Alliance Politics* (Ithaca, N.Y.: Cornell Univ. Press, 1997), pp. 466–467. しかし、本書ではこうした同盟ゲーム理論を使って論を進めるつもりはない。なぜなら、第一に、一九七〇年代前半における米中関係は、両国の対ソ戦略や日本ファクターなどを切り離しては理解しえず、敵対ゲームを超えて「暗黙の同盟」関係にまで発展していた。第二に、米韓および中朝同盟は「血盟」と称されるように、単なる物質的利益にもとづく同盟関係ではなかった。第三に、韓国と北朝鮮は、互いに相手を克服の対象として敵対視しながらも、カウンターパートとしても認識していた。このように、米中関係と米韓・中朝同盟を、それぞれ敵対ゲームと同盟ゲームとして簡単に割り切ることはできないように思われる。

（10）ここでの「制度」とは、「持続的に行為者らの役割や行動を規定・拘束し、期待をつくりだす、公式的または非公式的規則が連係されるひとつの総体」というロバート・コヘインの定義による。Robert Keohane, *International Institutions and State Power: Essays in International Relations Theory* (Boulder: Westview Press, 1989), p. 3. こうした制度の概念は、「国際政治のある領域において、行為者らの期待が収斂される、黙示的あるいは明示的な原則、規範、規則、意思決定過程の集合」と定義される「レジーム」にも近似する。Stephen D. Krasner, "Structural Causes and Regime Consequences: Regimes as Intervening Variables," in idem, ed., *International Regimes* (Ithaca, N.Y.: Cornell Univ. Press, 1986).

（11）国際制度の形成・維持・変化は、大国間関係や勢力構造の変化に深く関わる。ロバート・ジャーヴィスは、安全保障レジームを論じる際に、もっとも重要な要素として、大国のレジーム構築への意思を取り上げている。Robert Jervis, “Security Regimes,” in Krasner, ed., *International Regimes*, p. 176.

（12） Richard A. Melanson, *American Foreign Policy since Vietnam War: The Search for Consensus from Nixon to Clinton*, 2nd ed.（New York: M. E. Sharpe, 1996）, pp. 43–88; U. Alexis Johnson, *The Right Hand of Power*（Englewood Cliffs, N.J.: Prentice-Hall, 1984）, p. 520〔増田弘抄訳『ジョンソン米大使の日本回想――二・二六事件から沖縄返還・ニクソンショックまで』（草思社、一九八九年）〕; John H. Holdridge, *Crossing the Divide: An Insider's Account of the Normalization of US-China Relations*（Lanham, Md.: Rowman & Littlefield Publishers, 1997）, p. 50. なお、ニクソン政権期におけるニクソンとキッシンジャーとの関係や、彼らの対外政策を一次史料にもとづいて詳しく描いた著作として、Robert Dallek, *Nixon and Kissinger: Partners in Power*（New York: HarperCollins Publishers, 2007）を参照。

（13） たとえば、中華人民共和国外交部外交史研究室編『周恩来外交活動大事記、一九四九～一九七五』（北京：世界知識出版社、一九九三年）、中共中央文献研究室編『周恩来年譜』全三巻（北京：中央文献出版社、一九八九～九七年）、劉金質・楊准生主編『中国対朝鮮和韓国政策文献匯編』全五巻（北京：中国社会科学出版社、一九九四年）等々をあげておく。

（14） 金日成は中国に計三九回訪問したといわれるが、そのほとんどは公表されていなかった。安田淳「中国の朝鮮半島政策」小此木政夫編『ポスト冷戦の朝鮮半島』（日本国際問題研究所、一九九四年）、二三〇頁。

（15） この時期の米中関係は、旧敵国との和解や関係修復を指す、フランス語の「rapprochement」という概念で説明されることが多い。ただし、本書では「過程としての rapprochement」との側面を重視し、一九七〇年代前半における米中関係の推移を、「接近」（第二章）、「対面」（第三章）、「和解」（第四章）、「戦略関係」（第五章）などに分けて分析する。一方、「関係正常化」（normalization）の概念は、一九七九年一月の米中国交正常化にいたるまでのより長い政治プロセスを指す。Yukinori Komine, *Secrecy in US Foreign Policy: Nixon, Kissinger and Rapprochement with China*（Aldershot, Hampshire: Ashgate Publishing Limited, 2008）, p. 2.

第1章　二つの争点と米中ファクター

（1） 六〇年あまりにわたる分断の歴史が二つの相異なる体制をつくりだし、朝鮮問題が文字どおりの国際問題であったという点を考えれば、朝鮮半島の文脈における「統一」は単なる領域的「再統一」を超えた未来志向的な「新統一」とならざるをえない。本書では、新しい民族社会・民族国家を創造していく「過程」として統一問題を理解する。

（2） 安全保障概念は多様であるが、その核となる要素は脅威への軍事的対応である。アーノルド・ウォルファースによれば、安全保障とは、客観的には安保主体の核心的価値に対する「脅威の不在」（absence of threats）を、主観的には当該価値が攻撃されるかもしれないという「恐怖の不在」（absence of fear）を指す。Arnold Wolfers, "National Security as an Ambiguous Symbol," *Political Science Quarterly*, Vol. 67, No. 4（December 1952）.

（3） 正統性（legitimacy）の定義は厄介であるが、本書では、国際法的主権の承認と、そのような主権的独立と表裏一体の関係にある国内的権威の確立を意味するものとして用いる。

（4） Muthiah Alagappa, "Rethinking Security," in idem, ed., *Asian Security Practice: Material and Ideational Influences*（Stanford: Stanford Univ. Press, 1998）, p. 56.

（5） 朝鮮問題の文脈における「収復」や「解放」の概念には未回収地の回復の論理が内在し、そのコインの裏側として、相手の権利はおろか実体すら認めないという明確な意志が含まれている。

（6） 平岩俊司「朝鮮半島の対立構造」松阪大学現代史研究会編『現代史の世界へ』（晃洋書房、一九九八年）、八六頁、崔完圭「統一論大研究」『月刊京郷』（ソウル：一九八八年一月）、二〇五頁。

（7） これまで南北間で合意が形成された例としては、後述する一九七二年の「七・四南北共同声明」に加えて、一九九一年一二月に締結された「南北間の和解と不可侵および交流、協力に関する合意書」（南北基本合意書）をあげることができるが、それらは両者が正統性をめぐる競争を放棄した結果ではなかった。

（8） ジョセフ・ナイによれば、国家は国際法や国際組織に訴えて自らの政策を正統化しながら他国の政策を非正統化しようとするため、正統性をめぐる争いは権力闘争の一部をなす。Joseph S, Nye, Jr., *Understanding International Conflicts: An Introduction to Theory and History,* 4th ed.（New York: Longman, 2003）, p. 164〔田中明彦・村田晃嗣訳『国際紛争――理論と歴史』（有斐閣、二〇〇五年）〕.

（9） 韓国外交通産部『韓国外交五〇年』（ソウル：一九九九年）、五二および三五一頁。

（10） 建国以来の北朝鮮の正統性問題への姿勢については、Joungwon A. Kim, "Pyongyang's Search for Legitimacy," *Problems of Communism,* Vol. 20, No. 1（January-April 1971）を参照。

（11） たとえば、韓国外務部の邦交局（International Relations Bureau）は、主として対米関係を担当する欧米局とともに、韓国外交の中核をなした。朴稚栄「韓国問題と国連決議分析」『漢陽大社会科学論叢』第一二輯（ソウル：一九九三年）、一二頁。朴正煕政権は一〇月二四日を国慶日の「国連の日」と制定した。

（12） 国家承認は、国際社会の既存国家が新生国を国際法の主体として認める国際法上の意思表示である。G. V. Glahn, *Law Among Nations,* 3rd ed.（New York: Macmillan, 1976）, p. 90.

（13） 北朝鮮の建国過程については、全ヨンリュル・金チャンホ・姜ソクキ『朝鮮通史』下巻（平壌：社会科学出版社、一九八七年）、三六三頁を参照。

(14)「第三回国連総会決議『朝鮮独立問題』（一九四八年一二月一二日）」神谷不二編集代表『朝鮮問題戦後資料』第一巻（日本国際問題研究所、一九七六年）、四六六頁。韓国政府はこの総会決議一九五（Ⅲ）を根拠にして、朝鮮半島における「唯一合法政府」としての正統性が韓国にあると主張する。韓国外務部『韓国外交三〇年：一九四八〜一九七八』（ソウル：一九七九年）、一八三頁。

(15)「決議」（resolution）とは一般に、討論結果を整理し多数意見を盛り込んで成文化された文書（written texts）を指すが、建議（recommendation）と決定（decision）を包摂する概念である。決議は集団的判断の表現であり、国連の理念を実現する手段でもある。Nico Schrijver, "The Role of the United Nations in the Development of International Law," in Jeffrey Harrod and Niko Schrijver, eds., *The UN under Attack* (Aldershot, Brookfield: Gower, 1988), p. 39.

(16) ここで正統性（正当性）と合法性とのズレが指摘されうるが、一般に国連決議は現実の国際政治において、「合法化による正当性付与」という意味で使われている。とくに最近は、ある国に対する軍事行動を正当化する際や、逆にそれを批判する際に、国連決議に依存する傾向が強まっている。たとえば、一九九九年に北大西洋条約機構（NATO）軍がセルビアを攻撃した際には、安保理決議が爆撃の根拠とされた。二〇〇三年五月に米英は、すでに採択された安保理決議を用いてイラク攻撃を正当化した。

(17) たとえば、朝鮮労働党中央委員会副委員長の金日成が一九四八年三月に開かれた朝鮮労働党第二次大会でおこなった演説を参照。ドルベゲ編集部編『北朝鮮「朝鮮労働党」大会主要文献集』（ソウル：ドルベゲ、一九八八年）、四八〜四九頁。

(18)「北朝鮮国連加入申請書」安保・統一問題調査研究所編『北朝鮮対外政策基本資料集Ⅱ――対西方関係／対国連関係』（ソウル：東亜日報社、一九七六年）、四六一頁。

(19) 韓国では「韓国戦争」または「六・二五事変」、北朝鮮では「祖国統一戦争」、中国では「抗美援朝戦争」（中国語では米国は「美国（美利型）」である）とそれぞれ呼ばれる。韓国側が朝鮮戦争を国家間の軍事的紛争を意味する戦争ではなく「事変」と定義した裏面には、北朝鮮を国家として認めないという意思が込められている。

(20) 歴史学者ジョン・ギャディスによれば、この時期の米国の利益は、国連のそれと完全には一致していなかったにせよ、基本的に同じ方向にあった。ハリー・トルーマン大統領は朝鮮戦争勃発直後のブレア・ハウス会議で、「われわれは国連を失望させてはならない」と繰り返し強調したという。John Lewis Gaddis, *The Long Peace: Inquires into the History of the Cold War* (New York: Oxford Univ. Press, 1987), pp. 168–169〔五味俊樹ほか訳『ロング・ピース――冷戦史の証言「核・緊張・平和」』（芦書房、二〇〇二年）〕.

(21) この安保理決議は、命令（ordered）ではなく、建議された（recommended）ものであるがゆえに、厳密に言えば、国連憲章第四一条および第四二条による強制措置（enforcement action）とは異なる。したがってこの決議は、法的義務を課すというよりも、加盟国の自発的措置を国連が正当化する意味を持つ。Leland M. Goodrich, *The United Nations in a Changing World* (New York & London: Columbia Univ. Press, 1974), p. 128.

(22) Memo of Conversation by Jessup, June 25, 1950, *FRUS*, 1950, Vol. VII: Korea (Washington D.C.: USGPO, 1976), p. 158.

(23) John F. Murphy, *The United Nations and the Control of International Violence: A Legal and Political Analysis* (Manchester: Manchester Univ. Press, 1983), pp. 30–31; Evan Laurd, *A History of the United Nations*, Vol. 1 (New York: Macmillan, 1982), p. 249.

(24) 中国の朝鮮戦争介入については、朱建栄『毛沢東の朝鮮戦争——中国が鴨緑江を渡るまで』（岩波書店、一九九一年）、和田春樹『朝鮮戦争』（岩波書店、一九九五年）、牛軍（真水康樹訳）『冷戦期中国外交の政策決定』（千倉書房、二〇〇七年）、第三章、菅英輝『米ソ冷戦とアメリカのアジア政策』（ミネルヴァ書房、一九九二年）、第六章、Segrei N. Goncharov, John W. Lewis and Xue Lital, *Uncertain Partners: Stalin, Mao, and the Korean War* (Stanford, Calif.: Stanford Univ. Press, 1993); Allen S. Whiting, *China Crosses the Yalu: The Decision to Enter the Korean War* (Stanford: Stanford Univ. Press, 1968); Chen Jian, *China's Road to the Korean War: The Making of the Sino-American Confrontation* (New York: Columbia Univ. Press, 1994) 等々を参照。

(25) 牛軍『冷戦期中国外交の政策決定』、四五頁。中国人民志願軍（日本語翻訳では一般に人民「義勇軍」が用いられている）は、実際には中国の正規軍であった。中国側の文献によれば、中国人民志願軍は、一九五一年六月一四日までに捕虜二〇万人を含めて一一六万人の人的被害を受けた。当代中国叢書編集部編『抗美援朝戦争』（北京：中国社会科学出版社、一九九〇年）、三三九頁。

(26) MacArthur to JCS, Nov. 28, 1950, *FRUS*, 1950, Vol. VII: Korea, pp. 1237–1238; 神谷不二『朝鮮戦争——米中対立の原形』（中央公論社、一九六六年）、八八～一三六頁。

(27) 中国に対する総会決議第四九八（V）号は、有名な「平和のための結集決議」(Uniting for Peace Resolution; 三七七［V］号、一九五〇年一一月三日）の初の適用事例であった。ソ連は、朝鮮戦争中に五回にわたって拒否権を行使したが、「平和のための結集決議」は、こうしたソ連の拒否権乱用による安保理の機能低下を防ぐために、米国主導で採択されたものである。別名「アチソン・プラン」とも呼ばれたこの決議によって、国連総会は、国際紛争に政治的圧力を加える根拠を確保し、「集団的正統性の執行者」として侵略行為を糾弾することができるようになった。Inis L. Claude, Jr., *Sword into Plowshares: The Problems and Progress of International Organization*, 4th ed. (New York: Random House, Inc., 1971), pp. 270–272.

(28) 「国連総会が二月一日、アメリカ案を可決したことに抗議する外交部長の声明（一九五一年二月二日）」森下修一編訳『周恩来・中国内外政策』上巻（中国経済新聞社、一九七三年）、一〇三～一〇六頁。

(29) たとえば北朝鮮は、戦争中の一九五二年二月二日に国連に加入申請書を提出していた。

(30) 国連総会は一九五三年八月二八日に決議第七一一(Ⅶ)号を採択し、停戦協定を承認した。三年間の戦争の結果引かれた軍事境界線(MDL)は、米国にとってそれまで不明確であった「封じ込め線」と「不後退防衛線」との一体化を意味した。小此木政夫「東アジアの冷戦」神谷不二教授還暦記念論集刊行委員会編『冷戦期の国際政治』(慶應通信、一九八七年)、一〇六頁。朝鮮戦争は、米国が介入してきた二二〇あまりの国際紛争のなかで、初めて「勝てなかった戦争」としても記録された。Melvin Small, *Was War Necessary?: National Security and U.S. Entry into War* (Beverly Hills: Sage Publications, 1980), p. 270; Russell F. Weigley, *The American Way of War: A History of United States Military Strategy and Policy* (New York: Macmillan, 1973), pp. 238–240, 280–281, and 325–326.

(31) 政治会談開催のための予備会談が一九五三年一〇月二六日から板門店で開かれたが、ソ連の参加問題をめぐって難航した。結局、一九五四年二月にベルリンで開かれた米英仏ソの四カ国外相会議で、ジュネーヴ会談におけるテーマと参加国が合意された。国連側からは国連軍司令部に派兵した国々が(南ア連邦除外)、共産側からは中朝とソ連がそれぞれ参加した。

(32) 卞榮泰『外交余録』(ソウル:外交安保研究院、一九九七年)、三七五~三九九頁、韓国外務部『韓国外交四〇年』(ソウル:一九九〇年)、八三~八七頁。同会談は中国が初めて参加した東西主要国による国際会議であって、その国際的地位をアピールする格好の場となった。袁克勤「米華相互防衛条約の締結と『二つの中国』問題」日本国際政治学会編『国際政治』第一一八号(一九九八年五月)、六七頁。

(33) 「ジュネーヴ会議における南日北朝鮮代表の演説(一九五四年四月二七日)」神谷不二編集代表『朝鮮問題戦後資料』第二巻(日本国際問題研究所、一九七八年)、七一〇頁。

(34) 韓国外務部『「国連」と韓国問題の歴史的背景』(ソウル:発行年未詳)、三〇頁。

(35) 朝鮮戦争中に国連軍司令部へ委譲された韓国軍の作戦指揮権(Operational Command: OPCOM)は、一九五四年一一月に発効した米韓相互防衛条約および「韓国軍に対する軍事および経済援助に関する米韓合意議事録」で「作戦統制権」(Operational Control: OPCON)の概念に変更された。作戦統制権は、作戦計画や作戦命令に関連する概念であり、行政、軍需、人事、軍紀などをも包括する作戦指揮権より狭い権限である。しかし、作戦統制権の抜け落ちた指揮権は形式にすぎないので、両者を厳格に区分することにはそれほど意味がない。

(36) 北朝鮮は、こうした朝鮮問題の脱国連化戦略の延長線上で、一九五五年三月七日に南北不可侵条約を提案した。この提案の受容が結果的に北朝鮮の政体の承認を意味すると考えた韓国は、これを拒否した。

(37) 中国が一九五九年三月四日付で国連に提出した覚書。韓国外務部『韓国外交三〇年』、一九〇頁。

(38) 朴稚栄『国連政治と韓国問題』(ソウル:ソウル大学出版部、一九九五年)、三四四頁。

(39) 韓国外務部『「国連」と韓国問題の歴史的背景』、四二頁。

(40) Robert A. Scalapino and Chong-Sik Lee, *Communism in Korea, Part II: The Society* (Berkeley: Univ. of California Press, 1972), pp. 1291–1295; Joan Robinson, "Korean Miracle," *Monthly Review*, Vol. 17 (January 1965), pp. 541–549.

(41) 「朝鮮労働党第四次大会、金日成、党中央委事業総括報告」安保・統一問題調査研究所編『北朝鮮対外政策基本資料集Ⅱ』、一九七頁。

(42) 「朝鮮労働党第四次大会宣言——祖国の平和的統一のために（一九六一年九月）」『朝鮮中央年鑑』（平壌：朝鮮中央通信社、一九六二年）、八七～九一頁。

(43) 三大革命力量論とは、①北半部に社会主義建設を成功させ、これを強化かつ革命基地化し、②南の人民を政治的に覚醒させ革命力量を高め、③国際革命勢力と連帯を深め南の解放を達成することを骨子とする。「祖国統一偉業を実現するために革命力量をあらゆる手段で強化しよう」『金日成著作選集』第四巻（平壌：朝鮮労働党出版社、一九六八年）、七七～九六頁。

(44) たとえば、『労働新聞』一九六八年九月二二日。

(45) とりわけ、ＵＮＣＵＲＫの一員であったチリが一九七〇年のサルバドール・アジェンデ政権発足後、北朝鮮と国交を樹立し、ＵＮＣＵＲＫ脱退を宣言したことは特筆に値する。チリと北朝鮮との国交樹立は単なる二国間関係にとどまらず、国連の朝鮮問題への介入自体に対する挑戦として受けとめられた。

(46) この点については、第三章第四節の(2)を参照。

(47) 河辺一郎「一九七〇年代の国連における中国の行動について」愛知大学現代中国学会編『中国21』創刊号（一九九七年八月）参照。

(48) 「喬冠華外交副部長の国連総会演説（一九七一年一一月一五日）」『北韓の対米平和協定提議および北朝鮮・各国反応、一九七四』（韓国外交史料館所蔵外交文書〔以下、韓国外交文書と略記〕：分類番号七二六・二二、登録番号七〇九七〔以下、番号のみで略記する〕）。

(49) Attached to NSSM-154, "Korean Question at the 27th General Assembly," undated, Box 14, NSSM, Record Group（以下、RGと略記）273, National Archives and Records Administration, College Park, Maryland 〔...〕, pp. 27–30.

(50) 米国政府は中国の国連復帰によって「普遍性」が高まり、とりわけ分断国の国連加入問題が争点化することを懸念した。Study of the Entire UN Membership Question: US/China Policy（Pursuant to NSSM-107), 1/25/1971, Document Identification Number 〔...〕 CH 00199, National Security Archives（以下、*NSA*と略記）, George Washington University, Washington D.C. 〔...〕.

(51) 国際政治学において「抑止」はさまざまな文脈に用いられるが、パトリック・モーガンらは、抑止概念の包括的使用が分析の混乱を招くと指摘する。Patrick Morgan, *Deterrence: A Conceptual Analysis*（Beverly Hills: Sage, 1977）, pp. 18–19; Glenn H. Snyder, *Deterrence and Defense: Toward a Theory of National Security*（Westport, Conn.: Greenwood Press, 1962）, pp. 9–12. したがって本書では、抑止概念を軍事的次元に限定し、「敵対国に対して恐怖を通じて自国や同盟国への攻撃を思い止まらせるために強制すること」と定義する。防衛大学校安全保障学研究会編『新版　安全保障学入門』（亜紀書房、二〇〇一年）、七二頁。

（52）*CINCPAC Command History of 1968*, Vol. II <http://www.nautilus.org>（米ノーチラス研究所の秘密文書公開資料）, p. 7; Harry Harding, *A Fragile Relationship: The United States and China since 1972*（Washington D.C.: Brookings Institution, 1992）, pp. 25–33.

（53）米国は朝鮮戦争中には終戦後の米軍駐留を想定しなかったが、一九五三年七月に中国脅威論にもとづいて米軍残留方針に転じた。NSC 154/1, "United States Tactics Immediately Following an Armistice in Korea, July 2, 1953," *FRUS*, 1952–54, Vol. XV, Part 2, pp. 1311–1344を参照。

（54）Robert Watson, *History of the Joint Chiefs of Staff, Volume V: The Joint Chiefs of Staff and National Policy, 1953–54*（Washington, D.C.: Historical Division, Joint Chiefs of Staff, 1986）, ch. II; 李鍾元『東アジア冷戦と韓米日関係』（東京大学出版会、一九九六年）、第二章第一節、赤木完爾『ヴェトナム戦争の起源――アイゼンハワー政権と第一次インドシナ戦争』（慶應通信、一九九一年）、第一・二章、松岡完「一九五〇年代のアメリカの同盟再編戦略――統合の模索」『国際政治』第一〇五号（一九九四年五月）。

（55）"Korean Study-Nuclear Weapons," undated, Box 337, Policy Planning Staff, Director's Files, Winston Lord, 1969–77（以下、Winston Lord Filesと略記）, RG 59, p. 7. 冷戦期における米国の海外核配備については、William Burr, "How Many and Where Were the Nukes?" *NSA Electronic Briefing Book*, No. 197（Aug. 18, 2006）; Office of the Assistant to the Secretary of Defense（Atomic Energy）, *History of the Custody and Deployment of Nuclear Weapons: July 1945 Through September 1977, Feb. 1978* <http://www.gwu.edu/~nsarchiv/news/19991020/04-01.htm>を参照。

（56）実際、在韓米軍の八軍司令部が一九五六年に作成した朝鮮半島戦争計画（8A-OP-60-57）では、ソウル北方までの防御が失敗した際には戦術核兵器を使用し戦況を一転させるとされた。当時における米軍の朝鮮半島戦争計画に関する史料は、Box 14, Entry A1 257; Box 299, Entry A 1 297, RG 338に所収されている。

（57）ヴィクター・D・チャ／チャイボーン・ハム「米韓同盟の未来」船橋洋一編『同盟の比較研究』（日本評論社、二〇〇一年）、五三～五六頁。

（58）こうした文脈において、在韓米軍の駐屯根拠である米韓相互防衛条約第三条に明記された「共通の危険」（common danger）が、実質的に中朝連合戦力を意味すると捉えるのは自然である。米韓同盟が成立段階から単なる「半島同盟」でなく中国を牽制する「地域同盟」的性格を帯びていた点については、阪田恭代「米国のアジア太平洋集団安全保障構想と米韓同盟——『地域同盟』としての米韓同盟の起源、一九五三～五四年」倉田秀也ほか編『朝鮮半島と国際政治』（慶應義塾大学出版会、二〇〇五年）、二九九～三二〇頁を参照。

(59)「朝鮮民主主義人民共和国とソヴィエト社会主義共和国連邦間の友好協力および相互援助に関する条約」（一九六一年七月六日調印）の第一条は、「締約一方がいかなる国家または国家連合から武力侵攻を受けて戦争状態に処された場合、締約他方は遅滞なく自分の保有するあらゆる手段をもって軍事的かつその他の援助を提供する」と「自動介入」を明示していた。「朝鮮民主主義人民共和国と中華人民共和国間の友好協力および相互援助に関する条約」（一九六一年七月一一日調印）の第二条にも同条項が含まれている。二つの同盟条約がほぼ同時に採決された理由として、ハロルド・ヒントンは、平壌に対する中ソ間の競争を指摘する。Harold Hinton, "Chinese Policy toward Korea," in Yong C. Kim, ed., *Major Powers and Korea* (Silver Spring, Md.: Research Institute on Korean Affairs, 1973), pp. 15–30. ただし、中朝条約が事実上「無期限」であったのに対して、ソ朝条約は一〇年ごとに更新することにした点において、二つの条約には大きな格差があった。ソ連を受け継いだロシアは一九九九年、ソ朝条約を更新しないと北朝鮮に通告し、同条約を破棄した。

(60) 米韓相互防衛条約に「自動介入」条項が含まれなかった経緯については、『韓国の安全保障に影響を与える諸条約および協定の検討・分析、一九六六年』（韓国外交文書：七四三・五、六三五六）、Yong Kyun Kim, "The Mutual Defense Treaty of 1953 with the United States: With an Appraisal on the Possibility of a Pacific NATO," *The Journal of East Asian Affairs* (Fall/Winter, 1982), pp. 326–328; William E. Berry, "The Political and Military Roles of U.S. Forces in Korea: Past, Present, and Future," in Tae-Hwan Kwak and Thomas L. Wilborn, eds., *The U.S.-ROK Alliance in Transition* (Seoul: Kyungnam Univ. Press, 1996), p. 198 等々を参照。

(61) 在韓米軍の「トリップワイヤー」の役割に対する批判的な見解としては、Doug Bandow, *Tripwire: Korea and U.S. Foreign Policy in a Changed World* (Washington D.C.: CATO Institute, 1996) を参照。

(62) グレン・スナイダーは、攻撃行為がおこなわれれば大規模の報復を加えると脅す「懲罰による抑止」(deterrence by punishment) と、攻撃しても意図した目標を成し遂げられないとして相手を説得する「拒否による抑止」(deterrence by denial) とを区別する。Glenn H. Snyder, *Alliance Politics* (Ithaca, N.Y.: Cornell Univ. Press, 1997), pp. 14–16.

(63) 朝鮮戦争以来、中国は予想される米国の三つの侵略方向、すなわち朝鮮半島と台湾海峡、インドシナ半島に隣接する地域を軍事力配備の重点地域と見なしてきた。毛利和子「冷戦と中国」山極晃編『東アジアと冷戦』（三嶺書房、一九九四年）、二六六～二八二頁。

(64)「周恩来外長在日内瓦会議上的発言」劉金質・楊准生主編『中国対朝鮮和韓国政策文献匯編』第二巻（北京：中国社会科学出版社、

一九九四年）、七二〇頁。

(65) 朝鮮戦争以後も北朝鮮に駐留していた中国人民志願軍は、一九五四年九月から漸次撤退しはじめ、一九五八年一〇月には完全撤退した。中国は一九五八年二月二〇日の撤退声明で、「かりに米国が停戦協定にそむいてふたたび戦争をしかけるようであり、またその際北朝鮮の人民と政府の要請があれば、中国は遅滞なく鴨緑江を越えるであろう」と強調した。「中国人民志願軍総部関于自朝鮮撤出全部志願軍的声明」『中国対朝鮮和韓国政策文献匯編』第三巻、九五一頁。

(66) 「外国軍撤退と平和的統一に関する北朝鮮政府声明（一九五八年二月五日）」神谷不二編集代表『朝鮮問題戦後資料』第二巻、六一〇頁。

(67) 社論「米軍侵略軍必須从南朝鮮撤退」『人民日報』一九五八年六月二五日。

(68) CINCU SARPAC Message No. 4146 to DA, Feb. 22, 1958, Declassified Documents Reference System（以下、*DDRS* と略記）, Library of Congress, Washington D.C. [...]. これに対して北朝鮮は一九五八年七月一一日に南日《ナムイル》外相名義の声明を通じて強く非難した。「韓国への核兵器・ミサイル導入に抗議する北朝鮮外相の声明」神谷不二編集代表『朝鮮問題戦後資料』第二巻、五二七～五二八頁。

(69) 韓国外務部『韓国外交四〇年』、一二二頁。平岩俊司は、中国が一九五八年に人民志願軍を完全に撤退させるに際して、台湾海峡の金門、馬祖などに対する砲撃を開始することで、中国軍撤退による朝鮮半島軍事バランスの崩れを相殺しようとした、と指摘する。平岩俊司「北朝鮮・中国関係の歴史的変遷とその構造――『唇歯の関係』の史的展開と変容」（慶應義塾大学博士号請求未公刊論文、二〇〇一年）、第一章を参照。

(70) バリー・ブザンによれば、国家安全保障戦略は軍備拡大のように自国の脆弱性を少なくするために個別国家が独自的におこなう政策である。それに対して、国際安全保障戦略は国家間関係を通じて脅威を減少させる外交政策の領域である。Barry Buzan, *People, States, and Fear: An Agenda for International Security Studies in the Post-cold War Era*, 2nd ed.（New York: Harvester Wheatsheaf, 1991）, ch. 9 を参照。

(71) Ralph Clough, *Deterrence and Defense in Korea: The Role of U.S. Forces*（Washington D.C.: Brooking Institution, 1974）, pp. 5–19〔桃井真訳『米国のアジア戦略と日本』（オリエント書房、一九七六年）〕.

(72) Joo Hong Nam, "US Forces in Korea: Their Role and Strategy," *Korea and World Affairs*, Vol. 11, No. 4（Summer 1987）, pp. 51–73 を参照。米国政府は、一九五〇年代末の時点で、在韓米軍一個師団の戦力を韓国軍三個師団からなる一個軍団の戦力に相当すると評価していた。Folder: 250/16 Operation Planning Files（59）COFF 31 Dec. 59, trf ORCEN Jan. 61 RETIRE USARC Jan 63 Perm, Box 22, Entry A1 258, RG 338.

（73）韓国国防部『国防白書　二〇〇四』（ソウル：二〇〇五年）、六〇～六一頁。

（74）在韓米軍規模に関する米国政府の立場は基本的に、韓国の力量の増大に反比例するものであった。Donald Macdonald, *U.S.-Korean Relations from Liberation to Self-Reliance: The Twenty-Year Record* (Boulder, Colorado: Westview Press, 1992), pp. 275–301.

（75）在韓米軍は朝鮮戦争以後、計四回にわたって削減された（一次削減：一九五三～五五年、二次削減：七〇～七一年、三次削減：七七～七八年、四次削減：九〇～九二年）。なお、二〇〇三年に三万七五〇〇人であった在韓米軍は二〇〇六年以後さらに段階的に削減され、二〇一〇年現在、二万八五〇〇人規模を維持している。

（76）ケネディ政権期における在韓米軍削減をめぐる論議については、馬相允「未完の計画――一九六〇年代前半における米行政部の在韓米軍撤収論議」慶南大学極東問題研究所『韓国と国際政治』第一九巻二号（ソウル：二〇〇三年夏）、村田晃嗣『大統領の挫折――カーター政権の在韓米軍撤退政策』（有斐閣、一九九七年）、五六～五八頁を参照。

（77）たとえば、一九六六年一一月に訪韓したリンドン・ジョンソンは朴正熙との首脳会談で、「ヴェトナム戦争の戦況がいくら悪化したとしても、在韓米軍には変化を加えない」と明言した。Memorandum of Conversation between President Johnson and President Park, Nov. 1, 1966, *FRUS*, 1964–68, Vol. XXIX: Part 1 Korea, p. 207.

（78）「二重の封じ込め」とは、非対称同盟の上位同盟国が敵対国を封じ込めるだけでなく、下位同盟国の攻撃的性向をも制御することを指す。実際、米国は冷戦期において共産主義勢力を封じ込めると同時に、意図せざる紛争に巻き込まれる事態を防ぐために、同盟国の独自行動をも制約してきた。ブルース・カミングスは、東北アジアにおけるこうした米国の二重の封じ込め政策が、日本を軸にしておこなわれたと指摘する。Bruce Cummings, *Parallax Visions: Making Sense of American-East Asian Relations at the End of Century* (Durham, NC: Duke Univ. Press, 1999), p. 130.

（79）「米韓相互防衛条約（一九五三年一〇月一日）」神谷不二編集代表『朝鮮問題戦後資料』第一巻、四六五頁。

（80）Victor D. Cha, *Alignment despite Antagonism: The United States-Korea-Japan Security Triangle* (Stanford: Stanford Univ. Press, 1999)〔倉田秀也訳『米日韓、反日を超えた提携』（有斐閣、二〇〇三年）〕.

（81）在韓米軍は指揮体制上、米太平洋軍司令部の直轄部隊である。韓国政府は一九五七年、国連軍司令部のソウル移転と米極東軍司令部の廃止に際して国連軍副司令官の座を強く求めたが、米国は「韓国は国連加盟国ではない」との理由で拒絶した。CINCUNC Tokyo Japan to Department of Army, Message No. FE 805425, Jun. 18, 1957, *DDRS*.

（82）菊池正人『板門店、統一への対話と対決』（中央公論社、一九八七年）、二五頁。

（83）「安定力」（スタビライザー）の辞書的意味は「あるものがある要因によって変動または変化するのを抑制して安定化させる装置や

力」であるが、国際政治学ではこれに代えて「バランサー」という用語もよく使われている。ハンス・モーゲンソーによれば、バランサーとは、恒久的な友敵関係を超えた「光輝ある孤立」(splendid isolation) の立場で権力闘争の帰趨を決定する調整者 (arbiter) である。すなわち、圧倒的な力をもって国際システム内における第三国の独占的支配を防ぎ、構成国家の存続を担保する役割を担う存在である。Hans J. Morgenthau, *Politics Among Nations: The Struggle for Power and Peace*, 4th ed. (New York: Alfred A. Knopf, 1966), pp. 175–178〔現代平和研究会訳『国際政治——権力と平和』(福村出版、一九八六年)〕.

(84) 「安定」(stability) の意味するものは、研究者によって異なる。カール・ドイチュとデイヴィッド・シンガーは、これを「いかなる国家も支配的にならず、国際システムを構成する大部分の国家が引き続き生存し、大規模な戦争が勃発しない確率」と定義した。Karl W. Deutsch and J. David Singer, "Multipolar Power System and International Stability," in James N. Rosenau, ed., *International Politics and Foreign Policy: A Reader in Research and Theory*, Rev. ed. (New York: Free Press, 1969), pp. 315–317. これに対して覇権安定論者は、勢力均衡ではなく、むしろ圧倒的な覇権国の存在こそが体制の安定維持に寄与すると主張する。F. K. Organski, *World Politics*, 2nd ed. (New York: Alfred A. Knopf, 1968).

(85) 北朝鮮が一九六八年に非武装地帯 (DMZ) 一帯などで起こした軍事挑発は七六一件にのぼる。"Report of the United Nations Command to the United Nations (1968)," Box H-35, NSC Institutional Files, Nixon Presidential Materials (以下、NPMと略記).

(86) テト攻勢に際して共産主義陣営は八万四〇〇〇人の兵力を動員し、四万五〇〇〇人を失ったといわれるが、北ヴェトナムはこれを「敵を守勢に追い込んだ偉大な勝利」と主張した。Philip B. Davidson, *Vietnam at War: The History 1946–1975* (New York: Oxford Univ. Press, 1988), p. 475.

(87) AmEmbassy Seoul to DOS, "North Korean Military Policy," Apr. 3, 1967, Box 1566, Central Foreign Policy Files, 1967–69, RG 59, p. 6.

(88) 金日成「現情勢とわが党の課業」『金日成著作選集』第四巻、三四三頁。

(89) たとえば、「革命的な大事変の準備のための国防力強化を」(「祖国統一を速める決意をもって」『労働新聞』一九六七年四月八日)、「革命的な大事変を主導的に迎えるために抗日パルチザンのように」(「朝鮮人民軍はわが党の革命的武装力である」『労働新聞』一九六七年一月三〇日)。

(90) 「南朝鮮革命を積極的に支援し、わが世代に必ず祖国統一を実現しよう」『勤労者』(平壌:一九六八年一月号)、一六~二四頁。

(91) 軍事優先の戦時経済体制への転換は、一九六六年一〇月に開かれた朝鮮労働党第二次代表者会議で、金日成が「人民経済の発展速度をやや調節しても、国防力の強化に力を注がなければならない」と主張し、決定された。『金日成著作選集』第四巻、三五四~三五七頁。

(92) 黄日鎬「六八年から推進された『第二の六・二五』作戦」『月刊中央』（ソウル：中央日報社、一九九三年四月）、六三一〜六四六頁。

(93) Emerson Chapin, "Success Story in South Korea," *Foreign Affairs*, Vol. 47, No. 3（April 1969）, pp. 566–568.

(94) この事件の詳細については、『対非正規戦史Ⅱ』（ソウル：国防軍史研究所、一九九八年）、五八頁を参照。北朝鮮は同事件について、「敵に甚大な打撃を与えながら宣伝工作を積極的に展開し、人民に多大な勝利の信心を与えた」と評した。『朝鮮中央年鑑一九六九』（平壌：朝鮮中央通信社、一九六九年）、三〇九頁。

(95) 「二個戦線戦争」について、金日成は、「わが国は山と川、河川が多く、海岸線が長い。山岳戦と夜間戦闘をよくおこない、また、大部隊と小部隊作戦、正規戦と遊撃戦を正しく配合すれば、たとえ最新軍事技術で足の指の爪まで武装した敵であってもいくらでも撃滅できる。去る祖国解放戦争の経験や、今日のヴェトナム戦争はこれを裏づける」と述べた。金日成「朝鮮労働党第五次大会における中央委員会事業叢話報告」『金日成著作選集』第五巻（平壌：朝鮮労働党出版社、一九七二年）、四七二〜四七三頁。

(96) 韓国側が統一革命党事件の首謀者であった金鍾泰《キムジョンテ》を一九六九年七月一〇日に処刑すると、朝鮮労働党政治委員会は全国追悼期間と宣布する一方、平壌電気機関車工場と海州師範大学をそれぞれ金鍾泰電気機関車工場、金鍾泰師範大学に改称した。『労働新聞』一九六九年七月一三日。

(97) たとえば、「わが党の革命伝統を継承発展しましょう」『労働新聞』一九六七年四月一二日、「抗日闘士らの革命精神を手本としましょう」『労働新聞』一九六七年四月二〇日。

(98) 一九六七年五月から開催された第一次および第二次中央委員会全員会議では、金日成と抗日パルチザン出身の軍部によって、いわゆる「甲山派」に対する大粛清が断行された。粛清された人びとの大部分が抗日パルチザンの民間出身として咸鏡道《ハムギョンド》出身であったために、「甲山派」と呼ばれた。徐大粛『北朝鮮指導者：金日成』（ソウル：清渓研究所、一九八八年）、七二〜七三頁、阿間高史「軍人派が牛耳る平壌政権」『世界週報』（一九六八年二月一三日）、二一〜二二頁。

(99) 駐韓米大使館は北朝鮮の軍事路線強化について、国内不満をそらす意図があると分析した。AmEmbassy Seoul to DOS, "North Korean Military Policy," Apr. 3, 1967, pp. 7–9.

(100) 中ソ紛争期における中ソ朝三角関係については、Chin O Chung（Chin-wi Chong）, *Pyongyang Between Peking and Moscow: North Korea's Involvement in the Sino-Soviet Dispute, 1958–1975*（University, AL: Univ. of Alabama Press, 1978）; idem, "North Korea's Relations with China," in Jae Kyu Park, Byung Chul Koh and Tae Hwan kwak, eds., *The Foreign Relations of North Korea: New Perspectives*（Boulder, Colo.: Westview Press, and Seoul: Kyungnam Univ. Press, 1987）, pp. 175–179; B. C. Koh, "North Korea: Profile of a Garrison State," *Prob-*

lems of Communism, Vol. 18, No. 1 (January/February 1969), pp. 22–27を参照。くわえて、ロシア側の史料を用いて中ソ朝北方三角関係を比較政治学の視点から捉えたものとして、下斗米伸夫『モスクワと金日成――冷戦の中の北朝鮮一九四五～一九六一年』（岩波書店、二〇〇六年）、Balazs Szalontai, *Kim Il Sung in the Khrushchev Era* (Washington D.C.: Woodrow Wilson Center Press, 2005) を参照。

（101） Document No. 19, "GDR Embassy to the DPRK Pyongyang, Jul. 29, 1968," James Person ed., *Limits of the "Lips and Teeth" Alliance: New Evidence on Sino-DPRK Relations, 1955–1984*, Document Reader #2 (March 2009), North Korea International Documentation Project（以下、*NKIDP* と略記）, Woodrow Wilson International Center, Washington D.C. [...];「内外情勢に関する金日成の見解（駐平壌ドイツ民主共和国大使館の電信、一九六八年八月二七日）」統一研究院編『ドイツ地域北韓機密文書集』（ソウル：ソンイン、二〇〇六年）、二三一～二三二頁。

（102） 一九六四年一〇月のフルシチョフ失脚についてはさしあたり、中西治「スターリン以後ソ連共産党の政治指導――一九五三～六四年フルシチョフ時代を中心にして」徳田教之・辻村明編『中ソ社会主義の政治動態』（アジア経済研究所、一九七四年）、六六～六七頁を参照。

（103） 同式典でソ連新指導部は、①重工業より消費財生産を優先する、②ソ連共産党第二〇回党大会におけるスターリン批判の有効性を再確認する、③平和共存路線を維持する、④部分的核実験禁止条約を維持する、などを明らかにした。しかし、中国にとってこうしたソ連の姿勢はフルシチョフ路線を踏襲するものにほかならなかった。鄭鎮渭『北方三角関係――北韓の対中・ソ関係を中心に』（ソウル：法文社、一九八五年）、一二四～一二五頁、毛沢東「ソ連修正主義との闘争（一九六二～六六年）」太田勝洪編訳『毛沢東外交路線を語る』（現代評論社、一九七五年）、一一一～一一九頁。

（104） 「フルシチョフはなぜ退陣したのか」『紅旗』一九六四年一一月二一日および Alan J. Day, ed., *China and the Soviet Union 1949–1984* (Harlow: Longman Group Limited, 1985), pp. 60–61.

（105） 北朝鮮は第四七回一〇月革命記念式典に金一《キムイル》第一副首相を派遣したが、ソ連側はフルシチョフ時代とは違って、北朝鮮の対米闘争路線や植民地民族解放運動を支持したという。朴テホ『朝鮮民主主義人民共和国対外関係史』第二巻（平壌：社会科学出版社、一九八七年）、一二一～一二三頁。

（106） 李鍾奭『北韓・中国関係　一九四五～二〇〇〇』（ソウル：図書出版中心、二〇〇〇年）、二三九頁。しかし、中国側の公式文献は、この会合で中朝首脳は相当な意見接近を見たと記述している。呉冷西『十年論戦　一九五六～一九六六　中蘇関係回憶録』下巻（北京：中央文献出版社、一九九九年）、八七八～八八〇頁。

（107） Day, ed., *China and the Soviet Union 1949–1984*, p. 62.

(108) その後、韓国では、一九六五年一月八日にヴェトナム派遣に対する国会承認がおこなわれ、二月には非戦闘員第一陣がサイゴンに到着し、九月からは戦闘員が派兵されることになる。

(109) 北朝鮮は一九六五年五月二〇日に開催された最高人民会議第三期四次会議を通じて、「ヴェトナムに対する侵略行為は直接朝鮮人民に対する侵略と見なす」と警告した。さらに、同年七月八日に韓国軍一個師団の増派が発表されると、「増派される南朝鮮軍の兵力数に相当するヴェトナム解放軍を武装するに必要な武器と装備を北ヴェトナムに提供するほか、北ヴェトナム政府が要求すればいつでも志願兵を派遣する」と公言した。北ヴェトナムに対する北朝鮮の空軍支援については、Joint State/Defense Message, "North Korean Pilots in North Vietnam, Sep. 8, 1967," and "Excerpts from Briefing," Sep. 19, 1967, Box 1566, Central Foreign Policy Files, 1967–69, RG 59; 高英煥『平壌二五時』（ソウル：コリョウォン、一九九二年）、一七七頁。

(110) それゆえ、当時北朝鮮の対南姿勢に対する北ヴェトナムの反応はきわめて冷淡であった。平壌駐在の北ヴェトナム外交官らは、「北朝鮮は南朝鮮革命を進める能力も意欲もないのに、騒ぎ立てている。彼らはわれわれの闘争に便乗し革命勢力としての名声を得ようとする」という見解を示した。Bernd Schäfer, "North Korean Adventurism and China's Long Shadow, 1966–1972," Cold War International History Project（以下、*CWIHP* と略記）Working Paper Series #44 (October 2004), Woodrow Wilson International Center, Washington D.C. [...], p. 12.

(111) 文革期における中国の外交については、岡部達味『中国の対外戦略』（東京大学出版会、二〇〇二年）、一四八～一五五頁、太田勝洪「アジア近接諸国との関係」岡部達味ほか編『岩波講座現代中国――中国をめぐる国際環境』第六巻（岩波書店、一九九〇年）、二一八～二一九頁を参照。

(112) Schäfer, "North Korean Adventurism and China's Long Shadow, 1966–1972," pp. 6–7;「朝鮮労働党代表者会議（一九六六年一〇月五日～一二日）に関する情報（ベルリン、一九六六年一二月七日）」統一研究院編『ドイツ地域北韓機密文書集』、一八四頁。

(113) 「現情勢とわが党の課業」『金日成著作選集』第四巻。一九六六年七月以降、中国は、ヴェトナム問題に関して北朝鮮と歩調を合わせていた宮本顕治など日本共産党指導部をも「修正主義者」と批判しはじめた。赤旗編集局編『中国覇権主義とのたたかい』（新日本出版社、一九九二年）を参照。

(114) 一九六六年八月一日から一二日にかけて開催された八期一一中全会では、文革を掲げた毛沢東の奪権と劉少奇《リウシャオチー》の粛清がおこなわれたが、劉の粛清は中朝関係の変質を象徴していた。すなわち、これは一九六三年、劉少奇と崔庸健《チェヨンゴン》朝鮮労働党副委員長との相互訪問の際に合意された「互いの社会主義路線の選択権を認め合う」原則が覆されることを意味した。平岩俊司「北朝鮮・中国関係の歴史的変遷とその構造」、一二〇～一二二頁。

(115)『金日成著作選集』第四巻、三四六～三四七頁。

(116)そして、その直後の一九六七年五月に開かれた朝鮮労働党中央委員会第四期第一五回会議では、金日成を中心とする唯一思想体系の確立が決定された。社会科学院歴史研究所『朝鮮全史』第二八巻（平壌：科学百科事典出版社、一九八一年）、二八～二九頁。

(117)劉金質・張敏秋・張小明『当代中韓関係』（北京：中国社会科学出版社、一九九八年）、四二～四三頁。

(118)Document No. 15, GDR Embassy Pyongyang, "Conversation with the Acting Ambassador of the People's Republic of Poland Comrade Pudisz, Oct. 9, 1967," *Limits of the "Lips and Teeth" Alliance, NKIDP*.

(119)この過程で延辺朝鮮族自治州政府主席の朱徳海《チュードゥーハイ》が紅衛兵によって「地方民族主義の金持ち」として追放され、結局死亡した。

(120)Schäfer, "North Korean Adventurism and China's Long Shadow, 1966–1972," pp. 10–11, and 27.

(121)Special National Intelligence Estimate No. 13–69, "Communist China and Asia," Mar. 6, 1969, CH00067, *NSA*, p. 11.

(122)Bernd Schäfer, "Weathering the Sino-Soviet Conflict: The GDR and North Korea, 1949–1989," *New Evidence on North Korea, CWIHP* Bulletin, Issue 14/15 (December 2005), p. 31.

(123)ソ連側の史料によれば、プエブロ号事件の後、金日成は平壌疎開を含む戦争準備を本格化する一方、「ソ朝友好協力相互援助条約」上の「自動介入」条項を根拠にしてソ連側に支援を要請した。しかし、レオニード・ブレジネフ率いるソ連指導部は、この条項は防衛目的に限るとして拒否した。"Russian State Archive of Recent History, 04/09/1968," Collection: North Korea in the Cold War, USS Pueblo Crisis, *CWIHP* および、Sergey S. Radchenko, "The Soviet Union and the North Korean Seizure of the USS Pueblo: Evidence from Russian Archives," *CWIHP* Working Paper Series #47 (March 2005) を参照。

(124)当時の米国政府はまさにこの点を指摘し、北朝鮮による全面戦争の可能性を排除していた。"Special National Intelligence Estimate," Sep. 21, 1967, *FRUS*, 1964–68, Vol. XXIX: Part 1 Korea, pp. 282–283.

(125)Tae-Gyun Park, "Beyond the Myth: Reassessing the Security Crisis on the Korean Peninsula during the Mid-1960s," *Pacific Affairs*, Vol. 82, No. 1 (Spring 2009), pp. 93–110.

(126)Memorandum from Cyrus R. Vance to President Johnson, Feb. 20, 1968, *FRUS*, 1964–68, Vol. XXIX: Part 1 Korea, p. 386.

(127)趙甲済「近代化革命家朴正煕」『朝鮮日報』二〇〇〇年一月八日。

(128)朴泰均は、朴正煕政権が米国からさらなる軍事援助を引き出すために意図的に危機を拡大した可能性を指摘した（Tae-Gyun Park, "Beyond the Myth," p. 108）。たしかに、朴政権は朝鮮半島における緊張の拡大を利用しつつ、また韓国軍のヴェトナム派兵を強調することで、米国に最新武器の提供などを求め続けた。しかし、朴政権の対北朝鮮報復措置はややもすれば全面戦争につながりかねない危険きわまりない予備戦争行動であって、これを対米交渉の文脈のみで理解することは困難であろう。

(129) 北朝鮮第一二四部隊（現第八特殊軍団）所属のゲリラ三一人を鎮圧するため、韓国軍のべ二万人が投入された。陸軍本部『主要対浸透作戦』（ソウル：一九八七年）、三四頁、対間諜対策本部『対非正規戦教訓』第一集（ソウル：一九八〇年）、一九三頁。北朝鮮側は、「南朝鮮の愛国的武装遊撃隊」によるものと主張し、射殺された二八人の遺体引き受けを拒否した。『労働新聞』一九六八年一月二三〜二八日。

(130) 李祥雨『米国なのか、米帝なのか』（ソウル：中原文化、一九八七年）、三三〇〜三三二頁。

(131) ただし、この事件はホワイトハウス・レヴェルでは議論されなかったが、国防総省は事件直後に沖縄基地から数機のF-105戦闘爆撃機を韓国に展開させるなど、軍事処置を取った。同爆撃機は核警戒任務用であり、核爆弾を搭載していた。「プエブロ号の拉致経緯——米上院軍事委日公開聴聞会記録」『新東亜』第四八号（ソウル：一九六八年八月）、八三頁を参照。

(132) ソ連側の史料によれば、金正日が同事件を陣頭指揮したという。ワシーリー・A・ペトロフ／アレクサンドル・D・スターソフ（下斗米伸夫・金成浩訳）『金正日に悩まされるロシア——将軍様の権力』（草思社、二〇〇四年）、一二〇頁。

(133) 軍事措置については事件直後から議論され、一月二九日にひとつの文書にまとめられた。Report on Meeting of the Advisory Group, Jan. 29, 1968, *FRUS*, 1964–68, Vol. XXIX: Part 1 Korea, pp. 556–559. ＮＳＣを中心にしておこなわれた米国政府の対応については、Korean Crisis Files, 1968（Pueblo）, Political & Defense［…］, Subject Numeric Files（以下、SNと略記）1967–69, RG 59; U.S. House, Committee on Armed Services, Special Subcommittee on the U.S.S. Pueblo, *Inquiry into the U.S.S. Pueblo and EC-121 Plane Incident*, 91st Cong. 1st Session, Jul. 28, 1969（Washington D.C.: USGPO, 1969）等々を参照。また、以上の史料を用いて米国の政策決定過程などを捉えた研究としては、洪錫律「一九六八年プエブロ事件と南韓・北韓・米国の三角関係」韓国史研究会『韓国史研究』一一三号（ソウル：二〇〇一年六月）、文正仁・染性喆「韓米安保関係の再照明——プエブロ号事件の危機および同盟管理事例を中心にして」金徳重ほか編『韓米関係の再照明』（ソウル：極東問題研究所、一九八八年）、Mitchell B. Lerner, *The Pueblo Incident: A Spy Ship and the Failure of American Foreign Policy*（Lawrence, Kan.: The Univ. Press of Kansas, 2002）等々がある。

(134) Notes of Meeting, Jan. 29, 1968, *FRUS*, 1964–68, Vol. XXIX: Part 1 Korea, p. 560.

(135) "Address by President Johnson, Jan. 26, 1968," *Department of State Bulletin*, Vol. 58, No. 1404（Feb. 12, 1968）p. 189. 東欧側の史料にもとづいた研究によれば、「一・二一事態」とプエブロ号事件は深く連動されていた。すなわち、北朝鮮は「一・二一事態」に対する国際社会の非難をそらすためにプエブロ号を拿捕し危機を拡大させたという。Schäfer, "North Korean Adventurism and China's Long Shadow, 1966–1972," pp. 19–24; Mitchell B. Lerner, "A Dangerous Miscalculation: New Evidence from Communist-Bloc Archives about

North Korea and the Crisis of 1968," *Journal of Cold War History*, Vol. 6, No. 1 (Winter 2004), pp. 3–21.

（136）国務次官のニコラス・カッツェンバックや、同年三月一日から国防長官となるクラーク・クリフォードは、軍事行動に対してきわめて懐疑的であった。クリフォードは、「乗務員八三人のために朝鮮戦争を再開することは無謀である」と主張した。Notes of Meeting, Jan. 25, 1968, *FRUS*, 1964–68, Vol. XXIX: Part 1 Korea, pp. 505–513.

（137）金溶植『希望と挑戦——金溶植外交回顧録』（ソウル：東亜日報社、一九八七年）、一六五～一六七頁。

（138）米国政府は最初ソ連側にリンドン・ジョンソンの書簡を送り協力を要請したが、拒否された。日本も米国の要請を受けて、東ヨーロッパ駐在の大使館を通じて北朝鮮との接触を図った。Chae-Jin Lee and Hideo Sato, *U.S. Policy toward Japan and Korea: A Changing Influence Relationship* (New York: Praeger, 1982), p. 44.

（139）米国の遺憾表明にもかかわらず、北朝鮮は監禁中の乗務員らの「自白」を根拠に米国側の「謝罪」を求め、会談を長期化させる姿勢を見せた。CIA Weekly Summary, Feb. 9, 1968, No. 0006/68, CIA Records Search Tool（以下、*CREST* と略記）, National Archives and Records Administration, College Park, Maryland; "Honolulu Meeting with President Park Chung Hee, Apr. 1968," undated, *DDRS*.

（140）北朝鮮は二月七日の第四次会談で、同会談を両政府間の「公式会談」（formal or official meeting）と規定し、米国側もそれを了解した。洪錫律「一九六八年プエブロ事件と南韓・北韓・米国の三角関係」、一九三頁。

（141）プエブロ号が北朝鮮領海を侵犯したか否かについてはいまだに判然としない。北朝鮮は拿捕当時同艦が北朝鮮海域内の七・一マイル地点にあったと主張したのに対し、米国側は元山港の外島である雄島から一・五マイル離れた国際共有海域にあったと反駁した。しかし、事件直後に開かれた対策会議で、ロバート・マクナマラ国防長官は北朝鮮領海侵犯の可能性を否定しなかった。"Notes of Meeting," Jan. 24, 1968, *FRUS*, 1964–68, Vol. XXIX: Part 1 Korea, p. 486.

（142）米国が北朝鮮側に謝罪したうえで人質を送還させたことは以前にもあった。一九六三年五月にＤＭＺ周辺を哨戒飛行中であった米軍ヘリが撃墜され、乗務員二人が抑留された。ジョンソン政権は当初あらゆる対北制裁処置を講じたが、結局、領空侵犯を認め再発防止を約束する証書を北朝鮮側に提出した。ただし、この事件はプエブロ号事件とは違って、停戦協定の範囲内で処理された。この事件の概要については、文淳寶「ジョンソン・カーター行政部の対北政策比較と現在的含意」世宗研究所『世宗政策研究』第六巻一号（ソウル：二〇一〇年一月）、一八一～一八四頁を参照。くわえて、北朝鮮は最近、対米融和措置の一環としてプエブロ号の返還交渉に応じる用意をも示している。『東亜日報』二〇〇九年一〇月二三日。

（143）Chuk Downs, *Over the Line: North Korea's Negotiating Strategy*（Washington D.C.: AEI Press, 1999）, pp. 122–141.

（144）Robert J. Donovan, *Nemesis: Truman and Johnson in the Coils of War in Asia*, 1st ed.（New York: St. Martin's Press, 1984）, p. 136.

(145) 朴政権は「一・二一事態」に対する報復を加える目的で、一九六八年四月に特殊部隊である空軍二三二五戦隊二〇九派遣隊（通称「六八四部隊」）を創設した。北と同じ三一名の隊員からなる同部隊は、仁川近くの実尾島《シルミド》で訓練を重ね、金日成暗殺の日を待った。しかし、その後の情勢変化によって同計画が撤回されると、一九七一年八月二三日に同部隊の隊員らが反乱を起こした。隊員らは大統領との直談判のために青瓦台へ向かったが、途中で戦闘となってソウル市内で自爆し、生き残った四人も死刑に処せられた。この「実尾島事件」は長く隠蔽されてきたが、韓国国防部は同事件から三四年後の二〇〇五年に遺族に対して死亡通知書を送った。Telegram 5161 from Seoul, "Aftermath of Inchon-Seoul Shooting Incident," Aug. 25, 1971, Box 2426, SN 1970–73, RG 59.

(146) Telegram from the Embassy in Korea to the Department of State, Jan. 24, 1968, *FRUS*, 1964–68, Vol. XXIX: Part 1 Korea, p. 312.

(147) 趙甲済「近代化革命家朴正熙」『朝鮮日報』二〇〇〇年一月一〇日。

(148) Letter from the Ambassador to Korea（Porter）to the Assistant Secretary of State for East Asian and Pacific Affairs（Bundy）, Feb. 27, 1968, *FRUS*, 1964–68, Vol. XXIX: Part 1 Korea, pp. 392–395. 実際、朴正熙はそれから一年後に米言論人とのインタヴューで、「一・二一事態の際に北朝鮮を攻撃してはならないという米国側の要請を受け入れたが、適切な報復措置を取ったとしても戦争は起こらなかっただろう」と述べた。『朝鮮日報』一九七〇年二月一四日。

(149) Telegram from the Commander in Chief, United Nations Command, and Commander of United States, Korea（Bonesteel）to the Commander in Chief, Pacific（Sharp）, Jan. 23, 1968, *FRUS*, 1964–68, Vol. XXIX: Part 1 Korea, pp. 463–464; 李祥雨『米国なのか、米帝なのか』、三三〇～三三二頁。

(150) ソウル大学韓米関係研究会編『プレイザー報告書』（ソウル：実践文学社、一九八六年）、五六頁。

(151) *New York Times*, Feb. 2, 1968;『朝日新聞』一九六九年二月六日。

(152) 大韓民国国会事務所編『国会史：第七代国会』（ソウル：一九七六年）、一七九～一八一頁。

(153) 染興模「韓国事態と米国の対亜政策」『新東亜』第四三号（ソウル：一九六八年三月）、一一五～一一七頁。

(154) Telegram from the Embassy in Korea to Department of State, Feb. 10, 1968, *FRUS*, 1964–68, Vol. XXIX: Part 1 Korea, pp. 360–361.

(155) Telegram from the Department of State to Embassy in Korea, Feb. 4, 1968, *FRUS*, 1964–68, Vol. XXIX: Part 1 Korea, pp. 322–323.

(156) *New York Times*, Feb. 16, 1968. 米韓会談の全般的な経過については、李祥雨『第三共和国秘史』（ソウル：朝鮮日報社、一九八四年）、三三一～三三四頁を参照。

(157) 韓国側は、同条約の第二条および第三条に規定されている「外部からの武力攻撃」に、北朝鮮によるゲリラ戦をも含めるよう要求した。さらに、「外部からの武力攻撃」に対する「米国の憲法上の手続きによる出兵」の条項を、NATO条約第五条に明記されている「即時出兵」に変更することを求めた。『朝鮮日報』一九六八年二月一三日。

(158) 一九六六年三月にウィンスロップ・ブラウン駐韓米大使が韓国のヴェトナム派兵への「補償」(対韓軍事・経済援助、対韓防衛コミットメントなど) として、三次にわたって李東元《リドンウォン》外務長官に手渡した覚書を指す。Se Jin Kim, "South Korea's Involvement in Vietnam and its Economic and Political Impact," *Asian Survey,* Vol. 10, No. 6 (June 1970), pp. 528–532. 全文は、安保統一問題調査研究所編『安保統一問題基本資料集』(ソウル:東亜日報社、一九七一年)、一五〇〜一五四頁。

(159) Notes of the President's Meeting with Cyrus R. Vance, *FRUS,* 1964–68, Vol. XXIX: Part 1 Korea, pp. 378–379.

(160) 『朝日新聞』一九六八年二月一三日。くわえて、金炯旭・朴思越『金炯旭回顧録 (第二部:韓国中央情報部)』(ソウル:アッチム、一九八五年)、二二七頁を参照。

(161) 米韓共同声明の全文は、Research Center for Peace and Unification, ed., *Documents on Korean-American Relations 1943–1976* (Seoul: Samhwa Print Co., 1976), p. 350 を参照。サイラス・ヴァンス離韓後、韓国政府は、米軍の「自動介入」を保障するコミットメントを正式に求めるが、米国政府はそれを拒絶した。Memorandum of Conversation: Kim Dong-Jo and the Secretary, "Amplification of the US-ROK Mutual Defense Treaty," Mar. 7, 1971; AmEmbassy Seoul to DOS, "ROKG Aide-Memoire on Defense Guarantees," Mar. 12, 1968, Box 1567, Central Foreign Policy Files, 1967–69, RG 59 および、金東祚『冷戦時代のわが外交』(ソウル:文化日報社、二〇〇〇年)、二三二〜二三四頁。

(162) M-16小銃の国産化問題はその後も米韓間の重要懸案のひとつであり続けた。この件は一九七〇年一一月、米韓間の兵器廠建設借款協定、米COLT社との技術用役協定が締結され、決着された。それまで韓国軍の個人火器は第二次世界大戦以来のM-1小銃であった。

(163) 金溶植『希望と挑戦』、三五一〜三五三頁。

(164) 具体的に朴正熙は、五〇〇〇人の予備軍と六〇〇〇人規模の戦闘部隊を追加的に派兵する可能性を打診した。"Notes on Conversation with President Park of Korea," Dec. 26, 1967, Box 12, Subject Files of the Assistant Secretary of State for East Asian and Pacific Affairs, 1961–73, LOT Files [...], RG 59.

(165) Summary of Conversation between President Johnson and President Pak, Honolulu, Apr. 17, 1968, *FRUS,* 1964–68, Vol. XXIX: Part 1 Korea, pp. 419–420.

(166) *Ibid.,* pp. 420–421.

(167) Stephen M. Walt, "Why Alliances Endure or Collapse," *Survival,* Vol. 39, No. 1 (Spring 1997), pp. 158–164.

(168) Clough, *East Asia and U.S. Security*, p. 26.

(169) "U.S. Objectives and Major Problems in East Asia," Nov. 2, 1968, JU01011, *NSA*. 国務省が作成した同報告書は、対中関係改善と同盟国の役割分担の可能性を提示し、ニクソン・ドクトリンとほぼ類似した政策志向性を見せていた。ニクソンも一九六七年、今後米国の世界警察としての役割が制限されるべきであると主張した。Richard Nixon, "Asia after Viet Nam," *Foreign Affairs,* Vol. 46, No. 1（October 1967), p. 114〔熊谷晶子訳「ヴェトナム後のアジア」フォーリン・アフェアーズ・ジャパン編『フォーリン・アフェアーズ傑作選 1922–1999――アメリカとアジアの出会い』上巻（朝日新聞社、二〇〇一年)〕.

(170) Memorandum from the Under Secretary of State（Katzenbach）to President Johnson, Mar. 7, 1968, *FRUS,* 1964–68, Vol. XXIX: Part 1 Korea, pp. 399–402.

(171) Paper Prepared by Policy Planning Council of the Department of State, "U.S. Policy toward Korea," June 15, 1968, *FRUS,* 1964–68, Vol. XXIX: Part 1, Korea, pp. 433–435.

(172) Memorandum for the Record: SIG Meeting on Korea, Mar. 7, 1968, *DDRS.*

(173) 当時米国政府の会計年度（Fiscal Year）は、七月一日から翌年六月三〇日までであった。一九七〇会計年度は、一九六九年七月一日から一九七〇年六月三〇日までに相当する。

(174) "U.S. Policy toward Korea," Jun. 15, 1968,, *FRUS,* 1964–68, Vol. XXIX: Part 1, Korea, p. 435. ただし、ＦＲＵＳには、一九七五会計年度における「核兵器の撤去」という文句が「秘密不解除」とされたが、筆者が二〇〇五年八月に所収先の Senior Interdepartmental Group Files: Lot 70 D 263, RG 59 から確認した原史料には、この部分が含まれている。

(175) Special National Intelligence Estimate, "The Likelihood of Major Hostilities in Korea," May 16, 1968, *FRUS,* 1964–68, Vol. XXIX: Part 1 Korea, pp. 427–432.

(176) "U.S. Policy toward Korea," Jun. 15, 1968,, *FRUS,* 1964–68, Vol. XXIX: Part 1 Korea, p. 436.

(177) Memorandum from the Under Secretary of State（Katzenbach）to President Johnson, Dec. 23, 1968, "Review of United States Policy Toward Korea: Status Report," *FRUS,* 1964–68, Vol. XXIX: Part 1 Korea, pp. 455–458.

(178) 日本でデタント研究の先駆をなした岡崎久彦によれば、デタントとはフランス語で、ピンと張った糸のような緊張状態が弛むことを指す。岡崎久彦『緊張緩和外交』（日本国際問題研究所、一九七一年)、九七頁。

（1）当時の米国防総省の評価によれば、一九六六年に二五五基であったソ連の大陸間弾道ミサイル（ＩＣＢＭ）は、一九六八年には八九六基に三倍以上も増えた。Statement of Secretary of Defense Clark M. Clifford, The FY 1970–74 Defense Program and 1970 Defense Budget, Jan. 13, 1969, *DDRS*.

（2）国際政治学において「勢力均衡」はさまざまな意味で使われているが、本書では、その政策的な側面を重視する。すなわち、ここでの勢力均衡は、ある国家の外交指針として、力の分布構造に変化を加えうる国家または国家群の出現を防止する政策手段を指す。田中明彦『世界システム』（東京大学出版会、一九九〇年）、六六～七二頁、Michael Sheehan, *The Balance of Power: History and Theory* (London and New York: Routledge, 1996), pp. 1–23. 実際、ニクソンとキッシンジャーにとって勢力均衡は、敵対国に対する「戦略」として位置づけられていた。Mary Kaldor, Gerard Holden and Richard Falk, eds., *The New Detente: Rethinking East-West Relations* (London: Verso, 1989), pp. 121–128.

（3）Robert D. Schulzinger, "Complaints, Self-Justifications, and Analysis: The Historigraphy of American Foreign Relations since 1969," in Michael J. Hogan, ed., *America in the World: The Historigraphy of American Foreign Relations since 1941* (New York: Cambridge Univ. Press, 1995), pp. 395–408〔林義勝訳『アメリカ大国への道――学説史から見た対外政策』（彩流社、二〇〇五年）〕.

（4）John Lewis Gaddis, *Strategies of Containment: A Critical Appraisal of Postwar American National Security Policy* (New York: Oxford Univ. Press, 1982), p. 279.

（5）ジョージ・ケナンは、世界の五大工業地域として、米国、ソ連、ライン地域、英国、そして日本をあげた（ケナンとキッシンジャーの考え方の比較については、*ibid.*, pp. 280–283 を参照）。これに対して、ニクソンは、歴史上平和がもっとも長く維持されたのは勢力均衡が保たれたときであったと前置きし、「われわれが互いに牽制しうる強力で健全な、米国、欧州、ソ連、中国、そして日本を持つとき、世界をより安定させることができる」と述べた。"Kansas City Speech, Jul. 6, 1971," *Public Papers of the Presidents of the United States: Richard Nixon 1971* (Washington D.C.: USGPO, 1972), p. 806.

（6）ニクソン政権にとって重要なのは、それまでの支配（domination）から指導力（leadership）の発揮を重視するにあたり、いかにしてこうした変化を統括するかにあった、とキッシンジャーは述懐した。Henry Kissinger, *Years of Renewal* (New York: Simon & Schuster, 1999), p. 93.

（7）Coral Bell, *The Diplomacy of Detente: The Kissinger Era* (New York: St. Martin's Press, 1977), pp. 1–19.

（8）ゴードン・A・クレイグ／アレキサンダー・L・ジョージ（木村修三ほか訳）『軍事力と現代外交』（有斐閣、二〇〇五年）、一三二頁。

(9) Walter LaFeber, *The American Age*, 1st ed. (New York: W.W. Norton, 1989), p. 638〔久保文明ほか訳『アメリカの時代――戦後史のなかのアメリカ政治と外交』(芦書房、一九九二年)〕. ニクソン政権にとってソ連問題は、単なる軍事的競争ではなく、新しい超大国をいかに管理するかという長期的課題であった。John Spanier, *American Foreign Policy since World War II*, 12th ed. (Washington D.C.: Congressional Quarterly Inc., 1992), pp. 185–193; Walter Lafeber, *America, Russia, and the Cold War, 1945–1996*, 8th ed. (New York: McGraw-Hill Companies, 1997), p. 259.

(10) リンドン・ジョンソンが一九六五年四月七日にジョンズ・ホプキンズ大学でおこなった演説を参照。ここでジョンソンは、アジアにおけるすべての民族解放戦争は中国によって計画・指示されていると主張した。"Pattern for Peace in Southeast Asia, addressed by President Johnson," *Department of State Bulletin*, Vol. 52 (April 26, 1965), pp. 607–608. この時期、米国務省の実務レヴェルでは対中政策の見直し作業がおこなわれたが、ディーン・ラスク国務長官の硬直した中国観によってうやむやになったという。Yukinori Komine, *Secrecy in US Foreign Policy: Nixon, Kissinger and Rapprochement with China* (Aldershot, Hampshire: Ashgate Publishing Limited, 2008), p. 21.

(11) NSSM-106: United States China Policy (First SRG Draft), Feb. 16, 1971, CH 00202, *NSA*, pp. 9–13, and 21–22.

(12) キッシンジャーは米国の対中接近をこのような勢力均衡論で正当化した。たとえば、Henry Kissinger, *White House Years* (Boston: Little Brown, 1979), pp. 165, and 192〔斉藤彌三郎ほか訳『キッシンジャー秘録』全五巻(小学館、一九七九～八〇年)〕; idem, *Diplomacy* (New York: Simon & Schuster, 1994), pp. 722–723〔岡崎久彦監訳『外交』上・下巻(日本経済新聞社、一九九六年)〕. なお、西川吉光『現代国際関係史Ⅱ――デタントの時代』(晃洋書房、二〇〇一年)、一三頁、Gaddis, *Strategies of Containment*, pp. 279–292, and 295–298も参照。

(13) Zbigniew Brzezinski, "U.S. Foreign Policy: The Search for Focus," *Foreign Affairs*, Vol. 51, No. 4 (July 1973), pp. 708–727. 一九世紀のヨーロッパにおけるウィーン体制とビスマルク体制の勢力均衡については、Kissinger, *Diplomacy*, pp. 703–731; idem, *American Foreign Policy* (New York: Norton, 1969), pp. 57–59; Frederick H. Hartmann, *The Relations of Nations*, 4th ed. (New York: Macmillan), p. 361.

(14) キッシンジャーはリンケージの下位分類として、外交交渉において二つの別個の目的を意識的に結びつけ、一方を他方のテコとして利用する「議題間のリンケージ」と、相互依存世界の現実にもとづきひとつの大国の行動が地域を越えて広く影響を及ぼす「一国の諸般行動間のリンケージ」とを区別した。Kissinger, *White House Years*, pp. 135–137; idem, *Diplomacy*, pp. 70–71; Raymond L. Garthoff, *Détente and Confrontation: American-Soviet Relations from Nixon to Regan*, Rev. ed. (Washington D.C.: Brookings Institution, 1994), pp. 248–262.

(15) Robert S. Litwak, *Détente and the Nixon Doctrine: American Foreign Policy and the Pursuit of Stability, 1969–1976*（Cambridge: Cambridge Univ. Press, 1984）, p. 123.

(16) とりわけニクソン政権はソ連と中国、ヴェトナム問題をリンケージさせようとした。Richard M. Nixon, *RN: The Memoirs of Richard Nixon*（New York: Grosset and Dunlap, 1978）, pp. 346–349〔松尾文夫・斎田一路訳『ニクソン回顧録』全三巻（小学館、一九七八〜七九年）〕.

(17) Litwak, *Détente and the Nixon Doctrine,* pp. 126–129; Warren I. Cohen, *The Cambridge History of American Foreign Relations, Vol. IV: America in the Age of Soviet Power, 1945–1991*（New York: Cambridge Univ. Press, 1993）, pp. 163–182, and 191–194.

(18) NSSM-3: U.S. Military Posture and the Balance of Power, Jan. 21, 1969, Box 365, National Security Council Files（以下、NSC Files と略記）, NPM.

(19) Memorandum for the President from Kissinger, "Criteria for Strategic Sufficiency," Jun. 23, 1969, Box H-210, NSC Institutional Files, NPM.

(20) Memorandum for the Vice President, Attachment: Review of U.S. Strategic Posture（NSSM-3）, Jun. 5, 1969, Box 1, Entry 10, RG 273. こうした選択的な報復戦略構想は、後に「目標設定構想」（targeting doctrine）あるいは「柔軟反応」（flexible response）戦略の採用というかたちでより明確化する。Michael Charlton, *From Deterrence to Defense: The Inside Story of Strategic Policy*（Cambridge, Mass.: Harvard Univ. Press, 1987）, pp. 29–49; 山田浩『核抑止戦略の歴史と理論』（法律文化社、一九七九年）、二〇六〜二一〇頁を参照。

(21) Background Information and Talking Points in Preparation for President Nixon's West European Trip with regard to the Future of NATO, Enclosure（1）Current NATO Defense Matters, Feb. 12, 1969, *DDRS.*

(22) 西ヨーロッパ諸国は、通常戦力の増強が核競争を激化させるだけでなく、財政の逼迫によって国内的反発を惹起することを懸念した。Terry Terriff, *The Nixon Administration and the Making of U.S. Nuclear Strategy*（Ithaca, N.Y.: Cornell Univ. Press, 1995）を参照。

(23) 米国が対ソ戦略上でおこなったヨーロッパ政策については、Garthoff, *Détente and Confrontation,* pp. 69–121, and 289–318 を参照。

(24) Melvin R. Laird, "A Strong Start in a Difficult Decade: Defense Policy in the Nixon-Ford Years," *International Security,* Vol. 10, No. 2（Fall 1985）, pp. 18–19.

(25) "Informal Remarks in Guam with Newsman," Jul. 25, 1969, *Public Papers of the Presidents of the United States: Richard Nixon, 1969*（Washington D.C.: USGPO, 1970）, p. 546.「グアム・ドクトリン」と命名された同宣言は、アポロ一一号の月着陸成功を歓迎するためのアジア歴訪に同行した記者団に対して、ニクソンがおこなった即興的な答弁であった。これに先立って、キッシンジャーは同年七月一八日、「法的な義務よりも米国の役割と全般的な安全保障の観点から引き続き介入するが、全資源を提供することはできない」

と同宣言の概要を切り出した。Kissinger, *White House Years,* p. 223.

(26) Tad Szulc, *Illusions of Peace: Foreign Policy in the Nixon Years* (New York: The Viking Press, 1978), pp. 125–127.

(27) John H. Holdridge, *Crossing the Divide: An Insider's Account of the Normalization of US-China Relations* (Lanham, Md.: Rowman & Littlefield Publishers, 1997), p. 31.

(28) Walter LaFeber, *The Clash: U.S.-Japanese Relations Throughout History* (New York: W.W. Norton & Company, 1997), p. 280.

(29) Memorandum for the President's File from Henry A. Kissinger, Subject: The President's Private Meeting with British Prime Minister Edward Heath, Dec. 20, 1971, Box 1025, NSC Files, NPM.

(30) なお、ニクソン外交と日本との関係については、たとえば、Michael Schaller, *Altered States: The United States and Japan since the Occupation* (New York: Oxford Univ. Press, 1997), pp. 210–244; Liang Pan, "Whither Japan's Military Potential? The Nixon Administration's Stance on Japanese Defense Power," *Diplomatic History,* Vol. 31, No. 1 (January 2007), pp. 111–142 などを参照。

(31) キッシンジャーは周恩来からの招待状を受けた直後の一九七一年四月二七日、「われわれは今年、ヴェトナム戦争を終えられるだろう」とニクソンに報告した。TELCON: The President/Mr. Kissinger, 8:18 P.M., Apr. 27, 1971, Box 4, Subject Files of the Office of People' Republic of China and Mongolian Affairs, 1969–78, RG 59, p. 3.

(32) Adam B. Ulam, *Expansion and Coexistence: The History of Soviet Foreign Policy, 1917–67* (New York: Praeger Publishers, 1974), pp. 765–767〔鈴木博信訳『膨脹と共存――ソヴエト外交史』全三冊（サイマル出版会、一九七八～七九年）〕.

(33) Draft Response to NSSM-106: China Policy, Feb. 16, 1971, Box H-177, NSC Institutional Files, NPM; Chae-Jin Lee and Hideo Sato, *U.S. Policy toward Japan and Korea: A Changing Influence Relationship* (New York: Praeger, 1982), p. 56.

(34) たとえば、在日米軍基地は日本防衛にとどまらず、中国または中朝連合戦力に対する軍事作戦における兵站支援の任務を担っていた。NSSM-5, Annex C, "US Bases and Forces in Japan," undated, Box H-128, NSC Institutional Files, NPM.

(35) 藤原帰一「ナショナリズム・冷戦・開発」東京大学社会科学研究所編『20世紀システム（4）開発主義』（東京大学出版会、一九九八年）、九五～九七頁。

(36) NSSM-106: United States China Policy (First SRG Draft), Feb. 16, 1971, pp. 6–8.

(37) Kissinger, *White House Years,* p. 169.

(38) 同研究のテーマは、対中・台湾関係、アジアにおける中国脅威の性格、対中政策の対案などであった。NSSM-14: U.S. China Policy, Feb. 5, 1969, CH0043, *NSA.*

（39）ただしＮＳＣは、中国が関係改善の条件として台湾駐屯米軍の撤退と「一つの中国」の受容を要求すると予想していた。NSSM-14: U.S. China Policy, Aug. 8, 1969, H-023, NSC Institutional Files, NPM. くわえて、ニクソン政権初期の対中脅威認識については、Special National Intelligence Estimate No. 13–69, "Communist China and Asia," 6 Mar. 1969, CH00067, *NSA* を参照。

（40）Seymour M. Hersh, *The Price of Power: Kissinger in the Nixon White House*, 1st ed.（New York: Summit Books, 1983）, p. 352.

（41）NSDM-17: Relaxation of Economic Controls against China, Jun. 26, 1972, Box H-134, NSC Institutional Files, NPM.

（42）これに続いてニクソンは、同年九月九日に駐ポーランド大使のウォルター・ステッセルにワルシャワ会談の再開を命じた。Kissinger, *White House Years*, p. 188.

（43）Harold H. Saunders to Kissinger, "Your Meeting with Pakistani Ambassador Hilary," Dec. 22, 1969, Box 624, NSC Files, NPM.

（44）沖縄の非核化は、他の措置と同様に対中接近のための環境整備の意図をも帯びていた。当時沖縄には、中国をターゲットとするメースＢ地対地ミサイル約三六基と、核搭載が可能なＦ－105戦闘爆撃機七五機が配備され、対中抑止の拠点役割を担っていた。阪中友久『沖縄の軍事戦略上の価値』（朝日新聞社、一九六六年）、二〇、四〇、五五頁。

（45）神谷不二『ＮＨＫ市民大学：戦後日米関係の文脈』（日本放送出版協会、一九八五年）、八六～八七頁。

（46）NSSM-3: U.S. Military Posture and the Balance of Power, General Purpose Forces Section, Sep. 5, 1969, H-123, NSC Institutional Files, NPM.

（47）ニクソンはＮＳＳＭ三の研究結果にもとづいて、ＮＳＤＭ二七を通じて中国の戦争挑発の可能性を否定することを前提とした米軍運用を命じた。NSDM-27, "U.S. Military Posture," Oct. 11, 1969, Box H-211, NSC Institutional Files, NPM.

（48）President Nixon's Report to Congress, *United States Foreign Policy for the 1970's: A New Strategy for Peace*, Feb. 18, 1970（Washington D.C.: USGPO, 1970）. 日本語訳として、『一九七〇年代のアメリカの外交政策――平和のための新戦略』（アメリカ大使館広報文化局、一九七〇年）。キッシンジャーによれば、同教書はニクソン政権における外交政策の指針（road map）であった。Kissinger, *Diplomacy*, p. 711. 平和をテーマとするこうした『外交教書』は、その後も毎年発表された。五番目の教書は一九七四年初めに草案が作成されたが、ウォーターゲート事件によって公刊されなかった。二番目から四番目は以下のとおり。*Building for Peace*, Feb. 25, 1971; *The Emerging Structure of Peace*, Feb. 3, 1972; *Shaping a Durable Peace*, May 3, 1973.

（49）ただし、より厳密に言えば、この一・二分の一戦略は中国の攻撃に備えるための軍事力の維持を完全に放棄するものではなかった。つまり、一・二分の一戦略は、①ヨーロッパまたはアジアにおける大規模攻撃に対応し、②アジアにおいて非中国脅威に対して同盟諸国を支援し、③他の地域における有事に対処することを目指した。*United States Foreign Policy for the 1970's: A New Strategy for*

Peace, pp. 127–130.

(50) この点については、Gaddis, *Strategies of Containment*, pp. 297–298.

(51) *United States Foreign Policy for the 1970's: A New Strategy for Peace*, p. 129.

(52) 「蘇連現代修正主義的総破産」『人民日報』一九六八年八月二三日、国分良成「中国：中華人民共和国期」小島朋之・国分良成編『東アジア』（自由国民社、一九九七年）、二八七頁。

(53) 次いで同年六月には新疆のバルク山西部地区、七月には黒龍江（アムール川）の八岔島（ゴルジンスキー島）、八月には新疆のテレクチ地区で、武力衝突が起きた。山極晃『米中関係の歴史的展開』（研文出版、一九九七年）、三四六頁。中ソ紛争の経緯については広く論じられてきた。たとえば、Harrison E. Salisbury, *The New Emperors: China in the Era of Mao and Deng*, 1st ed. (Boston: Little Brown & Co. 1992)〔天児慧監訳『ニュー・エンペラー――毛沢東と鄧小平の中国』（福武文庫、一九九三年）〕; A. Doak Barnett, *China and the Major Powers in East Asia* (Washington D.C.: The Brookings Institution, 1977), pp. 32–80〔戸張東夫訳『米中国交――アメリカの戦略』（日中出版、一九七八年）〕; Seweryn Bialer, "The Sino-Soviet Conflict: The Soviet Dimension," in Donald S. Zagoria, ed., *Soviet Policy in East Asia* (New Haven: Yale Univ. Press, 1982), pp. 93–119; Herbert J. Ellison, ed., *The Sino-Soviet Conflict: A Global Perspective* (Seattle: Univ. of Washington, 1982; 小田切利馬『ソ連外交政策の変遷――第二次大戦後のソ連外交史』（東京官書普及、一九七八年）、第五節。

(54) 多くの中国研究者は、珍宝島事件を米中急接近の引き金として理解している。たとえば、岡部達味『中国の対外戦略』（東京大学出版会、二〇〇二年）、一六〇頁。これらの武力衝突で、中国側は少なくともいくつかの地域でソ連の近代兵器により手痛い損害を受け、とりわけソ連の核攻撃の可能性を大いに懸念した。Kissinger, *White House Years*, pp. 183–187. なお、実際にソ連は、中国の核施設に対する攻撃可能性を米国に打診していた。US State Department Memorandum of Conversation, "US Reaction to Soviet Destruction of CPR Nuclear Capability," Aug. 18, 1969, Def 12 Chicom, SN 1967–69, RG 59; H. R. Haldeman, with Joseph DiMona, *The Ends of Power* (New York: Times Books, 1978), pp. 116–117〔大江舜訳『権力の終焉』（サンリオ、一九七八年）〕.

(55) たとえば、毛沢東はニクソンの『フォーリン・アフェアーズ』一九六七年一〇月号に掲載された「ヴェトナム戦争後のアジア」と題する論文（第一章の註〔169〕を参照）を読んでおり、後に周恩来などにこの文章を読むよう薦めたという。岡部達味『中国の対外戦略』、一五八頁。さらに毛は、一九六九年一月二〇日におこなわれたニクソンの就任演説を『人民日報』に全文掲載させた。こうした中国の姿勢について、朱建栄は、当初は米国によるヴェトナム戦争の拡大を強く警戒した中国が、北爆が自国に及ばないことをやがて見極め、対米関係改善の必要性を認識するにいたった、との解釈を示している。朱建栄「一九六五年の米中関係――対決から和解への反転の始まり」『東洋学園大学紀要』第九号（二〇〇一年三月）。この時期における中国の対米接近に関する研究としては、Zhang Baija and Jia Qingguo, "Steering Wheel, Shock Absorber, and Diplomatic Probe in Confrontations: Sino-American Ambassadorial Talks Seen from the Chinese Perspective," and Li Jie, "Changes in China's Domestic Situation in the 1960s and Sino-US Relations," in Robert Ross and Jiang Changbin, eds., *Re-examining the Cold War*; Chen Jian, *Mao's China and the Cold War* (Chapel Hill, NC: Univ. of North Carolina Press, 2001), ch. 9 を参照。

（56）徐達深總主編『中華人民共和国実録』第三巻上（長春：吉林人民出版社、一九九四年）、五〇七頁、"The CCP Central Committee's Order for General Mobilization in Border Provinces and Regions, Aug. 28, 1969," Collection: Sino-Soviet Relations, *CWIHP*.

（57）牛軍《ニウジュン》など多くの中国の外交史研究者は、当時ソ連による侵攻の可能性が過大に評価されたとして、中国側の対応を「毛沢東の判断ミス」に求めている。牛軍（真水康樹訳）『冷戦期中国外交の政策決定』（千倉書房、二〇〇七年）、二二一頁。

（58）中共中央文献研究室編『周恩来年譜』下巻（北京：中央文献出版社、一九九七年）、五三九頁。

（59）熊向暉「打開中美関係的前奏」『中共党史資料』第四二輯（北京：中共党史出版社、一九九二年）、六六～八七頁、中共中央文献研究室編・金冲及主編（劉俊南・譚佐強訳）『周恩来伝　一九四九～一九七六』下巻（岩波書店、二〇〇〇年）、三一三～三一四頁。また、中国の対米政策転換と内政との関連性に関する米ＣＩＡの分析として、National Security Information, "Research Study: Chinese Politics and the Sino-Soviet-US Triangle," Aug. 1975, *CREST* を参照。

（60）高文謙『晩年周恩来』（ニューヨーク：明鏡出版社、二〇〇三年）、四〇〇頁（上村幸治訳『周恩来秘録――党機密文書は語る』下巻（文藝春秋、二〇〇七年）、一二〇頁）、Michael B. Yahuda, "Chinese Foreign Policy: A Year of Confirmation," in Peter Jones, ed., *The International Yearbook of Foreign Policy Analysis*, Vol. 1 (London: Croom Helm, 1975), p. 66.

（61）高文謙『晩年周恩来』、四一〇頁。

（62）中共中央文献研究室編『周恩来年譜』下巻、三三四頁

（63）中共中央文献研究室編・金冲及主編（劉俊南・譚佐強訳）『周恩来伝』下巻、三一八頁。

（64）Kissinger, *White House Years*, p. 193.

（65）周恩来は事前に現場の実務ラインに、「米国側がもっと高いレヴェルの交渉を提起したらそれを受け入れる」ことを指示していた。中共中央文献研究室編『周恩来年譜』下巻、三四四頁。中国が「接待」という用語を用いた経緯については、高文謙『晩年周恩来』、四一六頁を参照。

（66）中国は米軍のカンボジア、ラオス両侵攻作戦を非難したが、対抗措置を取らなかった。ニクソン訪中合意後の一九七一年一一月、

毛沢東は訪中したファン・ヴァン・ドン（范文同）北ヴェトナム首相に対し、和平交渉に臨むよう説得した。Hersh, *The Price of Power*, p. 44.

（67）「カナダ方式」の成立の経緯については、B. Michael Frolic, "The Trudeau Initiative," in Paul M. Evans and B. Michael Frolic, eds., *Reluctant Adversaries: Canada and the People's Republic of China, 1949–1970*（Toronto: Univ. of Toronto Press, 1991）を参照。

（68）これに対して毛沢東は一九七〇年一二月一八日、米国の親中派の記者エドガー・スノーとの会見で、「ニクソンのことだが、彼は独占資本家を代表するものだ。当然、彼を来させねばならない。なぜなら、問題を解決するためには中間派や左派では駄目で、ニクソンと解決しなければならないからだ」と述べた。「毛主席会見美国友好人士斯諾談話紀要（一九七〇年一二月一八日）」国防大学党史党建政工教研室編『文化大革命研究資料』中冊（北京：一九八八年一〇月）、四九三〜五〇一頁。しかし、当時、この内容はニクソンらには伝わらなかった。Kissinger, *White House Years*, p. 1487.

（69）Walter Isaacson, *Kissinger: A Biography*（New York: Simon & Schuster, 1992）, p. 338〔別宮貞徳監訳『キッシンジャー――世界をデザインした男』全二冊（日本放送出版協会、一九九四年）〕. 翌一九七一年一月一一日には、ルーマニア・チャンネルからも周のメッセージが届いたが、そこには「ニクソン本人を迎える用意あり」としたためられていた。

（70）「ピンポン外交」については、銭江『乒乓外交始末』（北京：東方出版社、一九八七年）〔神崎勇夫訳『米中外交秘録――ピンポン外交始末記』（東方書店、一九八八年）〕、Gong Li, "Chinese Decision Making and the Thawing of U.S.-China Relation," in Robert S. Ross, Jiang Changbin, eds., *Re-examining the Cold War: U.S.-China Diplomacy, 1954–1973* 等々を参照。

（71）Message from Premier Chou En lai, Apr. 21, 1971（Delivered to Kissinger, 6:15 P.M., Apr. 27, 1971）, Box 1031, NSC Files, NPM.

（72）Message from Chou En lai to Nixon, May 29, 1971（copy of Chou's Handwriting, Delivered to Kissinger, Jun. 2, 1971）, Box 1031, NSC Files, NPM. これに対する米国側の返事は、Message from the Government of USA to the Government of the People's Republic of China, Jun. 4, 1971, Box 1031, NSC Files, NPM に所収されている。

（73）徐達深總主編『中華人民共和国実録』第三巻上、七一二〜七一四頁〔太田勝洪・朱建栄編『原典中国現代史』第六巻（岩波書店、一九九五年）、一五七〜一五八頁〕。

（74）Kissinger, *White House Years*, p. 685.

（75）NSSM-27: U.S. Military Posture, Oct. 11, 1969, Box 365, NSC Files, NPM.

（76）この可能性については韓国政府もよく認識していた。「韓国安保外交の方向」『韓国の安保外交政策、一九七二』（韓国外交文書：七二九・一二、五一二九）を参照。

(77) Ralph N. Clough, *East Asia and U.S. Security* (Washington D.C.: Brookings Institution, 1974), p. 178〔桃井真訳『米国のアジア戦略と日本』(オリエント書房、一九七六年)〕; Robert S. Ross, "U.S. Policy toward China: The Strategic Context and the Policy-making Process," in idem, ed., *China, the United States, and the Soviet Union: Tripolarity and Policy Making in the Cold War* (New York: M. E. Sharpe, 1993), p. 151.

(78) NSSM-27: Interagency Planning-Programming-Budgeting Study for Korea, Feb. 22, 1969, PD 01349, *NSA*.

(79) Memorandum, NSSM-27 Related, Korean Force Structure and Program Package Options (Includes List of Revisions Entitled 'Revised Posture 4'), May 9, 1969, PR 00391, *NSA*.

(80) 米韓両国は、韓国軍のヴェトナム派兵により一九六二年に設けられた「韓国軍規模六〇万人」という限度が崩れると、そのガイドラインの再調整を図った。しかし、米国は主として軍事援助の増大を懸念し韓国軍の増員に反対する立場を堅持した。DOS, "Strength of ROK Armed Forces," Feb. 21, 1968; Telegram 3948 from Seoul, "Strength of ROK Armed Forces," Feb. 5, 1968; Memorandum of Conversation: Yoon Chang and Lt. Cdr. Stewart Ring, "ROK Force Levels and U.S. Support," Oct. 23, 1967; DOD, "ROK Force Levels," May 8, 1967, Box 1566, Central Foreign Policy Files, 1967–69, RG 59.

(81) この事件は皮肉にも金日成の誕生日に起こった。北朝鮮はその一年前の一九六八年四月一四日には、板門店一帯で巡察中の米軍を攻撃した(米軍四人死亡、二人負傷)。このこともあって米韓両国は、四月中旬には常にも増して警戒姿勢を強めた。

(82) 同事件の発生九時間後に、『平壌放送』は、自国の戦闘機が領空を侵犯した米軍機を一発で撃墜したと発表した。北朝鮮の意図については依然として不明なところが多いが、シーモア・ハーシュは、ＮＳＣの分析を引用し、北朝鮮当局が周到綿密に計画した事件ではなく、「指揮統制上の過失」(command-and-control error)の性格が強いという見解を示した。Hersh, *The Price of Power*, pp. 69–70.

(83) ニクソン政権の同事件への対応については、Box H-035 & H-070, NSC Institutional Files, NPMや、一九六九年四月一七日に開かれた米下院歳出委員会の海軍省に対する聴聞会記録(『新東亜』第六〇号〔ソウル:一九六九年八月〕、一二五~一三二頁)を参照。ニクソン自身はその一年前のプエブロ号事件の際、「北朝鮮のような四等級の軍事力しか持たない国が米海軍を愚弄する事態を避けるためには、新しい指導体制が要求される」と述べ、ジョンソン政権の低姿勢を強く非難した。「資料:ＥＣ－一二一機撃墜事件をめぐって」民族問題研究所コリア評論社『コリア評論』通巻一四一号〔日本語〕(一九七三年五月)、五五頁。

(84) この報復措置のなかで、北朝鮮に対する「局部攻撃」(surgical strike)に関する検討は、ＥＣ－121事件以後にも続けられた。HAK Talking Points WASG Meeting, Sep. 17, 1969, "Integrated Political/Military Scenarios-Korea"; Memorandum for Kissinger, "Meeting on August 25, 1969"; Memorandum for the Record, "WASG Meeting, San Clemente, Sep. 4, 1969," Box H-71, NSC Institutional Files, NPM.

(85) 一方、東欧側の史料にもとづいた研究によれば、北朝鮮もプエブロ号事件とは違って、同事件後には警戒態勢を強めなかったばかりか、ソ連などに対して「緊張を望まない」旨を訴えたという。Bernd Schäfer, "North Korean Adventurism and China's Long Shadow, 1966–1972," *CWIHP* Working Paper Series #44 (October 2004), pp. 25–28.

(86) Memorandum for the President from HAK, "NSC Meeting on Korea," Apr. 16, 1969, H-22, NSC Institutional Files, NPM. キッシンジャーは同事件に対して断固たる対応を取ることを主張したが、ロジャーズ国務長官とレアード国防長官は議会と世論に鑑み、自制すべきであると建議した。ニクソンはキッシンジャーの見解に同調しながらも、「第二戦線」に備える資源や国民支持を確保しえないと結論づけた。Nixon, *RN*, pp. 382–386; Conrad Black, *Richard M. Nixon: A Life in Full* (Philadelphia: Public Affairs, 2007), pp. 599–600; Memorandum for Kissinger from Melvin Laird, "Seventh Fleet Operations and Resumption of Reconnaissance," Apr. 24, 1969, Box H-22, NSC Institutional Files, NPM.

(87) 『朝日新聞』一九六九年一〇月七日。

(88) ニクソン・朴会談に先立っておこなわれた同会議の核心テーマは、在韓米軍問題と対中政策であった。NSC Meeting (San Clemente) 8/14/1969, Briefing: Korea, China (1 of 3), Aug. 12, 1969, Box H-23, NSC Institutional Files, NPM.

(89) Under Secretary Richardson's Presentation, "NSC Meeting on Korea, August 14, 1969," H-100, NSC Institutional Files, NPM.

(90) Attached Paper, U.S. Policy and Program toward Korea in NSC Memorandum, "U.S. Policy Toward Korea-Interagency Program Analysis (NSSM-27)," Aug. 6, 1969, Box H-138, NSC Institutional Files, NPM.

(91) Memorandum for the President from HAK, "The Aug. 14 Meeting of the NSC," undated, Box H-23, NSC Institutional Files, NPM; "NSC Meeting Aug. 14, 1969, Talking Points, Korea," *DDRS*.

(92) Memorandum of Conversation: Nixon and Pak, Aug. 21, 1969 <http://nixon.archives.gov/virtuallibrary/documents/mr/082169_korea.pdf>, p. 6;「朴正熙大統領の米国訪問、一九六九・八・二〇－二五」『韓米首脳間単独会談録および両国閣僚会議録』（韓国外交文書：七二四・一一US、三〇一七－一九）、四三三～四三五頁。

(93) 朴正熙は帰国後の記者会見で、ニクソンが米国内の世論にもかかわらず、在韓米軍を「例外」として取り扱うことを明らかにしたと主張した。「朴正熙大統領の米国訪問」、四三〇～四四二頁。しかし、ロジャーズ米国務長官は、会談録を確認したうえで、朴の主張を否定した。Memorandum for the President by Rogers, April 29, 1970, Box 757, NSC Files, NPM.

(94) 崔圭夏「朴正熙大統領閣下の訪米の成果と意味」文化公報部編『血盟の紐帯を固めて――朴正熙大統領夫妻訪米記』（ソウル：文化公報部、一九六九年）、八五頁。朴正熙はこの米韓首脳会談で示されたニクソン政権の対韓コミットメントを活かしつつ、二カ月後の一〇月一七日に国民投票を実施し、自らの大統領任期延長のためのいわゆる「三選改憲」に成功した。金溶植『希望と挑戦――金溶植外交回顧録』（ソウル：東亜日報社、一九八七年）、一八三頁。

（95）村田晃嗣『大統領の挫折――カーター政権の在韓米軍撤退政策』（有斐閣、一九九七年）、六四頁。

（96）Nixon to Kissinger, Nov. 24, 1969, Box H-41, NSC Institutional Files, NPM.

（97）Memorandum for the President from Kissinger, "General Wheeler on his Conversation with President Park of Korea," Nov. 25, 1969, *DDRS.*

（98）Memorandum for the Chairman, NSC Review Group from the JCS, "NSSM-27, US Policy for Korea（U）," Feb. 17, 1970, Box H-42, NSC Institutional Files, NPM.

（99）Memorandum for the Secretary of Defense, "NSSM-27, US Policy for Korea（U）," undated, Box H-43, NSC Institutional Files, NPM.

（100）Memorandum for Kissinger from Laurence E. Lynn, Jr., "ROK Force Capabilities," Feb. 26, 1970, H-139, NSC Institutional Files, NPM. 同報告書はとりわけ、「近代化された韓国軍一六個師団は、北朝鮮の奇襲攻撃を十分に撃退しうるし、すくなくとも中朝連合攻撃（中国が一五日以内に大規模の兵力を投入しない場合）にも対応できる」、「かりにＪＣＳの提案のように韓国軍一九師団が近代化されれば、韓国は自信に満ちて北朝鮮を攻撃するかもしれない」と評した。

（101）Memorandum for the President from HAK, "NSC Meeting on Korea," Mar. 3, 1970, Box H-27, NSC Institutional Files, NPM.

（102）ニクソンの指示どおりなら、在韓米軍六万四〇〇〇人の「半分」にあたる三万二〇〇〇人が縮減されるはずであったが、実際には兵力数ではなく、師団を基準にして削減規模が検討された。この点について、ポーター駐韓大使と予算局（ＢＯＢ）は、第二・七両師団に対する部分的削減よりも、一個の完全編成師団の撤退が望ましいと主張した。その結果、ニクソンの「半分」の意味は、第二師団を中心とする二万人に帰着する。Memorandum for the President from Executive Office of President, BOB, "Korea Program Analysis Study（NSSM-27）," Box H-139; Memorandum for Kissinger from Laurence E. Lynn, Jr., "DPRC Meeting on Korea," Feb. 4, 1970, Box H-41, NSC Institutional Files, NPM.

（103）こうした事実は、国務省のスパイアース政治・軍事局長がジョンソン次官宛に送ったメモで確認される。「陸軍は、一九七一会計年度に一個師団を削減した後、一九七三会計年度に三分の一個師団規模までに縮減することを想定し、予算計画を立てている。韓国に関するNSC会議での大統領の立場を考えれば、これは現実的である」。DOS Memorandum for the Under Secretary Johnson from PM/Ronald I. Spiers, Subject: The DOD Budget-Implications for Our Foreign Relations, Mar. 16, 1970, DPRC-DOD Budget（March 1970-August 1971）, *DDRS.*

（104）Memorandum for the President from HAK, "US Programs in Korea," Mar. 14, 1970, Box H-215, NSC Institutional Files, NPM.

(105) Memorandum for the President from HAK, "NSC Meeting on Korea," Mar. 3, 1970, Box H-27, NSC Institutional Files, NPM.

(106) NSDM-48: U.S. Program in Korea, Mar. 20, 1970, Box 1, Entry 9, RG 273.

(107) ニクソンはＮＳＤＭ四八の採択と同時に、在韓米軍の追加削減を徹底に検討するよう国防総省に指示した。NSDM-48: NSC Draft NSDM, "US Forces in Korea," undated, *DDRS*.

(108) Earl C. Ravenal, *Never Again: Learning from America's Foreign Policy Failures*（Philadelphia: Temple Univ. Press, 1978）, p. 202.

(109) 日米沖縄交渉における「韓国条項」の成立経緯については、Michael Schaller, "The Nixon 'Shocks' and U.S.-Japan strategic Relations, 1969–74," *NSA* U.S.-Japan Project, Working Paper Series #2; idem, *Altered States: The United States and Japan since the Occupation*（New York: Oxford Univ. Press, 1997）, ch. 12〔市川洋一訳『「日米関係」とは何だったのか――占領期から冷戦終結後まで』（草思社、二〇〇四年）〕を参照。

(110) 外務省『わが外交の近況』第一四号（一九七〇年）、三七一頁。

(111) U. Alexis Johnson, *The Right Hand of Power*（Englewood Cliffs, N.J.: Prentice-Hall, 1984）, pp. 544–546〔増田弘抄訳『ジョンソン米大使の日本回想――二・二六事件から沖縄返還・ニクソンショックまで』（草思社、一九八九年）〕; 辛貞和「日本の北朝鮮政策（一九四五～一九九二）――国内政治力学の視点から」（慶應義塾大学博士号請求未公刊論文、二〇〇〇年）、八八頁。

(112) 日米は中国を配慮し、「台湾条項」は「韓国条項」よりトーンダウンした。日米交渉に直接関与したマイヤー駐日米大使は、「両国は、中華人民共和国との関係を改善したいと切望していた。そこで北京の指導者たちを不必要に立腹させるのを避けるように、細心の注意が払われた。こうして、韓国の安全は日本の安全に『緊要』とされたのと対照的に、台湾地域における安全は『日本の安全にとってきわめて重要な要素である』と述べられることになった」と回顧した。Armin H. Meyer, *Assignment Tokyo: An Ambassador's Journal*（Indianapolis: Bobbs–Merrill, 1974）, p. 36〔浅尾道子訳『東京回想』（朝日新聞社、一九七六年）〕.

(113) Kissinger, *White House Years*, p. 334.

(114) NSSM-27: Korean Program Memorandum, Final Report, Dec. 19, 1969, Box H-42, NSC Institutional Files, NPM, pp. 67–68. くわえて、一九七〇年三月二一日から二四日まで開かれた衆議院予算委員会の議事録を参照。『合同年鑑一九七一』（ソウル：合同通信社、一九七一年）、七二～七三頁。

(115) 佐藤自身も、前記のニクソンとの首脳会談で、「日本としては、純軍事的に世界の平和維持に加わることは無理であるが、経済協力などの面ではすでにその方向に努力している」と述べ、日本に期待される「役割」の範囲を極力制限しようとしていた。「佐藤総理・ニクソン大統領会談（第一回、一一月一九日午前）、一九六九年一一月二七日、外務省アジア局」和田純・五百旗頭真編『楠田

實日記――佐藤栄作総理首席秘書官の二〇〇〇日』（中央公論新社、二〇〇一年）、七七四～七七九頁参照。

(116) たとえば、添谷芳秀「対中外交の日韓比較――日韓安全保障協力の可能性」大畠英樹・文正仁編『日韓共同研究叢書（13）日韓国際政治学の新地平――安全保障と国際協力』（慶應義塾大学出版会、二〇〇五年）、六八頁、神谷不二『戦後史の中の日米関係』（新潮社、一九八九年）、一三六～一三七頁。しかし、実務レヴェルのマイヤー駐日米大使と東郷文彦アメリカ局長は、韓国条項に関する限り、議論の余地がなかったと回想した。Meyer, *Assignment Tokyo*, p. 35 および、東郷文彦『日本外交三〇年――安保・沖縄・その後』（世界の動き社、一九八二年）、一六六～一六七頁。「韓国条項」に関するより踏み込んだ検討は、第六章第二節を参照。

(117) 第三回日韓定期閣僚会議共同コミュニケの第一八項目。外務省『わが外交の近況』第一四号、三九五～三九九頁。

(118) ただし、韓国側は日本の政治・軍事面での関与については依然として強い警戒心を抱いていた。たとえば、前述のニクソンとの首脳会談で朴正熙は、沖縄返還にともなう日本の対韓支援の強化を提起したが、日本の軍事援助を要求することはなかった。それどころか朴は、韓国に侵入する北朝鮮のゲリラが日本製の装備を携帯したことを取り上げ、日本の「商人」気質を強く非難した。"Talks between President Nixon and President Pak," Aug. 21, 1969, pp. 4–5.

(119) 第四回日韓定期閣僚会議共同コミュニケ（一九七〇年七月二三日、ソウル）の第一九項目。外務部『大韓民国外交年表・付録主要文献 一九七〇』（ソウル：一九七一年）、二五四～二五八頁。

(120) 尹徳敏「日米沖縄返還交渉と韓国外交――沖縄返還にみる韓国の安全をめぐる日米韓の政策研究」（慶應義塾大学博士号請求未公刊論文、一九九一年）、一四三頁。

(121) たとえば、プエブロ号事件直後、米韓作戦企画団が作成した計画によれば、第三海兵師団を中心とする約二万人の沖縄駐留米軍は、有事の際にただちに韓国へ移動し、かつ第三一三航空師団および海兵飛行団の戦闘爆撃機も即時韓国に再配備されるようになっていた。U.S. Congress, Senate, Committee on Foreign Relations, Subcommittee on U.S. Security Agreements and Commitments Abroad, *Hearings: U.S. Security Agreements and Commitments Abroad: Republic of Korea,* Part 6, 91st Congress, 2nd Session (Washington D.C.: USGPO, 1970).

(122) 『国土統一院研究刊行物①：沖縄基地の返還が韓国および亜世亜安保に及ぼす影響』（ソウル：国土統一院、一九六九年五月）、七頁。

(123) 「済州島の核基地化」『ソウル新聞』一九六九年八月一九日、Telegram from the Embassy in Korea to the DOS, Mar. 8, 1968, *FRUS, 1964–68*, Vol. XXIX: Part 1 Korea; DOS Telegram, Joint State/Defense Message, Jul. 18, 1969, Box 1566, Central Foreign Policy Files, 1967–1969, RG 59.

(124) Memorandum for the President's File, Subject: Meeting with Eisaku Sato, Jan. 6, 1972, Box 925, NSC Files, NPM, p. 15.

(125) 島川雅史『アメリカの戦争と日米安保体制——在日米軍と日本の役割』（社会評論社、二〇〇三年）、三四～三五頁を参照。

(126) Meyer, *Assignment Tokyo*, p. 44.

(127) 同軍事演習については、三木健『ドキュメント・沖縄返還交渉』（日本経済評論社、二〇〇〇年）、一〇三～一〇五頁、ソウル新聞社編『駐韓米軍三〇年』（ソウル：杏林出版社、一九七九年）、三五一～三五三頁、防衛年鑑刊行会『防衛年鑑一九七〇』（一九七〇年）、一五五頁を参照。

(128) 一九六三年に米軍が西ドイツに対しておこなった「ビッグ・リフト空輸作戦」も、西ドイツ駐留米軍削減の可能性を探るのが狙いであったといわれている。

(129) 『朝鮮日報』一九六九年三月二一日。

(130) Joo Hong Nam, *America's Commitment to South Korea: The First Decade of the Nixon Doctrine* (Cambridge: Cambridge Univ. Press, 1986), pp. 83–84; 川上高司『米軍の前方展開と日米同盟』（同文舘出版、二〇〇四年）、五三～五四頁。

(131) *CINCPAC Command History of 1970*, <http://www.nautilus.org>, p. 69.

(132) Dean Acheson, *Present at the Creation: My Years in the State Department* (New York: W.W. Norton, 1969), p. 354〔吉沢清次郎訳『アチソン回顧録』二冊（恒文社、一九七九年）〕. なお、米国のオフショア戦略の起源と「アチソン・ライン」との関連性については、Marc Trachtenberg, *History & Strategy* (Princeton, N.J.: Princeton Univ. Press, 1991), pp. 153–160 を参照。

(133) "The Pursuit of Peace in Vietnam, addressed by President Nixon," *Department of State Bulletin*, Vol. 59 (Nov. 24, 1969), pp. 437–443.

(134) AmEmbassy Seoul to DOS, "ROK Reaction to US China Policy," Feb. 2, 1970, Box 2187, SN 1970–73, RG 59;『国土統一院研究刊行物②：亜世亜からの米国の撤収趨勢と韓国への影響』（ソウル：国土統一院、一九六九年）、四三～四八頁を参照。

(135) Hans J. Morgenthau, *Politics Among Nations: The Struggle for Power and Peace*, 4th ed. (New York: Alfred A. Knopf, 1966), p. 202〔現代平和研究会訳『国際政治——権力と平和』（福村出版、一九八六年）〕.

(136) 『朝鮮日報』一九六九年四月一七日、国会事務処編『国会史：第七代国会』（ソウル：一九七六年）、六四六～六四七頁。

(137) 朴忠勳『貳堂回顧録』（ソウル：博英社、一九八八年）、一九七～一九九頁。

(138) 姜永寿「朴・ニクソン会談、サンフランシスコ決意は何なのか」政経研究所『政経研究』第五六号（ソウル：一九六九年九月）、二二〇～二二三頁。

(139) たとえば、アイゼンハワー元米大統領の葬儀に参加するために一九六九年三月に訪米した丁一権総理はニクソンとの会談で、「中国の北ヴェトナム支援を断ち切るために、核のカードを見せる必要がある」とさえ述べた。Black, *Richard M. Nixon*, p. 597.

(140) *New York Times*, Aug. 2, 1969 および「ロジャーズ米国務長官面談要旨」『ロジャーズ、ウィリアムズ　P・米国務長官訪韓、一九六九年七月三一日〜八月一日』（韓国外交文書：七二四・三二US、三〇四二）、二頁。

(141) DOS to AmEmbassy Seoul, "US Troop Reductions," Mar. 25, 1970, Box 2323, SN 1970–73, RG 59. 米国政府の対韓交渉指針については、DOS to AmEmbassy Seoul, "NSSM-27-Reduction of U.S. Forces in Korea," Mar. 23, 1970, Box H-271, NSC Institutional Files, NPM を参照。

(142) U.S. House, Committee on International Relations, Subcommittee on International Organizations, *Investigation of Korean–American Relations*, 95th Congress, 2nd Session, Part 4 (Washington D.C.: USGPO, 1978), p. 37.

(143) 「朴正煕大統領親書草案」『韓国安保に関する韓米間協議（国軍近代化五カ年計画及び駐韓米軍縮減）V・一　基本文書　一九七〇・四－八』（韓国外交文書：七二九・一一、四三〇八－一五）。

(144) ポーターは、「朴正煕が撤退計画を知悉していたにもかかわらず強く反発したので、驚いた」と証言した。U.S. House, *Investigation of Korean-American Relations*, p. 37.

(145) DOS to AmEmbassy Seoul, "MAP and U.S. Force Levels," Jan. 29, 1970, Box 1861, SN 1970–73, RG 59. NSCは、金東祚が問責を避けるためにレアードの通告をそのまま朴正煕に報告しないだろうと予想したが、金は丸ごと報告した。Memorandum for Kissinger from Holdridge, "US Withdrawals from Korea," Jan. 21, 1970, Box H-41, NSC Institutional Files, NPM; 金東祚『冷戦時代のわが外交』（ソウル：文化日報社、二〇〇〇年）、二四二頁。

(146) 金東祚『冷戦時代のわが外交』、二四三頁。

(147) AmEmbassy Seoul to DOS, "President Park's Replies to Opposition Question on US Troop withdrawal," Jun. 23, 1970, Box 2425, SN 1970–73, RG 59.

(148) Telegram 3202 from Seoul, "ROK Ambassador to Washington on US Troop withdrawal," Jun. 19, 1970, Box 2426, SN 1970–73, RG 59.

(149) 一九六五年から一九七二年までの韓国のヴェトナム戦争特殊は、約一〇億二六〇〇万ドルに達した。木宮正史「一九六〇年代韓国における冷戦と経済開発——日韓国交正常化とベトナム派兵を中心に」『法学志林』第九二巻四号（一九九五年三月）、八五〜八六頁（とくに、表六を参照）。この金額は同期間における日本から韓国に導入された外資総額一〇億八九〇〇万ドルに匹敵する。朴根好『韓国の経済発展とベトナム戦争』（御茶の水書房、一九九三年）、三九頁。

(150) 韓国軍のヴェトナム撤退過程については、李美淑「ヴェトナム戦争における韓国軍の撤収決定過程」『軍史』第四五号（ソウル：国防部軍史編纂研究所、二〇〇二年）、李基琮「韓国軍のヴェトナム参戦の決定要因と結果研究」（ソウル：高麗大学博士号請求未公刊論文、一九九一年)、趙真九「韓米関係の脈絡からみた韓国軍のヴェトナム戦撤収」『軍史』第六〇号(ソウル:国防部軍史編纂研究所、二〇〇六年八月)を参照。

(151) AmEmbassy Seoul to DOS, "Reaction to Prospect of U.S. Troop Cut," Jul. 9, 1970, Box 1862, SN 1970–73, RG 59. 全般的な在韓米軍削減発表に対する韓国内の反応については、『国会史:第七代国会』、一〇七八~一〇七九、一〇八八~一〇九六頁を参照。

(152) DOS Intelligence Note, "Republic of Korea: Yankee Stay Here," Aug. 14, 1970, Box 2429, SN 1970–73, RG 59.

(153)「在韓米軍縮減反対国会決議文(一九七〇年七月一六日)」『韓国時事資料・年表』上巻(ソウル:ソウル言論人クラブ出版部、一九九二年)、九九八頁。

(154) Telegram 3662 from Seoul, "Assembly Debate on Troop Reduction," Jul. 14, 1970, Box 2426, SN 1970–73, RG 59.

(155) Telegram 10735 from Saigon, Jul. 6, 1970, untitled, Box 2421, SN 1970–73, RG 59.

(156) Telegram 3660 from Seoul, "Threat of Prime Minister and Cabinet to Resign over Troop Cut Issue," Jul. 15, 1970, Box 2429, SN 1970–73, RG 59. 米国務省は丁の警告に対して、「交渉戦術にすぎない」と退けた。

(157) Telegram 3833 from Seoul, "President Park Oppose U.S. Troop Reductions," Jul. 23, 1970, Box 2425, SN 1970–73, RG 59 および『ソウル新聞』一九七〇年七月二三日。

(158) 米国は、一九七〇年八月から一〇月にかけて北朝鮮の敵対行為が増えたことについて、季節的要因による一時的現象であると評価した。Memorandum for Kissinger from Theodore L. Eliot, Jr., Executive Secretary, "Seasonal Increase in North Korean Infiltration," Nov. 7, 1970; Telegram 2147 from Seoul, "Internal Security," Apr. 27, 1970, Box 2426, SN 1970–73, RG 59.

(159) Kissinger to Nixon, Box H-139, NSC Institutional Files, NPM. こうした判断にもとづいてニクソン政権は、在韓米軍一個師団が撤退されてもいかなる軍事的危険がないと断じた。Lynn to Kissinger, Feb. 26, 1970, Box H-130, NSC Institutional Files, NPM.

(160) DOS Memorandum of Conversation: Minister Whang Ho Eul, Korean Embassy & Assistant Secretary Marshall Green, "Troop Reductions in Korea," Jul. 22, 1970, Box 2423, SN 1970–73, RG 59.

(161) Letter to Park from Nixon, May 26, 1970, Box 757, NSC Files, NPM.

(162) Memorandum for the President from Rogers, "U.S. Troop Withdrawals from Korea, Suggested Reply to Letter from President Park," Jun. 19, 1970, Box 1862 SN 1970–73, RG 59.

(163) Letter to Park from Nixon, Jul. 7, 1970, Box 757; Memorandum for Theodore L. Eliot, Jr. from Jeanne W. Davis, "Reductions of US Forces in Korea," Jul. 17, 1970; Memorandum for Kissinger from John H. Holdridge, "Troop Reductions in Korea," Jul. 11, 1970, Box H-215, NSC

Institutional Files, NPM.

(164) 朴正煕は、撤退日程が通告されると、緊張したかのように目を閉じて膝をゆすりながらコーヒーを注文した。Telegram 4044 from Seoul, Aug. 4, 1970, Box 2429, SN 1970–73, RG 59, pp. 1–2.

(165) アグニューの任務は、朴の北朝鮮脅威論に抵抗しつつ在韓米軍削減への合意を導くことであった。Memorandum for the Vice President from Kissinger, "Your Visit to the Republic of Korea," Aug. 22, 1970, Box 406, NSC Files, NPM.

(166) 「大統領閣下と『アグニュー』米副大統領との面談要録：Ⅱ」および「大統領閣下と『アグニュー』米副大統領との面談要録」『アグニュー、スピロ　T・米副大統領訪韓、一九七〇・八・二四－二六。全二巻（V・一　基本文書）』（韓国外交文書：七二四・一二US、三六四一）。

(167) 金正濂『あ、朴正煕』（ソウル：中央M&B、一九九七年）、二八～二九頁。金は、一九六九年から九年三カ月間にわたり大統領秘書室長を歴任した。

(168) 「発信：駐米大使代理、受信：長官（七〇年八月二八日）」『韓国安保に関する韓米間協議』（韓国外交文書）。

(169) Presidential Press Conference, Sep. 16, 1970, Box 906, NSC Files, NPM.

(170) 「受信：大統領閣下、発信：国防部長官（HLDW〇七〇九）」『韓米国防閣僚会議、第三次、ホノルル、一九七〇・七・二一－二二。全三巻（V・一　基本文書）』（韓国外交文書：七二九・二一US、三六三四）。

(171) U.S. Senate, *Korea and the Philippines: November 1972*, Staff Report Prepared for the Use of the Committee on Foreign Relations, 93rd Congress, 1st Session, Feb. 18, 1973, p. 24. ウィンスロップ・ブラウン国務省副次官補は日本側との対話で、在韓米軍二万人を駐屯・維持させるためには年間三億ドルがかかるが、MAPは一億四〇〇〇万ドルにすぎないと述べた。Memorandum of Conversation, "Call on Department by Mr. Asao Shinichiro, First Secretary, Japanese Embassy, U.S. Troop Withdrawals from the ROK," Jul. 10, 1970, Box 1861, SN 1970–73, RG 59.

(172) この点について、金鍾必はジョンソン米国務次官との会談で、「米国は韓国軍が北朝鮮を攻撃することを懸念し、韓国空軍の近代化に反対している」と述べた。Memorandum of Conversation, "Modernization and MAP," Nov. 29, 1970, Box 1861, SN 1970–73, RG 59.

(173) 韓国政府の八カ項合意議事録については、「合意議事録（案）」「在韓米軍一部減削に関わる外交的措置（案）」「合意議事録草案に対する説明資料」『韓国安保に関する韓米間協議』（韓国外交文書）を参照。

(174) 「発信：駐米大使代理、受信：長官（一九七〇年八月二七日）」『韓国安保に関する韓米間協議』（韓国外交文書）。

(175) Memorandum for the President from HAK, "The Military Manpower Situation," undated, Box H-100, NSC Institutional Files, NPM.

(176) Memorandum for Kissinger from Packard, “US Troop Redeployments from Korea,” Oct. 12, 1970; DOS Action Memorandum to Under Secretary Johnson from Marshall Green, “US Troop Reductions in Korea,” Oct. 13, 1970, Box 1823, SN 1970–73, RG 59.

(177) U.S. House, *Investigation of Korean-American Relations,* pp. 124–125.

(178) 米第一軍団司令部は傘下第七師団が撤退したため、その後、韓国軍司令部が任務遂行能力を備えるまでという条件付きで「米韓第一軍団司令部」に再編され、引き続きソウルを含む西部戦線の防衛を担当した。Memorandum for Kissinger from Packard, “Combined US/ROK Corps and Corps Artillery Headquarters（S),” Nov. 23, 1970, Box H-215, NSC Institutional Files, NPM. 米韓第一軍団司令部は韓国軍一二個師団（三個軍団）と米第二師団など一三個師団に対して作戦統制権を行使した。Bridget Gail, “The Korean Balance vs. The U.S. Withdrawal,” *Armed Forces Journal International,* Vol. 115（April 1978), p. 40.

(179) NSC USC Memorandum for the President, “Modernization of Republic of Korea Armed Forces,” Aug. 19; Memorandum for SECSTATE/SECDEF, “Funding Levels for Program to Modernize the Republic of Korea Armed Forces,” Sep. 5, 1970, Box H-215, NSC Institutional Files, NPM.

(180) 当初、五年間一五億ドルであった韓国軍近代化のための援助計画は、その後、米国議会の反対によって大きく削減される。詳しくは、U.S. House, *Investigation of Korean-American Relations*, pp. 45–46, and 70–71.

(181) “Special Message to the Congress Proposing Supplemental Foreign Assistance Appropriations, Nov. 18, 1970,” *Public Papers of the Presidents of the United States: Richard Nixon, 1970*（Washington D.C.: USGPO, 1971), p. 1076.

(182) 韓国側は最後までこの在韓米軍撤退計画の発表を拒否した。これに対してポーター大使は、「韓国が協力しなければ、米国単独で発表するしかない」と韓国側に圧力をかけた。Memorandum for Kissinger, “Evening Notes,” Feb. 2, 1971, *DDRS.*

(183) Memorandum for the President from William Rogers, “United States-Republic of Korea Joint Statement on U.S. Troop Reduction and Korean Military Modernization,” Box 404, NSC Files, NPM.

(184) 『北韓の非武装地帯要塞化問題、一九七二』（韓国外交文書：七二九・五五、五一八六）、Telegram 2661 from Seoul, “North Korean Barrier Fence in DMZ,” May 10, 1972, Box 2426, SN 1970–73, RG 59参照。

(185) 国防軍史研究所『国防政策変遷史　一九四五～一九九四』（ソウル：一九九五年）、一九〇頁。

(186) HQs I Corps（ROK/US）Group, “Annual History Supplement,” Mar. 20, 1973, Box 268, USARPAC Organizational History Files, RG 550.

(187) DOS Telegram 63547, “ROK Note on North Korean Military Build-up,” Apr. 13, 1972, Box 2421, SN 1970–73, RG 59.

(188) Telegram 949 from Seoul, “Proposal for Increased Display of U.S. Interest in Dialogue between ROK and North Korea,” Feb. 18, 1971, Box

2421, SN 1970–73, RG 59, p. 1.

(189) AmEmbassy Seoul to DOS, "Internal Security: Status North Korean Infiltration," Feb. 22, 1971, Box 2426, SN 1970–73, RG 59.

(190) Schäfer, "North Korean Adventurism and China's Long Shadow, 1966–1972," p. 4.

(191) 金日成「朝鮮労働党第五次大会中央委員会事業総括報告」『労働新聞』一九七〇年一一月三日。

(192) "Memorandum: Embassy of Hungary in North Korea to the Hungarian Foreign Ministry, Jan. 27, 1970", Collection: The Cold War in Asia, *CWIHP*; 下斗米伸夫『アジア冷戦史』（中央公論新社、二〇〇四年）、一一三頁を参照。

(193) 李鍾奭『北韓・中国関係　一九四五～二〇〇〇』（ソウル：図書出版中心、二〇〇〇年）、二五四頁。

(194) DOS Intelligence Note, "Communist China/North Korea: Chou Courts the North Koreans," Apr. 14, 1970, Box 2185, SN 1970–73, RG 59および中嶋嶺雄『中国――歴史・社会・国際関係』（中公新書、一九八二年）、一三八頁を参照。

(195) DOS Intelligence Note, "Communist China/North Korea: Chou En-Lai to Visit Pyongyang," Apr. 2, 1970, Box 2185, SN 1970–73, RG 59.

(196) 岡田晃『水鳥外交秘話――ある外交官の証言』（中央公論社、一九八三年）、九〇頁。

(197) 金日成「亜連『ダルアルタフリル』出版社総局長が提起した質問に対する答え」『労働新聞』一九六九年九月四日。

(198) 中国にとって崔庸健は、一九五六年八月の全員会議事件を契機とする延安派の粛清によって北朝鮮権力の中心部に親中派がいなくなった状況のもとで、もっとも信頼できる人物であった。崔は、一九二六年に中国共産党に入党し、二七年に広州蜂起にも参加した。「崔庸健同志簡歴」『人民日報』一九六三年六月六日。

(199) 『人民日報』一九六九年一〇月一日。

(200) 中共中央文献研究室編『周恩来年譜』下巻、三二〇頁。

(201) "Mao Zedong's Conversation with North Korean Official Choi Yong Kun, Oct. 1, 1969 at the Tiananmen Gate," Collection: Sino-Soviet Relations, *CWIHP*. 一〇月二日に開催された建国二〇周年祝賀演舞会でも、参加者としてヴェトナム、アルバニアなどの代表らに先立って崔の名前が最初に紹介された。「各国代表団応激出席文芸晩会　観看革命現代舞劇『紅色娘子軍』」『人民日報』一九六九年一〇月三日。

(202) Document No. 22, "Visit of PRP Party and Parliamentary Delegation to the DPRK, May 30–Jun. 5, 1973," James Person, ed., *"Lips and Teeth" Alliance: New Evidence on Sino-DPRK Relations, 1955–1984*, Document Reader #2 (March 2009), *NKIDP*. このことは中国側の文献からも確認される。宋恩繁ほか主編『中華人民共和国外交大事記：第三巻（一九六五－一九七一）』（北京：世界知識出版社、二〇〇二年）、二三三頁。

(203) Telegram 1049 from Hong Kong, "Peking names New Ambassador to North Korea," Mar. 24, 1970, Box 2185, SN 1970–73, RG 59.

(204) 周恩来の訪朝は、首脳級としては一九六三年の劉少奇国家主席以来七年ぶりであり、中国にとって文革以来の初めての海外公式訪問であった。なお、周個人としては四年ぶりの外国訪問であり、一二年ぶりの訪朝であった。DOS Intelligence Note, Apr. 2, 1970; 中共中央文献研究室編・金冲及主編（劉俊南・譚佐強訳）『周恩来伝』下巻、三一六頁。

(205) 高文謙『晩年周恩来』、四二一～四二二頁。

(206) 「周恩来総理在金日成首相挙行的歓迎宴上的講話（四月五日）」劉金質・楊准生主編『中国対朝鮮和韓国政策文献匯編』第四巻（北京：中国社会科学出版社、一九九四年）、一七七五頁。

(207) 「中華人民共和国和朝鮮民主主義人民共和国政府聯合公報」『人民日報』一九七〇年四月九日、「中華人民共和国政府朝鮮民主主義人民共和国政府共同コミュニケ」森下修一編訳『周恩来・中国内外政策』下巻（中国経済新聞社、一九七三年）、九〇～九五頁。

(208) 高文謙『晩年周恩来』、四二二頁。

(209) 毛利和子『日中関係――戦後から新時代へ』（岩波書店、二〇〇六年）、六頁。なお、この時期の中国の対日認識については、岡部達味『中国の対日政策』（東京大学出版会、一九七六年）を参照。北朝鮮は一九六一年九月の朝鮮労働党第四次大会以来、日本軍国主義復活論を披瀝してきた。小此木政夫『日本と北朝鮮これからの五年――南北統一への視点とシナリオ』（ＰＨＰ研究所、一九九一年）、九五～九六頁。

(210) 外交部外交史研究室編『周恩来外交活動大事記　一九四九～一九七五』（北京：世界知識出版社、一九九三年）、五六六～五六七頁、中共中央文献研究室編『周恩来年譜』下巻、四〇〇頁。

(211) Memorandum for the President from HAK, "Your Meeting with President Park," Apr. 20, 1970, Box H-100, NSC Institutional Files, NPM; Memorandum for the President from William P. Rogers, "Your Meeting with President Park Chung Hee of Korea, Aug. 21, 1969, 11:30 A.M.," undated, *DDRS*.

(212) "President Nixon and President Park of the Republic of Korea Hold Talks at San Francisco August 21–22," *Department of State Bulletin*, Vol. 59 (Sep. 15, 1969).

(213) AmEmbassy Seoul to DOS, "U.S. Policy Assessment-Republic of Korea 1970," Mar. 13, 1970, Box 2429, SN 1970–73, RG 59, p. 10.

(214) Telegram 2297 from Seoul, "Korean Contacts with Communist World," Apr. 26, 1971; DOS Telegram 73940 to Seoul, "Korean Contacts with Communist World," Apr. 29, 1971, Box 2185, SN 1970–73, RG 59.

(215) しかし、金炯旭の反応は否定的であった。金は、「そのようなことをすれば、脆弱な構造が解体されてしまう。もし一九七三年以後になれば、北側との対話に出られるかもしれないが、いまの段階で朴大統領が公式なり、非公式なり、北側と接触すれば、容共主義者と非難されるだろう」と時機尚早論を展開した。Memorandum of Conversation: General Kim Hyung Wook, Former Director of ROK CIA & Porter, Dec. 29, 1969, Box 2429, SN 1970–73, RG 59.

(216) U.S. Senate, Subcommittee on U.S. Security Agreement and Commitments Abroad of the Committee on Foreign Relation, *United States Security Agreement and Commitment Abroad: Republic of Korea*, 91st Congress, 2nd Session, Part 6（Washington D.C.: USGPO, 1970）, pp. 1680–1681.

(217) *Ibid.*, p. 1686.

(218) Telegram 949 from Seoul, Feb. 18, 1971, Box 2429, SN 1970–73, RG 59.

(219) *Ibid.*

(220) AmEmbassy Seoul to DOS, "Some Thoughts on Reunification," Jun. 9, 1970, Box 2429, SN 1970–73, RG 59.

(221) 李基鐸『韓半島と国際秩序』（ソウル：嘉南社、一九八四年）、四頁。

(222) "U.S. Policy Assessment- Republic of Korea 1970," Mar. 13, 1970.

(223) AmEmbassy Seoul to DOS, Jul. 28, 1970, "President Park's Statement on Security Problem and Relations with North," Box 2423, SN 1970–73, RG 59.

(224) Memorandum of Conversation, Feb. 2, 1970, "Loosening Up," Reunification, Trilateral（ROK-Japan-U.S.）Discussion on North Korea, Box 2421, SN 1970–73, RG 59. 実際、韓国政府はその後の南北対話の際に、西ドイツの対話手法を大いに参考にした。DOS Telegram 4877, "Korean Red Cross Talks," Jan. 10, 1972; Telegram 123 from Seoul, "Korean Red Cross Talks," Jan. 7, 1972, Box 2421, SN 1970–73, RG 59. 他方、北朝鮮は、友邦国の東ドイツから東西ベルリンにおける人的交流などに関する資料を集めていた。Document No. 22, "Information from DPRK Deputy Foreign Minister, Comrade Lee Man Seok on 8 June 1972 for the Ambassadors of the European Socialist Countries," James Person, ed., *New Evidence on Inter-Korean Relations, 1971–1972*, Document Reader #3（September 2009）, *NKIDP*.

(225) 金正濂『あ、朴正熙』、一四九～一五〇頁。

(226) 姜商郁・康仁徳・鄭洪鎭・宋鍾奐「南北韓体制競争宣言──八・一五平和統一構想宣言秘話」『月刊朝鮮』通巻二八一号（ソウル：二〇〇三年八月）、二三二～二三四頁。康仁徳《カンインドク》によれば、中央情報部・北韓局は一九七四年まで五年間にわたって年間二〇〇〇人を動員し「南北経済力比較」をおこない、七四年に全九巻、総四九二五頁にわたる南北間体制競争に関わる中間報告書を発刊した。

(227) 「GNP二〇〇ドル線」『韓国日報』一九六九年一二月六日。

(228) 日本の植民地支配から解放されたことを意味する。

(229) 「第二五周年光復節慶祝辞（一九七〇年八月一五日）」『朴正熙大統領演説文集』第七輯（ソウル：大統領秘書室、一九七一年）。

(230) Telegram 4304 from Seoul, "Reunification-President Park's Speech," Aug. 18, 1970, Box 2424; DOS Intelligence Note, "Republic of Korea: Park's Proposal on Unification," Aug. 21, 1970, Box 2426, SN 1970–73, RG 59.

(231) 米国務省は同宣言について、「第一および第二次経済開発計画を成功裏に終えた朴正熙政権が体制間競争への自信感を持ちはじめた証拠である」と評した。DOS Intelligence Note, Aug. 21, 1970.

(232) 木宮正史「韓国外交のダイナミズム――特に一九七〇年代初頭の変化を中心に」小此木政夫・張達重編『日韓共同研究叢書（14）戦後日韓関係の展開』（慶應義塾大学出版会、二〇〇五年）、四三頁。一方で、同提案の実務作業に関わった姜商郁《カンサンウク》青瓦台スポークスマンなどの証言によれば、当初用意された演説文の草案には、離散家族の面会と故郷訪問、書信交換、学術・文化・芸術など非政治分野での交流と経済協力など、より幅広い交流提案が含まれていた。しかし、李澔《リホ》法務長官などの反対を受けて、朴正熙はこの部分をトーンダウンさせたという。姜商郁ほか「南北韓体制競争宣言――八・一五平和統一構想宣言秘話」。

(233) 倉田秀也「朴正熙政権期韓国の『自立』と正統性問題――『善意の競争』提案と『国民総和』の概念」岡部達味編『アジア政治の未来と日本』（勁草書房、一九九五年）、八九頁。

(234) 朴正熙は同年八月三日、ポーター大使から具体的な在韓米軍撤退日程を通告された。

(235) 「大統領閣下と『アグニュー』米副大統領との面談要録：Ⅱ」『アグニュー、スピロ T・米副大統領訪韓、一九七〇・八・二四‐二六。全二巻（Ⅴ・一 基本文書）』（韓国外交文書）。

(236) 日本外務省は朴正熙政権の姿勢転換の理由について、第一に、デタント情勢のなかで韓国だけが反共を固守すれば国際的に孤立される恐れがあること、第二に、在韓米軍削減は後戻りできないために緊張緩和を模索するしかないこと、第三に、九カ月前に迫った大統領選挙に備えてイメージ転換を図る必要があることをあげた。AmEmbassy Tokyo to DOS, Sep. 24, 1970, "Foreign Ministry Analysis of President Park's Reunification," Box 2422, SN 1970–73, RG 59.

(237) 盧重善編『民族と統一（Ⅰ：資料編）』（ソウル：四季節出版社、一九八五年）、四六一頁。

(238) 金大中『独裁と私の闘争――韓国野党全大統領候補の記録』（ソウル：光和堂、一九七三年）、一八〇頁、AmEmbassy Seoul to DOS, "Foreign Policy Speech of NDP Presidential Candidate, Kim Tae-Chung," Nov. 3, 1970, Box 2424, SN 1970–73, RG 59.

(239) 金の「四大国保障論」などは、その後、キッシンジャーによって正式に提唱されることになる。本書の第六章第四節を参照。

(240) Memorandum for Kissinger from Theodore L. Eliot, Jr., Executive Secretary, "The Korean Presidential Campaign," Nov. 6, 1970, Box 2424,

SN 1970–73, RG 59.

（241）『労働新聞』一九七〇年八月二二日および「朝鮮労働党第五回大会で行なった中央委員会活動報告（一九七〇年一一月二日）」『金日成著作集』第二五巻［日本語版］（平壌：外国文出版社、一九八六年）、二九三頁。北朝鮮で編集された金日成の著作集は五種類あるが、本書では朝鮮労働党出版社刊行の原著に加えて、外国文出版社刊行の日本語版を併用する。

（242）韓国政府は一九七一年一〇月、北朝鮮の工作によって統一革命党を再建しようとした一〇人を逮捕した、と発表した。

（243）DOS Intelligence Note, "North Korea: Party Congress Postpone Again," Oct. 23, 1970, Box 2427, SN 1970–73, RG 59.

（244）崔聖『北韓政治史』（ソウル：プルビッ、一九九七年）、一六九～一七〇頁。

（245）Telegram 6729 from Seoul, "Discussion with ROK CIA Director Lee Hu-Rak on South/North Development," Nov. 22, 1972, Box 2421, SN 1970–73, RG 59.

（246）李鍾奭『朝鮮労働党研究』（ソウル：歴史批評社、一九九五年）、三一七～三一八頁。

（247）ストックホルム国際平和研究所（ＳＩＰＲＩ）によれば、北朝鮮の軍事費増加率は一九六七年三四・二七パーセント、一九六八年四三・〇六パーセント、一九六九年八・四三パーセントで、明らかに低下傾向を見せていた。SIPRI, *World Armaments and Disarmament,* 1968/69–70（Stockholm: Almqvist & Wiksell, 1969–70）を参照。

（248）Telegram 518 from Seoul, "Internal Security: Status of NK Infiltration," Feb. 2, 1970, Box 2426, SN 1970–73, RG 59. 駐韓米大使館は同公電で、北朝鮮側の主張を引用し、むしろ韓国側のＤＭＺ北側での活動が活発になったと指摘した。

（249）北朝鮮は一九六九年一〇月二九日、『ニューヨーク・タイムズ』に金日成の業績を褒め称える広告を出し、米国人を平壌に招待するなど、米国に対しても平和キャンペーンを展開した。AmEmbassy Seoul to DOS, Oct. 8, 1970, Box 2421, SN 1970–73, RG 59. ただし、北朝鮮が招待した米国人は、米共産党や黒人解放運動団体のブラック・パンサー党などの急進的な人びとに限られた。

（250）『金日成著作集』第二七巻［日本語版］（平壌：外国文出版社、一九八六年）、四五～四七頁。

（251）「現国際情勢と祖国の自主的統一を促進させることについて――最高人民会議第四期第五次会議での許錟外相の報告」『労働新聞』一九七一年四月一四日。

（252）「朝鮮人民統一祖国的闘争必勝」『人民日報』一九七一年四月一五日参照。

第３章　米中「対面」と南北「対面」

（１）CIA, Office of National Estimates, "Korea: How Real Is the Thaw?" Oct. 13, 1971, *CREST.*

（2）Michael I. Handel, *Weak States in the International System*（London: Frank Cass, 1981）, pp. 176, and 195.

（3）第一回キッシンジャー訪中時の第二回会談で周恩来が取りまとめた会談テーマは、①インドシナ、②台湾（「一つの中国」問題）、③日本と朝鮮半島、④南アジア大陸、⑤相互連絡、⑥軍備管理、⑦ニクソン訪中であった。以下、第一回キッシンジャー訪中時の周恩来・キッシンジャー会談の引用は、*FRUS*, 1969–76, Vol. XVII: China 1969–72（Washington D.C.: USGPO, 2006）による。原文は、Files for the President-China Material, Polo I, July 1971 HAK visit to PRC, Box 1032, NSC Files, NPM に所収されている。くわえて、毛里和子・増田弘監訳『周恩来・キッシンジャー秘密会談録』（岩波書店、二〇〇四年）と、William Burr, ed., *The Kissinger Transcripts*（New York: The New Press, 1998）を参考にする。

（4）Memorandum of Conversation: Prime Minister Chou En-lai & Dr. Henry A. Kissinger, Beijing, Jul. 9, 1971, 4:35–11:20 P.M., *FRUS*, 1969–76, Vol. XVII: China 1969–72, pp. 390–391.

（5）Memorandum of Conversation: Chou & Kissinger, Jul. 10, 1971, 12:10–6 P.M., *FRUS*, 1969–76, Vol. XVII: China 1969–72, p. 407.

（6）"Next Steps toward the PRC, NSSM-124," Jun. 1, 1971, CH 00211, *NSA*.

（7）Memorandum for the President, "My Talks with Chou-Eun-Lai, Jul. 14, 1971," Box 847, NSC Files, NPM.

（8）Memorandum of Conversation: Chou & Kissinger, Jul. 11, 1971, 10:35–11:55 A.M., *FRUS*, 1969–76, Vol. XVII: China 1969–72, p. 449.

（9）Memorandum of Conversation: Chou & Kissinger, Jul. 9, 1971, *FRUS*, 1969–76, Vol. XVII: China 1969–72, p. 390.

（10）ここで周恩来は自衛隊関係者の訪韓の例を具体的には取り上げなかったが、山田正雄陸上自衛隊幕僚長が一九六九年六月に、土屋義彦防衛庁政務次官が一九七〇年七月にそれぞれ訪韓し、韓国軍部隊を視察したことがある。

（11）Memorandum of Conversation: Chou & Kissinger, Jul. 11, 1971, *FRUS*, 1969–76, Vol. XVII: China 1969–72, p. 449.

（12）一九七一年六月二五日、中国と北朝鮮は朝鮮戦争二一周年を迎えて連帯を強調する声明を発表したが、そこでも日本の韓国進出への懸念が強く表明された。Foreign Broadcast Information Service（FBIS）, *Trends in Communist Propaganda*, Jul. 8, 1971, *CREST*.

（13）Margaret Macmillan, *Nixon and Mao: The Week that Changed the World*（New York: Random House, 2007）, p. 239.

（14）この点について、ドン・オーバードーファーは、中国が北朝鮮を懐柔するために在韓米軍撤退を要求したと指摘した。Don Oberdorfer, *The Two Koreas: A Contemporary History*（New York: Basic Books, 1997）, pp. 3–7〔菱木一美訳『二つのコリア——国際政治の中の朝鮮半島』（共同通信社、一九九八年）〕. なお、ジェローム・アラン・コーエンは、中国が在韓米軍撤退を要求する理由について、同盟利益を犠牲にしないことを北朝鮮に見せつける必要があり、対米交渉にあたり同問題を取引材料として活用する可能性が生じたからである、と分析した。Jerome Alan Cohen, "Recognizing China," *Foreign Affairs*, Vol. 50, No. 1（October 1971）, p. 30.

(15) Memorandum of Conversation: Chou & Kissinger, Jul. 9, 1971, *FRUS*, 1969–76, Vol. XVII: China 1969–72, pp. 391, and 394.

(16) キッシンジャーは第四回会談でも、「米軍が日本から撤退すれば、貴側が心配する危険が増大することになる」と述べ、中国側の対日警戒心を煽った。Memorandum of Conversation: Chou & Kissinger, Jul. 11, 1971, *FRUS*, 1969–76, Vol. XVII: China, p. 450.

(17) Memorandum of Conversation: Chou & Kissinger, Jul. 9, 1971, *FRUS*, 1969–76, Vol. XVII: China 1969–72, pp. 390–391.

(18) 国政政治における「影響力」とは、一方の当事者の能力が外交交渉や駆け引きなどを通じて相手側の態度を変えさせ、一方の望んでいる行為をとらせるか、もしくは一方の国益に反する行為をとらせないようにする外交政策上の手段である。佐藤英夫『対外政策』（東京大学出版会、一九八九年）、八頁。ホルスティは、影響力行使の戦術として、武力行使、非軍事的制裁、報酬、制裁措置をほのめかす威嚇（おどし）、報酬の約束（すかし）、説得の六つをあげている。K. J. Holsti, *International Politics: A Framework for Analysis*, 4th ed.（Englewood Cliffs, N.J.: Prentice-Hall, 1983）, chs. 4–5.

(19) Memorandum of Conversation: Chou & Kissinger, Jul. 11, 1971, *FRUS*, 1969–76, Vol. XVII: China 1969–72, p. 449.

(20) ロバート・イーデンは英国のウィンストン・チャーチル内閣の外相として、一九五四年のジュネーヴ会議の議長を務めた。なお、ウォルター・スミスはトルーマン政権期に駐ソ大使、CIA長官を、アイゼンハワー政権期には一九五三年から国務次官としてジョン・フォスター・ダレスを助け、ジュネーヴ会議で米国首席代表を務めた。

(21) Memorandum of Conversation: Chou & Kissinger, Jul. 10, 1971, *FRUS*, 1969–76, Vol. XVII: China 1969–72, p. 419.

(22) Memorandum for the President from Kissinger, Jul. 14, 1971, Box 1033, NSC Files, NPM, p. 18.

(23) Memorandum of Conversation: Chou & Kissinger, Jul. 10, 1971, *FRUS*, 1969–76, Vol. XVII: China 1969–72, p. 419.

(24) 倉田秀也「米中接近と韓国」増田弘編『ニクソン訪中と冷戦構造の変容』（慶應義塾大学出版会、二〇〇六年）、一六五頁。

(25) たとえば、李先念は平壌でおこなわれた中朝条約一〇周年大会で、条約第二項を引用し、「かりに米日反動派が侵略戦争を中朝人民の頭上に押しつけようとするならば、中国人民はまったく容赦せずに、武器をもって朝鮮人民とともにふたたび肩を並べて闘い、必ずや徹底的な勝利を得るつもりである」と述べた。「李先念団長在平壌挙行的慶祝朝中友好合作互助条約簽訂一〇周年大会上的講話」劉金質・楊准生主編『中国対朝鮮和韓国政策文献匯編』第四巻（北京：中国社会科学出版社、一九九四年）、一九一五頁。

(26) 「反対帝国主義侵略的堅強同盟——慶祝中朝友好合作互助条約簽訂一〇周年」『人民日報』一九七一年七月一一日。

(27) たとえば、周恩来は、七月一〇日の午後一二時一〇分および午後四時一〇分から人民大会堂でキッシンジャーと会談をもち、同日午後、同じ場所で北朝鮮側と会見をおこない、また北朝鮮代表団の歓迎宴に参加した後、迎賓館でふたたびキッシンジャーとの会談をこなした。中華人民共和国外交部外交史研究室編『周恩来外交活動大事記　一九四九～一九七五』（北京：世界知識出版社、一九九三年）、五九五～五九六頁。キッシンジャーは「北京訪問中の七月九日に、金日成の北京訪問が予定されていた」としたが、当時、金は北京にいなかった。『労働新聞』によれば、金は七月一三日に平壌で中国代表団と午餐をもった。Henry A. Kissinger, *White House Years*（Boston: Little Brown, 1979), p. 728〔斉藤彌三郎ほか訳『キッシンジャー秘録』全五巻（小学館、一九七九～八〇年）〕; John H. Holdridge, *Crossing the Divide: An Insider's Account of the Normalization of US-China Relations*（Lanham, Md.: Rowman & Littlefield Publishers, 1997), p. 50.

（28）中華人民共和国外交部外交史研究室編『周恩来外交活動大事記　一九四九～一九七五』、五九七頁、王俊彦『大外交家周恩来』上巻（北京：経済日報出版社、一九九八年）、一九四頁、中共中央文献研究室編『周恩来年譜』下巻（北京：中央文献出版社、一九九七年）、四六九頁。それに先立って周恩来は七月一三日にハノイを訪問し、キッシンジャー訪中について話し合った。

（29）王泰平主編『中華人民共和国外交史：第三巻（一九七〇～一九七八）』（北京：世界知識出版社、一九九九年）、四〇頁。

（30）Bernd Schäfer, "North Korean Adventurism and China's Long Shadow, 1966–1972," *CWIHP* Working Paper Series #44（October 2004), Woodrow Wilson International Center, p. 35.

（31）DOS Intelligence Note, "North Korea: Pyongyang Moves Closer to Peking in Support of DPRK Objectives in the South," Sep. 22, 1971, Box 2421, SN 1970–73, RG 59, pp. 3–4.

（32）王泰平主編『中華人民共和国外交史』第三巻、四〇頁。

（33）"North Korean 8 points," Box 846, NSC Files, NPM および王泰平主編『中華人民共和国外交史』第三巻、四〇頁。

（34）「アメリカ帝国主義に反対するアジアの革命的人民の共同闘争は必ず勝利するであろう――カンボジア国家元首であり、カンボジア民族統一戦線議長であるノルドム・シアヌーク親王を歓迎するピョンヤン市民大会でおこなった演説」（一九七一年八月六日）金日成『祖国の自主的平和統一のために』日本語版（平壌：外国文出版社、一九七三年）、一六四～一六五頁。

（35）米中接近を「ヴェトナム革命とインドシナ革命を裏切り、世界の革命を裏切る露骨な転換点だ」と受けとめた北ヴェトナムは、「米国にヴェトナムを売り渡した」として中国への不信感を露わにした。たしかに中国は、対米接近にもかかわらず、米国と交戦中の北ヴェトナムに対して経済援助と外交的支持を与え続けたが、その一方で武力による国家統一を断念するように促した。これを受けて北ヴェトナムはソ連寄りの姿勢を強めた。これが一九七九年の中越紛争の火種になっていく。Michael Yahuda, *The International Politics of the Asia Pacific, 1945–1995*, 1st ed.（New York: Routledge, 1996), p. 88; 毛里和子・毛里興三郎訳『ニクソン訪中機密会談録』（名古屋大学出版会、二〇〇一年）、二五七～二五八頁（解説部分）; DOS Intelligence Note, Sep. 22, 1971. なお、ニクソン訪中に対する共産圏諸国の最初の反応については、Foreign Broadcast Information Service（FBIS), *Trends in Communist Propaganda*, Supplement, Jul.

23, 1971, *CREST* を参照。

(36) AmEmbassy Seoul to DOS, Mar. 10, 1972, untitled, Box 2184, SN 1970–73, RG 59.

(37) CIA Directorate of Intelligence, "China and the Lesser Dragons," Jul. 24, 1972, *CREST*, pp. 1–2.

(38) こうした金日成の「八・六提案」に対して、米国務省は「韓国の与党と公式的に対面する用意を初めて表明した」と高く評価した。EA-Winthrop G. Brown to the Secretary, "New Development in Korea May Lead to Contacts between North and South," Aug. 18, 1971, Box 2421, SN 1970–73, RG 59.

(39) INR, "Pyongyang Moves Closer to Peking in Support of Objectives in the South," Sep. 2, 1971, Box 2421, SN 1970–73, RG 59.

(40) 周恩来「J・レストン記者とのインタビュー（一九七一年八月五日）」森下修一編訳『周恩来・中国の内外政策』下巻（中国経済新聞社、一九七三年）、一〇五二～一〇五三頁、Telegram 5389 from Hong Kong, "Sino-Korean Relations," Aug. 13, 1971, Box 2185, SN 1970–73, RG 59.

(41) 朴テホ『朝鮮民主主義人民共和国対外関係史』（平壌：社会科学出版社、一九八五年）、三〇四頁、宋恩繁ほか主編『中華人民共和国外交大事記：第三巻（一九六五－一九七一）』（北京：世界知識出版社、二〇〇二年）、二七〇頁、Telegram 5280 from Hong Kong, "PRC-North Korean Relation," Aug. 10, 1971, Box 2185, SN 1970–73, RG 59.

(42) 「李先念副総理在金在淑臨時代弁為朝鮮政府経済代表団訪華挙行的宴会上的講話（八月一六日）」劉金質・楊淮生主編『中国対朝鮮和韓国政策文献匯編』第四巻、一九四八頁。

(43) 「黄永勝総参謀長在歓迎朝鮮軍事代表団宴会（八月一八日）」劉金質・楊淮生主編『中国対朝鮮和韓国政策文献匯編』第四巻、一九五〇頁。

(44) 『朝鮮中央年鑑 一九七二』（平壌：朝鮮中央通信社、一九七二年）、四〇八頁、Foreign Broadcast Information Service (FBIS), *Trends in Communist Propaganda*, Sep. 9, 1971, *CREST*.

(45) *Central Intelligence Bulletin*, Sep. 9, 1971, *CREST*, p. 5.

(46) Stephen D. Goose, "The Military Situation on the Korean Peninsula," in John Sullivan and Roberta, eds., *Two Koreas-One Future?* (Lanham, Md.: Univ. Press of America, 1987), p. 63.

(47) 毛沢東「ニクソン北京訪問に関する中共中央の通知（一九七一年七月二〇日）」太田勝洪編訳『毛沢東外交路線を語る』（現代評論社、一九七五年）、二四九頁。

(48) CIA Staff Notes: East Asia, "The View from Pyongyang," May 15, 1975, *CREST*.

（49）朝鮮人民軍は一九七一年六月一二日付で、中国人民志願軍代表の交代のための信任状を国連軍側に送付し、同年七月六日に中国側の代表が着任した。「朝鮮軍事停戦委員会朝中方面新任命的中国人民志願軍委員――何渠若同志拝会朝中方面首席委員韓瀅玉少将」『人民日報』一九七一年六月一九日、Telegram 3552 from Seoul, "Return of Chinese Member to Panmunjom Conference Table," Jun. 19, 1971, Box 2423, SN 1970–73, RG 59.

（50）Telegram 4172 from Hong Kong, "PRC Participation Panmunjom," Jun. 22, 1971, Box 2423, SN 1970–73, RG 59. もともと軍事停戦委員会は、国連側では米軍一人（首席代表）、韓国軍二人、英国軍一人、国連軍一人（タイ、フィリピン、カナダのなかで一国）が、共産側では北朝鮮四人（首席代表）、中国一人がそれぞれ参加する体制をとっていた。韓国国防部『国防白書　一九八九』（ソウル：一九八九年）、一〇七頁。

（51）周恩来「J・レストン記者とのインタビュー（一九七一年八月五日）」森下編訳『周恩来』下巻、一〇五三頁。

（52）韓国外務部は中国の軍事停戦委員会復帰について、中国が北朝鮮の対南強硬路線を支援するのではないかと懸念しつつも、他方で中国が米国の緊張緩和政策に応じるかたちで北朝鮮の冒険主義を制御するだろうと期待を寄せた。「中共の停戦委代表再派遣に対する分析（一九七一年六月二四日）」『中国（旧中共）の軍事停戦委員会代表復帰、一九七一』（韓国外交文書：七二九・五二、四三五五）。こうした判断は米国側の情勢認識とも一致していた。たとえば、駐韓米大使館は、中立国監視委員会（ＮＮＳＣ）のチェコ関係者を引用し、中国が北朝鮮をより積極的に統制するために軍事停戦委員会に復帰した、という見解を示した。Telegram 3552 from Seoul, Jun. 19, 1971.

（53）『朝鮮民主主義人民共和国統一方案集』日本語版（平壌：外国文出版社、一九八二年）、一〇三～一〇四頁。

（54）Foreign Broadcast Information Service（FBIS）, *Trends in Communist Propaganda,* Aug. 11, 1971, *CREST*, p. 16.

（55）DOS Intelligence Note, "North Korea/People's Republic of China: Moves toward Serious Discussion in the Military Armistice Commission," Aug. 17, 1971, Box 2423, SN 1970–73, RG 59.

（56）United Nations Command, Military Armistice Commission（UNCMAC）, *The Report of the Activities of United Nations Command for 1971* (Seoul: 1972), pp. 10–11.

（57）「ロジャーズ将軍の発言（七月三日）」『軍事停戦委員会韓国人首席代表任命問題、一九七一～七二』（韓国外交文書：七二九・五九、五一七七）。米国務省はロジャーズ提案の妥当性を真剣に検討した。Memorandum to EA/K-Wesley Kriebel from L/EA-Robert I. Starr, "The MAC and the NNSC," Aug. 28, 1971; CINCUNC to Chairman of the JCS, "The United Nations in Korea: Time for a Change?," Jun. 14, 1971, Box 2423, SN 1970–73; DOS Memorandum from EA/K-Donald L. Ranard to EA Sneider, "Your Meeting with Major General Haynes,"

Jan. 18, 1973, Box 24, Subject Files of the Assistant Secretary of State for East Asian and Pacific Affairs, 1961–74, RG 59.

(58) *Pacific Stars and Stripes,* Jul. 28, 1971.

(59) 「韓国人の停戦会談首席代表任命問題（最終案）、一九七一年七月」『軍事停戦委員会韓国人首席代表任命問題、一九七一～七二』（韓国外交文書）。

(60) Memorandum of Conversation: Kim Dong Jo and U. Alexis Johnson, Aug. 4, 1971, "ROK Relation with North Korea," Box 2421, SN 1970–73, RG 59. これに対してジョンソンは、ロジャーズ提案を個人的意見にすぎないと釈明しながらも、「韓国がすべての軍事境界線の防衛を担いはじめた以上、停戦業務をめぐって北朝鮮と直接向き合う必要もある」と応じることで、停戦体制の局地化に前向きな姿勢を示した。

(61) Telegram 4028 from Seoul, "SecDef Laird Visit to Korea," Jul. 7, 1971; Telegram 7006 from Seoul, "Defense Minister's Comments During National Assembly Inspection," Nov. 18, 1971, Box 2423, SN 1970–73, RG 59.

(62) もちろん、韓国政府が米中接近の可能性に気づかなかったわけではない。たとえば、朴正熙は一九七一年一月、「最近、中共を承認する自由国家が増えている。これはもちろん、われわれが予期しえなかったものではない」と述べた。「念頭記者会見（一九七一年一月一一日）」『朴正熙大統領演説文集』第八巻。さて、ニクソン訪中計画を発表直前になるまで日本に通知しなかった理由について、キッシンジャーは「日本政府は世界中でもっともリークしやすい体質である」と、英国のエドワード・ヒース首相に説明した。Memorandum for the President's File from Henry A. Kissinger, Subject: The President's Private Meeting with British Prime Minister Edward Heath, Dec. 20, 1971, Box 1025, NSC Files, NPM.

(63) たとえば、朴正熙はニクソン宛の書簡で、中国をいちども中国人民共和国と呼ばず、一貫して「中共」（Communist China or Red China）と書き記した。EA-Marshal Green to the Secretary, "Letter from President Park to President Nixon," Sep. 20, 1971, Box 2424, SN 1970–73, RG 59.

(64) DOS to AmEmbassy Seoul & CINCPAC, "U.S./Korea Relation," Sep. 21, 1971, Box 2421, SN 1970–73, RG 59.

(65) 朴正熙「韓日協定批准書交換に際しての談話文（一九六五年一二月一八日）」「ソウル艦命名式諭示（一九六八年七月一九日）」〈http://www.parkchunghee.or.kr/search.html〉（朴正熙大統領電子図書館／政治、外交・語録）。

(66) "Korea, Japan and the New Chinese Diplomacy," Apr. 26, 1971, Box 24, Subject Files of the Assistant Secretary of State for East Asian and Pacific Affairs, 1961–74, RG 59, p. 2.

(67) 「韓国安保外交の方向」『韓国の安保外交政策、一九七二』（韓国外交文書：七二九・一二、五一二九）。

(68) Robert E. Osgood, *Alliances and American Foreign Policy*（Baltimore: Johns Hopkins Press, 1968）, p. 19.

(69) 同盟の一方が過去の敵対勢力に対して脅威認識を持たなくなると、その同盟は弱化または解体される可能性が高い。George F. Liska, *Nations in Alliance: The Limits of Interdependence*（Baltimore: Johns Hopkins Press, 1962）, p. 12.

(70) Oberdorfer, *The Two Koreas,* p. 23.

(71) Memorandum of Conversation: Lee Hu Rak and Winthrop G. Brown, Jul. 14, 1971, Box 2426, SN 1970–73, RG 59.

(72) これに先立って、韓国の李厚洛は八月六日に赤十字会談の提案計画をウィリアム・ポーター米国大使に通報した。Telegram 4729 from Seoul, Aug.7, 1971, Box 2421, SN 1970–73, RG 59.

(73) Astri Suhrke, "Gratuity or Tyranny: The Korean Alliance," *World Politics,* Vol. 25, No. 4（July 1973）, p. 530; Charles E. Morrison and Astri Suhrke, *Strategies of Survival: The Foreign Policy Dilemmas of Smaller Asian States*（New York: St. Martin's Press, 1979）, p. 292〔渋沢雅英訳『東南アジア五つの国――その生存戦略』（サイマル出版会、一九八一年）〕.

(74) CIA, Office of National Estimates, "Korea: How Real is the Thaw?" Oct. 13, 1971, *CREST,* p. 5.

(75) Telegram 4476 from Seoul, "Foreign Minister Comments on Questions Related to President Nixon's Planned China Visit," Jul. 28, 1971, Box 2185, SN 1970–73, RG 59.

(76) Telegram 1085 from Seoul, "DPRK-PRC Relation," Feb. 23, 1972, Box 2185, SN 1970–73, RG 59.

(77) グレン・スナイダーの同盟ディレンマ・モデルの四番目の仮説によれば、一方の同盟が敵対国に対して柔和的な姿勢をとると、他方の同盟国は見捨てられるかもしれないという懸念を相殺するために敵対国に接近することもありうる。Glenn H. Snyder, "The Security Dilemma in Alliance Politics," *World Politics,* Vol. 36, No. 4（July, 1984）, pp. 461–495 を参照。

(78) 「第二六回光復節慶祝辞（一九七一年八月一五日）」『朴正煕大統領演説文集』第八輯、四一五頁。

(79) AmEmbassy Seoul to DOS, "Economic Military Analysis and the Modernization Plan," Sep. 23, 1971, Box 1862, SN 1970–73, RG 59.

(80) Letter from Park to Nixon, Sep. 19, 1971, Box 2424, SN 1970–73, RG 59. 当初、金溶植は直接ニクソンに会って朴正煕の書信を手渡そうとしたが、国務省に託すしかなかった。Memorandum for General Haig from Jone Howe, "Letter to President Park, Nov. 11, 1971," Box 757, NSC Files, NPM.

(81) DOS Telegram 174893, "Kim Yong-Sik in Washington," Sep. 21, 1971, Box 2424; Memorandum of Conversation, "U.S./Korean Relation," Sep. 21, 1971, Box 2429, SN 1970–73, RG 59.

(82) 「受信：大統領閣下、発進：外務部長官：ロジャーズ国務長官との面談」『金溶植外務部長官米国訪問（一九七一年九月二〇日～一〇月四日』（韓国外交文書：七二四・三一US、四一八三）。金溶植はその後、ニューヨークに立ち寄り、朝鮮問題の不上程のための工作を展開し、同問題の一年棚上げに成功する。金溶植『希望と挑戦――金溶植外交回顧録』（ソウル：東亜日報社、一九八七年）、二三七～二四三頁。

（83）倉田「米中接近と韓国」、一六八頁。

（84）金溶植『希望と挑戦』、二四五～二四六頁。

（85）Letter from Nixon to Park, Nov. 29, 1971, Box 757, NSC Files, NPM.

（86）たとえば、「念頭記者会見（一九七二年一月一一日）」『朴正熙大統領演説文集』第九輯（ソウル：大統領秘書室、一九七三年）、四〇頁。

（87）ニクソン・ドクトリンによって、アジアでは一九七一年末までに、ヴェトナムからの三九万人を除いて、韓国二万人、日本一万二〇〇〇人、タイ一万五九〇〇人、フィリピン八四〇〇人など総六万人の米軍が削減された。DOS Bureau of Public Affairs, "U.S. Diplomacy for the 1970's," Jan. 1972, Box 31, Subject Files of the Office of the Assistant Secretary of State for East Asian and Pacific Affairs, 1961–73, RG 59, p. 6.

（88）ニクソン・ドクトリンの曖昧性については相反する評価がある。そのひとつは、ニクソン政権が意図的に曖昧な姿勢を取ることで戦略的柔軟性を確保しようとしたとの見解である。McGeorge Bundy, "Maintaining Stable Deterrence," *International Security,* Vol. 3, No. 3（Winter 1978/1979）. もうひとつは、ニクソン・ドクトリンが、予算の圧力によって軍事力の削減という短期的目標に狙いを定めた宣言にすぎないという評価である。Zbigniew Brzezinski, "The State of Nixon's World（1）: Half Past Nixon," *Foreign Policy*（Summer 1971）; Earl C. Ravenal, "The Nixon Doctrine and Our Asian Commitments," *Foreign Affairs,* Vol. 49, No. 2（January 1971）.

（89）Memorandum for Kissinger from K. Wayne Smith, "A Nuclear Strategy for Asia," Aug. 9, 1971, Box H-105, NSC Institutional Files, NPM.

（90）NSSM-69: U.S. Nuclear Policy in Asia, Jul. 14, 1969; The Secretary of Defense Memorandum for Kissinger, "NSSM-69," Jun.30, 1970, Box H-161, NSC Institutional Files, NPM.

（91）"Informal Remarks in Guam with Newsman, Jul. 25, 1969," *Public Papers of the Presidents of the United States: Richard Nixon 1969*（Washington D.C.: USGPO, 1970）, pp. 551–552.

（92）Memorandum for Kissinger from Winston Lord, "Issues Raised by the Nixon Doctrine for Asia," Jan. 23, 1970, Box 337, Winston Lord Files, RG 59, p. 1.

（93）Memorandum for the President from the Secretary of Defense, "Strategy for Peace: A National Security Strategy of Realistic Deterrence,"

Nov. 7, 1970, *DDRS.*

(94) Patrick Morgan, *Deterrence: A Conceptual Analysis*（Beverly Hills: Sage, 1977）, p. 21.

(95) Melvin R. Laird, *Defense Report for Fiscal Year 1972 Before the House Armed Service Committee,* Mar. 9, 1971, p. 77.

(96) 米国防総省によれば、当初対韓軍事援助計画が成立した一九六九年には、一九七二会計年度の国家予算が一一〇億ドル黒字になるであろうと想定されたが、一九七〇年七月には二〇〇～二六〇億ドル赤字に修正され、少なくとも六〇億ドルの国防費削減が不可避となった。“Minutes of DPRC Meeting, Jul. 17, 1970,” Box H-118; Memorandum for the President from Laird, “The Defense Budget-Fiscal Year 1971 and Beyond,” Folder: DPRC Meeting 7/17/1970, Box H-100, NSC Institutional Files, NPM.

(97) Memorandum for the President from HAK, Subject: Secretary Laird’s Proposal, Nov. 25, 1970, H-101, NSC Institutional Files, NPM.

(98) Memorandum for the President from Kissinger, “Defense Management,” May 26, 1971, H-103, NSC Institutional Files, NPM.

(99) *Ibid.*

(100) ＮＳＣは全般的に国防総省の計画に反対したものの、レアードの概念がニクソン・ドクトリンの基調に符合する点については認めていた。Memorandum for Kissinger from K. Wayne Smith, “DPRC Meeting Scheduled for Mar. 22, 1971,” H-102, NSC Institutional Files, NPM.

(101) レアードは、キッシンジャーの主導で進められていたニクソン訪中について、「中国人に不意打ちを食うだろう」と述べるなど、否定的な姿勢を見せた。Minutes of the Secretary of Defense Meeting, Jul. 19, 1971, 8: 47–9: 52 A.M., *FRUS,* 1969–76, Vol. XVII: China 1969–72, p. 460.

(102) 「日米安保協議委員会第一二回会合について（情報文化局発表、昭和四五年一二月二一日）」外務省『わが外交の近況』第一五号（一九七一年）、第三部の資料。なお、第一二回日米安全保障協議委員会に関する米国側の史料として、石井修・我部政明・宮里政玄監修『アメリカ合衆国対日政策文献集成（第XV期）』一九七〇年第二・三巻（柏書房、二〇〇四年）を参照。

(103) Memorandum for the President from Melvin Laird, “U.S. Troop Levels in Europe and Korea,” Oct.14, 1970, H-139, NSC Institutional Files, NPM.

(104) Memorandum for the President from William P. Rogers, “Foreign Policy Implications of the Defense Budget, DPRC-DOD Budget（March 1970-August 1971）,” Jul. 23, 1970, *DDRS.*

(105) August 19 NSC Meeting on Defense Budget, Box H-33, NSC Institutional Files, 1966–1970, NPM.

(106) Memorandum for the President from HAK, “US Forces and Overseas Deployments Planning,” Oct. 27, 1970, H-098, NSC Institutional Files,

NPM.

(107) Memorandum for the Secretary of State, the Secretary of Defense, the Director of Office of Management and Budget, "FY 1971–1976 Interim Guidance on U.S. Deployment," Oct. 27, 1970, Box H-100, NSC Institutional Files, NPM.

(108) NSC Memorandum for Kissinger from K. Wayne Smith, "DPRC Meeting Scheduled for Monday, Apr. 26, 1971," Apr. 23, 1971, Box H-102, NSC Institutional Files, NPM.

(109) U.S. Senate, Committee on Appropriations, *DOD Appropriations for FY 1972*（Washington D.C: USGPO, 1972）, pp. 212–213.

(110) NSDM-113: Republic of Korea Forces in South Vietnam, Jun. 23, 1971, Box 2, Entry 9, RG 273. 駐ヴェトナム韓国軍の駐留は、その後ふたたび延長される。NSDM-161: Republic of Korea Forces in South Vietnam, Apr. 5, 1972, Box 2, Entry 9, RG 273.

(111) NSDM-129: ROK Force Structure and Modernization Program, Sep. 2, 1971, Box H-227, NSC Institutional Files, NPM.

(112) この点について、当時、朴正熙の特別補佐官であった咸秉春《ハムビョンチュン》は、朝鮮半島を東北アジアにおける「車の輪留めのピン」（linchpin）になぞらえたうえで、在韓米軍を同地域の「審判員」（referee）として位置づけることを主張した。Pyong-Choon Hahm, "Korea and the Emerging Asian Power Balance," *Foreign Affairs,* Vol. 50, No. 2（January 1972）.

(113) Memorandum for HAK from K. Waynes Smith and John Holdridge, "Chou Eun-Lai's Remarks to You in Peking about U.S. Troop Withdrawals from Korea," Sep. 21, 1971, Box H-102, NSC Institutional Files, NPM.

(114) ニクソン政権期における米国の対日政策を扱った最近の研究としては、潘亮「ニクソン政権の対日安全保障政策」増田弘編『ニクソン訪中と冷戦構造の変容』（慶應義塾大学出版会、二〇〇六年）、瀬川高央「日米防衛協力の歴史的背景——ニクソン政権期の対日政策を中心にして」北海道大学公共政策大学院『年報 公共政策学』第一号（二〇〇七年三月）、中島琢磨「戦後日本の『自主防衛』論——中曽根康弘の防衛論を中心として」九州大学法政学会『法政研究』第七一巻四号（二〇〇五年三月）、中島信吾『戦後日本の防衛政策——「吉田路線」をめぐる政治・外交・軍事』（慶應義塾大学出版会、二〇〇六年）、菅英輝「米中和解と日米関係——ニクソン政権の東アジア秩序再編イニシアティブ」菅英輝編著『冷戦史の再検討——変容する秩序と冷戦の終焉』（法政大学出版局、二〇一〇年）等々があげられる。

(115) NSDM-13: Policy toward Japan, May 28, 1969, Box 925, NSC Files, NPM.

(116) たとえば、NSSM-122: Policy toward Japan-Part One-Political, Psychological, and Security Aspects of the Relationship, Jun. 1971, JU 01391; "NSSM-122, Policy toward Japan-Summary, Aug. 2, 1971," Box H-182, NSC Institutional Files, NPM, pp. 9–10; DOS to AmEmbassy Tokyo, "Assessment of Japanese Fourth Defense Build-up Plan," May 24, 1971, JU 01383, *NSA*.

(117) Memorandum for Kissinger from DOD, Subject: NSSM-122, Addendum II, Aug. 25, 1971, Box H-182, NSC Institutional Files, NPM, p. 4. 同報告書は、ソ連も中国と同様、日本が再武装するよりも、米国に軍事的に依存する現体制の維持を望んでいると評価した。

(118) 室山義正「日米安保体制の構造と論理――共同防衛論とタダ乗り論」東京大学社会科学研究所編『現代日本社会［国際化］』第七巻（東京大学出版会、一九九二年）、二六三～二六四頁。

(119) AmEmbassy Seoul to DOS, "North Korea and Evolving Relationships in Asia," Aug. 19, 1971, Box 2419, SN 1970–73, RG 59. かねてから駐韓米大使館は、北朝鮮が公式の主張とは違って在韓米軍を黙認するかもしれないと指摘していた。たとえば、AmEmbassy Seoul to DOS, "North Korea and the United States Presence in the ROK," May 7, 1970, Box 2260, SN 1970–73, RG 59.

(120) U.S. House, Committee on Armed Services, *Review of the Policy Decision to Withdraw United States Ground Forces from Korea* (Washington D.C.: USGPO, 1978), p. 89.

(121) Memorandum for Kissinger from K. Wayne Smith, "Five-Year Korea Program," Jul. 30, 1971, Box H-227, NSC Institutional Files, NPM.

(122) ニクソンが一九七三会計年度における追加削減計画を取り消したことは、つぎの文書で明示されている。Memorandum for Kissinger from K. Wayne Smith and John Holdridge, "ROK Forces in South Vietnam," Sep. 1, 1971, Box H-224, NSC Institutional Files, NPM.

(123) Memorandum of Conversation: Chou En-lai & Kissinger, Peking, Oct. 22, 1971, 4:15–8: 28 P.M., Box 1034, NSC Files, NPM, p. 6.

(124) *Ibid.*, pp. 6–8. こうした中国の対日認識について、牛場信彦駐米大使は「日米を離間させ、日本を無力化する（neutralize）ことを目指している」と述べた。Memo for the Record, "Conversation with Japanese Ambassador Ushiba," Jul. 20, 1971, POL Japan-US, SN 1970–73, RG 59, p. 2.

(125) Memorandum of Conversation: Chou & Kissinger, Oct. 22, 1971, p. 6.

(126) *Ibid.*, pp. 6–8.

(127) *Ibid.*, pp. 9–10.

(128) *Ibid.*, p. 11.

(129) *Ibid.*, p. 15.

(130) *Ibid.*, p. 16.

(131) 朴稚栄「韓国問題と国連決議分析」『漢陽大社会科学論叢』第一二輯（ソウル：一九九三年）、一〇頁。第二六次国連総会における朝鮮問題の動向については、金溶植『希望と挑戦』、二三七～二四三頁、劉仙姫「七一年国連における朝鮮問題討議延期をめぐる日米韓関係（Ⅱ）」政治経済史学会編『政治経済史学』四八九号（二〇〇七年五月）を参照。

(132) 金溶植『希望と挑戦』、二三七～二四三頁を参照。

(133) 従来の重要事項決議案が中国の代表権問題を重要事項としていたのに対し、逆重要事項決議案は、中国の国連加盟は認めるが、台湾追放は三分二の支持を必要とする重要事項に指定することによって防ごうとするものであった。米国と日本による中国議席変更妨害工作についてはさしあたり、Sadako Ogata, *Normalization with China: A Comparative Study of U.S. and Japanese Processes* (Berkeley: Institute of East Asian Studies, University of California, Berkeley, 1988), pp. 29–30〔添谷芳秀訳『戦後日中・米中関係』(東京大学出版会、一九九二年)〕; 田中明彦『日中関係　一九四五～一九九〇年』(東京大学出版会、一九九一年)、七一～七三頁を参照。

(134) より正確に言えば、「アルバニア決議案」は一〇月二五日、帰国するキッシンジャーの飛行機が飛び立った直後に通過した。岡部達味『中国の対外戦略』(東京大学出版会、二〇〇二年)、一八八頁。

(135) 一方、ロジャーズ国務長官とジョージ・H・ブッシュ国連大使は、国連での二重代表制案の審議に悪影響を与えるという理由で、キッシンジャーの第二回目訪中の延期を主張したが、ニクソンはこの提案を受け入れなかった。Nixon White House Tapes, Conversation 581–1 and 582–2, 581–6, 582–3 (Sep. 30, 1971), *NSA* Electronic Briefing Book, No. 70 を参照。

(136) Memorandum of Conversation: Chou & Kissinger, Oct. 22, 1971, p. 7.

(137) *Ibid.*, p. 11.

(138) *Ibid.*, p. 13. なお、NSCはこのキッシンジャーの発言を「対中コミットメント」として分類し、対応した。Paper Prepared by the NSC Staff, Concrete Commitments to the PRC Made during HAK October 1971 Visit, undated, Box 1035, NSC Files, NPM.

(139) ニクソン政権の国連諮問委員会は一九七〇年四月、中国と台湾に対して「二重代表制」適用と国連同時加入を主張しつつ、この方式を韓国とドイツ、ヴェトナムなど他の分断国にも適用すべきであると建議した。その後、分断国の国連同時加入案は米国政府の基本見解として定着する。李榮一『分断時代の統一論理』(ソウル：太陽文化社、一九八一年)、二一九～二二〇頁。

(140) Memorandum for the President from HAK, Subject: My October Visit: Discussions of Issues, Nov. 11, 1971, Box 847, NSC Files, NPM.

(141) もともと中国側はニクソン訪中に際してのコミュニケ発表を予定しなかったが、キッシンジャーの提議を受けて慌ただしく対応することになった。上海コミュニケの特徴は「同意しないことに同意する」、すなわち両論併記のかたちをとったことにある。全般的なコミュニケ作業の過程については、Memorandum from Kissinger to the President, "My October China Visit: Drafting the Communique," Box 1035, NSC Files, NPM を参照。

(142) 上海コミュニケは七回にわたる修正をへて完成された。この交渉は難航し、キッシンジャーは米国復帰時間を二回にわたり延期した。魏史言「基辛格第二次訪華」外交部外交史研究室編『新中国外交風雲』第三輯(北京：世界知識出版社、一九九四年)、六六頁以下を参照。

(143) First Chinese Draft, 10/24/1971 9:00 P.M., Box 846, NSC Files, NPM. 中国側はこの第一次草案で、在日米軍の全面撤退と沖縄の無条件返還をも求めていた。

(144) Second U.S. Draft, 10/25/1971 10:15 A.M., Box 846, NSC Files, NPM.

(145) Second Chinese Draft, 10/25/1971 7:15 P.M., Box 846, NSC Files, NPM.

(146) 倉田「米中接近と韓国」、一七一頁。

(147) Second U.S. Draft.

(148) Memorandum of Conversation: Chou En-lai & Kissinger, Peking, Oct. 25, 1971, 9:50–11:40 P.M., Box 1034, NSC Files, NPM, p. 6.

(149) Third U.S. Draft, 10/25/1971 10:00 P.M., Box 846, NSC Files, NPM..

(150) Second & Third U.S. Draft. 米国は上海コミュニケにおいて、アジア国家のなかで韓国と日本のみに対してコミットメントを示した。これは、キッシンジャーがコミュニケ作業において同盟問題を取引材料として利用したことを示す。Macmillan, *Nixon and Mao*, pp. 310–311.

(151) Second Chinese Draft; Third Chinese Draft 10/26/1971 4:45 A.M., Box 846, NSC Files, NPM.

(152) Memorandum of Conversation: Chou En-lai & Kissinger, Peking, Oct. 26, 1971, 5:30–8:10 A.M., Box 1034, NSC Files, NPM, p. 6–7.

(153) Joint Communique（Tentative Draft）FINAL DRAFT 10/26/1971 8:00 A.M., Box 846, NSC Files, NPM.

(154) 一九七二年一月、ニクソン訪中のための最終交渉に臨むために訪中したアレクサンダー・ヘイグ准将（国家安全保障担当大統領特別副補佐官）がコミュニケ修正案をふたたび提出するが、コミュニケの文句に関する議論は交わされなかった。ヘイグ・周の会談録は、Box 1037, NSC Files, NPM に全文が所収されている。くわえて、ニクソン訪中の際にキッシンジャー・喬冠華《チャオグアンフア》またはキッシンジャー・周恩来のあいだでおこなわれたコミュニケをめぐる最終交渉に関わる会談録は、Box 92, NSC Files, Henry A. Kissinger Office Files, NPM に所収されている。

(155) 「ニクソン米大統領の訪中に関する米中共同コミュニケ（一九七二年二月二七日）」外務省『わが外交の近況』第一六号（一九七二年）、五二六頁。

(156) 倉田「米中接近と韓国」、一七二頁。

(157) Holdridge, *Crossing the Divide*, pp. 92–93. 国務省は、コミュニケに米国の台湾へのコミットメントに関する言及が存在しないことに強く反発した。

（158）ロバート・リトワクは、ニクソン・ドクトリンを「政治的撤退をともなわない軍事力削減」と定義した。Robert S. Litwak, *Détente and the Nixon Doctrine: American Foreign Policy and the Pursuit of Stability, 1969–1976*（Cambridge: Cambridge Univ. Press, 1984）, p. 54.

（159）金日成「米帝に反対するアジア革命的人民たちの共同闘争は必ず勝利するだろう」『労働新聞』一九七一年八月六日。

（160）Memorandum of Conversation: Chou En-lai & Kissinger, Oct. 22, 1971, p. 5.

第4章　米中「和解」と敵対的な「双子体制」の成立

（1）もっとも南北と米中は、公式には朝鮮半島の分断構造の現状承認を否定した。とりわけ中国にとって、朝鮮半島に対する分断の承認は台湾問題にも類似の帰結をもたらす可能性があり、許容できないことであった。

（2）Plenary Opening Statement, Feb. 22, 1972, Box 847, NSC Files, NPM.

（3）以下、ニクソン訪中時の会談録の引用は主として、*FRUS*, 1969–76, Vol. XVII: China 1969–72（Washington D.C.: USGPO, 2006）による。原文は、Box 87, White House Special Files, President's Office Files, NPM に所収されている。くわえて、日本語訳としては、毛里和子・毛里興三郎訳『ニクソン訪中機密会談録』（名古屋大学出版会、二〇〇一年）をも参考にする。

（4）Memorandum of Conversation: Mao Tse-tung & Nixon, Beijing, Feb. 21, 1972, *FRUS*, 1969–76, Vol. XVII: China 1969–72, pp. 680–681.

（5）柳沢英二郎『戦後国際政治史Ⅱ　一九五九〜一九七三』（柘植書房、一九八五年）、二七八頁。

（6）周恩来が二月二二日のニクソンとの第一回会談で、「われわれは二〇年以上も待ち続けたから、もう数年間待つことは可能である」と述べたように、中国側は台湾問題を米中和解の前提条件としない立場であった。Memorandum of Conversation: Nixon and Chou En-lai, Feb. 22, 1972, *FRUS*, 1969–76, Vol. XVII: China 1969–72, p. 712. なお、米国は、南ヴェトナムを支援するが、ヴェトナムでの行動を中国に影響しない範囲内にとどめるという立場を示した。中国も同様に、北ヴェトナムへの物資供給を続けるが、その目的はソ連の北ヴェトナムへの影響力を牽制することにあるとの立場をとった。Henry A. Kissinger, *White House Years*（Boston: Little Brown, 1979）, pp. 1051, and 1086–1087〔斉藤彌三郎ほか訳『キッシンジャー秘録』全五巻（小学館、一九七九〜八〇年）〕; Richard M. Nixon, *RN: The Memoirs of Richard Nixon*（New York: Grosset and Dunlap, 1978）, pp. 547–548〔松尾文夫・斎田一路訳『ニクソン回顧録』全三巻（小学館、一九七八〜七九年）〕を参照。

（7）田中明彦『日中関係　一九四五〜一九九〇』（東京大学出版会、一九九一年）、七〇頁、添谷芳秀『日本外交と中国：一九四五〜一九七二』（慶應通信、一九九五年）、一九一頁。

（8）ここでの「覇権」とは端的にソ連を指しており、その意味で米国は、ソ連を牽制するために台湾を犠牲にしたとも言えよう。John

Spanier, *American Foreign Policy since World War II,* 12th ed.（Washington D.C.: Congressional Quarterly Inc., 1992）, pp. 199–200.

（9） Memorandum of Conversation: Chou and Kissinger, July 9, 1971, 4:35–11: 20 P.M., Box 1032, NSC Files, NPM, p. 11.

（10） Memorandum of Conversation: Mao Tsetung and Nixon, Feb. 21, 1972, *FRUS,* 1969–76, Vol. XVII: China 1969–72, p. 683.

（11） *Ibid.,* p. 681.

（12） Memorandum of Conversation: Nixon and Chou, Feb. 23, 1972, *FRUS* 1969–76, Vol. XVII: China 1969–72, p. 733.

（13） *Ibid.*

（14） President Nixon's Report to Congress, *United States Foreign Policy for the 1970's: The Emerging Structure of Peace,* Feb. 3, 1972（Washington D.C.: USGPO, 1972）, p. 8.

（15） キッシンジャーは、ニクソン訪中によって米軍撤退に対するアジア諸国の懸念が増大すると判断し、アジア駐留米軍に対する追加削減計画の留保方針を訪中前に同盟諸国に通告した。Memorandum for the President from HAK, "FY 73 Non-Vietnam Development for Asia," Feb. 9, 1972, H-104, NSC Institutional Files, NPM.

（16） Memorandum of Conversation: Nixon and Chou, Feb. 22, 1972, *FRUS* 1969–76, Vol. XVII: China 1969–72, p. 703.

（17） この点について岡部達味は、ニクソンが周恩来の日本国内情勢に対する無知を最大限に利用した、と評した。岡部達味『中国の対外戦略』（東京大学出版会、二〇〇二年）、一九二頁。

（18） Memorandum of Conversation: Nixon and Chou, Feb. 22, 1972, *FRUS,* 1969–76, Vol. XVII: China 1969–72, p. 703.

（19） ニクソンは中国に向かう途中、ハワイで以下のような自分用のメモを書いたが、これが周恩来との会談における発言の基本となった。「核の傘を与える最善の方法、①日本の核武装を阻止する、②米国が影響力を持つ……われわれは日本が朝鮮半島、台湾、インドネシアに『手を伸ばす』ことに反対する」。James H. Mann, *About Face: A History of America's Curious Relationship with China, from Nixon to Clinton*（New York: Alfred Knopf, 1999）, pp. 43–44〔鈴木主税訳『米中奔流』（共同通信社、一九九九年）〕.

（20） ニクソンは、ニュアンスこそ異なるものの、中国との会談でこのような対日姿勢をとることを日本側にも事前に示唆していた。ニクソンは訪中一カ月前の一九七二年一月六日、佐藤栄作総理との首脳会談で、「日本に核兵器を提供しないし、日本の軍事化に反対する」ことを説明することで中国の憂慮を払拭する、と対中交渉戦略を明かしていた。Memorandum of Conversation, Meeting with Eisaku Sato, Jan. 6, 1972, Box 87, White House Special Files, President's Office Files, NPM.

（21） ニクソンは、毛と周が米軍の日本封じ込めの役割を暗黙裡に受け入れたと確信した。Memorandum for the President's File by John H. Holdridge, "Meeting with Mr. Marshall Green, Assistant Secretary of State for East Asian and Pacific Affairs," Mar. 23, 1972, Box 88, President's Office Files, NPM.

（22）外岡秀俊ほか『日米同盟半世紀――安保と密約』（朝日新聞社、二〇〇一年）、三〇一頁。くわえて、こうした米中両国の日本観を捉えた研究としては、添谷芳秀「一九七〇年代の米中関係と日本外交」『年報政治学'97』（岩波書店、一九九七年）を参照。

（23）Memorandum of Conversation: Nixon and Chou, Feb. 23, 1972, *FRUS*, 1969–76, Vol. XVII: China 1969–72, pp. 732–733.

（24）*Ibid.*

（25）Memorandum of Conversation: Nixon and Chou, Feb. 24, 1972 *FRUS*, 1969–76, Vol. XVII: China 1969–72., p. 769.

（26）Memorandum of Conversation: Kissinger and Chou, Jun. 22, 1972, *FRUS*, 1969–76, Vol. XVII: China 1969–72, p. 989. キッシンジャーの第四回訪中時における会談録の原文は、Box 97, Henry A. Kissinger Office Files, NPM に所収されている。

（27）Memorandum of Conversation: Nixon and Chou, Feb. 23, 1972, *FRUS*, 1969–76, Vol. XVII: China 1969–72, p. 733.

（28）中共中央文献研究室編『周恩来年譜』下巻（北京：中央文献出版社、一九九七年）、四九三頁。

（29）同前書、五一一頁。

（30）Bernd Schäfer, "North Korean Adventurism and China's Long Shadow, 1966–1972," *CWIHP* Working Paper Series #44 (October 2004), pp. 36–37.

（31）金日成「党幹部養成事業を改善、強化するために――党幹部養成期間の教員に対しおこなった演説（一九七一年一二月二日）」『金日成著作選集』第六巻（平壌：朝鮮労働党出版社、一九七二年）、一六二頁。

（32）「上層統一戦線」とは、社会勢力の上層指導部を懐柔し革命戦略を有利に導こうとする統一戦線戦術を指す。反面、下層統一戦線は、大衆工作を通じて上層指導部を孤立化させることを目指す。国土統一院『北傀の対南革命戦略』（ソウル：ジョンファ印刷文化社、一九七九年）、一二一頁。

（33）この問題に関連して、周恩来は、「七・四南北共同声明」発表直後の一九七二年八月二二日から二五日にかけて秘密裏に訪中した金日成に対して、中国共産党の統一戦線の経験を取り上げつつ、「資産階級との連合が決裂した際には、左なりの誤謬を犯しやすい。資産階級と連合した際には、右なりの誤謬を犯しやすい」と助言した。中共中央文献研究室編『周恩来年譜』下巻（北京：中央文献出版社、一九九七年）、五四六頁。

（34）周恩来は、訪朝に先立つ三月三日には北ヴェトナムを訪問した。中共中央文献研究室編『周恩来年譜』下巻、五一五頁、宋恩繁ほか主編『中華人民共和国外交大事記：第四巻（一九七一－一九七八）』（北京：世界知識出版社、二〇〇三年）、二二二頁。中国首脳部はその後、一九七八年の日中平和友好条約締結の際などにおいても、訪朝して、金日成にその趣旨を丁寧に説明する。たとえば、

中共中央文献研究室編『鄧小平年譜　一九七五－一九九七』上巻（北京：中央文献出版社、二〇〇四年）、三七二～三七三頁。

(35) 王泰平主編『中華人民共和国外交史：第三巻（一九七〇～一九七八）』（北京：世界知識出版社、一九九九年）、四一頁。

(36) Telegram 2795 form Hong Kong, "PRC-North Korea," Apr. 25, 1972; Telegram 2487 form Hong Kong, "North Korean Military Anniversary," May 2, 1972, Box 2421, SN 1970–73, RG 59.

(37) 「朝鮮民主主義人民共和国の当面の政治・経済政策といくつかの国際問題について――日本『読売新聞』記者の質問に対する回答（一九七二年一月一〇日）」『キム・イルソン――わが革命におけるチュチェについて（二）』日本語版（平壌：外国文出版社、一九七五年）、四二〇頁。

(38) 『読売新聞』一九七二年一月二四日。金日成は同年一月二六日、日本社会党機関紙の『社会新報』との会見では、南北平和協定を「即刻」締結することを求めたうえで、在韓米軍撤退を条件にして南北軍縮を訴えた。DOS Telegram 24349, "Kim Il Sung's Peace Proposal Clarified," Feb. 2, 1972, Box 2421, SN 1970–73, RG 59.

(39) 「アメリカの『ワシントン・ポスト』記者との談話（一九七二年六月二一日）」『キム・イルソン――外国記者の質問にたいする回答』日本語版（平壌：外国文出版社、一九七四年）、三〇三頁。

(40) DOS Intelligence Note, Feb. 18, 1972, p. 2; Memorandum for Kissinger from Robert H. Miller, Acting Executive Secretary, "Kim Il-Sung's Interview with Selig Harrison," Jun. 26, 1972, Box 2421, SN 1970–73, RG 59.

(41) DOS Telegram 11595, "INR Analysis," Jan. 20, 1972; DOS Telegram 6871, "Kim Il-Sung Offer to Sign 'Peace Pact' with ROK," Jan. 13, 1972, Box 2421, SN 1970–73, RG 59.

(42) Telegram 425 from Seoul, "Kim Il-Song Offer to Sign 'Peace Pact' with ROK," Jan. 21, 1972, Box 2421, SN 1970–73, RG 59.

(43) 国土統一院『南北対話白書』日本語版（ソウル：一九八八年）、三四頁。

(44) Telegram 272 from Seoul, "Kim Il-Sung Offer to Sign 'Peace Pact' with ROK," Jan. 15, 1972, Box 2421, SN 1970–73, RG 59.

(45) 馬相允「安保と民主主義、そして朴正熙の道」韓国国際政治学会『国際政治論叢』第四三集四号（ソウル：二〇〇三年一二月）、一八八頁。

(46) 「政治局に送る情報（一九七二年八月四日）」統一研究院編『ドイツ地域北韓機密文書集』（ソウル：ソンイン、二〇〇六年）、二四九頁。

(47) Telegram 640 from Seoul, "DPRK-PRC Relations," Feb. 2, 1972, Box 2185, SN 1970–73, RG 59, pp. 2–3.

(48) 『労働新聞』は「上海コミュニケ」について、論評抜きで、また米国の韓国への支持に関する文句を除いて報道した。『労働新聞』

一九七二年二月二九日。

(49) Telegram 1103 from Taipei, "Green-Holdridge Call on President Park," Mar. 3, 1972, Box 2429, SN 1970–73, RG 59. これに対して金溶植外務長官は、米中首脳会談に関するあらゆる想定のもとに、三時間もの長時間にわたってグリーン一行を厳しく問い詰めた。John H. Holdridge, *Crossing the Divide: An Insider's Account of the Normalization of US-China Relations* (Lanham, Boulder, New York, Oxford: Rowan & Littlefield Publishers, 1997), p. 99; 金溶植『希望と挑戦——金溶植外交回顧録』（ソウル：東亜日報社、一九八七年）、二五八～二六〇頁。

(50) DOS Telegram 217339, Dec. 1, 1971; Telegram 7206 from Seoul, Nov. 30, 1971; Telegram 7238 from Seoul, Dec. 1, 1971, Box 2429, SN 1970–73, RG 59.

(51) 「米・中共共同声明に関する外務部長官論評（一九七二年二月二八日）」『ニクソン、リチャード米国大統領中国（旧中共）訪問、一九七二年二月二一日～二八日。全三巻（V・二　一九七二年）』（韓国外交文書：七二七・七二US／CP、五一二〇）。

(52) しかし、米国政府は、韓国側の北朝鮮脅威論には根拠がなく、こうした誤った判断がむしろ北朝鮮の誤判や冒険主義を誘発する恐れがあると指摘した。Telegram 7269 from Seoul, Dec. 1, 1971, "ROK Officials Warn of North Korean Threat,"; DOS to AmEmbassy Seoul, Dec.2 1971, "ROK Emphasis on North Korean Threat," Box 2421, SN 1970–73, RG 59.

(53) 文化公報部『国家非常事態を総和をもって乗り越えよう』（ソウル：一九七一年一二月）。

(54) 全文一二条からなる同法案は、大統領に、国家非常事態宣布権、経済に関する規制権、国家動員令発布権、特定地域への入居指定権、屋外集会およびデモ規制措置、歳出予算の変更権などを与えることを骨子としていた。全文は、『韓国時事資料・年表』上巻（ソウル：ソウル言論人クラブ出版部、一九九二年）、一〇一八～一〇一九頁。

(55) 鄭洪鎮は中央情報部局長として、韓国赤十字会談事務局の会談運営部長の資格で赤十字会談に参加していた。一方の金徳鉉は朝鮮労働党中央委員会責任指導員であった。『南北対話資料集』第七巻（ソウル：国土統一院、一九八七年）、二五頁。

(56) 李厚洛・金英柱会談の準備作業のために、鄭洪鎮が一九七二年三月二八～三一日に平壌を、金徳鉉が同年四月一九～二一日にソウルを秘密裏に交換訪問した。

(57) Telegram 6992 from Seoul, "Conversation with Yi Hu-Rak," Nov. 18, 1971, Box 2427, SN 1970–73, RG 59.

(58) Telegram 7507 from Seoul, Dec. 13, 1971, untitled, Box 2427, SN 1970–73, RG 59.

(59) DOS Research Study, "ROK/DPRK: The Two Koreas Lower Barriers But Not Their Guard," Jul. 17, 1972, Box 2422, SN 1970–73, RG 59, p. 3.

（60）Don Oberdorfer, *The Two Koreas: A Contemporary History*（New York: Basic Books, 1997), pp. 25–26〔菱木一美訳『二つのコリア——国際政治の中の朝鮮半島』（共同通信社、一九九八年）〕.

（61）AmEmbassy Seoul to DOS, "Assistant Secretary Green's Conversation with President Park Chung Hee, Jul. 6, 1972," Jul. 7, 1972, Box 2426; DOS Telegram, "Emergency Presidential Powers," Jan. 3, 1972, Box 2427, SN 1970–73, RG 59.

（62）駐韓米大使館は、朴政権が学生らのデモに対する強硬鎮圧を正当化する一方、予算案などに対する野党の反対を無力化するなど、主として国内政治的な危機を突破するために意図的に北朝鮮脅威論を助長していると判断した。AmEmbassy Seoul to SecState, "ROKG Touting North Korean Threat," Nov. 13, 1971; Telegram 7312 from Seoul, "ROK Emphasis on North Korean Threat," Dec. 3, 1971, Box 2421; DOS Intelligence Note, "Republic of Korea: Park Increase His Power to Counter Emergency Situation," Dec. 10, 1971, Box 2426, SN 1970–73, RG 59.

（63）Telegram 6692 from Seoul, Nov. 18, 1971, untitled, Box 2421, SN 1970–73, RG 59. 金鍾泌総理も、北朝鮮の攻撃が切迫しているとはまったく考えていなかった。Telegram 7318 from Seoul, Dec. 4, untitled, 1971, Box 2421, SN 1970–73, RG 59.

（64）グレゴリ・ウィン「南北韓外交政策——信念、認識および葛藤定向の比較」具永禄ほか編『南北韓政治統合と国際関係』（ソウル：慶南大学極東問題研究所、一九八六年）、一五三頁。

（65）Telegram 7507 from Seoul, Dec 13, 1971.

（66）こうした判断は、米上院の調査委員会が一九七二年一一月、韓国の外務部と国防部、青瓦台など最高レヴェルとの面会を通じてまとめた報告書によく示されている。U.S. Senate, *Korea and the Philippines: Nov. 1972,* Staff Report Prepared for the Use of the Committee on Foreign Relations, 93rd Congress, 2nd Session, Feb. 18, 1973, p. 5.

（67）Letter to Nixon from Park, Mar. 23, 1972, Box 2427, SN 1970–73, RG 59. しかし、ニクソンはその二カ月後の返書で、「われわれは北朝鮮が近い将来に敵対行為をおこなうという情報を持っていない」と、北朝鮮脅威論を退けた。Letter to Park from Nixon, May 19, 1972, Box 2429, SN 1970–73, RG 59.

（68）"The Explosion in ROK-US Relation: Habib Worries," May 26, 1972, Box 2427, SN 1970–73, RG 59.

（69）Memorandum of Conversation, "Call on Assistant Secretary Green by Harm Pyung Choon," Apr. 13, 1972, Box 2424, SN 1970–73, RG 59.

（70）朴正熙政権の「自主国防」政策については、呉源哲『韓国型経済建設』第五・七巻（ソウル：韓国型経済政策研究所、一九九六・九九年）、国防部軍史編纂研究所『国防史』第四巻（ソウル：一九九四年）、国防部『栗谷《ユルゴク》事業の昨日と今日、そして明日』（ソウル：一九九四年）を参照。

(71) こうした「自主国防」の方向性は、朴正熙が一九七三年四月一九日に合同参謀本部に下達した「自主的軍事力建設のための指針」によく示されている。国防軍史研究所『国防政策変遷史 一九四五～一九九四』（ソウル：一九九五年）、二〇五～二〇六頁。

(72) 金東祚『冷戦時代のわが外交』（ソウル：文化日報社、二〇〇〇年）、二四九頁。

(73) Telegram 7004 from Seoul, "North Korean Threat-A Refinement," Nov. 18, 1971, Box 2421, SN 1970–73, RG 59. ただし、朴正熙政権にとって南北間の本格的な緊張緩和は、米国の対韓軍事援助削減や在韓米軍撤退を促進させる恐れがあった。DOS Memorandum, "The Impact of the Korean Talks," Jul. 7, 1972; Telegram 3939 from Seoul, "Assistant Secretary's Conversation with Yi Hu Rak, July 6, 1972," Jul. 7, 1972, Box 2421, SN 1970–73, RG 59.

(74) Paul M. Popple to Marshall Green, "The Impact of the Korean Talks," Jul. 7, 1972, Box 2429, SN 1970–73, RG 59, pp. 1–2.

(75) "PARA (Policy Analysis Resource Allocation) Korea FY 1973," Mar. 14, 1972, Box 2429, SN 1970–73, RG 59, pp. 8–9, and 12–13.

(76) たとえば、U・アレクシス・ジョンソン国務次官は、韓国に南北対話を継続させるためには、在韓米軍の駐留と韓国軍近代化計画の完遂は欠かせないという信念を持っていた。Memorandum of Conversation, "Courtesy Call of General Bennett, Commander in Chief (designate) of United Nations Command, etc.," Aug. 17, 1972, Box 2427, SN 1970–73, RG 59.

(77) Telegram 4946 from Seoul, for Ambassador Johnson from Porter, Aug. 17, 1971, Box 2421, SN 1970–73, RG 59.

(78) 文淳寶「朴正熙時代の韓米葛藤——観念、制度、政策の分析的観点から」（ソウル：成均館大学博士号請求未公刊論文、二〇〇七年一〇月）、二七二頁。

(79) Memorandum for the President's File from Major General A. M. Haig, Jr., "Meeting with Foreign Minister Kim Yong Sik of South Korea on April 26, 1972 at 11:45 A.M. in the Oval Office," Box 2423, SN 1970–73, RG 59, p. 3.

(80) 韓国政府は李厚洛の訪朝について、米国には一九七二年四月に、日本には五月二日にそれぞれ事前通知した。金忠植『南山の部長達（I）』（ソウル：東亜日報社、一九九二年）、三五六頁、『南北対話資料集』第七巻、七三～七九頁。

(81) 「平和五原則」は、もともと一九五四年の周恩来とインド首相ジャワハルラル・ネルーとの合意文書に由来するが、その後、五五年四月にインドネシアで開催された第一回アジア・アフリカ会議が採択した「バンドン平和一〇原則」の土台となり、中国の対外政策の基本原則として定着する。①領土・主権の相互尊重、②相互不可侵、③内政不干渉、④互恵平等、⑤平和共存を骨子とするこの平和五原則は、そのまま米中間の上海コミュニケに合意事項として盛り込まれた。楊奎松主編『冷戦時期的中国対外関係』（北京：北京大学出版社、二〇〇六年）、五九頁。

(82) 『南北対話資料集』第七巻、一〇八頁。なお、Document No. 19, "Conversation between Kim Ilsung & Lee Hurak, May 4, 1972, 00:15–

"01:30 A.M., at Mansoo Hill," James Person, ed., *New Evidence on Inter-Korean Relations, 1971–1972*, Document Reader #3（September 2009）, *NKIDP* を参照。

（83）鄭洪鎮は、「北側は彼らの主張を統一三原則で包括的に表現しようとした。文案調整の過程で少なからぬ論難もあったが、南側が譲歩し合意に達した」と述べた。鄭洪鎮「七・四共同声明の成立過程と歴史的意味」韓国政治学会学術大会編『南北間関係の回顧と展望』（ソウル：二〇〇二年）。

（84）北朝鮮側は、金英柱が「植物神経症」（vegetable neurological disorder）の病に冒されていたと説明した。それ以後、朴成哲が金の役割を代行した。『南北対話資料集』第七巻、一四〇頁。

（85）『南北対話資料集』第七巻、一四〇～一五九頁。具体的に、南北調節委員会は、李厚洛と金英柱が共同委員長となるうえで双方各々三人ないし五人の代表から構成され、なお、同委員会のなかに分野別分科委員会が設置されるようになった。

（86）機能主義（functionalism）は、国家間関係において国益に絡む政治的な次元（とくに軍事問題）と非政治的な次元（たとえば文化、経済）とを区別し、政治的な領域での協力が不可能でも、非政治的な領域における国家間協力は可能である、という立場を取っている。David Mitrany, *A Working Peace System*（Chicago: Quadrangle Books, 1966）, pp. 32–34.

（87）DOS Information Memorandum, "Korea North-South Contacts," Jun. 5 1972; Telegram 3946 from Seoul, "Assistant Secretary's Conversation with President Park," Jul. 7, 1972, Box 2421, SN 1970–73, RG 59, p. 3. 朴正煕・朴成哲会談録は、"Document No. 21, "Conversation between Park Chunghee and Park Seongcheol, May 31, 1972, 19:00–19:40 P.M., at Blue House," *New Evidence on Inter-Korean Relations, 1971–1972*, Document Reader #3, *NKIDP* を参照。

（88）七・四南北共同声明が米国の独立記念日にあたる七月四日に発表された経緯は不明であるが、李厚洛が米国側に説明したところによれば、発表日は韓国側の提案によるものであった。

（89）この点について鄭洪鎮はのちに、「公式文書のかたちをとれば、それまでの政策から急旋回することになるため、『上部の意を体して』と表記した」と述べた。「夜中に会った金日成」『月刊朝鮮』通巻五二号（ソウル：一九八四年七月）、二九九頁。

（90）一九七二年六月二一日にタイ軍が二一年七カ月間の韓国駐留を終え撤退することによって、国連軍司令部は事実上国連旗だけが残されるようになった。ソウル新聞社編『駐韓米軍三〇年』（ソウル：杏林出版社、一九七九年）、三七六頁。

（91）Telegram 3844 from Seoul, "South-North Talks," Jul. 4, 1972; Box 2421, SN 1970–73, RG 59.

（92）Telegram 3883 from Seoul, "National Assembly Debate on North-South Contacts," Jul. 5, 1972, Box 2421, SN 1970–73, RG 59.

（93）『北韓年表　一九六二～一九七九』（ソウル：国土統一院、一九八〇年）、九一二頁。

(94) Telegram 3844 from Seoul, Jul. 4, 1972.

(95) 「南北共同声明に対する広報指針」『一九七二・七・四南北共同声明、一九七二。全二巻（V・一　基本文書および米州地域反応）』（韓国外交文書：七二六・二一、五〇九三）。

(96) 北朝鮮の『朝鮮中央放送』は七・四南北共同声明発表の前日の七月三日、「労働党第五次党大会で金日成首領がおこなった事業報告のなかで『南朝鮮革命と祖国統一』に対する部分に関する解説」と題する政策解説論文を紹介し、「祖国統一は朝鮮民主主義人民共和国の旗幟のもとで民族解放革命を全国的な範囲で完遂することを自己課業とする。（中略）南朝鮮で米帝侵略者とその走狗を撃ち殺し人民が政権を争取するための南朝鮮革命は、決して平和的方法では解決しえない」と主張した。『南北対話白書』（ソウル：国土統一院南北対話事務局、一九八二年）、一二〇頁。

(97) 李祥雨「南北調節会談――ソウルと平壌の密会」『新東亜』第二二八号（ソウル：一九八三年八月）、二六五頁。

(98) 『労働新聞』一九七一年七月五日。

(99) Memorandum for Kissinger from Robert H. Miller, July 12, 1972; CIA Directorate of Intelligence, "Weekly Summary," No. 0377/72, Jul. 7, 1972, *CREST*, p. 8.

(100) Memorandum of Conversation: Kissinger and Huang Hua, Jul. 26, 1972, Box 850, NSC Files, NPM.

(101) Telegram 6627 from Moscow, "Soviets Fail to Comment on Significance of Korean Joint Statement," Jul. 11, 1972, Box 2421, SN 1970–73, RG 59. 駐モスクワ米大使館はソ連の沈黙理由について、中国の七・四北共同声明への介入を意識したからであると指摘した。

(102) 中国側の反応については、「良好的開端」『人民日報』一九七二年七月九日を参照。米国務省は、独立記念日の休日であったにもかかわらず、声明発表を待ってから同日の夜八時二八分に支持声明を発表した。DOD Telegram 120942, "South-North Korean Contacts," Box 2427, SN 1970–73, RG 59. 李厚洛は、同年六月二九日に声明の最終案を事前に米ＣＩＡ韓国責任者に伝えていた。Telegram 3769 form Seoul, "South-North Korea Contacts," Jun. 29, 1972, Box 2421, SN 1970–73, RG 59.

(103) 「中朝友協対外友協致電朝鮮朝中友協祝賀中朝友好合作互助条約簽訂一一周年」劉金質・楊准生主編『中国対朝鮮和韓国政策文献匯編』第四巻（北京：中国社会科学出版社、一九九四年）、一九九五～一九九六頁。

(104) 趙世衡「朴大統領の単独決断であったのか――七二年の南北対話をみる米国の視角」『月刊朝鮮』第七巻一号（ソウル：一九八六年一月）、四〇八頁。

(105) こうした日本外交について、緒方貞子は、「米中和解と同次元の戦略的発想から始まったものではなく、どちらかといえば、米中和解の流れに乗じて中国との国交正常化を早急に成し遂げること自体が自己目的化した」との解釈を示した。Sadako Ogata, *Normali-*

zation with China: A Comparative Study of U.S. and Japanese Processes (Berkeley: Institute of East Asian Studies, University of California, Berkeley, 1988), p. 99〔添谷芳秀訳『戦後日中・米中関係』（東京大学出版会、一九九二年）〕. 米中和解に端を発した日本の「全方位外交」に関する最近の研究としては、若月秀和『「全方位外交」の時代——冷戦変容期の日本とアジア』（日本経済評論社、二〇〇六年）がある。なお、戦後日本外交を「対米自主」「対米協調」という分析枠組みで捉えることに対して批判的検討を加えたものとして、保城広至「『対米協調』／『対米自主』外交論再考」『レヴァイアサン』第四〇号（二〇〇七年春）を参照。

(106) 外務省『わが外交の近況』第一六号（一九七二年）、一～二頁。

(107) 佐藤栄作はそれまで台湾寄りの保守派に移していたが、ニクソン訪中発表後にその立場を変えた。佐藤が一九七一年七月におこなった国会演説（『朝日新聞』一九七一年七月二三日）、および同年一〇月におこなった施政方針演説（『朝日新聞』一九七一年一〇月二〇日）を参照。

(108) 一九六五年日韓国交正常化の際に締結された日韓基本条約の第三条にある「唯一の合法的政府」という文句をめぐって、日韓間には解釈の差があった。韓国側は韓国政府が朝鮮半島全体における唯一合法政府であると解釈したが、日本側は、国連総会決議一九五（Ⅲ）号に依拠し、その合法性が韓国政府の統治地域に限定されると受け取った。李元徳『韓日過去史処理の原点』（ソウル：ソウル大学出版部、一九九六年）、二六五～二六六頁。椎名悦三郎外相は、第五〇回衆議院「日本国と大韓民国との間に関する特別委員会」（一九六五年一〇月二九日）での答弁で、「今回の条約は、一切休戦ライン以北には触れていない」と述べた。『日韓条約に関する国会議事録：資料』（日本朝鮮研究所、一九六九年）、九六頁。

(109) AmEmbassy Seoul to DOS, "Japan/Korea Relations," Apr. 26, 1972, Box 2427, SN 1970–73, RG 59, pp. 9–10.

(110)『日本経済新聞』一九七〇年三月七日（夕刊）。

(111)『朝日新聞』一九七〇年九月一六日。

(112) 劉仙姫「一九七〇年の駐韓米軍削減決定をめぐる日米韓関係（二）」京都大學法學會『法學論叢』第一六〇巻二号（二〇〇六年一〇月）、三四～三八頁。

(113)『朝日新聞』一九七二年一月二一日。

(114)『日本経済新聞』一九七二年一月二一日。

(115) 毎日新聞社政治部編『転換期の「安保」』（毎日新聞社、一九七九年）、一四六～一四八頁。ヴィクター・チャは、こうした日本の行動を「巻き込まれ」懸念をもって説明する。Victor D. Cha, *Alignment despite Antagonism: The United States-Korea-Japan Security Triangle* (Stanford: Stanford Univ. Press, 1999), pp. 107–109〔倉田秀也訳『米日韓 反日を超えた提携』（有斐閣、二〇〇三年）〕.

(116) 藤本一美・浅野一弘『日米首脳会談と政治過程——一九五一年～一九八三年』（龍渓書舎、一九九四年）、二四一～二八一頁。

(117) 日中国交正常化交渉に先立った日米間の事前調整については、若月秀和『「全方位外交」の時代』、四四～四七頁を参照。

(118) 村上貞雄「私が見た北朝鮮の内膜（二）」『中央公論』一三三九号（一九九六年六月）、一三〇頁。

(119) 高麗大学亜細亜問題研究所編『韓日問題資料集』（ソウル：高麗大学出版所、一九七六年）、七七九～七八〇頁。

(120) 第五回日韓閣僚会談における木村俊夫臨時外相の発言。『日本経済新聞』一九七一年八月一〇日。また、同会談の議事録と共同声明は、従来の反共的言辞や日韓防衛協力についてはほとんど触れなかった。外務部『大韓民国外交年表・付録主要文献　一九七二』（ソウル：一九七三年）、三三一～三三七頁。

(121) 実際、日朝間の貿易額は一九七一年に五八九七万ドルであったが、その後急激に増加して一九七四年には三億六〇〇〇万ドルに達し、日本は北朝鮮にとって最大の貿易相手となった。高連福主編『東北亜国家対外戦略』（北京：社会科学文献出版社、二〇〇二年）、一八五頁。

(122) 中国が日本との関係改善の際に「ポスト佐藤」を主張してきたことは、よく知られている。Ogata, *Normalization with China*, pp. 13–14, and 37–40; ＮＨＫ取材班『周恩来の決断——日中国交正常化はこうして実現した』（日本放送出版協会、一九九三年）を参照。

(123) 北朝鮮の対日「人民外交」の典型としては、一九七〇年三月、日本赤軍派学生による日航機「よど号」の乗っ取り事件があげられる。北朝鮮は人道的立場からすみやかによど号の日本帰還措置を取り、日本国内における北朝鮮のイメージを向上させる一方、日本政府の「非人道的」措置、たとえば在日朝鮮人の帰還への消極的対応などを浮かび上がらせた。よど号事件に対する北朝鮮の公式の態度については、「朝鮮中央通信論評」一九七〇年四月一日、および「『旅客機拉致』事件と関連した謀略と陰謀の真相は暴かれた」『労働新聞』一九七〇年四月五日を参照。

(124) 「朝鮮労働党と共和国政府の対内外政策のいくつかの問題について——日本『朝日新聞』編集局長および共同通信記者との談話（一九七一年九月二五日、一〇月八日）」『キム・イルソン——外国記者の質問にたいする回答』、一七九頁、『朝日新聞』一九七一年九月二七日。

(125) Memorandum for the President's File, Subject: Meeting with Eisaku Sato, Jan.6, 1972, Box 925, NSC Files, NPM, p. 14.

(126) 当時の自民党政治家を含む北朝鮮訪問者たちは、帰国後に北朝鮮に対する賞賛の言葉しか口にしなかった。また、主として朝鮮総連を通じておこなわれた北朝鮮の対日言論工作は、大量の出版物を通じて日本の知識人に大きな影響を及ぼした。さらに、日本のマスコミに残っていた戦後的雰囲気、社会主義国家の北朝鮮に対する憧れは、日本政府の北朝鮮寄りに拍車をかけた。大田久行『美濃部都政十二年』（毎日新聞社、一九七九年）、一八四頁および Chong-Sik Lee, *Japan and Korea: The Political Dimension* (Stanford:

Hoover Institution Press, 1985), pp. 76–80〔小此木政夫・古田博司訳『戦後日韓関係史』(中央公論社、一九八九年)〕。

(127) 黒田勝弘「日本と北朝鮮との関係」『日本評論』第一〇集(ソウル:一九九五年)、一五四頁。

(128) 『朝日新聞』一九七一年一〇月二三日。

(129) 日朝友好促進議員連盟の参加者名簿は、東京新聞政治部編『政治集団——新保守党への胎動』(東京新聞出版局、一九七七年)、二六四頁を参照。

(130) 日韓議員連盟『アジアの安定と繁栄のために——日韓議員連盟二〇年の歩み』(日韓議員連盟創立二〇周年記念実行委員会、一九九二年)、七四〜八〇頁。

(131) 『日本経済新聞』一九七二年七月一五日。

(132) Staff Notes: East Asia, "Tokyo and Pyongyang: A Gradual Shift," Nov. 18, 1975, *CREST*, p. 3.

(133) この時期に、北朝鮮は各学校の教科書から反日関連内容を削除したという。*Ibid*., p. 4.

(134) 『毎日新聞』一九七二年九月一九日。

(135) 許文寧「北韓の対外政策の変化方向研究」『北韓・統一研究論文集(Ⅳ)』(ソウル:国土統一院、一九九一年)、一六五〜一六六頁。日中関係正常化に関する基本的な史料としては、竹内実編『日中国交基本文献集』下巻(蒼蒼社、一九九三年)を参照。

(136) 「田中総理・周恩来総理会談記録(一九七二年九月二五日〜二八日)」〈http://www.ioc.u-tokyo.ac.jp/~worldjpn/documents/texts/JPCH/19720925.O1J.html〉(戦後日本政治・国際関係データベース)を参照。なお、日中国交正常化交渉に関わる会議録や証言などは、石井明ほか編『記録と考証 日中国交正常化・日中平和友好条約締結交渉』(岩波書店、二〇〇三年)に収められている。

(137) *New York Times*, Aug. 11, 1972.

(138) 「韓国安保外交の方向」『韓国の安保外交政策、一九七二年』(韓国外交文書:七二九・一二、五一二九)。

(139) 「日韓定期閣僚会議の成果」『世界週報』(一九七二年九月一九日)、一〇頁。

(140) Telegram 5738 from Seoul, "Japan/China Rapprochement, Korean Attitude and Reaction," Oct. 5, 1972, Box 2185, SN 1970–73, RG 59.

(141) Telegram 6103 from Seoul, "Park Visit to Japan Suspended," Oct. 21, 1972, Box 2424, SN 1970–73, RG 59;『韓国日報』一九七二年一〇月七日および八日。

(142) たとえば、DOS Memorandum of Conversation, "Korea," Jul. 29, 1972, Box 2427, SN 1970–73, RG 59。

(143) 小此木政夫「戦後日朝関係の展開——解釈的な検討」『日韓歴史共同研究委員会(第一期 二〇〇二–二〇〇五年)第三分科報告書』第三部(日韓歴史共同研究委員会、二〇〇五年三月)、一四二頁。この点について、外務省『わが外交の近況』第一七号(一九七三年）は、「韓国が今後とも経済の自立と民生の安定を達成することを希望しつつ同国との協力関係を維持してゆくが、これとともに北朝鮮との接触についてはきめ細かい配慮を行ないつつこれを漸進的に拡げてゆきたい」と述べた（第一部第二節「諸外国との関係の増進」を参照）。

(144)『日本経済新聞』一九七三年一〇月一九日。

(145)『日本経済新聞』一九七三年一月二一日。

(146) 五百旗頭真編『戦後日本外交史』（有斐閣、二〇〇〇年）、一六二頁。

(147)「朝鮮民主主義人民共和国の当面の政治・経済政策といくつかの国際問題について――日本『読売新聞』記者の質問に対する回答（一九七二年一月一〇日）」『キム・イルソン――外国記者の質問にたいする回答』、二三三頁。

(148)『金日成著作選集』第六巻、一六一頁。

(149) 文哲淳「南北韓同時国連加入の意味」『外交』第一九号（ソウル：一九九一年九月）、一五頁および、朴テホ『朝鮮民主主義人民共和国対外関係史』第二巻（平壌：社会科学出版社、一九八七年）、五六頁。

(150)『キム・イルソン――外国記者の質問にたいする回答』、二三五～二三六頁。

(151) たとえば、『労働新聞』一九七二年八月一日。

(152) Document No. 28, "Minutes of Conversation between Nicolae Ceausescu and the Economic Delegation from DPRK, Sep. 22, 1972," *New Evidence on Inter-Korean Relations, 1971–1972*, Document Reader #3, *NKIDP*. なお、この点に関する米側の分析としては、AmEmbassy Seoul to DOS, "South-North Contact," Mar. 2, 1973, Box 2429, SN 1970–73, RG 59 を参照。

(153) 北朝鮮の第三世界外交については、Dae-Sook Suh, *KIM IL SUNG: The North Korean Leader* (New York: Columbia University Press, 1988), pp. 253–268〔林茂訳『金日成《キムイルソン》――思想と政治体制』（御茶の水書房、一九九二年）〕.

(154) 朴テホ『朝鮮民主主義人民共和国対外関係史』第二巻、五六頁。

(155) 申正鉉「米国と南北韓関係」『韓国と国際政治』第三巻一号（ソウル：慶南大学極東問題研究所、一九八七年三月）、二九四頁。

(156) Amembassy Seoul to DOS, Nov. 10, 1972, untitled, Box 2421, SN 1970–73, RG 59.

(157) DOS Intelligence Note, "United Nations: ROK Tactics at the 27th General Assembly," Mar. 27, 1970, Box 2427, SN 1970–73, RG 59.

(158) Memorandum of Conversation, May 4, 1972, untitled, Box 31, Subject Files of the Assistant Secretary of State for East Asian and Pacific Affairs, 1961–74, RG 59.

(159) Telegram 2460 from USUN, "Korea in 27th UNGA: Reaction to South-North Korean Communiqué," Jul. 7, 1972, Box 2427, SN 1970–73,

RG 59.

(160) DOS Intelligence Note, "UN Korean Question: New Resolution, PRC Role, Great Problems for US," Jul. 14, 1972; DOS Telegram 137863, "Korean Question at 27th GA," Jul. 27, 1972; DOS Telegram 167900, "Korean and German Issues at 26th UNGA," Box 2427, SN 1970–73, RG 59.

(161) たとえば、AmEmbassy Seoul to DOS, Nov. 29, 1971, untitled, Box 2429, SN 1970–73, RG 59.

(162) Terence Smith, "Rogers Calls his Policy Role 'important'," *New York Times,* Mar. 8, 1972.『朝日新聞』一九七二年七月一日（夕刊）。

(163) Annexed to PARA Korea, "The U.S. Posture Toward North Korea," Mar. 24, 1972, Box 2427, SN 1970–73, RG 59.

(164) DOS Briefing Memorandum to the Secretary from EA-Marshall Green, "The Korean Question: Ideas and Initiatives," Mar. 29, 1972, Box 2427, SN 1970–73, RG 59.

(165) Telegram 1396 from Seoul, "ROK Concern about U.S. North Korean Relation," Mar. 9, 1972; Telegram 744 from Seoul, Feb. 8, 1972, Box 2421, SN 1970–73, RG 59; 金溶植『希望と挑戦』、二五九～二六〇頁。

(166) Memorandum for Kissinger from Robert H. Miller, Acting Executive Secretary, "Korean Question at the 27th UN General Assembly," Jul. 3, 1972; DOS Telegram 128310, "Korea in the UN," Jul. 15, 1972, Box 2427, SN 1970–73, RG 59.

(167) Memorandum of Conversation: Kissinger and Chou En-lai, Jun. 22, 1972, *FRUS,* 1969–76, Vol. XVII: China 1969–72, p. 990.

(168) Telegram 2561 from USUN, "Korea in 27th UNGA: Opposition Activity," Jul. 19, 1972, Box 2427, SN 1970–73, RG 59.

(169) Memorandum of Conversation: Kissinger and Huang Hua, Jul. 26, 1972.

(170) Memorandum of Conversation: Kissinger and Huang Hua, Aug. 4, 1972, Box 329, Winston Lord Files, RG 59.

(171) Memorandum of Conversation: Kissinger and Huang Hua, Sep. 19, 1972, Box 850, NSC Files, NPM.

(172) Memorandum of Conversation: Kissinger and Chou En-lai, Jun. 22, 1972, *FRUS,* 1969–76, Vol. XVII: China 1969–72, p. 990.

(173) アルジェリアは、一九六二年、フランスから独立する際に北朝鮮の支援を受けて以来、国連における北朝鮮の代弁者役を自任してきた。Telegram 3741 from USUN, "GOJ-PRC Contacts at UN: Korea in 27th GA," Oct. 7, 1972, Box 2429, SN 1970–73, RG 59.

(174) Telegram 3742 from USUN, "Korea in 27th UNGA: Role of North Korea," Oct. 7, 1972, Box 2429, SN 1970–73, RG 59.

(175) 中共中央文献研究室編『周恩来年譜』下巻、五四六頁。

(176) Staff Notes: East Asia, "The View from Pyongyang," May 15, 1975, *CREST.*

(177) Memorandum for the Secretary from Alexis Johnson, "Senior Review Group Meeting, Aug. 10, 1972," Box 2427, SN 1970–73, RG 59.

（178）Memorandum for Kissinger, "Korean Item in the UNGA," Sep. 21, 1972, Box 2427, SN 1970–73, RG 59.

（179）Telegram 3439 from USUN, "Korea in 27th GA—Comment on Deferral Vote," Sep. 24, 1972, Box 2427, SN 1970–73; Marshall Green to the Secretary, "Korea: North-South Dialogue Status Report," Oct. 20, 1972, Box 31, Subject Files of the Office of the Assistant Secretary of State for East Asian and pacific Affairs, 1961–73, RG 59.

（180）「一〇・一七非常措置」の主要内容は、①国会解散、②政党政治活動中止、③非常国務会議による国会権限の代行、④憲法改正案国民投票実施、等々である。閔炳老「韓国の憲法事情」『諸外国の憲法事情』（国立国会図書館調査および立法考査局、二〇〇三年一二月）、四六頁。

（181）『韓国日報』一九七二年一〇月一八日、Telegram 5995 from Seoul, "Special Declaration by President Park," Oct. 17, 1972, Box 2424, SN 1970–73, RG 59.

（182）金正濂の回顧によれば、崔圭夏大統領特別補佐官らが中国最古の歴史書「書経」などを援用し、一〇・一七日の特別宣言を「維新」と名付けたという。金正濂『あ、朴正熙』（ソウル：中央M&B、一九九七年）、一七九頁。

（183）憲法改正案は同年一一月二一日におこなわれた国民投票で投票率九一・九パーセント、賛成率九一・五パーセントで可決され、一二月一七日に公布され、即日施行された。

（184）尹謹植「韓国政治形態」金雲泰ほか編『韓国政治論』（ソウル：博英社、一九八二年）、二九四頁。

（185）くわえて、あらゆる法律留保により国民の基本人権が制限可能になり（第一二・一五条、第一八条、第三二条第二項）、かつ、人身権や財産権、労働三権も制限された（第一〇条第一項、第二〇・二九条）。さらに、大統領は緊急措置発令権（国会の同意不要）を有し、国民の生活を制約することができるようになった。

（186）AmEmbassy Seoul to DOS, "U.S. Policy in Korea-Country Team Message," Dec. 10, 1972, Box 2426, SN 1970–73, RG 59, p. 3.

（187）Claude A. Buss, *The United States and the Republic of Korea: Background for Policy*（Stanford, Calif.: Hoover Institute Press, 1982）, p. 143.

（188）Telegram 5980 from Seoul, "Modifications in ROKG Presidential Declaration," Oct. 17, 1972, Box 2424, SN 1970–73, RG 59; Oberdorfer, *The Two Koreas*, p. 75. 同草案には、「総連係の反韓団体が北朝鮮スパイの浸透基地の役割をおこない、国家安保上重大問題となっている」という文言があり、日本政府の抗議をも受けたという。金東祚『冷戦時代のわが外交』、二五八頁。

（189）Marshall Green to the Secretary, "South Korea: Martial Law Situation," Oct. 20, 1972, Box 31, Subject Files of the Office of the Assistant Secretary of State for East Asian and pacific Affairs, 1961–73, RG 59.

（190）Telegram 5970, Oct. 16, 1972 & Telegram 6119 from Seoul, Oct. 23, 1972, Box 2427, SN 1970–73, RG 59.

（191）DOS Telegram 18717 to Seoul, Oct. 16, 1972, Box 2427, SN 1970–73, RG 59.

（192）一〇月維新についてドン・オーバードーファーは、外部の危機を強調・利用した「クーデター」にほかならないとの見解を示している。Oberdorfer, *The Two Koreas*, pp. 37–41.

（193）AmEmbassy Seoul to DOS, "U.S. Policy in Korea-Country Team Message," Dec. 10, 1972, Box 2426, SN 1970–73, RG 59, pp. 4–5.

（194）金正濂『あ、朴正熙』、一六六～一六八頁。

（195）同前書、一六八頁。金正濂は、朴正熙が維新体制へ準備を指示した時期について、鄭洪鎮と李厚洛の秘密平壌訪問直後の一九七二年四～五月であったと述懐した（同書、三七七頁）。

（196）「『国軍の日』諭旨（一九七四年一〇月一日）」<http://www.parkchunghee.or.kr/search.html>（朴正熙大統領電子図書館／政治、外交・語録）。

（197）以下、「朝鮮民主主義人民共和国社会主義憲法」の日本語訳は、<http://www.geocities.co.jp/WallStreet/3277/72 kenpou.html>による。

（198）「朝鮮民主主義人民共和国の部——解説」『中華人民共和国・朝鮮民主主義共和国　職官歴任表』（東京大学東洋文化研究所付属東洋学文献センター、一九八七年）、七六頁。

（199）国家主席に与えられた主な権限は、最高人民会議法令を公布する（第九四条）、特赦権を行使する（第九五条）、外国と締結した条約を批准および廃棄する（第九六条）、外国使節の信任および召喚状を接受する（第九七条）などであり、これらの権限は「朝鮮民主主義人民共和国憲法」（所謂「四八年憲法」）下では最高人民会議常任委員会が行使していたものであった。また、国家主席は、中央人民委員会を直接指導、統率する（第九一条）、政務院会議を召集、これを指導する（第九二条）、裁判所および検察機関の事業を指導し、すべての地方行政機関を監督する、国家主席は軍最高司令官であり、国防委員会委員長でもあり、国家の一切の武力を指揮・統率する（第九三条）、と規定された。同前書、七六頁。

（200）興味深いことに、社会主義憲法では、国家主席の死亡・辞任に際しての主席職の継承について明示的に規定した条文は存在しなかった。副首席に与えられた権限は「国家主席の補佐」（第九九条）のみである。したがって、金日成が一九九四年七月八日に死去した後には、主席職は空席状態となった。当時その職は金正日が継ぐと推測されたが、一九九八年九月五日の最高人民会議第一〇期第一次会議では、同憲法が修正され、主席に関する本文記述そのものが消えた。一九九八年憲法は序文で、「金日成同志を永遠の主席」として位置づけ、国家主席職には金日成だけが永遠に就いていることを明らかにした。

（201）「唯一指導体系」は、一九六七年四月二八日から七月三日に開かれた朝鮮労働党中央委員会第四期一六次全員会議で採択され、一九七〇年一一月二〜一三日の第五次党大会で朝鮮労働党規約に規定されることで、公式化した。朝鮮労働党中央委員会党歴史研究所『朝鮮労働党略史』（平壌：朝鮮労働党出版社、一九七九年）、六〇〇頁。なお、北朝鮮の主体《チュチェ》思想が唯一思想、「金日成主義」に変遷していく過程については、李鍾奭『朝鮮労働党研究』（ソウル：歴史批評社、一九九五年）の第一部を参照。

（202）『朝鮮民主主義人民共和国社会主義憲法解説』（平壌：人民科学社、一九七三年）、八九〜九〇頁。

（203）DOS Intelligence Note, "ROK/DPRK: South-North Talks, a Pause Follows Rapid Progress," Dec. 18, 1972, Box 2422, SN 1970–73, RG 59, pp. 3–4.

（204）Document No. 37, "Information from DPRK Deputy Foreign Minister, Comrade Lee Man Seok, on 8 Nov. 1972 for the Ambassadors of Czechoslovakia and Poland, and Acting Ambassadors of the GDR in the Foreign Ministry," *New Evidence on Inter-Korean Relations, 1971–1972*, Document Reader #3, *NKIDP*.

（205）DOS Research Study, "DPRK/ROK: Government Reorganizations North and South," Mar. 5, 1973, Box 2422, SN 1970–73, RG 59.

（206）ミラー・イメージ効果とは、冷戦期の米ソ関係を説明する概念のひとつで、「相手の自身に対する歪曲された認識が、自身の相手に対する歪曲された認識と『絶妙に似ている』こと」を指す。Urie Bronfenbrenner, "The Mirror image in Soviet-American Relations: A Social Psychologist's Report," *Journal of Social Issues*, Vol. 17, No. 3 (Summer 1961), p. 46.

（207）なお、北朝鮮にとって憲法とともに重要な「朝鮮労働党規約」は、全朝鮮半島の主体思想化と共産主義化を最終目標として掲げている。たとえば、一九八〇年の第六回党大会で改正された規約を参照。鄭慶謨・崔達坤編（張君三訳）『朝鮮民主主義人民共和国主要法令集』（日本加除出版、一九九三年）、一三六〇〜一三七六頁。

（208）李鍾奭「南北対話と維新体制――体制形成に対する分断構造の影響」韓国政治学会・高麗大学平和研究所編『維新――起源、性格、崩壊』（ソウル：韓国政治学会、二〇〇〇年）、七〇頁。

（209）たとえば朴正熙は、「国防の『主体』になるように努力しましょう」、「『主体意識』を確立しましょう」、「『民族主体意識』にもとづいた国力でなければ、砂上の楼閣である」と力説した。「陸軍士官学校卒業式諭示（一九六八年二月二七日）」および「一九七〇年度国防大学院卒業式および第一四期合同参謀大学卒業式諭示（一九七〇年七月二三日）」<http://www.parkchunghee.or.kr/search.html>（朴正熙大統領電子図書館／政治、外交・語録）。

（210）DOS Intelligence Note, "Inter-Korea Development," Dec. 18, 1972, Box 2021, SN 1970–73, RG 59.

（211）Document No. 31, "Information Concerning the North-South Talks and South Korea's Martial Law," *New Evidence on Inter-Korean Relations, 1971–1972*, Document Reader #3, *NKIDP*.

（212）この用語は、ドイツの歴史学者ハンス・ウルリヒ・ヴェーラーが、ドイツ帝国の前半期に相当するいわゆるビスマルク帝国（一八七一～九〇年）の政治過程を説明する際に用いた概念である。ここでの「負の統合」というのは、帝国に容易に同化されない国民の一部に「帝国の敵」の烙印を押し、この共通の敵に対する敵意をテコに他の相対的多数の国民を統合しようとする政治術策を指す。ハンス・ウルリヒ・ヴェーラー（大野英二・肥前栄一訳）『ドイツ帝国一八七一―一九一八年』（未來社、一九八三年）、一四五頁以下、坂井榮八郎『ドイツ近代史研究――啓蒙絶対主義から近代的官僚国家へ』（山川出版社、一九九八年）、二四四頁。

（213）朴光周「南北対話の新模索」閔丙天編『転換期の統一問題』（ソウル：デウォン社、一九九〇年）、三三九頁。韓国の冷戦史研究者の朴明林《パクミョンリム》は、このような分断体制を「対双関係動学」（interface dynamics）の概念を用いて説明する。「対双関係動学」とは、システム内の行為者が、相互作用を通じて自ら作り出した秩序に構造的に制約されるような関係を分析する枠組みである。朴はまさに、そのような再帰的関係として南北問題を捉えているのである。朴明林「分断秩序の構造と変化」白鍾天編『韓国の国家戦略』（ソウル：世宗研究所、二〇〇四年）、二五八～二五九頁。

（214）Telegram 6729 from Seoul, "Discussion with ROK CIA Director Lee Hu-Rak on South/North Development," Nov. 22, 1972, Box 2421, SN 1970–73, RG 59.

（215）「わが党のチュチェ思想と共和国政府の対内外政策のいくつかの問題について――日本『毎日新聞』記者の質問に対する回答（一九七二年九月一七日）」『キム・イルソン――外国記者の質問にたいする回答』、三一四頁。

（216）「朝鮮民主主義人民共和国憲法」の日本語訳は、<http://www.geocities.co.jp/WallStreet/3277/48 kenpou.html>による。

（217）DOS Telegram 188717, Oct. 16, 1972, untiled; Telegram 6710 from Seoul, "Lee Hu Rak on Internal Development," Nov. 21, 1972; Box 2427, SN 1970–73, RG 59.

（218）DOS Telegram 189689, "ROK Ambassador's Call on Under Secretary Johnson," Oct. 17, 1972, Box 2427, SN 1970–73, RG 59. グリーンは駐韓米大使館公使（代理大使）であった一九六一年六月、朴正熙がわずか三五〇〇人の兵力で起こした軍事クーデターを鎮圧するために在韓米軍の介入を主張したことがある。金東祚『冷戦時代のわが外交』、二九二頁、朴泰均『友邦と帝国――韓米関係の二つの神話』（ソウル：創批、二〇〇六年）、一九一～二二六頁。

（219）金東祚『冷戦時代のわが外交』、二五四頁。

（220）Briefing Book: Visit to the PRC, "Korea-Developments since Last June," Feb. 1973, Box 98, Henry A. Kissinger Office Files, NPM, p. 4.

（221）Telegram 5970 from Seoul, Oct. 23, 1972, untitled, Box 2427, SN 1970–73, RG 59.

（222）"Ambassador Kim's Meeting with Undersecretary Johnson," Jan. 18. 1973, Box 1862, SN 1970–73, RG 59.

(223) DOS to AmEmbassy Seoul, Oct. 23, untitled, 1972, Box 2426, SN 1970–73, RG 59.

(224) "U.S. Policy in Korea-Country Team Message," Dec. 10, 1972, pp. 11–12.

(225) DOS Telegram 30970, Feb. 17, 1973, untitled, Box 2427, SN 1970–73, RG 59.

(226) Memorandum of Conversation: Nixon and Kim Chong-pil, Jan 3, 1973, Box 1026, NSC Files, NPM, p. 3. ただし、ニクソンが渋々了解を示したことからもわかるように、米国内の維新体制に対する批判は収拾がつかなかった。とくに一九七四年以後、米国議会では、韓国の人権問題を対韓援助と連動させる向きが強まった。結局、ジミー・カーター政権は韓国の人権問題などを掲げて在韓米軍の追加削減に着手する。

(227) 「良好的開端」『人民日報』一九七二年七月九日。李鍾奭《リジョンソク》は、中朝関係が一九五六年の「八月宗派事件」を通じて「内政不干渉型の非対称同盟」に変質したとの見解を示している。李鍾奭「中ソの北朝鮮内政干渉事例研究——八月宗派事件」世宗研究所『世宗政策研究』第六巻二号（ソウル：二〇一〇年九月）。

(228) DOS Research Study, "ROK/DPRK: The Two Koreas Lower Barriers But Not Their Guard," Jul. 17, 1972, p. 1.

(229) 国土統一院『南北対話白書』（ソウル：国土統一院、一九八八年）、六六～六七頁、閔丙天「南北対話の展開過程に関する考察」『行政論集』第一四集（ソウル：東国大学行政大学院、一九八四年）、一二三頁。

(230) Telegram 6729 from Seoul, "Discussion with ROK CIA Director Lee Hu-Rak on South/North Development," Nov. 22, 1972.

(231) 「第一次南北調節委員長共同発表文（一九七二年一〇月一二日）」『韓国時事資料・年表』上巻、一〇三五頁。

(232) たとえば、金溶植外務長官は一九七二年九月、ジョンソン米国務部次官との会談で、「われわれは今後南北対話がはかどらないことをよく認識している」と述べた。"ROK Foreign Minister: Conversation with Under Secretary for Political Affairs, Sep. 28," Sep. 30, 1972, Box 2420, SN 1970–73, RG 59.

(233) この一文に対して、南北はそれぞれ異なる英文翻訳文を出していた。韓国が「without being subject to external imposition or interference」と翻訳することで「外勢」の意味を曖昧にさせたのに対して、北朝鮮は「without reliance upon outside forces or its interference」と訳し、「外勢」が外国軍隊すなわち在韓米軍を指すことを明確にした。興味深いことに、国連の公式資料は北朝鮮の英訳文を採用していた。Rinn-Sup Shinn, "Foreign and Reunification Policies," *Problems of Communism*, Vol. 22, No. 1 (January-February 1973), p. 69; 鄭大華「七・四共同声明の胎動と流産」『社会科学論叢（一）』（釜山大学社会科学大学、一九八二年六月）、三五～三六頁。

(234) 『キム・イルソン——外国記者の質問にたいする回答』、三三三頁。

(235) 『南北対話：南北調節委員会、南北赤十字会談』（ソウル：韓国国際文化協会、一九七三年）、二九頁および梁好民「南北韓関係における南北共同声明の位置」『選挙管理』第二二号（ソウル：中央選挙管理委員会、一九七九年八月）、五二頁。

（236）Telegram 6503 from Seoul, “Pyongyang Coordinating Committee Meeting Nov. 2–4,” Box 2421, SN 1970–73, RG 59. 会談録は、Document No. 34, “Conversation between Kim Ilsung and Lee Hurak, Nov. 3, 1972, 10:15 A.M.–12:20 P.M, at Pyongyang Government Building,” *New Evidence on Inter-Korean Relations, 1971–1972,* Document Reader #3, *NKIDP* に所収されている。

（237）「南北対話の基本原則」（一九七三年一月一二日）『朴正熙大統領演説文選集――平和統一への大道』（ソウル：大統領秘書室、一九七六年）、一二〇～一二二頁。

（238）たとえば、北側は自由往来と相互訪問を重視したが、南側は離散家族探しを優先視した。国土統一院『統一白書』（ソウル：一九九五年）、一四九～一五〇頁。

（239）国土統一院『南北韓統一提議資料総覧』第三巻（ソウル：国土統一院、一九八五年）、三三一～三三六頁、Telegram 5278 from Seoul, “Red Cross Talks-Conversation with Chief of ROK Delegation Yi Bum-Suk,” Sep. 9, 1972, Box 2422, SN 1970–73, RG 59.

（240）神谷不二「変貌する朝鮮問題と日本――南北共同声明・赤十字会談・国際連合総会」『七〇年代の南北関係史』（ソウル：東亜日報社、一九七二年）、一一四頁、Telegram 5396 from Seoul, “Red Cross Talks-ROK Press Stresses Disappointment,” Sep. 14, 1972 Box 2422, SN 1970–73, RG 59. 北朝鮮に対する批判記事があふれ、李厚洛がメディアに自制を要請するほどであった。

（241）Information Memorandum for the Secretary from Marshall Green, “A Status Report on Contacts between North and South Korea,” Oct. 6, 1972, Box 2421, SN 1970–73, RG 59.

（242）倉田秀也「米中接近と韓国」増田弘編『ニクソン訪中と冷戦構造の変容』（慶應義塾大学出版会、二〇〇六年）、一七三頁。

第5章　米中「戦略関係」と朝鮮問題の変容

（1）Memorandum for the President from Kissinger, Subject: My Asian Trip, Feb. 27, 1973, Box 98, Henry A. Kissinger Office Files, NPM, p. 6. 米中両国は一九七三年五月まで、それぞれ相手国の首都に連絡事務所（Liaison Office）を構えた。キッシンジャーの言ったように「名称を除けば、実質的に大使館」が誕生した。

（2）President Nixon’s Report to Congress, *United States Foreign Policy for the 1970’s: Shaping a Durable Peace,* May 3, 1973（Washington D.C.: USGPO, 1973）; Department of Defense, *Statement of Secretary of Defense, Elliot L. Richardson, Before the House Armed Services Committee on the FY 1974 Defense Budget and FY 1974–1978 Program,* Apr. 10, 1973, pp. 20–40.

（3）キッシンジャーは一九七三年二月の訪中後、「いままでの訪問のなかで、（中略）もっともうちとけた、率直な会談であった」と二クソンに報告した。Memorandum for the President from Kissinger, Subject: My Trip to China, Mar. 2, 1973, Box 98, Henry A. Kissinger Office Files, NPM, p. 1.

（4）ニクソンは一九七二年一一月におこなわれた大統領選挙で、米中和解とヴェトナム戦争への対応に象徴される第一期目の外交実績が評価され、全米五〇州のうち四九州で勝利するなど、米政治史でもっとも大きな地滑り的大勝を収めた。

（5）この点について田中角栄総理は、一九七三年七月末におこなわれたニクソンとの日米首脳会談で、ソ連脅威論によって中国の対日警戒心が払拭されたと述べた。Memorandum of Conversation: Kakuei Tanaka and the president, July 31, 1973, Box 927, NSC Files, NPM, pp. 7–10.

（6）とくに、この時期の中国はソ連がシベリアのチュメニ・パイプライン事業を通じて日本に接近し、このパイプラインを媒介にして中ソ国境地帯で軍事力を強化する可能性を警戒した。DOS Briefing Paper: Development in PRC Foreign Policy, July 1973, Box 2694, SN 1970–73, RG 59, p. 2.

（7）Memorandum of Conversation: Mao Tsetung and Kissinger, Feb. 17, 1973, 11: 30 P.M.–Feb. 18, 1973, 1: 20 A.M., Box 98, Henry A. Kissinger Office Files, NPM, p. 4.

（8）しかし毛沢東は、米国の対ソ姿勢に対する疑念を最後まで払拭しえなかった。たとえば、「西側はソ連軍を東方に向かわせ、わが国に対抗させようとしているのではないか」、「米国は中ソに戦争をさせ、ソ連を破壊することを狙っているのではないか」といった疑念である。Evelyn Goh, *Constructing the U.S. Rapprochement with China, 1961–1974* (Cambridge: Cambridge Univ. Press, 2005), p. 227.

（9）Memorandum of Conversation: Mao Tsetung and Kissinger, Feb. 17, 1973, p. 9. 姫鵬飛《ジーポンフェイ》外交部長が、一九七二年一〇月に訪中した日本議員団に「日本は安全保障上、米国に依存せざるを得ない」と述べるなど、中国は日本側に対しても日米同盟への支持意思を表明していた。毎日新聞社政治部編『転換期の「安保」』(毎日新聞社、一九七九年)、三一四～三一六頁。

（10）Subject: My Trip to China, Mar. 2, 1973, p. 16.

（11）詳しくは、瀬川高央「日米防衛協力の歴史的背景――ニクソン政権期の対日政策を中心にして」北海道大学公共政策大学院『年報公共政策学』第一号（二〇〇七年三月）、一〇九～一一八頁を参照。

（12）Memorandum of Conversation: Mao Tsetung and Kissinger, Feb. 17, 1973, pp. 7–8.

（13）Memorandum of Conversation: Chou En-lai and Kissinger, Feb. 18, 1973, Box 98, Henry A. Kissinger Office Files, NPM, p. 44.

（14）*Ibid.*, p. 41.

（15）*Ibid.*, p. 44. ここでキッシンジャーは、「撤退に関して、来年度内に実施しようとする政策の方向性を説明することができる」と、さらなる言質を与えていた。これを受けて周が「一九七三年の一二カ月間なのか」と問うと、キッシンジャーは「来年度の今ごろ（一九七四年二月）までである」と答えた。このキッシンジャー発言が具体的に何を指すかは不明であるが、米側が一九七四年二月までに在韓米軍の追加撤退に関する計画を中国側に伝えたこともなかったし、中国側もそれを要求しなかった。

（16） *Ibid.*, p. 44. ここで周恩来は、その先日に開かれた中曽根康弘議員との会談を取り上げ、「防衛長官の際に民間人服装の自衛隊を韓国に送り込んだことがあるかと聞いたが、彼は否認した」と述べた。これを受けてキッシンジャーは、「われわれはすでに関連情報を貴側に与えた」と自衛隊関係書の韓国訪問を確認した。第三章の註（10）を参照。

（17） Subject: My Trip to China, Mar. 2, 1973, p. 18.

（18） ハロルド・ヒントン「強大国と韓国問題」韓国国際文化協会『アジア公論』第七三号［日本語］（ソウル：一九七八年一〇月）、五四頁。

（19） なお周恩来は、前日の二月一七日に毛がキッシンジャーを通じてニクソンに安否を伝えたのに対して、金日成はブレジネフに七〇回誕生日の祝電を送った、と不満を漏らした。Memorandum of Conversation: Chou En-lai and Kissinger, Feb. 18, 1973, pp. 41–42.

（20） Subject: My Asian Trip, Feb. 27, 1973, p. 8.

（21） DOS Briefing Paper: Development in PRC Foreign Policy, July 1973, p. 3.

（22） Joint Communique between the People's Republic of China and the United States, Feb. 27, 1972.

（23） Memorandum of Conversation: Chou En-lai and Kissinger, Feb. 18, 1973, p. 44.

（24） 許錟の訪中は姫鵬飛中国外交部長の平壌訪問に対する答訪であったが、その間隔は一カ月半にすぎなかった。一九七二年一二月におこなわれた姫の訪朝については、「受信：長官、発信：駐香港総領事」『北韓・中国（旧中共）関係、一九七二』（韓国外交文書：七二五・二CP、五〇七八）を参照。

（25） 「中共情勢中間報告書（発信：駐香港総領事館）」（一九七三年二月二二日）『北韓・中国（旧中共）関係、一九七三』（韓国外交文書：七二五・一CP、五九八一）。許錟はキッシンジャーが離中した翌日の二月二〇日、異例的に再訪中し、米中会談の結果を聞いた。

（26） 「Press Communique on the visit of Ho Tam, Foreign Minister of the DPRK to the PRC」『北韓・中国（旧中共）関係、一九七三』（韓国外交文書）。

（27） この点について、当時、韓国中央情報部（ＫＣＩＡ）北韓情報局長の康仁徳《カンインドク》は、さしあたり「国連帽子」を外せば在韓米軍は撤退に追い込まれるという中国側の見解を北朝鮮が受容した、と解釈した。Telegram 1265 from Seoul, "South-North Contacts," Mar. 2, 1973,

Box 2429, SN 1970–73, RG 59.
(28) Memorandum of Conversation: Chou En-lai and Kissinger, Feb. 18, 1973, p. 43.
(29) *Ibid.,* p. 49.
(30) *Ibid.,* p. 47.
(31) *Ibid.,* p. 49.
(32) *Ibid.,* pp. 47–48.
(33) Memorandum for Kissinger, NSSM-154: United States Policy Concerning the Korean Peninsula, Apr. 3, 1973, Box 14, Entry 10, RG 273. NSSM一五四には、NSCと国務省、国防総省をはじめ、CIA、財務省、商務省、国際開発庁、広報庁、軍縮庁、行政管理予算局（OMB）など、すべての関連省庁が参加した。
(34) NSSM-154, “Summary and Options,” Box 14, Entry 10, RG 273, p. i.
(35) Analytical Summary: NSSM 154-Policy Toward the Korean Peninsula, Senior Review Group Meetings, Box H-068, NSC Institutional Files, NPM, p. 1.
(36) *Ibid.,* p. 2.
(37) NSSM一五四は南北関係の進展に期待を寄せたものの、それによる朝鮮半島統一は想定しなかった。NSSM-154, “IV The Options for United States Policy,” Box 14, Entry 10, RG 273, p. 10.
(38) NSSM-154, “IV The Options for United States Policy,” pp. 11–18.
(39) *Ibid.,* pp. 18–22.
(40) NSSM-154, “Talking Points,” date omitted, Box H-68, NSC Institutional Files, NPM, p. 4.
(41) NSSM-154, “IV The Options for United States Policy,” Box 14, Entry 10, RG 273, pp. 23–30.
(42) NSSM-154, “Talking Points,” p. 4.
(43) NSSM-154, “IV The Options for United States Policy,” pp. 30–35.
(44) NSSM-154, “Talking Points,” pp. 1–5.
(45) NSSM-154, “Summary and Options,” pp. iv–v.
(46) NSSM-154, “Summary and Options,” p. viii.
(47) もっとも、米国議会やマスコミでは依然として、頻繁に在韓米軍削減論が提起されていた。たとえば、『ワシントン・ポスト』は一九七三年四月八日、「在韓米軍は無駄な日々を過ごしている。去年、一万三〇〇〇人規模の第二師団に一万一六〇〇件の性病感染が生じた。一九七二会計年度における在韓米軍維持費は五億八四〇〇万ドルであるが、それは国務省の全海外活動費、米国内の農村開発費および職業訓練のための連邦予算より多い」などとして、在韓米軍の全面撤退を求めた。

（48）DOS Memorandum for HAK from Theodore L. Eliot, Jr., Subject: Defense Policy Speech, Mar. 27, 1973, DEF 1 US, SN 1970–73, RG 59.

（49）President Nixon's Report to Congress, *United States Foreign Policy for the 1970's: Shaping a Durable Peace*, May 3, 1973.

（50）Subject: My Trip to China, Mar. 2, 1973, p. 23.

（51）「駐韓米軍追加縮減延期説」『駐韓米軍撤収（縮減）一九七三』（韓国外交文書：七二九・二三、六〇八七）。

（52）*Central Intelligence Bulletin*, May 12, 1973, *CREST*.

（53）DOS to AmEmbassy Seoul, Jan. 27, 1973, untitled, Box 2429, SN 1970–73, RG 59.

（54）駐ヴェトナム韓国軍は、米韓合意覚書によって保有装備の一部を米軍または南ヴェトナム軍に返納・移譲したが、それ以外に相当の装備と物資を携帯したまま復帰した。こうした装備と物資は韓国軍近代化と戦力増強につながった。

（55）NSSM-154, Annex A "United States Military Presence in Korea," Box 14, Entry 10, RG 273, p. 6.

（56）Memorandum for the President from NSC USC, Subject: Reexamination of the Korea Force Modernization Plan, May 30, *DDRS*.

（57）「駐韓米軍追加縮減延期説」『駐韓米軍撤収（縮減）一九七三』（韓国外交文書）。

（58）ソ連は米国側との会談では、公の主張とは裏腹に在韓米軍の地域安定力としての役割を認めてきた。Memorandum for Kissinger form the Deputy Secretary of Defense, Attached Paper, "Merits of Converting the Division in Korea to a More Mobile Configuration," Sep. 26, 1973, Box H-69, NSC Institutional Files, NPM. くわえて、一九七〇年代におけるソ連の在韓米軍に対する認識については、Richard G. Stilwell, "The Need for U.S. Ground Forces in Korea," *AEI Defense Review*, No. 2（May 1977）, pp. 14–28; Chang-Yoon Choi, "Soviet Reactions to the Withdrawal of U.S. Forces from Korea," *Korea Observer*, Vol. 10, No. 4（Winter 1979）, pp. 367–389 を参照。

（59）DOS to AmEmbassy Seoul, Sep. 25, 1972, untitled, Box 2419, SN 1970–73, RG 59.

（60）NSSM-154, Annex A "United States Military Presence in Korea," pp. 6–7.

（61）NSDM-230: U.S. Strategy and Forces for Asia, Aug. 9, 1973, Box H-242, NSC Institutional Files, NPM.

（62）Memorandum of Conversation: Kakuei Tanaka and the President, Aug. 1, 1973, 9: 30 A.M., Box 927, NSC Files, NPM, p. 3. この会談で、田中角栄首相は「日本と韓国は共同運命体であり、韓国の安定なくして日本は安定しえない」と述べたうえで、「もし北朝鮮が韓国を占領すれば、二〇〇〇万の韓国人は日本に逃げる以外に避難所がない」と対韓支援の理由を説明した。同席した大平正芳外相は、

「日本は過去（植民地時代）に二個師団を駐留させた」と想起しつつ、「直接的な軍事援助ができない現状では、二個師団の維持費に相当する経済支援をおこなうことを望んでいる」と述べた。

（63） NSSM-188: The President's Annual Review of American Foreign Policy, Subject: Topics for the 1974 Annual Review, Box H-201, NSC Institutional Files, NPM, p. 26.

（64） しかし、北朝鮮首脳部の在韓米軍観は冷戦の終結後に大いに変わったようである。金正日国防委員長は、二〇〇〇年六月の南北首脳会談で、「一九九二年に金容淳《キムヨンスン》朝鮮労働党国際問題担当書記を通じて米側に『米軍が駐留し続け、南北間の戦争を抑止する役割をおこなってほしい。東北アジアの力学関係からみると、朝鮮半島の平和を維持するためには米軍がいるほうがよい』と要請した」と説明したうえで、「（われわれが）米軍撤退を主張するのは、わが人民の感情を宥めるためである」と述べ、安定力としての在韓米軍を認めたという。林東源『ピース・メーカー——南北関係と北核問題二〇年』（ソウル：中央books、二〇〇八年）、一一五〜一一六頁。さらに、二〇〇〇年一〇月に米国務長官としては初めて訪朝したマデレーン・オルブライトの回顧録によれば、金正日は「冷戦期、わが政府の在韓米軍に対する見解は変わってきた。いまのところ、米軍は安定化役割をおこなっている」と米側に述べた。Madeleine Albright, with Bill Woodward, *Madam Secretary: A Memoir Madeleine Albright*（New York: Hyperion, 2003）, p. 591.

（65） HAK to DPRC（Defense Program Review Committee）Members, "Strategy and Forces for Asia（NSSM 171）," Aug. 28, 1973, Box H-196; Memorandum for Major General Brent Scowcroft, "Strategy and Forces for Asia-NSSM 171," Nov. 27, 1973, Box H-201, NSC Institutional Files, NPM.

（66） こうした在韓米軍の機動軍化構想は、ジョンソン政権期のディーン・ラスク国務長官がすでに提起したことがある。ラスクは在韓米軍二個師団のうち、一個師団を機動予備師団に転換させ、極東における他の地域の危機に対応する方案を模索した。Draft Memorandum from Secretary of State Rusk to President Johnson, "Study of Possible Redeployment of U.S. Division Now Stationed in Korea, Jun. 8, 1964," *FRUS*, 1964–68, Vol. XXIX: Korea, pp. 35–38.

（67） Memorandum for Kissinger form the Deputy Secretary of Defense, "Merits of Converting the Division in Korea to a More Mobile Configuration," Sep. 26, 1973, Box H-69; NSSM-171: Strategy and Forces for Asia, Box H-196, NSC Institutional Files, NPM.

（68） News Conference with Secretary of Defense James R. Schlesinger at the Pentagon, May 1, 1975, Box 27, Martin R. Hoffman Papers, Ford Presidential Library（以下、Ford Library と略記）, Ann Arbor, Michigan.

（69） Memorandum for Major General Scowcroft, "Political and Diplomatic Implications of Converting the US Second Infantry Division to a More Mobile Configuration," Nov. 27, 1973, Box H-69; NSSM-171: Strategy and Forces for Asia, Box H-201, NSC Institutional Files, NPM.

(70) DOS, Bureau of East Asian and Pacific Affairs, "Major Problems in East Asia," Oct. 6, 1973, Box 2426 SN 1970–73, RG 59.

(71) "Merits of Converting the Division in Korea to a More Mobile Configuration," Sep. 26, 1973, p. 5.

(72) Memorandum for Kissinger from W. R. Smyser & Richard H. Solomon, "NSSM 190-Diplomatic Initiatives in Korea, SRG Meeting-Korea," Box H-69, NSC Institutional Files, NPM.

(73) DOS Memorandum for Major General Brent Scowcroft, Subject: NSSM 190-Diplomatic Initiatives in Korea, Feb. 7, 1974, Box H-69, NSC Institutional Files, NPM.

(74) 米国政府による在韓米軍の機動軍化構想は、それから三十余年後に決着が付けられた。二〇〇一年の九・一一テロ事件以後、ジョージ・W・ブッシュ政権は、「対テロ戦争」を円滑に遂行するとの名目で全世界の米軍を「迅速機動軍」の形態に再編する計画を打ち出し、その一環として在韓米軍の再編成および再配備を図った。そして米韓両国は二〇〇六年一月、「戦略的柔軟性」(strategic flexibility) 概念に合意し、在韓米軍が事実上朝鮮半島以外の地域に出動する道を開いた。この合意によって、ソウルの北側にある第二師団と、ソウルの中心部にある龍山《ヨンサン》基地などが漢江以南の平澤《ピョンテク》・烏山《オサン》地域に移転することになった。平澤に移す第二師団は、迅速機動軍の「ストライカー旅団」に転換される。「米韓外相が会談、在韓米軍の戦略的柔軟性で合意」『朝日新聞』二〇〇六年一月二〇日。

(75) NSDM 227: Korean Force Modernization Plan, Jul. 27, 1973, Box H-241, NSC Institutional Files, NPM.

(76) Korean Force Requirements Study, Folder: SRG Meeting NSSM 154, Jun. 15, 1973, Box H-68, NSC Institutional Files, NPM; *CINCPAC Command History 1974*, Vol. 1, pp. 262–265 <http://www.nautilus.org>. ところで、ブルース・カミングスはこれに対して、匿名の元在韓米軍司令官を引用し、米国が一九八〇年代まで朝鮮半島有事の際における核使用を想定し続けた、と主張する。Bruce Cummings, *Parallax Visions: Making Sense of American-East Asian Relations at the End of Century* (Durham: Duke Univ. Press, 1999), pp. 131–132.

(77) *Central Intelligence Bulletin*, "Korea," Aug. 31, 1973, *CREST*, p. 11.

(78) "Report: Embassy of Hungary in North Korea to the Hungarian Foreign Ministry, Nov. 22, 1973," Collection: The Cold War in Asia, *CWIHP*.

(79) Telegram 546 from Seoul, "Yi Hu-Rak's View on South-North Dialogue," Jan 30, 1973, Box 2429, SN 1970–73, RG 59.

(80) DOS Intelligence Note, "ROK-DPRK: March 7 Shooting Incident in the DMZ," Mar. 14, 1973, Box 2426, SN 1970–73, RG 59.

(81) 「南北間の現軍事的対峙状態を解消し対決状態を終わらせることは、現時期の南北関係を改善し祖国の自主的平和統一の道を開いていくためにもっとも焦眉の問題だ——南北調節委員会のわが側共同委員長の金英柱同志に代わって朴成哲同志が南北調節委員会第二次会議に関連して内外記者と会った」『労働新聞』一九七三年三月一七日。

(82) EA/K-Donald L. Ranard to EA-Marshall Green, "North Korea's New Position Toward the South," Apr. 2, 1972, Box 2422, SN 1970–73, RG 59, p. 3.

(83) Telegram 1787 from Seoul, "Minutes of March 15 Coordinating Committee Meeting in Pyongyang," Mar. 23, 1972, Box 2421, SN 1970–73, RG 59.

(84) Telegram 1637 from Seoul, "South-North Coordinating Committee (SNCC)," Box 2422, SN 1970–73, RG 59.

(85) ただし、北朝鮮が米上・下院議長に送付した書簡には、在韓米軍撤退と自国の軍隊削減を連動させる言及はなかった。この点について、米国務省は、「北朝鮮が意図的に提案の曖昧さを高めようとした」と解釈した。「発信：駐米大使、受信：長官（一九七三年二月一四日）」『北韓・米国関係、一九七三』（韓国外交文書：七二五・一US、六〇三四）。

(86) DOS Intelligence Note, "DPRK: Pyongyang the Peacemaker?" Apr. 20, 1973, Box 2422, SN 1970–73, RG 59.

(87) 「北韓の所謂『平和協定』締結主張に対する対策（作成年度未詳）」『南北対話、一九七三』（韓国外交文書：七二六・三、六〇五四）。

(88) 「南北調節委員会第三次会議、平壌側共同委員長代理朴成哲の発言」国土統一院『南北韓統一提議資料総覧』第一巻（ソウル：国土統一院、一九八五年）、一三四六～一三五〇頁、「李厚洛ソウル側共同委員長記者会見（一九七三年六月一四日）」『南北対話』第一号（ソウル：韓国弘報協会、一九七三年）、三六頁。

(89) DOS Telegram 106686, "Ambassador Green's Call on President Park," Jun. 4, 1973, Box 2429; Telegram 3877 from Seoul, "SNCC 3rd Meeting," Jun. 19, 1973, Box 2422, SN 1970–73, RG 59.

(90) Telegram 1887 from Seoul, "Lee Hu-Rak's Comments on Recent South-North Coordinating Committee Meeting," Mar. 28, 1973, Box 2429, SN 1970–73, RG 59, p. 5.

(91) NSSM-154, Annex G "North-South Relations," Box 14, Entry 10, RG 273, p. 2.

(92) *Central Intelligence Bulletin*, "Korea," Aug. 31, 1973, *CREST*, p. 11.

(93) NSSM-154, Annex G "North-South Relations," p. 2.

(94) 「北韓の外交攻勢強化に対する中・長期対処方案」『北韓の対外政策、一九七三』（韓国外交文書：七二五・一、五九六五）。くわえて、東欧側の史料を用いて一九七〇年代における北朝鮮の対外関係を捉えた研究として、Charles K. Armstrong, "Juche and North Korea's Global Aspirations," *NKIDP* Working Paper #1 (September 2009) を参照。

(95) 「北韓の国際社会進出に対するわれわれの対策（一九七三年四月二四日）」『北韓・欧州関係、一九七三』（韓国外交文書：七二五・

一ＸＧ、六〇三七）、DOS Intelligence Note, "ROK: Frustration Over World Attitude to the Two Korea," Apr. 27, 1973, Box 2423, SN 1970–73, RG 59 を参照。

(96) 米国は北朝鮮の世界保健機関（ＷＨＯ）加入案をめぐる討論を延期する代替案を上程したが、賛成五二、反対五九、棄権一八で失敗した。米日韓による阻止工作については、"Guideline for U.S. Support to ROK on North Korean Application for WHO," Box 7, Subject Files of the Office of Korean Affairs, 1966–74, RG 59;『北韓の国際機構加入に対する対応、一九七一～七三』（韓国外交文書：七三〇・九、六一三九）を参照。

(97) 「六・二三宣言」と「東方外交」との関連性については、『青瓦台安保情勢報告会議資料、一九七二～一九七四』（七二九・一九、七一二三）、『東・西独基本条約締結、一九七三』（韓国外交文書：七二一・一二GE、五七九〇）を参照。なお、一九五八～六三年の「ベルリン危機」以来の西ドイツの東方外交の展開を国際的文脈で捉えたものとして、Wolfram F. Hanrieder, *Germany, America, Europe: Forty Years of German Foreign Policy* (New Haven: Yale Univ. Press, 1989), pp. 186–216; Henry A. Kissinger, *Diplomacy* (New York: Simon & Schuster, 1994), pp. 571–592〔岡崎久彦監訳『外交』上・下巻（日本経済新聞社、一九九六年）〕等々を参照。

(98) 厳密に言えば、韓国は、金鍾泌総理が「中ソが赤化野欲を捨て韓国の主権を認めるならば、外交関係を樹立する用意がある」（一九七二年八月一二日、『ニューヨーク・タイムズ』会見）と述べるなど、米中接近以降、徐々に「ハルシュタイン原則」から脱してきた。朴正煕は一九七二年一月一日、対共産圏関係の再検討を指示し、同年一二月二三日に閣議決定によって共産圏との交易が許容された。なお、同年一一月に改定された韓国外務部の例規は、「北朝鮮をわが国に対等な一つの合法政府と認めない。ただし、朝鮮半島の北半部に存在する一つの政権として統一を成就するために必要な対話の相手と見なす」とされた。「対共産圏政策関連年表」『韓国の対共産圏外交長期対策、一九七三』（七二一・一、五七三八）、『外交官など職務遂行特殊指針の改定、一九七二～七三』（韓国外交文書：七二七・一ＸＨ、六〇五八）。

(99) 朴正煕は同宣言の冒頭で、「現状維持を基調とする列強の勢力均衡の上に立って平和共存を維持しようとする」国際情勢を掲げたうえで、「国土統一が近い将来成就できるとは見られない」と述べ、当分のあいだ分断の現実を受け入れることを明らかにした。全文は、『韓国外交三〇年：一九四八～一九七八』（ソウル：外務部、一九七九年）、三八四～三八七頁。

(100) William Watts, *The United States and Asia: Changing Attitudes and Policies* (Lexington Mass.: Lexington Books, 1982), p. 82.

(101) この点について韓国外務部は、イスラエルとアラブ諸国との関係を取り上げ、国際法上、国際機構への加入と当該二カ国の相互承認とは別個の問題であると指摘した。また、「大韓民国の領土は韓半島と付属島嶼」（第三条）とされた憲法上、韓国政府が北朝鮮を承認することはできないと強調した。「大韓民国の北韓不承認方針と国際社会における『二つのコリア』問題に関する法的かつ政治的考察（一九七三年六月二三日）」『六・二三平和統一外交宣言、一九七三～一九七四。全三巻（Ｖ・一　基本文書集）』（七二六・一一、六〇五一）、および『国家または政府承認（承継）などに関する慣行、一九七三』（韓国外交文書：七四三・六、六三五七）を参照。しかし、駐韓米大使館は「韓国の姿勢はあくまでも形式であり、『二つのコリア』政策に等しい」と分析していた。Telegram 3438 from Seoul, "ROK Foreign Policy Change," May 30, 1973, Box H-68, NSC Institutional Files, NPM.

(102)「六・二三特別声明に伴う新外交推進特別計画（一九七三年七月一九日）」『六・二三平和統一外交宣言、一九七三～一九七四。全三巻（Ｖ・一　基本文書集）』（韓国外交文書）。

(103)『国会史：第八七回国会・臨時会』（ソウル：国会事務処、一九七三年）、一〇頁。

(104) Kissinger to the President, "Korean Peninsula," Subject: Meeting with Japanese Prime Minister Kakuei Tanaka, Box 927, NSC Files, NPM, p. 1.

(105)『対中国（旧中共）関係職務遂行のための参考指針、一九七三～七四』（七二一・二ＣＰ、五八〇六）、『対共産圏関係改善方案、一九七三～七四』（韓国外交文書：七二二・二、六八一四）。

(106) AmEmbassy Seoul to DOS, "ROKG Foreign Policy Change," May 19, 1973, Box 2422, SN 1970–73, RG 59.

(107) Telegram 3111 from Seoul, "ROKG Leaders Examining Major Foreign Policy Change," May 17, 1973, Box 2423, SN 1970–73, RG 59. ハビブとの会談で、丁一権などは口を合わせて、北朝鮮を承認する国家数が韓国承認国を上回る可能性を懸念した。

(108) DOS Telegram 97583, "ROKG Foreign Policy Change," May 22, 1973, Box 2423, SN 1970–73, RG 59.

(109) Telegram 3353 from Seoul, "Foreign Policy Changes," May 25, 1973, Box 2423, SN 1970–73, RG 59; "Foreign Policy Changes," undated, Box H-68, NSC Institutional Files, NPM.

(110) Memorandum for Kissinger, "Minutes of the Senior Review Group Meeting of Jun. 15, 1973," KT 00758, *NSA*; "Talking Points," date omitted, Box H-68, NSC Institutional Files, NPM, pp. 5–9.

(111) DOS Telegram 118917, "US Views on ROK Foreign Policy Changes," Jun. 12, 1973, Box 2429, SN 1970–73, RG 59.

(112) Telegram 3900 from Seoul, "US Views on ROK Foreign Policy Changes," Jun. 19, 1973; DOS Telegram 120371, "ROK Foreign Policy Changes," Jun. 20, 1973, Box 2423, SN 1970–73, RG 59.

(113) 具体的に、韓国側は六・二三宣言をめぐる対米交渉に際して、安全保障面では在韓米軍の継続駐留および韓国軍近代化計画の完遂、国連軍司令部の維持を、正統性面では中ソなど共産圏の韓国承認と米国および西方国家の北朝鮮承認とを連携させることを、米国側に要求した。Kenneth Rush to Kissinger, "Removing the U.N. Presence from Korea," May 29, 1973, Box 99, Henry A. Kissinger Office Files,

NPM, p. 7.

(114) Telegram 3438 from Seoul, "ROK Foreign Policy Change," May 30, 1973; Kissinger to the President, "Korean Peninsula," Subject: Meeting with Japanese Prime Minister Kakuei Tanaka.

(115) "U.S. Statement on President Park's Proposal," Jun. 23, 1973; DOS Briefing Memorandum, "ROK Ambassador's Call," Jun. 28, 1973, 1973, Box 2423, SN 1970–73, RG 59.

(116) Memorandum for Kissinger from Theodore L. Elliot, Jr., "ROK Foreign Policy Change: UN Membership for the 'Two Koreas'," undated, Box 2429, SN 1970–73, RG 59, pp. 6–7.

(117) Memorandum for the Secretary of State, "Establishment of a Special Working Group on Korea," Jul. 9, 1973, Box 2429, SN 1970–73, RG 59.

(118) Memorandum for the Secretary of State & the Secretary of Defense, "U.S. Policy toward the Korean Peninsula," Jul. 18, 1973, Box 2421, SN 1970–73, RG 59.

(119) Memorandum of Conversation: Kim Yong-Sik and the Secretary, Sep. 26, 1973, 11: 30 A.M., KT 00813, *NSA,* pp. 2–3.

(120) 金日成「祖国統一五大方針について」『金日成著作集』第二八巻（平壌：朝鮮労働党出版社、一九八三年）、三八七～三九一頁。以下、金の「六・二三」に関する引用はこの文献による。

(121) *Central Intelligence Bulletin,* "Korea," Jun. 25, 1973, *CREST.*

(122) 『金日成著作集』第二八巻、三九八頁。

(123) 「日本ＴＢＳ代表団の金日成会見（一九七三年六月一五日）」『韓国の国連加入問題、一九七二～七三』（韓国外交文書：七三一・一二、六一四〇）。

(124) 「日本の岩波書店常務取締役総編集長との談話（一九七三年九月一九日）」『キム・イルソン――外国記者の質問にたいする回答』日本語版（平壌：外国文出版社、一九七四年）、三九一頁。金日成が連邦制を初めて提案したのは、一九六〇年八月一四日の解放一五周年慶祝記念大会席上であった。金はここで、「南朝鮮が共産主義化されることを恐れ自由な南北総選挙を受け入れられないならば、過渡的な（中略）対策として南北朝鮮の連邦制を実施することを提案する」と述べつつ、連邦制の基本原理について、「当分のあいだ、南北朝鮮の現在の政治体制をそのままにして、朝鮮民主主義共和国と大韓民国政府の独自的な活動を保ちながら、同時に二つの政府の代表から構成される最高民族委員会を組織し、主に南北朝鮮の経済文化発展を統一的に調節する方法として実施する」と説明した。『金日成著作選集』第四巻（平壌：朝鮮労働党出版社、一九六八年）、二一四～二五四頁。

(125) 北朝鮮の「高麗連邦共和国」案はそれ以後、一九八〇年の「高麗民主共和国創立方案」、一九九一年の「一民族、一国家、二制度、二政府にもとづいた連邦制」案などに少しずつ変遷する。そこで、二〇〇〇年六月、南北首脳会談の結果発表された「南北共同宣言」では、統一案として韓国側の主張する連合制案と北朝鮮が主張する「緩やかな連邦制案」に共通点があると認め合い、その方向で統一を目指すとされた。北朝鮮の連邦制統一方案の変遷課程については、柳錫烈『南北韓統一政策の比較と問題点および変化展望』（ソウル：外交安保研究院、一九九九年）等々を参照。

(126)「金日成の『単一UN加入』主張と複数代表権に関する事例比較（一九七三年七月、中央情報部）」『韓国の国連加入問題、一九七二〜七三』（韓国外交文書）。

(127)『キム・イルソン——外国記者の質問にたいする回答』、三八九頁。

(128) 金日成が「五大方針」を発表した直後の『人民日報』は、それに対して支持を与えると同時に、「台湾省はもともとわが国の神聖なる領土の不可分の一部である。（中略）台湾解放という歴史的任務を実現しよう」と主張し、「一つの朝鮮」と「一つの中国」の連結を強調した。「勝利属于英雄的朝鮮人民——記念朝鮮祖国解放戦争二三周年」『人民日報』一九七三年六月二五日。

(129)『南北対話白書』（ソウル：国土統一院、一九八八年）、一一五〜一一七頁を参照。

(130) 同前。

(131) 声明全文は、『南北韓統一提議資料総覧』第三巻（ソウル：国土統一院、一九八五年）、四五七〜四六一頁。

(132)「三大革命小組」（三大革命＝思想・技術・文化革命）と金正日後継体制形成については、鐸木昌之『北朝鮮』（東京大学出版会、一九九二年）、七九〜一一八頁、小此木政夫「金正日のイデオロギーと政治指導」小此木政夫編『岐路に立つ北朝鮮』（日本国際問題研究所、一九八八年）、一三〜三二頁を参照。

(133) 米国政府は、こうした朴政権のスパイ検挙に対して「国民の愛国心を極大化するために綿密に企画された」と断定した。DOS Intelligence Note, “ROK/DPRK: Spy Cases Accompany New Political Initiatives,” Jul. 6, 1973, Box 2421; Telegram 3591 from Seoul, “ROKG Announced Arrest of Three North Korean Spies,” Jun. 5, 1973, Box 2426, SN 1970–73, RG 59.

(134) キッシンジャーによれば、北朝鮮はすでに米中接近が水面下でおこなわれていた一九七一年一月、ルーマニア・チャンネルを通じて対米接触を試みたことがあるという。Memorandum of Conversation: Chou En-lai & Kissinger, Oct. 22, 1971, 4: 15–8: 28 P.M., Box 1034, NSC Files, NPM, p. 9.

(135) 洪錫律「一九七〇年代前半における米朝関係」韓国国際政治学会『国際政治論叢』第四四集二号（ソウル：二〇〇四年）。

(136) Bruce to Kissinger, Aug. 23, 1973, Box 328, Winston Lord Files, RG 59; USLO Peking to SecState, Subject: North Korean Charge Asks to Pay Call, Aug. 21, 1973, Box 99, Henry A. Kissinger Office Files, NPM.

(137) キッシンジャーは一九七三年九月二二日、安全保障担当大統領補佐官の職を担ったまま、国務長官に就任し、米国の外交政策における発言権をいっそう強めた。

(138) Kissinger to Habib, Aug. 23, 1973, Box 328, Winston Lord Files, RG 59.

(139) Habib to Kissinger, Aug. 24, 1973, Box 328, Winston Lord Files, RG 59.

(140) Bruce to Kissinger, Aug. 28, 1973, Box 328, Winston Lord Files, RG 59.

(141) Kissinger to Bruce, Aug. 24, 1973; Box 328, Winston Lord Files, RG 59.

(142) それ以後、米朝間の外交官接触が公式的に実現したのは、一九八八年一二月六日に北京で開かれた参事官級接触であった。

(143) Memorandum of Conversation: Kissinger and Huang Hua, Sep. 26, 1973, Box 374, Winston Lord Files, RG 59.

(144) この時期ソ連は、中国とは違って韓国と非公式的に外交接触をおこなうなど、「二つのコリア」を容認するような政策をとっていた。一九七〇年代前半におけるソ韓関係については、『ソ連・中国（旧中共）の南北韓関係現況、一九七三』（七二一・三CP、五七四七）、『対東欧圏外交官直接接触、一九七三』（韓国外交文書：七二一・一一XH、五七六九）を参照。

(145) Intelligence Memorandum, Subject: Developments in Sino-Soviet Relations, Sep. 26, 1973, *CREST*.

(146) Intelligence Note, "Pleasing Pyongyang," Sep. 18, 1973, *CREST*, p. 18.

(147) 詳しくは、『韓・中国（旧中共）関係改善、一九七四』（七二一・二CP、六八一六）、『対中国（旧中共）関係職務遂行のための参考指針、一九七三～七四』（七二一・二CP、五八〇六）、『在外公館を通じた中国（旧中共）外交官接触、一九七四』（韓国外交文書：七二一・二CP、六八一五）を参照。

(148) 「アメリカの『ニューヨーク・タイムズ』記者との談話（一九七二年五月二六日）」『キム・イルソン——外国記者の質問にたいする回答』、二七一～二七二頁。

(149) 「米帝は変わった現実を正しく直視し、分別のある活動をしなければならない」『労働新聞』一九七二年一一月六日。

(150) 「世界各国の国会に送る書簡、米国国会に送る書簡」『労働新聞』一九七三年四月七日。

(151) 朴在圭『北韓外交論』（ソウル：慶南大学極東問題研究所、一九七七年）、一二六頁。

(152) 一九七三年一月二七日にパリで調印された「ヴェトナムにおける戦争を終結させ、平和を回復するための協定」は、米国政府、南ヴェトナム政府、北ヴェトナム政府、南ヴェトナム臨時革命政府の代表が署名した「四者協定」と、米国政府と北ヴェトナム政府が署名した「二者協定」の二種類からなる。しかも両者は、全文のごく一部と署名者を規定した第二三条を除いて、まったく同一の文書である。これはヴェトナム戦争が一方で米国と北ヴェトナム戦争であり、他方でヴェトナム人同士の戦争であったことを物語っている。四者署名によって北ヴェトナムは、南ヴェトナム臨時革命政府の存在を米国と南ヴェトナム政府に認めさせた。なお、外国軍（米軍）は同協定の第五条によって撤退することになった。

（153）「発信：駐米大使、受信：長官（一九七三年四月一四日）」『北韓・米国関係、一九七三』（韓国外交文書：七二五・一US、六〇三四）。

（154）Intelligence Memorandum, Subject: Developments in Sino-Soviet Relations, Jul. 16, 1973, *CREST*, p. 9.

（155）平岩俊司「北朝鮮・中国関係の歴史的変遷とその構造――『唇歯の関係』の史的展開と変容」（慶應義塾大学博士号請求未公刊論文、二〇〇一年）、一六一頁。なお、中ソ紛争に対する北朝鮮の認識と対応については、Chin O Chung, *Pyongyang Between Peking and Moscow: North Korea's Involvement in the Sino-Soviet Dispute, 1958–1975*（University, AL: Univ. of Alabama Press, 1978）を参照。

（156）Memorandum for Kissinger from EA/K Ranard, "Proposed Discussion with PRC and USSR Concerning Korea," Jul. 13, 1973, Box 24, Subject Files of the Assistant Secretary of State for East Asian and Pacific Affairs, 1961–74, RG 59, p. 2.

（157）米国務省も北朝鮮の南北同時国連加入反対を中国の「一つの中国」原則と連動して認識していた。「発信：駐米大使、受信：長官（一九七四年五月一四日）」『北韓の対中国（旧中共）・ソ連関係、一九七四』（韓国外交文書：七二五・一CP／UR、七〇二〇）。

（158）この点について、一九七三年八月の日米首脳会談に同席したロジャーズ米国務長官が「北朝鮮承認を遅らせるべきである」と主張すると、大平正芳外相は「日本は韓国と北朝鮮を同等に見なさない」と答えた。Memorandum of Conversation: Kakuei Tanaka and the President, Aug. 1, 1973, p. 7.

（159）北朝鮮のオブザーヴァー地位獲得は、国連において事実上独立国家として、実質的に国連活動に参加する準会員国になることを意味した。Inis L. Claude, Jr., *Sword into Plowshares: The Problems and Progress of International Organization*, 4th ed.（New York: Random House, Inc., 1971）, p. 93.

（160）「面談録：ロジャーズ国務長官、金溶植外務長官（一九七三年七月一八日）」『国連総会、第二八次、ニューヨーク、一九七三年九月一八日～一二月一八日。全一三巻（基本対策Ⅲ）』（韓国外交文書：七三一・一二、六一四四）。

（161）Memorandum for Kissinger from Dick Kennedy, Subject: UNCURK, the UNC and the General Assembly, Jun. 13, 1973, Box 99, Henry A. Kissinger Office Files, NPM; Memorandum for the Deputy Secretary from Marshall Green, "UN Presence in Korea," Tab A-UNCURK, Mar. 15, 1973, Box 2429, SN 1970–73, RG 59.

（162）ケネス・ラッシュは西ドイツ大使を経て国防副長官（一九七二年二月～七三年二月）、国務副長官（一九七三年二月～七四年五月）を務め、キッシンジャーとともに米国の東アジアおよび朝鮮半島政策を主導した。

(163) Kenneth Rush to Kissinger, "Removing the U.N. Presence from Korea", May 29, 1973, Box 99, Henry A. Kissinger Office Files, NPM, pp. 1–5.

(164) たとえば、韓国外務部は一九七三年一月に開かれた公館長会議で、朝鮮問題の上程延期を指示した。「公館長会議資料（国連関係）および予備交渉指針（第一次）（七三年一月二六日）」『国連総会、第二八次、ニューヨーク、一九七三年九月一八日～一二月一八日。全二三巻（Ｖ・一　基本対策Ｉ）』（韓国外交文書：七三一・二一、六一四二）。ただし、韓国政府は米国に対して上程延期を求めながらも、ＵＮＣＵＲＫ解体への協力可能性を示唆していた。Telegram 521 from Seoul, "Future ROK Position in the UN," Jan. 29, 1973, Box 2429, SN 1970–73, RG 59.

(165) USUN to SecState, "Korea in 28th GA," Jan. 24, 1973, Box 2429, SN 1970–73, RG 59.

(166) Kenneth Rush to Kissinger, "Removing the U.N. Presence from Korea," May 29, 1973, p. 2;「外務次官と駐韓豪州大使代理との面談録」『ＵＮＣＵＲＫ全体会議およびＵＮＣＵＲＫ解体、一九七一～七四。第二巻（Ｖ・一　一九七三　全体会議）』（韓国外交文書：七三一・九一、六一七七）。一九七三年現在のＵＮＣＵＲＫ構成国は、オーストラリア、チリ、オランダ、パキスタン、フィリピン、タイ、トルコなど七カ国であったが、チリとパキスタンは国連事務総長に脱退通報をおこなっていた。

(167) Telegram 3353 from Seoul, "Foreign Policy Changes," May 25, 1973.

(168)「外務長官記者会見要旨（一九七三年七月一二日）」『ＵＮＣＵＲＫ全体会議およびＵＮＣＵＲＫ解体、一九七一～七四。第二巻（Ｖ・一　一九七三　全体会議）』（韓国外交文書）。

(169)「発信：長官、受信：駐米・駐タイ・駐豪州・駐オランダ大使（日付不明）」『ＵＮＣＵＲＫ全体会議およびＵＮＣＵＲＫ解体、一九七一～七四。第二巻（Ｖ・二　ＵＮＣＵＲＫ解体）』（韓国外交文書：七三一・九一、六一七八）。

(170)「長官・ＵＮＣＵＲＫ代表との午餐の際、言及事項」『ＵＮＣＵＲＫ全体会議およびＵＮＣＵＲＫ解体、一九七一～七四。第二巻（Ｖ・一　一九七三　全体会議）』（韓国外交文書）。

(171) Marshall Green to Undersecretary, Mar. 15, 1973, untitled, Box 2429, SN 1970–73, RG 59; Memorandum of Conversation: Kissinger and Huang Hua, Apr. 16, 1973 & May 27, 1973, Box 328, Winston Lord Files, RG 59.

(172) Kenneth Rush to Kissinger, "Removing the U.N. Presence from Korea," May 29, 1973, p. 1.

(173) "Talking Points," date omitted, Box H-68, NSC Institutional Files, NPM, p. 9.

(174) Memorandum for the Secretary from Marshall Green, "UN Presence in Korea," Mar. 15, 1973, Box 328, Winston Lord File, RG 59.

(175)「面談録：ロジャーズ国務長官、金溶植外務長官（一九七三年七月一八日）」『国連総会、第二八次、ニューヨーク、一九七三年九

月一八日〜一二月一八日。全二三巻（基本対策Ⅲ）』（韓国外交文書）。

（176）同前文書。

（177）「第二八次国連総会における駐韓国連軍討議に備えるための建議」『国連総会、第二八次、ニューヨーク、一九七三年九月一八日〜一二月一八日。全二三巻（V・二　基本対策Ⅱ）』（韓国外交文書：七三一・二一、六一四三）。

（178）ラッシュ国務副長官はUNCURKと国連軍司令部を連動させ、とりわけ国連軍司令部を「交渉材料」として用いる一括解決策を提案したが、NSCは「一気に飲み込むには大きすぎる」と反対した。Memorandum for Kissinger from Dick Kennedy, Subject: UNCURK, the UNC and the General Assenbly, Jun. 13, 1973.

（179）*Ibid.*

（180）Memorandum for the President from the Secretary of State, "My Talks in Seoul Regarding UN Strategy," Jul. 31, 1973; Memorandum for Kissinger, "Korean Consultation," Aug. 3, 1973, Box 2429, SN 1970–73, RG 59.

（181）Memorandum for the Secretary of State, "Strategy on the Korean Question in U.N. General Assembly," Aug. 24, 1973, Box 99, Henry A. Kissinger Office Files, NPM.

（182）DOS Intelligence Note, "UN-Korean Question: ROK Resolution in Trouble," Sep. 27, 1973; Memorandum for Gen. Brent Scowcroft, "Korea at 28th UNGA-Preliminary Vote Estimate," Sep. 7, 1973, Box 2429, SN 1970–73, RG 59.

（183）Memorandum for Kissinger, Subject: ROK Foreign Policy Changes: UN Membership for the "Two Koreas," undated, Box 2429, SN 1970–73, RG 59.

（184）金溶植はデイヴィッド・ポッパー米国務省次官補に、「この案では六〇票以上を獲得できる」と評していた。「面談録：金溶植外務長官、ポッパー次官補（一九七三年八月二八日）」『国連総会、第二八次、ニューヨーク、一九七三年九月一八日〜一二月一八日。全二三巻（基本対策Ⅲ）』（韓国外交文書）。

（185）Memorandum for the Secretary of State, "Strategy on the Korean Question in U.N. General Assembly," Aug. 24, 1973.

（186）「面談録：ロジャーズ国務長官、金溶植外務長官（一九七三年七月一八日）」『国連総会、第二八次、ニューヨーク、一九七三年九月一八日〜一二月一八日。全二三巻（基本対策Ⅲ）』（韓国外交文書）。

（187）「Draft Resolution（substantive aspect）」『UNCURK全体会議およびUNCURK解体、一九七一〜七四。第二巻（V・二　UNCURK解体）』（韓国外交文書）。

（188）Handed over Jun. 14, 1974, Box 99, Henry A. Kissinger Office Files, NPM.

（189） Memorandum of Conversation: Kissinger and Huang Zhen, Jun. 19, 1973, Box 328, Winston Lord Files, RG 59.

（190） *Ibid.*

（191） Memorandum of Conversation: Kissinger and Huang Hua, Sep. 26, 1973, Box 374, Winston Lord Files, RG 59.

（192） IO-David H. Popper & EA-Arther W. Hummel to the Secretary, "Korean Question in the UN General Assembly," Oct. 31, 1973, Box 2421; DOS Intelligence Note, "Korean Question in the UN: Seoul Moves for Compromise," Nov. 6, 1973, Box 2429, SN 1970–73, RG 59.

（193） 「最近米国・中国による韓国問題挙論事例」『キッシンジャー、ヘンリー米国国務長官中国（旧中共）訪問、一九七三』（韓国外交文書：七二三・二二US／CP、五八〇二）。

（194） Winston Lord to the Secretary Kissinger, Subject: Your Trip to China, "The International Scene," Oct. 11, 1973, Box 100, Henry A. Kissinger Office Files, NPM, p. 6.

（195） Memorandum of Conversation: Kissinger and Chou En-lai, Nov. 11, 1973, Box 100, Henry A. Kissinger Office Files, NPM, pp. 35–36.

（196） *Ibid.,* pp. 37–38.

（197） Memorandum of Conversation: Kissinger and Chou En-lai, Nov. 12, 1973, Box 100, Henry A. Kissinger Office Files, NPM, p. 17.

（198） *ibid.,* p.17.

（199） Memorandum of Conversation: Park Chung Hee and Kissinger, Nov. 16, 1973, KT 00912, *NSA,* p. 5.

（200） *Ibid.,* p. 13.

（201） 朴東鎮『朴東鎮回顧録――行く先は遠くとも志は一つ』（ソウル：東亜出版社、一九九二年）、六五〜六六頁。

（202） DOS Briefing Paper, Subject: Korea, undated, Box 371, Winston Lord Files, RG 59.

（203） 一九七四年八月、キッシンジャーは大統領の座に就任したばかりのフォード宛の覚書で、在韓米軍の段階的撤退と国連軍司令部解体は対中コミットメントであると報告した。Memorandum for the President from Kissinger, Subject: Commitments to the People's Republic of China, Draft Aug. 14, 1974, Box 371, Winston Lord Files, RG 59, p. 5.

（204） William R. Feeney, "Sino-Soviet Competition in the UN," *Asian Survey,* Vol. 17, No. 9（September 1977）, pp. 817–818.

（205） ＵＮＣＵＲＫは一九七三年一一月二九日にソウルで、最後の第六四三回会議を開き、正式に解散を決議した。AmEmbassy Seoul to DOS, "Final UNCURK Statement," Dec.3, 1973, Box 2429, SN 1970–73, RG 59.

（206） Memorandum for the President, Nov. 19, 1973, untitled, Box 372, Winston Lord Files, RG 59.

（207） Memorandum of Conversation: Chiao Kuan Hwa and Kissinger, Oct. 4, 1974, Box 331, Winston Lord Files, RG 59.

（1）この点については多くの関連研究者が同意している。たとえば、A. Doak Barnett, *China Policy: Old Problems and New Challenges* (Washington D.C.: Brookings Institution, 1977), pp. 10–17〔戸張東夫訳『米中国交――アメリカの戦略』（日中出版、一九七八年）〕を参照。

（2）Memorandum for Kissinger from EA-Philip Habib, S/P Winston Lord, NSC-Richard H. Solomon, Subject: A Strategy Analysis of Your Fall Meetings with the Chinese, Sep. 18, 1975, Box 374, Winston Lord Files, RG 59, pp. 4–9.

（3）"Background and General Approach for Your Talks with the Chinese," date omitted, Box 371, Winston Lord Files, RG 59, p. 2.

（4）Memorandum for Kissinger, Subject: Your September 28 Working Dinner with PRC Foreign Minister Chiao Kwan-hua, Sep. 26, 1976, Box 374, Winston Lord Files, RG 59, p. 6. その後、一九七五年末まではラオスにおいても社会主義勢力が権力を掌握した。こうしてインドシナ全域が社会主義化し、米国は当該地域における影響力を失った。

（5）「年頭記者会見（一九七四年一月一八日）」『南北韓不可侵協定提議および北韓・各国反応、一九七四』（韓国外交文書：七二六・二一、七〇九六）、四〇～五一頁参照。

（6）"Prime Minister's Statemnet to National Assembly of Various ROKG Policy Positions after South-North Joint Communique," Aug. 1, 1972, Box 2422, SN 1970–73, RG 59.

（7）「年頭記者会見（一九七四年一月一八日）」。朴正熙はその三年後の一九七七年一月におこなった年頭記者会見では、南北不可侵協定の締結を条件にして、在韓米軍の撤退に応じるとの見解を示した。こうした朴の姿勢の転換はもちろん、北朝鮮との体制間競争で韓国が優位に立ったという自信感の発露であった。「北韓が南北相互不可侵協定の締結に同意するならば、在韓米軍の撤退に反対しない」『朝鮮日報』一九七七年一月一三日。

（8）ジェームズ・シュレジンジャー米国防長官は、朴正熙の対北提案直後の一九七四年二月におこなった下院軍事委員会の証言で、「在韓米軍を撤収させれば韓国は困難に陥り、日本は戸惑うだろう。中国もこれに反対する」と述べ、在韓米軍の維持を再確認した。U.S. House, Committee on Appropriations, Subcommittee on Department of Defense, *DOD Appropriations for 1975*, 93rd Congress, 2nd Session, Part 1 (Washington D.C.: USGPO, 1974), pp. 581–583.

（9）「年頭記者会見（一九七四年一月一八日）」、四一～四二頁。

（10）「自主の旗を高く掲げて進む第三世界人民の革命偉業は、必ず勝利するであろう（一九七四年三月四日）」『キム・イルソン、わが革命におけるチュチェについて（二）』日本語版（平壌：外国文出版社、一九七五年）、五五九～五六〇頁。

(11) 同前書、五六〇頁。

(12) 「朝鮮の緊張状態を解消し祖国の自主的平和統一を促進させるための前提を設けることに対して——最高人民会議第五期第三次会議でおこなわれた政務院副総理兼外交部長の許錟代議員の報告」『民主朝鮮』一九七四年三月二六日。

(13) 停戦協定の署名を拒否した韓国の当事者能力については、韓国内で二つの相反する見解がある。これを肯定する議論は、国連軍司令官の署名が事実上の代理行為であり、しかも現に韓国が休戦協定を遵守してきたことを指摘する。柳炳華「韓国統一に関するいくつの国際法的問題」大韓国際法学会『国際法論叢』第三三巻二号（ソウル：一九八八年一二月）、九頁、Choung Il Chee, "Legal Aspect of the United Nations Command in Korea," idem, *Korea and International Law* (Seoul: Seoul Press for Institute of International Legal Studies, Korea University, 1993), p. 118. 一方の否定論は、主として停戦協定上の手続きを取り上げ、韓国と米国の当事者能力を否定する。金明基「韓国休戦協定の法的当事者に関する研究」『韓国国際法学の諸問題——箕堂李漢基博士古稀記念』（ソウル：博英社、一九八七年）、九八～九九頁。しかし、韓国の当事者能力を否定したうえでの停戦協定をめぐる論争が、空疎な形式論にすぎないことは明らかであろう。朴稚栄『国連政治と韓国問題』（ソウル：ソウル大学出版部、一九九五年）、二九九～三〇二頁。および、「休戦協定を対米平和協定に代替する提案の不当性」『北韓の対米直接平和協定締結提議および対策、一九七五』（韓国外交文書：七二六・二二、八二八四）を参照。

(14) 一九七〇年代以後、北朝鮮の平和協定に対する立場については、倉田秀也「朝鮮半島平和体制樹立問題と中国——北東アジア地域安全保障と『多国間外交』」高木誠一編『脱冷戦期の中国外交とアジア・太平洋』（日本国際問題研究所、二〇〇〇年）が詳しい。

(15) Memorandum for Kissinger from Richard H. Solomon, Subject: The PRC and Termination of the U.N. Command in Korea, Apr. 12, 1974, Box 376, Winston Lord Files, RG 59, p. 3.

(16) DOS Memorandum, "Secretary's Staff Meeting," Jan. 25, 1974, KT 01011, *NSA*, p. 42.

(17) 「就消除緊張局勢、促進朝鮮自主和平統一問題——朝鮮最高人民会議通過『至米国国会的信』」『人民日報』一九七四年三月二六日。このことについて米国務省は、中国が「間接的に」北朝鮮の対米提案を支持したと評価した。Memorandum for Kissinger from Richard H. Solomon, Subject: The PRC and Termination of the U.N. Command in Korea, Apr. 12, 1974, p. 3.

(18) 『人民日報』はその二日後の三月二八日付の社説においも、北朝鮮の対米書簡の詳しい内容を省略したまま支持を表明した。

(19) 『労働新聞』一九七四年三月二六日。

(20) 「三・二五北傀の対米平和協定提議に対する分析」『北韓の対米国平和協定提議および北韓・各国反応、一九七四』（韓国外交文書）、九頁。

（21）Memorandum for Secretary from W.R. Smyser & Richard H. Solomon, Subject: Informing the PRC of Our Position on United Nations Command, May 31, 1974, Box 376, Winston Lord Files, RG 59, p. 2.

（22）Memorandum of Conversation: Vasile Pungan, Counselor to President Ceausescu and the Secretary, Subject: Secretary's Meeting with Romanian Special Emissary, "US-North Korean Contacts," Aug. 26, 1974, 4: 10–4: 50 P.M., KT 01310, *NSA*.

（23）Memorandum of Conversation, Subject: President Ford's Meeting with Romanian Presidential Counselor Vasile Pungan, Aug. 27, 1974, 10:30 A.M., KT 01311, *NSA*.

（24）Memorandum of Conversation: Ambassador Yasukawa and Kissinger, Jul. 15, 1974, 4:00 P.M., KT 01255, *NSA*, p. 7.

（25）Memorandum of Conversation: Ohira and Kissinger, date omitted, KT 01029, *NSA*. なお、キッシンジャーは、一九七四年一月、プリムソル駐米オーストラリア大使との会談では、「問題は、われわれのすべての友好国が北朝鮮を承認し、誰も韓国を承認しないことである。そうすれば韓国は孤立する」と述べ、当時、北朝鮮承認を進めていたオーストラリアを警戒した。Memorandum of Conversation, Farewell Visit by Sir James Plimsoll, Ambassador of Australia to the U.S., Jan. 30, 1974, KT 01015, *NSA*, p. 4.

（26）Memorandum of Conversation, Kim Dong-jo and Kissinger, Subject: U.S.-Korean Relation, Sep. 27, 1974, 5:00 P.M., KT 01337, *NSA*, p. 3.

（27）Memorandum for Kissinger, "The Problem," NSSM-154: United States Policy Concerning the Korean Peninsula, Apr. 3, 1973, Box 14, Entry 10, RG 273, p. 3.

（28）"Korea," date omitted, Box 373, Winston Lord Files, RG 59, p. 3.

（29）"Secretary's Staff Meeting," Jan. 25, 1974, KT 01011, *NSA*, pp. 36–41.

（30）Subject: Informing the PRC of Our Position on United Nations Command, May 31, 1974, Box 376, Winston Lord Files, RG 59, p. 2; Staff Notes: East Asia, Feb. 24, 1975, No. 0073/75, *CREST*, p. A–13.

（31）Memorandum of Conversation: Nicolae Ceausescu and Ford, Jun. 11, 1975, 3:00 P.M.–4:15 P.M., KT 01665, *NSA*.

（32）Memorandum of Conversation: Nicolae Ceausescu and Kissinger, Subject: US-North Korea Relations, Aug. 3, 1975, KT 01737, *NSA*.

（33）キッシンジャーは、一九七四年四月三〇日に開かれたエジプトのアンワル・サダト大統領との会談でも似通った姿勢を見せた。サダトが米朝平和協定案を取り上げると、キッシンジャーは朝鮮半島安定化を強調しつつ、「大統領が仲介役を務め、秘密裏におこなわれるべきであろう」と答えた。Memorandum of Conversation: Anwar El Sadat & Kissinger, Apr. 31, 1974, KT 01125, *NSA*, p. 2.

（34）「Letter dated October 7, 1975 from U.N. Secretary General Waldheim to Secretary of State Kissinger」、「Letter dated October 18, 1975 from Secretary of State Kissinger to U.N. Secretary General Waldheim」『北韓の対米直接平和協定締結提議および対策、一九七五』（韓国外交

文書）。

（35）『駐国連北韓代表部の動向、一九七四〜一九七五』（韓国外交文書：七三一・七二、八四〇九）。なお、韓国はこうした北朝鮮の対米接近に敏感に反応し、ことあるごとに米国に対応措置を求めた。たとえば、米国議会議員の訪朝を防ぐための韓国の対応については、『北韓・米国関係、一九七五』（韓国外交文書：七二五・一US、八二五八）を参照。

（36）「北韓艦艇の我側水域侵犯事態に対する分析と対策（一九七三年一二月四日）」『北韓の西海岸五つ島嶼接触水域侵犯事件、一九七三年一一月一九日〜一二月一九日。全二巻（V・一　基本文書）』（韓国外交文書：七二九・五五、六一二八）を参照。

（37）韓国国防部『国防白書、一九九一〜一九九二』（ソウル：一九九二年）、四三二頁。

（38）Arthur W. Hummel, Jr. to Deputy Secretary, Subject: WSAG on Korea, Dec. 5, 1973, Box 1819, SN 1970–73, RG 59. 一方、韓国国防部は北朝鮮のNLL侵入を「領海侵入」と断定したうえで、一九七三年一二月一日と二日の両日にかけて、全軍に警戒令を敷いた。

（39）Subject: WSAG on Korea, Dec. 5, 1973, "I. Background," pp. 3–4; Elizabeth G. Verville to Richard Sneider, "Legal Aspect of Korean Islands Question," Dec. 5, 1973, Box 2429, SN 1970–73, RG 59.

（40）「年頭記者会見（一九七四年一月一八日）」、二二〜二九頁を参照。

（41）Subject: WSAG on Korea, Dec. 5, 1973, "I. Background," p. 4.

（42）*Central Intelligence Bulletin*, "North Korea-South Korea," Dec. 3, 1973, *CREST*, p. 8.

（43）Joint State/Defense Message, Subject: Korean Northwest Coastal Situation, Dec. 5, 1973, Box 1819, SN 1970–73, RG 59.

（44）「西海状況に関する対国連軍司令部接触結果報告（一九七三年一一月二八日）」『北韓の西海岸五つ島嶼接触水域侵犯事件、一九七三年一一月一九日〜一二月一九日。全二巻（V・一　基本文書）』（韓国外交文書）。

（45）「面談記録：外務次官、アンダーヒル代理大使（一九七三年一二月二日）」、同前文書集。

（46）この際に米国政府は、韓国が兵力増派とともに配備した一〇五ミリ曲射砲の有効射程距離が北朝鮮領土までいたることを大いに懸念した。DOS Memorandum, "Secretary's Staff Meeting," Feb. 14, 1974, KT 01028, *NSA*, pp. 4–8.

（47）それ以後、北朝鮮は、頻繁にNLLの無力化を図り続け、一九九九年六月にはNLLをはさんで南北間の海戦（韓国では「延坪《ヨンピョン》海戦」と呼んでいる）が展開された。二〇一〇年三月には、韓国の哨戒艦「天安《チョンアン》」（一二〇〇トン）が同海域で爆発して沈没し乗組員四六人が死亡したが、韓国政府は北朝鮮の魚雷攻撃によるものと断定した。北朝鮮は一九九九年九月、NLL南方に独自の海上軍事境界線を設定し、さらに二〇〇〇年三月には、NLL以北での航路を一方的に指定した。「延坪海戦」については、韓国国防部『国防白書　一九九九』（ソウル：一九九九年）、一九七〜一九九頁を参照。

(48) Memorandum to EA-Richard Sneider from EA/K-Donald L. Ranard, "Review of North Korea Threat," Nov. 12, 1973, Box 1756, SN 1970–73, RG 59.

(49) 鉄道や電線、兵器庫などのあらゆる設備を揃えたこのトンネルを通じて、一時間に五〇〇～七〇〇人の兵士が侵入可能であると推定された。北朝鮮がＤＭＺ一帯で掘った地下トンネルはいままで四本が発見されたが、韓国国防部はそれ以外にも二〇本以上存在すると予想している。韓国国防部『国防白書、一九九〇』、八九～九三頁、『国防白書、一九九一～一九九二』（ソウル：一九九二年）、四三三頁。

(50) この事件に関する韓国当局による公式文書としては、*Korea-Japan Relations and the Attempt on the Life of the South Korean President*（Seoul: Pan-National Council for the Probe into the August 15［1974］Incident）を参照。

(51) この点については、Victor D. Cha, *Alignment despite Antagonism: The United States-Korea-Japan Security Triangle*（Stanford: Stanford Univ. Press, 1999), ch. 4〔倉田秀也訳『米日韓、反目を超えた提携』（有斐閣、二〇〇三年）〕を参照。あわせて日本外務省『わが外交の近況』第一九号・上巻（一九七五年）の第二部一章「日韓関係」を参照。

(52) Subject: Diplomatic Initiative in Korea, Dec. 31, 1973, Box 365, Winston Lord Files, RG 59, NPM.

(53) Memorandum for Kissinger from W. R. Smyser and Richard H Solomon, Subject: NSSM-190, Diplomatic Initiative in Korea, Feb. 13, 1974, Box H-69, NSC Institutional Files, NPM, p. 3.

(54) *Ibid.*

(55) TAB B, "Korea-Talking Points," undated, Box 370, Winston Lord Files, RG 59, p. 3.

(56) 南北軍縮方案については、ＮＳＳＭ一九〇の付属文書を参照のこと。NSSM-190, Annex B, Subject: Arms Limitation Measures, Box H-69, NSC Institutional Files, NPM.

(57) Subject: NSSM-190, Diplomatic Initiative in Korea, Feb. 13, 1974, p. 5.

(58) *Ibid.*

(59) *Ibid.* p. 3.

(60) NSDM-251: Termination of the U.N. Command in Korea, Mar. 29, 1974, Box 3, Entry 9, RG 273.

(61) Subject: NSSM-190, Diplomatic Initiative in Korea, Feb. 13, 1974, p. 2.

(62) NSDM-251. これに先立ってキッシンジャーは、一九七四年三月二五日、「代替協定」への確信を持つまでには在韓米軍を維持すべきであるとニクソンに建議した。Memorandum for the President from Kissinger, Subject: Negotiations on Terminating the United Nations

Command in Korea, Mar. 25, 1974, Box 202, NSC Files, NPM.

(63) 「日本国における国際連合の軍隊の地位に関する協定（一九五四年二月一九日）」鹿島平和研究所編『日本外交主要文書・年表（第一巻：一九四一～一九六〇）』「条約集」第三一集第一〇六巻（外務省条約局）、六一四～六二六頁。以下の引用はこの条約文による。

(64) たとえば、NSDM一三は、沖縄返還交渉に際して「とくに韓国、台湾とヴェトナムに関して、規約上最大限自由に軍事基地を使用することへのわれわれの希望」を考慮することを求めた。NSDM-13: Policy Toward Japan, May 28, 1969, Box 1, Entry 9, RG 273, p. 2.

(65) 「いわゆる『密約』問題に関する調査報告書（二〇一〇年三月五日、外務省調査チーム）」〈http://www.mofa.go.jp/mofaj/gaiko/mitsuyaku/kekka.html〉。外務省と関連有識者委員会（座長・北岡伸一）が検証をおこなった「日米密約」は、①一九六〇年の日米安保条約改定時の核持ち込み、②安保条約改定時の朝鮮有事の際の戦闘作戦行動、③六九年の沖縄返還交渉時の有事の際の核持ち込みをめぐる佐藤・ニクソン合意、④沖縄返還時の原状回復補償費の肩代わりの四件であった。これらに対して有識者委員会は、①は「広義の密約」、②は「狭義の密約」があり、③は密約とはいえない、④は「広義の密約」があったとの判断を下した。密約の区分について同委員会は、合意文書があれば「狭義の密約」であり、文書がなくても暗黙の合意や了解があれば「広義の密約」と定義した。詳しくは、前掲ウェブサイトの「いわゆる『密約』問題に関する有識者委員会報告書（二〇一〇年三月一〇日）」を参照。以下、「韓国有事議事録」に関する引用は右のウェブサイト上で公開されている日本外務省の関連史料による。

(66) 「日本国とアメリカ合衆国との間の相互協力および安全保障条約」。以下、日米安保条約と関連付属公文からの引用は、細谷千博・有賀貞・石井修・佐々木卓也編『日米関係資料集　一九四五―九七』（東京大学出版会、一九九九年）による。

(67) この交換公文はタイトルどおり日米安保条約第六条の付属文書であるが、そこには在日米軍の配置や装備における重要な変更に加えて、「日本国から行なわれる戦闘作戦行動のための基地としての日本国内の施設および区域の使用」を「日本政府との事前協議の主題とする」とされている。「条約第六条の実施に関する交換公文」、同前書、四六五～四六六頁。

(68) 「報告対象文書二―二」〈http://www.mofa.go.jp/mofaj/gaiko/mitsuyaku/pdfs/t_1960 nk.pdf〉。この議事録はフルネームの署名が入った正本ではないが、一九六〇年一月六日の日付がついており、その日に藤山外相とマッカーサー大使とが署名したという外務省の関連記録が残っている。一方、春名幹男が二〇〇八年二月に米ミシガン大学のフォード大統領図書館で入手した同文の議事録の日付は、一九六〇年六月二三日となっている。署名日付の相違について有識者委員会は、「法的には一月六日にイニシャルによって案文を確定し、六月二三日に本署名した」と解釈した。「いわゆる『密約』問題に関する有識者委員会報告書（二〇一〇年三月一〇日）」、五二～五三頁。この議事録の存在を裏づける米側の史料については、春名幹男「日米条約岸・佐藤の裏切り」『文藝春秋』（二〇〇八年七月号）、「日米密約示す米公文書発見、朝鮮有事は事前協議対象外」『朝日新聞』一九九九年五月二二日、日米核密約問題での不破

委員長の記者会見（二〇〇〇年四月一三日）〈http://www.jcp. or.jp/seisaku/gaiko_anpo/2000414_mituyaku_fuwa_yosi.html〉、不破哲三『私の戦後六〇年――日本共産党議長の証言』（新潮社、二〇〇五年）、六四～六七および七八～八一頁、中馬清福『密約外交』（文藝春秋、二〇〇〇年）、九六～九九頁を参照。

(69) 米国家安全保障会議文書第六〇〇八号の一『アメリカの日本に対する政策』（一九七〇年六月一一日）」細谷ほか編『日米関係資料集　一九四五―九七』、五一五頁。なお、ニクソン政権の初の対日政策研究にあたるＮＳＳＭ五「対日政策」の付属文書では、「韓国有事議事録」を直接引用しつつ、「国連軍司令部のもとでの戦闘作戦行動に在日米軍が出る場合には、事前協議の対象外とする」と述べられている。NSSM-5 Annexed Document, "Korea," undated, Box H-128, NSC Institutional Files, NPM.

(70) 国連軍司令部を介して日米間に結ばれた、韓国有事における在日米軍および基地使用に関する諸取り決めについては、李東俊「韓米日安保体制の歴史的展開と『国連の権能』：一九五〇～七〇年代における米国の対日および国連軍司令部政策を中心にして」現代日本学会『日本研究論叢』第二八号（ソウル：二〇〇八年一二月）を参照。

(71) 「日本国とアメリカ合衆国との間の安全保障条約の署名に際し吉田内閣総理大臣とアチソン国務長官との間に交換された公文」細谷ほか編『日米関係資料集　一九四五―九七』、一三九～一四〇頁。

(72) 細谷ほか編『日米関係資料集　一九四五―九七』、四七〇頁。

(73) 同協定にもとづくと、署名国のカナダ、ニュージーランド、英国、南アフリカ、オーストリア、フィリピン、フランス、イタリアの八カ国は日本との個別の取り決めがなくとも、在日米軍基地のうち、キャンプ座間・横田飛行場・横須賀海軍基地・佐世保海軍施設・嘉手納飛行場・普天間飛行場・ホワイト・ビーチ地区の七カ所を使用することができる。

(74) 米国務省が一九七二年一月二七日付で駐韓・駐日大使と太平洋軍司令官（ＣＩＮＣＰＡＣ）に宛てた公電は、「一九六〇年の岸・ハーター交換公文に照らしてみれば、国連軍地位協定の終了は自動的に五一年の吉田・アチソン交換公文の終了に帰着する」と記している。"The UN, Korea, and US Bases in Japan," Jan. 27, 1972, Box 1754, SN 1970–73, RG 59.

(75) 「いわゆる『密約』問題に関する有識者委員会報告書（二〇一〇年三月一〇日）」、五三頁。

(76) 「いわゆる『密約』問題に関する調査報告書」、一三頁（とくに、報告対象文書二―四および二―五）。

(77) スナイダーはその後、国務省副次官補を経て、一九七四年から七八年にかけて駐韓大使を歴任する。

(78) 「いわゆる『密約』問題に関する調査報告書」、一三頁（報告対象文書一―八）。

(79) この点について有識者委員会は、「日本の首相が態度を表明した後に、米側が韓国有事議事録を援用して事前協議なしの基地使用を図ることは事実上考えられない」として、「したがって、同議事録は、事実上失効したと見てよかろう」との見解を示した。「いわゆる『密約』問題に関する有識者委員会報告書（二〇一〇年三月一〇日）」、五五頁。しかし、日米安保条約の一部として締結された「韓国有事議事録」の破棄について日米双方が正式に合意したことがないこと、とりわけ米国が、少なくとも一九七〇年代前半までは同議事録の効力を重く受けとめ、その趣旨にもとづいた軍事戦略を練っていたことなどに鑑みれば、同議事録の早期失効論は再考を要すると思われる。この点については、李東俊「一九六〇年米日『韓国密約』の成立と展開」外交安保研究院『外交安保研究』第六巻二号（ソウル：二〇一〇年一〇月）を参照。

（80） AmEmbassy Seoul to DOS, "The UN, Korea, and US Bases in Japan," Nov. 23, 1971; AmEmbassy Tokyo to DOS, "The UN, Korea, and US Bases in Japan," Dec. 17, 1971, Box 1754, SN 1970–73, RG 59.

（81） DOS Telegram, "The UN, Korea and US Bases in Japan," Jan. 27, 1972, Box 1754, SN 1970–73, RG 59.

（82） たとえば、Telegram 1914 from Tokyo, "Thai Forces in Korea and Japan under UN Command," Feb. 25, 1972; DOS Telegram 208406 to AmEmbassy Ankara, "Turkish Withdrawal from UN Command," Dec. 23, 1970; DOS Telegram 2360 to AmEmbassy Wellington, "New Zealand Withdrawal from UN Command," Jan. 6, 1971; DOS Telegram 8698 to AmEmbassy Bangkok, "Thai Forces in Korea," Jan. 18, 1971, Box 2423, SN 1970–73, RG 59.

（83） Telegram 549 from Tokyo, "UN Presence in Korea and Japan," Jan. 20, 1971; DOS Telegram 110143, "UN SOFA: Thai Forces in Korea," Jun. 20, 1972; DOS Telegram 65166, "Thai Forces in Japan and Korea," Apr. 14, 1972; DOS Memorandum, "Memorandum on Legal Aspects of the UN Presence in Korea," Mar.30, 1972, Box 2423, SN 1970–73, RG 59.

（84） NSDM-262: Use of U.S. Bases in Japan in the Event of Aggression Against South Korea, July 29, 1974, Box 3, Entry 9, RG 273. ＮＳＤＭ二六二は、ケネス・ラッシュ国務副長官の一九七四年四月二七日付の覚書を受け入れてＮＳＤＭ二五一を修正するとされているが、このラッシュの覚書は機密扱いされている。

（85） Memorandum for Kissinger, Subject: Minutes of the Senior Review Group Meeting of June 15, 1973, KT 00758, *NSA,* p. 6.

（86） 日米安保条約の第一条と第七条は、同条約が国連憲章を尊重し、さらに「国連憲章のほうが優越する」ということを明らかにしている。小川和久『新　北朝鮮と日本』（東洋経済新聞社、一九九四年）、二一六～二一八頁。

（87） 米国政府は、田中政権が国連軍司令部の解体による韓国有事の際の事前協議制の変動について米国に協力的な姿勢を堅持した、と評価した。Recommended Talking Points, undated, Box 927, NSC Files, NPM, p. 3.

（88） Memorandum of Conversation: Kakuei Tanaka and the President, Aug.1, 1973, 9:30 A.M., Box 927, NSC Files, NPM, pp. 5–6.

（89） 日米安保条約第六条、いわゆる「極東条項」は、日本と極東の安全のために米軍に基地を供与すると書かれているが、米軍の活動はそれに限定されるとは書いていない。制限があるのは、軍隊や装備の配置の重要な変更と、日本の基地からの直接出撃は事前協議の対象となることだけである。しかも、この事前協議制の適用は「韓国有事議事録」などによってさらに限定される。米国務省は極東条項について「きわめて融通の利くものである。これによって、われわれは変化した環境と要求条件に容易に適応することができる」と評価した。DOS Briefing Paper, Subject: US-Japan Security Relation, date omitted, Box 927, NSC Files, NPM, p. 3.

（90）NSDM-251: Termination of the U.N. Command in Korea, Mar. 29, 1974, Box 3, Entry 9, RG 273.

（91）ソウル新聞社編『駐韓米軍三〇年』（ソウル：杏林出版社、一九七九年）、三七六～三七八頁。なお、作戦統制権をめぐる米軍内の議論を捉えた研究として、我部政明「米韓合同軍司令部の設置――同盟の中核」菅英輝編著『冷戦史の再検討――変容する秩序と冷戦の終焉』（法政大学出版局、二〇一〇年）を参照。

（92）韓国国防部『国防白書　一九九〇』、一六四～一六五頁。

（93）米国政府は一九七四年四月九日、ハビブ駐韓大使を通じてＮＳＤＭ二五一の内容を金東祚外務長官に伝え、韓国との交渉に入った。Memorandum for Secretary Kissinger, from Richard H. Solomon, Subject: The PRC and Termination of the U.N. Command in Korea, Apr. 12, 1974, Box 376, Winston Lord Files, RG 59.

（94）南北対話は一九七三年八月二八日の北朝鮮の対話中止宣言にもかかわらず、同年一二月に南北調節委員会副委員長会議のかたちで再開された。しかし、一九七五年三月一四日まで計一〇回に及んだ同会議は、南北調節委員会の再開方式をめぐる応酬の場に転じていた。一九七三年一二月以後の南北対話の展開については、『南北対話白書』（ソウル：国土統一院、一九八八年）、一一九～一三六頁を参照。

（95）Subject: Informing the PRC of Our Position on United Nations Command, May 31, 1974, p. 4.

（96）鄧小平はこの国連総会演説で「三つの世界論」を公表し、「社会主義を名乗っているある超大国がその他の帝国主義国にもあまり見られないひどいことをやっている」と、実質的にソ連の覇権主義を強く非難した。USUN to DOS, Subject: UNGA Special Session, PRC Statement, Apr.11, 1974, Box 376, Winston Lord Files, RG 59. キッシンジャーは鄧について、毛沢東語録を頻繁に用いるスタイルであると指摘しつつ、周恩来のような上品さと熱情を欠いていると評した。Subject: Report to the President, HAKTO 42, date omitted, Box 374, Winston Lord Files, RG 59, p. 1.

（97）Memorandum of Conversation: Teng Hsiao-p'ing and Kissinger, Apr. 14, 1974, Box 376, Winston Lord Files, RG 59.

（98）Paper Handed to PRC, Jun. 13, 1975, Box 370, Winston Lord Files, RG 59.

（99）DOS Briefing Paper, Jun. 13, 1974, Box 371, Winston Lord Files, RG 59.

（100）Memorandum of Conversation: Winston Lord and Han Hsu, Jun. 13, 1974, Box 331, Winston Lord Files, RG 59.
（101）Memorandum of Conversation: Huang Chen and Kissinger, Jun. 24, 1974 & July 15, 1974, Box 376, Winston Lord Files, RG 59.
（102）DOS to USLO Peking/AmEmbassy Seoul, "Proposal on UNC（1974.7.26）," Box 376, Winston Lord Files, RG 59.
（103）Winston Lord to the Secretary, Jul. 31, 1974, Box 350; DOS to USLO Peking, "Korea," Nov. 25, 1974, Box 376; PRC Response, Jul. 31, 1975, Box 370, Winston Lord Files, RG 59.
（104）こうした中国側の回答に対してウィンストン・ロード国務省政策企画室長は、「われわれは米軍を迅速に撤退することを約束したことがない」と応じた。S/P Winston Lord, EA Arthur Hummel to the Secretary, Jul. 31, 1974, Box 376, Winston Lord Files, RG 59.
（105）米国政府は、「中国側の回答には、中国の見解よりも、北朝鮮の頑固な立場のみが記されている」と評した。TAB B, "Korea-Background," Box 370, Winston Lord Files, RG 59, p. 1.
（106）Memorandum to the Secretary, "PRC Response to Our Proposal on UNC," Aug. 1, 1974; Memorandum to the Secretary, "Next Step with PRC on our Proposal Dissolving the UNC," Aug. 15, 1974, Box 376, Winston Lord Files, RG 59.
（107）Memorandum to the Secretary, "PRC Response to Our Proposal on UNC," Aug. 15, 1974; DOS to AmEmbassy Seoul, "PRC Response to Proposal on UNC," Aug. 3, 1974, Box 376, Winston Lord Files, RG 59, p. 2.
（108）Winston Lord to the Secretary, "Your Meeting with Ambassador Huang Chen July 15, 1974, at 11:00 A.M.," Box 376, Winston Lord Files, RG 59.
（109）韓国の金東祚外務長官は一九七四年八月二二日、米国の修正したパッケージ案を丸ごと受け入れる旨をハビブ大使に通報した。さらに金は、この提案をすみやかに進めるよう中国側に圧力をかけることを、米側に要請した。AmEmbassy Seoul to DOS, "Further Response to PRC on UNC Proposal," Aug. 22, 1974, Box 376, Winston Lord Files, RG 59.
（110）DOS to USLO Peking, "Korea," Nov. 25, 1974, Box 371; Paper Handed to PRC, Aug. 28, 1975, Box 370, Winston Lord Files, RG 59.
（111）Memorandum to the Secretary, "PRC Response to Our Proposal on UNC," Aug. 15, 1974, p. 5; DOS to AmEmbassy Seoul, "Further Proposal to PRC on UNC," Aug. 20, 1974, Box 376, Winston Lord Files, RG 59. 米国の第二回目の提案書に対する駐米中国連絡事務所の第一反応は、「中国は『二つのコリア』と分断の永久化政策には同意しえない」という「原則的な応答」であった。DOS to AmEmbassy Seoul, "Further Response to PRC on UNC Proposal," Aug. 29, 1974, Box 376, Winston Lord Files, RG 59.
（112）DOS to AmEmbassy Seoul, "Statement to PRC on Korea and UNC," Sep. 2, 1974, Box 376, Winston Lord Files, RG 59. アーサー・ハメル次官補代理は、カーター政権期における米中国交正常化交渉に関わった後、中国駐在大使（一九八一～八五年）を歴任する。

(113) TAB B, "Korea-Background," p. 2.

(114) こうした喬冠華の姿勢に対して、米国務省は「彼は、われわれが回答を待っている間に、北朝鮮が独自に敵対的な決議案を提出したことについて謝らなかった」と不満を表わした。Memorandum to the Secretary, "Some Thoughts on Your Dinner with the PRC Oct. 2," Oct. 3, 1974, Box 376, Winston Lord Files, RG 59, pp. 1–2.

(115) Memorandum of Conversation: Ch'iao Kuan-hua and Kissinger, Oct. 2, 1974, Box 376, Winston Lord Files, RG 59, pp. 15–17.

(116) Memorandum to the Secretary, "Some Thoughts on Your Dinner with the PRC Oct. 2," Oct. 3, 1974, p. 2.

(117) Memorandum of Conversation: Ch'iao Kuan-hua and Kissinger, Oct. 2, 1974, p.15.

(118) DOS to USUN, "Korean Question at UNGA," Oct. 2, 1974, Box 376, Winston Lord Files, RG 59.

(119) Staff Notes: Chinese Affairs, "China, Korea, and the UN," Aug. 19, 1975, *CREST,* p. 3.

(120) *Ibid.,* p. 3. 一九七〇年代における中ソ間の朝鮮問題をめぐる競争については、Chang-Yoon Choi, "The Sino-Soviet Conflict and Its Impact on the Korean Peninsula," *Journal of East and West Studies,* Vol. 11, Issue 2（Autumn 1982）を参照。

(121) Staff Notes: East Asia, Feb. 24, 1975, No. 0073/75, *CREST,* p. A–11.

(122) たとえば、韓国は一九七四年、香港を通じて中国からの唐辛子輸入を推進したが、同年一一月四日、ソ連はこの中韓接触を強く非難した。これを受けて、中国は同年一一月一〇日、それまでのソ連の対韓接触事例を列挙しつつ、応酬した。「一九七四年四／四分期、安保情勢総合分析評価報告（外務部所管、一九七四年一二月）」『青瓦台安保情勢報告会議資料、一九七二～七四』（韓国外交文書：七二九・一九、七一二三）。

(123) 中国は一九七四年一〇月、韓国との関係改善の意思を示唆する発言をおこなったが、その前提条件として台湾との国交断絶を要求した。DOD Briefing Paper, "Korea," SECRET/NODIS XGDS-3, Nov. 1974, Box 371, Winston Lord Files, RG 59.

(124) *Central Intelligence Bulletin,* Subject: Developments in Sino-Soviet Relation, Jul. 16, 1973, *CREST,* p. 10.

(125) ボーイング社は中国に計一〇機の七〇七航空機を販売することに合意した。Hormats to Haig, Jun. 27, 1972, Box 525; Memorandum of Conversation: Kissinger & Huang Hua, Jun. 28, 1972, Box 850, NSC Files, NPM.

(126) Action Memorandum from Ingersoll to the Secretary, Subject: PRC Proposal to Lease or Sell Boeing 707s to North Korea, Jun. 24, 1974, Box 376, Winston Lord Files, RG 59.

(127) こうした中国の主張は当初ボーイング社との航空機販売契約にも反するものであった。Action Memorandum from Hummel to the Secretary, Subject: Continued PRC Interest in Boeing Aircraft for North Korea, Aug. 28, 1974, Box 376, Winston Lord Files, RG 59, pp. 1–2.

(128) Michael B. Yahuda, “Chinese Foreign Policy: A Year of Confirmation,” in Peter Jones, ed., *The International Yearbook of Foreign Policy Analysis*, Vol. 1（London: Croom Helm, 1975）, p. 62.

(129) DOD Briefing Paper, “Korea,” SECRET/NODIS XGDS-3, Nov. 1974.

(130) Memorandum of Conversation, Kim Dong-jo and Kissinger, Sep. 27, 1974, p. 2.

(131) 第七回目のキッシンジャー訪中（一九七四年一一月二五日～三〇日）における会談録など関連史料は、Box 372, Winston Lord Files, RG 59に所収されている。このキッシンジャー訪中の際に、中国側では周恩来が入院し、鄧小平が周の役割を受け持った。

(132) 鄧小平が一一月二五日の第一回会談の冒頭で「世の中の人々はわれわれ（米中）の関係がやや冷えていると言う」と述べたように、キッシンジャーと鄧は対ソ政策などをめぐって相当の認識の差を見せた。したがって、一一月二九日に発表されたごく短い「共同コミュニケ」は一九七五年のフォード訪中以外に、新しい内容を収めることができなかった。Memorandum of Conversation: Teng Hsiao-p'ing and Kissinger, Nov. 25, 1974; “Joint U.S.-PRC Communique,” Nov. 29, 1974, Box 372, Winston Lord Files, RG 59.

(133) Memorandum for Secretary Kissinger from Winston Lord, Arther Hummel, Richard H. Solomon, Subject: Briefing the President on Your Forthcoming Trip to Peking, Nov. 9, 1974, Box 372, Winston Lord Files, RG 59, p. 2.

(134) Brent Scowcroft to the President, Nov. 27, 1974, Subject: Report to the President, Box 372, Winston Lord Files, RG 59, p. 2. 米国政府は一九七四年一〇月に入り、米韓側決議案の国連総会通過について自信を持っていた。DOS to AmEmbassy Seoul, Subject: PRC Views on UNC, Oct. 05, 1974, Winston Lord Files, Box 374, RG 59.

(135) 黄華と北朝鮮代表の演説については、Foreign Broadcast Information Service（FBIS）, *Trends in Communist Propaganda*, “Korea,” Dec. 4, 1974, *CREST*, pp. 23–24.

(136) この決議案は一週間後の一九七四年一二月一七日、国連総会本会議で可決され（賛成六一、反対四三、棄権三一）、総会決議三三三三（XXIX）として採択された。第二九次国連総会における朝鮮問題の処理経過については、USUN to DOS, Subject: Korea at 29th GA, New York Consultation, Jul. 1–3, and 5, 1974, Box 376, Winston Lord Files, RG 59;『青瓦台安保情勢報告会議資料、一九七二～七四』（韓国外交文書）を参照。

(137) Memorandum of Conversation: Mao Tsetung & Kissinger, Oct. 21, 1975, Box 373, Winston Lord Files, RG 59, p. 6.

(138) 中ソ国境におけるソ連軍の増強に加え、中国は一九七四年以後、ソ連海軍のアジア進出を深刻に憂慮することになる。この点については、平松茂雄『中国の国防とソ連・米国』（勁草書房、一九八五年）、一九三～二二八頁を参照。

(139) Memorandum for Secretary Kissinger from EA-Philip C. Habib, SP-Winston Lord, NSC-Richard H. Solomon, Subject: Your September 28

Working Dinner with PRC Foreign Minister Ch'iao Kuan-hua, Sep. 26, 1975, Box 374, Winston Lord Files, RG 59, pp. 2–5; Harry Harding, *A Fragile Relationship: The United States and China since 1972* (Washington D.C.: Brookings Institution, 1992), pp. 50–52.

(140) 当時カリフォルニア州知事であったレーガンが共和党保守派を代弁して大統領選挙に出馬する準備を進めたことで、フォードは党の指名を勝ち取るために保守派と妥協を図らざるをえなかった。

(141) たとえば、米国議会が一九七三年にニクソンの拒否権を制して通過させた「戦争権限法」(War Power Act)は、兵力を海外に派遣する大統領の権限にかつてない制限を課し、いかなる場合においても六〇日以内に議会の承認を得ることを強要した。大統領の外交政策に対する制限は、一九七四年のジャクソン・バニク修正条項などによって一段と強化される。同四年七月から八月にかけ、議会はキプロス危機における大統領の措置を無効にさせ、秋にはＣＩＡの利用に制限を加え、一九七五年にはフォードのアンゴラ政策を骨抜きにした。同じ年にはまた武器輸出制限法を通過させ、武器の供給に関する大統領の自由裁量権を奪った。ポール・ジョンソン(別宮貞徳訳)『現代史：一九一七〜一九九一(下)』(共同通信社、一九九二年)、三八一頁。

(142) 一九七四年の中国内政に対する米国政府の認識は、Briefing Memorandum to the Secretary from INR-William G. Hyland, Subject: A New Cultural Revolution in China?, Feb. 13, 1974, CH 00287, *NSA* 等々を参照。

(143) マイケル・オクセンバーグ「米中関係——今後一〇年の展望」アトランティック・カウンシル編(平和・安全保障研究所訳)『中国とアメリカ』(人間の科学社、一九八四年)、二一〇頁。

(144) Action Memorandum for the Secretary from E/A Arther Hummel, S/P Winston Lord & Richard Solomon (NSC), May 24, 1974, Box 376, Winston Lord Files, RG 59, p. 1.

(145) 『労働新聞』一九七五年四月一九日、John H. Holdridge, *Crossing the Divide: An Insider's Account of the Normalization of US-China Relations* (Lanham, Md.: Rowman & Littlefield Publishers, 1997), p. 154.

(146) 「金日成歓迎宴会における鄧小平副総理の演説全文(七五年四月一八日)」『金日成北韓主席の中国(旧中共)訪問、一九七五年四月一八日〜二六日。全三巻(Ｖ・一　各国反応)』(韓国外交文書：七二五・三一ＣＰ、八二六六)。

(147) 金・毛会談は、四月一八日の金日成の北京到着直後に開かれた。同会談には中国側から鄧小平、北朝鮮側から人民武力部総参謀長の呉振宇《オジンウ》が同席した。韓国側はこの呉の同席に注目し、金日成が対南武力路線の強化に先立って中国の事前承認を得ようとしたと受けとめた。「受信：大統領閣下、題目：金日成中共訪問に対する総合報告(一九七五・五・一)」、同前文書集。これに対して米国務省は、呉の相手役の中国国防部長がこの会談に同席しなかった点により注目し、毛が北朝鮮の好戦的姿勢を抑えたと分析した。Memorandum for Kissinger from Richard H. Solomon, "An Evaluation of Kim Il-song's Visit to Peking," Apr. 29, 1975, Box 375, Winston

Lord Files, RG 59, p. 2.

(148) 「鄧小平同志同金日成主席挙行会談（四月一九日）」および「鄧小平同志同金日成主席継続会談（四月二五日）」『中国対朝鮮和韓国政策文献匯編』第五巻（北京：中国社会科学出版社、一九九四年）、二二二一〜二二二五頁。

(149) 「中華人民共和国と朝鮮民主主義人民共和国の共同声明（一九七五年四月二六日）」）」『金日成北韓主席の中国（旧中共）訪問、一九七五年四月一八日〜二六日。全三巻（V・一　各国反応）』（韓国外交文書）。

(150) たとえば、金正日「現情勢の要求に合わせて革命力量をしっかりし、かつ、党事業をより改善・強化することについて」『主体偉業の完成のために、三（一九七四〜一九七七）』（平壌：朝鮮労働党出版社、一九八七年）、三三八頁を参照。

(151) 「ヴェトナム化の失敗」の軍事的側面を考察した論考としては、Scott Sigmund Gartner, "Differing Evaluations of Vietnamization," *Journal of Interdisciplinary History,* Vol. 24, No. 2（Autumn 1998), complied in Walter L Hixon, ed., *United States and the Vietnam War: Military Aspects of the Vietnam Conflict*（New York and London: Routledge, 2000）などがあげられる。

(152) この時期に米国議会では、韓国の人権問題と対韓援助をリンクさせようとする向きが強まっていた。これに対してキッシンジャーは、北朝鮮脅威論と日本の安全を掲げて抵抗した。Office of Legislative Counsel, Title: Kissinger Defends U.S. Aid to Seoul, Jul. 30, 1974, *CREST;* Memorandum of Conversation: the Secretary, Senator Gibbons etc. Subject: Human Rights, Dec. 17, 1974, KT 01455, *NSA,* p. 4;『米国下院韓国関係聴聞会、一九七四、全六巻』（韓国外交文書：七二二・一US、六七七〇-七五）。韓国政府は米国議会における嫌韓論を抑えるために、議会、言論などに対して大々的なロビー活動を展開する。この点については、『対米国議会活動計画および報告、一九七四〜七五』（七二一・一US、七八七一）、『一九七五年度対米国外交施策および業務要綱、一九七四〜七五』（韓国外交文書：七二一・一US、七八七二）を参照。

(153) "Joint Communique between Park Chung Hee and Gerald R. Ford, Nov. 22, 1974," *Documents on Korean-American Relations: 1943–1976,* p. 478; ジェラルド・R・フォード（堀内宏明ほか訳）『フォード回顧録——私がアメリカの分裂を救った』（サンケイ出版、一九七九年）、二五二頁。

(154) Memorandum of Conversation: Ford, Kissinger, Japanese Prime Minister Takeo Miki, Aug. 6, 1975, Box 14, Memoranda of Conversations, 1973–77, National Security Adviser Files, Ford Library.

(155) ソウル新聞社編『駐韓米軍三〇年』、三八六頁。

(156) NSDM-282: Korean Force Modernization Plan, Jan. 9, 1975, Box 56, NSC Institutional Files, Ford Library.

(157) NSSM-226: Review of U.S. Policy toward the Korean Peninsula, May 27, 1975, Box 16, Entry 10, RG 273.

（158） NSDM-309: Decisions on ROK Air Defense Requirements, Oct. 9, 1975, Box 61, NSC Institutional Files, Ford Library; Memorandum for Scowcroft from Smyser, "Your Meeting with Our Ambassador to South Korea, Richard L. Sneider on March 27, 1975," Mar. 26, 1975, *DDRS*.

（159） 国防軍史研究所『国防政策変遷史　一九四五～一九九四』（ソウル：一九九五年）、一九〇～一九一および一九九頁、Command Historian HQs, UNC/USFK/EUSA, APO 96301, *UNC/USFK/EUSA Chronology, 1 July-31 December 1975*, pp. 5, 10–11 <http://www.nautilus.org/>; Don Oberdorfer, *The Two Koreas: A Contemporary History* (New York: Basic Books, 1997), p. 62〔菱木一美訳『二つのコリア――国際政治の中の朝鮮半島』（共同通信社、一九九八年）〕.

（160） マヤゲス号事件に対する米国の対応については、フォード『フォード回顧録』、三一五～三二〇頁、Christopher John Lamb, *Belief System and Decision Making in the Mayaguez Crisis* (Gainesville: Univ. of Florida Press, 1989) を参照。

（161） ただし、シュレジンジャーはここで在韓米軍の核兵器配備を認めながらも、その使用可能性については曖昧な姿勢を取り続けた。第五章第二節の②で指摘したように、米中和解と在韓米軍の駐留が継続することを受けて、米国は対北朝鮮脅威に対する戦術核兵器の使用可能性を事実上排除した。News Conference with Secretary of Defense James R. Schlesinger at the Pentagon, Jun. 20, 1975, Box 27, Martin R. Hoffman Papers, Ford Library.

（162） Chong-Sik Lee, *Japan and Korea: The Political Dimension* (Stanford: Hoover Institution Press, 1985), p. 93〔小此木政夫・古田博司訳『戦後日韓関係史』（中央公論社、一九八九年）〕。その後に開かれたシュレジンジャー・坂田道太の日米国防会談では、日米防衛協力小委員会（ＳＤＣ）の設置が決まり、この委員会によって「防衛政策の大綱」（一九七六年）と「日米防衛協力のガイドライン」（一九七八年）が詰められていく。この二つの防衛政策については、土山實男「日米同盟と日韓安全保障協力」大畠英樹・文正仁編『日韓共同研究叢書（13）日韓国際政治学の新地平――安全保障と国際協力』（慶應義塾大学出版会、二〇〇五年）、一四一～一四四頁を参照。

（163） 「Japan's Diplomacy in Today's World, Speech by Foreign Minister Kiichi Miyazawa at the Foreign Correspondents Club, Jul. 10, 1975」『日本の対アジア政策』（韓国外交文書：七二二・四ＪＡ／ＸＢ、七八七七〔一七七〇四〕）。

（164） 「日米共同日米共同新聞発表（一九七五年八月六日、於ワシントン）」外務省『わが外交の近況』第二〇号・下巻（一九七六年）、九三～九六頁。同会談の結果、「共同声明」と「共同新聞発表」という、ほぼ同じ内容の二種類のステートメントが発表されたが、共同新聞発表では、公式文書としては初めて米国の「核抑止力」を「日本の安全に対し重要な寄与を行なうもの」と位置づけた。

（165） 「新韓国条項」の成立過程については、Don Oberdorfer and Hajime Izumi, "The United States, Japan and The Korean Peninsula: Coordinating Policies and Objectives," *NSA* U.S.-Japan Project, Working Paper Series #11を参照。

(166)「ハビブ次官補面談（一九七五年八月七日）」『三木武夫日本首相の米国訪問、一九七五年八月五日～六日』（韓国外交文書：七二二・一二JA／US、七九四三）。

(167)「フォード・三木共同声明（一九七五年八月七日）」『フォード、ジェラルド　R・米国大統領中国（旧中共）訪問、一九七五年一二月一日～五日』（韓国外交文書：七二二・一二CP／US、七九三四）。さらに、一九七三年一二月以来開かれていなかった日韓定期閣僚会議（第八回）が七五年九月一五日にソウルで再開され、八月の日米首脳会談の結果に沿う共同声明が採択された。とくに、この共同声明では、「日本の経済協力は民間主体に移行する」とされた七三年会議の決定を覆し、日本の政府ベースでの対韓経済支援方針が示された。平野実『外交記者日記――宮沢外交の二年（上）』（行政通信社、一九七九年）、二一一～二一二頁。

(168) Claude A. Buss, *The United States and the Republic of Korea: Background for Policy* (Stanford, Calif.: Hoover Institute Press, 1982), p. 90. しかし、このドクトリンにもかかわらず、サイゴン陥落後、アジア各国で生じた米国に対する不信と「見捨てられる」かもしれないとの懸念は収まらなかった。「フォード大統領の新太平洋ドクトリン」『米国の対外政策、一九七五』（韓国外交文書：七二一・四US、七八七八）。

(169)「発信：駐米大使、受信：長官（一九七五年一二月四日）」、同前文書集。

(170) CIA Staff Notes: East Asia, Annex- "The Two Koreas and the United Nations: The Debate Approaches a Critical Stage This Year," Jul. 15, 1975, *CREST*, p. 16.

(171) 韓国政府はこの会議への加盟を申し入れたが、失敗した。

(172) Briefing Memorandum to the Secretary, "Korean Question at the U.N. and Possible U.S. Initiatives," Sep. 11, 1975, Box 354, Winston Lord Files, RG 59, pp. 1–2.

(173)「Statement of the Minister of Foreign Affairs on the Application of the Republic of Korea for Membership in the United Nations (Seoul, 30 July 1975)」『韓国の国連加入問題、一九七五：全四巻（V・一　対策および進行状況I：一九七五年三月～七月）』（韓国外交文書：七三一・一二、八三七〇）。

(174) Letter to Ford from Park, Jul. 23, 1975, Box 7, Subject Files of the Office of Korean Affairs, 1966–74, RG 59.

(175) 韓国の国連加入案は、一九七五年九月二六日におこなわれた安保理票決で最終的に否決された。『韓国の国連加入問題、一九七五：全四巻（V・二　対策および進行状況II：一九七五年八月～一〇月）』（韓国外交文書：七三一・一二、八三七一）。

(176)「題目：中共、北傀が有一合法政府と主張（七五年八月一二日）」『韓国の国連加入問題、一九七五：全四巻（V・二　対策および進行状況II：一九七五年八月～一〇月）』。くわえて、中国の韓国代表権に対する姿勢については、『中国（旧中共）の国際会議にお

ける韓国代表権問題提起、一九七四』（七二一・二CP、七八七四［一一二六一］）を参照。

(177) Briefing Memorandum to the Secretary, "Korean Question at the U.N. and Possible U.S. Initiatives," Sep. 11, 1975, pp. 1–2.

(178) 『人民日報』一九七五年一〇月一〇日。

(179) 「宮澤外相記者会見（一九七五年一〇月二三日）」『フォード、ジェラルド　R・米国大統領　中国（旧中共）訪問、一九七五年一二月一日～五日』（韓国外交文書）。

(180) Briefing Memorandum to the Secretary from Winston Lord, "US Strategy in Asia: Trends, Issues, and Choices," Oct. 16, 1975, Box 353, Winston Lord Files, RG 59.

(181) Staff Notes: Chinese Affairs, "China, Korea, and the UN," Aug. 19, 1975, p. 4.

(182) Philip Habib & William Buffum to the Secretary, "Contacts with North Korea and the Korean Question in the UNGA", Nov. 8, 1975, Box 360, Winston Lord Files, RG 59, p. 2.

(183) 日本は第三〇次国連総会直前の一九七五年一一月七日、独自の解決策を提案した。日本側の方案は、米朝が非公式的に接触をおこなったうえで、国連事務総長が両側の意見を仲介するかたちで、国連軍司令部の解体と停戦協定の維持のための接点を設けるというものであった。しかし、米国側はとくに米朝接触に対して「忌避すべき落とし穴」と判断し、キッシンジャーは日本の提案に対して「きっぱりと断る」ことを指示した。Philip Habib & William Buffum to the Secretary, Nov. 8, 1975; "Japanese Proposal on Korean Issue," Nov. 7, 1975, Box 360, Winston Lord Files, RG 59; The Secretary's 8:00 A.M. Staff Meeting, Nov. 13, 1975, KT 01825, *NSA*.

(184) Philip Habib & William Buffum to the Secretary, Nov. 8, 1975, p. 2.

(185) Memorandum of Conversation, "Meeting with Korean Foreign Minister," Sep. 6, 1975, KT 1795, *NSA*, p. 4.

(186) Briefing Memorandum to the Secretary, "Korean Question at the U.N. and Possible U.S. Initiatives," Sep. 11, 1975, p. 1.

(187) たとえば、インドネシアのアダム・マリク外務長官は、一九七五年九月、キッシンジャーとの会談で米朝会談の開始を強く求めた。Memorandum of Conversation, "Secretary's Meeting with Indonesian Foreign Minister Adam Malik," Sep. 5, 1975, KT 01773, *NSA*, p. 9.

(188) Memorandum to the Secretary from Winston Lord, "Possible US Initiative on Korea," Aug. 21, 1975, Box 354, Winston Lord Files, RG 59.

(189) Briefing Memorandum to the Secretary, "Korean Question at the U.N. and Possible U.S. Initiatives," Sep. 11, 1975, pp. 4–5.

(190) DOS to Seoul and USUN, "Further US-ROK Initiative on Korean Question at UN," Sep. 12, 1975, Box 354, Winston Lord Files, RG 59.

(191) Briefing Memorandum to the Secretary, "Korean Question at the U.N. and Possible U.S. Initiatives," Sep. 11, 1975, pp. 5–8.

(192) Memorandum to the Secretary from Winston Lord, "Possible US Initiative on Korea," Aug. 21, 1975, p. 2.

(193) もっとも、キッシンジャー自身は当初、多国間協議に対してそれほど情熱を持っていなかったようである。たとえば、彼は一九七五年九月一二日に開かれた国務省の関連幹部会議で、「北朝鮮に『韓国と話をせよ』と言えばよかろう」と述べたことがある。Memorandum of Conversation, Subject: the Secretary's Analytic Staff Meeting on Korea, Sep. 12, 1975, KT 01780, *NSA*, p. 5, 18.

(194) Briefing Memorandum to the Secretary from S/P-Winston Lord, "Analytic Staff Meeting on Korea, 8 A.M.," Sep. 12, 1975, Box 354, Winston Lord Files, RG 59.

(195) たとえば、米国務省は、多国間協議案を含めた対抗案を提出すれば、支持国を五、六カ国増やせると予想した。Briefing Memorandum to the Secretary from S/P-Winston Lord, Sep. 12, 1975, p. 6; Briefing Memorandum to the Secretary, Sep. 11, 1975, p. 8.

(196) "Building International Order, Addressed by Secretary Kissinger before the 30th Regular Session of the U. N. General Assembly," *Department of State Bulletin*, Vol. 74, No. 1894 (Oct. 13, 1975) pp. 549–550.

(197) 金日成はキッシンジャー構想に対して、「『二つの朝鮮』陰謀の実現を狙う露骨な策動」と強く非難した。「オーストラリアの作家・記者ウィルフレッド・バーチェットとの談話（一九七五年一〇月一二日）」『金日成著作集』第三〇巻［日本語版］（平壌：外国文出版社、一九八七年）、五六六頁。

(198) キッシンジャーは翌一九七六年七月二二日、南北米中の「四者会談」をニューヨークで開催することを正式に提案した。

(199) クロス承認が、大国間の政治的合意を前提とする朝鮮半島の「二つの正統政府」の承認を意味する限りにおいて、それは南北の国連同時加入とほぼ同等の政治的効果を持つ。ただし、クロス承認と国連同時加入とは、法的効果の面において格差が生じうる。たとえば、クロス承認が南北同時国連加入に先立っておこなわれれば、韓国は国連加入の阻害要因である中国とソ連の支持を受けると同時に、他方で北朝鮮も、米国はもとより国連常任理事国である英仏の賛成を確保して、南北ともに国連加入を果たす可能性が高い。しかし、南北の国連同時加入は必ずしも韓国と中ソ、北朝鮮と米国などとの国交樹立につながるとは言えない。周知のように、現実の朝鮮半島政治は後者の道を歩んだ。

(200) "Addressed by the Honorable Henry A. Kissinger Secretary of State Before the 31st United Nations General Assembly, Sep. 30, 1976," Box 360, Winston Lord Files, RG 59, pp. 8–9. ただし、この演説では、「段階的なアプローチ」の一環としてもうけられる「より広い会議」に参加する国家は具体的に示されなかった。これは、韓国の朴東鎮《パクドンジン》外務長官が一九七六年九月二七日、参加国名の不公表を要請したからであった。「受信：大統領閣下、韓米および韓日外相面談報告」『キッシンジャー、ヘンリー米国務長官の韓国問題に関する四者会談提議、一九七六年九月三〇日』（韓国外交文書：七二六・二三、九三七一）。キッシンジャーの国連演説をめぐる米韓間の交渉過程については、"Winston Lord to the Secretary, "Proposed Changes in Korean Section of UNGA Speech," Sep. 25, 1976; USUN to DOS, "Sec-

retary Kissinger's Speech in UNGA General Debate-Portion on Korea," Sep. 25, 1976, Box 360, Winston Lord Files, RG 59 等々を参照。

(201) 倉田秀也「朝鮮問題多国間協議論の現在――『朝鮮化』の力学と同心円的関係の形成」『外交時報』第一二九五号（一九九三年二月）。

(202) "Speech by Chiao Kuan-Hua, Chairman of the Delegation of the People's Republic of China, at the 30th session of the U.N. General Assembly, Sep. 26, 1975," Box 374, Winston Lord Files, RG 59, pp. 8–10.

(203) Foreign Broadcast Information Service（FBIS）, *Trends in Communist Media*, "Korea," Oct.1, 1975, Vol. 24, No. 39, *CREST*, p. 3.

(204) Memorandum of Conversation: Chiao Kuan-Hua and Henry A. Kissinger, Sep. 28, 1975, Box 374, Winston Lord Files, RG 59, p. 2.

(205) *Ibid.*, p. 31.

(206) *Ibid.*, pp. 31–32. 一方、この会談で喬冠華は、三木政権の親中政策に期待を寄せたが、キッシンジャーは、「三木は二年を耐えられないだろう」と述べた（*ibid.*, p. 17）。

(207) 第八回目のキッシンジャー訪中（一九七五年一一月一九～二三日）における会談録は、Box 373, Winston Lord Files, RG 59 に収められている。

(208) "Korea-October 1975 Talks," Box 373, Winston Lord Files, RG 59. 毛沢東は同年一一月二一日に開かれたキッシンジャーとの会談で、朝鮮戦争中に中国を「敵国」と規定した国連決議が依然生きている問題を取り上げたが、「われわれは（その決議の）取り消しは決して要求しない。われわれはこの『名誉の帽子』をかぶり続ける」と意外な発言をおこなった。この毛の発言の意図は明確ではないが、米ソ「覇権」に左右される国連への不信感を表わしたものと思われる。Memorandum of Conversation: Mao Tsetung & Kissinger, Oct. 21, 1975, p. 16.

(209) The Secretary's 8:00 A.M. Staff Meeting, Nov. 13, 1975, KT 01825, *NSA*; Staff Notes: Chinese Affairs, Nov. 10, 1975, *CREST*, p. 11.

(210) 本会議での票決結果は、（一）米韓側案：賛成五九、反対五一、棄権二九、（二）中朝側案：賛成五四、反対四三、棄権四二であった。第三〇次国連総会における朝鮮問題の票決に関する基本情報は、外務省『わが外交の近況』第二〇号・上巻（一九七六年）、第四章第一節を参照。

(211) ただし、実際において国連軍司令部の権限はこの時期、停戦業務に限定されていた。米国政府は一九七五年八月、駐韓国連軍司令部と板門店軍事停戦委員会の施設を除いて、すべての軍事施設から国連旗を下ろした。ソウル新聞社編『駐韓米軍三〇年』、三七七～三八八頁。

(212) 北朝鮮は、一九七六年の国連総会では中途で自らの決議案を撤回した。その背景のひとつとしては、同年八月一八日に板門店の共同警備区域で起きたポプラの木の伐採をめぐる乱闘事件（米兵二人死亡）によって、北朝鮮に対する国際的支持が急激に低下したことを指摘しうる。北朝鮮の決議案撤回の経緯については、Untitled, Document Number: CK 3100540924, *DDRS*; AmEmbassy Tokyo to DOS, Aug. 26, 1976, Box 2, Oberdorfer Files, *NSA* 等々を参照。

（213）キッシンジャーと喬冠華は共同コミュニケ問題を議論したが、主として中国側の反対によって採択を見送った。Memorandum of Conversation: Ch'iao Kuan-hua and Kissinger, Dec. 2, 1975, Winston Lord Files, Box 373, RG 59.

（214）この点についてキッシンジャーは、一九七五年一二月四日に北京でおこなった記者会見で、「その理由としてもっとも重要なのは、上海コミュニケ以上を言うことができないからである」と率直に述べた。"Secretary Kissinger's News Conference at Peking December 4," Box 373, Winston Lord Files, RG 59.

（215）朴正熙は一九七五年一一月のフォード宛の親書で、キッシンジャーの国連演説に沿った朝鮮問題解決案と韓国の当事者能力を中国に納得させるよう求めた。「大統領閣下親書送付（七五年一一月一九日）」『フォード、ジェラルド　R・米国大統領中国（旧中共）訪問、一九七五年一二月一日～五日』（韓国外交文書）。

（216）Memorandum of Conversation: Teng Hsiao-p'ing and Ford, Dec. 4, 1975, Box 373, Winston Lord Files, RG 59, pp. 11–12.

（217）"Secretary Kissinger's News Conference at Peking December 4," p. 929.

（218）「発信：駐日大使、受信：長官：日本政府の反応」『フォード、ジェラルド　R・米国大統領中国（旧中共）訪問、一九七五年一二月一日～五日』（韓国外交文書）。

（219）たとえば、一九七四年一二月、米国議会がソ連からのユダヤ人出国に課してきた諸制限を廃止することを骨子とする外国貿易法修正案を通過させると、ソ連は一九七二年に締結された米ソ貿易協定を破棄する姿勢を示した。戦略兵器をめぐっても、一九七四年一一月の米ソ首脳会談で攻撃型戦略核兵器と運搬手段の制限に関する合意が成立したが、その後の第二次米ソ戦略兵器制限協定（ＳＡＬＴⅡ）交渉は遅々として進まなかった。さらに、一九七五年にはソ連がアンゴラ内戦に介入している。

（220）Memorandum for Secretary Kissinger from Richard H. Solomon, "An Evaluation of Kim Il-song's Visit to Peking," Apr. 29, 1975; DOS Briefing Memorandum to the Secretary from EA-Philip C. Habib, "Kim Il-song's Visit to Peking," Apr. 30, 1975, Box 375, Winston Lord Files, RG 59.

（221）James H. Mann, *About Face: A History of America's Curious Relationship with China, from Nixon to Clinton*（New York: Alfred Knopf, 1999), p. 70〔鈴木主税訳『米中奔流』（共同通信社、一九九九年）〕; Holdridge, *Crossing the Divide*, p. 154.

（222）Chen Jian, "Limits of the 'Lips and Teeth' Alliance: An Historical Review of Chinese-North Korean Relations," Woodrow Wilson Center's

Asia Program Special Report #115（September 2003）, p. 8.

（223） Robert A. Scalapino, "The Korean Peninsula-Another Vietnam?," Aug., 1975, *Freedom at Issue*（Freedom House）, Box 354, Winston Lord Files, RG 59, p. 3.

（224） "PRCLO Officials Express Concern Ford Might Not Visit China," CH 00358, *NSA*.

（225） "China Appears to Caution North Korea Not to Attack," *New York Times*, May 29, 1975.

（226） Staff Notes: Chinese Affairs, Nov. 10, 1975, untitled, *CREST*, p. 8.

（227） 朴正煕政権の核政策を分析した研究としてはさしあたり、Peter Hayes, *Pacific Powderkeg: American Nuclear Dilemmas in Korea*（Lexington, Mass.: Lexington Books, 1990）; 趙哲晧「朴正煕の核外交と韓米関係の変化」（ソウル：高麗大学博士号請求未公刊論文、二〇〇〇年）があげられる。くわえて、一九七〇年代における北朝鮮の核計画とそれに対する中ソの牽制に関する論考としては、Balazs Szalontai & Sergey Radchenko, "North Korea's Efforts to Acquire Nuclear Technology and Nuclear Weapons: Evidence from Russian and Hungarian Archives," *CWIHP* Working Paper #53（August 2006）がある。

（228） Memorandum of Conversation, "Nuclear Suppliers Conference," Mar. 26, 1975, KT 01550, *NSA*, pp. 3–4.

（229） Memorandum to the Assistant to the President for National Security Affairs from Robert S. Ingersoll Acting Secretary, Subject: Approach to South Korea on Reprocessing, Jul. 2, 1975, Box 354, Winston Lord Files, RG 59. 米下院の国際委員会国際機構小委員会が一九七八年に作成した「米韓関係報調査」によれば、韓国の武器開発委員会（ＷＥＣ）は一九七〇年初、満場一致で核開発を決定したという。U.S. House, Committee on International Relations, Subcommittee of International Organizations, *Report: Investigation of Korean-American Relations, Oct. 31, 1978*（Washington D.C.: USGPO, 1978）, pp. 33–35, and 79–80.

（230） EA-Philip Habib, PM-George Vest, S/P-Winston Lord to the Secretary, "Approach to South Korea on Reprocessing," Aug. 7, 1975, Box 354, Winston Lord Files, RG 59, p. 2.

（231） 核再処理施設導入に関わる米韓交渉に関する史料は、Box 9, 11, 12, Presidential Country Files for the East Asia and the Pacific, 1974–77, National Security Adviser Files, Ford Library に所収されている。朴正煕政権期に韓国の原子力開発を総括した呉源哲《オウォンチョル》元大統領経済首席秘書官の証言によれば、米側の牽制にもかかわらず、朴政権は秘密裏に核兵器開発計画を推し進めた。詳しくは、『週刊朝鮮』二〇一〇年一月一二日付の呉源哲インタヴュー記事を参照。

（232） Draft Memorandum for the President form Kissinger, "Foreign Assistance Requests for FY 76," Dec. 6, 1974; OMB Issue Paper, Foreign Assistance 1976 Budget, Issue#7 C: Military Assistance to Korea, "Fiscal Year 1976 Aid Review," Dec. 10, 1974, Box 6, Presidential Country

Files for East Asia and the Pacific, 1974–77, National Security Adviser Files, Ford Library.

(233) NSDM-309: Decisions on ROK Air Defense Requirements, Oct. 9, 1975.

(234) こうしたフォード政権の対韓姿勢は、朴正煕政権の人権弾圧への牽制を主張する議会を意識した側面もある。Memorandum for the President from Kissinger, Subject: Determination to Authorize the Provision of Sophisticated Weapons System to the Republic of Korea and Jordan, Jun. 30, 1975, *DDRS.*

(235) Memorandum for General Scowcroft from Thomas J. Barnes, Subject: Secretary Schlesinger's Discussion in Seoul, Sep. 29, 1975, *DDRS.*

(236) "Talking Points-Major Judgments in Response to NSSM-235（Review of U.S. Interests and Objectives in the Asia-Pacific Area）," Senior Review Group Meeting, Jun. 4, 1976, NSC Institutional Files, Ford Library.

(237) Joseph Kraft, "Korean Lesson," *Washington Post,* Jun. 25, 1975.

(238) Document No. 113, "Information for the Central Committee of the Bulgarian Communist Party about the Talks between Comrades Todor Zhivkov and Kim Il Sung during the Visit of the DPRK Party and Government Delegation to Bulgaria from 2 to 5 June 1975," *New Evidence on North Korea,* Document Reader #3, *NKIDP,* pp. 358–362.

(239) ヨハン・ガルトゥングは、平和を「消極的平和」と「積極的平和」に分けて説明した。「積極的平和」とは社会経済的な「構造的暴力の不在」状態を指す。Johan Galtung, "Violence, Peace, and Peace Research," *Journal of Peach Research,* Vol. 6, No. 3（1969）, pp. 167–191〔高柳先男・塩屋保・酒井由美子訳「暴力、平和、平和研究」同『構造的暴力と平和』（中央大学出版部、一九九一年）、第一章〕.

(240) 北朝鮮の核問題を解決するための「六者会談」が二〇〇五年九月に採択した「九・一九共同声明」の第四項は、「直接の当事者は、適当な話し合いの場で、朝鮮半島における恒久的な平和体制について協議する」とされた。李鍾奭元韓国統一部長官はここでの「直接の当事者」について、南北に加えて、停戦協定の直接当事者の米国と中国を指すと断定した。李鍾奭「二・一三合意と韓半島冷戦構造解体」『情勢と政策』通巻一三一号（ソウル：世宗研究所、二〇〇七年四月）、三頁。

終　章　冷戦構造の変容と朝鮮問題

（1） Raymond Aron, *Peace and War: A Theory of International Relation,* 1st ed.（Garden City, N.Y.: Doubleday, 1966）, p. 95.

（2） Memorandum for the President from Kissinger, "My October China Visit: Discussions of the Issues," Nov. 11, 1971, Box 847, NSC Files, NPM, p. 4.

(3) 全在晟「一九六〇年代と一九七〇年代における世界デタントの内部構造——地域的主導権の変化過程分析」韓国国際政治学会『国際政治論叢』第四五輯三号（ソウル：二〇〇五年九月）、五二頁。

(4) DOS Research Study, "ROK/DPRK: The Two Koreas Lower Barriers But Not Their Guard," Jul. 17, 1972, Box 2422, SN 1970–73, RG 59, p. 2.

(5) Henry A. Kissinger, *A World Restored: Metternich, Castlereagh and the Problems of Peace, 1812–22* (Boston: Houghton Mifflin, 1957), pp. 1–2, and 144–145〔伊藤幸雄訳『回復された世界平和』（原書房、一九七六年）〕; idem, *Nuclear Weapons and Foreign Policy* (New York: Harper & Brothers, 1957), pp. 316–321〔森田隆光訳『核兵器と外交政策』（駿河台出版、一九八八年）〕.

(6) これは、一九世紀における「ヨーロッパ協調体制」(the Concert of Europe) になぞらえた造語である。ヨーロッパ協調体制と勢力均衡については、Paul Shroeder, "The Nineteenth-Century System, Balance of Power or Political Equilibrium?" *Review of International Studies*, Vol. 15, No. 2 (1987), pp. 135–153 を参照。

(7) Lee, Manwoo, "The Two Koreas and the Unification Game," *Current History: A Journal of Contemporary World Affairs*, Vol. 92, No. 578 (December 1993), pp. 421–425.

(8) John Lewis Gaddis, *The Long Peace: Inquires into the History of the Cold War* (New York: Oxford Univ. Press, 1987)〔五味俊樹ほか訳『ロング・ピース——冷戦史の証言「核・緊張・平和」』（芦書房、二〇〇二年）〕.

(9) Eric J. Hobsbawm, *Age of Extremes: The Short Twentieth Century, 1914–1991* (London: Michael Joseph, 1994)〔河合秀和訳『20世紀の歴史——極端な時代』全二巻（三省堂、一九九六年）〕.

(10) 中韓修交に関する中国語文献としては、銭其琛『外交十記』（北京：世界知識出版社、二〇〇三年）、一三九〜一六一頁〔濱本良一訳『銭其琛回顧録——中国外交20年の証言』（東洋書院、二〇〇六年）〕。一九九二年八月二四日に締結された「大韓民国と中華人民共和国間の外交関係樹立に関する共同声明」における特徴のひとつは、韓国が中国の唯一合法性と「一つの中国」を「尊重」すると表明したのに対して（第三条）、それにふさわしい中国の韓国に対する言及はなかったことである。韓国外交通産部『韓国外交五〇年』（ソウル：一九九九年）、五二・三五一頁。

(11) とくに在韓米軍について、中国は依然として、不本意ながらその「安定力」としての役割を認めているとみられる。たとえば、陳炳徳《チェンビンドゥー》人民解放軍総参謀長は最近、在韓米軍の駐留について、「これは関連国らが相互の状況を考慮し合い、取られた措置である」と述べた。『朝鮮日報』二〇〇九年三月二六日。

(12) もちろん、中国の台頭と米国の相対的な衰退によって米中関係そのものが変質し、朝鮮問題をめぐる両国の協力体制が危うくなる可能性も指摘されている。しかし、現在の米中関係は総じて、流動性の強まり以上に戦略的相互依存性が深まりつつあると思われる。Fei-Ling Wang, "Stability with Uncertainties: US-China Relations and the Korean Peninsula," in Tae-Hwan Kwak and Seung-ho Joo, eds., *The United States and the Korean Peninsula in the 21st Century* (Aldershot, Hampshire: Ashgate, 2006), pp. 185–204.

（13）朴明林の表現を借りれば、このことは北朝鮮が冷戦時代にソ連の衛生国家から脱皮することで得られた「意図しなかった効果」であった。朴明林「韓半島停戦体制——登場、構造、特性、変換」慶南大学極東問題研究所『韓国と国際政治』第二二巻一号（ソウル：二〇〇六年春）、二二頁。

（14）戦時作戦統制権の韓国軍への委譲は、当初二〇一二年四月までとされたが（二〇〇七年二月二三日、米韓国防長官会談）、李明博政権に入ってから韓国側の「準備不足」が強調されたすえ、延期された（二〇一〇年六月二六日、米韓首脳会談）。

（15）たとえば、胡錦濤《ホウーチンタオ》中国国家主席は二〇〇五年一〇月に訪朝した際に、中朝関係について従来の血盟関係、すなわち「友好隣接国」関係ではなく、「友好協力者」関係と表現した。李敦求「継承歴史、超越歴史」『世界知識』第二二期（北京：二〇〇五年）、二六～二八頁。なお、中国外交部の公式文献は、中朝関係をほかの周辺国との関係とともに「友好協力」（友好合作）関係と位置づけている。中華人民共和国外交部政策研究司編『中国外交』（北京：世界知識出版社、二〇〇七年）、一〇〇頁。

（16）元米国務長官のマデレーン・オルブライトによれば、金正日は二〇〇〇年一〇月に平壌でおこなわれた自分との会談で、「伝統を損なう開放はありえない」と前提したうえで、自由市場と社会主義を両立させる中国型の開放には興味がない、と述べた。その代わりに、金は、伝統的な王室制度を維持しているタイ・モデルなどに関心を寄せたという。Madeleine Albright with Bill Woodward, *Madam Secretary: A Memoir Madeleine Albright* (New York: Hyperion, 2003), p. 592.

（17）こうした脈絡で、北朝鮮が一九七〇年代に「強者」の立場から提起した連邦制統一案は、今日においては逆に「二つのコリア」を正当化し、自国の体制を保全する手段に変質したとも言えよう。連邦制の外皮は同じであるとしても、その内容は転倒したのである。

（18）第五章の註（64）を参照。

（19）今日の韓国を含む周辺諸国の対北朝鮮政策において顕著な要素は、北朝鮮を「脅威」(threat) としてよりも、「不安定」(instability) あるいは「不確実」(uncertainty) な存在として捉え、暴力的事態をともなう北朝鮮の急激な体制崩壊を未然に防止することに主眼を置きつつある点である。たとえば、小此木政夫「朝鮮半島——三つのシナリオへの対応」小此木政夫・小島朋之編『東アジア危機の構図』（東洋経済新聞社、一九九七年）を参照。

あとがき

本書の原型は、二〇〇八年七月に東北大学大学院法学研究科へ提出した博士論文「米中和解と朝鮮半島分断構造の変容、一九六九〜七五年」である。公刊に際して、元の論文の構成を基本的には維持しつつも、論文提出後に新たに秘密解除された史料の追加や引用註の更新、用語統一などをおこない、全体的に書き改めた。また現在までに、第三〜五章の要約（「米中和解と朝鮮問題、一九七一〜七三年——在韓米軍と正統性をめぐる攻防と協力」アジア政経学会『アジア研究』第五五巻四号、二〇〇九年一〇月）、および第六章の部分的紹介（「韓米日安保体制の歴史的展開と『国連の権能』——一九五〇〜七〇年代における米国の対日政策および国連軍司令部政策を中心にして」現代日本学会『日本研究論叢』第二八号、二〇〇八年一二月、「一九六〇年米日『韓国密約』の成立と展開」外交安保研究院『外交安保研究』第六巻二号、二〇一〇年一〇月［韓国語］）を、独立の論文としてそれぞれ発表した。

まえがきと序章で述べたように、筆者が本書で取り組もうとしたのは、端的に言えば、米中和解期の朝鮮問題の歴史的再評価であった。とくに朝鮮戦争以来の朝鮮半島分断のありかたと、冷戦終結後に北朝鮮の核問題に悩まされる朝鮮半島分断の現状とに挟まれた研究の空隙を埋めたいという切実な願望が、筆者を一九七〇年代前半における米中和解と朝鮮問題との相互連関の分析に向かわせる大きな動機となった。

米中和解とその衝撃に抑え込まれるかたちでの南北対話によって、朝鮮半島の分断のありかたは変貌した。「二つのコリア」が歴史上初めて当事者レヴェルで受け入れられ、また在韓米軍が安定力として再定義された結果、分断構造もまた再制度化された。しかしこのことは、戦後処理の放置という意味での「未完の平和」であり、分断の現状維持を望んだ米中の意図が色濃く反映されたという意味において「埋め込まれた平和」であった。史料の山に分け入り、筆者がようやくつかみ取った結論はこれである。

もっとも、こうした主張がどれほどの説得力をもって伝わったか、率直に申し上げて、はなはだ心もとない。平和（現状維持）と統一（現状打破）に象徴される高度に論争的な概念を公平かつ学問的に扱えたか、あるいは南北対決の位相のみならず、朝鮮問題に深く関わる国家間の同盟にも目配りすることで、かえって限られた紙幅に多くを詰め込みすぎたのではないかなど、さまざまな悔いや心残りが脳裏を去来する。本書の到らなさはひとえに筆者の未熟と非才のゆえであり、この点、読者の忌憚ないご批判とご叱咤を切望する次第である。

いずれにせよ、米中和解という国際環境の激変のなかで、激しく揺らいた朝鮮半島分断のありかたを追った本書が、現在ふたたび大きく動揺しつつある朝鮮問題を理解し、その解決に向けてわずかでも貢献できれば、筆者にとってこれに勝る喜びはない。

筆者は、韓国の新聞社「韓国日報」に籍を置く記者として、ほぼ一二年間にわたり南北関係、日韓関係、米韓関係など、朝鮮半島をめぐる外交の現場を取材してきた。取材のため北朝鮮にも一〇回以上訪問した経験がある。この筆者が日本語で研究書を出版するにいたる最初の契機は、二〇〇三年六月から一年間、東北大学法学部の客員研究員（国際交流基金招聘研究員）として日本に滞在したことであった。日々の動きを追うのに精一杯であった記者生活から離れ、年来の取材テーマでもあった朝鮮問題をじっくり検討する機会に恵まれた筆者は、ほどなく「学問の醍醐味」に深く引き込まれることになった。

当初は記者生活の骨休めにすぎなかった研究員生活のなかで受けたさまざまな刺激は、筆者に本格的な日本留学を決意させ、新聞社の退職金で東北大学大学院法学研究科の博士後期課程に編入学することを促した。進行中の事象を慌ただしく語ろうとするジャーナリズムから、やや長い展望をもって過去の事象に厳密な検証と解釈を加えようとする歴史研究への転身は、筆者の知的指向性における断絶的変化であり、その意味で、留学経験は我が人生の「決定的分岐点」である。今後も記者経験で培った短兵急な気質と歴史研究が要求する慎重さとのあいだで、黄金の中庸（aurea mediocritas）を探りつつ学問に精励したい。

思えば米中和解期の朝鮮問題に関心を持ちはじめたのは、ニクソン政権五年間の外交文書が秘密解除されはじめた一九九九年秋以来である。ニクソン、キッシンジャー、周恩来といった冷戦史を彩る巨人たちが、国際政治の舞台で繰り広げた生々しい現実の記録に接して、並々ならぬ衝撃を受けながら関連記事を書いた記憶が、いまも鮮明に残っている。このときの驚きや興奮は、博士論文執筆の際にも、またその準備のために延べ四カ月にわたり米国で史料収集をおこなった際にも、決して衰えることがなかった。自らの力量不足は脇に置くとして、本書を上梓するまでの研究活動は総じて楽しい挑戦であったと思う。

ここに至る長い道のりを思い起こすとき、多くの方々から身に余るご厚情をいただいたことにあらためて感慨を覚える。とりわけ、博士論文執筆から出版に至る全工程において終始丁寧なご指導をいただいた横田正顕教授（東北大学大学院法学研究科）には、なんとお礼を申し上げればよいかわからない。先生は一介の留学生にすぎない筆者を寛大に受けとめ、文字どおり徹底した論文指導をおこなってくださった。この三、四年のあいだに論文に関して先生とメールを交わした回数だけでも一千回を超え、そこに示された多岐にわたる教えを要約することは、本書の執筆を越える難題である。筆者が横田先生から受けた学恩は生涯の宝であり、先生のご指導の賜物である論文をこのようなかたちで公刊できたことに、いま心からの喜びを感じている。

続く東北大学大学院法学研究科では、空井護教授（現在は、北海道大学公共政策大学院）のお名前を忘れてはいけない。日本政治および外交史を専門とされる先生は、右も左もわからずに調子だけよい筆者に快く門戸を解放されたうえ、歴史研究の基盤に立ちつつも現代の国際政治を分析する意義を教え論してくださった。先生が北海道大学にお移りになる際にもっぱら筆者の研究を刺激するために手渡してくださった三十余冊の英文原書は、博士論文と本書の隅々に生き生きと蘇った。

二〇〇六年夏、米メリーランド州の米国立公文書館において、専門分野において重なる部分の多い浅野豊美教授（中京大学国際教養学部）と出会ったことは、たいへん幸運であると同時に、筆者の研究のありかたそのものに大きな変化をもたらした。この出会いは博士論文の進化にとどまらず、論文提出後の共同研究にまで発展・拡大し、現在の筆者の研究を支えている。浅野先生には、ミクロで狭隘な視点に陥りがちな筆者の研究をより大きな視点からおこなう意義や、歴史における人間性の果たす役割を日々ご教授いただいている。

そのほかにも、多くの機会にさまざまな先生方や研究同僚からご指導やご協力を得た。すべての方々のお名前をここに記すことは不可能であるが、まずは東北大学大学院法学研究科の学友である中野龍、安藤純子、中根一貫、竹田香織の諸氏に対して、遅蒔きながら研究生活に入った筆者を仲間として暖かく迎えてくれたことに感謝したい。これらの仲間たちの研究会での発言や指摘のひとつひとつが、本書の栄養分として行間に染みわたっている。とくに安藤氏は、多忙にもかかわらず、博士論文提出の直前に校正を手伝ってくださった。あらためて御礼申し上げたい。

米国での史料収集の際に知遇を得た方善柱博士、徐載晶（ジョンズ・ホプキンズ大学韓国学研究所長）、河野康子（法政大学法学部）、春名幹男（名古屋大学大学院国際言語文化研究科）、堀和生（京都大学大学経済学研究科）、姜東局（名古屋大学大学院法学研究科）、鄭容郁（ソウル大学国史学科）、下村恭民（法政大学人間環境学部）、柴山太（関西学院大学総合政策学部）、三輪宗弘（九州大学記録資料館）の諸先生からは、歴史研究の魅力を学ばせていただいた。博士論文提出後に東京大学駒場キャンパスで何回も開かれた日韓交渉研究会や関連シンポジウムでは、李鍾元（立教大学法学部）、木宮正史（東京大学大学院総合文化研究科）、太田修（同志社大学グローバル・スタディーズ研究科）、吉澤文寿（新潟国際情報大学情報文化学部）、倉田秀也（防衛大学総合安全保障研究科）の諸先生から数多くのご示唆を受けた。また、草稿に丹念に眼を通されコメントをいただいた長沢裕子先生（学習院大学東洋文化研究所）にも感謝申し上げたい。韓国側では、修士課程の恩師である朴健栄先生（カトリック大学国際学部）と日本留学以来絶えずにご助言をいただいた南基正先生（ソウル大学日本研究所）、記者時代から長らく酒席の場を借りて朝鮮問題を学ばせていただいた故・徐東晩先生に出版のご報告を差し上げたい。

なお、博士論文執筆の段階で、筆者は三菱信託山室記念奨学財団（二〇〇五～二〇〇七年）と東北開発記念財団（二〇〇六年）の奨学金、富士ゼロックス小林節太郎記念基金（二〇〇六年）、東北開発記念財団（二〇〇七年）、松下国際財団（二〇〇七年）の研究助成を得た。現在は、日本学術振興会外国人特別研究員兼中京大学外国人客員研究員として、二年間自由に研究する機会を与えられている。これらのご支援がなければ、四年に及ぶ留学生活は言うに及ばず、アメリカでの史料収集もポストドクター研究も不可能だったことであろう。

多くの人々や組織からの物心両面にわたる支えを得た筆者は、本書の基礎となる博士論文をもって、二〇〇九年一一月に第八回井上記念「アジア太平洋研究賞」を受賞する光栄に浴した。同賞の審査委員長であった五百旗頭真教授（防衛大学校長）からの身に余る励ましのお言葉は、博士論文の出版を急ぐ勇気を筆者に与えてくださった。同賞の受賞がなければ、出版に向けての作業がこれほど急展開することはなかったであろう。

本書の出版にあたって、筆者は財団法人アメリカ研究振興会よりアメリカ研究図書に関わる出版助成を賜る幸運にも恵まれた。出版事情の厳しい折、助成金の公布そのものに対する感謝もさることながら、油井大三郎教授（東京女子大学）をはじめとする審査委員の方々から頂戴した暖かくも厳しいコメントは、筆者が出版という事業の重さをあらためて痛感し、初心に帰ることの重要さに気づかされた点において、貴重であった。末筆ながら、記して深く御礼申し上げたい。

学術的研究である本書の出版にあたっては、財団法人法政大学出版局にたいへんお世話になった。なかでも本書を直接に担当した勝康裕氏には、博士論文が完成した時点から多くの適切なアドヴァイスを寄せていただいた。出版に向かっての作業が効率的かつインテンシヴにおこなわれたのは、ひとえにベテラン編集者である氏の眼力と、出版にかける情熱の賜物である。

私事にわたって恐縮ではあるが、最後に、日本留学と研究者への転身という勝手極まりない提案をこともなげに承諾し、筆者と生みの苦しみを共有しながら、いい時も悪い時も変わらず応援し続けてくれた韓国の両親、妻の金京禄、息子の建、璨に心からありがとうと言うことをお許しいただきたい。そして、病床にあって博士論文の完成を心待ちにしながら、その願い叶わず天に召された亡き父・李済昌に本書を捧げたい。

二〇一〇年一〇月

名古屋にて

李 東 俊

人名索引

[ア　行]
アイゼンハワー，ドワイト Eisenhower, Dwight D.　29, 292, 380, 391
愛知揆一　184, 185, 293
アグニュー，スピロ Agnew, Spiro T.　86, 101, 113, 383
アチソン，ディーン Acheson, Dean G.　64, 292
アーマコスト，マイケル Armacost, Michel　311
アラガッパ，ムタイア Muthiah, Alagappa　15
アロン，レイモン Aron, Raymond　332
アンダーヒル，フランシス Underhill, Francis　284
イーデン，ロバート Eden, Robert A.　116, 391
ヴァンス，サイラス Vance, Cyrus R.　47–49, 365
ヴェーラー，ハンス・ウルリヒ Wehler, Hans Ulrich　420
ウォルシュ，ジェームズ Walsh, James　66
ウォルト，ステファン Walt, Stephen M.　49
ウォルファース，アーノルド Wolfers, Arnold　347
牛場信彦　400
呉源哲（オウォンチョル）　459
大平正芳　281, 295, 426
岡崎久彦　366
緒方貞子　411
呉振宇（オジンウ）　123, 451
オーバードーファー，ドン Oberdorfer, Don　5, 390
オルブライト，マデレーン Albright, Madeleine　427, 462

[カ　行]
高文謙（ガオウェンチェン）　94
カーター，ジミー Carter, Jimmy, Jr.　421
カッツェンバック，ニコラス Katzenbach, Nicholas de B.　51, 363
カミングス，ブルース Cummings, Bruce　5, 356, 428
ガルトゥング，ヨハン Galtung, Johan　327, 460
カーン，ヤヒア Khan, Yahya　66
康仁徳（カンインドク）　387, 424
姜商郁（カンサンウク）　388
岸　信介　292
キージンガー，クルト・ゲオルク Kiesinger, Kurt Georg　100
キッシンジャー，ヘンリー Kissinger, Henry A.　11, 58, 69, 73, 77, 85, 109, 112, 117, 144, 167, 219, 265, 297, 303–304, 316, 367, 368, 370, 376, 395, 401, 422, 441, 447, 452
金一（キムイル）　119, 125, 145, 151
金日成（キムイルソン）　26, 35, 37, 46, 72, 93, 103, 118, 130, 156, 168, 177, 188, 197, 210, 225, 249, 255, 271, 282, 308, 323, 326, 347, 357, 375, 389, 405, 418, 424, 432, 451, 456
金光俠（キムグァンヒョプ）　104
金仲麟（キムジュンリン）　118
金正日（キムジョンイル）　252, 362, 418, 427, 433, 462
金鐘泰（キムジョンテ）　358
金鍾泌（キムジョンピル）　126, 173, 180, 189, 208, 246–247, 275, 383, 408, 430
金正濂（キムジョンリョム）　99, 201,

417–418
金聖恩（キムソンウン） 42, 46
金昌鳳（キムチャンボン） 103
金大中（キムデジュン） 102, 126, 128, 252, 258, 285, 310, 341
金徳鉉（キムドクヒョン） 173, 177, 407
金東祚（キムドンジョ） 83–84, 126, 206, 281, 303, 314, 381, 447–448
金炯旭（キムヒョンウク） 96, 386
金溶植（キムヨンシク） 130–132, 149, 177, 193, 247–249, 259, 261, 263, 396, 407, 421, 437
金英柱（キムヨンジュ） 173, 179, 204, 252, 407, 410
金容淳（キムヨンスン） 427
木村俊夫 413
ギャディス，ジョン Gaddis, John Lewis 339, 349
キング，マーティン・ルーサー King, Martin Luther, Jr. 48
グエン・ヴァン・チュー（阮文紹, Nguyen Van Tieu） 71
グース，ステファン Goose, Stephen D. 123
久野忠治 187
クーパー，ジョン Cooper, John S. 96
クラーク，マーク Clark, Mark W. 23, 283
倉田秀也 7, 101, 152, 214, 317
クリフォード，クラーク Clifford, Clark M. 363
グリーン，マーシャル Green, Marshall 131, 172, 200, 206, 211, 244, 260–261, 407, 420
クロフ，ラルフ Clough, Ralph N. 49
ケナン，ジョージ Kennan, George F. 57, 367
ケネディ，ジョン Kennedy, John F. 29, 31, 356
コーエン，ジェローム・アラン Cohen, Jerome Alan 390
コヘイン，ロバート Keohane, Robert 346

［サ 行］
坂田道太 453
サダト，アンワル Sadat, Anwar El 441
佐藤栄作 4, 76–77, 79, 129, 184–187, 289, 293, 378, 404, 412
シアヌーク，ノロドム Sihanouk. Norodom 121
椎名悦三郎 412
ジェンキンス，アルフレッド Jenkins, Alfred LeSense 253–254
ジフコフ，トドル Zhivkov, Todor 326
姫鵬飛（ジーポンフェイ） 423–424
ジャーヴィス，ロバート Jervis, Robert 346
朱建栄 372
シュルケ，アストリ Suhrke, Astri 130
シュレジンジャー，ジェームズ Schlesinger, James R. 238, 310, 325, 439, 453
ジョンソン，アレクシス Johnson, U. Alexis 79, 126, 206, 377, 383, 395, 409, 421
ジョンソン，リンドン Johnson, Lyndon B. 4, 29, 34, 43, 47–49, 51, 71, 81, 176, 356, 363, 368, 375
シラク，ジャック Chirac, Jacques 324
スカラピーノ，ロバート Scalapino, Robert A. 323
スカーリ，ジョン Scali, John Alfred 265–266
スティーヴンスン，アドレー Stevenson, Adlai E. 26
スティーヴンスン，リチャード Stevenson, Richard W. 343
ステッセル，ウォルター Stoessel, Walter J. 66, 371
スナイダー，グレン Snyder, Glenn H. 346, 354, 396
スナイダー，リチャード Sneider, Richard 293, 295, 445
スノー，エドガー Snow, Edgar 374
スパイアース，ロナルド Spiers, Ronald I. 377
スミス，ウェインズ Smith, K. Waynes 140

スミス，ウォルター Smith Walter B. 116, 391
スミス，ジョン Smith, John V. 45
石山（ソクサン） 104
孫成弼（ソンソンピル） 129

[タ 行]
田中角栄 4, 185, 188–190, 235, 423, 426, 446
ダレス，ジョン Dulles, John Foster 30, 184, 266, 391
鄧小平（ダンシャオピン） 12, 297, 305, 308, 320, 322–324, 447, 450–451
崔圭夏（チェギュハ） 72, 85, 417
崔光（チェグァン） 103
崔斗善（チェドゥソン） 129
崔庸健（チェヨンゴン） 93, 360, 385
陳毅（チェンイー） 65
陳炳徳（チェンビンドゥー） 461
チャ，ヴィクター Cha, Victor D. 33, 412
チャウシェスク，ニコラエ Ceauşescu, Nicolae 67, 193, 279, 282
喬冠華（チャオグァンファ） 265, 269, 299–301, 303, 318–321, 329, 402, 449, 457–458
蒋介石（チャンチエシー） 191
朱徳海（ヂュードゥーハイ） 361
周恩来（ヂョウオンライ） 12, 21, 24, 30, 39, 65, 67–68, 93–95, 111–117, 125, 140, 144–146, 148–153, 163–167, 188, 196, 221–224, 266
丁一権（チョンイルグォン） 47, 79, 83, 85, 189, 247, 380–381, 431
鄭準澤（チョンジュンテク） 193
鄭洪鎮（チョンホンジン） 173, 177, 407, 410, 418
丁來赫（チョンレヒョク） 87
土屋義彦 390
東郷文彦 379
ドゴール，シャルル De Gaulle, Charles 62
トルーマン，ハリー Truman, Harry S. 20, 64, 208, 349, 391

[ナ 行]
ナイ，ジョセフ Nye, Joseph S., Jr. 348
中江要介 323
中曽根康弘 142, 185, 189, 424
南日（ナムイル） 24, 355
牛軍（ニウジュン） 373
ニクソン，リチャード Nixon, Richard M. 3, 57, 60, 62, 67, 73, 85, 117, 132, 134, 138, 143, 160, 177, 208, 212, 235, 262, 286, 307, 380
ネルー，ジャワハルラル Nehru, Jawaharlal 409
盧泰愚（ノテウ） 341

[ハ 行]
朴重国（パクジュングク） 44
朴正熙（パクジョンヒ） 31, 43, 47, 81, 84, 99, 128, 130, 172, 180, 190, 198, 245, 247, 267, 282, 312, 364, 376, 379, 388, 395, 458
朴成哲（パクソンチョル） 91, 168, 179, 181, 188, 201, 242, 410
朴泰均（パクテギュン） 42, 361
朴忠勳（パクチュンフン） 81
朴東鎮（パクドンジン） 456
朴明林（パクミョンリム） 420, 461
ハーター，クリスティアン Herter, Christian A. 292
パッカード，デイヴィッド Packard, David 87–88
ハビブ，フィリィプ Habib, Philip 121, 174–175, 193, 200, 205–207, 209, 242, 244, 247–248, 253, 281, 310, 315, 431, 447–448
咸秉春（ハムビョンチュン） 176, 399
ハメル，アーサー Hummel, Arthur W., Jr. 298–299, 448
春名幹男 444
韓敍（ハンシー） 297, 324
バンディ，ウィリアム Bundy, William P. 46
ハンデル，マイケル Handel, Michael I. 110
ヒース，エドワード Heath, Edward 60

平岩俊司　257, 355
ヒントン，ハロルド Hinton, Harold C. 222, 354
ファン・ヴァン・ドン（范文同，Pham Van Dong） 374
黄鎮（ファンヂェン） 264, 298–299
黄華（ファンファ） 182, 196–197, 254, 264–266, 299, 305, 313, 320, 450
黄鎬乙（ファンホウル） 99
黄永勝（ファンヨンシェン） 64, 123
フォード，ジェラルド Ford, Gerald R. 4, 226, 238, 280, 282, 305, 307–311, 312–313, 320–322, 325, 438, 450–451, 458, 460
福田赳夫　185, 187
フサーク，グスタフ Husak, Gustav　249
ブザン，バリー Buzan, Barry　355
藤原帰一　62
藤山愛一郎　290, 291, 444
ブッシュ，ジョージ Bush, George W. 428
ブッシュ，ジョージ Bush, George H. W. 401
ブラウン，ウィンスロップ Brown, Winthrop G.　129, 365, 383
ブラッドリー，オマール Bradley, Omar 20
ブラント，ヴィリー Brandt, Willy　100
プリムソル，ジェームズ Plimsoll, James 441
フルシチョフ，ニキータ Khrushchyov, Nikita Sergeevich　38–39, 92, 359
ブレジネフ，レオニード Brezhnev, Leonid　91, 361, 424
プンガン，ヴァシレ Pungan, Vasile 279–280
ヘイグ，アレクサンダー Haig, Alexander Meigs, Jr.　402
ホイーラー，アール Wheeler, Earle G. 73
胡錦濤（ホゥーチンタオ） 462
ポーター，ウィリアム Porter, William J. 43, 46–47, 73, 83, 86, 90, 96–97, 177, 377, 381, 384, 388, 396
許錟（ホダム） 104, 105, 122, 151–152, 223, 256, 276–277, 424
ホーチミン（胡志明，Ho Chi Minh） 93
ポッパー，デイヴィッド Popper, David H. 437
ホーネッカー，エーリッヒ Honecker, Erich　41, 90
許鳳学（ホボンハク） 36, 103
保利　茂　187
ホルスティ Holsti, Kalevi. J.　391
ホールドリッジ，ジョン Holdridge, John H.　154
ボーンスチール，チャールズ Bonesteel, Charles H.　46–47, 80
洪錫律（ホンソクリュル） 7, 253
彭德懐（ポンドゥーファイ） 23
ポンピドゥ，ジョルジュ Pompidou, Georges　265

［マ　行］

マイケルズ，ジョン Michaels, John H. 86
マイヤー，アーミン Meyer, Armin H. 293, 378–379
前尾繁三郎　187
毛沢東（マオツォートン） 3, 12, 38–39, 65, 67, 93, 95, 123, 159, 161–162, 168, 170, 212, 219–221, 306–308, 322, 332, 360, 372, 374, 423, 447, 457
マクナマラ，ロバート McNamara, Robert S.　363
マッカーサー，ダグラス MacArthur, Douglas　21
マッカーサー，ダグラス二世 MacArthur, Douglas II　290–291, 444
マリク，アダム Malik, Adam　455
マルコス，フェルディナンド Marcos, Ferdinand　207
三木武夫　4, 310, 457
美濃部亮吉　187
宮澤喜一　310, 313
宮本顕治　360
文世光（ムンセグァン） 285
モイニハン，ダニエル Moynihan, Daniel

P.　314
モーゲンソー，ハンス Morgenthau, Hans J.　iii, 81, 357

[ヤ　行]
安川　壮　280
山田正雄　390
陸英修（ユクヨンス）　285
劉載興（ユジェフン）　173
尹錫憲（ユンソクホン）　284
吉田　茂　292

[ラ　行]
ラスク，ディーン Rusk, Dean　368, 427
ラッシュ，ケネス Rush, Kenneth　259, 435, 437, 446
ラフィーバー，ウォルター LaFeber, Walter　57
劉少奇（リウシャオチー）　360, 386
李宰弼（リジェピル）　253–254
李先念（リーシェンニェン）　118, 123, 391
李鍾奭（リジョンソク）　203, 421, 460
李承晩（リスンマン）　101, 163
リチャードソン，エリオット Richardson, Elliot L.　72, 233–234
李東元（リドンウォン）　365
李厚洛（リフラク）　46, 104, 129, 173, 175, 177–180, 204–205, 209–210, 242–244, 252–253, 396, 407, 409–411, 418, 422
李澔（リホ）　388
李明博（リミョンバク）　341, 462
李永鎬（リヨンホ）　104
林彪（リンピャオ）　67, 93
レアード，メルヴィン Laird, Melvin R.　71, 83, 84, 134–139, 143, 155, 185, 232, 238, 240
レーガン，ロナルド Reagan, Ronald　307, 451
リトワク，ロバート Litwak, Robert S.　403
リリー，ジェームズ Lilley, James R.　323
ロジャーズ，ウィリアム Rogers, William P.　63, 81, 85–86, 96, 132, 137–138, 147, 176, 195, 206, 211, 259, 261, 263, 376
ロジャーズ，フェリッツ Rogers, Feliz H.　125–126, 395, 401, 435
ローズノー，ジェームズ Rosenau, James N.　6
ロード，ウィンストン Lord, Winston　134, 297, 448

[ワ　行]
ワルトハイム，クルト Waldheim, Kurt　194, 282

事項索引

[タ　行]

[ナ　行]

[ハ　行]

主要参考史料・文献

本書で引用・参考したものに限って，(1) 一次資料（公刊・未公刊公文書，回顧録・伝記・資料集など），(2) 二次資料（研究書，研究論文，新聞・雑誌など）に分類した。各区分は英文と日本語文，韓国語文，中国語文に分け，アルファベット順および 50 音順に配列した。なお，この際，韓国語の文献は書名などを日本語に翻訳した。英文原著のうち，日本語の翻訳書がある場合には併記した。

I　一次資料

(1)　未公刊米国政府外交文書

National Archives and Records Administration, College Park, Maryland

Nixon Presidential Materials（NPM）

National Security Council（NSC）Files

Henry A. Kissinger Office Files

Henry A. Kissingar Telephone Conversation Transcripts（Telcons）

NSC Institutional Files

White House Central Files

White House Special Files

＊ ただし，NPM は 2007 年 7 月以来，カリフォルニア州ヨーバ・リンダ所在のニクソン大統領図書館に移管された。

Record Group 59（General Records of the Department of State）

Subject Numeric Files（SN), 1967–69

Subject Numeric Files（SN), 1970–73

Central Foreign Policy Files, 1967–69

Central Foreign Policy Files, 1970–73

LOT Files

Subject Files of the Assistant Secretary of State for East Asian and Pacific Affairs, 1961–73

Policy Planning Staff, Director's Files, 1969–77（Winston Lord Files）

Subject Files of the Office of People' Republic of China and Mongolian Affairs, 1969–78

Subject Files of the Office of Korean Affairs, 1966–74

Record Group 273（Records of the National Security Council）

Entry 9, 10

Record Group 338（Records of U.S. Army Operational, Tactical and Support Organizations（World War II and Thereafter）
8th Army, Entry A1 257（General Correspondence）
8th Army, Entry A1 258（Central Publications and Reports Files）
8th Army, Entry A1 299（Organizational Planning Files）
Record Group 550（Records of U.S. Army Pacific［USARPAC］）
USARPAC Organizational History Files
Ford Presidential Library, Ann Arbor, Michigan
NSC Institutional Files
National Security Adviser Files
Memoranda of Conversations, 1973–77
Presidential Country Files for East Asia and the Pacific, 1974–77
Martin R. Hoffman Papers

（2） 公刊米国政府資料

〈行政府〉

Department of State. *Foreign Relations of the United States*（*FRUS*）. Washington D.C.: USGPO.
1950, Vol. VII: Korea
1951, Vol. VII: Korea and China, Part 1
1952–54, Vol. XV: Korea
1964–68, Vol. XXIX: Part 1 Korea
1969–76, Vol. XVII: China 1969–72
1969–76, Vol. XVIII: China 1973–76
Department of State. *Department of State Bulletin*. Washington D.C.: USGPO.
Vol. 52（1965）, 58（1968）, 59（1969）, 74（1975）
President Nixon's Report to Congress,
United States Foreign Policy for the 1970's: A New Strategy for Peace, Feb. 18, 1970. Washington D.C.: USGPO, 1970〔『1970年代のアメリカの外交政策――平和の為の新戦略』アメリカ大使館広報文化局，1970年〕.
Building for Peace. Feb. 25, 1971.
The Emerging Structure of Peace. Feb. 3, 1972.
Shaping a Durable Peace. May 3, 1973.
Public Papers of the Presidents of the United States: Richard Nixon 1969–71, Vol. I–III. Washington D.C.: USGPO, 1970–1972.
Department of Defense. *Statement of Secretary of Defense, Elliot L. Richardson, Before the House Armed Services Committee on the FY 1974 Defense Budget and FY 1974–78 Program,* Apr. 10, 1973.
Laird, Melvin R. *Defense Report for Fiscal Year 1972 Before the House Armed Service Committee,* Mar. 9, 1971.

〈立法府〉

Senate. Subcommittee on U.S. Security Agreement and Commitments Abroad of the Committee on Foreign Relation. *United States Security Agreement and Commitment Abroad; Republic of Korea.* 91st Congress, 2nd Session, Part 6. Washington D.C.: USGPO, 1970.

——. Committee on Appropriations. *Department of Defense Appropriations for FY 1972, Hearing*. Washington D.C: USGPO, 1972.

——. *Korea and the Philippines: Nov: 1972.* Staff Report Prepared for the Use of the Committee on Foreign Relations. 93rd Congress, 1st & 2nd Session, Feb. 18, 1973.

House. Committee on Armed Services. *Review of the Policy Decision to Withdraw United States Ground Forces from Korea.* Washington D.C.: USGPO, 1978.

——. Committee on Armed Services, Special Subcommittee on the U.S.S. Pueblo. *Inquiry into the U.S.S. Pueblo and EC-121 Plane Incident*. 91st Congress, 1st Session. Washington D.C.: USGPO, 1969.

——. Committee on Appropriations. Subcommittee on Department of Defense. *DOD Appropriations for 1975*. 93rd Congress, 2nd Session, Part 1. Washington D.C.: USGPO, 1974.

——. Committee on International Relations. Subcommittee on International Organizations. *Investigation of Korean-American Relations.* 95th Congress, 2nd Session, Part 4. Washington D.C.: USGPO, 1978.

——. Committee on International Relations. Subcommittee on International Organizations. *Report: Investigation of Korean-American Relations,* Oct. 31, 1978. Washington D.C.: USGPO, 1978.

(3)　未公刊ソ連・東欧資料

Cold War International History Project（*CWIHP*）, Woodrow Wilson International Center, Washington D. C. <http://www. wilsoncenter. org/index. cfm?fuseaction=topics. home&topicid=1409>

North Korea International Documentation Project（*NKIDP*）<http://www.wilsoncenter.org/index.cfm?fuseaction=topics.home&topic_id=230972>

(4)　未公刊韓国政府外交文書

韓国外交史料館所蔵外交文書（1968～1975 年），1999 年第 6 次公開～2007 年第 14 次公開。

(5)　公刊北朝鮮文献

金日成『金日成著作選集』第 4～6 巻（朝鮮労働党出版社，1968～74 年）。

——『金日成著作集』第 28 巻（朝鮮労働党出版社，1983 年）。

——『金日成著作集』第 22・27・28・30 巻（外国文出版社，1986～87 年）。

——『祖国の自主的平和統一のために』(外国文出版社，1973 年)。

——『キム・イルソン——外国記者の質問にたいする回答』(外国文出版社，1974

年)。

──『キム・イルソン──わが革命におけるチュチェについて　2』(外国文出版社, 1975 年)。

金正日『主体偉業の完成のために, Ⅲ (1974～1977)』(朝鮮労働党出版社, 1987 年)。

朴テホ『朝鮮民主主義人民共和国対外関係史』全 2 巻 (社会科学出版社, 1985, 1997 年)。

社会科学院歴史研究所『朝鮮全史』第 33 巻 (科学百科事典出版社, 1979～81 年)。

『朝鮮中央年鑑』1962, 1968～72 年 (朝鮮中央通信社, 1962, 1968～72 年)。

『朝鮮民主主義人民共和社会主義国憲法解説』(人民科学社, 1973 年)。

『朝鮮民主主義人民共和国統一方案集』(外国文出版社, 1982 年)。

朝鮮労働党中央委員会党歴史研究所『朝鮮労働党略史』(朝鮮労働党出版社, 1979 年)。

全ヨンリュル・金チャンホ・姜ソクキ『朝鮮通史』下巻 (社会科学出版社, 1987 年)。
＊　以上, 出版地はいずれも平壌である。なお,「外国文出版社」刊行の書籍はいずれも日本語版である。

(6)　公刊中国語文献

王俊彦『大外交家周恩来』上巻 (経済日報出版社, 1998 年)。

王泰平主編『中華人民共和国外交史：第 3 巻 (1970～1978)』(世界知識出版社, 1999 年)。

呉冷西『十年論戦, 1956～1966　中蘇関係回憶録』下巻 (中央文献出版社, 1999 年)。

外交部外交史研究室編『新中国外交風雲』第 3 輯 (世界知識出版社, 1994 年)。

──編『周恩来外交活動大事記　1949～1975』(世界知識出版社, 1993 年)。

高文謙『晩年周恩来』(ニューヨーク：明鏡出版社, 2003 年)〔上村幸治訳『周恩来秘録──党機密文書は語る』上・下 (文藝春秋, 2007 年)〕。

高連福主編『東北亜国家対外戦略』(社会科学文献出版社, 2002 年)。

銭其琛『外交十記』(世界知識出版社, 2003 年)〔濱本良一訳『銭其琛回顧録──中国外交 20 年の証言』(東洋書院, 2006 年)〕。

銭江『乒乓外交始末』(東方出版社, 1987 年)〔神崎勇夫訳『米中外交秘録──ピンポン外交始末記』(東方書店, 1988 年)〕。

徐達深總主編『中華人民共和国実録』第 3 巻上 (長春：吉林人民出版社, 1994 年)〔太田勝洪・朱建栄編『原典中国現代史』第 6 巻 (岩波書店, 1995 年)〕。

宋恩繁ほか主編『中華人民共和国外交大事記』第 3, 4 巻 (世界知識出版社, 2002, 2003 年)。

中華人民共和国外交部政策研究司編『中国外交』(世界知識出版社, 2007 年)。

中共中央文献研究室編『周恩来年譜』全 3 巻 (中央文献出版社, 1989～97 年)。

──『建国以来毛沢東文稿』第 1 冊～ (中央文献出版社, 1990 年～)。

──『中共党史資料』第 42 輯 (中共党史出版社, 1992 年)。

──『鄧小平年譜　1975～1997』上巻 (中央文献出版社, 2004 年)。

中共中央文献研究室編・金沖及主編『周恩来伝　1949～1976』上・下巻 (中央文献出

版社，1998年）〔抄訳，劉俊南・譚佐強訳『周恩来伝　1949～1976』上・下巻（岩波書店，2000年）〕。

中国人民解放軍国防大学党史党建政工教研室編『文化大革命研究資料』中冊（出版地不明：1988年）。

当代中国叢書編集部編『抗美援朝戦争』（中国社会科学出版社，1990年）。

劉金質・楊准生主編『中国対朝鮮和韓国政策文献匯編』全5巻（中国社会科学出版社，1994年）。

劉金質・張敏秋・張小明『当代中韓関係』（中国社会科学出版社，1998年）。

楊奎松主編『冷戦時期的中国対外関係』（北京大学出版社，2006年）。
＊　以上，出版地を記載しなかった書籍の出版地はいずれも北京である。

(7)　回顧録・伝記・資料集（英語・韓国語・中国語）

〈回顧録・伝記〉

［英　語］

Acheson, Dean. *Present at the Creation: My Years in the State Department.* New York: W. W. Norton, 1969〔吉沢清次郎訳『アチソン回顧録』全2冊，恒文社，1979年〕.
Albright, Madeleine with Bill Woodward. *Madam Secretary: A Memoir Madeleine Albright.* New York: Hyperion, 2003.
Black, Conrad. *Richard M. Nixon: A Life in Full.* Philadelphia: Public Affairs, 2007.
Ford, Gerald R. *A Time to Heal: The Autobiography of Gerald Ford.* New York: Haper & Row, 1979〔堀内宏明ほか訳『フォード回顧録――私がアメリカの分裂を救った』サンケイ出版，1979年〕.
Haldeman, H. R. with Joseph DiMona. *The Ends of Power.* New York: Times Books, 1978〔大江舜訳『権力の終焉』サンリオ，1978年〕.
Holdridge, John H. *Crossing the Divide: An Insider's Account of the Normalization of US-China Relations.* Lanham, Md.: Rowman & Littlefield Publishers, 1997.
Isaacson, Walter. *Kissinger: A Biography.* New York: Simon & Schuster, 1992〔別宮貞徳監訳『キッシンジャー――世界をデザインした男』全2冊，日本放送出版協会，1994年〕.
Johnson, U. Alexis. *The Right Hand of Power.* Englewood Cliffs, N.J.: Prentice-Hall, 1984〔増田弘抄訳『ジョンソン米大使の日本回想――二・二六事件から沖縄返還・ニクソンショックまで』草思社，1989年〕.
Kissinger, Henry A. *White House Years.* Boston: Little Brown, 1979〔斉藤彌三郎ほか訳『キッシンジャー秘録』全5巻，小学館，1979～80年〕.
――. *Years of Renewal.* New York: Simon & Schuster, 1999.
Meyer, Armin H. *Assignment Tokyo: an Ambassador's Journal.* New York: Bobbs Merrill, 1974〔浅尾道子訳『東京回想』朝日新聞社，1976年〕.
Nixon, Richard M. *RN: The Memoirs of Richard Nixon.* New York: Grosset and Dunlap, 1978〔松尾文夫・斎田一路訳『ニクソン回顧録』全3巻，小学館，1978～79年〕.

［韓国語］

林東源『ピース・メーカー――南北関係と北核問題 20 年』（中央 books，2008 年）。

金大中『独裁と私の闘争――韓国野党全大統領候補の記録』（光和堂，1973 年）。

金東祚『冷戦時代のわが外交』（文化日報社，2000 年）。

金正濂『あ，朴正煕』（中央 M&B，1997 年）。

金溶植『希望と挑戦――金溶植外交回顧録』（東亜日報社，1987 年）。

金炯旭・朴思越『金炯旭回顧録（第 2 部：韓国中央情報部）』（アッチム，1985 年）。

高英煥『平壌 25 時』（コリョウォン，1992 年）。

朴忠勳『貳堂回顧録』（博英社，1988 年）。

朴東鎮『朴東鎮回顧録――行く先は遠くとも志は一つ』（東亜出版社，1992 年）。

卞榮泰『外交余録』（外交安保研究院，1997 年）。

［日本語］

岡田　晃『水鳥外交秘話――ある外交官の証言』（中央公論社，1983 年）。

東郷文彦『日本外交 30 年――安保・沖縄・その後』（世界の動き社，1982 年）。

藤田義郎『記録　椎名悦三郎』下巻（椎名悦三郎追悼録刊行会，1962 年）。

不破哲三『私の戦後 60 年――日本共産党議長の証言』（新潮社，2005 年）。

和田純・五百旗頭真編『楠田實日記――佐藤栄作総理首席秘書官の 2000 日』（中央公論新社，2001 年）。


〈公刊資料集など〉

［韓国語］

外務部『韓国外交 30 年：1948～1978』（1979 年）。

――『韓国外交 40 年：1948～1988』（1990 年）。

――『「国連」と韓国問題の歴史的背景』（発行年未詳）。

――『大韓民国外交年表・付録主要文献　1970』（1971 年）。

――『大韓民国外交年表・付録主要文献　1972』（1973 年）。

外交通産部『韓国外交 50 年：1948～1998』（1999 年）。

韓国弘報協会『南北対話』第 1 号（1973 年）。

韓国国際文化協会『南北対話：南北調節委員会，南北赤十字会談』（1973 年）。

合同通信社『合同年鑑　1971』（1971 年）。

高麗大学亜細亜問題研究所編『韓日問題資料集』（高麗大学出版所，1976 年）。

国土統一院『研究刊行物①：沖縄基地の返還が韓国及び亜世亜安保に及ぼす影響』（1969 年）。

――『研究刊行物②：亜世亜からの米国の撤収趨勢と韓国への影響』（1969 年）。

――『北傀の対南革命戦略』（ジョンファ印刷文化社，1979 年）。

――『北韓年表，1962～1979』（1980 年）。

――『北韓人民委員会会議資料集』第 3 集（1988 年）。

――『南北対話資料集』第 7 巻（1987 年）。

――『南北対話白書』（1982，1988 年）。

——『南北韓統一提議資料総覧』第 1，3 巻（1985 年）。

——『統一白書』（1995 年）。

国防部『国防白書』1990，1991～1992，1999，2004（1990，1992，1999，2005 年）。

——『栗谷事業の昨日と今日，そして明日』（1994 年）。

——『国防史』第 4 巻（国防部軍史編纂研究所，1994 年）。

——『国防条約集』第 1 輯（国防部軍史編纂研究所，1981 年）。

——『国防政策変遷史　1945～1994』（国防部軍史編纂研究所，1995 年）。

——『対非正規戦史Ⅱ』（国防部軍史編纂研究所，1998 年）。

国会事務処『国会史：第 7 代国会』（1976 年）。

ソウル言論人クラブ出版部『韓国時事資料・年表』上巻（1992 年）。

ソウル新聞社編『駐韓米軍 30 年』（杏林出版社，1979 年）。

ソウル大学韓米関係研究会編『プレイザー報告書』（実践文学社，1986 年）。

対間諜対策本部『対非正規戦教訓』第 1 集（1980 年）。

大統領秘書室『朴正熙大統領演説文集』第 6～13 輯（1970～1976 年）。

——『朴正熙大統領演説文選集——平和統一への大道』（1976 年）。

東亜日報社安保統一問題調査研究所編『北朝鮮対外政策基本資料集Ⅱ——対西方関係／対国連関係』（東亜日報社，1976 年）。

——『安保統一問題基本資料集』（東亜日報社，1971 年）。

統一研究院編『ドイツ地域北韓機密文書集』（ソンイン，2006 年）。

中央情報部『韓国問題に関する UN 決議集』（1977 年）。

ドルベゲ編集部編『北朝鮮「朝鮮労働党」大会主要文献集』（ドルベゲ，1988 年）。

文化公報部『国家非常事態を総和をもって乗り越えよう』（1971 年 12 月）。

——『血盟の紐帯を固めて——朴正熙大統領夫妻訪米記』（1969 年）。

盧重善編『民族と統一（Ⅰ：資料編）』（四季節出版社，1985 年）。

民主共和党政策委員会『1986　先進韓国』（1986 年）。

陸軍本部『主要対浸透作戦』（1987 年）。

［日本語］

石井明ほか編『記録と考証　日中国交正常化・日中平和友好条約締結交渉』（岩波書店，2003 年）。

外務省『わが外交の近況』第 14～20 号（1970～1976 年）<http://www.mofa.go.jp/mofaj/gaiko/bluebook/>。

鹿島平和研究所編『日本外交主要文書・年表（第 1 巻：1941～1960）』（1983 年）。

神谷不二編集代表『朝鮮問題戦後資料』全 3 巻（日本国際問題研究所，1976～1980 年）。

『小学館ランダムハウス英和大辞典』（小学館，1994 年）。

周恩来（森下修一編訳）『周恩来・中国の内外政策』上・下巻（中国経済新聞社，1973 年）。

竹内実編『日中国交基本文献集』上・下巻（蒼蒼社，1993 年）。

鄭慶謨・崔達坤編（張君三訳）『朝鮮民主主義人民共和国主要法令集』（日本加除出版，

1993 年）。

東京大学東洋文化研究所付属東洋学文献センター『中華人民共和国・朝鮮民主主義共和国　職官歴任表』（1987 年）。

日韓議員連盟『アジアの安定と繁栄のために――日韓議員連盟 20 年の歩み』（日韓議員連盟創立 20 周年記念実行委員会，1992 年）。

日本朝鮮研究所『日韓条約に関する国会議事録：資料』（1969 年）。

防衛年鑑刊行会『防衛年鑑　1970』（1970 年）。

細谷千博・有賀貞・石井修・佐々木卓也編『日米関係資料集　1945〜97』（東京大学出版会，1999 年）。

毛沢東（太田勝洪編訳）『毛沢東外交路線を語る』（現代評論社，1975 年）。

毛里和子・増田弘監訳『周恩来・キッシンジャー秘密会談録』（岩波書店，2004 年）。

毛里和子・毛里興三郎訳『ニクソン訪中機密会談録』（名古屋大学出版会，2001 年）。

国土統一院『南北対話白書』日本語版（ソウル，1988 年）。

［英　語］
石井修・我部政明・宮里政玄監修『アメリカ合衆国対日政策文書集成』第 XII 期〜第 XIX 期（柏書房，2003〜2006 年）。
Burr, William ed. *The Kissinger Transcripts: The Top Secret Talks with Beijing and Moscow.* New York: The New Press, 1998〔鈴木主税・浅岡政子訳『キッシンジャー最高機密会談禄』毎日新聞社，1999 年〕.
Korea-Japan Relations and the Attempt on the Life of the South Korean President. Seoul: Pan-National Council for the Probe into the August 15［1974］Incident, 1974.
Merriam Webster's Collegiate Dictionary. Massachusetts: Merriam-Webster, 1997.
Research Center for Peace and Unification ed. *Documents on Korean-American Relations 1943–1976.* Seoul: Samhwa Print Co., 1976.
Stockholm International Peace Research Institute（SIPRI）. *World Armaments and Disarmament.* 1968/69–79, Stockholm: Almqvist & Wiksell, 1968–79.
The Report of the Activities of United Nations Command for 1971. Seoul: United Nations Command, Military Armistice Commission（UNCMAC）, 1972.

(8)　デジタル資料

CIA Records Search Tool（*CREST*）, National Archives and Records Administration, College Park, Maryland
National Security Archives（*NSA*）, George Washington Univ., Washington D.C.
　Published Document Collections
　Oberdorfer Files
Library of Congress, Washington D.C.
　Declassified Documents Reference System（*DDRS*）
United Nations General Assembly Resolution <http://www.un.org/documents/resga.htm>
米ノーチラス研究所<http://www.nautilus.org>

CINCPAC Command History, 1965–1979

U.S. Forces Korea/8th U.S. Army Annual Historical Review, 1973–1979

Eighth U.S, Army Chronology, 1968–1975

朴正熙大統領電子図書館<http://www.parkchunghee.or.kr/search.html>

Office of the Assistant to the Secretary of Defense（Atomic Energy）, Title: History of the Custody and Deployment of Nuclear Weapons: July 1945 Through September 1977, Feb. 1978 <http://www.gwu.edu/~nsarchiv/news/19991020/04–01.htm>

朝鮮民主主義人民共和国憲法，1948 年<http://www.geocities.co.jp/WallStreet/3277/48kenpou.html>

朝鮮民主主義人民共和国憲法，1972 年<http://www.geocities.co.jp/WallStreet/3277/72kenpou.html>

日米核密約に関する不破哲三・日本共産党中央委員会議長の記者会見，2004 年 4 月 13 日<http://www.jcp.or.jp/seisaku/gaiko_anpo/2000414_mituyaku_fuwa_yosi.html>

日米密約に関する日本外務省および有識者委員会の報告書，2010 年 3 月 9 日<http://www.mofa.go.jp/mofaj/gaiko/mitsuyaku/kekka.html>

ニクソン・朴正熙首脳会談（1969 年 8 月 21 日）会談禄<http://nixon.archives.gov/virtuallibrary/documents/mr/082169_korea.pdf>

田中総理・周恩来総理会談記録（1972 年 9 月 25 日～28 日）<http://www.ioc.u-tokyo.ac.jp/~worldjpn/documents/texts/JPCH/19720925.O 1 J.html>

Ⅱ　二次資料

(1)　単行本

［英　語］

Aron, Raymond. *Peace and War: A Theory of International Relation*, 1st ed. Garden City, N.Y.: Doubleday, 1966.

Bandow, Doug. *Tripwire: Korea and U.S. Foreign Policy in a Changed World.* Washington D.C.: CATO Institute, 1996.

Barnett, A. Doak. *China Policy: Old Problems and New Challenges.* Washington D.C.: Brookings Institution, 1977〔戸張東夫訳『米中国交――アメリカの戦略』日中出版，1978 年〕.

――. *China and the Major Powers in East Asia.* Washington D.C.: Brookings Institution, 1977.

Bell, Coral. *The Diplomacy of Détente: The Kissinger Era.* New York: St. Martin's Press, 1977.

Buss, Claude A. *The United States and the Republic of Korea: Background for Policy.* Stanford, Calif.: Hoover Institute Press, 1982.

Buzan, Barry. *People, States, and Fear: An Agenda for International Security Studies in the Post-Cold War Era,* 2nd ed. New York: Harvester Wheatsheaf, 1991.

Cha, Victor D. *Alignment despite Antagonism: The United States-Korea-Japan Security Tri-*

angle. Stanford: Stanford Univ. Press, 1999〔倉田秀也訳『米日韓，反目を超えた提携』有斐閣，2003 年〕.
Chang, Gordon H. *Friends and Enemies: The United States, China and the Soviet Union, 1948−1972.* Stanford: Stanford Univ. Press, 1990.
Charlton, Michael. *From Deterrence to Defense: The Inside Story of Strategic Policy.* Cambridge, Mass.: Harvard Univ. Press, 1987.
Chee, Choung Il, *Korea and International Law.* Seoul: Seoul Press for Institute of International Legal Studies, Korea University, 1993.
Chen, Jian. *China's Road to the Korean War: The Making of the Sino-American Confrontation.* New York: Columbia Univ. Press, 1994.
——. *Mao's China and the Cold War.* Chapel Hill, NC: Univ. of North Carolina Press, 2001.
Chung, Chin O（Chin-wi Chong）. *Pyongyang Between Peking and Moscow: North Korea's Involvement in the Sino-Soviet Dispute, 1958−1975.* University, AL: Univ. of Alabama Press, 1978.
Claude, Inis L., Jr. *Sword into Plowshares: The Problems and Progress of International Organization,* 4th ed. New York: Random House, Inc., 1971.
Clough, Ralph N. *East Asia and U.S. Security.* Washington D.C.: Brookings Institution, 1974〔桃井真訳『米国のアジア戦略と日本』オリエント書房，1976 年〕.
——. *Deterrence and Defense in Korea: The Role of U.S. Forces.* Washington D.C.: Brooking Institution, 1976.
Cohen, Warren I. *America's Response to China: A History of Sino-American Relations.* New York: Columbia Univ. Press, 2000.
——. *The Cambridge History of American Foreign Relations, Vol. IV: America in the Age of Soviet Power, 1945−1991.* New York: Cambridge Univ. Press, 1993.
Cummings, Bruce. *North Korea: Another Country.* New York: New Press, 2004〔古谷和仁・豊田英子訳『北朝鮮とアメリカ，確執の半世紀』明石書店，2004 年〕.
——. *Parallax Visions: Making Sense of American-East Asian Relations at the End of Century.* Durham, NC: Duke Univ. Press, 1999.
Dallek, Robert. *Nixon and Kissinger: Partners in Power.* New York: HarperCollins Publishers, 2007.
Davidson, Philip B. *Vietnam at War: the History 1946−1975.* New York: Oxford Univ. Press, 1988.
Day, Alan J. ed. *China and the Soviet Union 1949−1984.* Harlow: Longman Group Limited, 1985.
Donovan, Robert J. *Nemesis: Truman and Johnson in the Coils of War in Asia,* 1st ed. New York: St. Martin's Press, 1984.
Downs, Chuk. *Over the Line: North Korea's Negotiating Strategy.* Washington D.C.: AEI Press, 1999.
Ellison, Herbert J. ed. *The Sino-Soviet Conflict: A Global Perspective.* Seattle: Univ. of

Washington, 1982.

Gaddis, John Lewis. *The Long Peace: Inquires into the History of the Cold War.* New York: Oxford Univ. Press, 1987〔五味俊樹ほか訳『ロング・ピース――冷戦史の証言「核・緊張・平和」』芦書房，2002 年〕.

――. *Strategies of Containment: A Critical Appraisal of Postwar American National Security Policy.* New York: Oxford Univ. Press, 1982.

Garthoff, Raymond L. *Détente and Confrontation: American: Soviet Relations from Nixon to Regan,* Rev. ed. Washington D.C.: Brookings Institution, 1994.

Garver, John W. *China's Decision for Rapprochement with the United States, 1968−71.* Boulder, Colo.: Westview Press, 1982.

Glahn, G.V. *Law Among Nations*, 3rd ed. New York: Macmillan, 1976.

Goh, Evelyn. *Constructing the U.S. Rapprochement with China, 1961−1974.* Cambridge: Cambridge Univ. Press, 2005.

Goncharov, Segrei N., John W. Lewis and Xue Lital. *Uncertain Partners; Stalin, Mao, and the Korean War.* Stanford, Calif.: Stanford Univ. Press, 1993.

Goodrich, Leland M. *The United Nations in a Changing World.* New York & London: Columbia Univ. Press, 1974.

Handel, Michael. *Weak States in the International System.* London: Frank Cass, 1981.

Hanrieder Wolfram F. *Germany, America, Europe: Forty Years of German Foreign Policy.* New Haven: Yale Univ. Press, 1989.

Harding, Harry. *A Fragile Relationship: The United States and China since 1972.* Washington D.C.: Brookings Institution, 1992.

Hartmann, Frederick H. *The Relations of Nations,* 4th ed. New York: Macmillan, 1973.

Hayes, Peter. *Pacific Powderkeg: American Nuclear Dilemmas in Korea.* Lexington Mass.: Lexington Books, 1990.

Hersh, Seymour M. *The Price of Power: Kissinger in the Nixon White House,* 1st ed. New York: Summit Books, 1983.

Hobsbawm, Eric J. *Age of Extremes: The Short Twentieth Century, 1914−1991.* London: Michael Joseph, 1994〔河合秀和訳『20 世紀の歴史――極端な時代』全 2 巻，三省堂，1996 年〕.

Holsti, K. J. *International Politics: A Framework for Analysis,* 4th ed. Englewood Cliffs, N. J.: Prentice-Hall, 1983.

Ito, Go. *Alliance in Anxiety: Détente and the Sino-American-Japanese Triangle.* New York & London: Routledge, 2003.

Kaldor, Mary, Gerard Holden and Richard Falk eds. *The New Détente: Rethinking East-West Relations.* London: Verso, 1989.

Keohane, Robert. *International Institutions and State Power: Essays in International Relations Theory.* Boulder: Westview Press, 1989.

Kim, Yong C. ed. *Major Powers and Korea.* Silver Spring: Research Institute on Korean Affairs, 1973.

Kissinger, Henry A. *American Foreign Policy.* New York: Norton, 1969.

——. *A World Restored: Metternich, Castlereagh and the Problems of Peace, 1812–22.* Boston: Houghton Mifflin, 1957〔伊藤幸雄訳『回復された世界平和』原書房, 1976 年〕.

——. *Nuclear Weapons and Foreign Policy.* New York: Harper & Brothers, 1957〔森田隆光訳『核兵器と外交政策』駿河台出版, 1988 年〕.

——. *Diplomacy.* New York: Simon & Schuster, 1994〔岡崎久彦監訳『外交』上・下, 日本経済新聞社, 1996 年〕.

Komine, Yukinori. *Secrecy in US Foreign Policy: Nixon, Kissinger and Rapprochement with China.* Aldershot, Hampshire: Ashgate, 2008.

LaFeber, Walter. *The American Age,* 1st ed. New York: W.W. Norton, 1989〔久保文明ほか訳『アメリカの時代——戦後史のなかのアメリカ政治と外交』芦書房, 1992 年〕.

——. *America, Russia, and the Cold War, 1945–1996,* 8th ed. New York: McGraw-Hill Companies, 1997.

——. *The Clash: U.S.-Japanese Relations Throughout History.* New York: W.W. Norton & Company, 1997.

Lake, David A. and Patrick M. Morgan eds. *Regional Orders: Building Security in a New World.* Pennsylvania: Pennsylvania State Univ. Press, 1997.

Lamb, Christopher John. *Belief System and Decision Making in the Mayaguez Crisis.* Gainesville: Univ. of Florida Press, 1989.

Laurd, Evan. *A History of the United Nations,* Vol. 1. New York: Macmillan, 1982.

Lee, Chae-Jin, and Hideo Sato. *U.S. Policy toward Japan and Korea: a Changing Influence Relationship.* New York: Praeger, 1982.

Lee, Chong-Sik. *Japan and Korea: The Political Dimension.* Stanford: Hoover Institution Press, 1985〔小此木政夫・古田博司訳『戦後日韓関係史』(中央公論社, 1989 年)〕.

Lerner, Mitchell B. *The Pueblo Incident: A Spy Ship and the Failure of American Foreign Policy.* Lawrence, Kan.: Univ. Press of Kansas, 2003.

Liska, George F. *Nations in Alliance: The Limits of Interdependence.* Baltimore: Johns Hopkins Press, 1962.

Litwak, Robert S. *Détente and the Nixon Doctrine: American Foreign Policy and the Pursuit of Stability, 1969–1976.* Cambridge: Cambridge Univ. Press, 1984.

Macdonald, Donald. *U.S.-Korean Relations from Liberation to Self-Reliance: The Twenty-Year Record.* Boulder, Colorado: Westview Press, 1992.

Macmillan, Margaret. *Nixon and Mao: The Week that Changed the World.* New York: Random House, 2007.

Mann, James H. *About Face: A History of America's Curious Relationship with China, from Nixon to Clinton.* New York: Alfred Knopf, 1999〔鈴木主税訳『米中奔流』共同通信社, 1999 年〕.

Melanson, Richard A. *American Foreign Policy since Vietnam War: The Search for Consensus from Nixon to Clinton,* 2nd ed. New York: M. E. Sharpe, 1996.

Mitrany, David. *A Working Peace System.* Chicago: Quadrangle Books, 1966.

Morgan, Patrick. *Deterrence: A Conceptual Analysis.* Beverly Hills: Sage, 1977.

Morgenthau, Hans J. *Politics among Nations: The Struggle for Power and Peace,* 4th ed. New York: Alfred A. Knopf, 1966〔現代平和研究会訳『国際政治——権力と平和』福村出版，1986年〕.

Morrison, Charles E., and Astri Suhrke. *Strategies of Survival: The Foreign Policy Dilemmas of Smaller Asian States.* New York: St. Martin's Press, 1979〔渋沢雅英訳『東南アジア五つの国——その生存戦略』サイマル出版会，1981年〕.

Murphy, John F. *The United Nations and the Control of International Violence: A Legal and Political Analysis.* Manchester: Manchester Univ. Press, 1983.

Nam, Joo Hong. *America's Commitment to South Korea: The First Decade of the Nixon Doctrine.* Cambridge: Cambridge Univ. press, 1986.

Nye, Joseph S., Jr. *Understanding International Conflicts: An Introduction to Theory and History,* 4th ed. New York: Longman, 2003〔田中明彦・村田晃嗣訳『国際紛争——理論と歴史』有斐閣，2005年〕.

Oberdorfer, Don. *The Two Koreas: A Contemporary History.* Reading, Mass.: Addison-Wesley, 1997〔菱木一美訳『二つのコリア——国際政治の中の朝鮮半島』共同通信社，1998年〕.

Ogata, Sadako. *Normalization with China: A Comparative Study of U.S. and Japanese Processes.* Berkeley: Institute of East Asian Studies, University of California, Berkeley, 1988〔添谷芳秀訳『戦後日中・米中関係』東京大学出版会，1992年〕.

Organski, F. K. *World Politics,* 2nd ed. New York: Alfred A. Knopf, 1968.

Osgood, Robert E. *Alliances and American Foreign Policy.* Baltimore: Johns Hopkins Univ. Press, 1968.

Ravenal, Earl C. *Never Again: Learning from America's Foreign Policy Failures.* Philadelphia: Temple Univ. Press, 1978.

Rosenau, James N. *The Scientific Study of Foreign Policy,* Rev. and enl. ed. New York: Nichols Pub. Co., 1980.

——. *The Study of Political Adaptation.* New York: Nichols Pub. Co., 1981.

Ross, Robert S. ed. *China, the United States, and the Soviet Union: Tripolarity and Policy Making in the Cold War.* New York: M.E. Sharpe, 1993.

Ross, Robert S., and Jiang Changbin eds. *Re-examining the Cold War: US-China Diplomacy, 1954–1973.* Cambridge, Mass. and London: Harvard Univ. Press, 2001.

Salisbury, Harrison E. *The New Emperors: China in the Era of Mao and Deng,* 1st ed. Boston: Little Brown Co. 1992〔天児慧監訳『ニュー・エンペラー——毛沢東と鄧小平の中国』福武文庫，1993年〕.

Scalapino, Robert A., and Chong-Sik Lee. *Communism in Korea, Part II: The Society.* Berkeley: Univ. of California Press, 1972.

Schaller, Michael. *Altered States: The United States and Japan since the Occupation.* New York: Oxford Univ. Press, 1997〔市川洋一訳『「日米関係」とは何だったのか――占領期から冷戦終結まで』草思社，2004 年〕.

Sheehan, Michael. *The Balance of Power: History and Theory.* London and New York: Routledge, 1996.

Small, Melvin. *Was War Necessary?: National Security and U.S. Entry into War.* Beverly Hills: Sage Publications, 1980.

Snyder, Glenn H. *Deterrence and Defense: Toward a Theory of National Security.* Westport, Conn.: Greenwood Press, 1962.

――. *Alliance Politics.* Ithaca, N.Y.: Cornell Univ. Press, 1997.

Spanier, John. *American Foreign Policy since World War II,* 12th ed. Washington D.C.: Congressional Quarterly Inc., 1992.

Stevenson, Richard W. *The Rise and Fall of Détente.* London: Macmillan Press, 1985〔滝田賢治訳『デタントの成立と変容――現代米ソ関係の政治力学』中央大学出版部，1989 年〕.

Suh, Dae-Sook. *KIM IL SUNG: The North Korean Leader.* New York: Columbia Univ. Press, 1988〔林茂訳『金日成《キムイルソン》――思想と政治体制』（御茶の水書房，1992 年）〕.

Szalontai, Balázs. *Kim Il Sung in the Khrushchev Era.* Washington D.C.: Woodrow Wilson Center Press, 2005.

Szulc, Tad. *Illusions of Peace: Foreign Policy in the Nixon Years.* New York: The Viking Press, 1978.

Terriff, Terry. *The Nixon Administration and the Making of U.S. Nuclear Strategy.* Ithaca, N. Y.: Cornell Univ. Press, 1995.

Trachtenberg, Marc. *History & Strategy.* Princeton: Princeton Univ. Press, 1991.

Ulam, Adam B. *Expansion and Coexistence: the History of Soviet Foreign Policy, 1917–67.* New York: Praeger Publishers, 1974〔鈴木博信訳『膨脹と共存――ソヴエト外交史』全 3 冊，サイマル出版会，1978～79 年〕.

Watson, Robert. *History of the Joint Chiefs of Staff, Volume V: The Joint Chiefs of Staff and National Policy, 1953–54.* Washington, D.C.: Historical Division, Joint Chiefs of Staff, 1986.

Watts, William. *The United States and Asia: Changing Attitudes and Policies.* Lexington Mass.: Lexington Books, 1982.

Weigley, Russell F. *The American Way of War: A History of United States Military Strategy and Policy.* New York: Macmillan, 1973.

Whiting, Allen S. *China Crosses the Yalu: The Decision to Enter the Korean War.* Stanford: Stanford Univ. Press, 1968.

Yahuda, Michael. *The International Politics of the Asia Pacific, 1945–1995,* 1st ed. New York: Routledge, 1996.

[韓国語]

呉源哲『韓国型経済建設』第 5，7 巻（韓国型経済政策研究所，1996，1999 年）。

金雲泰ほか編『韓国政治論』（博英社，1982 年）。

金忠植『南山の部長達Ⅰ』（東亜日報社，1992 年）。

金学俊『南北関係の葛藤と発展』（平民社，1985 年）。

徐大粛『北朝鮮指導者：金日成』（清渓研究所，1988 年）。

鄭鎮渭『北方三角関係——北韓の対中・ソ関係を中心に』（法文社，1985 年）。

崔聖『北韓政治史』（プルビッ，1997 年）。

朴在圭『北韓外交論』（慶南大学極東問題研究所，1977 年）。

朴稚栄『国連政治と韓国問題』（ソウル大学出版部，1995 年）。

朴泰均『友邦と帝国——韓米関係の二つの神話』（創批，2006 年）。

李基鐸『韓半島と国際秩序』（嘉南社，1984 年）。

李元徳『韓日過去史処理の原点』（ソウル大学出版部，1996 年）。

李祥雨『第三共和国秘史』（朝鮮日報社，1984 年）。

——『米国なのか，米帝なのか』（中原文化，1987 年）。

李鍾奭『朝鮮労働党研究』（歴史批評社，1995 年）。

——『北韓・中国関係　1945～2000』（図書出版中心，2000 年）。

李榮一『分断時代の統一論理』（太陽文化社，1981 年）。

スカラピノ，ロバート・A.／李庭植（韓洪九訳）『韓国共産主義運動史』第 3 巻（ドルベゲ，1986 年）。

柳錫烈『南北韓統一政策の比較と問題点及び変化展望』（外交安保研究院，1999 年）。

[日本語]

赤木完爾『ヴェトナム戦争の起源——アイゼンハワー政権と第一次インドシナ戦争』（慶應通信，1991 年）。

赤旗編集局編『中国覇権主義とのたたかい』（新日本出版社，1992 年）。

五百旗頭真編『戦後日本外交史』（有斐閣，2000 年）。

ヴェーラー，ハンス・ウルリヒ（大野英二・肥前栄一訳）『ドイツ帝国　1971–1918 年』（未來社，1983 年）。

NHK 取材班『周恩来の決断——日中国交正常化はこうして実現した』（日本放送出版協会，1993 年）。

大田久行『美濃部都政十二年』（毎日新聞社，1979 年）。

岡部達味『中国の対日政策』（東京大学出版会，1976 年）。

——『中国の対外戦略』（東京大学出版会，2002 年）。

小川和久『新北朝鮮と日本』（東洋経済新聞社，1994 年）。

小此木政夫編『岐路に立つ北朝鮮』（日本国際問題研究所，1988 年）。

——『日本と北朝鮮これからの 5 年——南北統一への視点とシナリオ』（PHP 研究所，1991 年）。

小此木政夫・小島朋之編『東アジア危機の構図』（東洋経済新聞社，1997 年）。

小田切利島『ソ連外交政策の変遷——第二次大戦後のソ連外交史』（東京官書普及，

1978年)。

神谷不二『朝鮮戦争——米中対立の原形』(中央公論社, 1966年)。

——『NHK市民大学——戦後日米関係の文脈』(日本放送出版協会, 1985年)。

——『戦後史の中の日米関係』(新潮社, 1989年)。

川上高司『米軍の前方展開と日米同盟』(同文舘出版, 2004年)。

菅　英輝『米ソ冷戦とアメリカのアジア政策』(ミネルヴァ書房, 1992年)。

菊池正人『板門店, 統一への対話と対決』(中央公論社, 1987年)。

牛軍(真水康樹訳)『冷戦期中国外交の政策決定』(千倉書房, 2007年)。

クレイグ, ゴードン・A.／アレキサンダー・L. ジョージ(木村修三ほか訳)『軍事力と現代外交』(有斐閣, 2005年)。

坂井榮八郎『ドイツ近代史研究——啓蒙絶対主義から近代的官僚国家へ』(山川出版社, 1998年)。

阪中友久『沖縄の軍事戦略上の価値』(朝日新聞社, 1966年)。

佐藤英夫『対外政策』(東京大学出版会, 1989年)。

島川雅史『アメリカの戦争と日米安保体制——在日米軍と日本の役割』(社会評論社, 2003年)。

下斗米伸夫『アジア冷戦史』(中央公論新社, 2004年)。

——『モスクワと金日成——冷戦の中の北朝鮮 1945〜1961年』(岩波書店, 2006年)。

朱建栄『毛沢東の朝鮮戦争——中国が鴨緑江を渡るまで』(岩波書店, 1991年)。

ジョンソン, ポール(別宮貞徳訳)『現代史：1917〜1991』下巻(共同通信社, 1992年)。

鐸木昌之『北朝鮮』(東京大学出版会, 1992年)。

添谷芳秀『日本外交と中国：1945〜1972』(慶應通信, 1995年)。

外岡秀俊ほか『日米同盟半世紀——安保と密約』(朝日新聞社, 2001年)。

田中明彦『世界システム』(東京大学出版会, 1990年)。

——『日中関係　1945〜1990』(東京大学出版会, 1991年)。

中馬清福『密約外交』(文藝春秋, 2000年)。

東京新聞政治部編『政治集団——新保守党への胎動』(東京新聞出版局, 1977年
東北アジア問題研究所編『東北アジアの動向と日本外交』(悠々社, 1997年)。

中島信吾『戦後日本の防衛政策——「吉田路線」をめぐる政治・外交・軍事』(慶應義塾大学出版会, 2006年)。

中嶋嶺雄『中国——歴史・社会・国際関係』(中公新書, 1982年)。

西川吉光『現代国際関係史Ⅱ——デタントの時代』(晃洋書房, 2002年)。

朴根好『韓国の経済発展とベトナム戦争』(御茶の水書房, 1993年)。

平野　実『外交記者日記——宮沢外交の二年』上・下巻(行政通信社, 1979年)。

平松茂雄『中国の国防とソ連・米国』(勁草書房, 1985年)。

藤本一美・浅野一弘『日米首脳会談と政治過程：1951年〜1983年』(龍渓書舎, 1994年)。

ペトロフ, ワシーリー・A.／アレクサンドル・D. スターソフ(下斗米伸夫・金成浩訳)『金正日に悩まされるロシア——将軍様の権力』(草思社, 2004年)。

防衛大学校安全保障学研究会編『新版　安全保障学入門』（亜紀書房，2001 年）。

毎日新聞社政治部編『転換期の「安保」』（毎日新聞社，1979 年）。

三木　健『ドキュメント・沖縄返還交渉』（日本経済評論社，2000 年）。

村田晃嗣『大統領の挫折――カーター政権の在韓米軍撤退政策』（有斐閣，1997 年）。

毛利和子『日中関係――戦後から新時代へ』（岩波書店，2006 年）。

森下修一編訳『周恩来・中国内外政策』下巻（中国経済新聞社，1973 年）。

柳沢英二郎『戦後国際政治史Ⅱ　1959～1973』（柘植書房，1985 年）。

山極　晃『米中関係の歴史的展開』（研文出版，1997 年）。

山田　浩『核抑止戦略の歴史と理論』（法律文化社，1979 年）。

李鍾元『東アジア冷戦と韓米日関係』（東京大学出版会，1996 年）。

若月秀和『「全方位外交」の時代――冷戦変容期の日本とアジア』（日本経済評論社，2006 年）。

和田春樹『朝鮮戦争』（岩波書店，1995 年）。

(2)　研究論文・その他

［英　語］

Alagappa, Muthiah. "Rethinking Security," in idem ed. *Asian Security Practice: Material and Ideational Influences.* Stanford: Stanford Univ. Press, 1998.
Armstrong, Charles K. "Juche and North Korea's Global Aspirations," *NKIDP* Working Paper #1, September 2009.
Berry, William E. "The Political and Military Roles of U.S. Forces in Korea: Past, Present, and Future," in Kwak, Tae-Hwan and Thomas L. Wilborn eds. *The U.S.-ROK Alliance in Transition.* Seoul: Kyungnam Univ. Press, 1996.
Bialer, Seweryn "The Sino-Soviet Conflict: The Soviet Dimension," in Zagoria, Donald S. ed. *Soviet Policy in East Asia.* New Haven: Yale Univ. Press, 1982.
Bronfenbrenner, Urie. "The Mirror image in Soviet-American Relations: A Social Psychologist's Report," *Journal of Social Issues,* Vol. 17, No. 3, Summer 1961.
Brzezinski, Zbigniew. "The State of Nixon's World（1）：Half Past Nixon," *Foreign Policy,* No. 3, Summer 1971.
――. "U.S. Foreign Policy: The Search for Focus," *Foreign Affairs,* Vol. 51, No. 4, July 1973.
Bundy, McGeorge. "Maintaining Stable Deterrence," *International Security,* Vol. 3, No. 3, Winter 1978/1979.
Burr, William. "How Many and Where Were the Nukes?" *NSA* Electronic Briefing Book, No. 197, Aug. 18, 2006.
Chapin, Emerson. "Success Story in South Korea," *Foreign Affairs,* Vol. 47, No. 3, April 1969.
Chen, Jian. "Limits of the 'Lips and Teeth' Alliance: An Historical Review of Chinese-North Korean Relations," Woodrow Wilson Center's Asia Program Special Report # 115, September 2003.

Choi, Chang-Yoon. "Soviet Reactions to the Withdrawal of U.S. Forces from Korea," *Korea Observer,* Vol. 10, Issue 4, Winter 1979.

——. "The Sino-Soviet Conflict and Its Impact on the Korean Peninsula," *Journal of East and West Studies,* Vol. 11, Issue 2, Autumn 1982.

Chung, Chin O. "North Korea's Relations with China," in Park, Jae Kyu, Byung Chul Koh and Tae Hwan kwak eds. *The Foreign Relations of North Korea: New Perspectives.* Boulder, Colo.: Westview Press, and Seoul: Kyungnam Univ. Press, 1987.

Cohen, Jerome Alan. "Recognizing China," *Foreign Affairs,* Vol. 50, No. 1, October 1971.

Deutsch, Karl W. and J. David Singer. "Multipolar Power System and International Stability," in Rosenau, James N. ed. *International Politics and Foreign Policy: A Reader in Research and Theory,* Rev. ed. New York: Free Press, 1969.

Feeney, William R. "Sino-Soviet Competition in the UN," *Asian Survey,* Vol. 17, No. 9, September 1977.

Frolic, B. Michael. "The Trudeau Initiative," in Evans, Paul M. and B. Michael Frolic eds. *Reluctant Adversaries: Canada and the People's Republic of China, 1949-1970.* Toronto: Univ. of Toronto Press, 1991.

Gail, Bridget. "The Korean Balance vs. The U.S. Withdrawal," *Armed Forces Journal International,* Vol. 115, April 1978.

Galtung, Johan. "Violence, Peace, and Peace Research," *Journal of Peach Research,* Vol. 6, No. 3, 1969〔高柳先男・塩屋保・酒井由美子訳「暴力，平和，平和研究」同『構造的暴力と平和』中央大学出版部，一九九一年，第 1 章〕.

Gartner, Scott Sigmund. "Differing Evaluations of Vietnamization," *Journal of Interdisciplinary History,* Vol. 24, No. 2, Autumn 1998, complied in Hixon, Walter L. ed., *United States and the Vietnam War: Military Aspects of the Vietnam Conflict.* New York and London: Routledge, 2000.

Gong, Li. "Chinese Decision Making and the Thawing of U.S.-China Relation," in Ross, Robert S. and Jiang Changbin eds. *Re-examining the Cold War: U.S.-China Diplomacy, 1954-1973.* Cambridge, Mass., and London: Harvard Univ. Press, 2001.

Goose, Stephen D. "The Military Situation on the Korean Peninsula," in Sullivan, John and Roberta eds. *Two Koreas-One Future?* Lanham, Md.: Univ. Press of America, 1987.

Haham, Pyung Choon. "Korea and the Emerging Asian Power Balance," *Foreign Affairs,* Vol. 50, No. 2, January 1972.

Hinton, Harold. "Chinese Policy toward Korea," in Kim, Yong C. ed. *Major Powers and Korea.* Silver Spring, Md.: Research Institute on Korean Affairs, 1973.

Jervis, Robert. "Security Regimes," in Krasner, Stephen D. ed. *International Regimes.* Ithaca, N.Y.: Cornell Univ. Press, 1983.

Kim, Joungwon A. "Pyongyang's Search for Legitimacy," *Problems of Communism,* Vol. 20, No. 1, January-April, 1971.

Kim, Se Jin. "South Korea's Involvement in Vietnam and its Economic and Political Impact," *Asian Survey,* Vol. 10, No. 6, June 1970.

Kim, Yong Kyun. "The Mutual Defense Treaty of 1953 with the United States: With an Appraisal on the Possibility of a Pacific NATO," *The Journal of East Asian Affairs,* Fall/Winter 1982.

Koh, B. C. "North Korea: Profile of a Garrison State," *Problems of Communism,* Vol. 18, No. 1, January/February 1969.

Krasner, Stephen D. "Structural Causes and Regime Consequences: Regimes as Intervening Variables," in idem ed. *International Regimes.* Ithaca, N.Y.: Cornell Univ. Press, 1986.

Laird, Melvin R. "A Strong Start in a Difficult Decade: Defense Policy in the Nixon-Ford Years," *International Security,* Vol. 10, No. 2, Fall 1985.

Lee, Manwoo. "The Two Koreas and the Unification Game," *Current History: A Journal of Contemporary World Affairs,* Vol. 92, No. 578, December 1993.

Lerner, Mitchell B. "A Dangerous Miscalculation: New Evidence from Communist-Bloc Archives about North Korea and the Crisis of 1968," *Journal of Cold War History,* Vol. 6, No. 1, Winter 2004.

Li, Jie. "Changes in China's Domestic Situation in the 1960s and Sino-US Relations," in Ross, Robert S. and Jiang Changbin eds. *Re-examining the Cold War: US-China Diplomacy, 1954–1973.* Cambridge, Mass., and London; Harvard Univ. Press, 2001.

Nam, Joo Hong. "US Forces in Korea: Their Role and Strategy," *Korea and World Affairs,* Vol. 11, No. 4, Summer 1987.

Nixon, Richard. "Asia after Viet Nam," *Foreign Affairs,* Vol. 46, No. 1, October 1967〔熊谷晶子訳「ヴェトナム後のアジア」フォーリン・アフェアーズ・ジャパン編『フォーリン・アフェアーズ傑作選 1922–1999——アメリカとアジアの出会い』上巻，朝日新聞社，2001 年〕.

Oberdorfer, Don and Hajime Izumi. "The United States, Japan and The Korean Peninsula" Coordinating Policies and Objectives," *NSA* U.S.-Japan Project, Working Paper Series #11.

Pan, Liang. "Whither Japan's Military Potential? The Nixon Administration's Stance on Japanese Defense Power," *Diplomatic History,* Vol. 31, No. 1, January 2007.

Park, Tae Gyun. "Beyond the Myth: Reassessing the Security Crisis on the Korean Peninsula during the Mid-1960s," *Pacific Affairs,* Vol. 82, No. 1, Spring 2009.

Radchenko, Sergey S. "The Soviet Union and the North Korean Seizure of the USS Pueblo: Evidence from Russian Archives," *CWIHP* Working Paper Series #47, March 2005.

Ravenal, Earl C. "The Nixon Doctrine and Our Asian Commitments," *Foreign Affairs,* Vol. 49, No. 2, January 1971.

Robinson, Joan. "Korean Miracle," *Monthly Review,* Vol. 17, January 1965.

Ross, Robert S. "U.S. Policy toward China: The Strategic Context and the Policy-making Process," in idem ed. *China, the United States, and the Soviet Union: Tripolarity and Policy Making in the Cold War.* New York: M.E. Sharpe, 1993.

Schäfer, Bernd. "North Korean Adventurism and China's Long Shadow, 1966–1972," *CWIHP* Working Paper Series #44, October 2004.

——. "Weathering the Sino-Soviet Conflict: The GDR and North Korea, 1949–1989," *New Evidence on North Korea. CWIHP* Bulletin, Issue 14/15, December 2005.

Schaller, Michael. "The Nixon 'Shocks' and U.S.-Japan strategic Relations, 1969–74," *NSA* U.S.-Japan Project, Working Paper Series #2.

Shinn, Rinn-Sup. "Foreign and Reunification Policies," *Problems of Communism,* Vol. 22, No. 1, January-February 1973.

Shroeder, Paul. "The Nineteenth-Century System, Balance of Power or Political Equilibrium?" *Review of International Studies,* Vol. 15, No. 2, 1987.

Schrijver, Nico, "The Role of the United Nations in the Development of International Law," in Harrod, Jeffrey and Niko Schrijver eds. *The UN under Attack.* Aldershot, Brookfield: Gower, 1988.

Schulzinger, Robert D. "Complaints, Self-Justifications, and Analysis: the Historigraphy of American Foreign Relations since 1969," in Hogan, Michael J. ed. *America in the World: The Historigraphy of American Foreign Relations since 1941.* New York: Cambridge Univ. Press, 1995〔林義勝訳『アメリカ大国への道――学説史から見た対外政策』彩流社，2005年〕.

Snyder, Glenn H. "The Security Dilemma in Alliance Politics," *World Politics,* Vol. 36, No. 4, July 1984.

Stilwell, Richard G. "The Need for U.S. Ground Forces in Korea," *AEI Defense Review,* No. 2, May 1977.

Suhrke, Astri. "Gratuity or Tyranny: The Korean Alliance," *World Politics,* Vol. 25, No. 4, July 1973.

Szalontai, Balázs and Sergey Radchenko. "North Korea's Efforts to Acquire Nuclear Technoligy and Nuclear Weapons: Evidence from Russian and Hungarian Archives," *CWIHP* Working Paper Series #53, August 2006.

Walt, Stephen M. "Why Alliances Endure or Collapse," *Survival,* Vol. 39, No. 1, Spring 1997.

Wang, Fei-Ling. "Stability with Uncertainties: US-China Relations and the Korean Peninsula," in Kwak, Tae-Hwan and Seung-ho Joo eds. *The United States and the Korean Peninsula in the 21st Century.* Aldershot, Hampshire: Ashgate, 2006.

Wolfers, Arnold. "National Security as an Ambiguous Symbol," *Political Science Quarterly,* Vol. 67, No. 4, December 1952.

Yahuda, Michael B. "Chinese Foreign Policy: A Year of Confirmation," in Jones, Peter ed. *The International Yearbook of Foreign Policy Analysis,* Vol. 1. London: Croom Helm, 1975.

Zhang, Baija, and Jia Qingguo. "Steering Wheel, Shock Absorber, and Diplomatic Probe in Confrontations: Sino-American Ambassadorial Talks Seen from the Chinese Perspective," in Ross, Robert S. and Jiang Changbin eds. *Re-examining the Cold War: US-China Diplomacy, 1954–1973.* Cambridge, Mass., and London; Harvard Univ. Press, 2001.

［韓国語］

安秉俊「四強関係の新趨勢と朝鮮半島」梁好民ほか編『民族統一論の展開』（形成社，1986 年）。

ウィン，グレゴリ「南北韓外交政策——信念，認識及び葛藤定向の比較」具永禄ほか編『南北韓政治統合と国際関係』（慶南大学極東問題研究所，1986 年）。

姜永寿「朴・ニクソン会談，サンフランシスコ決意は何なのか」政経研究所『政経研究』第 56 号（1969 年 9 月）。

黒田勝弘「日本と北朝鮮との関係」『日本評論』第 10 集（1995 年）。

金明基「『韓国問題』の当事者に関する論議回顧」国際問題研究所『国際問題』第 15 巻第 6 号（1984 年 6 月）。

——「韓国休戦協定の法的当事者に関する研究」『韓国国際法学の諸問題——箕堂李漢基博士古稀紀念』（博英社，1986 年）。

池奉道「停戦協定の成立背景と国際法的地位」北韓研究所『北韓』通巻 391 号（2004 年 7 月）。

申正鉉「米国と南北韓関係」慶南大学極東問題研究所『韓国と国際政治』第 3 巻 1 号（1987 年 3 月）。

全在晟「1960 年代と 1970 年代における世界デタントの内部構造——地域的主導権の変化過程分析」韓国国際政治学会『国際政治論叢』第 45 輯 3 号（2005 年 9 月）。

鄭大華「七・四共同声明の胎動と流産」釜山大学社会科学大学『社会科学論叢 1』（1982 年 6 月）。

鄭洪鎮「七・四共同声明の成立過程と歴史的意味」韓国政治学会学術大会編『南北間関係の回顧と展望』（2002 年）。

趙真九「韓米関係の脈絡からみた韓国軍のヴェトナム戦撤収」国防部軍史編纂研究所『軍史』第 60 号（2006 年 8 月）。

趙哲晧「朴正熙の核外交と韓米関係の変化」（高麗大学博士号請求未公刊論文，2000 年）。

崔完圭「統一論大研究」『月刊京郷』（1988 年 1 月）。

裵肯燦「ニクソン・ドクトリンと東アジア権威主義体制の登場」韓国政治学会『韓国政治学会報』第 22 巻 2 号（1998 年 12 月）。

朴光周「南北対話の新しい模索」閔丙天編『転換期の統一問題』（デウォン社，1990 年）。

朴稚栄「韓国問題と国連決議分析」白鍾天編『漢陽大社会科学論叢』第 12 輯（1993 年）。

朴明林「分断秩序の構造と変化」白鍾天編『韓国の国家戦略』（世宗研究所，2004 年）。

——「韓半島停戦体制——登場，構造，特性，変換」慶南大学極東問題研究所『韓国と国際政治』第 22 巻 1 号（2006 年春）。

許文寧「北韓の対外政策の変化方向研究」『北韓・統一研究論文集（Ⅳ）』（国土統一院，1991 年）。

洪錫律「1968 年プエブロ事件と南韓・北韓・米国の三角関係」韓国史研究会『韓国

史研究』第113号（2001年6月）。

──「1970年代前半における東北アジアデタントと韓国統一問題」韓国史研究会『歴史と現実』通巻42号（2001年12月）。

──「1970年代前半における米朝関係」韓国国際政治学会『国際政治論叢』第44集2号（2004年6月）。

黄源卓「停戦協定代替後における韓国防衛体制に関する研究」（檀国大学博士号請求未公刊論文，2005年）。

馬相允「安保と民主主義，そして朴正熙の道」韓国国際政治学会『国際政治論叢』第43集4号（2003年12月）。

──「未完の計画──1960年代前半における米行政部の在韓米軍撤収論議」慶南大学極東問題研究所『韓国と国際政治』第19巻2号［通巻41号］（2003年夏）。

閔丙天「南北対話の展開過程に関する考察」東国大学行政大学院『行政論集』第14集（1984年）。

文正仁・染性喆「韓米安保関係の再照明──プエブロ号事件の危機及び同盟管理事例を中心にして」金徳重ほか編『韓米関係の再照明』（慶南大学極東問題研究所，1988年）。

文淳寶「ジョンソン・カーター行政部の対北政策比較と現在的含意」世宗研究所『世宗政策研究』第6巻1号（2010年1月）。

──「朴正熙時代の韓米葛藤──観念，制度，政策の分析的観点から」（成均館大学博士号請求未公刊論文，2007年）。

文哲淳「南北韓同時国連加入の意味」『外交』第19号（1991年9月）。

染興模「韓国事態と米国の対亜政策」『新東亜』第43号（1968年3月）。

梁好民「南北韓関係における南北共同声明の位置」『選挙管理』第22号（中央選挙管理委員会，1979年8月）。

──「南北対話の原点と原型──七・四南北共同声明前後20年の状況を中心にして」李三星ほか編『平和統一のための南北対決』（図書出版ソホァ，1996年）。

ユインソク「ニクソン行政部の駐韓米軍撤収政策」（ソウル大学博士号請求未公刊論文，2006年）。

柳炳華「韓国統一に関するいくつの国際法的問題」大韓国際法学会『国際法論叢』第33巻2号（1988年12月）。

李基琮「韓国軍のヴェトナム参戦の決定要因と結果研究」（高麗大学博士号請求未公刊論文，1991年）。

李祥雨「南北調節会談──ソウルと平壌の密会」『新東亜』第228号（1983年8月）。

李三星「1965～80年の国際環境の変化と南北の統一政策」李三星ほか編『平和統一のための南北対決』（図書出版ソホァ，1996年）。

李鍾奭「南北対話と維新体制──体制形成に対する分断構造の影響」韓国政治学会・高麗大学平和研究所編『維新──起源，性格，崩壊』（韓国政治学会，2000年）。

──「二・二三合意と韓半島冷戦構造解体」世宗研究所『情勢と政策』通巻131号（2007年4月）。

──「中ソの北朝鮮内政干渉事例研究──八月宗派事件」世宗研究所『世宗政策研

究』第6巻2号（2010年9月）。
李東俊「1960年米日『韓国密約』の成立と展開」外交安保研究院『外交安保研究』第6巻2号（2010年10月）
李美淑「ヴェトナム戦争における韓国軍の撤収決定過程」国防部軍史編纂研究所『軍史』第45号（2002年4月）。
濾家源「陸英修暗殺の真犯人は他にいる？——良心宣言　元ソウル市警鑑識係長・李建雨警監」『月刊タリ』（1999年5月）。

［日本語］

阿間高史「軍人派が牛耳る平壌政権」『世界週報』（1968年2月13日）。

太田勝洪「アジア近接諸国との関係」岡部達味ほか編『岩波講座現代中国——中国をめぐる国際環境』第6巻（岩波書店，1990年）。

オクセンバーグ，マイケル「米中関係——今後10年の展望」アトランティック・カウンシル編（平和・安全保障研究所訳）『中国とアメリカ』（人間の科学社，1984年）。

小此木政夫「東アジアの冷戦」神谷不二教授還暦記念論集刊行委員会編『冷戦期の交際政治』（慶應通信，1987年）。

——「戦後日朝関係の展開——解釈的な検討」『日韓歴史共同研究委員会（第1期2000～2005年）第3分科　報告書』第3部（日韓歴史共同研究委員会，2005年3月）<http://www.jkcf.or.jp/history/report 3.html>。

我部政明「米韓合同軍司令部の設置——同盟の中核」菅英輝編『冷戦史の再検討——変容する秩序と冷戦の終焉』（法政大学出版局，2010年）。

河辺一郎「一九七〇年代の国連における中国の行動について」愛知大学現代中国学会編『中国21』創刊号（1997年8月）。

菅　英輝「米中和解と日米関係——ニクソン政権の東アジア秩序再編イニシアティブ」菅英輝編『冷戦史の再検討——変容する秩序と冷戦の終焉』（法政大学出版局，2010年）。

木宮正史「1960年代韓国における冷戦と経済開発——日韓国交正常化とベトナム派兵を中心に」『法学志林』第92巻4号（1995年3月）。

——「1960年代韓国における冷戦外交の三類型——日韓国交正常化，ヴェトナム派兵，ASPAC」小此木政夫・文正仁編『日韓共同研究叢書（4）市場・国家・国家体制』（慶應義塾大学出版会，2001年）。

——「韓国外交のダイナミズム——特に1970年代初頭の変化を中心に」小此木政夫・張達重編『日韓共同研究叢書（14）戦後日韓関係の展開』（慶應義塾大学出版会，2005年）。

——「朝鮮半島冷戦の起源——グローバル冷戦との『乖離』，同盟内政治との連携」アジア政経学会『アジア研究』第52巻2号（2006年4月）。

金栄鎬「韓国の対日行動——国家の正統性と社会の『記憶』」（明治学院大学博士号請求未公刊論文，2003年）。

倉田秀也「朝鮮問題多国間協議論の現在——『朝鮮化』の力学と同心円的関係の形

成」『外交時報』第 1295 号（1993 年 2 月）。

――「朴正熙政権期韓国の『自立』と正統性問題――『善意の競争』提案と『国民総和』の概念」岡部達味編『アジア政治の未来と日本』（勁草書房，1995 年）。

――「朝鮮半島平和体制樹立問題と中国――北東アジア地域安全保障と『多国間外交』」高木誠一編『脱冷戦期の中国外交とアジア・太平洋』（日本国際問題研究所，2000 年）。

――「朝鮮半島平和体制樹立問題と米国」山本吉宣編『アジア太平洋の安全保障とアメリカ』（彩流社，2005 年）。

――「米中接近と韓国」増田弘編『ニクソン訪中と冷戦構造の変容』（慶應義塾大学出版会，2006 年）。

国分良成「中国：中華人民共和国期」小島朋之・国分良成編『東アジア』（自由国民社，1997 年）。

阪田恭代「米国のアジア太平洋集団安全保障構想と米韓同盟――『地域同盟』としての米韓同盟の起源，1953～54 年」倉田秀也ほか編『朝鮮半島と国際政治』（慶應義塾大学出版会，2005 年）。

瀬川高央「日米防衛協力の歴史的背景――ニクソン政権期の対日政策を中心にして」北海道大学公共政策大学院『年報公共政策学』第 1 号（2007 年 3 月）。

辛貞和「日本の北朝鮮政策（1945～1992）――国内政治力学の視点から」（慶應義塾大学博士号請求未公刊論文，2000 年）。

朱建栄「1965 年の米中関係――対決から和解への反転の始まり」『東洋学園大学紀要』第 9 号（2001 年 3 月）。

添谷芳秀「1970 年代の米中関係と日本外交」『年報政治学'97』（岩波書店，1997 年）。

――「対中外交の日韓比較――日韓安全保障協力の可能性」大畠英樹・文正仁編『日韓共同研究叢書（13）日韓国際政治学の新地平――安全保障と国際協力』（慶應義塾大学出版会，2005 年）。

チャ，ヴィクター・D.／ハム・チャイボーン「米韓同盟の未来」船橋洋一編『同盟の比較研究』（日本評論社，2001 年）。

土山實男「日米同盟と日韓安全保障協力」大畠英樹・文正仁編『日韓共同研究叢書（13）日韓国際政治学の新地平――安全保障と国際協力』（慶應義塾大学出版会，2005 年）。

中島琢磨「戦後日本の『自主防衛』論――中曽根康弘の防衛論を中心にして」九州大学法政学会『法政研究』第 71 巻 4 号（2005 年 3 月）。

中西　治「スターリン以後ソ連共産党の政治指導――1953～64 年フルシチョフ時代を中心にして」徳田教之・辻村明編『中ソ社会主義の政治動態』（アジア経済研究所，1974 年）。

春名幹男「日米条約　岸・佐藤の裏切り」『文藝春秋』（2008 年 7 月号）。

潘亮「ニクソン政権の対日安全保障政策」増田弘編『ニクソン訪中と冷戦構造の変容』（慶應義塾大学出版会，2006 年）。

平岩俊司「朝鮮半島の対立構造」松阪大学現代史研究会編『現代史の世界へ』（晃洋書房，1998 年）。

――「北朝鮮・中国関係の歴史的変遷とその構造――『唇歯の関係』の史的展開と変容」（慶應義塾大学博士号請求未公刊論文，2001 年）。

ヒントン，ハロルド「強大国と韓国問題」韓国国際文化協会『アジア公論』第 73 号（ソウル：1978 年 10 月）。

藤原帰一「ナショナリズム・冷戦・開発」東京大学社会科学研究所編『20 世紀システム（4）開発主義』（東京大学出版会，1998 年）。

保城広至「『対米協調』／『対米自主』外交論再考」『レヴァイアサン』第 40 号（2007 年春）。

松岡　完「1950 年代のアメリカの同盟再編戦略――統合の模索」『国際政治』第 105 号（1994 年 5 月）。

閔炳老「韓国の憲法事情」『諸外国の憲法事情』（国立国会図書館調査及び立法考査局，2003 年 12 月）。

村上貞雄「私が見た北朝鮮の内膜（2）」『中央公論』第 1338 号（1996 年 6 月）。

室山義正「日米安保体制の構造と論理――共同防衛論とタダ乗り論」東京大学社会科学研究所編『現代日本社会［国際化］』第 7 巻（東京大学出版会，1992 年）。

毛利和子「冷戦と中国」山極晃編『東アジアと冷戦』（三嶺書房，1994 年）。

安田　淳「中国の朝鮮半島政策」小此木政夫編『ポスト冷戦の朝鮮半島』（日本国際問題研究所，1994 年）。

劉仙姫「71 年国連における朝鮮問題討議延期をめぐる日米韓関係（Ⅱ）」政治経済史学会編『政治経済史学』第 489 号（2007 年 5 月）。

――「1970 年の駐韓米軍削減決定をめぐる日米韓関係（1，2）」京都大學法學會『法學論叢』第 159 巻 4 号，第 160 巻 2 号（2006 年 6 月，10 月）。

尹徳敏「日米沖縄返還交渉と韓国外交――沖縄返還にみる韓国の安全をめぐる日米韓の政策研究」（慶應義塾大学博士号請求未公刊論文，1991 年）。

袁克勤「米華相互防衛条約の締結と『二つの中国』問題」『国際政治』第 118 号（1998 年 5 月）。

李東俊「韓米日安保体制の歴史的展開と『国連の権能』――1950～70 年代における米国の対日及び国連軍司令部政策を中心にして」現代日本学会『日本研究論叢』第 28 号（ソウル：2008 年 12 月）。

［中国語］
李敦求「継承歴史，超越歴史」『世界知識』第 22 期（2005 年）。

(3)　新聞・雑誌
Foreign Policy; *New York Times*; *Pacific Stars and Stripes*; *Washington Post*（以上，米国）
『人民日報』;『紅旗』;『世界知識』（以上，中国）
『朝日新聞』;『世界週報』;『日本経済新聞』;『毎日新聞』;『読売新聞』;『コリア評論』（以上，日本）
『勤労者』;『民主朝鮮』;『平壌放送』;『労働新聞』（以上，北朝鮮）

『韓国日報』；『京郷新聞』；『月刊朝鮮』；『新東亜』；『ソウル新聞』；『週刊朝鮮』；『朝鮮日報』；『東亜日報』；*Korea Herald*; *Korea Times*（以上，韓国）

《著者紹介》
李 東 俊（リドンジュン）
1969年，韓国安東市生まれ
1994年，ソウル大学校人文大学卒業（在学中に韓国陸軍服務）
1993–2005年，韓国日報記者
2008年，東北大学大学院法学研究科博士後期課程修了。博士（法学）。
現在，日本学術振興会外国人特別研究員
専攻は国際関係論，とくに朝鮮問題をめぐる研究
主な論文に，「米中和解と朝鮮問題，1971–73年――在韓米軍と正統性をめぐる攻防と協力」アジア政経学会『アジア研究』第55巻第4号（2009年10月），「朝鮮銀行在日資産の『特殊清算』と韓日請求権問題」現代日本学会『日本研究論叢』第31号（ソウル：2010年6月），「1960年米日『韓国密約』の成立と展開」外交安保研究院『外交安保研究』第6巻2号（ソウル：2010年10月），ほか。
共編書に，『日韓国交正常化問題資料』基礎資料編の全5巻，および第I期編の全9巻（現代史料出版，2010年），ほか。

未完の平和
米中和解と朝鮮問題の変容　1969–1975年

2010年11月30日　初版第1刷発行

著　者　李東俊
発行所　財団法人　法政大学出版局
〒102-0073　東京都千代田区九段北3-2-7
電話03（5214）5540／振替00160-6-95814
製版・印刷　三和印刷／製本　誠製本
装丁　奥定泰之

ISBN 978-4-588-37705-1　　Printed in Japan